LEBENSSTATIONEN
IN DEUTSCHLAND
1900 - 1993

LEBENSSTATIONEN
IN DEUTSCHLAND
1900 - 1993

KATALOG- UND AUFSATZBAND
ZUR AUSSTELLUNG DES
DEUTSCHEN HISTORISCHEN MUSEUMS
26. MÄRZ BIS 15. JUNI 1993
IM ZEUGHAUS BERLIN

HERAUSGEGEBEN VON ROSMARIE BEIER
UND BETTINA BIEDERMANN

anabas

IMPRESSUM

Die Deutsche Bibliothek –
CIP-Einheitsaufnahme

Lebensstationen in Deutschland: 1903 - 1993; Katalog- und Aufsatzband zur Ausstellung des Deutschen Historischen Museums 26. März bis 15. Juni 1993 im Zeughaus Berlin / hrsg. von Rosmarie Beier und Bettina Biedermann. [Bearb.: Rosmarie Beier; Bettina Biedermann. Mitarb. Ilse Böhme ...]. –
Giessen: Anabas, 1993
(Bausteine; 11)
ISBN 3-87038-249-X
NE: Beier, Rosmarie; Biedermann, Bettina; Deutsches Historisches Museum <Berlin>; GT

Katalog

Bausteine
Deutsches Historisches Museum
Teil 11
LEBENSSTATIONEN IN
DEUTSCHLAND 1900-1993
Hg. Rosmarie Beier
und Bettina Biedermann

Wissenschaftliche Bearbeitung
Rosmarie Beier
Bettina Biedermann

Mitarbeit Recherche
Ariane Laue
Heidemarie Anthony
Ilse Böhme
Klaus Freyer
Marion Höcke
Stefan Negelmann

Redaktion
Rosmarie Beier

Gestaltung, Umschlag
Gudrun Fröba, Berlin

Photographie
Sebastian Ahlers

Lithographien
Axel Eiling, Kaufungen
Umschlag: ORT, Berlin

Druck und Bindung
Fuldaer Verlagsanstalt

Verlag
Anabas Verlag, Gießen

ISBN
3-87038-249-X

Ausstellung

Deutsches Historisches Museum
Zeughaus, Berlin
26. März - 15. Juni 1993

Konzeption
Rosmarie Beier
Bettina Biedermann

Gestaltung
Daniele Schneider-Wessling, Köln
Mitarbeit: Manfred Schneider

Museumsorganisation
Ulrike Kretzschmar

Leihverkehr
Bernd Jürgen Gerdes
Edith Michelsen

Produktionsmanagement
Architekturbüro
Christian Axt und Tanja Sprang
mit Sabine Strauch

Konservatorische Betreuung, Restaurierung und Rahmung
Restaurierungsabteilung des DHM

Lichtplanung
Michael Flegel

Graphik
Thomas Schmid-Dankward, Atelier Zentral

Plakatentwurf
Gabriele Kronenberg

Öffentlichkeitsarbeit
Angelika Wachs
Rita Brebaum
(DHM 030/21502-349)

INHALT

VORWORT

In Nietzsches Gedanken über den «Nutzen und Nachteil der Historie für das Leben» wogen die Nachteile schwerer. Die Historie berge immer die Gefahr, das Neue, die Umschaffung der Verhältnisse aufzuhalten. Wer zu sehr im Vergangenen lebe, wer nicht vergessen könne, der – so Nietzsches mit Pathos vorgetragene Einsicht – verpasse das Leben.

Nietzsches Kommentar zum Historismus seiner Zeit ist gesprochen aus dem sicheren Hort eines bürgerlichen Lebens, das in seinen «privaten» Ordnungen noch nicht von einer sich selbst überholenden Geschichte umgewälzt wurde. Zu Beginn des zwanzigsten Jahrhunderts formten sich dann, in einer rapide mobilisierten Gesellschaft, zahlreiche neue Konventionen, Ritualisierungen, Bräuche und Feierlichkeiten aus, die bis in die jüngere Vergangenheit, ja Gegenwart hinein das Leben nach festgefügten Mustern in deutlich geschiedene Sequenzen unterteilen.

Aber in einer Zeit beschleunigten Wandels haben nicht einmal die Eckpfeiler und tragenden Säulen des Lebens, die allen gemeinsamen Einschnitte und Stationen historischen Bestand. Die Menschen in den neuen Bundesländern müssen dies abrupt erfahren, jene im alten Bundesgebiet erleben es eher schleichend. Heute ist das Neue dermaßen dominant, daß es schwer gelingen will, pathetisch den Willen zum veränderten Leben zu verkünden.

Dieser Wandel der Definition und Bewältigung von Lebensstationen ist das Thema der Ausstellung. Gezeigt werden die Lebenskonzepte und Verbindlichkeiten beim Übergang von einer Lebensphase in die andere, deren Anfang und Ende markiert sind durch die Extreme Geburt und Tod. Vier Zeiträume dieses Jahrhunderts wurden dazu ausgewählt: Um 1900 wurden jene Lebensstationen samt ihren Ritualisierungen verbindlich, die auch nach dem Ersten Weltkrieg, in den zwanziger Jahren und weit darüber hinaus Geltung besaßen. In der Zeit des Nationalsozialismus wurden neue Lebensentwürfe propagiert und Rituale eingeführt, die insbesondere Mütter, Kinder, Jugendliche und junge Erwachsene in neue Lebensmuster einspannten. Nach 1945 trennten sich die Wege in der Nation. Die Lebensstationen wurden andere.

An ihrem historisch spezifischen Ort, im Zeughaus Unter den Linden im Ostteil Berlins, will die Ausstellung «Lebensstationen in Deutschland» die beiden deutschen Nachkriegs-Staaten in eben diesen unterschiedlichen Lebensstationen, den dabei ausgeformten Ritualisierungen und Vergegenständlichungen zeigen. So lassen sich aus den gemeinsamen Wurzeln die Verzweigungen rekonstruieren, die sich nun wieder aufeinanderzubewegen. Die Ausstellung versteht sich damit auch als Kommentar zum aktuellen Zeitgeschehen. Sie wird wohl kaum dazu beitragen können, die «Wunden auszuheilen, Verlorenes zu ersetzen», haben doch die Umwälzungen der Zeit die Handhabung der Lebensstationen ungewiß gemacht. Doch mag der «Nutzen» der Ausstellung für das «Leben» darin liegen, das Verlorene aus der Distanz – und das heißt immer mit unaufgeregter Nüchternheit – zu betrachten.

Februar 1993

Christoph Stölzl

LEBENSSTATIONEN IN DEUTSCHLAND
ZUR EINFÜHRUNG

Seit dem Fall der Mauer hat sich in der Lebensplanung der Menschen in den neuen Ländern vieles verändert. Von erdrutschartigen Verschiebungen berichtet die Presse: 1991 war die Zahl der Eheschließungen in der ehemaligen DDR, verglichen mit 1989, um über sechzig Prozent zurückgegangen, die der Geburten um fast die Hälfte und die der Ehescheidungen gar um über 80 Prozent! Was hier sichtbar wird, ist mehr als nur das Resultat regionaler Abwanderung und der ökonomischen Krise in den neuen Bundesländern. Die Lebensplanung scheint aus den Fugen geraten zu sein. Die alten Orientierungen bestehen nicht mehr; neue haben sich noch nicht stabilisiert. Psychologen sprechen deshalb von «kritischen Lebenssituationen», die die gesamte Bevölkerung der neuen Länder kennzeichnen.

Mit dem Ende der DDR ist die Sicherheit des Lebensweges geschwunden; das wird von den ehemaligen DDR-Bürgern immer wieder als schmerzlicher Verlust beklagt. Alles sei unsicher geworden, alles gerate in die Turbulenzen des gesellschaftlichen Umbruches. Um so mehr wird der eigene Lebensweg vor 1989 rückblickend als überschaubar, geordnet, gesichert und schließlich insgesamt als positiv bewertet.

Der Verlust von Verbindlichkeiten, Orientierungsmustern und kollektiven Konventionen macht – so die Schlußfolgerung – die beeinflußbaren Lebensstationen heute zum Wagnis: Was gewinne oder verliere ich mit der Heirat, der Mutter- und Vaterschaft, der Scheidung oder dem Festhalten am alten Wohnort, wenn ein Arbeitsplatz nur weit entfernt zu haben ist?

Wie hatte es in der DDR zuvor ausgesehen?

Es wurde viel geheiratet, und es wurde früh geheiratet. 1989 lag das durchschnittliche Heiratsalter für Frauen bei 23 Jahren (1971 sogar bei 21 Jahren); für Männer betrug es 25 Jahre (1971 23 Jahre). Nur wenige heirateten jenseits der dreißig zum ersten Mal.

Zugleich wurde rund ein Drittel aller Kinder unehelich geboren. Dieser Anteil ist 1991 sogar auf über 40 Prozent gestiegen. Auf hundert Geburten entfielen in den achtziger Jahren mehr als 40 Schwangerschaftsabbrüche – ein Wert, der auch nach der «Wende» konstant blieb.

Seit den siebziger Jahren gab es, ähnlich wie in der Bundesrepublik, die Tendenz zur Zwei-Kinder-Familie, seit den achtziger Jahren zur Ein-Kind-Familie. Die meisten Frauen brachten ihre Kinder zwischen dem 20. und dem 25. Lebensjahr zur Welt. Das wurde durch das Konzept der Sozialpolitik gestützt, das auf die Vereinbarkeit von Berufstätigkeit und Mutterschaft ausgerichtet war. Nach dem 25. Lebensjahr war, wie die Demographen es ausdrücken, die «generative Phase» im allgemeinen abgeschlossen.

Die DDR-Bürger gehörten weltweit zu den scheidungs«freudigsten» Eheleuten. In den achtziger Jahren wurde jede zweite Ehe geschieden; die meisten Scheidungen wurden unterhalb der Schwelle zum 30. Lebensjahr vollzogen. Etwa ein Drittel aller geschiedenen Ehen überstand nicht das vierte und die Hälfte nicht das siebte Ehejahr.

Nicht nur bezogen auf Eheschließung, Geburten und Scheidung läßt sich ein insgesamt recht einheitlicher Lebenslauf für die Menschen in der DDR ausmachen. Fast alle Kinder gingen in die Krippe bzw. den Kindergarten, wurden Jung- sowie Thälmannpioniere und Mitglieder der FDJ. Fast alle nahmen an der Jugendweihe teil, der wohl wichtigsten Station für die Jugend in der DDR-Gesellschaft. Das Arbeitsleben war durch die Sicherheit des Arbeitsplatzes bestimmt; mehrfacher Arbeitsplatzwechsel war die Ausnahme und galt als sozial anrüchig. Die Lebensstationen waren mithin recht vorausschaubar.

Die atheistische Staatsdoktrin bestimmte in mehrfacher Hinsicht die Zäsuren im Leben der DDR-Bürger. Zwar blieb das offiziell als Ersatz für die Taufe vorgesehene Fest der «Namensweihe» bedeutungslos und wurde von der Bevölkerung nicht angenommen. Die Jugendweihe jedoch, Mitte der fünfziger Jahre eingeführt, konnte sehr schnell die Konfirmation verdrängen. Das Festhalten an diesem Fest nach der

«Wende» zeigt, wie erfolgreich die Schaffung dieses Rituals des Erwachsenwerdens bis heute ist. Die sozialistische Eheschließung ersetzte zumeist die kirchliche Trauung. Aber der standesamtliche Vorgang geriet häufig zum sakralen Akt; die Braut ließ sich oft im langen weißen Kleid mit Schleier trauen, und die Gäste formierten sich zu einer festlichen Gesellschaft.

Am ehesten verblieb noch die letzte Lebensstation, der Tod, in der religiösen Einbindung; bis zu zwei Drittel der Verstorbenen wurden in den achtziger Jahren mit kirchlichem Segen bestattet.

Diese Zahl lag in der Bundesrepublik Deutschland noch höher. Selbst in den achtziger Jahren machte der Anteil der kirchlichen Beisetzungen fast 90 Prozent aus. Typisch ist auch heute noch das prunkvolle Begräbnis, mit dem hohe finanzielle Kosten einhergehen. Und nicht nur in dieser, sondern in manch anderer Hinsicht unterscheiden sich die Lebensstationen in beiden deutschen Staaten. Kennzeichnend für den Lebensweg in der Bundesrepublik ist ein hochgradig mobiles Arbeitsleben, das häufig lebenslange Unsicherheit bedeutet. Bereits mit dem Abschluß der Berufsausbildung beginnen oftmals die Schwierigkeiten, einen der Ausbildung entsprechenden Arbeitsplatz zu finden.

Eine feste Markierung dagegen bedeutet auch heute noch die Ehe. Mehr als die Hälfte aller Eheschließungen finden heute noch kirchlich statt. Ehejubiläen wie die Silberne oder Goldene Hochzeit werden im allgemeinen aufwendig gefeiert. Zugleich ist die Ehe längst nicht mehr zwangsläufig auf Dauer angelegt; gegenwärtig wird in der Bundesrepublik jede dritte Ehe wieder geschieden und es sind, besonders seit den siebziger Jahren, neue Formen des Zusammenlebens neben die Ehe getreten. 1987 lebten 1,5 Millionen Bundesbürger in einer «Ehe ohne Trauschein». Auch das zeitweilige Alleinleben, das Single-Dasein, nimmt gerade in den urbanen Zentren der Bundesrepublik zu.

Einen deutlichen Übergang zum Erwachsenenalter gibt es kaum noch, denn immer mehr Jugendliche bleiben immer länger im Schul- und Ausbildungssystem. Ehe und Elternschaft rücken für sie in eine ferne biographische Zukunft.

Gemeinsam war beiden deutschen Staaten eine durch die Schule bestimmte Kindheit; der Beginn des «Ernstes des Lebens» wurde für die Sechsjährigen in West und Ost mit einer Zuckertüte feierlich initiiert. Auch der «Schritt ins Leben» vollzog sich in beiden deutschen Staaten in ähnlicher Weise, nämlich als medizinisch betreuter Vorgang außerhalb der Familie an einem eigens dafür vorgesehenen Ort.

Ganz anders hatte es, bezogen auf die Geburt, noch um die Jahrhundertwende ausgesehen. Die meisten Kinder wurden zu Hause geboren, und eine Klinikgeburt galt als sozial anrüchig. Die Kindheit war um 1900 – mit Einschränkungen – eine Schul-Kindheit; die Schultüte als Attribut der ABC-Schützen war allerdings noch ungewöhnlich. Mit dem Ende der Volksschulzeit begann für die allermeisten Heranwachsenden das Arbeitsleben, denn nur sechs von hundert Kindern besuchten weiterführende Schulen.

Die Entstehung des Jugendalters als eigenständige Lebensphase vollzog sich zunächst im Bürgertum, zaghafter auch in der Arbeiterschaft.

Die Ehe war von hoher Verbindlichkeit für Männer und Frauen. Frauen, insbesondere bürgerliche, standen im Zwang, sich zwischen Beruf und Ehe entscheiden zu müssen – unter Verzicht auf das jeweils andere. Um 1900 wurde, mit dem Fortfall traditioneller Ehehemmnisse, so viel wie bis dahin noch nie in der deutschen Geschichte geheiratet. Die Erfahrung, als Mann und Frau zusammenzuleben, in einer Familie, mit Geschwistern aufzuwachsen, wurde prägend für so viele Menschen wie nie zuvor. Zwischen 1871 und 1970 hat sich der Anteil der Ledigen an den Heiratsfähigen beinahe halbiert. In ihrer gesellschaftsgeschichtlichen Bedeutung kann die Entstehung einer «familienförmigen Gesellschaft» kaum überschätzt werden, und manche Historiker, wie Thomas Nipperdey, sprechen diesbezüglich von einem «revolutionären Ereignis».

Das Heiratsalter lag um 1900 gleichwohl hoch, nämlich bei 29 Jahren für die Männer und 26 Jahren für die Frauen. Pro Ehe wurden seit dem späten 19. Jahrhundert immer weniger Kinder geboren; zugleich starben auch immer weniger Säuglinge. Diese beiden Trends bestimmten das Familienleben im 20. Jahrhundert. Binnen einer Generation, von 1900 bis 1924, reduzierte sich die Anzahl der Kinder in neu geschlossenen Ehen durchschnittlich auf die Hälfte.

In den zwanziger Jahren setzte eine Diskussion um ein neuartiges Verhältnis zwischen den Geschlechtern ein, und die «Kameradschaftsehe» wurde in manchen Kreisen zum Ideal erhoben.

Daß das Feiern der Ehejubiläen, der Silbernen und Goldenen Hochzeit, seit dem späten 19. Jahrhundert populär wurde, hängt nicht zuletzt mit der steigenden Lebenserwartung zusammen. Immer mehr Ehepaare hatten jetzt erstmals in der Geschichte überhaupt die Chance, zusammen alt zu werden. Damit wurden zugleich Konventionen allgemeinverbindlich, die bis heute Gültigkeit besitzen.

Auch die Altersphase als arbeitsfreie Ruhephase konstituierte sich in dieser Zeit. Erreichten um 1900 aber nur wenige das Rentenalter, nämlich nicht mehr als sechs Prozent der Bevölkerung, so ist inzwischen eine lange Lebensphase zwischen Beginn der Rentenzeit und dem Tod für uns heute geradezu selbstverständlicher Bestandteil der Lebensplanung.

War die Zeit um die Jahrhundertwende bestimmt gewesen durch die kulturelle Ausformung von neuen Konventionen und Lebensabschnitten, die prägend bis in die jüngste Vergangenheit waren, bedeutete der Nationalsozialismus in vielem eine durch staatsideologische Vorgaben gesteuerte Interpretation und Ritualisierung durchaus auch neuer Lebensstationen. Frauen wurden auf die Mutterschaft verpflichtet, die als Pflichterfüllung gegenüber dem Staat angesehen wurde. Die Einschulung fand in einem Schulsystem statt, das nach dem Willen des Regimes mit dem nationalsozialistischen Gedankengut vertraut machen sollte. Mit der Aufnahme der Zehnjährigen in die Kinderorganisationen der Hitlerjugend (ab 1936 obligatorisch) begann die institutionelle Einbindung der Jugend als «Garant der Zukunft» in den Staat, dem sie dienen sollte. Daran schlossen sich die Mitgliedschaft in der Hitlerjugend (14-18jährige Jungen) bzw. im Bund Deutscher Mädel an (14-17jährige). Es folgten das Pflichtjahr und der Reichsarbeitsdienst. So wurde insbesondere die Zeit der Jugend und des Heranwachsens durch neue Lebensstationen ritualisiert, die einen radikalen Zugriff auf den Einzelnen bedeuteten.

Zugleich bestanden angestammte Lebensstationen fort; Kinder wurden weiterhin getauft und gingen zur Kommunion bzw. zur Konfirmation. Weiterhin begann für die meisten Heranwachsenden das Arbeitsleben mit dem Ende der Volksschulzeit; wie schon um 1900 absolvierten drei Viertel der Schulabgänger eine Lehre.

Trotz der offiziellen Aufwertung der ledigen Mutter, die ebenso wie die verheiratete dem Staat diene, war die Ehe auch in der Zeit des Nationalsozialismus von zentraler Bedeutung im Lebensweg. Die Eheschließung fand weiterhin zumeist als standesamtliche und kirchliche Trauung statt. Jenseits der angestammten Konventionen installierten die Nationalsozialisten eine Trennung zwischen erwünschten und nichterwünschten Ehen, die Förderung von sogenannten erbgesunden Personen und das Verbot der Eheschließung (bis hin zur Unfruchtbarmachung) für andere, die den bevölkerungspolitischen Zielen nicht entsprachen.

Der Tod war in der Ideologie der Nationalsozialisten eine mit Pathos erfüllte Größe. Der Krieg beendete massenhaft das Leben der Menschen vorzeitig und nahm ihnen die Möglichkeit, die Stationen eines normalen Lebens zu absolvieren.

Was wir in der Ausstellung darstellen, ist die Konstruktion kollektiver Lebensstationen – ohne Rücksicht auf die Einstellungen und Haltungen Einzelner. Nicht die Individualität im Sinne von Einzigartigkeit ist daher das Thema, sondern das Allgemeine, das Gewöhnliche und Massenhafte jener Feststage und Ereignisse, die die Menschen in der jeweiligen Epoche für bedeutsam halten. Wir zeigen die Verbindlichkeiten, die kulturellen Vorgaben für die Bestimmung und Bewältigung von Zäsuren im Leben aller. Es sind die heute erkennbaren, in der Regel von allen anzusteuernden Stationen, die eine Darstellung erfahren. Stationen also, an die wir unsere entscheidenden Erinnerungen heften, die dabei sicherlich eine individuelle Ausdeutung erfahren.

Was kann gezeigt werden, wenn die sozial verbindlichen Stationen im Leben vorgestellt werden sollen? Mit welchen Dingen werden diese Stationen verknüpft? Können diese Dinge mehr sein als ein Verweis, ein Fingerzeig auf Rituale, Konventionen und Abläufe eines Geschehens, das geprägt ist vom kollektiven Bewußtsein, von Gefühlen und kultureller Bedeutung? Es ist üblich, gerade für die wichtigsten Tage eines Lebens die Funktion der Dinge vom Geschehen her zu bestimmen: Zur Einschulung beispielsweise gehört die Schultüte. Sie ist Attribut des ersten Schultages.

Daß es sich auch umgekehrt verhalten könnte, daß das Geschehen der Einschulung wie allgemein jeder Lebensstation Attribut der an diesen Tagen vorgezeigten und gehandhabten Gegenstände sein könnte, war ein wichtige Überlegung für die Auswahl der in der Ausstellung präsentierten Exponate – denn: «Es gibt Gegenstände, die uns im Rahmen von Ritualen und Zeremonien vorgezeigt werden. Kreuze, goldene Ringe, Löffel, Torten, Grabgebinde. Sie sollen, das ist vorher festgelegt, Lebensabschnitte beenden oder andere beginnen. ‹Feiern› oder ‹Trauern› nennt man diese Zeremonien. Die Gesten, die Sätze werden zum Attribut der Gegenstände. Die Gegenstände tragen die Inhalte des Geschehens. Die Personen sind auf die Gegenstände abgestimmt. Die Gegenstände sind der Plan, die überdeutliche Karte, das Schnittmuster, nach dem die Personen handeln. Der Rahmen ist eng und starr.» Die Literatin Herta Müller eröffnet mit diesem Gedanken zur Macht der «Gegenstände, wo die Haut zu Ende ist» eine Sichtweise auf die Lebensstationen, die der Überprüfung durchaus standhält; das bestätigt ein Beispiel aus der jüngsten Vergangenheit: Das Bundesverwaltungsgericht entschied in einem Urteil vom 21.1.1993, daß die Schultüte zum «notwendigen Lebensunterhalt» eines Schulanfängers gehört. Sind die Eltern des ABC-Schützen auf Sozialhilfe angewiesen, so muß dem Anfänger auf Staatskosten eine Schultüte überreicht werden.

Welche Lebensabschnitte konnten wir in der Ausstellung überhaupt darstellen? Für viele Lebensschritte, die heute relevant geworden sind, gibt es keine Rituale, sie sind in gewisser Weise Nicht-Ereignisse: der Auszug aus dem Elternhaus, dessen Wichtigkeit die Psychologen für Kinder wie für Eltern betonen («the empty nest», vgl. auch den Beitrag von D. Lenzen in diesem Band), das allmähliche Erwachsenwerden oder auch der Wiedereinstieg von Müttern in den Beruf vollziehen sich ohne größere Übergangsfeierlichkeiten. Auch der Zeitpunkt, von dem an die altgewordenen Eltern wieder versorgt werden müssen, wird nicht als Beginn eines neuen Lebensabschnittes deutlich markiert, sondern in unserer Gesellschaft eher versteckt.

Der vorliegende Band enthält neben dem umfangreichen Objektteil eine Aufsatzsammlung, die die Darstellung der Lebensstationen mit den Mitteln der Ausstellung ergänzt. Die Aufsätze namhafter Wissenschaftsvertreter aus West- und Ostdeutschland widmen sich der Betrachtung der jüngeren Vergangenheit in beiden deutschen Staaten sowie der Gegenwart im vereinigten Deutschland. Ein Beitrag zur Konzeption der Gestaltung, verfaßt von der Ausstellungsarchitektin Daniele Schneider-Wessling, schließt sich an.

Die Diffusität des Lebenslaufs in den modernen Industriegesellschaften zeigt Dieter Lenzen in seinem Essay auf. Eva Jaeggi befaßt sich mit den Singles als den «Pionieren der Moderne», und Arthur E. Imhof setzt sich mit den Folgeproblemen des Alters als neuer Lebensphase auseinander. Bezogen auf die DDR gilt das Interesse von Günter Roski der Einstellung von Jugendlichen zu Staat und Gesellschaft, während Barbara Hille sich in ihrem Beitrag mit der Haltung der DDR-Jugend gegenüber Ehe und Familie beschäftgt. Das «Erlebnis der Wende» für Kinder und Jugendliche beschreibt Gudrun Leidecker, und Hans Bertram analysiert die Familie in den alten und neuen Bundesländern. Neuere Forschungsergebnisse kommen hier zusammen mit empirischem Material, das – wie das aus dem Leipziger Institut für Jugendforschung stammende – jahrelang kaum zugänglich waren.

Rosmarie Beier

UM 1900

1/12

GEBURT UND TAUFE

Kinder, die um 1900 geboren wurden, kamen in den meisten Fällen zu Hause zur Welt. Eine Hebamme oder Nachbarinnen halfen der werdenden Mutter. Eine Klinikgeburt war sozial anrüchig. Nur die allerärmsten Frauen aus den städtischen Unterschichten, Ledige, Frauen ohne feste Bleibe, gingen in die Gebäranstalt oder ein Spital.

Der «Schritt ins Leben» war höchst unsicher, denn viele Kinder überlebten das erste Lebensjahr nicht. Die Säuglingssterblichkeit war um die Jahrhundertwende immer noch hoch. Zwar hatte sie um 1870 ihren Höhepunkt erreicht und war dann wieder gesunken, aber um 1900 starben im Deutschen Reich jährlich noch etwa vierhunderttausend Kinder. Damit überlebte jeder fünfte Säugling (bei den unehelichen sogar jeder dritte) das erste Lebensjahr nicht. Je mehr Kinder in einer Familie geboren wurden, desto mehr verstarben. Wer als elftes oder weiteres Kind in eine Bergarbeiterfamilie hineingeboren wurde, hatte eine Überlebenschance von weniger als 50 Prozent. Kaum anders war es in altbayerischen ländlichen Gebieten, wo man die Letztgeborenen mit gewollter Gleichgültigkeit «himmeln gehen» ließ.

Die Säuglingssterblichkeit ging zuerst im «neuen Mittelstand» zurück, in den Familien der Beamten, Angestellten und Freiberufler, aber auch in der Facharbeiterschaft. Hier wuchs das Bewußtsein für Hygiene und kindgemäße Bedingungen des Aufwachsens am ehesten.

Die meisten Kinder wurden getauft. In katholischen Gegenden fand die Taufe spätestens eine Woche nach der Geburt in Abwesenheit der Mutter statt. Für diese rasche Taufzeremonie war die hohe Säuglingssterblichkeit sicher ein wichtiger Grund, denn ein ungetauftes Kind galt als verlorene Seele, die nicht in den Himmel gelangen konnte. Wichtig war die Auswahl der Paten, denn diese sollten als Beschützer und Begleiter des Kindes nicht nur im religiösen Bereich, sondern auch in Fragen der Lebensplanung und -entscheidung dienen.

1/1 PUBLIKATION
«DAS JAHRHUNDERT DES KINDES»
ELLEN KEY
BERLIN: S. FISCHER, 6. AUFLAGE 1904
(ERSTAUSGABE: 1902)
GANZLEINENBAND; GOLDPRÄGUNG;
391 SEITEN
DHM 1992/1631

Die schwedische Schriftstellerin, Frauenrechtlerin und Pazifistin widmete ihr Werk «allen Eltern, die hoffen, im neuen Jahrhundert den neuen Menschen zu bilden.» Die Hoffnung, daß durch die Lebendigkeit und Selbständigkeit des Kindes eine neue, bessere Welt geschaffen würde, wurde von vielen Pädagogen mit Emphase vertreten.

1/2 PHOTOALBUM FÜR
HANNS-HORST LANGFELDT
MUESS BEI SCHWERIN, DEZEMBER 1932;
21 SEITEN; 35,5 X 28,5 CM
DHM, BESTAND ZEUGHAUS (DO 74/622 I)

Das vom Vater anläßlich der Volljährigkeit des Sohnes liebevoll angelegte Album enthält rund fünfzig Photos des am 20. Dezember 1911 als Sohn eines «Kgl. Polizeikommissars und Oberleutnants d.R.» in Frankfurt-Rödelheim geborenen Hanns-Horst Langfeldt. Auf die beiden ersten Seiten hat der Vater das mit getrockneten Blumen geschmückte erste Photo des Säuglings geklebt sowie die Geburtsanzeige. Handschriftlich ist auf ihr hinzugefügt: «Geburtsstunde 4 25 nachm.».

Lose eingelegt in das Album ist eine Niederschrift über die Entwicklung des Sohnes in den ersten Monaten.

1/3 «EINIGE AUFZEICHNUNGEN DES VATERS ÜBER HANNS-HORSTS JUGENDTAGE.»
WOHL NACH 1912; ZWEI SEITEN;
MASCHINENSCHRIFTLICH; JE 33 X 21 CM
DHM, BESTAND ZEUGHAUS (DO 74/622 I)

Die Beobachtungen umfassen die ersten acht Lebensmonate bis zum 26. Juli 1912. Minutiös dokumentierte der Vater jede Umstellung der Ernährung; so schrieb er z. B. unter dem 12. Juli 1912: «Zum ersten Mal probeweise eine Flasche (Milch mit Haferschleim) erhalten, vorübergehend auf vier Tage.» Am 10. August hielt er fest: «Von diesem Tage ab dauernd eine zweite Flasche, abends 18-19 Uhr.»

An die Notizen schließt sich eine «Gewichtstabelle» an. Hier sind die Resultate des regelmäßig einmal wöchentlich stattfindenden Wiegens akribisch (bis zu drei Stellen hinter dem Komma) festgehalten.

Ebenso ernst wie das körperliche Gedeihen des Kindes nahm der Vater als Polizeikommissar und Oberleutnant der Reserve auch Anzeichen einer frühzeitigen Entwicklung zum Patrioten. Am 19. August notierte er: «15.10 Uhr – zum ersten Mal in seinem Leben Kaiser Wilhelm II. gesehen, und zwar an der Niddabrücke in meinem Revier, vor dem Park des v. Stumpf-Brentano. Der Junge winkte dem Kaiser instinktiv zu, welcher dankte.»

1/4 SÄUGLINGSFLASCHE
UM 1910; GLAS; H 23,5 CM
DHM, BESTAND ZEUGHAUS (MK 61-155)

Auf der Flaschenwand befinden sich plastisch erhöhte Querstriche und eine Skala von 1 – 15 (ml) zum genauen Dosieren der eingefüllten Menge. Der zur Flasche gehörende Gummisauger fehlt.

1/5 SÄUGLINGSWAAGE
AUFSCHRIFT AUF DER RÜCKSEITE: «D.R.P.»
UM 1900; EISEN; KUPFERFARBENER ANSTRICH; 33 X 60 X 33 CM
DHM, BESTAND ZEUGHAUS (HI 74/178)

Das Wiegen des Säuglings wurde durch die körpergerecht geformte Metallschale erleichtert. Mittels Verschiebung der Gewichte auf der vorderseitig angebrachten Skala ließ sich exakt bestimmen, um wieviel Gramm das Neugeborene zugenommen hatte.

1/5

1/6 POSTKARTE «UNSERN LIEBEN FREUNDEN DIE FREUDIGE NACHRICHT VON DER GLÜCKLICHEN GEBURT EINES GESUNDEN KNABEN.»
BERLIN, 24.06.1907 (POSTSTEMPEL); CHROMOLITHOGRAPHIE; 9,2 X 13,9 CM
DHM 1991/1012

Tintenschriftlich ist auf der Vorderseite hinzugefügt: «geb. am 23.VI. morgens 7 1/4 Uhr Karl Remme jr. u Frau».

Das Versenden von Familienanzeigen und Glückwunschkarten war im späten 19. Jahrhundert in allen Schichten der Bevölkerung populär geworden. Die expandierende Luxuspapier-Industrie, die ein breites Sortiment bereithielt, und der Ausbau des Postwesens förderten diese Entwicklung ebenso wie die generelle Zunahme von Familiengründungen in allen Gruppen der Gesellschaft.

Vorgedruckte Karten mit Bildmotiv konnten – wie hier – mit individuellen Angaben ergänzt werden.

1/6

1/7 POSTKARTE «HERZLICHEN GLÜCKWUNSCH ZUM FROHEN EREIGNIS»
AUF DER RÜCKSEITE TINTENSCHRIFTLICH: «SENDEN WILLY W. UND FRAU»
08.05.1906 (POSTSTEMPEL); PRÄGEDRUCK, GOLDPRÄGUNG; HANDKOLORIERT;
8,9 X 13,9 CM
DHM 1991/1013

Im Versenden von Glückwunschkarten zu Familienereignissen vermischen sich Konvention und persönliche Anteilnahme. An der Funktion und Bedeutung von Anzeigen und Glückwünschen zur Geburt eines Kindes hat sich seit ihrem Entstehen bis heute kaum etwas geändert.

1/8

1/13

1/8 EINLADUNGSKARTE ZUR TAUFE
BERLIN, 08.10.1898; CHROMOLITHOGRAPHIE;
9,2 X 14 CM
DHM 1992/7

Auf der Rückseite ist angemerkt: «Nach der Taufe findet im kl. Hochzeitssaale bei Schultheiss Neue Jakobstr. 24 eine kleine Feier statt, wozu auf Ihr Erscheinen bestimmt rechnen. Besten Gruß d.U.»

Mit der kirchlichen Zeremonie war der Tauftag noch nicht zu Ende. Ihr schloß sich zumeist eine Festlichkeit im Kreis der engeren Verwandten und Freunde sowie häufig der Personen an, denen der Vater durch die berufliche Tätigkeit verbunden oder verpflichtet war.

1/9 TAUFKLEID
1895; WEISSER BATIST; HANDSTICKEREI;
L 75 CM
DHM, BESTAND ZEUGHAUS (KTE 84-21)
ABB. SEITE 33

Das Brustteil des Taufkleides, die kurzen Puffärmel und der Saum sind mit Weißstickerei geschmückt. Die Rückseite des Kleidchens ist offen und wird nur durch ein einfaches Band geschlossen.

Dieses Taufkleid wurde in einer Familie über drei Generationen verwandt: 1922 wurde die Vorbesitzerin in diesem Kleid getauft, das schon ihr Vater, Sohn einer Köchin und eines «herrschaftlichen Dieners», 1895 getragen hatte sowie danach zwei seiner Brüder. In den Jahren 1945, 1952, 1953 und 1958 trugen es wiederum ihre Kinder.

1/10 TAUFGESCHENK «ICH GRATULIRE.»
UM 1900; KARTON;
GOLDBORTENMONTIERUNG; INHALT:
GESTANZT, GEPRÄGT, STOFFAPPLIKATIONEN,
Z.T. MIT SEIDENPAPIER HINTERKLEBT;
SCHACHTEL 8,2 X 11,4 X 1,7 CM
DHM 1988/1065 / ABB. SEITE 33

In der kleinen, verzierten Schachtel verbergen sich ein Steckkissen, ein Jäckchen, zwei Mützchen, ein Lätzchen sowie ein Wickelband in Miniaturformat. Diese aus Stanzspitze gefertigten Teile sind fein und detailliert ausgearbeitet. Die Mütze mit den lilafarbenen Bändchen gehörte ursprünglich wohl nicht dazu.

1/11 TISCHKARTE FÜR EINE TAUFFEIER
UM 1910; CHROMOLITHOGRAPHIE;
GESTANZT, GEPRÄGT; 10,3 X 11,2 CM
DHM 1988/1029FF / ABB. SEITE 33

Die in Form eines Kinderwagens gestaltete Tischkarte war, wie handschriftlich angegeben ist, für

1/16

«Fräulein Edith Obst» bestimmt. Das Wagenverdeck ist beweglich, und die Räder können abgeklappt werden, so daß die Tischkarte an dem für die Genannte vorgesehenen Platz aufgestellt werden konnte.

1/12 GRUPPENPHOTO ZUR ERINNERUNG AN DIE TAUFE
UM 1900; 16,6 X 11,6 CM
DHM 1991/1964 / ABB. SEITE 13

Vor einer Hauswand hat der (wohl über Land fahrende Photograph) seinen Prospekt aufgehängt und auf der Straße einen Teppich ausgelegt. In diesem improvisierten Rahmen hält eine aus drei Generationen bestehende Familie (wohl aus der ländlichen Unterschicht) den Tag der Kindstaufe fest. Seine Bedeutung wird durch die zu diesem besonderen Ereignis angelegten, schleifenartig gebundenen Halstücher der Kinder und der beiden Frauen unterstrichen. Der Vater überragt, einem pater familias gleich, die anderen.

1/13 FAMILIENPHOTO ZUR ERINNERUNG AN DIE TAUFE
AUFNAHME: ALEXANDER ROTHBERGER, HOFPHOTOGRAPH U. MALER
BERLIN C., UM 1905; 16,5 X 10,7 CM
DHM 1991/1961

Das Atelierporträt zeigt eine festlich gekleidete bürgerliche Familie.

1/14 PHOTOGRAPHIE EINER TAUFGESELLSCHAFT
UM 1900; 8 X 18 CM
DHM 1991/1899

Die aus vierzehn Personen bestehende Festgesellschaft, wohl des gehobenen Bürgertums, hat im Garten Platz genommen. Der Täufling sitzt auf dem Schoß der Mutter, umrahmt vom Vater und der Großmutter.

1/15 PHOTOGRAPHIE ZUR ERINNERUNG AN DIE TAUFE
WOHL FRANKFURTER RAUM, UM 1910; 16 X 13 CM
DHM 1989/890

Vor begrüntem Mauerwerk ist die Mutter mit dem Täufling zu sehen, neben ihr ein kleines Mädchen. Die Kleidung der Abgebildeten ist nicht alltäglich, aber einfach gearbeitet. Wahrscheinlich handelt es sich um eine (ländliche) Arbeiterfamilie, die von einem Wanderphotographen aufgenommen wurde.

1/16 PATENBRIEF «ZUR ERINNERUNG AN DIE HEILIGE TAUFE.»
AUSGESTELLT VON JOHANNA INDORF
MERSEBURG 1903; WACHS, GOLD- UND SILBERBORTEN, GAZE; GESTANZT, MONTIERT; KUVERT 11,5 X 8,3 X 0,8 CM; EINLEGEBLATT 18,2 X 11,5 CM
DHM 1989/1566

Der Patenbrief besteht aus einem reich verzierten Kuvert sowie dem eigentlichen Taufbrief. Dieser, mit einem christlichen Spruch und guten Wünschen bedruckt, brauchte von der Patin nur noch unterschrieben und in das Kuvert gesteckt zu werden. Solche Patenbriefe wurden meist in kleine, dazu passende Schachteln gelegt; oft kam noch ein Pfennig dazu, der als Glücksbringer aufgehoben wurde. Auch der Patenbrief selbst war hauptsächlich ein Erinnerungsstück für das Patenkind. Dies verdeutlichen Aufschriften wie «Zur Erinnerung an den Tag der Weihe» u.ä.

Die Patenbriefe begleiteten das eigentliche Taufgeschenk, das in bessergestellten Familien zumeist aus einem silbernen Becher, einem Kinderbesteck oder einem Sparbuch mit Einlage bestand.

Die Aufforderung, eine Patenschaft zu übernehmen, galt als eine Ehre, besonders bei der Geburt des ersten und zweiten Kindes. Bis zur Konfirmation, mit der die Begleitung durch den Paten endete, bestanden die Verpflichtungen gegenüber dem Patenkind, die auch mit finanziellen Aufwendungen verbunden waren.

1/17 PATENBRIEF «ZUR HEILIGEN TAUFE»
AUSGESTELLT VON WILLY VANDERSEE
BERLIN, 05.02.1905; SEIDE, SPITZE, LITZE; GESTANZT, MONTIERT; KUVERT 11,6 X 8,2 X 0,7 CM; EINLEGEBLATT 16,4 X 10,5 CM
DHM 1989/1560

Das Kuvert ist geschmückt mit rosafarbener Seide, auf der die goldgeprägte Widmung «Zur heiligen Taufe» angebracht ist. Umrahmt wird sie von weißer Spitze, rosa-weißer Litze sowie geprägten Papierrosetten.

1/18 SCHAUTAFEL «DIE NATÜRLICHE ERNÄHRUNG.»
TAFEL 61 AUS: LEO LANGSTEIN/FRITZ ROTT: ATLAS DER HYGIENE DES KINDES, BERLIN: PREUSSISCHE VERLAGSANSTALT 1918
LICHTDRUCK; 35,2 X 49,8 CM
FREIE UNIVERSITÄT BERLIN, ARCHIV DES KAISERIN AUGUSTE VICTORIA-HAUSES
ABB. SEITE 18

Die hohe Säuglingssterblichkeit (um 1900 starb im Deutschen Reich jeder fünfte Säugling!) war hauptsächlich auf die falsche Ernährung und fehlende Hygiene zurückzuführen. Städte und Gemeinden hatten um die Jahrhundertwende zahlreiche Gegenmaßnahmen eingeleitet: so wurden Milchhöfe und Milchküchen eingerichtet, die einwandfreie Milch bereithielten. Der Staat, der sich bezogen auf die Quote der Kindersterblichkeit im Wettstreit mit anderen Nationen sah, gründete 1907 die «Reichsanstalt zur Bekämpfung der Säuglingssterblichkeit im Deutschen Reich» in Charlottenburg, deren Aufgaben die Mütterberatung, Säuglingsbehandlung und die wissenschaftliche Forschung waren. Aus dieser Einrichtung stammen die folgenden Schautafeln.

Unter dem Motto «Das Herz und die Milch einer Mutter sind unersetzlich» wird hier die emotionale Zuwendung zum Kind ebenso propagiert wie das Stillen des Säuglings. Solche Lehrbilder hingen schon vor 1910 in den Säuglingsfürsorge- und Milchausgabestellen zur Aufklärung der Mütter aus.

Eine der Hauptursachen des Säuglingstods war die geringe Verbreitung des Stillens. Die saubere, optimal zusammengesetzte und immunisierende Muttermilch konnte durch kein «künstliches» Nahrungsmittel adäquat ersetzt werden. Bezogen auf das Stillverhalten waren die sozialen Unterschiede geringer als die regionalen: In den Städten an Rhein und Ruhr (Mönchengladbach, Neuss, Essen, Barmen u.a.) wurden beispielsweise rund zwei Drittel der Säuglinge gestillt (um 1910); in Hannover-Linden dagegen war es weniger als die Hälfte und in Niederbayern sogar nur ein Viertel.

1/18

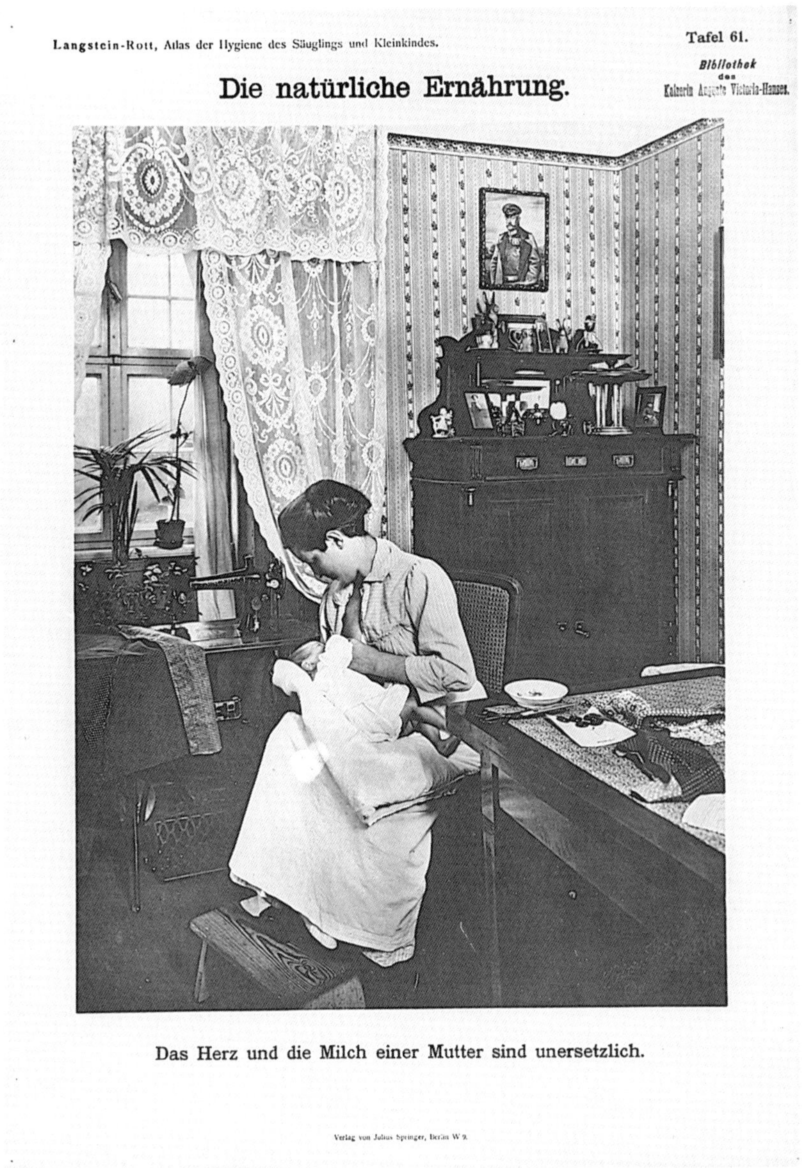

Langstein-Rott, Atlas der Hygiene des Säuglings und Kleinkindes.
Tafel 61.
Bibliothek des Kaiserin Auguste Victoria-Hauses.
Die natürliche Ernährung.
Das Herz und die Milch einer Mutter sind unersetzlich.
Verlag von Julius Springer, Berlin W 9.

1/19 SCHAUTAFEL «KÜHLHALTEN DER MILCH MIT EINFACHEN MITTELN.»
TAFEL 67 AUS: LEO LANGSTEIN/FRITZ ROTT: ATLAS DER HYGIENE DES KINDES, BERLIN: PREUSSISCHE VERLAGSANSTALT 1918
CHROMOLITHOGRAPHIE; 35,2 X 49,8 CM
FREIE UNIVERSITÄT BERLIN, ARCHIV DES KAISERIN AUGUSTE VICTORIA-HAUSES
ABB. SEITE 34

Das Aufbewahren der Säuglingsmilch war gerade in den heißen Sommermonaten ein großes Problem; in dieser Jahreszeit erreichte die Säuglingssterblichkeit ihren Höchststand.

1/20 SCHAUTAFEL «MILCHFLASCHE UND SAUGER.»
TAFEL 68 AUS: LEO LANGSTEIN/FRITZ ROTT: ATLAS DER HYGIENE DES KINDES, BERLIN: PREUSSISCHE VERLAGSANSTALT 1918
CHROMOLITHOGRAPHIE; 35,2 X 49,8 CM
FREIE UNIVERSITÄT BERLIN, ARCHIV DES KAISERIN AUGUSTE VICTORIA-HAUSES
ABB. SEITE 34

Schädlich waren Flaschen aus hartem Metall ebenso wie verformte und verschmutzte Sauger. Ihnen gegenübergestellt wird hier die hygienische Flasche mit Maßeinteilung, Schnappverschluß und sauberem Gummisauger.

1/21 SCHAUTAFEL «PRÜFEN VON GESCHMACK UND WÄRME DER FLASCHENNAHRUNG»
TAFEL 71 AUS: LEO LANGSTEIN/FRITZ ROTT: ATLAS DER HYGIENE DES KINDES, BERLIN: PREUSSISCHE VERLAGSANSTALT 1918
LICHTDRUCK; 35,2 X 49,8 CM
FREIE UNIVERSITÄT BERLIN, ARCHIV DES KAISERIN AUGUSTE VICTORIA-HAUSES

Das korrekte Vorgehen wird demonstriert: «Die Mutter darf zur Kostprobe die Flasche nicht in den Mund nehmen – dadurch können Krankheiten auf das Kind übertragen werden – sondern sie soll ein paar Tropfen auf die Hand giessen und diese kosten.»

1/22 SCHAUTAFEL «WERT DER NATÜRLICHEN ERNÄHRUNG.»
TAFEL 62 AUS: LEO LANGSTEIN/FRITZ ROTT: ATLAS DER HYGIENE DES KINDES, BERLIN: PREUSSISCHE VERLAGSANSTALT 1918
CHROMOLITHOGRAPHIE; 35,2 X 49,8 CM
FREIE UNIVERSITÄT BERLIN, ARCHIV DES KAISERIN AUGUSTE VICTORIA-HAUSES

1/23 SCHAUTAFEL «URSACHEN DER VERDAUUNGSKRANKHEITEN, BESONDERS DES BRECHDURCHFALLS.»
TAFEL 88 AUS: LEO LANGSTEIN/FRITZ ROTT: ATLAS DER HYGIENE DES KINDES, BERLIN: PREUSSISCHE VERLAGSANSTALT 1918
CHROMOLITHOGRAPHIE, 35,2 X 49,8 CM
FREIE UNIVERSITÄT BERLIN, ARCHIV DES KAISERIN AUGUSTE VICTORIA-HAUSES

Die Abbildung veranschaulicht, daß die Überfütterung der Säuglinge mit Kuhmilch, mangelnde Reinlichkeit und Unterbringung in überhitzten Räumen zu Verdauungskrankheiten bis hin zum tödlichen Brechdurchfall führten.

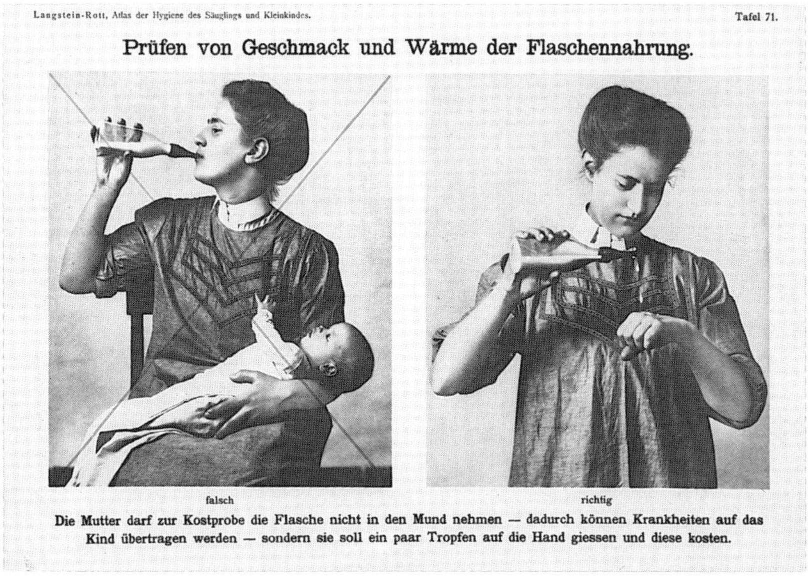
Langstein-Rott, Atlas der Hygiene des Säuglings und Kleinkindes.
Tafel 71.
Prüfen von Geschmack und Wärme der Flaschennahrung.
falsch
richtig
Die Mutter darf zur Kostprobe die Flasche nicht in den Mund nehmen — dadurch können Krankheiten auf das Kind übertragen werden — sondern sie soll ein paar Tropfen auf die Hand giessen und diese kosten.

Langstein-Rott, Atlas der Hygiene des Säuglings und Kleinkindes.
Tafel 62.
Wert der natürlichen Ernährung.
Die Sterblichkeit der Flaschenkinder ist siebenmal größer
als die der Brustkinder.

1/21
1/22

1/24 TOTENHEMD FÜR EIN KIND
UM 1910(?); BAUMWOLLE, GAZE, SPITZE,
KUNSTSEIDE (SCHLEIFEN);
MASCHINENSTICKEREI; L 59 CM
DHM 1991/159.2 / ABB. SEITE 33

Die Vorderseite des Hemdes ist mit einer in Falten gelegten Gazeschicht verziert und mit Spitze, Kordeln und Schleifen geschmückt. Die Rückseite des Hemdes ist offen und schmucklos.

Die Ähnlichkeit des Totenhemdes mit einem Taufkleid ist auffällig (vgl. 1/9). Beide sind weiß (weiß ist traditionell die Farbe für Totenwäsche), und auch Form und Ausstattung ähneln sich.

Diese weitaus kostengünstigere Totenwäsche aus Papier, seit der zweiten Hälfte des 19. Jahrhunderts auf dem Markt, ahmte die prächtige Seiden-, Damast- oder Satinausstattung der Begräbnisse «erster Klasse» bzw. die Kaschmir- und Tüllrüschenwäsche der «zweiten und dritten» Klasse nach und ermöglichte auch den ärmeren Bevölkerungskreisen ein würdiges und zugleich kostengünstiges Begräbnis.

1/25 TOTENHEMD FÜR EIN KIND
HERSTELLER: FEIBEL & WEDEL
BERLIN, UM 1910(?); PAPIER, ATLASSEIDE (SCHLEIFEN), PERLEN, GAZE MIT MASCHINENSTICKEREI; L 90 CM
DHM 1991/159.5

Ein Schmuckband aus blauer Kordel deutet auf die Verwendung dieser Wäsche für einen Jungen hin.

1/26 GRABZEICHEN FÜR EIN KINDERGRAB
UM 1900; BISKUITPORZELLAN;
46 X 20 X 13 CM
KASSEL, MUSEUM FÜR SEPULKRALKULTUR
(M 1984/37; DAUERLEIHGABE DER BUNDESREPUBLIK DEUTSCHLAND)

Die Physiognomie des Engels erinnert an die eines Kleinkindes. Sein Gesicht mit den halbgeschlossenen Augen, dem gesenkten Blick und dem traurigen Ausdruck gemahnt an den Tod.

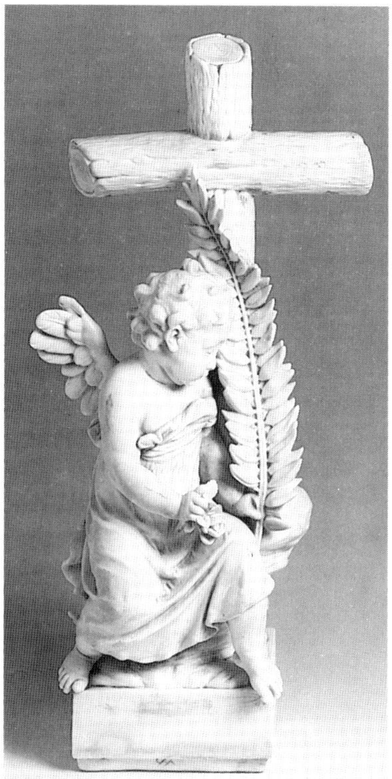

1/26

EINSCHULUNG

erste Schultag bedeutete einen starken Einschnitt in der Biographie, begann mit ihm doch der «Ernst des Lebens» in einem strengen Reglement außerhalb der Familie. Häufig wurde deshalb dieser wichtige Augenblick feierlich begangen und mit einem Erinnerungsphoto, das seine Bedeutung noch herausstrich, festgehalten.

Die Schulpflicht begann mit dem vollendeten sechsten Lebensjahr. Wie regelmäßig das Kind ihr allerdings nachkam und was bzw. wieviel es lernte, war regional, ja von Schule zu Schule sehr unterschiedlich. Gerade auf dem Land war Kinderarbeit besonders in den Sommermonaten weitverbreitet, und das Lehrpensum ging vielfach über elementare Kenntnisse in Lesen, Schreiben und Rechnen nicht hinaus. Schulzeit bedeutete für die allermeisten Kinder Volksschulzeit, denn nur wenige (sechs von hundert) besuchten weiterführende Schulen. 1901 gab es in den öffentlichen Volksschulen durchschnittlich 54 Schüler pro Klasse.

1/27 PUBLIKATION «GESETZ BETR. KINDERARBEIT IN GEWERBLICHEN BETRIEBEN VOM 30. MÄRZ 1903»
K(ONRAD) AGAHD / M. VON SCHULZ
JENA: S. FISCHER, 3. AUFLAGE 1905
GANZGEWEBEBAND; 408 SEITEN
DHM, BESTAND ZEUGHAUS (BIBL. 73 195/3)

Die Schaffung des Kinderschutzgesetzes zeigt, daß die Einstellung zur Kinderarbeit sich gewandelt hatte und daß auch die Kinder der unteren Schichten eine Schul-Kindheit verbringen sollten. Das ließ sich jedoch nicht durchgängig realisieren. Kinderarbeit verlagerte sich deshalb in die schulfreie Zeit und fand vor oder nach der Schule sowie an den Wochenenden statt. Um 1900 waren im Deutschen Reich 10-15 Prozent aller Volksschüler erwerbstätig.

1/28 POSTKARTE «HERZLICHEN GLÜCKWUNSCH ZUM ERSTEN SCHULGANGE.»
27.04.1908 (POSTSTEMPEL); RAKELTIEFDRUCK; 14,1 X 9,1 CM
DHM 1991/725 / ABB. SEITE 35

ABC-Schützen mit Strohhüten stehen vor der «VII. Bezirks-Schule»; einige halten eine Schultüte in den Händen – zu dieser Zeit noch ein ungewöhnliches Attribut der Schulanfänger.

Glückwunschkarten zur Einschulung kamen erst kurz nach der Jahrhundertwende in Mode. Sie wurden zu dieser Zeit jedoch nur selten über Sachsen, ihr Ursprungsgebiet, hinaus versandt und waren auch im Ausland unbekannt.

1/29 POSTKARTE «HERZLICHSTE GLÜCKWÜNSCHE ZUM ERSTEN SCHULGANG!»
05.04.1912 (POSTSTEMPEL); KOLORIERTE PHOTOREPRODUKTION; 13,3 X 8,5 CM
DHM 1991/702

Der Gruß ist adressiert an «klein Martha Weinhardt bei ihrem Großpapa H. Hübner Brandenburg a/H.»

Ein blondgelocktes Mädchen mit einem Schulranzen hält eine Schiefertafel hoch. Eine Schultüte fehlt in der Abbildung; sie wurde erst seit den dreißiger Jahren allgemein üblich.

1/30 POSTKARTE «HERZLICHEN GLÜCKWUNSCH ZUM ERSTEN SCHULGANG»
19.04.1909 (POSTSTEMPEL); CHROMOLITHOGRAPHIE; GOLDPRÄGUNG; 13,9 X 8,8 CM
DHM 1991/731 / ABB. SEITE 35

Die für «Elschen Assmus in Leutsch-Leipzig» bestimmte Karte zeigt ein Mädchen mit einer Schürze, dem typischen Kleidungsstück für (jüngere) Schulkinder, und einer auffällig großen Schultüte.

1/31 POSTKARTE «HERZLICHEN GLÜCKWUNSCH ZUM ERSTEN SCHULGANG»
FREIBERG, 19.04.1914; CHROMOLITHOGRAPHIE; GEPRÄGT; 14 X 8,8 CM
DHM 1991/729

Die als Schiefertafel gestaltete Karte stellt einen ABC-Schützen dar, der für seinen ersten Schulbesuch mit Ranzen, Schultüte und kleiner Umhängetasche ausgestattet ist.

1/32 PHOTOGRAPHIE «MEIN ERSTER SCHULGANG»
AUFNAHME: ATELIER M. APPEL
BERLIN, 11.04.1912; 35,9 X 29,9 CM
DHM 1991/1768

1/33 PHOTOGRAPHIE EINES SCHULANFÄNGERS
AUFNAHME: ATELIER A. JANDORF & CO.
BERLIN, UM 1910; 13 X 6,3 CM
DHM 1991/941

1/34 BILDNIS ZUR ERINNERUNG AN DIE EINSCHULUNG
UM 1910/15; KOHLEZEICHNUNG; KREIDEHÖHUNG; 61,6 X 51,8 CM (MIT ORIGINALRAHMEN)
DHM 1991/2616

Die im Vergleich zu einem Photo sehr langwierige und teure Anfertigung einer Zeichnung anläßlich des ersten Schulgangs unterstreicht die Bedeutung, die diesem Tag beigemessen wurde.

1/32

1/33

1/34

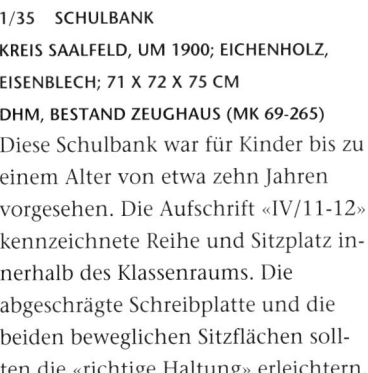

1/35 SCHULBANK

KREIS SAALFELD, UM 1900; EICHENHOLZ, EISENBLECH; 71 X 72 X 75 CM

DHM, BESTAND ZEUGHAUS (MK 69-265)

Diese Schulbank war für Kinder bis zu einem Alter von etwa zehn Jahren vorgesehen. Die Aufschrift «IV/11-12» kennzeichnete Reihe und Sitzplatz innerhalb des Klassenraums. Die abgeschrägte Schreibplatte und die beiden beweglichen Sitzflächen sollten die «richtige Haltung» erleichtern.

Um den Anforderungen an körpergerechte und das Lernen fördernde Schulbänke gerecht zu werden, wurde um die Jahrhundertwende eine Fülle unterschiedlicher Schulbanksysteme hergestellt. Mit Hilfe variabler Sitze (wie hier) oder Tischplatten sollte sich die Bank dem Körper des Schülers bzw. einer bestimmten Tätigkeit bestmöglich anpassen. Dabei war die Haltung vom Lehrer immer wieder zu kontrollieren und zu korrigieren. Eines der gebräuchlichsten Schulbankmodelle blieb jedoch weiterhin dasjenige ohne bewegliche Teile.

1/36 RECHENMASCHINE

KREIS SAALFELD, UM 1900; HOLZ, STAHLDRAHT; ROTBRAUNER FARBANSTRICH; 72 X 79 X 20 CM

DHM, BESTAND ZEUGHAUS (MK 69-266)

An sieben Drähten lassen sich je fünf schwarze und fünf weiße Rechenkugeln hin und her schieben. Das Gerät wurde zur Veranschaulichung von Rechenoperationen im Klassenraum verwandt.

1/37 SCHULRANZEN

VOR 1914; BRAUNES LEDER; 28 X 30 X 7 CM

DHM, BESTAND ZEUGHAUS (MK 74-291)

Der Ranzen ist mit einer Klappe mitsamt Metallverschluß sowie zwei Gurten zum Tragen auf dem Rücken ausgestattet. Vorder- und Rückseite sind mit Jugendstilornamenten verziert.

1/38 SCHULTASCHE

LIMBACH/OBERFROHNA (SACHSEN), UM 1900; BAUMWOLLMISCHGEWEBE, LEDER, KARTON, METALL; 26 X 38 X 5 CM

DHM, BESTAND ZEUGHAUS (MK 69-143)

Zwei Tragriemen ermöglichten das Aufschnallen der Tasche aus braunem Segeltuch auf dem Rücken des Schulkindes. Mittels eines verstellbaren Lederriemens konnte die Tasche auch über die Schulter gehängt getragen werden.

1/39 «RECHENBUCH FÜR VOLKSSCHULEN» VON DEN SEMINARLEHRERN A. RICHTER UND J. GRÖNINGS

VERLAG VON PETER SCHMITZ WITWE, 250. AUFLAGE, WOHL UM 1914; KARTON-BROSCHUR; 65 SEITEN

DHM, BESTAND ZEUGHAUS (BIBL. 79/1094-1.250)

Dieses für die Lernanfänger vorgesehene «Erste Heft» enthält «Die Zahlenreihen von 1 bis 10, 1 bis 20 und 1 bis 100».

1/40

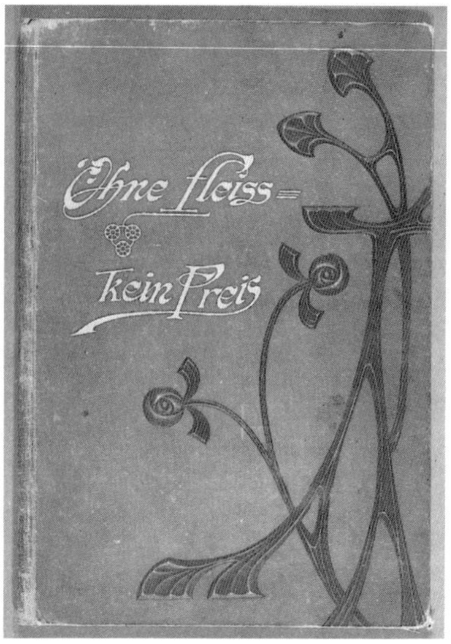

1/40 ZEUGNISMAPPE
«OHNE FLEISS – KEIN PREIS»
UM 1909; KARTON; PRÄGEDRUCK, Z.T. SILBERPRÄGUNG; 34,9 X 24,2 X 0,7 CM
DHM 1989/1371.1

In die mit Jugendstilornamenten verzierte Mappe sind diverse Zeugnisse für Walter Kessler, Berlin, aus dem Jahre 1909 und später eingeklebt.

1/41 ROHRSTOCK
UM 1900; L 55 CM
DHM, BESTAND ZEUGHAUS (MK 82-79)

Die «zur Aufrechterhaltung der Schuldisziplin erforderlichen Schulstrafen» waren um 1900 immer wieder Gegenstand von Ministerialerlässen. Für die körperliche Züchtigung in den unteren Klassen wurde der ausschließliche Gebrauch von Ruten aus dünnen Birkenreisern empfohlen. Ausdrücklich verboten waren andere Züchtigungsmittel, wie «das Schlagen am Kopf, das Reißen an den Ohren, das Erteilen von Ohrfeigen» sowie das Schlagen mit einem unbiegsamen Stock.

AUF DEM WEG ZUM ERWACHSENWERDEN: KONFIRMATION UND LEHRE

92 Prozent aller Schüler im Deutschen Reich verließen die Schule mit dem Ende der Volksschulzeit, also nach der achten Klasse. (Nur in Bayern endete die Schulpflicht bereits nach der siebten Klasse). Für die evangelischen Schüler (und die Mehrheit der Bevölkerung war evangelisch) fielen Konfirmation, Schulentlassung und der Beginn des Arbeitslebens zusammen. Anders als die katholische Kommunion war die Konfirmation für die Heranwachsenden nicht nur eine kirchliche Feier, sondern zugleich ein zentraler lebensgeschichtlicher Einschnitt.

Die Bedeutung der Konfirmation für die nächste Lebensstation zeigte sich auch darin, daß zur Erlangung eines Arbeitsplatzes die Vorlage des Konfirmationsscheins oftmals wichtiger war als das Schulentlassungszeugnis. Dienstmädchen wurden wohl mit abgebrochener Schulausbildung, aber erst nach der Konfirmation eingestellt. Die Dienstherren wollten auf diese Weise die Ausfallzeiten durch den Konfirmandenunterricht vermeiden.

Die Jugendweihe (die man heute zumeist mit der DDR in Verbindung bringt) gab es bereits seit dem 19. Jahrhundert. Allerdings nahmen um die Jahrhundertwende nur wenige Heranwachsende, besonders in Berlin und Hamburg, daran teil. Dieses freireligiöse Fest des Erwachsenwerdens, das eng an die Arbeiterbewegung gebunden war, erlangte erst in der Weimarer Zeit größere Verbreitung.

Drei Viertel aller Jugendlichen erlernten einen Beruf (unter ihnen waren die Jungen aber sehr viel stärker vertreten als die Mädchen). Die zumeist drei bis vier Jahre dauernde Lehrzeit, für die ein Lehrgeld zu entrichten war, wurde im allgemeinen im Hause des Lehrherrn absolviert. Dessen «väterliche Zucht» bestimmte die Lehrjahre ebenso wie lange Arbeitstage. Laut Gesetz vom 1. Juni 1891 wurde zwar die tägliche Arbeitszeit für Jugendliche zwischen 14 und 16 Jahren auf zehn Stunden begrenzt; diese Regelung galt aber nur für die Fabriken, nicht für die Handwerksbetriebe.

Eine Berufsschulpflicht gab es vor 1918 nicht; in den großen Städten besuchte aber ein erheblicher Teil der arbeitenden Jugend die Berufs- und Fortbildungsschulen.

Für die Mädchen bedeutete das Ende der Schulzeit zumeist nicht den Beginn einer Lehre, sondern einer Anlerntätigkeit in Werkstatt oder Fabrik. Das «in Stellung gehen», die Mithilfe bei der Heimarbeit der Mutter oder in der elterlichen Landwirtschaft gehörten ebenso zu den typischen Beschäftigungen der Mädchen der unteren Schichten bis zur Heirat.

1/42 SCHMUCKMAPPE «ZUR ERINNERUNG AN DEN CONFIRMATIONSTAG 21. SEPTBR. 1893.»
BEZ. INNEN: «TRUDCHEN BURCHARDT GEWIDMET»
SCHWARZER SAMT, SEIDENBAND, KARTON; GOLDPRÄGUNG; 22,4 X 15,2 X 1 CM
DHM 1992/977

Eingelegt ist ein «Prolog zum Festspiel», das wohl zu Ehren der Konfirmandin aufgeführt wurde.

Die Konfirmation wurde häufig als aufwendiges Familienfest begangen und von allen Verwandten, Nachbarn und Freunden mit Aufmerksamkeiten bedacht.

1/43 ATELIER-KAMERA
ENDE 19. JH.; HOLZ, LEDER, GLAS, METALL, GUMMI; 135 X 90 X 75 CM
DHM, BESTAND ZEUGHAUS (HI 63/192)

Mit der in der Höhe verstellbaren Kamera konnten Photoaufnahmen bis zur Postkartengröße gemacht werden.

Die Konfirmation gehörte zu den häufigsten lebensgeschichtlichen Anlässen, zu denen man ein Photoatelier aufsuchte. Auffällig ist, daß weitaus mehr Photos zur Konfirmation als zur Taufe angefertigt wurden; das mag an der der Konfirmation beigemessenen Bedeutung liegen, die ein entscheidender Schritt hin zum Erwachsenenleben war, und kann seinen Grund zugleich auch darin haben, daß die Taufe am Beginn einer noch sehr unsicheren Lebenszeit stand. Die zumeist ganzfigurigen Aufnahmen der Konfirmanden in festlicher Kleidung wurden, oft mit einer Widmung versehen, zur Erinnerung und als Dankeschön verschickt.

1/44-47

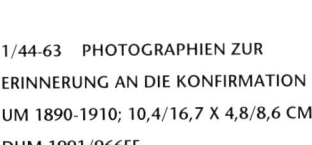

1/44-63 PHOTOGRAPHIEN ZUR ERINNERUNG AN DIE KONFIRMATION
UM 1890-1910; 10,4/16,7 X 4,8/8,6 CM
DHM 1991/966FF.

Die aus Siegen, Berlin, Zwickau, Magdeburg, Schwiebus, Görlitz, Frankfurt/M. und anderen Orten stammenden Atelieraufnahmen ähneln sich. Die Kleidung war – über alle regionalen und sozialen Unterschiede hinweg – das äußere Zeichen, das den Konfirmanden und die Konfirmandin als angehenden Erwachsenen auswies. Die Jungen trugen ihren ersten Anzug mit langen Hosen. Dunkle Lederschuhe, ein weißes Hemd, häufig mit Fliege, vervollständigten die festliche Erwachsenenkleidung. Wer es sich leisten konnte, präsentierte sich außerdem mit Lederhandschuhen, einem Ziersträußchen im Revers und einem Hut.

1/48 – 52

Einige der Konfirmanden tragen eine Taschenuhr, die ein ebenso beliebtes Konfirmationsgeschenk war wie die Medaillons der Mädchen. Diese zeigen sich in ihrem ersten langen, schwarzen Kleid, das die meisten als Festtagskleid noch lange weiter verwandt haben dürften. Bei den Bessergestellten glänzt der Stoff seidig, ist das Kleid mit Spitzeneinsätzen und Stickerei verziert; bei den Ärmeren sind die Kleider schlichter. Viele tragen zumeist weiße Lederhandschuhe und einen Blumenstrauß, der oftmals, besonders im Berliner Raum, mit einer langen, bestickten Schärpe geschmückt wurde – eine Aufmachung, die einer Braut ähnelt (vgl. 1/127ff.). Ein Gesangbuch ist auf den Konfirmationsphotos fast immer zu sehen.

Ausstaffiert wie Erwachsene wirken die Konfirmanden oft etwas verloren in ihrer strengen Kleidung.

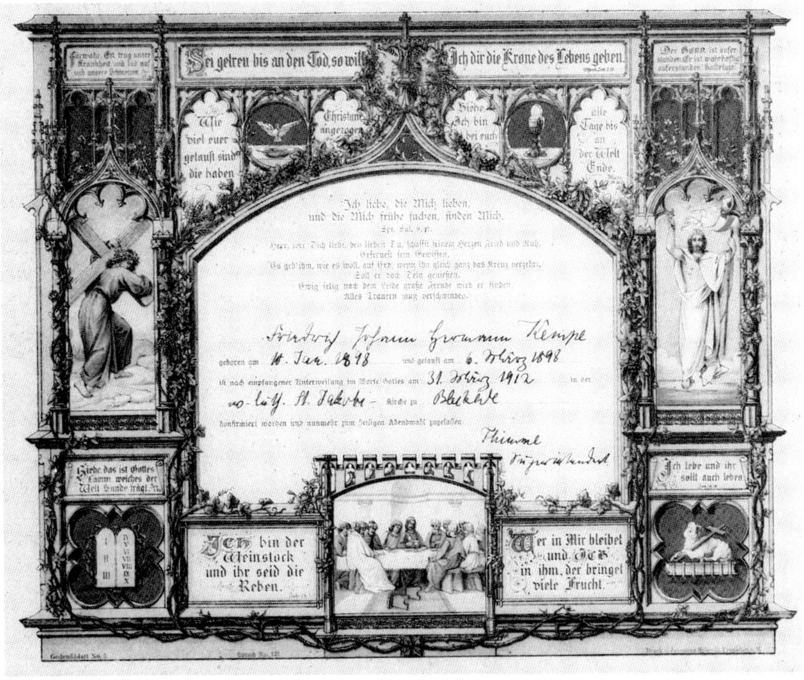

1/64

1/64 KONFIRMATIONSGEDENKBLATT FÜR FRIEDRICH JOHANN HERMANN KEMPE
DRUCK: JOHANNES SCHRODT, FRANKFURT/M.
BLECKEDE, 31.03.1912;
CHROMOLITHOGRAPHIE; 32 X 37,2 CM (MIT ORIGINALRAHMEN)
DHM 1988/245

Ausgestellt wurde das Blatt von Superintendent Thimme.

1/65 «GEDENKBLATT ZUR ERINNERUNG AN DEN TAG DER ENTLASSUNG AUS DER SCHULE»
VERLAG VON AUGUST STEUDEL, STADE
GR. SÜSTEDT, OSTERN 1912; BUCHDRUCK; TINTENSCHRIFTLICHE EINTRAGUNGEN;
21,9 X 23,5 CM (MIT ORIGINALRAHMEN)
DHM 1988/244

Das für den Schulabgänger Hermann Hilmer ausgestellte Schmuckblatt trägt, versehen mit der Unterschrift des Lehrers, den Sinnspruch: «So suche denn auch Du in diesem hochgelobten Namen Dein Heil im Leben und im Sterben! Das ist die herzliche Bitte Deines Lehrers».

1/66 «SCHUL = ENTLASSUNGS = ZEUGNIS.»
AUSGESTELLT FÜR GRETE SCHADE VON DER 18. GEMEINDE-SCHULE
BERLIN, 19.03.1913; VORDRUCK MIT TINTENSCHRIFTLICHEN EINTRAGUNGEN;
32,5 X 21 CM
DHM, BESTAND ZEUGHAUS (DO 75/48 I)

Grete Schade, geboren 1898, besuchte die Gemeindeschule vom 3. April 1905 bis zum 19. März 1913, also bis zum Alter von 14 1/2 Jahren.

1/67 «GESINDE = DIENSTBUCH»
AUSGESTELLT FÜR MARTHA HENNIG VON DER POLIZEI-VERWALTUNG
FÜRSTENFELDE, 28.09.1901; VORDRUCK MIT TINTENSCHRIFTLICHEN EINTRAGUNGEN;
17 X 10,3 CM
DHM, BESTAND ZEUGHAUS (DO 76/277 I

Das Buch weist für die Genannte fünf Anstellungen als Dienstmädchen in Neudamm, Prenzlau und Berlin zwischen Juli 1901 und Februar 1906, also in gut vier Jahren, nach. Der häufige Stellenwechsel fand nach Eintragung der Dienstherren jeweils auf eigenen Wunsch des Mädchens statt, da sie sich «krankheitshalber den ihr obliegenden Hausarbeiten nicht gewachsen fühlte. Sonst fleißig und ehrlich.» Dies ist charakteristisch für die soziale Situation der Dienstmädchen, die im Krankheitsfall überhaupt nicht abgesichert waren und dann häufig auf ihre Verdienstmöglichkeit verzichten mußten.

10 Prozent aller weiblichen Arbeitskräfte im Deutschen Reich waren um 1900 als Dienstboten beschäftigt; das sind in absoluten Zahlen circa 1,3 Millionen Dienstmädchen.

1/68 «GESINDE-ZEUGNISS-BUCH»
AUSGESTELLT FÜR ANNA EBERT VON DER STADTPOLIZEIBEHÖRDE
KAMENZ, 28.04.1892; VORDRUCK MIT TINTENSCHRIFTLICHEN EINTRAGUNGEN;
20,2 X 13 CM
DHM, BESTAND ZEUGHAUS (DO 66/641)

Nachdem Anna Ebert als Vierzehnjährige zu Ostern 1892 ihre erste Stellung angetreten hatte, wurde ihr bereits ein Jahr später mit folgender Begründung gekündigt: «(Anna Ebert) hat (...) bis heute bei mir in Diensten gestanden und sich während dieser Zeit treu, ehrlich und fleißig erwiesen, überhaupt zu meiner ganzen Zufriedenheit aufgeführt und mußte nur krankheitshalber von mir entlassen werden.» Ähnlich lautete auch die nächste Eintragung vom 30. März 1894: «Sie ist ehrlich u. fleißig und im Verkehr mit den Kindern freundlich gewesen, muß aber wegen hochgradiger Bleichsucht ihren Dienst verlassen.»

Von August 1894 bis Oktober 1897 war Anna Ebert in einer weiteren Stellung; danach kehrte sie zu ihren Eltern zurück, und die Eintragungen enden.

Die Fluktuation unter dem Dienstpersonal war allgemein sehr hoch. Nach einer Untersuchung von Oscar Stillich aus dem Jahre 1902 wechselten in Berlin 43 Prozent aller Dienstmädchen vor Ablauf eines Jahres und 41 Prozent vor Ablauf des zweiten Jahres die Stelle.

1/69

Innungs-Verband Deutscher Baugewerksmeister.

Innung: Bund der Bau-, Maurer- und Zimmermeister zu Berlin.

Prüfungs-Zeugnis.

Der Maurer-Lehrling Wilhelm Oehme

hat heute die Gesellen-Prüfung für das Maurer-Gewerbe mit dem Ergebnis sehr gut bestanden.

Dieses Zeugnis, welches von einem auf Grund des § 131 der Gewerbe-Ordnung zur Abnahme der Gesellenprüfung bestellten Prüfungsausschuß erteilt ist, verleiht dem Inhaber mit dem vollendeten 24. Lebensjahr gemäß § 129 a. a. O. die Befugnis zur Anleitung von Lehrlingen.

Berlin, den 29. Maerz 1906.

Der Prüfungs-Ausschuss der Innung: Bund der Bau-, Maurer- u. Zimmermeister zu Berlin.

Vorsitzender. Beisitzer. Beisitzer.

Lehr-Brief.

Der Lehrling Wilhelm Oehme geboren am 1. August 1886 zu Berlin

hat bei dem unterzeichneten Mitglied unserer Innung Herrn Maurermeister C. Kuhn, Baugeschäft das Maurer-Gewerbe -3- Jahre lang gehörig erlernt; auf Antrag seines Lehrherrn und nach Ausweis seiner Fähigkeiten (s. Nebenseite) ist ihm am heutigen Tage dieser Lehrbrief ausgefertigt worden.

Wir sprechen ihn hiermit zum

Gesellen

und wünschen ihm auf seinem ferneren Lebenswege Glück und Segen.

Berlin, den 11. April 1906.

Der Lehrmeister: Der Innungs-Vorstand:

C. Kuhn

1/69 «PRÜFUNGS-ZEUGNIS. LEHR-BRIEF.»
AUSGESTELLT FÜR WILHELM OEHME VON DER INNUNG «BUND DER BAU-, MAURER- UND ZIMMERMEISTER ZU BERLIN»
29.03./11.04.1906; BUCHDRUCK, SCHWARZ, ROT; TINTENSCHRIFTLICHE EINTRAGUNGEN; 14,3 X 20,2 CM (AUFGESCHLAGEN)
DHM, BESTAND ZEUGHAUS (DO 74/64 I)

Der Lehrling Wilhelm Oehme, geboren 1886, erlernte drei Jahre lang das Maurerhandwerk. Mit bestandener Gesellenprüfung wurde ihm dieses Dokument überreicht, das den erfolgreichen Abschluß der Lehre beurkundete: «Auf Antrag seines Lehrherrn und nach Ausweis seiner Fähigkeiten ist ihm am heutigen Tage dieser Lehrbrief ausgefertigt worden. Wir sprechen ihn hiermit zum Gesellen und wünschen ihm auf seinem ferneren Lebenswege Glück und Segen.» Für den Gesellen Oehme begann jetzt die Wanderschaft.

1/70 «LEHR-BRIEF.»
AUSGESTELLT FÜR JACOB MARTENS VOM VORSTAND DER SATTLER-, TAPEZIER-, RIEMER- U. TÄSCHNER-INNUNG
DRUCK UND VERLAG: H.L. SCHOENIAN, BERLIN
ELBING, 10.10.1901; BUCHDRUCK, SCHWARZ, ROT; TINTENSCHRIFTLICHE EINTRAGUNGEN; LEDER (MAPPE); 41 X 27,2 CM (AUFGESCHLAGEN)
DHM, BESTAND ZEUGHAUS (DO 70/831 I)

Vier Jahre lang, von Oktober 1897 bis Oktober 1901, war der 1882 geborene Jacob Martens in der Lehre. Nach bestandener Prüfung wurde dem frischgebackenen Sattlergesellen dieser Lehrbrief übergeben.

Das Dokument ist geschmückt mit der Darstellung von Produkten des Gewerbes und eines wandernden Handwerksgesellen, der grüßend den Hut schwenkt. Die Realität der Wanderzeit sah jedoch anders aus. Sie war auch ein Mittel, den Arbeitsmarkt zu regulieren, denn das Mißverhältnis zwischen Arbeitsnachfrage und Stellenangeboten wurde auf diese Weise kaschiert.

1/71 «LEHRBRIEF DES FLEISCHER-GESELLEN WILLY GERLACH»
AUSGESTELLT VOM VORSTAND DER FLEISCHER-INNUNG
GOSEN, 19.05.1895; VORDRUCK MIT TINTENSCHRIFTLICHEN EINTRAGUNGEN; 16 X 10,7 CM
DHM, BESTAND ZEUGHAUS (DO 57/1822)

Die eher schlichte Klappkarte beurkundete den erfolgreichen Abschluß der Lehrzeit: «Die Fleischer-Innung zu Gosen ernennt den Lehrling Willy Gerlach nach bestand(e)ner Prüfung zum Gesellen des Fleischergewerks».

1/72 «LEHRBRIEF»
AUSGESTELLT FÜR HERMANN STRÖMANN VON HELD & FRANCKE, MAURER- UND ZIMMERMEISTER
DRUCK UND VERLAG: J. HARRWITZ NACHFOLGER, BERLIN
BERLIN S.W., 15.10.1895; BUCHDRUCK; LEDER (MAPPE); 42 X 28,2 CM
DHM, BESTAND ZEUGHAUS (DO 90/512)

Auffällig ist, daß die Lehrbriefe den Anschein einer von Hand gefertigten, sorgfältig gestalteten Urkunde erwecken wollen. Sie versuchen auf diese Weise, an vergangene Handwerkstraditionen anzuknüpfen, sind aber doch nur industriell gefertigte, in großen Auflagen gedruckte Blätter.

1/73 MODELL EINER HOBELBANK
POTSDAM 1890; BIRKE, POLIERT; 19 X 49,5 X 25 CM
MUSEUM FÜR VOLKSKUNDE, BERLIN (MVK 376/88) / ABB. SEITE 28

Das von einem Stellmacher als Gesellenstück gefertigte, funktionstüchtige Modell besteht aus beweglichen Einzelteilen und kann zusammengelegt werden.

Im Rahmen der Gesellenprüfung mußte ein Prüfungsstück angefertigt werden, anhand dessen die handwerkliche Qualifikation nachgewiesen wurde.

1/70

Lehr-Brief

Der Lehrling

geboren am 26/12. zu ... 1882.
hat während 4. Jahre hintereinander, und zwar vom 1. ... Octbr. 97. bis 10. Octbr. 1901. die Sattler-, [Tapezier-,] Riemer- u. Täschner-Profession bei dem Sattler-[Tapezier-] Riemer- u. Täschner-Meister Herrn ... zu Elbing gehörig erlernt und vor der unterzeichneten Prüfungs-Kommission nach den bestehenden Prüfungsvorschriften seine Gesellen-Prüfung: mit dem Prädicat ... bestanden und wird ihm zum Ausweise hierüber das gegenwärtige Zeugniß ertheilt.
Elbing. den 10. Octbr. 1901.

Die Innungs-Prüfungs-Kommission:

Auf Grund des vorstehenden Prüfungs-Zeugnisses ertheilen wir hiermit dem Sattler Gesellen diesen Lehrbrief unter dem Innungssiegel und ersuchen einen Jeden, dem er vorgelegt wird, besonders die Innungsgenossen, demselben völligen Glauben beizumessen und dem gedachten Gesellen überall zu seinem Fortkommen behülflich zu sein, welches wir in gleichen Fällen zu erwidern bereit u. willig sind.
So geschehen Elbing den 10. Octbr. 1901.

Der Vorstand der Sattler-[Tapezier-] Riemer- u. Täschner-Innung:

Unterschrift des Inhabers: ... Martens

Gesetzlich geschützt. Druck u. Verlag von H. L. Schoenian, Berlin. Jede Nachahmung verboten.

1/74 SCHÄRPE FÜR EINEN ZIMMERMANNSGESELLEN
BEZ.: «EB 10.7.1893.»
BERLIN 1893; ROSAFARBENE SEIDE, GOLDFARBENE METALLFRANSEN; HANDBESTICKT; L 110 CM
MUSEUM FÜR VOLKSKUNDE, BERLIN
(MVK 213/58)

Aufgestickt sind die Namensinitialen des Zimmermanns Behrenstecher aus Berlin, der diese Schärpe anläßlich seiner Ernennung zum Gesellen trug.

Auch nachdem das Handwerk am Ende des 19. Jahrhunderts längst seine Bedeutung verloren hatte und viele Werkstätten die serielle Produktion aufgenommen hatten, lebten die traditionellen Rituale der Aufnahme in die Handwerkszunft fort.

1/75 UNTERTAILLE IN KLEINFORMAT
GEFERTIGT VON IDA SPERLING
LEIPZIG 1915; GRAUE BAUMWOLLE; OBERWEITE 46 CM; L 25 CM
MUSEUM FÜR VOLKSKUNDE, BERLIN
(MVK 385/85)

Mit diesem Prüfungsstück wies der Lehrling Ida Sperling die für die Gesellenprüfung erforderlichen Kenntnisse über Zuschnitt und Nähtechnik nach. Ida Sperling hatte das Schneiderhandwerk bei der Fa. Geschwister Bollmann, Leipzig, erlernt, die für eine gehobene Kundschaft arbeitete. Jeder Lehrling hatte sich über die präzise Kenntnis der allgemeinen Arbeitsgänge hinaus auf eine bestimmte Handfertigkeit zu spezialisieren. Als Taillenarbeiterin fertigte Ida Sperling die Untertaillen oder Korsagen für Kleider, Mäntel und Jacken. Das verlangte besonderes Können, denn von ihrem Gelingen hing der paßgerechte Sitz des ganzen Kleidungsstücks ab.

1/76 STOPFMUSTERTUCH
BEZ. IN KREUZSTICH: «M. SPERLING.»
LEIPZIG, O.J.; BAUMWOLLGEWEBE; WEISS, BLAU EINGESTOPFT BZW. GESTICKT; UMLAUFENDER HOHLSAUM; 28 X 15 CM
MUSEUM FÜR VOLKSKUNDE, BERLIN
(MVK 382/85)

Das von Ida Sperlings Schwester Martha gefertigte Prüfungsstück zeigt in drei Feldern des Tuches unterschiedliche Stopftechniken; auch diese Handarbeit war Teil der Gesellenprüfung.

1/73

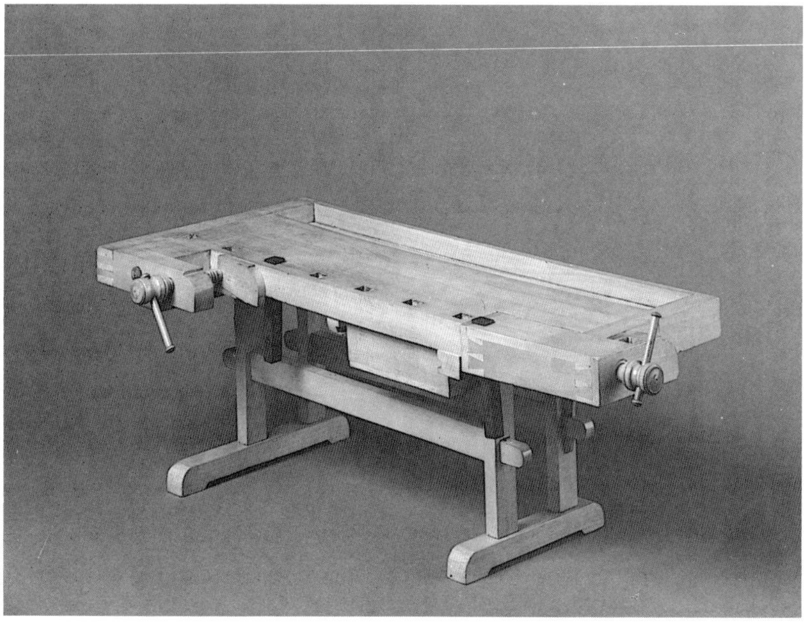

1/78

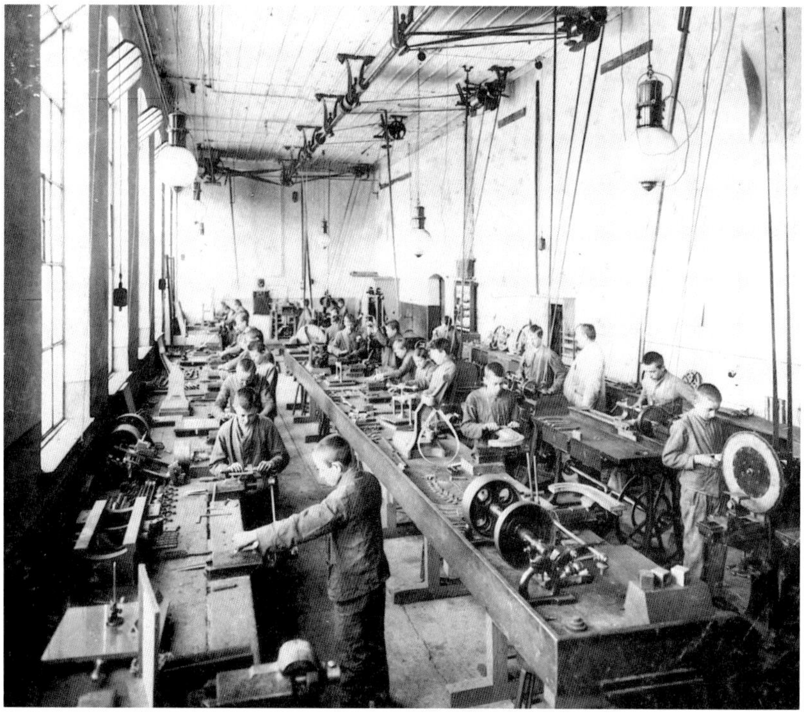

1/77 «LEHRBRIEF. (PRÜFUNGS-ZEUGNIS.)»
AUSGESTELLT FÜR IDA SPERLING
VOM PRÜFUNGS-AUSSCHUSS DER
SCHNEIDER-INNUNG
LEIPZIG, 01.03.1915; VORDRUCK MIT
TINTENSCHRIFTLICHEN EINTRAGUNGEN;
62,5 X 49 CM (MIT ORIGINALRAHMEN)
MUSEUM FÜR VOLKSKUNDE, BERLIN
(MVK 293/88)

Nach dreijähriger Lehre hat Ida Sperling «vor dem unterzeichneten Prüfungs-Ausschusse die Gesellen-Prüfung heute bestanden.» Das Dokument ist in Form einer Urkunde gestaltet; der Stempel des Innungs-Verbandes erinnert an ein Siegel.

1/78 PHOTOGRAPHIE:
LEHRWERKSTÄTTE FÜR GROẞMECHANIKER
IN DER ELEKTRIZITÄTS-AG,
VORMALS SCHUCKERT & CO.
NÜRNBERG, NACH 1900; REPRODUKTION;
12,6 X 17,7 CM
SIEMENS-MUSEUM, MÜNCHEN

Diese Einrichtung war die erste Lehrwerkstätte in der deutschen Elektroindustrie. In den letzten Jahrzehnten des 19. Jahrhunderts konnte der wachsende Bedarf an gelernten Arbeitern zunehmend weniger durch abwandernde Handwerksgesellen gedeckt werden. Die Industriebetriebe mußten ihre eigenen, bislang sehr geringen Ausbildungsaktivitäten intensivieren und gleichzeitig ein neues didaktisches Konzept entwickeln, denn die bisher übliche Ausbildung am Arbeitsplatz erwies sich in den nur auf Produktion eingestellten Betriebswerkstätten als immer unzureichender. Die Lösung dieses Problems bestand im Aufbau industrieller Lehrwerkstätten, in denen die Qualifikationsprozesse räumlich und organisatorisch von den Produktionsprozessen getrennt wurden. Einer der Wegbereiter dieser neuen Form der beruflichen Bildung war die Firma Schuckert in Nürnberg.

1/79 PHOTOGRAPHIE:
ZEICHENSAAL DER LEHRLINGS- UND
FORTBILDUNGSSCHULE BEI DEN
SIEMENS-SCHUCKERT-WERKEN
NÜRNBERG 1908; REPRODUKTION;
12,6 X 17,7 CM
SIEMENS-MUSEUM, MÜNCHEN

Die 1897 eröffnete «Technische Fortbildungsschule» zählte zu den knapp zwanzig Werkberufsschulen, die in Deutschland vor der Jahrhundertwende gegründet worden waren. Die Schule stand unter staatlicher Aufsicht; alle Lehrlinge waren vom Besuch der städtischen Fortbildungsschule befreit.

1/79

1/80

1/81

1/80 BILDERBOGEN
«VÄTERLICHE RATSCHLÄGE»
HERSTELLER: MAY, MÜLLER UND LOHSE
DRESDEN, UM 1900;
CHROMOLITHOGRAPHIE; EIWEIßLASIERT;
52 X 43 CM (MIT ORIGINALRAHMEN)
MUSEUM FÜR VOLKSKUNDE, BERLIN
(33 R 616)

Das Ende der Kindheit, erreicht mit dem Beginn der Lehre oder dem Tage der Konfirmation, bedeutete zugleich auch die allmähliche Lösung von elterlichen Bindungen. In diesem so wichtigen Augenblick zeigt sich hier noch einmal die väterliche Sorge um den Heranwachsenden. Wie aus einem aufgeschlagenen Buch schöpft der Vater aus seiner Lebenserfahrung. Mahnend hebt er als pater familias seine linke Hand, während die rechte innig die Hand des Sohnes umfaßt. Die erzieherische Absicht des Bildes wird durch den aufgedruckten Spruch hervorgehoben: «Wenn Du noch einen Vater hast, So halte, Kind, ihn hoch in Ehren.» Solche kolorierten Blätter waren seit den 1830er Jahren beliebter Wandschmuck in allen Schichten der Bevölkerung. Sie wollten nicht nur die Wohnung zieren, sondern als Andenken den Sohn auf dem zukünftigen Weg begleiten.

1/81 BILDERBOGEN
«MÜTTERLICHE ERMAHNUNGEN»
HERSTELLER: MAY, MÜLLER UND LOHSE
DRESDEN, UM 1900;
CHROMOLITHOGRAPHIE; EIWEISSLASIERT;
52 X 43 CM (MIT ORIGINALRAHMEN)
MUSEUM FÜR VOLKSKUNDE, BERLIN
(33 R 617)

Unter der Darstellung der Mutter und der aufmerksam lauschenden Tochter befindet sich der mahnende Spruch: «Wenn Du noch eine Mutter hast, so danke Gott und sei zufrieden.»

Der Unterschied dieses Bilderbogens zum männlichen Pendant (vgl. 1/80) ist bezeichnend: Während der Sohn in die Welt hinausstrebte, bemühte sich die Tochter darum, es der Mutter an weiblichen Tugenden wie Häuslichkeit etc. gleichzutun.

Dem entsprach in der Realität der Jahrhundertwende der äußerst geringe Umfang des Besuchs höherer Schulen durch Mädchen. Für sie wurde, auch wenn sie aus wohlhabenden Bürger- oder Adelskreisen kamen, die Vorbereitung in Mädchenpensionaten auf den Beruf als Frau und Mutter als angemessen angesehen, die Ausbildung in höheren Schulen oder gar Universitäten aber als Entwicklung zu einem für Männer nicht mehr attraktiven, intellektuellen «Blaustrumpf» eingeschätzt und dementsprechend als unweiblich abgelehnt.

GYMNASIUM UND UNIVERSITÄT

Durch das Nadelöhr des Zugangs zum Gymnasium trat um 1900 nur ein geringer Prozentsatz in das höhere Bildungssystem ein. Gegenüber 5,7 Millionen Volksschülern gab es um die Jahrhundertwende nur 180.000 Gymnasiasten. Von diesen wiederum nahm nur jeder zehnte ein Studium auf. 1902 gab es im Deutschen Reich 53 000 Studenten, das sind 18 Studierende auf 10 000 männliche Einwohner. Auch die Palette der Studienrichtungen war weitaus geringer als heute: Jeder zehnte Student war im Fach Theologie immatrikuliert (zum Vergleich: 1960 waren dies nur noch 2,5 Prozent).

Abgesehen von der katholischen Theologie, die ein Kanal für sozialen Aufstieg war, da hier nur vier Prozent der Väter bereits Akademiker gewesen waren, stammten die Studenten überwiegend aus dem akademisch gebildeten Bürger- und Beamtentum. Im Vergleich zu ihrem Anteil an der Gesamtbevölkerung blieben die privilegierten Schichten unter den Universitätsstudenten außerordentlich überrepräsentiert.

Studieren war also höchst exklusiv (und, zumindest bis 1908, an deutschen Universitäten zudem ein Privileg der Männer). Aber wer es bis zur Universität geschafft hatte, der hatte auf der Karriereleiter die nächste Sprosse erklommen. Eine wichtige Rolle spielten dabei die studentischen Verbindungen, die über einflußreiche «Alte Herren» ihre Mitglieder in begehrte Positionen einschleusten.

1/83

1/82 PUBLIKATION
«BERUFSWAHL: WAS KANN DER SEKUNDANER UND PRIMANER WERDEN?»
VON LYZEALDIREKTOR
DR. ERNST HARTMANN
STUTTGART/ BERLIN/ LEIPZIG: UNION DEUTSCHE VERLAGSGESELLSCHAFT O.J.
BUCHDRUCK, SIEBDRUCK (UMSCHLAGABB.); 128 SEITEN; 15,5 X 10,9 CM
DHM 1990/2589

Im Mittelpunkt dieses «illustrierten Taschenbuches für die Jugend» stehen Hinweise zur Erlangung der Berechtigung zum «einjährig-freiwilligen Militärdienst». Dieses Anrecht, das mit dem Abschluß der Obersekunda erworben wurde, war unter Schülern höherer Lehranstalten besonders begehrt, da durch die Verkürzung der Militärzeit von zwei Jahren auf eines Zeit und Geld gespart wurde. Zudem eröffnete das «Einjährige» den Zugang zur mittleren Beamtenlaufbahn und insbesondere zu der gesellschaftlich hochangesehenen Position des Reserve-Offiziers. Manches Familiendrama dürfte sich deshalb ereignet haben, wenn der Sohn trotz angestrengten Büffelns das Ziel nicht erreichte.

1/83 PHOTOGRAPHIE
EINES KORPSSTUDENTEN
AUFNAHME: PHOTOGRAPHISCHES ATELIER VON RICHARD KASBAUM
BERLIN, VOR 1914; 49 X 39 CM
(MIT ORIGINALRAHMEN)
DHM 1989/1305

Der Schmiß deutet darauf hin, daß der Student einer schlagenden Verbindung angehörte. Die Waffe in seiner Hand ist eine «Glocke» des Typs, mit dem in den Universitätsstädten östlich der Elbe gefochten wurde. Im Zirkel auf dem Tönnchen sind die Korporationsnamen verschlüsselt wiedergegeben; sie sind hier nicht genau zu erkennen. In Berlin hatte das WSC-Corps Saxonia einen ähnlichen Zirkel.

Auf dem Paukboden als Stätte von Mannbarkeitsriten und Mutproben holten sich die Studenten der schlagenden Verbindungen in Duellen auffällige, oft mit Gewürzen noch gezielt vergrößerte Schmucknarben, die – wie H.-U. Wehler es einmal ausdrückte – «zwar von aufgeklärten Potentaten in Schwarz-Afrika als Relikte böser Vorzeit verboten wurden, im Deutschen Reich jedoch ihren Träger vor aller Augen als Mitglied der akademischen Oberschicht auswiesen.»

1/84 KOPFBEDECKUNG FÜR EINEN VERBINDUNGSSTUDENTEN («STÜRMER»)
ENDE 19. JH.; WEISSES TUCH, WEISSER SEIDENTAFT (FUTTER), SCHWARZES LEDER; H 18 CM
DHM, BESTAND ZEUGHAUS (KTE 69-163)

Aufgrund ihrer in die Höhe ragenden Form erhielt diese Kopfbedeckung im Volksmund den Namen «Stürmer». Sie wurde nur von einigen Verbindungen getragen und war sehr häufig bei Bonner Verbindungen zu finden. In Berlin kleideten sich die Mitglieder der Corps Cheruscia und Marcho-Borussia im Sommer mit einem «Stürmer», im Winter dagegen mit einer Mütze.

DIE ENTDECKUNG DER JUGEND

Seit dem ausgehenden 19. Jahrhundert definierte sich die bürgerliche Jugend selbst als eigenständige Gruppe. In der Gemeinschaft der Gleichaltrigen wollten die Gymnasiasten aus dem als steif, verlogen und beschränkt empfundenen Mief der Elternhäuser ausbrechen. Sie begehrten gegen den Paukdrill der Schule auf, suchten im «Wandervogel» die Hinwendung zur Natur und zu einem «natürlichen Leben» sowie die Freisetzung schöpferischer Energien. Anti-urban und anti-industriell eingestellt, flüchteten sich die Wandervogelgruppen jedoch oft in eine deutschtümelnde Sozialromantik. Mädchen waren in ihren Reihen ebenso unerwünscht wie jüdische Mitglieder.

Auch die Arbeiterjugend «entdeckte sich». Allerdings ging es ihr weniger um die Abgrenzung von den Erwachsenen, im Gegenteil: Die jugendlichen Arbeiter wollten als Erwachsene anerkannt werden. Jung zu sein bedeutete für sie, unmündig zu sein. Sie dagegen wollten ernstgenommen werden, weil sie wie die Erwachsenen im Arbeitsleben standen. Zur bürgerlichen Jugendkultur gab es deshalb über etliche Jahre kaum Verbindungen.

1/87a

1/87 b

1/85 KLAMPFE MIT SCHMUCKBÄNDERN UM 1910(?); HOLZ, STAHL, PERLMUTT, BEIN, SEIDE, BAUMWOLLE; HOLZKÖRPER VERLEIMT, SCHNITZEREI; 92 X 16 X 32 CM WANDERVOGELARCHIV, BERLIN

Die oben am Griffbrett der Klampfe angebrachten Schmuckbänder sind z.T. bestickt: «Mädel ich bin Dir so gut», «Hab Sonne im Herzen», «Lieb kommt über Nacht»,«Singvögelchen».

Seit 1905/06 war die (neu belebte) Klampfe ein beliebtes Instrument «auf Fahrt». Verpönt waren «Lärminstrumente wie die zwitschernde Mandoline, die quäkende Ziehharmonika.» Volksmusik wurde als Ausdruck von Einfachheit und Natürlichkeit gepflegt.

1/86 MITGLIEDSAUSWEIS «WANDERVOGEL (EINGETR. VEREIN).» AUSGESTELLT FÜR PAUL GOTTHARDT 1909; VORDRUCK MIT TINTENSCHRIFTLICHEN EINTRAGUNGEN; 7,7 X 10,5 CM WANDERVOGELARCHIV, BERLIN

1/87 c

1/87 d

1/88 «NESTBUCH FÜR DEN STEGLITZER WANDERVOGEL – MÄDCHENGRUPPE»
EINTRAGUNGEN MAI 1913-DEZEMBER 1915;
HALBGEWEBEBAND; 21,2 X 17,2 X 2,5 CM
WANDERVOGELARCHIV, BERLIN

Das «Nestbuch», eine Art Chronik, enthält Namenslisten der bei den Gemeinschaftsnachmittagen Anwesenden, die in ein «großes Nest» und ein «kleines Nest» aufgeteilt waren.

Die Diskussion um die Aufnahme von Mädchen in den Wandervogel war heftig. Am radikalsten vertrat der Gau Sachsen seine Ablehnung: «Mädchen gehören nicht in den Wandervogel, der Wesensunterschied der Geschlechter ist grundsätzlicher Art, für sie kann es kein kameradschaftliches Nebeneinander geben.»

Nach der allgemeinen Zulassung der Mädchen zum Wandervogel 1908 gründete sich eine Mädchengruppe des Steglitzer Wandervogels.

1/87 VIER POSTKARTEN VOM «WANDERVOGEL E.V. ZU STEGLITZ BEI BERLIN»
A) «VON UNSEREN WANDERUNGEN»; 1911; 9 X 14,1 CM
B) «AUF DER LANDSTRASSE»; 1904; 9,3 X 14,1 CM
C) «VOLLBESETZTE TAFEL»; SCHLESWIG-HOLSTEIN, OKTOBER 1904; 9,1 X 14 CM
D) POSTKARTE AN «WERNER KÜHN, FRIEDENAU»; 1911; 9,6 X 14,4 CM
WANDERVOGELARCHIV, BERLIN

Gewandert wurde in «Horden» unter der Leitung eines Wanderführers. Zur Wanderkluft gehörte die Kniebundhose mit Wanderstutzen oder langen Strümpfen; den Regenschirm ersetzte eine Pelerine. Wanderstöcke, Rucksäcke und Kochgeschirr durften nicht fehlen. An der offenen Kochstelle wurde ein einfaches Mahl bereitet, auf der Wiese kampiert, an einem provisorischen Tisch aus Steinen und Holzbrett der Proviant verzehrt. Im Vagantenleben wurden Natürlichkeit und «Wahrhaftigkeit» gesucht.

Der «Wandervogel E.V.» wurde 1904 als Nachfolger des Steglitzer «Ausschusses für Schülerfahrten» gegründet, der «Keimzelle» der Wandervogelbewegung.

Taufkleid, 1895
(1/9)

Totenhemd für ein Kind
um 1910
(1/24)

Taufgeschenk «Ich gratulire»
um 1900
(1/10)

Tischkarte für eine Tauffeier
um 1910
(1/11)

Langstein-Rott, Atlas der Hygiene des Säuglings und Kleinkindes.
Tafel 67.
Kühlhalten der Milch mit einfachen Mitteln.
Sowohl die rohe als auch die gekochte Milch ist kühl zu halten, um sie vor Verderben zu schützen.
Die Milchflasche ist nur dann zweckmäßig, wenn sie leicht vollständig zu säubern ist und eine genaue Abmessung des Inhaltes gestattet.
Der Sauger sei am besten ein einfaches, leicht zu reinigendes Gummihütchen. Ein gesundes Kind braucht zur Beruhigung keinen Schnuller; jedenfalls muß dieser sauber und ohne Inhalt sein.
Verlag von Julius Springer, Berlin W 9.

Schautafel (1/19)

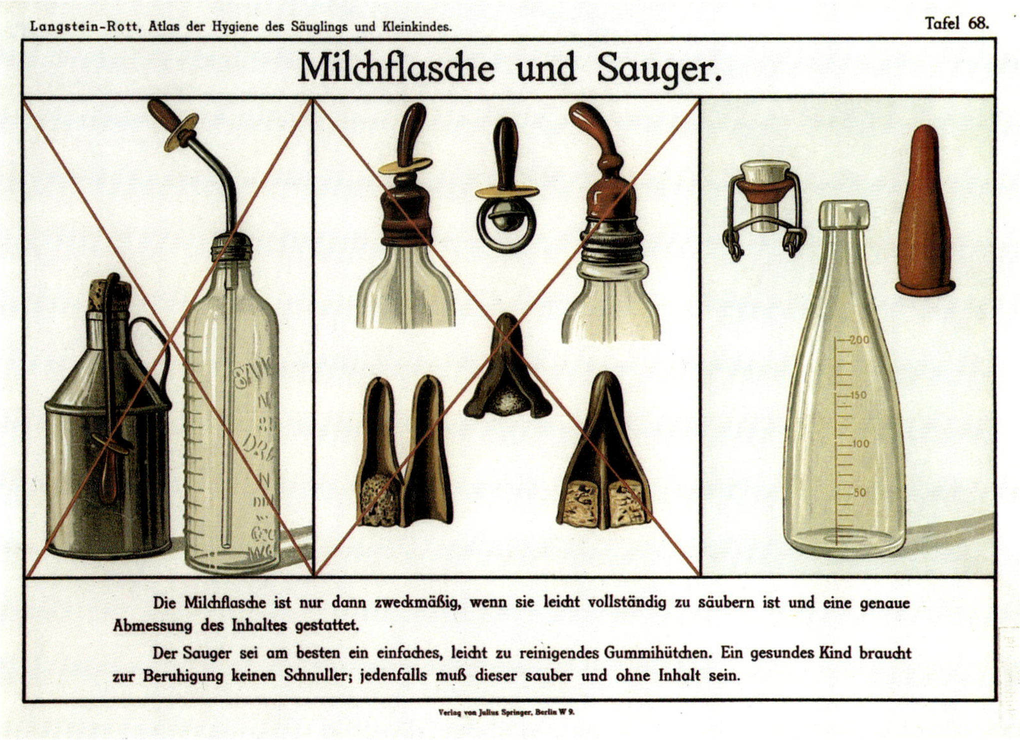

Schautafel (1/20)

Herzlichen Glückwunsch
zum ersten Schulgange.

Postkarte, 27.04.1908
(1/28)

Herzlichen Glückwunsch
zum ersten Schulgange

Postkarte,19.04.1909
(1/30)

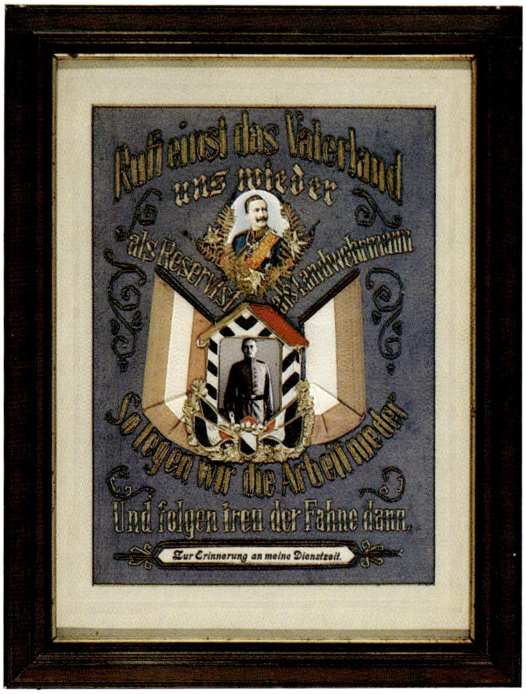

Reservistenbild, um 1910
(1/107)

Ausgehanzug für einen Soldaten
um 1900
(1/104)

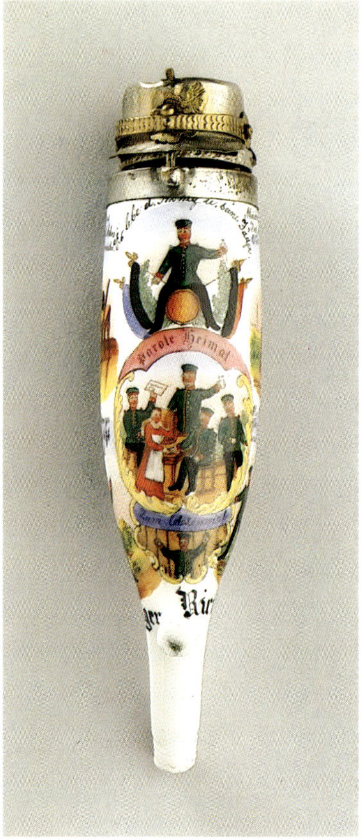

Pfeifenkopf für einen Reservisten
um 1900
(1/105)

1/89 PHOTOGRAPHIE VON
WANDERVÖGELN BEI DER RAST
WOHL VOR 1910; 8,8 X 12,1 CM
WANDERVOGELARCHIV, BERLIN

Auffällig ist, daß die Schüler mit Schülermütze und Anzug, z.T. mit weißem Hemd und Fliege, sehr korrekt gekleidet sind.

1/90 SPIRITUS-WANDERKOCHER
BEZ.: «FAMOS 1 1/2 L»
O.J.; ALUMINIUM- UND MESSINGBLECH,
LEDER; H 9,3 CM, DM 18 CM
DHM, BESTAND ZEUGHAUS (MK 89-170)

Der runde Kocher enthält einen Spiritusbrenner und Einsätze (zwei Töpfe und ein Deckel), die platzsparend ineinander stapelbar waren. Ein eiserner Griff ermöglichte das Hantieren mit den heißen Töpfen. Zum Transport wurde der Kocher mit einem Lederriemen zusammengebunden. Dieses Modell stammt sicherlich aus der Zeit nach dem Ersten Weltkrieg, ist aber in Form und Funktion den älteren ähnlich, die von den Wandervögeln mit auf die Fahrt genommen wurden.

1/91 WANDER-TRINKBECHER
IM ORIGINALKARTON
UM 1910(?); ALUMINIUMBLECH, KARTON;
IMPRÄGNIERT;
SCHACHTEL H 4,2 CM, DM 7,2 CM; BECHER H
(AUSGEZOGEN) 9,8 CM, DM 6,5 CM
DHM 1989/2424

Der dreiteilige Trinkbecher konnte für den Transport zusammengeschoben und in einer runden Pappdose untergebracht werden.

1/89

1/92 AUSWEISKARTE «WANDERVOGEL E.V.
BUND FÜR DEUTSCHES JUGENDWANDERN»
AUSGESTELLT VOM ORTSGRUPPENLEITER
DES GAUS MARK BRANDENBURG
DRUCK: BUCHDRUCKEREI HANSA, DUISBURG
WITTSTOCK 1916; TINTENSCHRIFTLICHE
EINTRAGUNGEN; 10,2 X 13,4 CM
DHM 1991/2684

Jedes Mitglied führte Buch über seine Wanderfahrten. Dieses auf den 16jährigen Gymnasiasten Carl Heinz Ewers ausgestellte Dokument enthält Datum, Fahrziel und den Namen des Wanderführers von insgesamt 22 Wanderfahrten im Jahre 1916. Auch mehrtägige Fahrten wurden unternommen. Die Karte reichte insgesamt für den Eintrag von 28 Fahrten.

1/91

1/93 GRUPPENPHOTO EINES AUSFLUGS
DER ARBEITERJUGEND
1913; POSTKARTE; 8,9 X 14 CM
ARCHIV DER ARBEITERJUGENDBEWEGUNG,
OER-ERKENSCHWICK (N 1668) ABB. SEITE 38

Eine Gruppe von jungen Leuten rastet auf einer Wiese; nur wenige Mädchen sind dabei. Die eher förmlich gekleideten jungen Männer haben ihre Jacken ausgezogen; man sieht weiße Hemden und Krawatten oder Fliegen.

1904 schlossen sich in Mannheim und in Berlin Lehrlinge und jugendliche Arbeiter in Jugendvereinen zusammen. Erstmals entstanden damit in Deutschland selbständige Arbeiterjugendorganisationen, denen 1914 bereits hunderttausend Jugendliche angehörten.

1/93

1/94

1/95

1/94 PHOTOGRAPHIE EINER WANDERGRUPPE DER ESSENER ARBEITERJUGEND
UM 1913; REPRODUKTION; 8,9 X 14,1 CM
ARCHIV DER ARBEITERJUGENDBEWEGUNG, OER-ERKENSCHWICK (I/29 N 1226)

Die Jugendlichen haben sich für das Bild arrangiert. Einige tragen Schlapphüte (Filzwanderhüte) mit langen Federn; zwei Mädchen halten eine Klampfe. Mit von der Partie ist auch Heinrich Rabbich, der Gründer der Essener Arbeiterjugend (2. Reihe sitzend, 2. v.l.).

Stil und Habitus des bürgerlichen Wandervogels wurden zaghaft auch in der organisierten Arbeiterjugend populär. Damit einhergehend veränderte sich das Selbstverständnis der Jugendlichen. Die steifen «Vatermörder» und Hemdkartonagen, die bis dahin das Bild bestimmt hatten, verschwanden in den Jahren vor dem Ersten Weltkrieg allmählich. Mit bunten Bändern geschmückte Gitarren gehörten nun auch zum Bild der sich leger lagernden Ausflügler der Arbeiterjugend.

1/95 GRUPPENAUFNAHME WÄHREND EINER RAST
MÜNCHEN 1911; REPRODUKTION; 12,7 X 17,6 CM
ARCHIV DER ARBEITERJUGENDBEWEGUNG, OER-ERKENSCHWICK (I/210 N 1991)

Die Jugendlichen haben auf einfachen Bänken Platz genommen. Viele der Anwesenden sind eher förmlich gekleidet, während sich der junge Mann rechts im Vordergrund in seinen Schnürstiefeln mit dicker Sohle und mit dem großen Halstuch bewußt zünftig gibt. Auf den Tischen stehen zwischen Biergläsern Kochgeschirre und Wander-Trinkbecher.

1/96

1/100

1/96 KLEIDUNG FÜR EINE TURNERIN DES TURN-VEREINS «FICHTE»
UM 1910; ROTES UND WEISSES BAUMWOLLGEWEBE; ROCK L 81 CM, BLUSE L 51 CM, MÜTZE DM 28,5 CM
DHM, BESTAND ZEUGHAUS (KTE 86-27 A-C)

Die aus Rock, Bluse und Mütze bestehende Turnkleidung wirkt mit dem Matrosenkragen und der Krawatte sowie dem roten Pompon auf der Mütze sehr sportlich. Das Ensemble gehörte Emma Hennig, geb. Marx, die Mitglied im Berliner Turn-Verein «Fichte» war, dem größten deutschen Arbeiterturnverein. Wie damals üblich, hatte sie die Kleidung selbst genäht. Die Turnkluft entsprach gesundheitsförderlichen Vorstellungen, denn der Schnitt engte nicht ein und ein Korsett wurde nicht darunter getragen.

Eher als die politische Formierung der Arbeiterjugend vollzog sich ihre sportliche Organisation. Mindestens die Hälfte aller Mitglieder der Arbeitersportbewegung waren schon vor der Jahrhundertwende Jugendliche zwischen 14 und 20 Jahren. 1906 hatte der Arbeiter-Turner-Bund 25.000 Mitglieder im Reich.

1/97 PHOTOGRAPHIE: EMMA MARX IN TURNKLEIDUNG
WOHL VOR 1911; 13,7 X 9 CM
DHM, BESTAND ZEUGHAUS (DO 86/224 I)

Emma Marx, geboren 1887, war 1901 mit ihren Eltern von Westpreußen nach Berlin gekommen, wo sie als Blumenkröserin in der kleinen Kunstblumenfabrik Weissenberger in Berlin-Mitte arbeitete. Seit 1904 war sie Mitglied des Turn-Vereins «Fichte», dessen erste «Damenabteilung» 1895 gegründet worden war (dieser Begriff wurde deswegen verwandt, weil unter «Frauen» verheiratete Frauen verstanden wurden, hier aber überwiegend junge Mädchen organisiert waren).

Für Arbeitertöchter war der Turn-Verein eine Möglichkeit, dem Einerlei des Arbeitslebens zu entkommen. Die Arbeiterbewegung selbst sah im Frauenturnen einen Beitrag zur Emanzipation; es sollte zudem einen Ausgleich zur Arbeitsbelastung schaffen.

1/103 a

1/103 b

1/100 PHOTOGRAPHIE VON
EMMA MARX UND WILHELM HENNIG
FINSTERWALDE 1910(?); 13,7 X 8,9 CM
DHM, BESTAND ZEUGHAUS (DO 86/224 I)
ABB. SEITE 39

Emma und Wilhelm hatten sich im Arbeiter-Turn-Verein «Fichte» kennengelernt, wo sie einen großen Teil ihrer Freizeit verbrachten und viele Freunde hatten.

Möglicherweise wurde die Aufnahme anläßlich eines Arbeiter-Sportfestes gemacht; eventuell handelt es sich auch um das Verlobungsphoto. 1911 heirateten die beiden. In der Arbeiterschaft galt für Ehefrauen das Turnen als nicht schicklich.

1/101 GRUPPENPHOTO DER 5. LEHRLINGS-ABTEILUNG DES TURN-VEREINS «FICHTE»
WOHL BERLIN, 21.05.1911; 8,9 X 13,7 CM
DHM, BESTAND ZEUGHAUS (DO 86/224 I)

Die Aufnahme zeigt die Turner in weißen Hemden und dunklen Hosen; einer von ihnen trägt ein wappenförmiges Schild mit der Aufschrift des Vereinsnamens.

1904 besaß «Fichte» zwölf Jugend- oder Lehrlingsabteilungen, deren Mitglieder geringere Beiträge bezahlten. Wanderungen wurden organisiert sowie Schauturnen und gesonderte Jugendwettkämpfe veranstaltet.

1/98 TAMBURIN
UM 1910; HOLZ, TIERHAUT;
H 6,5 CM, DM 26 CM
DHM, BESTAND ZEUGHAUS (MK 86-93)

Das Musikinstrument stammt ebenfalls aus dem Besitz von Emma Marx, die es bei ihren Sportübungen benutzte.

Das Frauenturnen umfaßte Geräte- und Freiübungen, Lauf- und Hüpfübungen ebenso wie Tänze, Übungen mit den Handgeräten und Spiele möglichst im Freien.

1/99 ABZEICHEN DES
TURN-VEREINS «FICHTE»
AUS DEM BESITZ VON EMMA MARX
AUFSCHRIFT: «FFFF»
UM 1910; SILBER; 1,5 X 1,4 CM
DHM, BESTAND ZEUGHAUS (A 86/10)

Das schildförmige Abzeichen weist ein großes, geschwungenes «F» für «Fichte» auf. Es ist mit einer Öse versehen und konnte als Anhänger an einer Kette getragen werden.

1/102 PHOTOGRAPHIE EINES APPELLS DER PFADFINDER
BERLIN, UM 1912; REPRODUKTION; 13,2 X 10,7 CM
LANDESBILDSTELLE, BERLIN

Offiziere des kaiserlichen Heeres besichtigen eine Berliner Einheit der Pfadfinder. Die militärischen Geländespiele im Grunewald wurden vom Kronprinzen und von hohen Offizieren gefördert.

Seit 1909 gab es die deutsche Pfadfinderbewegung, deren Gründung auf ein Buch des Stabsarztes Alexander Lion zurückging, in dem er die Bedeutung der «boy scouts» während der Kolonialkämpfe in Deutsch-Südwestafrika hervorhob (deutscher Titel: «Jungdeutschlands Pfadfinderbuch»). Die deutsche Pfadfinderbewegung ähnelte wohl dem Wandervogel in ihrer Zivilisationsflucht und Suche nach Einfachheit, betonte jedoch, anders als dieser, die Ertüchtigung des Körpers zur Steigerung der Militärtauglichkeit.

1/103 ZWEI PHOTOGRAPHIEN VON PFADFINDERINNEN
A) RAST IM WALD
B) TANZ
1912/1914; REPRODUKTIONEN; JE 13,3 X 10,7 CM
LANDESBILDSTELLE, BERLIN

Seit dem Frühjahr 1912 gab es den «Bund deutscher Pfadfinderinnen» unter Leitung Frau von Hopfgartens.

Seine Mitglieder hatten eine eigene Tracht, zu der ein großer, weicher Lodenhut ebenso gehörte wie dunkle Röcke und lange, sportliche Jacken, die mit Gürtel, Taschen und dem Vereinsabzeichen auf dem Ärmel versehen waren.

MILITÄRDIENST

So unterschiedlich die bürgerliche und die Arbeiter-Jugendbewegung waren, so unterschiedlich war auch die Situation der jungen Männer dieser Schichten, wenn sie ihren Militärdienst ableisteten. Der Gymnasiast konnte «Einjährig-Freiwilliger» werden mit der Aussicht, zum Reserveoffizier aufzusteigen, und wohnte (von den ersten Wochen der Dienstzeit abgesehen) in einem eigenen Zimmer. Der Arbeiter lebte zwei oder drei Jahre lang zusammen mit anderen auf der Stube und blieb stets Untergebener. Auch in diesem Sinne war das Militär der von Standesdünkel geprägten Kaiserzeit die «Schule der Nation».

Für alle Männer bestand Wehrpflicht; ein Recht auf Wehrdienstverweigerung existierte nicht. Das wehrpflichtige Alter begann mit Vollendung des 17. Lebensjahres.

Die allgemeine aktive Dienstpflicht dauerte bei der Kavallerie und der reitenden Feldartillerie drei Jahre, bei den übrigen Truppen zwei Jahre. Darauf folgte die Reservepflicht, die mit der aktiven Dienstpflicht zusammen sieben Jahre betrug.

Für manchen Arbeiter mag die Dienstzeit beim Militär ein gewisses Maß an sozialer Sicherheit bedeutet haben. Diesen Eindruck vermittelt zumindest der «Leitfaden zum Dienstunterricht für die Mannschaften», wenn er «Ein Wort an den Reservisten» richtet: «Die zwei Jahre deiner Dienstzeit sind nun um, und niemand wird dir verdenken, daß du dich freust, in die Heimat, zu den Deinen und in deinen bürgerlichen Beruf zurückzukehren. Bei vielen Reservisten aber verblaßt bald die Freude, wenn der Ernst des Lebens und die Sorge um das tägliche Brot an ihn herantritt, und mancher denkt dann doch mit heimlicher Sehnsucht zurück an die schöne sorglose Soldatenzeit; denn darüber darf man sich keiner Täuschung hingeben, so sorglos wie als ein Soldat, der seine Pflicht tut, lebt man wohl kaum wieder.» Der materiellen Absicherung standen aber auf der Negativseite unbedingter Gehorsam, Strammstehen, Unterordnung, bisweilen Schikane gegenüber. Daß der Militärdienst gleichwohl eine große Rolle im Lebenslauf spielte, darauf deuten die vielen Erinnerungsstücke hin, die auch von einfachen Soldaten überliefert sind.

1/109

1/104 AUSGEHANZUG FÜR EINEN SOLDATEN
INFANTERIE-REGIMENT PRINZ MORITZ VON ANHALT-DESSAU (5. POMMERSCHES) NR. 42, KGR. PREUSSEN
HERSTELLER: MILITÄR-EFFEKTEN. FRITZ SCHUCHT, INSTERBURG (MÜTZE)
UM 1900; ROCK: WOLLE, METALLKNÖPFE, SCHULTERKLAPPEN MIT BÄNDCHENAPPLIKATION, ROTER ZIERPASPEL; SCHIRMMÜTZE: WOLLE, LEDERSCHIRM, ZWEI METALLKOKARDEN; ROCK L 76 CM, MÜTZE L 26 CM, UMFANG 56 CM
DHM, BESTAND ZEUGHAUS (U.74.139, U.935, U.66.80, U.61.106, W.59.2004) / ABB. SEITE 36

Der Ausgehanzug besteht aus Waffenrock, Schirmmütze, Koppel mit Kastenschloß, Seitengewehrtroddel (in den Farben der Kompanie), Seitengewehr (Modell 1898 mit Scheide) und dazugehörigem Koppelschuh.

Zum Ausgang außerhalb der Kaserne oder auf der Urlaubsfahrt zu seinem Heimatort hatte der Soldat Uniform anzulegen. In der Öffentlichkeit sollte das Bild der «schimmernden Wehr» allgegenwärtig sein. Zu diesem Zweck wurde den Soldaten zu Beginn ihres Wehrdienstes eine spezielle Montur ausgehändigt.

Nicht nur durch die Kleidung, sondern auch den Habitus sollte der Soldat das militärische Erscheinungsbild hervorheben. Der «Dienstunterricht des Königlich Sächsischen Infanteristen» führte dazu aus: «Der Soldat muß auf der Straße und an öffentlichen Orten stets reinlich und vorschriftsmäßig gekleidet erscheinen und durch sein Betragen vorteilhaft auffallen. Zu einer guten und militärischen Haltung gehört, daß er nicht mit den Händen in Hosen- und Manteltaschen, krumm und kopfhängerisch oder die Mütze schief auf dem Kopfe stutzerhaft einhergeht.»

1/105 PFEIFENKOPF FÜR EINEN RESERVISTEN
AUFSCHRIFT: «ES LEBE DER KÖNIG UND SEINE JÄGER»
UM 1900; PORZELLAN, SILBER; FARBIG BEMALT, GLASIERT; L 16,5 CM
DHM, BESTAND ZEUGHAUS (MK 83-444)
ABB. SEITE 36

«Parole Heimat» lautet der Wahlspruch auf diesem Pfeifenkopf mit Silberdeckel in Form eines preußischen Tschakos, der für einen Jäger Riewe «zur Erinnerung a(n) m(eine) Dienstz(eit) b(ei) d(em) 3. Comp(anie) Pom(mersches) Jäger Bat(aillon) No 2 Culm 1898/19(00)» gefertigt wurde.

Reservistenpfeifen, -krüge und –teller waren beliebte Erinnerungsstücke an die Soldatenzeit. Sie wurden meist käuflich erworben und von Porzellanmalern mit den nötigen Zusätzen über Person, Dienstzeit und Kompanie versehen.

1/106 TASSE ZUR ERINNERUNG AN DIE DIENSTZEIT IN DER KAVALLERIE
UMSCHRIFT: «ZUM GEBURTSTAG FRDL. GEW. VON DEINEM SOHN JULIUS B. D. 3. ESK. 1. GARDE DRAG. REG. KÖN. V. GROßBR. U. IRL. BERLIN 1898-1901»
WOHL BERLIN, UM 1901; PORZELLAN (NICHT GEMARKT); FARBIG BEMALT, VERGOLDET; TASSE H 8,4 CM, DM 8,5 CM; UNTERTASSE DM 15,7 CM
DHM 1989/1145

Dargestellt ist ein Reiter in der Uniform der 3. Eskadron des «1. Garde Dragoner Regiments der Königin von Großbritannien und Irland», das in Berlin stationiert war. Ein Soldat dieses Regiments widmete die Tasse «Der lieben Mutter» zum Geburtstag, die zugleich als Andenken an das Ende seiner dreijährigen Dienstzeit bei der Kavallerie gedacht war.

1/107 RESERVISTENBILD
UM 1910; ANTHRAZITFARBENER STICKGRUND; MIT FARBIGEN GARNEN, CHENILLE UND PERLEN BESTICKT; MONTAGE; 55,5 X 44 CM (MIT ORIGINALRAHMEN)
DHM, BESTAND ZEUGHAUS (MK 69-257)
ABB. SEITE 36

Der Soldat klebte sein persönliches Photo in das vorgefertigte Stickbild ein. Ein Schilderhäuschen aus farbigem Karton diente dabei als Rahmen für die Aufnahme, die einen einfachen Soldaten der Infanterie in Paradeuniform mit Koppel, Säbel und weißen Handschuhen zeigt. Darüber befindet sich eine Oblate mit dem Porträt Wilhelms II. in großer Uniform, umkränzt von getrockneten Blumen.

1/108 PHOTOGRAPHIE ZUR ERINNERUNG AN DIE DIENSTZEIT
SENSBURG/ALLENSTEIN, UM 1905; 38,5 X 44,5 CM (MIT ORIGINALRAHMEN)
DHM, BESTAND ZEUGHAUS (MK 87-114)

Fünfzehn Soldaten in Ausgehuniform posieren in einem Photoatelier. Ihr Unteroffizier sitzt herausgehoben in der Mitte der ersten Reihe. Die Soldaten gehörten zum 2. Ermländischen Infanterie-Regiment Nr. 151 (1897-1918), dessen Standort Sensburg/Allenstein in Ostpreußen war.

1/109 ERINNERUNGSPHOTO: AUF DER STUBE
AUFNAHME: EMIL SCHRÖTER
POTSDAM 1910; 22 X 27 CM (MIT ORIGINALRAHMEN)
DHM, BESTAND ZEUGHAUS (MK 87-113)
ABB. SEITE 41

Die Rekruten präsentieren sich, zusammen mit ihrem Ausbilder, zwischen Spinden und Etagenbetten dem Photographen. Ein Soldat hält einen Krug mit der Zahl 54; das ist auch die Nummer der Stube, denn die Aufschrift auf einem Schild lautet: «Ein Sonntag ohne Geld! verleben wir ganz zünftig auf Stube 54. 2. Battr. 4. Garde Fld. Artl. Regt. Potsdam 1910.»

FRAUEN ZWISCHEN BERUF UND EHE

Um die Jahrhundertwende hatte sich die weibliche Erwerbstätigkeit auf neue Bereiche ausgedehnt, insbesondere den Handelssektor. Damit brachen die Frauen in eine bis dahin klassische Männerdomäne ein und das bürgerliche Verständnis von separierten Berufs- und Geschlechterrollen geriet in die öffentliche Diskussion.

Obwohl zahlreiche Institutionen sich darum bemühten, den Töchtern aus dem Bürgertum eine Ausbildung zu ermöglichen und sie unabhängig von einer Eheschließung zu machen, blieb – anders als für die Männer – für die jungen Frauen die Berufstätigkeit zumeist nur eine Phase, die mit der Eheschließung ihr Ende fand. War eine Frau aber verheiratet, war es mit der Berufstätigkeit schwierig. Das bürgerliche Recht (BGB von 1900) legte fest, daß die Ehefrau «berechtigt und verpflichtet (ist), das gemeinschaftliche Hauswesen zu leiten.» Eine Berufstätigkeit bedurfte damit der Einwilligung des Ehemannes. Verheiratete Frauen wurden dementsprechend auch vom Staat nicht eingestellt. So mußten z.B. die Lehrerinnen ledig sein bzw. wurden entlassen, wenn sie heirateten.

1/110 «DER LETTE-VEREIN
UND SEINE UNTERRICHTS-ANSTALTEN»
REDIGIERT IM AUFTRAGE DER VORSITZENDEN
DES LETTE-VEREINS VON
D. SCHULTZ-HENCKE
AUFNAHMEN UND KLISCHEES AUSGEFÜHRT
IN DER PHOTOGRAPHISCHEN LEHRANSTALT
DES LETTE-VEREINS
DRUCK: GEBRÜDER FEYL, BERLIN SW 48
BERLIN 1912; KARTON (EINBAND),
PHOTOREPRODUKTIONEN; 24,4 X 20,5 CM
DHM 1990/1892
WEITERE ABBILDUNGEN SEITE 44

Mit einem breitgefächerten Unterrichtsprogramm bot der «Lette-Verein zur Förderung höherer Bildung und Erwerbsfähigkeit des weiblichen Geschlechts» das Erlernen häuslicher Tätigkeiten ebenso an wie eine qualifizierte Berufsausbildung. Die Publikation zeigt u.a. folgendes Angebot:
a) «Kochkursus. Ein Koch- und Backkursus für Kursistinnen mit dreimonatlichem Unterricht.»
b) «Chemiesaal. Unterricht in Experimentalchemie und Mikroskopieren für die Ausbildung von Gewerbe-Schullehrerinnen für Hauswirtschaft, welche die staatliche Prüfung am Schlusse eines zweijährigen Unterrichts ablegen (Gewerbeseminar).»
c) «Krankenpflege am Bett. Unterrichtsabteilung der wirtschaftlichen Frauenschule, welche Ausbildung zur Betätigung in eigener oder fremder Häuslichkeit bezweckt.»
d) «Lehrzimmer für Plätten.»
e) «Als Unterlage für eine höhere gewerbliche Tätigkeit wird mit Recht eine gewisse Fertigkeit im Zeichnen angesehen. Aus diesem Grunde sind den verschiedenen gewerblichen Unterrichts-Abteilungen des Lettehauses besondere Zeichenklassen angegliedert.»
f) «Photographische Lehranstalt. Die Ausbildung als Röntgenschwester bzw. Röntgenassistentin erfolgt in einem besonderen Raum, der mit allen Hilfsmitteln moderner Röntgentechnik ausgestattet ist.»

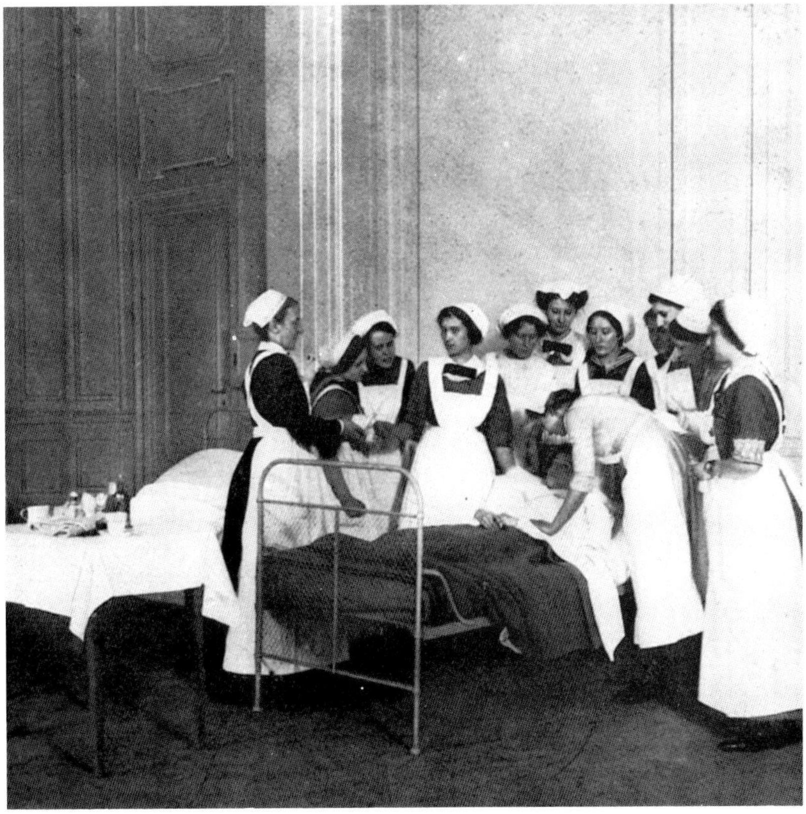
1/110 c

1/110 a

1/110 b

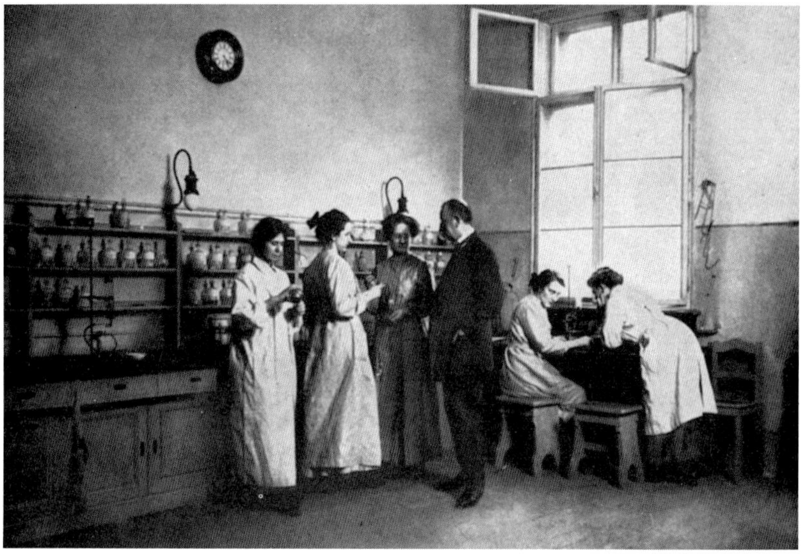

1/110 e

1/111 ZWEI PHOTOGRAPHIEN:
FRAUENARBEIT
A) IM FERNSPRECHAMT
B) IM KONTOR
UM 1900; REPRODUKTIONEN; JE 13 X 17,9 CM
DHM, BESTAND ZEUGHAUS
(BILDARCHIV, F 65/425, F 66/2893)

Die Tätigkeit des «Fräuleins vom Amt» war seit den Anfängen des Telephons eine für Frauen vorgesehene Beschäftigung; demgegenüber eröffnete sich ihnen mit der Arbeit im Kontor ein ihnen bis dahin nicht zugängliches Berufsfeld. Verstärkt seit den 1890er Jahren strömten immer mehr Frauen in das zuvor ausschließlich männliche Büro, denn die Kontore, aber auch die Handelsgeschäfte verzeichneten einen wachsenden Bedarf an angelernten Arbeitskräften. 1907 lag der Anteil der Frauen an den Angestellten in der Industrie bereits bei über 9 Prozent. Eine wichtige Rolle bei dieser Entwicklung spielte die Schreibmaschine, die um die Jahrhundertwende in das Büro eindrang.

1/112 SCHREIBMASCHINE «ADLER»
HERSTELLER: ADLERWERKE,
VORM. HEINRICH KLEYER
AKTIENGESELLSCHAFT, FRANKFURT A.M.
MODELL 7; FABRIK-NR. 66774
1900; EISEN, STAHL; 16 X 47 X 30 CM
DHM, BESTAND ZEUGHAUS (HI 71/11)

Da die männlichen Handlungsgehilfen das Maschinenschreiben als unstandesgemäß ablehnten, überließen sie den Platz an der Schreibmaschine kampflos den «Stenotypistinnen», die jetzt zunehmend in Schnellkursen durch sogenannte Pressen angelernt wurden.

1/111 b

1/113 «DIE FRAUENARBEIT IN DEN KONTOREN EINER GROSSSTADT» EINE STUDIE ÜBER DIE LEIPZIGER KONTORISTINNEN VON DR. IDA KISKER TÜBINGEN: J.C.B. MOHR 1911; 168 SEITEN DHM, BESTAND ZEUGHAUS (BIBL. Z 4809 ERG.H.3)

Die Autorin wollte mit ihrer empirischen Studie die bislang fehlenden Kenntnisse über die Arbeits- und Lebenssituation einer neuen großen Berufsgruppe vermitteln und so zugleich eine «geistige Durchdringung» des für die Industrie sehr wichtig gewordenen Bereichs der weiblichen Bürotätigkeiten leisten.

1/112

EHE: BIS DASS DER TOD EUCH SCHEIDET

Ein Mann, der um 1900 die Ehe einging, war im Durchschnitt 29 Jahre alt; bei den Frauen lag das durchschnittliche Heiratsalter bei etwas mehr als 26 Jahren. Das ist zwar niedriger als das Heiratsalter zu Beginn des 19. Jahrhunderts, gleichwohl aber immer noch erstaunlich hoch, mißt man es an unserem Bild von der Auflösung traditioneller Bindungen im Zuge der Industrialisierung.

Mit dem Fortfall juristischer und wirtschaftlicher Hemmnisse wurde um die Jahrhundertwende soviel geheiratet wie bis dahin noch nie in der deutschen Gesellschaft. Gerade in den unteren Schichten, wo traditionell ein großer Teil von der Ehe ausgeschlossen gewesen war, wurde die Erfahrung der Ehe- und Familiengründung für immer mehr Menschen bedeutsam.

In der vorindustriellen Gesellschaft war die Familiengründung zwingend an den erfolgreichen Aufbau einer selbständigen Existenz gekoppelt gewesen. Dieses alteuropäische Muster des Heiratsverhaltens bestand im Deutschland der Kaiserzeit jedoch nur noch auf dem Land und im Handwerk fort: Hier wurde weiterhin dann geheiratet, wenn der erbende Bauernsohn den väterlichen Hof übernahm oder der Handwerksgeselle in einen Meisterhaushalt einheiratete bzw. mit Hilfe einer Mitgift einen Betrieb übernahm oder gründete.

Eine Ehe, die im Jahre 1900 geschlossen wurde, hatte im Durchschnitt vier Kinder. Nur in jeder sechsten Ehe gab es zwei oder drei Kinder und sogar nur in jeder zehnten ein einziges Kind. (Zum Vergleich: 1971 lag die durchschnittliche Kinderzahl in der Bundesrepublik bei 1,5). Das heißt, fast alle Ehepaare lebten um die Jahrhundertwende als Eltern, fast alle Kinder wuchsen mit Geschwistern heran.

Die Ehe hatte eine hohe Verbindlichkeit. Sie war auf Dauer angelegt, und ein Auseinandergehen der Eheleute war gesellschaftlich nicht akzeptiert. Auch das bürgerliche Recht bestätigte diese Eheauffassung.

1/114 BÜRGERLICHES GESETZBUCH NEBST EINFÜHRUNGS-GESETZ, VOLLSTÄNDIGEM SACHREGISTER U. COMMENTAR
HAMBURG: J. BRAUN 1900
ROTER GANZLEINENBAND; GEPRÄGT; 283 SEITEN
DHM, BESTAND ZEUGHAUS (BIBL. 66/1704)

Die «elegant gebundene» Ausgabe, deren Preis 3 Mark betrug, war für den privaten Haushalt gedacht, denn – so der Hinweis auf der Umschlagseite –: «Jeder Paragraph ist allgemein verständlich erläutert.»

Dem Familienrecht des seit 1900 gültigen Bürgerlichen Gesetzbuches (BGB) lag eine patriarchalisch-christliche Auffassung zugrunde. In diesem Sinne war auch das Verhältnis zwischen Ehemann und -frau geregelt: «Dem Manne steht die Entscheidung in allen das gemeinschaftliche eheliche Leben betreffenden Angelegenheiten zu; er bestimmt insbesondere Wohnort und Wohnung» (§ 1354). Demgegenüber war die Frau «berechtigt und verpflichtet, das gemeinschaftliche Hauswesen zu leiten» (§ 1356). Das Familienrecht wurde erst 1957 aufgrund des Gleichberechtigungsgesetzes durch eine Regelung ersetzt, die Mann und Frau in der Familie als gleichberechtigt anerkennt. Die Frau war allerdings weiterhin verpflichtet, den Haushalt zu führen; das änderte sich erst 1977.

1/115 DAS BÜRGERLICHE GESETZBUCH MIT DEM EINFÜHRUNGSGESETZ
BERLIN: CARL HEYMANN, 9. AUFL. 1897; 648 SEITEN
DHM, BESTAND ZEUGHAUS (BIBL. 53/1453 A)

1/116 BRAUTKLEID
GETRAGEN IN BERLIN, 10.04.1910
CREMEFARBENER SEIDENATLAS, SPITZENBESÄTZE UND -EINSÄTZE: TÜLL MIT SEIDENSTICKEREI, MASCHINENHERGESTELLTE SPITZE; L 220 CM (MIT SCHLEPPE)
DHM 1988/848

Das aufwendig gearbeitete Kleid wurde für eine Hochzeit im Jahre 1910 gefertigt. Das Paar wurde in der Luisenstädtischen Kirche in Berlin getraut. 1937 trug die Tochter das Kleid zu ihrer eigenen Hochzeit.

Die kirchliche Trauung war um die Jahrhundertwende in allen Bevölkerungsschichten selbstverständlich; nur jede zehnte Ehe wurde allein auf dem Standesamt geschlossen.

Die «Braut in Weiß» ist historisch recht jungen Datums, denn das weiße Brautkleid verbreitete sich in der bürgerlichen Mode erst im Laufe des 19. Jahrhunderts. Als Vorbild gelten die weißen Ballroben aus der Zeit kurz vor der Französischen Revolution, genannte Chemisenkleider, die eine unschuldige, körperbetonte Natürlichkeit ausdrücken sollten.

1/117 BRAUTKLEID
THÜRINGEN, UM 1900; JACKE AUS SCHWARZER SEIDE, ZIERBESATZ: SCHWARZE GIMPE (POSAMENTENARBEIT); ROCK: OBERROCK AUS SCHWARZER SEIDE, SAUMBESÄTZE: SCHWARZE WOLLE, SPITZENBESATZ, SCHWARZ-VIOLETTE LITZE AUS WOLLE; ZIERBESATZ (VORDERSEITE) SCHWARZE GIMPE; ROCK L 130 CM (MIT SCHLEPPE), JACKE L 54 CM
DHM, BESTAND ZEUGHAUS (KTE 65-1)
ABB. SEITE 53

Auf dem Land und unter den Kleinbürgern und Arbeitern der Städte setzte sich das weiße Hochzeitskleid teilweise erst nach 1920/30 durch. Bis dahin trug die Braut ein schwarzes Kleid, das sie auch nach der Hochzeit für weitere festliche Anlässe und natürlich auch im Trauerfall verwenden konnte. Zum dunklen Kleid schmückte sich die Braut mit einem weißen Schleier.

1/118 VERLOBUNGSANZEIGE
FEBRUAR 1892; KARTON; BEDRUCKT, GEPRÄGT; 11,2 X 17,5 CM
DHM 1991/2073

Der Text im Inneren der Klappkarte lautet: «Meine Verlobung mit Fräulein Gertrud Behn-Eschenburg, Tochter des verstorbenen Herrn Professor Dr. Behn-Eschenburg in Zürich und dessen verstorbenen Gemahlin geb. Neuber, erlaube ich mir ergebenst anzuzeigen. Ferdinand Gebhardt. Shanghai – Hamburg im Februar 1892.»

Dem Bräutigam kam die Aufgabe zu, das Eheversprechen in der Öffentlichkeit bekanntzumachen; die Braut kommt nur als Bezeichnete vor.

1/119 KARTE «HERZLICHEN GLÜCKWUNSCH ZUR VERLOBUNG» VON «W.J. MAMMEN & FAMILIE, BRAKE I. OLDENBURG»
UM 1900; KARTON, KORDEL, GLIMMER; GESTANZT, GEPRÄGT; 12,5 X 9 CM
DHM 1991/1703 / ABB. SEITE 53

Glückwunschkarten zur Verlobung waren seit den 1880er Jahren, solche zur Hochzeit seit den 1890er Jahren verbreitet. Seitdem gehörte es sich, diese Anlässe mit einem schriftlichen Zeichen der Aufmerksamkeit zu bedenken. Auch hier wird sichtbar, wie die Zunahme der Familiengründungen im Kaiserreich (s.o.) die Nachfrage nach neuen Erzeugnissen mitbestimmte. An den Glückwunschkarten und ihrer raschen Verbreitung läßt sich darüber hinaus ablesen, wie schnell eine Konvention sich schichtenübergreifend durchsetzte und damit das Handeln des Einzelnen festlegte, ihm zugleich aber auch Sicherheit im Verhalten gab.

1/120 KARTE «HERZLICHEN GLÜCKWUNSCH ZUR HOCHZEIT»
VON «FAMILIE GIENOW»
UM 1900; KARTON, KORDEL, GLIMMER; GESTANZT, GEPRÄGT; 13 X 8,7 CM
DHM 1991/1707
Die Karte ist reich verziert mit Stanzspitze, plastischem Blüten- und Blattdekor sowie aufgelegtem Glimmer. Die kunstvolle Ausstattung der Glückwunschkarten korrespondiert mit der herausragenden Bedeutung der Hochzeit.

1/121 GLÜCKWUNSCHKARTE «ZUR VERMÄHLUNG!»
VON «R. DENK U. FAMILIE»
UM 1900; KARTON, SEIDE, KORDEL; 13,8 X 9,6 CM
DHM 1991/1706 / ABB. SEITE 53

1/122 BRAUTSCHLEIER
WOHL UM 1900; WEIßER TÜLL; MASCHINENSTICKEREI; 190 X 145 CM
DHM, BESTAND ZEUGHAUS (KTE 85-102)
Zu Beginn des 19. Jahrhunderts waren Tüllschleier modern geworden, die in der Folgezeit ein Bestandteil von Festkleidern, besonders von Hochzeitskleidern, blieben. Auch die Blumensträuße der Konfirmandinnen waren dementsprechend um 1900 häufig mit einem weißem Schleier geschmückt (vgl. 1/44ff.).

1/123 KLAPPZYLINDER
HERSTELLER: A.R. GRYWOTZ
BERLIN, UM 1900/1910; SCHWARZES ATLASSEIDENGEWEBE; L 31 CM, B 26 CM
DHM 1990/2940-1
Der Klappmechanismus dieses chapeau claque funktioniert durch eine integrierte Metallsprungfeder. Solch ein Zylinder, der zur Ausstattung des Bräutigams gehörte, konnte für die Hochzeitsfeier auch ausgeliehen werden. Der Bräutigam trug in der Stadt wie auf dem Land seinen besten schwarzen Anzug, und wer es sich leisten konnte, ließ sich einen Hochzeitsanzug schneidern.

1/127

1/128

1/124 «ALLGEMEINE DEUTSCHE ZEITUNG FÜR VERLOBTE.»
DRUCK: OTTO ELSNER, BERLIN, ORANIENSTRASSE
AUSGABE VOM 23.04.1911; BUCHDRUCK, SCHWARZ, ROT; 8 SEITEN; 40,8 X 30,4 CM
DHM, BESTAND ZEUGHAUS (DO 87/190 I)
Kostenlos wurden alle «uns gemeldeten Verlobungen Deutschlands sowie Aufgebote Berlins und seiner weiteren Umgebung» veröffentlicht. Das kommerziell ausgerichtete Blatt enthält zahlreiche Werbeannoncen von Hochzeitsausrichtern sowie Herstellern von Möbeln und Hausrat für den zu gründenden Haushalt. Auch die Arbeiterschaft war jetzt zunehmend als Kunde interessant geworden; das ist nicht nur ein Indiz dafür, daß in dieser Schicht verstärkt geheiratet wurde, sondern auch dafür, daß sie über die erforderlichen finanziellen Mittel verfügte, um als Käufer interessant zu sein.

1/125 «WILHELM OPPERMANN'S ALLGEMEINER BERLINER STANDESAMTS-ANZEIGER»
HG.: WILHELM OPPERMANN'S ZEITSCHRIFTENVERLAG FÜR FAMILIENNACHRICHTEN, BERLIN-CHARLOTTENBURG
DRUCK: M. HABERLANDT, BERLIN
AUSGABE VOM 23.04.1911; 16 SEITEN; 30,6 X 21,8 CM
DHM, BESTAND ZEUGHAUS (DO 87/190 I)
Auf S. 11 ist das Brautpaar Hennig genannt (vgl. 1/100).

1/126 HOCHZEITSANDENKEN «GOTT SCHÜTZE UNSERN BUND»
UM 1900/10; PAPIERKANEVAS; HANDBESTICKT MIT WOLL- UND GOLDFADEN, PHOTOGRAPHIE AUF ZELLULOIDRAHMEN AUFGEKLEBT, Z.T. FARBIG BEMALT, TROCKEN- UND KUNSTBLUMEN MONTIERT; 47,7 X 37,8 CM (MIT ORIGINALRAHMEN)
DHM 1988/282 / ABB. SEITE 53
In das vorgefertigte Bild wurde ein persönliches Photo des Brautpaares geklebt. Solch ein Wandschmuck, der als Hochzeitsgeschenk beliebt war, konnte zur Erinnerung aufgehängt werden.

1/130

1/127 HOCHZEITSPHOTO
AUFNAHME: HERZOGL. SÄCHS. HOF-PHOTOGRAPH KOLBY, PLAUEN I. V., CHEMNITZ, ZWICKAU
UM 1895; 16,5 X 10,8 CM
DHM 1991/995 / ABB. SEITE 47

Ein vornehm gekleidetes Paar präsentiert sich in einem üppig dekorierten Atelier.

1/128 PHOTOPORTRÄT EINES BRAUTPAARES
AUFNAHME: ATELIER HILDENBRAND, STUTTGART
UM 1900; 16,8 X 10,9 CM
DHM 1991/1962 / ABB. SEITE 47

Die elegante, ganz modern gekleidete Braut trägt ein kunstvoll gefertigtes weißes Kleid mit üppigem Schleier.

1/129 PHOTOGRAPHIE EINES BRAUTPAARES
UM 1900; 16 X 10 CM
DHM 1991/23.6 /

1/130 GRUPPENPHOTO EINER HOCHZEITSGESELLSCHAFT
AUFNAHME: HEINRICH GAERTNER
BERLIN, UM 1900; 18,9 X 24,8 CM
DHM 1991/1463

In einem Garten hat der Photograph einen Teppich ausgebreitet und einen großen Prospekt aufgestellt. Davor hat die festlich gekleidete Gesellschaft Platz genommen.

1/131 PHOTOGRAPHIE: IM FESTSAAL
BERLIN, VOR 1914; 12,3 X 16,5 CM
DHM, BESTAND ZEUGHAUS (DO 86/224 I)

Junge Mädchen in Turnkleidern des Arbeiter-Turn-Vereins «Fichte» haben sich in der ersten Reihe plaziert (vgl. auch 1/96). Die Braut trägt ein schwarzes Kleid mit weißem Schleier.

1/132 WANDSCHMUCK «ZUR SILBER HOCHZEIT SEI EUCH GOTTES SEGEN / DER GOLDNEN WANDELT FROH ENTGEGEN.»
WOHL ZITTAU, UM 1910; PAPIERKANEVAS; HANDBESTICKT MIT SCHWARZEM GARN UND PERLEN; SILBERBEMALTE KUNSTBLUMEN UND WEIßE SCHLEIFE MONTIERT;
49 X 39 X 1,6 CM (MIT ORIGINALRAHMEN)
DHM 1991/1692

Dieses Stickbild im silberfarbenen Metallrahmen mit Jugendstil-ornamenten ist eine Mischung aus Jubiläumsgeschenk und Haussegen. Der Schriftzug «Gottes Segen» wird von einem Silberkranz eingefaßt, dessen Enden mit einer weißen Schleife verziert sind.

Erst im späten 19. Jahrhundert war es üblich geworden, die Silberne oder

Goldene Hochzeit eines Ehepaares als großes Familienfest zu feiern. Zu diesem Zeitpunkt wurden immer mehr Menschen älter, und immer mehr Ehepaare hatten überhaupt die Chance, 25 oder gar 50 Jahre miteinander zu leben. Die durchschnittliche Ehedauer stieg dementsprechend seit dem späten 19. Jahrhundert erheblich an: 1875 hatten in Berlin weniger als zwei von zehn Ehen, die durch den Tod eines der Partner beendet wurden, 30 Jahre und mehr gedauert; 1910/11 waren es schon drei (1975 waren es dann, in West-Berlin, mehr als sechs von zehn Ehen).

1/133-157 JUBILÄUMSGESCHIRR ZUR SILBERNEN UND GOLDENEN HOCHZEIT
HERSTELLER: KRISTER PORZELLAN-MANUFAKTUR, WALDENBURG (SCHLESIEN); C.T. ALTWASSER; A. RIPPSILBER, KÖNIGSZELT; ÜBERWIEGEND OHNE MARKE
UM 1890-1920; WEIßES PORZELLAN; BEMALUNG IN GRÜN, SILBER, GOLD
DHM 1988/451, 1109-1113, 1115-1117; 1989/933 F.,966-972
DHM, BESTAND ZEUGHAUS (MK 86-12, 13)
ABB. SEITE 54

Als Geschenke zur Silbernen und Goldenen Hochzeit waren um die Jahrhundertwende mit einer Widmung versehene Tassen und Teller sehr beliebt. Auch Butterdosen (hier geschmückt mit der Aufschrift «Einst Myrtenkranz, jetzt Silberglanz»), Bierkrüge («Zur Silbernen Hochzeit»), ja sogar ganze Jubiläums-Kaffeeservices wurden dem Jubelpaar geschenkt.

In manchen Familien schmückte das Geschirr am Tag des Festes die Tafel, doch üblicherweise präsentierte die Hausfrau es zusammen mit den Sammeltassen in einer Vitrine in der guten Stube, um an den feierlichen Tag zu erinnern.

Das vor allem in Schlesien, Thüringen und Bayern gefertigte Porzellan wurde direkt in den Fabriken oder von Porzellanmalern, die die noch unverzierte Ware bezogen, mit Aufschriften und Widmungen versehen. Auch persönliche Wünsche konnte der Kunde äußern, doch die meisten Stücke waren keine Auftragsarbeiten, sondern seriell gefertigt. Diese Massenprodukte waren auch für die weniger gut verdienenden Schichten der Bevölkerung erschwinglich.

Die Farbgebung des Geschirrs paßte sich dem Anlaß an: vorherrschend sind die Farben Grün und Silber bzw. Gold. Die Palette der Aufschriften reicht von schlichten Widmungen («Der Silberbraut», «Dem Silberbräutigam») bis zu Reimen wie: «In der Locke Silberweiß, schmückt einst gold'nes Myrthenreis» oder: «Es mög' wie Silber hell und rein, der Abend Eures Lebens sein». Daß so manche Widmung sich auf unterschiedlich gestalteten Tellern und Tassen wiederholt, zeigt, daß die Versatzstücke immer wieder neu arrangiert wurden. Seltener sind persönliche Widmungen wie zum Beispiel: «Hoch lebe das Jubelpaar Paul und Andromeda Kutzner geb. Emmermann. Zum 11. Februar 1891».

Die Sinnsprüche beschwören eine ununterbrochene Kette des Lebens zu zweit bis ins hohe Alter hinein: «Grün ist es gewesen, Silber ist es geworden, & Gold wird es noch werden» oder: «Es lebe froh das Jubelpaar noch ferner 25 Jahr»; «Was wir heut mit Silber kränzen, mög' dereinst im Golde glänzen»; «Die Zukunft strahle froh und hold und winde Euch den Kranz von Gold.» Vergegenwärtigt man sich, daß das Erleben einer Silberhochzeit um die Jahrhundertwende keineswegs selbstverständlich war, aber immer mehr Ehepaare zusammen alt wurden, dann kann man die massenhafte Verbreitung dieses Jubiläumsgeschirrs auch als Ausdruck einer neuen sozialen Erfahrung deuten.

1/158

1/159

1/160

1/163

1/164

1/158 KARTE «HERZLICHEN GLÜCKWUNSCH ZUR SILBERNEN HOCHZEIT»
UM 1900; SILBERPAPIER, GEPRÄGT; KREPPAPIER (ROSE); CHROMOLITHOGRAPHIE; SCHLEIFE MONTIERT; 12,3 X 8,5 X 4,5 CM (AUSGEZOGEN)
DHM 1991/1009 / ABB. SEITE 49

Die Karte läßt sich verwandeln: Setzt man den Zugmechanismus in Bewegung, kommen aus dem Silberbukett auf der Vorderseite eine Rose und eine Taube zum Vorschein.

Seit den 1870er Jahren bürgerte sich das Versenden von Glückwünschen zur Silberhochzeit ein.

1/159 KARTE «HERZLICHEN GLÜCKWUNSCH ZUR SILBERNEN HOCHZEIT»
1895; GAZE, BAND; 12,2 X 8,1 CM
DHM 1991/1046 / ABB. SEITE 49

1/160 SCHMUCK FÜR EIN SILBERHOCHZEITSPAAR
WOHL UM 1910; SILBERDRAHT UND -BLECH; GESTANZT; DIADEM 13,8 X 15 CM; STRÄUSSCHEN 9 X 5 CM
DHM 1991/101 / ABB. SEITE 49

Für die Silberbraut war ein kleines Diadem aus silberfarbenen Myrtenzweigen vorgesehen, für den Silberbräutigam ein am Revers zu befestigendes Ziersträußchen. Das Paar trug diesen Festschmuck an seinem Ehrentag und präsentierte sich auch im Photoatelier so.

1/161 PORTRÄT EINES SILBERHOCHZEITSPAARES
AUFNAHME: WILHELM STEIN, PHOTOGRAPHISCHE ABTEILUNG
BERLIN, UM 1890; 16,4 X 11 CM
DHM 1991/1118

1/162 PHOTOGRAPHIE ZUR ERINNERUNG AN DIE SILBERNE HOCHZEIT
AUFNAHME: EMIL LAMPE
BERLIN, UM 1890/1900; 16,7 X 10,6 CM
DHM 1991/1112

1/163 PHOTOGRAPHIE ZUR ERINNERUNG AN DIE GOLDENE HOCHZEIT VON AUGUST UND WILHELMINE BORCHARDT
AUFNAHME: H. SCHRÖDER
BUDDENDORF/POMMERN, 11.11.1908; 12,7 X 16,8 CM
DHM 1988/1491

Das im Garten aufgenommene Photo zeigt die Braut mit einem wohl goldfarbenen Myrtenkranz und den Bräutigam mit einem Ziersträußchen. Auf dem Tischchen zwischen ihnen ist eine Bibel plaziert.

1/164 PHOTOGRAPHIE ZUR ERINNERUNG AN DIE GOLDENE HOCHZEIT
AUFNAHME: CARL HÜSELER, SCHLESWIG
UM 1908; 16,5 X 10,7 CM
DHM 1991/1362

Das Paar hat, als Ausdruck der Verbundenheit nach fünfzig Ehejahren, die Hände ineinander gelegt. Die Festtagskleidung der Braut, insbesondere der schwarze Kopfputz mit Schleier und Kränzchen, läßt vermuten, daß das Ehepaar aus dem kleinstädtischen bis ländlichen Bereich stammte.

AUSSENSEITER: GESCHIEDENE FRAUEN, LEDIGE MÜTTER

Wer um die Jahrhundertwende heiratete, ging davon aus, daß diese Ehe ein Leben lang hielt – zumindest sollte es so sein. Abweichungen wurden sanktioniert, es sei denn, sie vollzogen sich in gesellschaftlichen Freiräumen wie der Bohème.
Eine Ehescheidung war um die Jahrhundertwende ein Skandal und insbesondere für die Frau zumeist eine soziale Katastrophe. Nach dem Bürgerlichen Gesetzbuch von 1900 galt im Scheidungsfall das Schuldprinzip; eine gegenseitige Einwilligung der Eheleute war unzulässig.

1890 wurden 7,4 von 10.000 Ehen geschieden – eine verschwindend geringe Zahl (zum Vergleich: 1983 waren es in der Bundesrepublik zehnmal so viel, nämlich 78).

Die soziale Ächtung traf auch ledige Mütter, und zwar im städtischen Bürgertum weitaus stärker als etwa auf dem Land. Hier wurde traditionell die uneheliche Mutterschaft anders bewertet als in der bürgerlichen Kultur, denn eine Ehe wurde auf dem Land oft «nachgeholt».

Um 1900 kamen in Deutschland rund neun uneheliche Kinder auf hundert Geburten. In Sachsen war es circa 13 Prozent, in Bayern ebenfalls und in Berlin etwa 15 Prozent.

1/166

1/165 «EFFI BRIEST. ROMAN»
THEODOR FONTANE
BERLIN: F. FONTANE & CO., 12. AUFLAGE
1903 (ERSTAUSGABE 1895); 520 SEITEN
DHM (R 92/3143)

Zwei Männer richten die Pistolen aufeinander, weil die Ehre es so «befiehlt», der eine, um Genugtuung für den Ehebruch seiner Frau zu fordern, der andere, um sie ihm zu gewähren. Die Wiederherstellung der Ehre wird zu einem frevelhaften Unterfangen, das den Tod eines Menschen billigend in Kauf nimmt. Gegen die lebenszerstörenden Folgen des Ehren- und Sittenkodexes der Zeit schrieb Fontane seinen Roman. Die Figur der Effi, die an den Folgen von Ehebruch und Verstoßung durch den Gatten zugrunde ging, hatte ein historisches Vorbild, Elisabeth von Ardenne.

1/166 BRAUTBILD VON ELISABETH VON PLOTHO UND ARMAND VON ARDENNE
1873; PHOTOGRAPHIE/REPRODUKTION;
13 X 18 CM
WEINHEIM, QUADRIGA VERLAG

Elisabeth von Plotho heiratete 1873 im Alter von neunzehn Jahren Armand von Ardenne, den späteren Adjutanten des preußischen Kriegsministers. Die Entdeckung der Liaison zwischen seiner Frau und dem Amtsrichter Emil Hartwich veranlaßte den Ehemann, den Rivalen zum Pistolenduell zu fordern. Der Zweikampf zwischen dem höchsten Beamten im Kriegsministerium und einem rheinischen Juristen endete für diesen tödlich. Das Duell und sein Ausgang wurden zum Gesellschaftsskandal, der weit über die Grenzen Berlins hinausreichte.

Ardenne, der verhaftet und zu Festungshaft verurteilt, aber bereits

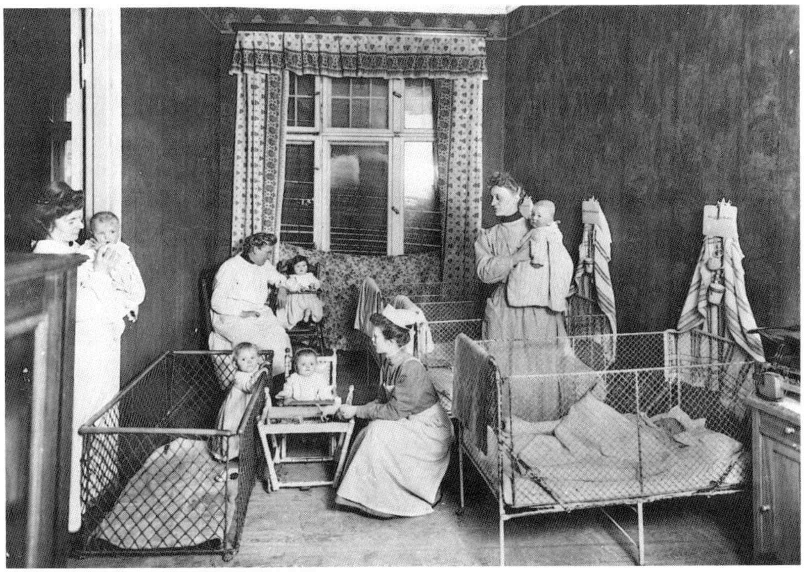

1/168

nach 18 Tagen wieder entlassen worden war, reichte die Scheidungsklage ein. Das Gericht sprach seine Frau schuldig und übergab die beiden Kinder der väterlichen Vormundschaft. Erst nach fast zwanzig Jahren sah die Mutter ihre Kinder wieder. Im Unterschied zur literarischen Figur starb Elisabeth von Ardenne nicht an gebrochenem Herzen, sondern widmete ihr Leben der Krankenpflege.

1/167 PAAR DUELLPISTOLEN (VORDERLADER)
2. HÄLFTE 19. JH.; METALL;
KOFFER: HOLZ, SAMT; 6,5 X 41,3 X 24 CM
DHM 1989/827

Für den adligen und den bürgerlichen Mann war die Gleichheit der Lebensführung die wichtigste Voraussetzung dafür, daß eine Ehrenkränkung durch einen anderen Mann als solche erfahren, akzeptiert und geahndet wurde.

1/168 PHOTOGRAPHIE «IM HEIM FÜR LEDIGE MÜTTER IN BERLIN-WESTEND»
PHOTOGRAPH: WALDEMAR TITZENTHALER
1904; REPRODUKTION; 16,5 X 21,3 CM
ULLSTEIN BILDERDIENST, BERLIN (45964,02)
ABB. SEITE 51

Nur die allerwenigsten ledigen Mütter hatten die Möglichkeit, zusammen mit ihrem Kind in solch einem «Musterheim» zu leben. Die meisten mußten ihre Kinder in eine Pflegestelle geben, um ihren Lebensunterhalt verdienen zu können.

ALTER

Hatte ein Mann um 1900/10 das 40. Lebensjahr erreicht, so konnte er noch mit einer Lebensdauer von etwa 26 Jahren rechnen. Für Frauen lag sie bei 29 Jahren. Nur wenige Menschen aber, nämlich rund fünf Prozent der deutschen Bevölkerung, erlebten das Rentenalter, das die 1889 in Kraft getretene Invaliditäts- und Altersversicherung auf 70 Jahre festlegte. Dennoch bildete dieses Gesetz den Grundstein für eine bis dahin unbekannte arbeitsfreie Altersphase im Lebenslauf jedes Menschen.

Die Kürze der Lebensdauer hatte weitreichende Konsequenzen für die Lebensstationen des Einzelnen. Da das Heiratsalter bei fast 30 Jahren lag, verbrachten Ehepaare weniger Jahre miteinander, als dann im Laufe des 20. Jahrhunderts üblich wurde. Die Spanne zwischen dem Zeitpunkt, an dem die Kinder das Haus verlassen hatten und die Eltern allein blieben, und dem Tod war relativ kurz. Eine Lebensphase als Rentner, als Pensionär, die uns heute selbstverständlich ist und die in unserer Gesellschaft im allgemeinen viele Jahre umfaßt, war damals unbekannt.

Wenngleich es traditionell Siechenhäuser, Spitäler etc. zur Aufnahme alter Menschen gab, verbrachten um die Jahrhundertwende sehr viel mehr Menschen als heute den Lebensabend in einer mehrere Generationen umfassenden Familie.

1/169 PLAKAT «DIE DEUTSCHE SOZIALVERSICHERUNG STEHT IN DER GANZEN WELT VORBILDLICH UND UNERREICHT DA.»
DRUCK: VEREINIGTE KUNSTINSTITUTE A.-G., BERLIN-SCHÖNEBERG
UM 1913; FARBLITHOGRAPHIE; 63,5 X 47 CM
ARCHIV DER SOZIALEN DEMOKRATIE DER FRIEDRICH-EBERT-STIFTUNG, BONN

Das wohl vom Reichsversicherungsamt herausgegebene Plakat rühmt die Bedeutung der Altersrente: «Seit der Errichtung dieses Zweiges der Sozialversicherung hat das Alter auch für den besitzlosen Arbeiter seine Schrecken verloren. 480 1/2 Millionen kamen in der Zeit von 1891 bis 1913 528.000 Altersrentnern zugute. Versichert sind 16 Millionen.»

Die Invaliditäts- und Altersversicherung von 1889 führte die Versicherungspflicht für alle Arbeitnehmer mit einem Jahreseinkommen bis zu 2000 Mark ein. Das Reich leistete für jede Invaliden- und Altersrente einen Zuschuß, der Rest wurde mit Beiträgen finanziert, die je zur Hälfte von den Versicherten und ihren Arbeitgebern aufzubringen waren.

Diese Regelung stieß indessen auf heftige Kritik in der Arbeiterschaft: «Und ebensowenig genügt die Tatsache, daß der Arbeiter – ein weißer Rabe – 70 Jahre alt geworden ist, um ihn in Besitz von 33 1/2 Pfennigen Altersrente täglich für den Rest seiner Tage zu setzen, man verlangt von ihm den Nachweis, daß er mindestens 30 Jahre lang, mindestens 47 Wochen im Jahr, gearbeitet und geklebt hat» (so der sozialdemokratische Arzt Ignaz Zadek).

Hochzeitsandenken
um 1900/10
(1/126)

Brautkleid
Thüringen, um 1900
(1/117)

Herzlichen
Glück-
Wunsch
zur Verlobung

Karte
um 1900
(1/119)

Karte
um 1900
(1/121)

Jubiläumsgeschirr zur
Silbernen Hochzeit,
um 1900/10
(1/133-135)

Bilderbogen
«Das Stufenalter
des Mannes»
um 1900
(1/177)

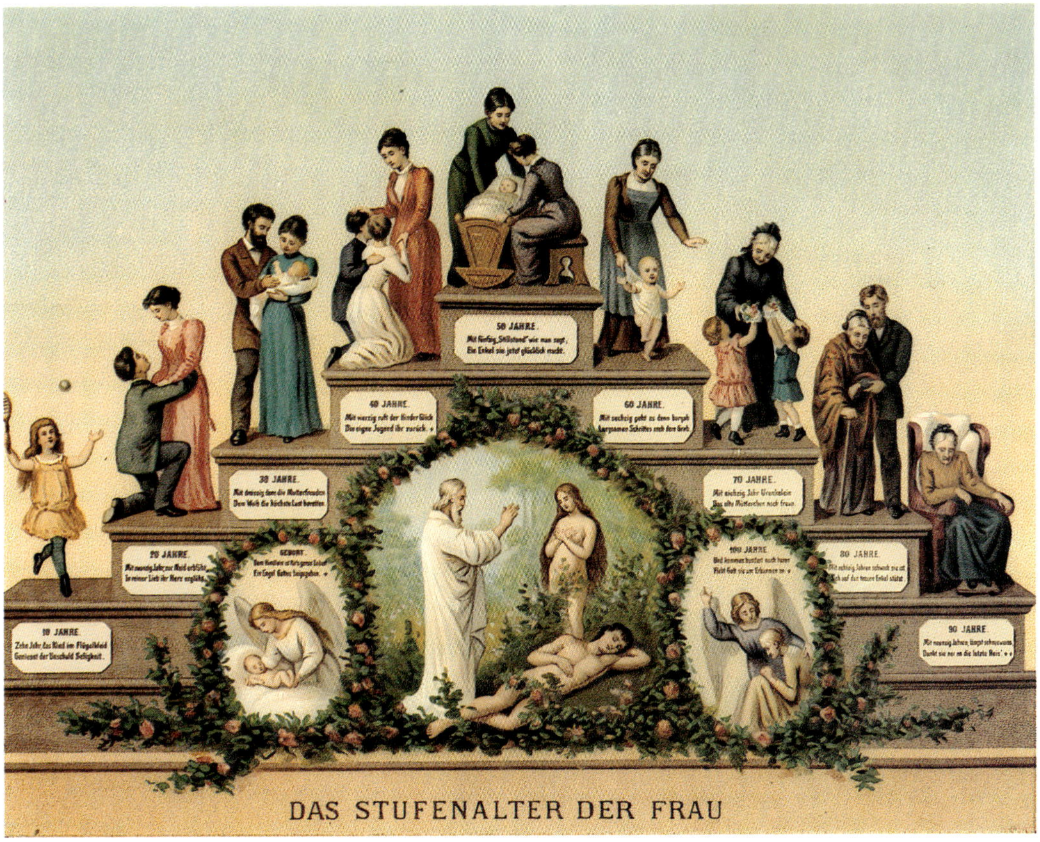

Bilderbogen
«Das Stufenalter
der Frau»
um 1900
(1/178)

Pappsargbeschlag, um 1910
(1/185)

Schmuckurne
um 1900
(1/191)

Schmuckurne
um 1900
(1/192)

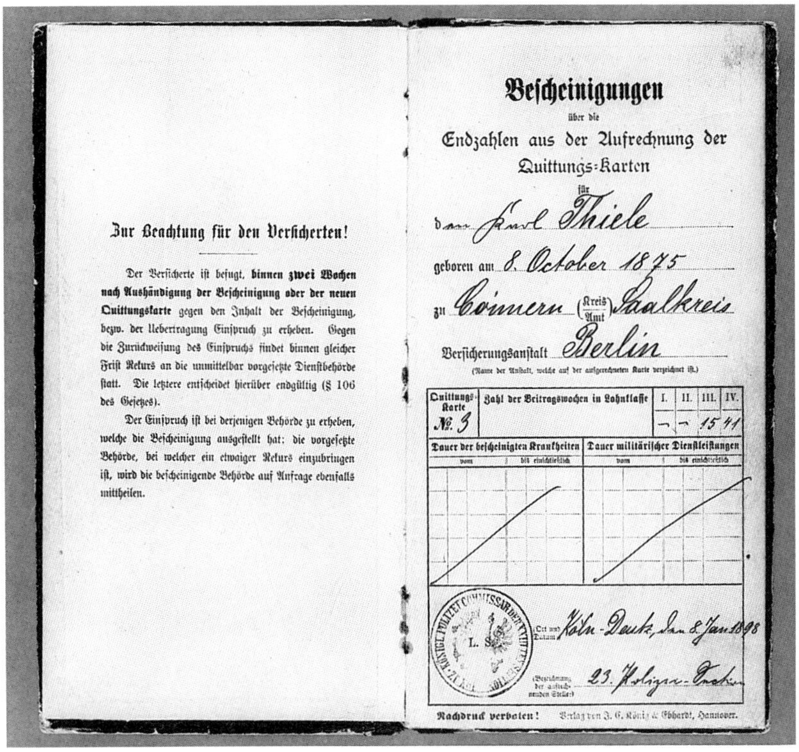

1/172

1/170 «QUITTUNGSKARTE» DER VERSICHERUNGSANSTALT FÜR MITTELFRANKEN
AUSGESTELLT FÜR DEN BUCHBINDERGEHILFEN GEORG FISCHER DURCH DEN STADTMAGISTRAT ERLANGEN, 01.01.1891; VORDRUCK MIT TINTENSCHRIFTLICHEN EINTRAGUNGEN, BEITRAGSMARKEN EINGEKLEBT; 21 X 15 CM
VERBAND DEUTSCHER RENTENVERSICHERUNGSTRÄGER, FRANKFURT/M.

Das für die Invaliditäts- und Altersversicherung wichtige Formular wurde wöchentlich mit Beitragsmarken im Wert von je 20 Pfennnig beklebt. Dem Inhaber wurde mit Ablauf des Jahres 1891 bescheinigt, seine Versicherungsbeiträge an insgesamt 52 Arbeitswochen entrichtet zu haben.

1/171 «QUITTUNGSKARTE» DER VERSICHERUNGSANSTALT MITTELFRANKEN
AUSGESTELLT FÜR ANNA MAUL, VERH. BLOSS, VOM BÜRGERMEISTER FOERENBACH; 29.01.1911; VORDRUCK MIT TINTENSCHRIFTLICHEN EINTRAGUNGEN, BEITRAGSMARKEN EINGEKLEBT; 20 X 14,6 CM
VERBAND DEUTSCHER RENTENVERSICHERUNGSTRÄGER, FRANKFURT/M.

Der «landwirtschaftlichen Dienstmagd» Anna Bloss wird für 1911 die Zahlung von 52 Wochenbeiträgen zur Invaliditäts- und Altersversicherung bestätigt.

1/172 «BESCHEINIGUNGS-BUCH ÜBER DIE INVALIDITÄTS- UND ALTERSVERSICHERUNG»
AUSGESTELLT FÜR KARL THIELE DURCH DEN KÖNIGL. POLIZEI-COMMISSAR KÖLN-DEUTZ, 08.01.1898; VORDRUCK MIT TINTENSCHRIFTLICHEN EINTRAGUNGEN; HÜLLE 20,7 X 12 CM, BUCH 20,2 X 22,2 CM (AUFGESCHLAGEN)
DHM, BESTAND ZEUGHAUS (DO 75/489 I)

Für den Schleifer Karl Thiele sind Jahresbeiträge für den Zeitraum zwischen 1898 und 1940 nachgewiesen.

1/173 STOCK
BERLIN, UM 1900; HOLZ, METALL (SPITZE); L 90 CM
MUSEUM FÜR VOLKSKUNDE, BERLIN (MDV 261/80)

Der Schuß dieses einfachen Stockes ist aus dunkelbraun gestrichenem Holz gefertigt, der Griff ist ein schlichter Rundhaken.

Der Stock ist das Zeichen schlechthin für das Alter und die Hinfälligkeit. Zwar kam das «dritte Bein» des Menschen zum Beispiel auch auf der Wanderschaft des Handwerksgesellen oder bei einem Ausflug (z.B. des Wandervogels) zum Einsatz und war ebenfalls ein Bestandteil der Herrengarderobe, für den am Ende eines langen Arbeitslebens zumeist gebrechlichen alten Menschen jedoch wurde es zum unentbehrlichen Hilfsmittel, um mobil zu bleiben. Zugleich konnte das Tragen eines Stockes aber auch die Reife und Würde des Alters zum Ausdruck bringen.

1/174 STOCK
UM 1900/05; TROPISCHES HOLZ, MESSING/VERSILBERT, METALL;
L 88 CM, T (KRÜCKE) 9,3 CM
DHM (KT 92/92)

Der Stock, dessen Schuß aus braunem Tropenholz hergestellt ist, weist einen versilberten Rundhaken mit Jugendstildekor und graviertem Monogramm «JH» auf.

1/175 STOCK
UM 1900; BAMBUS, VERSILBERTES METALL/PUNZIERT;
L 85,5 CM, T (KRÜCKE) 10,5 CM
DHM (KT 92/94)

Die Oberfläche des aus Bambus gefertigten Schusses ist braun lackiert, und die versilberte Fritzkrücke ist mit einem Wabendekor verziert.

1/176 BILDERBOGEN «DAS STUFENALTER DES MENSCHLICHEN LEBENS.»
DRUCK UND VERLAG: A. FELGNER
BERLIN, UM 1840/50;
SCHABLONENKOLORIERTE CHROMOLITHOGRAPHIE; 37,8 CM X 43,2 CM
(MIT ORIGINALRAHMEN)
DHM 1991/1682 / ABB. SEITE 243

Das gerahmte Blatt mit der Darstellung einer Lebenstreppe konnte als Wandschmuck aufgehängt werden. Obwohl der Titel «Das Stufenalter des menschlichen Lebens» lautet, wird der Lebenslauf eines (bürgerlichen) Mannes gezeigt, dessen Lebenstreppe nach je zehn Jahren eine neue Stufe aufweist. Die einzelnen Stationen sind folgendermaßen gekennzeichnet: «10 Jahr' ein Kind, 20 Jahr' ein Jüngling, 30 Jahr' ein Mann, 40 Jahr' wohlgetan, 50 Jahr' Stillestand, 60 Jahr' geht's Alter an, 70 Jahr' ein Greis, 80 Jahr' weiss, 90 Jahr' ein Kinderspott, 100 Jahre Gnad von Gott.» Den Gipfel seines Lebens hat der 50jährige Mann erreicht; danach setzt der Abstieg ein, bis der Hundertjährige sich wieder auf einer Stufe mit dem Kleinkind befindet.

Gemessen an der tatsächlichen Lebenserwartung und den Unsicherheiten der meisten Lebensläufe zeigen die Treppen eine idealtypische Zeitspanne. Vielleicht waren sie gerade deswegen im 19. Jahrhundert so populär.

1/177 BILDERBOGEN
«DAS STUFENALTER DES MANNES»
ENTWURF: F. LEIBER
VERLAG: GUSTAV MAY SÖHNE
FRANKFURT A.M., UM 1900;
CHROMOLITHOGRAPHIE; 41 X 50,5 CM
(MIT ORIGINALRAHMEN)
SIGRID MÜLLER, NORDSTEMMEN
ABB. SEITE 55

Diese Lebenstreppe, rund 50 Jahre nach der zuvor beschriebenen entstanden, ähnelt ihr trotz der zeitlichen Differenz sehr. Auch hier hat der 50jährige Mann den Höhepunkt seines Lebenslaufs erreicht, ist der Greis wieder auf einer Stufe mit dem Kleinkind angelangt. Auffällig ist auch, daß das Leben nach dem Zenit keine bedeutenden Ereignisse mehr bereithält. Der «Abstieg» auf den Tod hin ist vielmehr ein langsamer und würdevoller Prozeß des Alterns. Das Altwerden wird idealisiert, denn gezeigt wird nicht der vom Arbeitsleben zermürbte alte Mensch, sondern der in Ehren Gealterte.

1/178 BILDERBOGEN
«DAS STUFENALTER DER FRAU»
ENTWURF: F. LEIBER
VERLAG: GUSTAV MAY SÖHNE
FRANKFURT A.M., UM 1900;
CHROMOLITHOGRAPHIE; 41 X 50,5 CM
(MIT ORIGINALRAHMEN)
SIGRID MÜLLER, NORDSTEMMEN
ABB. SEITE 55

Dem bürgerlichen Rollenverständnis entsprechend, zeigt das weibliche Pendant zur männlichen Alterspyramide (vgl. 1/177) das Leben der Frau viel stärker auf den häuslich-familiären Bereich bezogen. Während der 50jährige Mann die oberste Stufe der Lebenstreppe erklommen und den Gipfel seines beruflichen und damit auch seines persönlichen Erfolges erreicht hat, ist für die 50jährige Frau die Geburt eines Enkels, also etwas außerhalb ihrer Zurechenbarkeit Stehendes, der Lebenshöhepunkt: «Mit fünfzig «Stillstand» wie man sagt, ein Enkel sie jetzt glücklich macht.»

Auch die Siebzigjährige lebt ganz auf die Familie bezogen, und ebenso findet die Achtzigjährige ihre Stütze im familiären Kreis («Mit siebzig Jahr Urenkelein das alte Mütterchen noch freun»; «Mit achtzig Jahren schwach sie ist, sich auf den treuen Enkel stützt»).

1/179 – 183

Ein Mensch, der um 1900 starb, starb im allgemeinen zu Hause. Der Tod war damit präsenter als heute, wo er oft in Heime, Krankenhäuser bzw. bestimmte für das Sterben vorgesehene Räume verlagert ist. Auch die Trauer war in der Öffentlichkeit viel gegenwärtiger, denn spezielle Kleidung wies den Trauernden über einen längeren Zeitraum als solchen aus.

Wenngleich nicht alle Verstorbenen gläubige Menschen gewesen waren, war eine kirchliche Beisetzung selbstverständlich. Unabhängig davon, welchem konfessionellen Ritus die Beisetzung folgte, war eines doch typisch: das Bemühen, durch eine würdevolle, oft pompöse Bestattung die Bedeutung und den Rang des Verstorbenen herauszustreichen. Dem korrespondiert eine strenge Hierarchie der Bestattungen nach Klassen, wobei die Wahl der Klasse nicht immer der eigenen Sozialschicht, sondern mehr dem Wunsch nach Respektabilität entsprach.

Auffällig ist die Orientierung auch der unteren Schichten an den bürgerlichen Standards, denn selbst bei Begräbnissen einfachster Kategorie bemühte man sich um eine würdige Erscheinung, wenngleich anstelle kostbarer Metallapplikationen am Sarg oft nur Papp-Surrogate verwandt wurden.

Die übliche Beisetzungsform um die Jahrhundertwende war ein Erdbegräbnis. Die Feuerbestattung, heftig angegriffen von der Kirche und dem konservativen Bürgertum, wurde nur von einer kleinen, weltlich orientierten Minderheit verfochten.

1/179-183 FÜNF VERSEHKREUZE
UM 1900
A) MESSING; H 27 CM, DM 8,5 CM
B) EISENGUSS; 21 X 7 X 4 CM
C) PORZELLAN, HOLZ; GOLDBEMALUNG; 28 X 9,5 X 5 CM
D) HOLZ/SCHWARZ LACKIERT, MESSING; 40 X 12,5 X 10,5 CM
E) MIT DAZUGEHÖRIGEM KÄNNCHEN; FARBLOSES GLAS MIT TIEFSCHNITTDEKOR; KREUZ H 17 CM, DM 7,5 CM; KÄNNCHEN H 10 CM, DM 4,5 CM
MUSEUM FÜR SEPULKRALKULTUR, KASSEL (M 1987/5, 1984/43. DAUERLEIHGABE DER BUNDESREPUBLIK DEUTSCHLAND, 1991/27, 1990/67, 1990/48, 49)

Versehkreuze waren im katholischen Ritus am Sterbebett unerläßlich. Auch der private Haushalt war mit einem Versehkreuz für den Todesfall ausgestattet, das verwandt wurde, wenn der Pfarrer den Sterbenden mit den Sakramenten versah (daher auch der Name). In kleinbürgerlichen und bäuerlichen Haushalten gab es Stehkreuze aus Messing, Holz oder Preßglas. Als Leuchter diente am Sterbebett, was zur Hand war.

Aufwendige «Versehgarnituren», bestehend aus Leuchter, Kruzifix, Kelch und Schale, konnten sich nur die Begüterten leisten.

1/184 SARG
UM 1900; ZINK; 90 X 210 X 84 CM
BESTATTUNGSUNTERNEHMEN GRIENEISEN, BERLIN

Auf dem kunstvoll gestalteten Sargdeckel ist ein Kreuz angebracht, während ein überreicher Dekor aus Beschlägen, Metallapplikationen und Bildmotiven (zwei Engel mit einem geschwungenen Band) die Längs- und Querseiten des Sarges verziert. Zum Tragen des Sarges sind an den Längsseiten zwei ebenfalls verzierte Zinkgriffe montiert, an der Querseite jeweils einer.

Ein ähnlich aufwendig gearbeiteter Metallsarg wird in einem Sortimentskatalog um 1900 mit einem Preis von 646 Mark genannt. Er gehörte zur (teuersten) Beerdigungklasse I, während ein schlichter Fichtensarg der billigsten (V.) Klasse nur 12-14 Mark kostete.

1/185-190 PAPP-SARGBESCHLÄGE
WOHL UM 1910;
KARTON; GESTANZT, GEPRÄGT, LACKIERT;
9/22,5 X 17,8/47,4 CM, DM 21 CM
DHM 1991/150F., 153, 155, 176F.
ABB. SEITE 56

Wer sich ein prunkvolles Begräbnis nicht leisten konnte, hatte wenigstens die Möglichkeit, den schlichten Holzsarg mit Metallimitationen aus geprägter und lackierter Pappe zu dekorieren. Um die Jahrhundertwende gab es eine endlose Vielfalt solcher Sargverzierungen, die selbst dem einfachsten Sarg ein würdiges und wertvolles Aussehen gaben. Ihre Gestaltung lehnte sich an den Geschmack der städtischen Oberschicht an. (Solche Sargbeschläge waren übrigens bis in die 1950er Jahre weitverbreitet, in der DDR noch länger; vgl. 3/183).

Die Beschläge wurden auf den Seiten und Kanten des Sarges angebracht und schmückten den Deckel. Das Spektrum der Bemalung reicht bei den gezeigten Exemplaren von der Silber-Ausführung, deren Vertiefungen z.T. schwarz nachlackiert sind, über die Glanzschwarz- bis hin zur Gold- und Altgoldausführung.

Der zweiteilige Eckbeschlag, dessen Dekor aus Palmwedeln und Rosenbordüren besteht, diente zum Schmuck der Sargkanten. Zwei «Mittelstücke», die Kränze mit Bändern darstellen, waren zur Verzierung der Längsseiten vorgesehen. Kopf- und Fußende des Sarges wurden häufig mit gedruckten Inschriften, den «Schildern», versehen. Eines der hier gezeigten Modelle weist in der Mitte ein Herz mit dem Schriftzug «Wiedersehn» auf, umgeben von Blumen- und Bänderdekor. Ein weiteres Schild zeigt einen Engel mit Kranz, umrahmt von zwei Palmwedeln, und trägt die Aufschrift «Ruhe in Frieden».

1/191 SCHMUCKURNE
(HAMBURG-) OHLSDORF, UM 1900;
MARMOR, METALL (INNERE URNE);
GOLDBEMALUNG; 60 X 25 X 25 CM
FÖRDERKREIS OHLSDORFER FRIEDHOF E.V.,
SAMMLUNG PRASSE, HAMBURG
ABB. SEITE 56

Die vom Friedhof (Hamburg-) Ohlsdorf stammende Urne wurde nicht, wie heute üblich, in der Erde beigesetzt, sondern oberirdisch aufgestellt. Dafür gab es seit 1903 eigens einen an das Krematorium angeschlossenen Urnenhain. Die Aufschrift, die in Goldbuchstaben Namen und Lebensdaten des Verstorbenen nennt («Johannes Dürkoop Ingenieur geb. 23. April 1835 gest. 28. Mai 1897»), hatte also auch die Funktion eines Grabsteins.

Am 19. November 1892 fand die erste Feuerbestattung in Hamburg statt. Damit war Hamburg nach Gotha (1878) und Heidelberg (1891) die dritte deutsche Stadt, in der dies möglich war. Die Zahl der Einäscherungen blieb in der Frühzeit – nicht nur in Hamburg – äußerst gering. (Heute sind in Hamburg etwa 58 Prozent aller Beisetzungen Feuerbestattungen.)

1/192 SCHMUCKURNE
(HAMBURG-) OHLSDORF, UM 1900; ZINN;
55 X 23 X 17 CM
FÖRDERKREIS OHLSDORFER FRIEDHOF E.V.,
SAMMLUNG PRASSE, HAMBURG
ABB. SEITE 56

Auf der Schauseite der als Amphore gestalteten, ebenfalls oberirdisch plazierten Urne sind Name und Lebensdaten der Verstorbenen festgehalten: «Adeline Pieper geb. Liedtke geb. 22. Febr. 1831 gest. 17. Sept. 1899». Im Inneren der Schmuckurne befand sich die eigentliche Urne zur Aufbewahrung der Asche.

Seit der Mitte des 19. Jahrhunderts hatten Mediziner und Hygieniker die Leichenverbrennung als hygienische und ökonomische, weil platzsparende Bestattungsart befürwortet. Nach 1870 kämpfte eine sich in Vereinen organisierende Feuerbestattungsbewegung für die Einäscherung als moderne Bestattungsart. Kirchen und konservatives Bürgertum reagierten mit heftigen Angriffen gegen die als «pietätlos» kritisierte Kremation. Insgesamt blieb die Feuerbestattung um die Jahrhundertwende die Angelegenheit einer kleineren, weltlich orientierten Minderheit innerhalb des Bürgertums.

1/193 ASCHENBESTECK
(HAMBURG-) OHLSDORF, UM 1900/05;
SILBER/PUNZIERT, METALL; SCHAUFEL
L 35,5 CM, ZANGE L 32 CM,
PINSEL L 24,5 CM
FÖRDERKREIS OHLSDORFER FRIEDHOF E.V.,
SAMMLUNG PRASSE, HAMBURG

Der Vorgang der Kremation beruhte auf der Zufuhr von Heißluft, die den Einäscherungsprozeß in Gang setzte. Die Aschenreste fielen durch den Rost des Verbrennungsraumes in den sogenannten Aschensammelraum, wo sie mittels des Aschenbestecks gesammelt und geordnet wurden.

Angestrebt wurde für die Beisetzung eine möglichst reine Asche. Wertvolle Teile (z.B. Goldzähne) wurden den Angehörigen zurückgegeben.

1/194 PUBLIKATION
«DAS CREMATORIUM IN HAMBURG.»
EINE ÜBERSICHTLICHE DARSTELLUNG DER ENTSTEHUNG, EINRICHTUNGEN UND BETRIEBSVORSCHRIFTEN DES CREMATORIUMS IN HAMBURG VON RECHTSANWALT DR. JUR. ED. BRACKENHOEFT
HAMBURG: HOF-BUCHDRUCKEREI F.W. RADEMACHER 1896; 74 SEITEN
NORBERT FISCHER, HAMBURG

Der Autor wollte mit diesem Buch den Mitgliedern des «Verbandes der Vereine deutscher Sprache für Reform des Bestattungswesens und facultative Feuerbestattung» eine Handreichung bieten, um die zahlreichen Nachfragen zur Technik der Feuerbestattung beantworten zu können.

Zugleich nennt die Publikation den Preis für eine Einäscherung im Ohlsdorfer Krematorium, die 1895 für Vereinsmitglieder 100 Mark, für Nichtmitglieder 150 Mark betrug.

1/195 MANTILLE
ARNSTADT/THÜRINGEN, UM 1900; SCHWARZE WOLLE, BÄNDCHENAPPLIKATION, PLISSIERTES SEIDENFUTTER;
L 46 CM, B 90 CM
DHM, BESTAND ZEUGHAUS (KTE 61-4)

Mantillen gehörten seit der ersten Hälfte des 19. Jahrhunderts zum Repertoire der Damenoberbekleidung. Diese Umhänge wurden, je nach Dichte des Stoffes und Ausführung, im Haus oder in der Öffentlichkeit, im Alltag oder zu feierlichen Gelegenheiten getragen.

Die schwarze Mantille (möglicherweise Teil einer Tracht) konnte zur Beerdigung und in der Trauerzeit ebenso umgelegt werden wie zu festlichen Anlässen, z.B. Taufe, Hochzeit, Silberhochzeit etc. Trauerkleidung wurde nicht immer eigens gekauft, sondern oft wurde bereits vorhandene schwarze Kleidung als Ausdruck der Trauer angelegt (vgl. auch das schwarze Hochzeitskleid, das ebenfalls zur Beerdigung getragen werden konnte: 1/117).

Die schwarze Trauergarderobe war ein öffentlich sichtbares Zeichen. Es bot dem Trauernden Schutz und Rücksichtnahme und setzte ihn zugleich sozialer Kontrolle aus, denn für die Trauernden gab es festgelegte Trauerzeremonien. Die Art der Kleidung war ebenso vorgeschrieben wie die Länge der Trauerzeiten, die sich nach dem Grad der Beziehung zum Verstorbenen richtete. Wenn auch lokal variierend, so galt doch allgemein ein Jahr als übliche Trauerzeit für einen verstorbenen Elternteil; bei Großeltern bzw. Geschwistern war ein halbes Jahr üblich. Bei weniger nahestehenden Personen waren sechs Wochen die Norm. Nur für den Todesfall eines Kindes gab es im 19. Jahrhundert keine Regeln.

1/196 MANTILLE
UM 1890; SCHWARZER SAMT, SEIDENRIPS, PLISSIERTES SEIDENTAFTFUTTER, TÜLLSPITZE;
L 64 CM, B 109 CM
DHM, BESTAND ZEUGHAUS (KTE 83-144)

Diese Mantille, aufgelockert mit lilafarbenen Applikationen, konnte in der Zeit der «Halbtrauer» getragen werden. Innerhalb der von den Konventionen vorgeschriebenen Trauerzeiten gab es Abstufungen in der öffentlich zu zeigenden Trauerkleidung. Nach Ablauf einiger Monate, meist nach einem halben oder dreiviertel Jahr, war es zulässig, die Kleidung mit Accessoires in helleren Farben, zumeist weiß, grau oder blau, zu kombinieren. Dies bezeichnet man als «Halbtrauer». Allerdings trugen Witwen oft, über die Trauerzeit hinaus, nur noch dunkle Kleidung.

Grundsätzlich waren die Bekleidungsvorschriften für Frauen weitaus rigider als für Männer. Für diese genügte in manchen Fällen als Zeichen ihrer Trauer eine schwarze Armbinde oder Krawatte.

1/195

1/196

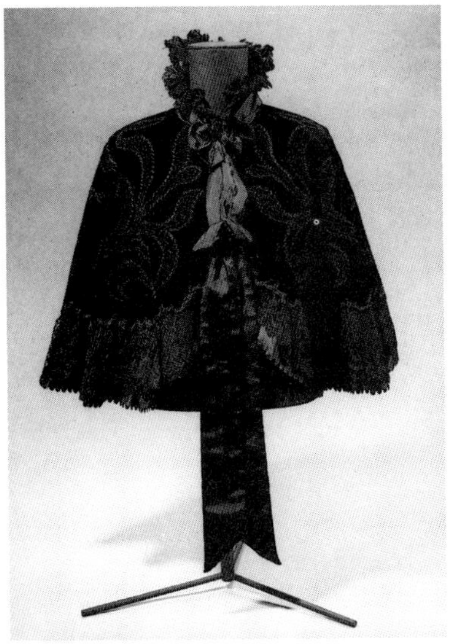
1/197

1/202

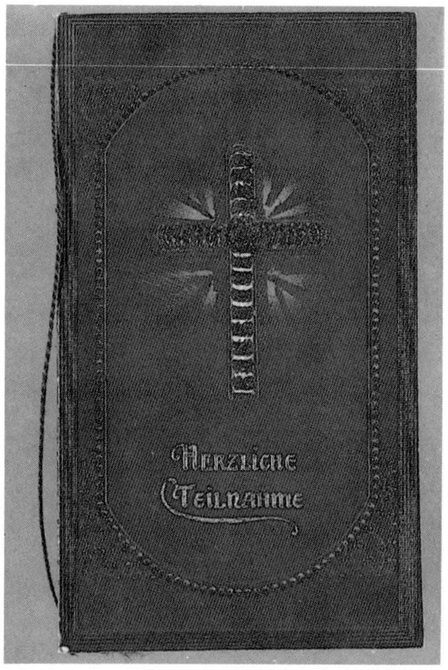
Herzliche
Teilnahme

1/203

Herzliche
Teilnahme

1/197 MANTILLE
WELSLEBEN/SCHÖNEBECK (SACHSEN-ANHALT), UM 1900; TÜLLSPITZE MIT TAFTFUTTER, SEIDENRIPSBAND;
L 61 CM, UMFANG 163 CM
DHM, BESTAND ZEUGHAUS (KTE 62-9)
ABB. SEITE 61

1/198 DAMENHUT («KAPOTTE»)
ARNSTADT/THÜRINGEN, VOR 1910;
SCHWARZER TÜLL, BAST, SAMT;
DM 29 CM, L MIT BÄNDERN 64 CM
DHM, BESTAND ZEUGHAUS (KTE 61-9)
Der schwarze Hut ist mit Pailletten- und Perlenstickerei sowie mit Kunstblumen- und Federschmuck verziert. Diese Kopfbedeckung konnte in der Zeit der «Halbtrauer» aufgesetzt werden.

1/199 DAMENHUT («KAPOTTE»)
JEEBEN/KREIS KLÖTZE (SACHSEN-ANHALT), UM 1890; SCHWARZE TÜLLSPITZE, SEIDENATLAS (BÄNDER), FEDERN, ROSSHAAR;
DM 34 CM, L MIT BÄNDERN 99 CM
DHM, BESTAND ZEUGHAUS (K 58-170)
Ein Drahtgestell gibt dem mit Tüllspitze, Federn und Seidenbändern geschmückten schwarzen Hut seine Form.

1/200 DAMENHUT
UM 1910; SCHWARZER FILZ;
STRAUßENFEDERN UND ZWEI PRÄPARIERTE VÖGEL MONTIERT; 36 X 32 CM
DHM, BESTAND ZEUGHAUS (KTE 69-157)

1/201 DAMEN-TRAUERHUT
UM 1900/10; SCHWARZE SEIDE, STROH; H 24 CM, DM 29 CM, L SCHLEIER 63 CM
DHM, BESTAND ZEUGHAUS (KTE 69-175)
Der lange Schleier ist am Hinterkopf angebracht und konnte zum Bedecken des Gesichts auch nach vorne geschlagen werden.

1/202-204 DREI BEILEIDSKARTEN «HERZLICHE TEILNAHME»
UM 1910; SCHWARZER KARTON, SCHWARZE KORDEL; Z.T. SILBERPRÄGUNG, GLIMMER;
12,6/14,8 X 7,3/8,1 CM
DHM 1991/1126, 1127, 1121
Die öffentliche Anteilnahme im Trauerfall, bekundet durch eine schriftliche Mitteilung, gehörte – ebenso wie die Gratulation zu Taufe, Einschulung, Verlobung, Hochzeit, Silberhochzeit etc. – zur Pflicht für Näher- und Fernerstehende.

1/205 STERBEBILD FÜR JOHANN HUBERT BOHNEN
DRUCK: HEINZ WALBECK, KÖLN
KÖLN 1900; BUCHDRUCK, HOLZSTICH;
11,9 X 15,3 CM (AUFGESCHLAGEN)
DHM 1992/1410.1
Das kleine Gedenkblatt, auf dessen Vorderseite die Kreuzigung Christi dargestellt ist, war bestimmt «zum frommen Andenken» an den «hochwürdigen Herrn Pastor Johann Hubert Bohnen», der im Alter von 71 Jahren «zu Köln am 4. Juli 1900 Mittags gegen 1/2 1 Uhr, infolge eines hartnäckigen Unterleibsleidens, vorher gestärkt durch die hl. Sterbesakramente der röm.-kath. Kirche sanft im Herrn entschlafen ist.»

Solche Sterbebilder dienten dem Andenken an den Verstorbenen und zur Fürbitte für sein Seelenheil. Sie wurden während der katholischen Seelenmesse und auf dem Friedhof an die zur Beerdigung Anwesenden verteilt. Diese verwahrten die kleinen Zettel im Gebetbuch oder in der Brieftasche auf, steckten sie hinters Kreuz oder stellten sie zu den Familienbildern.

Die gezeigten Sterbebilder sind durchgängig von einem ähnlichen Typus: umrahmt von einem schwarzen Trauerrand, zeigen sie auf der Vorderseite häufig die Passion Christi oder eine Pieta, während der Text auf der Rückseite das Leben des Verstorbenen charakterisiert.

1/206 STERBEBILD FÜR HERMANN FISCHER
DRUCK: GESELLSCHAFT FÜR BUCHDRUCKEREI, NEUSS
BEGEHRINGEN B. GREFRATH 1896;
BUCHDRUCK, LITHOGRAPHIE; 13,4 X 8,3 CM
DHM 1992/1410.2
Dem «wohlachtbaren Herrn Hermann Fischer» war dieses «Gebets-Andenken» gewidmet. Der Gutsbesitzer war am 16. September 1896 im Alter von 72 Jahren «nach öfterem andächtigem Empfange der hh. Sakramente, Nachmittags gegen 1 Uhr» verstorben.

1/206

1/208

1/209

Jesus! Maria! Joseph! Stephanus!

„Wer den Herrn fürchtet, dem wird es wohlergehen an seinem Ende, er wird gesegnet werden am Tage seines Hinscheidens."
Eccles. 1, 13.

Gebets-Andenken
an
den wohlachtbaren Herrn
Hermann Fischer,
Gutsbesitzer auf Begehringen b. Grefrath,

geb. zu Lanzerath am 15. März 1824 als Sohn der Eheleute Philipp Fischer und Gertrud geb. Krücken, verehelicht am 22. October 1864 mit Cordula Höveler zu Kreitz, gestorben am 16. September 1896 nach öfterem andächtigem Empfange der hh. Sakramente, Nachmittags gegen 1 Uhr. Ein stiller und ruhiger Charakter, widmete sich der Verstorbene mit Liebe und Ausdauer seinen Berufsarbeiten, der Bewirthschaftung seines Ackers, mit gläubigem Sinn alles von der Hand Gottes annehmend. Auch seinen Kindern flößte er diese gläubige und fromme Gesinnung ein. Daher erlebte er auch noch in seiner letzten Krankheit den glücklichen Tag, an welchem einer seiner Söhne als Priester zum erstenmale das h. Opfer darbrachte. Seine lange Krankheit und der Tod waren nur der Widerhall seines Lebens.

Die trauernde Wittwe, 4 Söhne und 1 Tochter empfehlen seine liebe Seele dem priesterlichen Opfer und der Fürbitte der Gläubigen, insbesondere der Mathias-Bruderschaft, damit sie ruhe

in Gottes heiligem Frieden!

Gesellschaft für Buchdruckerei, Neuss.

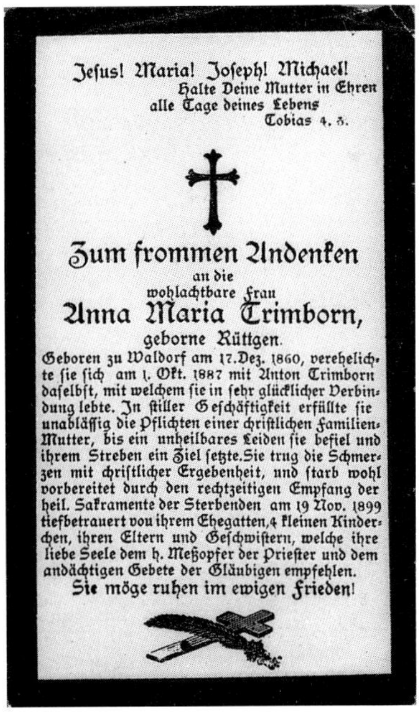

Jesus! Maria! Joseph! Michael!
Halte Deine Mutter in Ehren alle Tage deines Lebens
Tobias 4, 3.

Zum frommen Andenken
an die
wohlachtbare Frau
Anna Maria Trimborn,
geborne Rüttgen.

Geboren zu Waldorf am 17. Dez. 1860, verehelichte sie sich am 1. Okt. 1887 mit Anton Trimborn daselbst, mit welchem sie in sehr glücklicher Verbindung lebte. In stiller Geschäftigkeit erfüllte sie unabläßig die Pflichten einer christlichen Familien-Mutter, bis ein unheilbares Leiden sie befiel und ihrem Streben ein Ziel setzte. Sie trug die Schmerzen mit christlicher Ergebenheit, und starb wohl vorbereitet durch den rechtzeitigen Empfang der heil. Sakramente der Sterbenden am 19 Nov. 1899 tiefbetrauert von ihrem Ehegatten, 4 kleinen Kinderchen, ihren Eltern und Geschwistern, welche ihre liebe Seele dem h. Meßopfer der Priester und dem andächtigen Gebete der Gläubigen empfehlen.

Sie möge ruhen im ewigen Frieden!

Zur frommen Erinnerung
im Gebete an
unsere liebe Gattin und Mutter
Maria Anna Bernhard
geb. Fluhr,
geboren den 23. Januar 1861
zu Ertingen,
gestorben den 10. Oktober 1902
zu Ravensburg.

Mein Jesus, Barmherzigkeit!
100 Tage Ablass.

Süßes Herz Mariä, sei meine Rettung!
300 Tage Ablass.

Süßes Herz Jesu, sei meine Liebe!
300 Tage Ablass.

P. Zittrell, Ravensburg.

1/207 STERBEBILD FÜR LOUISE BUSCH
NEUSS 1909; BUCHDRUCK, HOLZSTICH;
10,8 X 7,3 CM
DHM 1992/1410.3

Zum frommen Andenken an das «wohlachtbare Fräulein Louise Busch, Privatlehrerin,» war dieses Sterbebild gedacht. Die Genannte entschlief am 18. Februar 1909 in Neuss, «wohlvorbereitet durch einen echt christlichen Lebenswandel und gestärkt durch die Heilsmittel der heil. katholischen Kirche, im Alter von 62 Jahren.» Auffällig ist hier wie bei den anderen Sterbebildern die Betonung der Tatsache, daß die Verstorbenen dem Tod vorbereitet gegenübertraten, hatten sie doch die Sterbesakramente empfangen. Sie starben im Wissen um den eigenen Tod, eingebunden in den kirchlichen Ritus.

1/208 STERBEBILD FÜR
ANNA MARIA TRIMBORN
1899; BUCHDRUCK, HOLZSTICH; 13 X 7,7 CM
DHM 1992/1427.1

Die 39jährige Frau Anna Maria Trimborn «starb wohl vorbereitet durch den rechtzeitigen Empfang der heil. Sakramente» am 19. November 1899. Sie wurde «tiefbetrauert von ihrem Ehegatten, 4 kleinen Kinderchen, ihren Eltern und Geschwistern, welche ihre liebe Seele dem h. Meßopfer der Priester und dem andächtigen Gebete der Gläubigen empfehlen.» Bedenkt man, daß noch um die Jahrhundertwende das durchschnittliche Heiratsalter für Frauen in Bayern bei fast 30 Jahren lag, überrascht es nicht, daß die im Alter von fast 40 Jahren Verstorbene vier kleine Kinder hatte.

1/209 STERBEBILD FÜR
MARIA ANNA BERNHARD
VERL.-ANSTALT BENZIGER & CO A.G., EINSIEDELN
DRUCK: P. ZITTRELL, RAVENSBURG
BUCHDRUCK, MODELDRUCK;
SILBERAUFLAGE; 10,4 X 6,7 CM
DHM 1992/1427.2

Die Angehörigen baten um fromme «Erinnerung im Gebete an unsere liebe Gattin und Mutter Maria Anna Bernhard», die am 10. Oktober 1902 im Alter von 41 Jahren starb.

NATIONALSOZIALISMUS

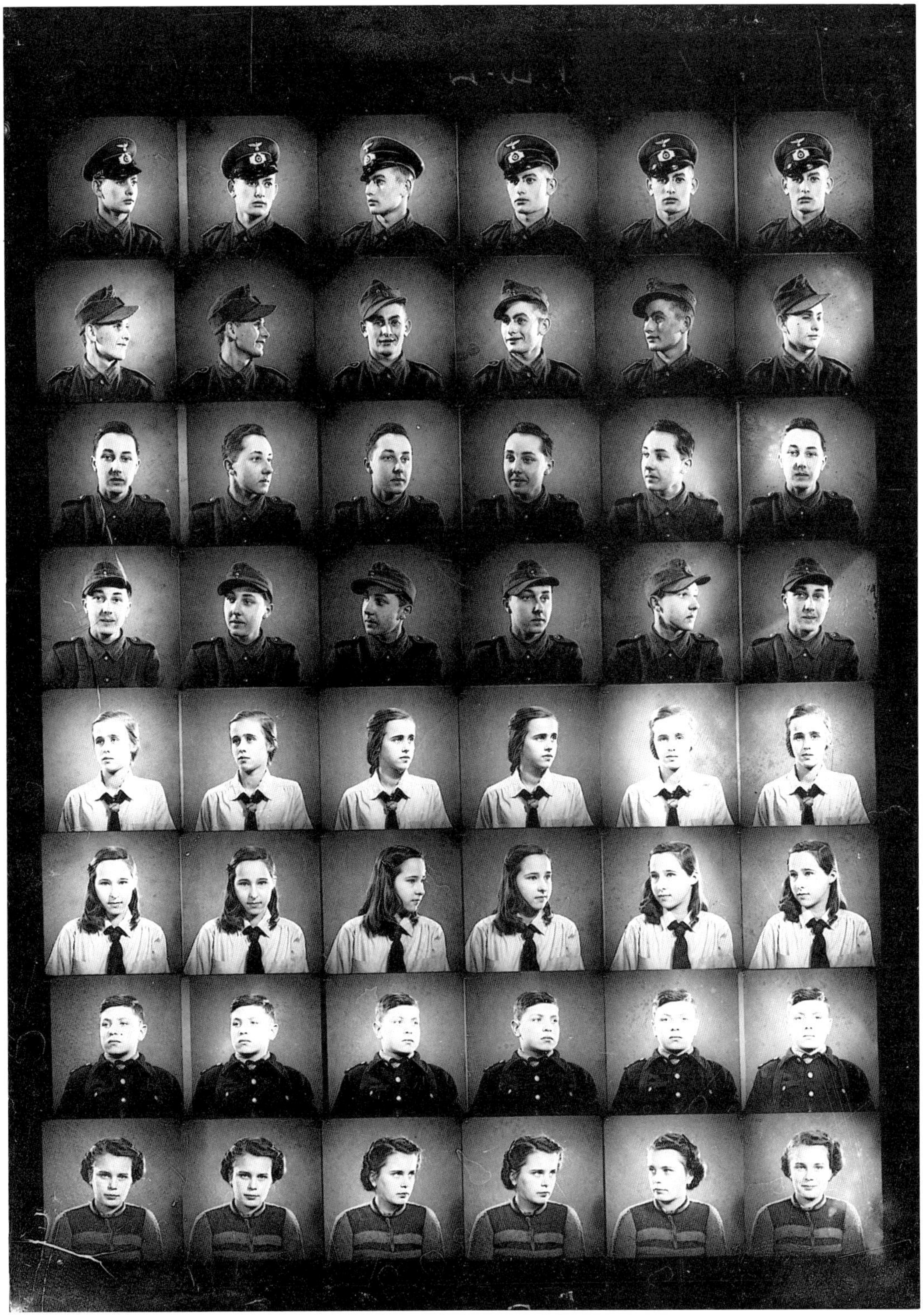

2/1

2/1

2/1 PHOTOSERIE: IM ATELIER
PHOTOGRAPHISCHE BEARBEITUNG:
JÜRGEN HOHMUTH
NAUMBURG, 1941-1945; DREIZEHN
REPRODUKTIONEN; JE 60 X 40 CM
DHM, BILDARCHIV

Die Paßphotos wurden in der Zeit von 1941 bis 1945 von der Inhaberin eines Photoateliers in Naumburg aufgenommen. In der zufälligen Reihenfolge ihres Kommens wurden die Konterfeis der Kunden auf die Negativglasplatten gebannt. Mit Hilfe eines materialsparenden Verfahrens, «Polyphoto» genannt, konnten 48 Aufnahmen auf einer 13 x 18 cm großen Negativglasplatte belichtet werden. Eine Leipziger Firma stellte für dieses Verfahren eine Spezialkamera her.

Im Archiv des Geschäfts wurden die Platten in beschrifteten Briefumschlägen für Nachbestellungen von weiteren Abzügen aufbewahrt. Das Photogeschäft wurde bis in die achtziger Jahre betrieben, danach landeten die Negativplatten auf einer Müllkippe.

Auf der ersten Platte sind in der oberen Reihe Aufnahmen von einem Soldaten in Ausgehuniform zu sehen. Auf den folgenden Photos wurden ein Soldat in Felduniform, Mädchen des BDM und ein Mitglied des Jungvolkes aufgenommen. Die zweite Photosequenz zeigt neben Personen in Zivil auch ausländische Fremdarbeiter. Auf der dritten Photoserie wurde außer einer jungen Frau eine Familie abgelichtet. Vermutlich nutzte der Soldat seinen Fronturlaub für ein Erinnerungsphoto mit seiner Frau und seinem Kind.

GEBURT UND TAUFE

Kinder zu bekommen wurde während des Nationalsozialismus als Pflichterfüllung der Frauen dem Staat gegenüber angesehen. Die Geburt wurde sogar mit dem Kampf des Soldaten im Felde auf eine Stufe gestellt. Adolf Hitler formulierte dies auf einer Tagung der NS-Frauenschaft während des Reichsparteitages 1934 in Nürnberg so: «Jedes Kind, das sie zur Welt bringt, ist eine Schlacht, die sie besteht für das Sein oder Nichtsein ihres Volkes ...».

In der Neufassung des Ehegesetzes von 1938 wurde das Zeugen von Kindern als der Sinn der Ehe festgelegt, eine Verweigerung eines Ehepartners konnte als Scheidungsgrund geltend gemacht werden.

Die Stärkung der Familie war ein wichtiges Feld der Innenpolitik. Mit zinslosen Darlehen, Kindergeld, finanziellen Beihilfen, Steuervergünstigungen und Ehrungen wie Mutterkreuzen wurden Anreize für eine Geburtensteigerung geschaffen. Und mit dem Jahr 1938 galten für Verheiratete, die länger als fünf Jahre kinderlos blieben, höhere Steuersätze.

Wichtiger noch als die Familie war die Mutterschaft. So bemühte man sich, das Ansehen der ledigen Mutter zu verbessern. Auch die unverheirateten Frauen sollten «dem Führer ein Kind schenken» und somit zur erstrebten Steigerung der Geburten beitragen. In der öffentlichen Meinung setzte sich diese Auffassung allerdings nicht durch, die ledige Mutter blieb sozial geächtet.

Die Nationalsozialisten konnten den langfristigen Trend zur Kleinfamilie nicht aufhalten. Seit 1900 nahm die Anzahl der Kinder in einer Ehe beständig ab. In einer Familie lebten während des Dritten Reiches durchschnittlich nicht mehr als ein oder zwei Kinder. Eine kurzfristige Steigerung der Geburten konnte aber verzeichnet werden.

2/2 HINWEISSCHILD «EMMA BENSING / HEBAMMENSCHWESTER»
VOR 1945; EMAILLIERTES STAHLBLECH;
24 X 37,7 CM
DHM 1990/1825

Es handelt sich vermutlich um das Türschild einer Hebamme. «Hebammenschwester» war die gebräuchliche Bezeichnung für eine Hebamme.

Die Nationalsozialisten wollten die Geburten in Kliniken abschaffen, die Hausgeburt sollte wieder zum Normalfall werden.

Schon 1934 erließ das preußische Ministerium des Innern einen Runderlaß zum Thema Haus- oder Klinikgeburt. Darin wurde deutlich die Hausgeburt favorisiert.

Der «Reichsgesundheitsführer», Leiter des Hauptamtes für Volksgesundheit, Leonhard Conti, argumentierte auf einer Tagung der Arbeitsgemeinschaft für Mutter und Kind im Mai 1937: «Die Gefahr der Infektion ist im Hause grundsätzlich geringer als in jeder Anstalt. Die gebärende Mutter ist eben in ihrer Familie in ihrem natürlichen Kreis isoliert und kommt mit Erkrankten mittelbar und unmittelbar nur sehr viel schwerer und weniger in Berührung als bei der Entbindung in der Anstalt. Die Stilltätigkeit wird im Hause in der Regel besser gefördert. Die Kosten für die Allgemeinheit sind geringer als durch die Anstaltsentbindung.»

Die Kampagne gipfelte in einem Runderlaß von 1939, in dem die Leiter der Krankenhäuser aufgefordert wurden, schwangere Frauen nur in dringenden Fällen zur Entbindung in Krankenhäuser aufzunehmen. Massive Proteste der Deutschen Gesellschaft für Gynäkologie folgten auf diesen Erlaß, der daraufhin teilweise zurückgenommen wurde. 1940 erließ Conti «Leitsätze für die Ordnung der Geburtshilfe», in denen zwar die Hausgeburten weiterhin gefördert, aber auch die Leistungen der Krankenhäuser herausgestellt wurden.

2/2

2/3 HEBAMMENTASCHE
BEZ.: «GOTTLOB KURZ WIESBADENER HEBAMMENTASCHE» (GEBURTSTASCHE) (PATENTAMTLICH EINGETRAGENES WARENZEICHEN) ALLEINIGER FABRIKANT: GOTTLOB KURZ, WIESBADEN-IGSTADT»
UM 1940; SCHWARZES LEDER, METALL, KUNSTSTOFF, GUMMI, TEXTILES MATERIAL, HOLZ, EMAIL; 14,5 X 46 X 32 CM
R. KÖHLER, KRANKENHAUS BERLIN-NEUKÖLLN

Dieser Koffer wurde bis in die sechziger Jahre hinein von einer Hebamme bei Hausgeburten benutzt. Eine Hebamme darf bis heute nicht (außer in Berlin) operieren oder Schnitte vornehmen. Regelmäßig muß sie ihren Hebammenkoffer von einem Amtsarzt prüfen lassen. Die Hebammentasche enthält Instrumente zur Geburtshilfe, zwei Babywaagen aus Stoff und Medikamente.

2/4 EINSCHLAGTUCH MIT ÄRZTLICHEN INSTRUMENTEN ZUR GEBURTSHILFE
UM 1930; LEINEN; L 93 CM, H 75 CM
DHM, BESTAND ZEUGHAUS (HI 73/111)

Das Einschlagtuch enthält folgende Instrumente:
a) einen Satz Uterusdilatatoren
b) Uteruskürette
c) drei Uteruskatheter
d) Geburtszange nach Braun
e) Tamponzange
f) Hakenzange
g) Abortuszange
h) Hakenzange nach Schröder
i) Nadelhalter
j) Korn- und Polypenzange nach Meyer
k) Nabelschnurschere
l) Stethoskop nach Wagner
m) Kürette
n) Uteruskürette
o) zwei Löffelspekula

Das Einschlagtuch mit den medizinischen Instrumenten stammt aus einer Arztpraxis. Bei den von den Nationalsozialisten propagierten Hausgeburten sollte nur bei Komplikationen ein Arzt hinzugezogen werden. Dieser Instrumentenbestand enthält auch Küretten, die von Hebammen nicht benutzt werden durften, denn es war ihnen nicht erlaubt, Operationen vorzunehmen.

2/5 PUBLIKATION «DIE DEUTSCHE MUTTER UND IHR ERSTES KIND»
VON FRAU DR. JOHANNA HAARER
(GEB. 03.10.1900 IN BODENBACH/ELBE)
MÜNCHEN: J.F. LEHMANNS VERLAG 1934; 244 SEITEN, 47 ABBILDUNGEN
DHM 1991/650

Die Ärztin Johanna Haarer gibt in diesem Gesundheitsratgeber Tips für die Zeit der Schwangerschaft und für die Pflege des Neugeborenen. Der Ratgeber fügt sich in die Blut und Boden-Ideologie des NS-Regimes ein: Alle werdenden Mütter sind mit dem «Strom des Lebens, Blut und Erbe unzähliger Ahnen» verbunden, heißt es u.a. im Vorwort «An die deutsche Frau!».

Das Buch erreichte auch in der Nachkriegszeit zahlreiche überarbeitete Auflagen; die letzte erschien 1987 unter dem Titel «Die Mutter und ihr erstes Kind».

Die weitverbreiteten Schriften der Autorin umfaßten u.a. noch folgende Bücher: «Unsere kleinen Kinder» (1936), «Säuglingspflege für junge Mädchen» (1937) und das Jugendbuch «Mutter, erzähl von Adolf Hitler!» (1939).

2/6 PACKUNG MIT SAUGERN FÜR SÄUGLINGSFLASCHEN
MARKE «DUIZA»
HERSTELLER: HAUN & SOHN, REICHENBACH
UM 1942; INHALT 14 STÜCK;
KARTON, GUMMI; 18 X 12 X 7 CM
DHM 1990/2949

Für die Verabreichung von Flaschennahrung ist besonders die keimfreie Zubereitung wichtig. Der Hersteller dieser Sauger weist auf der Packung und in der Gebrauchsanweisung auf die hygienischen Vorteile seines Produktes hin.

Dort heißt es u.a.: «Duiza kristallklarer Sauger aus reinem Gummi ohne Zusatz. Garantiert unschädlich.» «Sauger stets mit heißer Nadel lochen. Loch nie in den Sauger schneiden.» Die Gebrauchsanweisung gibt auch Auskunft darüber, wie der Sauger sterilisiert wird: «Vor Gebrauch gut auskochen, um Sauger keimfrei zu machen. Auskochen kann beliebig oft wiederholt werden.»

Auf einem Beipackzettel werden die Mütter noch einmal gesondert auf eine sachgerechte Benutzung der Sauger hingewiesen, um so wichtige Rohstoffe zu sparen.

2/7 PLAKAT «VOR 1933 STERBENDES VOLK / NACH 1933 WACHSENDES JUNGES VOLK»
ENTWURF: FRITZ MÜLLER, DRESDEN (SIGN.: FM)
DRUCK: LEUTERT & SCHNEIDEWIND A.-P., DRESDEN
1936; LITHOGRAPHIE; 83,7 X 58,2 CM
DHM, BESTAND ZEUGHAUS (P 56/227)
ABB. SEITE 73

Dieses Plakat warb anläßlich der Reichstagswahl 1936 für die NSDAP mit dem Hinweis auf ihren bevölkerungspolitischen Erfolg. Seit der Jahrhundertwende hatte die Zahl der Geburten stetig abgenommen, dieser Trend wurde nach 1933 gestoppt. Die Maßnahmen der NSDAP zur Steigerung der Geburten versprachen den Frauen Sicherheit und Unterstützung, und somit entschlossen sich wieder mehr Frauen, Mutter zu werden. Die Geburtenrate stieg zwischen 1933 und 1939 leicht an, lag aber weiterhin unter der der 1920er Jahre.

Der Text auf dem Plakat lautet:
«Vor 1933 sterbendes Volk
So war es früher: (in Deutschland Lebendgeborene) 1901 2 Millionen 1931 1 Million 1932 970 000
So wäre es weiter gegangen:
(in Deutschland Einwohner)
1933 65 Mill. 1975 60 Mill.
2000 47 Mill. 2050 25 Mill.
Das bedeutet: Politische Schwäche / Senkung der Lebenshaltung /
Not und Untergang
Nach 1933 wachsendes junges Volk
Hitler schafft: Siedlungen, Arbeit u. Brot / Kinderreichenbeihilfe / Ehestandsdarlehen
Eheschließungen: 1932 510 00 / 1933 631 000 / 1934 731 431 / 1935 650 00
Lebendgeborene: 1930 975 581 / 1933 956 915 / 1934 1 181 174 / 1935 1 265 000
Das deutsche Volk – kein sterbendes Volk mehr! Das Volk dankt dem Führer u. schenkt ihm sein Vertrauen.

Adolf Hitler ist das Leben u. die Zukunft / Darum am 29. März bei der Wahl: Das ganze deutsche Volk für den Führer und sein Aufbauwerk!»

 2/8

Ehre der Mutter

der Trägerin ewigen deutschen Lebens

Wenn am Muttertag das deutsche Volk einen Ehrentag für die Mutter begeht, so kann der Sinn dieses Tages für uns als Nationalsozialisten nur der sein, daß die Ehrung jeder einzelnen Mutter ein ganzes Volk zurückführt zur Besinnung auf seine ureigensten Lebenskräfte, denn

unser aller Mutter ist Deutschland.

Gertrud Scholtz-Klink

In Dankbarkeit gedenkt das nationalsozialistische Deutschland in diesen Tagen der deutschen Mutter. – Schweres hat sie getragen! Die Not vergangener Jahrzehnte war ihre Not: der Mann ohne Arbeit, die Kinder ohne Zukunft, die Familie ohne Brot. Die Mutter wurde gering geachtet. Frauen, die sich von dem deutschen Frauen- und Mutterideal weit entfernt hatten, gaben im öffentlichen Leben jener Zeit den Ton an. – Heute gilt nicht mehr der äußere Schein, sondern der innere Wert! Die stille frauliche Arbeit in Haus und Hof oder im artgemäßen Beruf, die tapfere Kameradschaft, die Mann und Frau im Lebenskampf verbindet, sind heute wieder zu Ehren gekommen. Die Krone aber gebühret jenen deutschen Frauen, die in ihren Kindern den Fortbestand und die Zukunft der Nation sichern.

Der deutschen Mutter gilt der Dank des Volkes

Die Parole der Woche — Folge 6

7.-13. MAI 1936

PARTEIAMTLICHE WANDZEITUNG DER NSDAP

Ein Wort des Führers zum Ehrentag der Mutter

Mit jedem Kind, das die Frau der Nation zur Welt bringt, kämpft sie ihren Kampf für die Nation. Der Mann tritt für die Nation ein, wie die Frau für die Familie eintritt. Die Gleichberechtigung der Frau besteht darin, daß sie in den ihr von der Natur bestimmten Lebensgebieten jene Hochschätzung erfährt, die ihr zukommt. Deshalb sehen wir in der Frau die ewige Mutter unseres Volkes und die Lebens-, Arbeits- und auch Kampfgefährtin des Mannes.

Adolf Hitler

Das neue Deutschland schützt Mutter und Kind

„Der Nationalsozialismus würdigt gerade die wirklich mütterliche Frau herab." Hieß es nicht einmal so?! – Heute weiß jede deutsche Frau, was sie von solchen Lügenparolen unserer Feinde von gestern zu halten hat. – Die Zahl der gesetzlichen Maßnahmen, mit denen das nationalsozialistische Deutschland den Schutz der Mutter und der Familie übernommen hat, ist unabsehbar groß. Die „NS.-Frauenschaft" und ihre Gliederungen haben sich – tatkräftig unterstützt von Staat und Partei – in den Dienst von Volk und Familie, von Mutter und Kind gestellt. Der Reichsmütterdienst mit seiner umfassenden Mütterschulung und Mütterberatung, das Hilfswerk „Mutter und Kind", der Ausbau der Mütter- und Kindererholungsfürsorge, die Einführung von Ehestandsdarlehen und Ehrenpatenschaften, die planmäßige Frauenschulung, die Säuberung des öffentlichen Lebens von Schmutz und Schund, die großzügigen Siedlungswerke, die gesamte Aufbauarbeit der nationalsozialistischen Staatsführung – das alles dient der Mutter und der Familie. – Die mütterliche Frau empfindet heute, daß ihr als Mutter unserer Kinder, als Fundament der Gesamtnation Aufmerksamkeit, Achtung und Ehrfurcht entgegengebracht wird.

Die deutsche Mutter ist froh und glücklich geworden!

2/8 PLAKAT «DIE PAROLE DER WOCHE / 7.-13. MAI 1936 / EIN WORT DES FÜHRERS ZUM EHRENTAG DER MUTTER»
HG.: ZENTRALVERLAG DER NSDAP, MÜNCHEN
DRUCK: M. MÜLLER UND SOHN KG, MÜNCHEN
1936; BUCHDRUCK; 54 X 134 CM
DHM, BESTAND ZEUGHAUS (P 62/1755)

Die «Parole der Woche», eine von der Reichspropagandaleitung der NSDAP herausgegebene Wandzeitung, griff hier ein innenpolitisches Thema, den Muttertag, auf und kommentierte diesmal nicht, wie sonst üblich, politische oder militärische Ereignisse.

Die Nationalsozialisten stellten den Muttertag in den Dienst ihrer bevölkerungspolitischen Bemühungen. 1907 war dieser Ehrentag in den USA eingeführt worden und wurde seit 1922 auch in Deutschland gefeiert. Nicht nur politische und finanzielle Maßnahmen sollten die Geburtenraten steigern, sondern auch ideologisch sollte dem Status der Mutter ein neuer, heroischer Impetus, ähnlich dem des kämpfenden Mannes, zukommen.

In der Mitte des Plakats befindet sich dazu ein Zitat von Adolf Hitler: «Mit jedem Kind, das die Frau der Nation zur Welt bringt, kämpft sie ihren Kampf für die Nation. Der Mann tritt für die Nation ein, wie die Frau für die Familie eintritt. Die Gleichberechtigung der Frau besteht darin, daß sie in den ihr von der Natur bestimmten Lebensgebieten jene Hochschätzung erfährt, die ihr zukommt. Deshalb sehen wir in der Frau die ewige Mutter unseres Volkes und die Lebens-, Arbeits- und auch Kampfgefährtin des Mannes.»

Nicht die Gleichstellung der Geschlechter, vielmehr eine entscheidende Geschlechterdifferenzierung prägte die NS-Ideologie. Die Aufgabe der Frau wurde auf die Funktion des Gebärens reduziert; in dieser Rolle wurde sie wiederum zur Heroin erhöht.

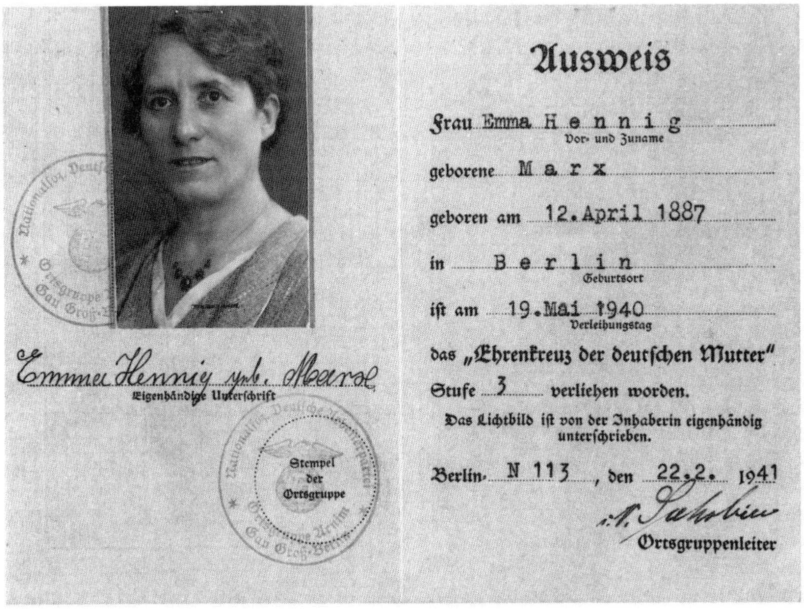 2/9

Ausweis

Frau Emma Hennig
Vor- und Zuname
geborene Marx
geboren am 12. April 1887
in Berlin
Geburtsort
ist am 19. Mai 1940
Verleihungstag
das „Ehrenkreuz der deutschen Mutter"
Stufe 3 verliehen worden.
Das Lichtbild ist von der Inhaberin eigenhändig unterschrieben.

Emma Hennig geb. Marx
Eigenhändige Unterschrift

Stempel der Ortsgruppe

Berlin-N 113, den 22.2. 1941

Ortsgruppenleiter

2/9 AUSWEIS «DER DEUTSCHEN MUTTER» ZUM EHRENKREUZ DER DEUTSCHEN MUTTER GEHÖREND
DRUCK: TIEFFENBACH UND MITTELHÄUSER, BERLIN
1941; VORDRUCK MIT MASCHINEN- UND TINTENSCHRIFTLICHEN EINTRAGUNGEN; 11,9 X 8,5 CM
DHM, BESTAND ZEUGHAUS (DO 86/224 I)
ABB. SEITE 69

Das öffentliche Tragen des Mutterkreuzes wurde auf das genaueste im «Merkblatt über das Tragen der Ehrenkreuze» festgelegt:

«Wann wird das Ehrenkreuz getragen? An allen Festtagen (z.B. 1. Mai – Erntedankfest – Geburtstag des Führers – Gefallenengedenktag sowie Ostern – Pfingsten – Weihnachten. Ferner zu Familienereignissen, Hochzeiten, Beerdigungen usw. Wie wird das Ehrenkreuz getragen? Nur zum Festanzug und nur an dem blauweißen Band um den Hals. Also niemals an einer Halskette.) Welche Möglichkeit besteht außerdem, die Auszeichnung zu tragen? Für den Straßenanzug kann eine blauweiße Schleife mit einem Miniaturkreuz oder auch nur die blauweiße Schleife getragen werden. (Zu erwerben in allen einschlägigen Geschäften.) Was ist unstatthaft? Das Ehrenkreuz an einer Kette oder als Brosche zu tragen. Das Kreuz zum Arbeitskleid anzulegen.

Wer die Großauszeichnung des Ehrenkreuzes der Deutschen Mutter stets im Alltagsleben trägt, würdigt die vom Führer verliehene Auszeichnung herab. Für den Werktag ist die oben erwähnte Kleinausführung mit blauweißer Schleife angebracht.»

2/10 «EHRENKREUZ DER DEUTSCHEN MUTTER» IN SILBER
AUFSCHRIFT VS.: «DER DEUTSCHEN MUTTER», RS.: «16. DEZEMBER 1938 ADOLF HITLER»
NACH 1938; WEIß-BLAUES BAND; 10 X 3,5 CM
DHM, BESTAND ZEUGHAUS (0.54.668)

Schon 1939 waren 3 Mio. Mütter mit diesem seit 1938 verliehenen Ehrenkreuz ausgezeichnet worden. Die Frauen erhielten das Kreuz in Bronze für vier oder fünf Kinder, in Silber für sechs oder sieben Kinder und in Gold für acht oder mehr Kinder.

Nur wenige Frauen haben die Verleihung des Kreuzes abgelehnt.

Und obwohl die meisten Frauen ihre Kreuze bei den Verleihungen abholten, läßt sich schwer ausmachen, ob sie die Ehrungen später tatsächlich getragen haben. Vielleicht verschwanden sie samt der Schmuckschatulle in einer Schublade.

Das «Ehrenkreuz der Deutschen Mutter» sollte eine ähnliche Funktion für die Mütter erfüllen wie das Eiserne Kreuz für den Soldaten:
«Die deutsche kinderreiche Mutter soll den gleichen Ehrenplatz in der Volksgemeinschaft erhalten wie der Frontsoldat, denn ihr Einsatz von Leib und Leben für Volk und Vaterland war der gleiche wie der der Frontsoldaten im Donner der Schlachten.» (Reichsärzteführer Wagner in der «Völkischen Wacht»)

2/11

2/11 «EHRENKREUZ DER DEUTSCHEN MUTTER» IN GOLD MIT SCHATULLE UND MINIATURKREUZ IN BRONZE ZUM ANSTECKEN
AUFSCHRIFT VS.: «DER DEUTSCHEN MUTTER», RS.: «16. DEZEMBER 1938 ADOLF HITLER»
HERSTELLER: WERNER REDO, SAARLAUTERN
NACH 1938; WEIß-BLAUES BAND; 4,5 X 3,5 CM, SCHACHTEL 11,4 X 5 X 1,7 CM; MINIATURKREUZ 2,3 X 1,7 CM
DHM, BESTAND ZEUGHAUS (0.77.43, 0.74.164)

Das kleine Ehrenkreuz zum Anstecken ist die Version der Auszeichnung, die auch im Alltag getragen werden durfte.

2/12 VERLEIHUNGSURKUNDE FÜR EIN «EHRENKREUZ DER DEUTSCHEN MUTTER»
21.05.1939; VORDRUCK MIT MASCHINENSCHRIFTLICHEN EINTRAGUNGEN; 29 X 20,4 CM
DHM, BESTAND ZEUGHAUS (DO 83/258 II)

«Im Namen des Deutschen Volkes» wurde das Ehrenkreuz der ersten Stufe an Luise Zimmermann aus Berlin-Köpenick verliehen. Das Blatt wurde vermutlich in einem Bilderrahmen aufbewahrt, aus dem es später gelöst wurde.

2/13 «ANTRAG AUF AUSSTELLUNG EINES EHRENBUCHES» DES REICHSBUNDES DER KINDERREICHEN
16.12.1938; DOPPELBLATT; 20,5 X 29,8 CM
DHM, BESTAND ZEUGHAUS (DO 90/267)

Dieses Antragsformular wurde von der Familie Knabe in Moritzburg ausgefüllt. Die Familie hatte neun Kinder, die zwischen 1913 und 1927 geboren wurden. Zwei polizeiliche Führungszeugnisse der Eheleute wurden beigefügt.

1937 wurde das Ehrenbuch der deutschen Familie beim Jahrestreffen des Reichsbundes der Kinderreichen in Frankfurt a.M. zum ersten Mal verliehen. Die Bücher sollten den Familien bei Behördengängen zur Beantragung finanzieller Vergünstigungen helfen.

Die Erlangung des Ehrenbuchs war an den detaillierten Nachweis eines staatstreuen Lebens gebunden. Angegeben werden mußten die Daten der Kinder zu Beruf, Schule bzw. Arbeitgeber sowie ihre Mitgliedschaft in folgenden Organisationen: HJ, BDM, NSDAP, Frontkämpfer, SA, SS, NSKK. Ferner waren die Schulzeugnisse der Kinder einzureichen. Darüber hinaus sollten die Ahnen der Eltern aufgelistet werden.

Die Datensammlung zur sogenannten Lebensbewährung garantierte, daß nur Familien, die im Sinne der NS-Ideologie förderungswürdig waren, in den Genuß von finanziellen Vergünstigungen kamen. Das Ehrenbuch sollte helfen, zwischen der «asozialen, verantwortungslosen und erbbiologisch minderwertigen Großfamilie und der förderungswürdigen kinderreichen deutschen Familie» unterscheiden zu können, schrieb Wilhelm Stüwer, Reichsbundleiter des Reichsbundes der Kinderreichen, in einem Beitrag in der «Völkischen Wacht» von 1937.

2/14

Und so heißt es denn auch im Ehrenbuch: «Dieses Ehrenbuch weist die Familie, für die es ausgestellt ist, als deutsch-blütige, geordnete, kinderreiche und förderungswürdige Familie aus.»

Als kinderreich galt, wer mit vier oder mehr Kindern unter 16 Jahren in einem Haushalt lebte. Diese Familien erhielten pro Kind eine einmalige Beihilfe von hundert Reichsmark, insgesamt höchstens tausend Reichsmark. 1939 lebten in 21 Prozent aller Ehen vier Kinder.

2/14 PHOTOGRAPHIE «AUSGABE VON EHRENBÜCHERN FÜR KINDERREICHE FAMILIEN»
02.12.1937; REPRODUKTION; 12,5 X 17 CM
LANDESBILDSTELLE, BERLIN (77695)

Zur Ausgabe der Ehrenbücher während der «Feierstunde im Marmorsaal des Zoo» haben sich der «Reichsstatthalter Sauckel» (Mitte rechts) und der «Reichsamtsleiter Dr. Gross» (links neben ihm) eingefunden.

2/15 PHOTOGRAPHIE ZUR ERINNERUNG AN DIE TAUFE
UM 1935; 13,6 X 8,6 CM
DHM 1991/1600.230 / ABB. SEITE 72

Die Aufnahme wurde in einem Hinterhof gemacht. Das Kind liegt in einer aufwendigen Taufgarnitur mit Steckkissen und Schleier auf dem Schoß der Mutter.

Die Nationalsozialisten unternahmen den Versuch, die kirchlichen Feiern, wie Taufe, Hochzeit und Begräbnis, durch sogenannte nationalsozialistische Lebensfeiern zu verdrängen. Durchsetzen ließen sich diese neuen Formen in nur sehr geringem Umfang: ein Prozent und in manchen Gebieten vier Prozent machte der Anteil dieser «Lebensfeiern» im Gegensatz zu den kirchlichen Festen aus.

2/15

2/16

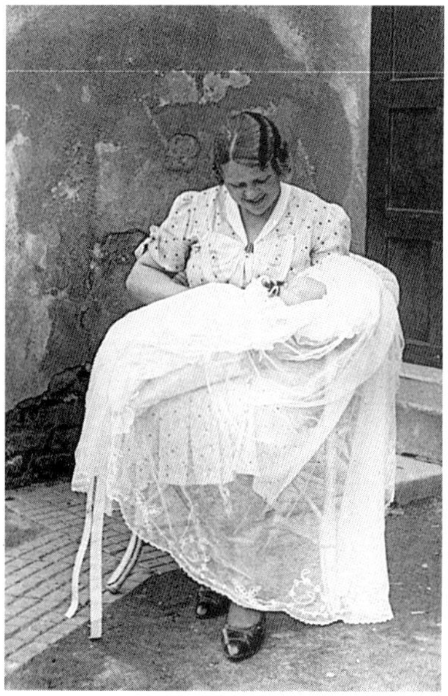

2/16 PHOTOGRAPHIE
DER GÄSTE EINER TAUFE
14.06.1942; BÜTTENRAND; 6,5 X 9,8 CM
DHM 1991/3010

Die Gesellschaft hat sich in einem Hinterhof für das Photo aufgestellt. Der Vater des Täuflings ist Leutnant des Heeres, und anläßlich der Taufe hat er seine Paradeuniform und seine Auszeichnungen (Eisernes Kreuz I. u. II. Klasse, Verwundetenabzeichen und Infanterie-Sturmabzeichen) angelegt. Das Kind ist für einen Täufling recht alt. Vielleicht hat die durch den Krieg bedingte Abwesenheit des Vaters eine Verschiebung der Taufe nötig gemacht (vgl. die folgenden Photos 2/17 und 2/18).

2/17 PHOTOGRAPHIE ZUR ERINNERUNG
AN DIE TAUFE
14.06.1942; BÜTTENRAND; 9,8 X 6,5 CM
DHM 1991/3011

Die Aufnahme zeigt Mutter und Kind im Garten. Das Kind trägt die alltägliche Kleidung eines Kleinkindes und kein besonderes Taufkleid. Vermutlich wurden spezielle Taufkleider nur für jüngere Kinder zum Kauf angeboten.

2/18 PHOTOGRAPHIE ZUR ERINNERUNG
AN DIE TAUFE
14.06.1942; 6,5 X 9,8 CM
DHM 1991/3014

Zu sehen ist eine Frau in schwarzem Kleid mit weißem Spitzenkragen, die den Täufling auf dem Arm hält. Dieser trägt helle Kleidung; ein Strickjäckchen ist über den Pullover gezogen.

2/19 PHOTOGRAPHIE DER TAUFZEREMONIE
FÜR HERMANN GÖRINGS TOCHTER
KARINHALL/SCHORFHEIDE BEI BERLIN,
04.11.1938; REPRODUKTION; 15,3 X 21,5 CM
ULLSTEIN-BILDERDIENST, BERLIN (56077,01)

Das Photo zeigt Görings Ehefrau Emmy und den Taufpaten Adolf Hitler bei der Taufe von Görings Tochter Edda. Den Namen, der an nordische und germanische Traditionen erinnert, hatte vor Görings schon Mussolinis Tochter erhalten. Die Taufe fand in Görings Villa «Karinhall» statt.

2/19

Plakat, 1936
(2/7)

Schultüte, um 1935
(2/20)

Spielzeugauto «Der Wagen des Führers», um 1940
(2/45)

Postkarte, um 1935
(2/28)

Brettspiel, um 1940
(2/46)

Plakat, um 1939
(2/48)

Plakat
(2/49)

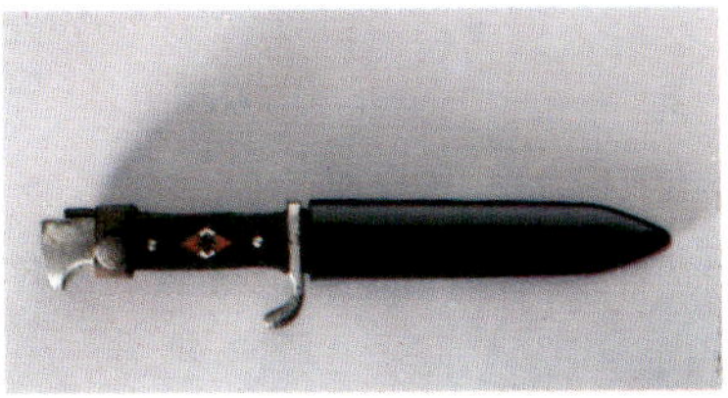

«Hj.-Dj. Fahrten-Messer» mit Gürtel
(2/57)

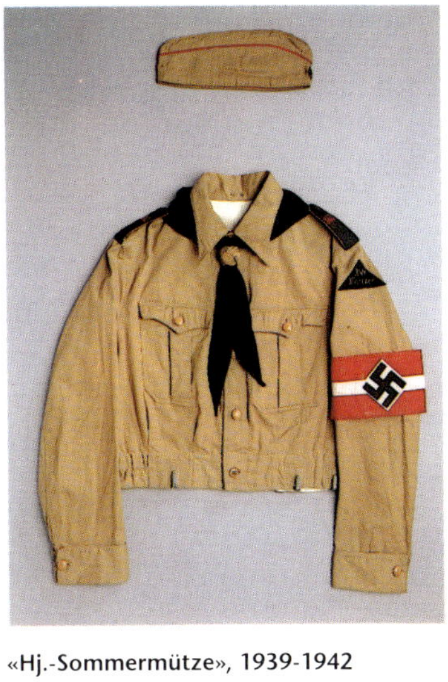

«Hj.-Sommermütze», 1939-1942
Halstuch und Lederring, um 1940
«HJ.-Köperbluse», nach 1935
(2/53-55)
rechts: «Hj.-Kordhose», nach 1935
(2/56)

Gedenkblatt, nach 1945
(2/165)

EINSCHULUNG

Die Kinder, die während des Dritten Reiches eingeschult wurden, sollten nach dem Willen des NS-Regimes mit dem nationalsozialistischen Gedankengut vertraut gemacht werden. Zur Durchsetzung der neuen Ideologie mußten die Lehrenden überzeugte Regimeanhänger sein. Viele der alten Lehrkräfte wurden gegen neue ausgetauscht. Die Schulbücher wurden umgeschrieben, Leibeserziehung bekam einen hohen Stellenwert innerhalb des Unterrichts, und die «Vaterlandskunde» erhielt eine nationalsozialistische Ausrichtung. Das Fach Biologie wurde aufgewertet, und die «Rassenkunde» avancierte zu einem wichtigen Unterrichtsstoff.

Bekleideten die Schüler der höheren Klasse einen Rang innerhalb der Jugendorganisation, so hatte der Lehrer Rücksicht auf die Position der Hitlerjungen zu nehmen. Die Hitlerjugend konnte so auch Einfluß auf die Schule nehmen.

Während der Kriegsjahre verlief die Ausbildung der Schulkinder nicht immer in den beabsichtigten geregelten Bahnen: Viele Lehrer waren an die Front abkommandiert worden, der Unterricht fiel oftmals wegen Mangel an Heizmaterial aus, und die älteren Schüler wurden beispielsweise als Flakhelfer in den Krieg eingezogen.

2/20-26 SIEBEN SCHULTÜTEN
UM 1935/40; KARTON, PAPIER; KASCHIERT, BEKLEBT, TEILWEISE OBLATENMONTIERUNG; L 65,5/88 CM, DM 16,5/ 24,5 CM
SAMMLUNG HANS-GÜNTER LÖWE, HAMBURG / ABB. SEITE 74

Mit Süßigkeiten gefüllte Zuckertüten sollten den Erstkläßlern den nunmehr beginnenden «Ernst des Lebens» versüßen. Obschon sich biographische Belege finden, die zeigen, daß sogar schon zu Beginn des 19. Jahrhunderts solche Schultüten zur Einschulung verschenkt wurden, gehören die Tüten erst in den dreißiger Jahren unseres Jahrhunderts zur Standardausstattung eines jeden Schulanfängers.

Von Mittel- und Norddeutschland aus verbreitete sich dieser Brauch auf das gesamte deutsche Sprachgebiet. In München beispielsweise waren 1907 Zuckertüten gänzlich unbekannt. Auch um 1930 war der Brauch noch nicht in allen Teilen Deutschlands verbreitet. Brezel, Wecken oder Kuchen waren als Geschenke zur Einschulung üblich.

Mancherorts wurde den Kindern, um die Attraktivität der Schule zu steigern, erzählt, daß sich im Klassenzimmer oder auf dem Dach des Schulgebäudes ein Baum befinde, ein Tütenbaum eben, an dem diese Zuckertüten wüchsen. So wurden weitere Tüten in Aussicht gestellt. Mancher Schulanfänger bekam schon zum Schuleintritt mehrere Schultüten von Paten, Verwandten und Freunden geschenkt.

2/27 PHOTOPOSTKARTE «DIE HERZLICHSTEN WÜNSCHE ZUM ERSTEN SCHULGANG»
24.04.1935; 14 X 9 CM
DHM 1991/1600.14

Die an einen Schüler in Berlin adressierte Postkarte wurde frankiert und beschriftet: «Ich hoffe und wünsche das Du recht fleissig und artig bist, und Deinen Eltern Freude bereitest.»

2/29

Die ausgestellten Karten markieren eine regionale Besonderheit: Schülern zum Schuleintritt Glückwünsche zu senden, war kaum über den Raum Sachsen hinaus üblich. In Dresden wurde die erste Postkarte zur Einschulung 1902 verschickt.

Die Gestaltung der Glückwunschkarten folgt einem Schema. Im Vordergrund steht ein Schulanfänger, der zumeist mit typischen Attributen wie Schulranzen, Brottasche und Schultüte ausgestattet ist. Häufig dienen Torbogen, Treppenstufen und Eingänge als Hintergrund. Diese Versatzstücke versinnbildlichen den Eintritt in einen neuen Lebensabschnitt. Ebenso auffallend in der Wahl der Motive ist die bedeutungsreiche Darstellung von Wegen und Weggabelungen. Die Kinder stehen am Ende eines Stück Weges, das sie hinter sich gelassen haben, und ein neuer Abschnitt liegt vor ihnen. Die Karten zeigen die Kinder allein, ohne Begleitung der Eltern.

2/28 POSTKARTE «HERZLICHEN GLÜCKWUNSCH ZUM ERSTEN SCHULGANG»
UM 1935; CHROMOLITHOGRAPHIE; 14 X 8,9 CM
DHM 1991/724 / ABB. SEITE 74

Nach der ersten Unterrichtsstunde kommt ein Schulkind mit einer großen Schultüte fröhlich aus dem Klassenzimmer.

2/32

2/33

2/35

2/29 PHOTOGRAPHIE
ZUR ERINNERUNG AN DIE EINSCHULUNG
1933; REPRODUKTION; 13 X 18 CM
LANDESBILDSTELLE, BERLIN (285 172)
ABB. SEITE 77

Die Bestrebungen der Nationalsozialisten, eine Einheitsschultüte einzuführen, ließen sich kaum durchsetzten. Dieses private Photo von einem Erstkläßler, der eine Schultüte mit einem aufgeklebten Hakenkreuz im Arm hält, ist ein seltener Beleg dieser Bemühungen.

2/30 PHOTOGRAPHIE
ZUR ERINNERUNG AN DIE EINSCHULUNG
1934; BÜTTENRAND; 12,4 X 9 CM
PRIVATBESITZ, BERLIN

Das Photo zeigt drei Mädchen an ihrem ersten Schultag in einem Photoatelier.

2/31 PHOTOGRAPHIE
ZUR ERINNERUNG AN DIE EINSCHULUNG
UM 1935; 13,9 X 8,9 CM
DHM 1991/947

Auf der Straße hat ein Junge mit einer großen Zuckertüte im Arm Aufstellung für das Erinnerungsbild genommen. Er trägt kurze Hosen, und seine Haare sind sorgfältig gekämmt.

2/32 PHOTOGRAPHIE ZUM
ERSTEN SCHULTAG
UM 1935; 10,4 X 6,8 CM
DHM 1991/1503

Dieser Erstkläßler hat sogar zwei Schultüten zur Einschulung geschenkt bekommen.

2/33 PHOTOGRAPHIE
«LISSI'S ERSTER SCHULGANG 1935»
8,8 X 6,1 CM
DHM 1991/1113

Durch die neuen handlichen Kameras wurde der übliche rituelle Besuch im Atelier eines Photographen zur Dokumentation persönlicher biographischer Ereignisse mehr und mehr überflüssig. Jetzt konnten die wichtigen Momente auch von Privatpersonen im Photo festgehalten werden. Das Bild wurde vermutlich wegen der besseren Lichtverhältnisse auf einem Balkon gemacht.

2/34 PHOTOGRAPHIE
ZUR ERINNERUNG AN DIE EINSCHULUNG
1939; 8,9 X 6,5 CM
DHM 1991/1500

Handschriftlich wurde auf der Rückseite hinzugefügt:
«Unsere Nana am 12.4.1939.
Im Hintergrund ist die Schule.»

2/35 PHOTOGRAPHIE
ZUR ERINNERUNG AN DIE EINSCHULUNG
UM 1940; BÜTTENRAND; 13,8 X 8,7 CM
DHM 1991/1059

2/36 PHOTOGRAPHIE
«MEIN ERSTER SCHULGANG 1942»
13,5 X 9 CM
DHM 1991/1060

Die Aufnahme wurde während des Krieges in einem Atelier angefertigt. Auf einem Stuhl neben dem Schüler liegen eine große Brezel und eine Schiefertafel mit der oben genannten Aufschrift. Das Photo zeigt, daß Zuckertüten als Geschenke zur Einschulung auch 1942 noch nicht überall üblich waren.

2/37 PHOTOGRAPHIE
«MEIN 1. SCHULGANG 1942»
13,9 X 8,6 CM
DHM 1991/953

Ein Mädchen in geblümtem Sommerkleid und mit einer großen karierten Schleife im Haar lächelt in die Kamera. Der Ranzen, die Brottasche und eine Schultüte gehören zur Ausstattung der Schulanfängerin. Eine auf einem Tisch plazierte Schiefertafel dokumentiert den Anlaß des Besuchs im Photoatelier.

2/38 «MEIN ERSTES RECHENBUCH
AUSGABE FÜR MEHRKLASSIGE SCHULEN
HEFT I ERSTES SCHULJAHR»
DRUCK: GEBAUER-SCHWETSCHKE
BUCHDRUCKEREI A.-G., HALLE
HALLE A.D. SAALE: HERMANN SCHROEDEL
1941
KARTONBROSCHUR, 48 SEITEN;
20,7 X 29,8 CM (AUFGESCHLAGEN)
SCHULMUSEUM, BERLIN (881554)

Durch einen Erlaß des Reichsministers für Wissenschaft, Erziehung und Volksbildung wurde dieses «Rechenbuch für Volksschulen» für den Gau Magdeburg-Anhalt genehmigt.

Deutlich ist der Einfluß der nationalsozialistischen Erziehungsgedanken sogar in den Rechenbüchern ausgeprägt: Anhand von marschierenden Soldaten der Wehrmacht und Mitgliedern der SA wird das Zählen eingeübt.

2/39 «HIRTS BERLINER FIBEL
SCHREIBLESEFIBEL»
DRUCK: SPAMER A.-G., LEIPZIG
BRESLAU: FERDINAND HIRT 1935
KARTONBROSCHUR;
104 SEITEN; 23,9 X 17 CM
SCHULMUSEUM, BERLIN (54191)

2/40 SCHULFIBEL «LACHENDES LEBEN»
VOR 1945; KARTONBROSCHUR;
112 SEITEN; 23,4 X 16,7 CM
SCHULMUSEUM, BERLIN (88/341)

In dieser Fibel präsentiert sich das veränderte Alltagsleben während des Dritten Reiches: Ein Junge, Angehöriger des Jungvolkes, schaut einem Aufmarsch zu. Die Stadt ist mit Hakenkreuzfahnen beflaggt.

2/41 SCHULMAPPE
1936; BRAUNES LEDER, METALL;
24,5 X 32,3 X 8,2 CM
DHM, BESTAND ZEUGHAUS (MK 82-77)

Die Schulmappe hat eine kurze Klappe, die von einem Tragriemen überspannt wird. Es handelt sich um einen Schulranzen für ein Mädchen.

2/42 SCHULMAPPE
1943; BRAUNES LEDER, METALL;
33,6 X 34 X 10 CM
DHM, BESTAND ZEUGHAUS (MK 90-170)

Bei der Schumappe für einen Jungen reichte die Klappe bis an den unteren Rand und wurde mit zwei Riemen befestigt.

2/43 PHOTOGRAPHIE EINES
KLASSENZIMMERS
PHOTOGRAPHIN: LISELOTTE ORGEL-KÖHNE
LEIPA, UM 1940; REPRODUKTION; 50 X 50 CM
DHM, BILDARCHIV

Das Bild wurde in einer Schule in Leipa in Böhmen aufgenommen.

Seit 1939 war das sogenannte Protektorat Böhmen und Mähren unter deutscher Herrschaft. Das Klassenzimmer ist mit Hakenkreuzfahnen und einem Hitlerporträt ausgestattet. Diese auffälligen Insignien der Nationalsozialisten zeugen von der Präsenz der neuen Machthaber und zeigen die Leitlinien für Lehrer und Schüler an.

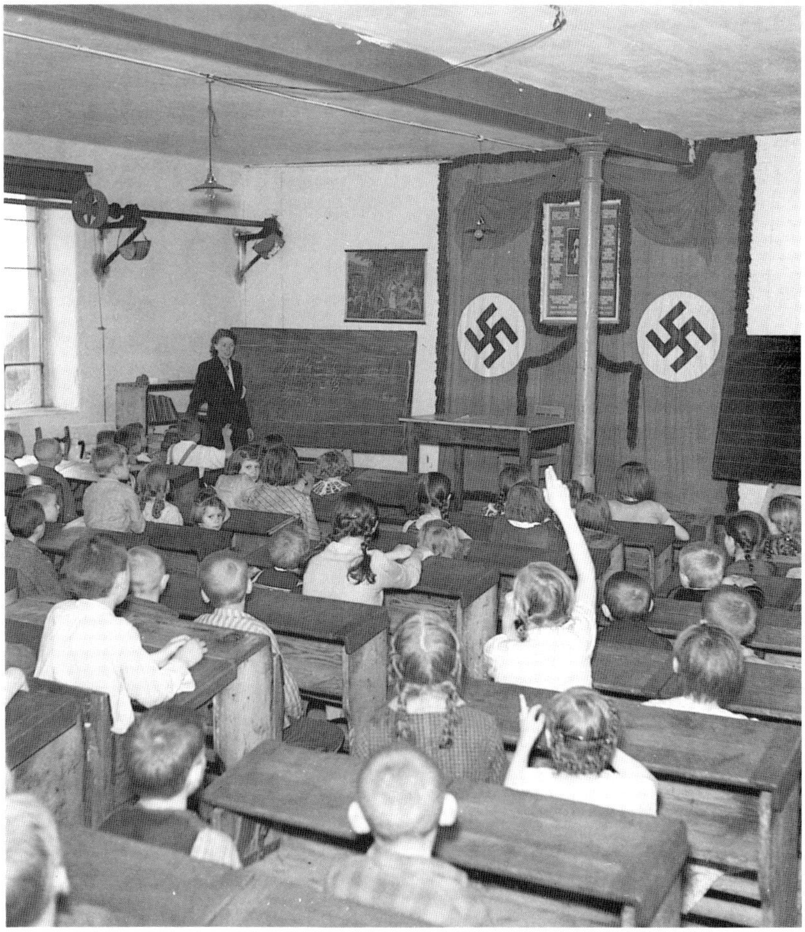

2/43

HITLERJUGEND

Die Erfassung der Heranwachsenden in einer Organisation der NSDAP begann mit der Aufnahme der Zehnjährigen zum Deutschen Jungvolk (DJ) bzw. dem Jungmädelbund, den Kinderorganisationen der Hitlerjugend. Vom 14. bis zum 18. Lebensjahr waren die Jungen in der Hitlerjugend erfaßt. Die Mädchen waren vom 14. bis zum 17. Lebensjahr beim Bund Deutscher Mädel (BDM) und ab 1938 in der Sondereinheit «Glaube und Schönheit» (17-21 Jahre) organisiert. Von rund 100 000 Mitgliedern im Jahre 1932 waren die Mitgliederzahlen 1933 schon auf 2,3 Millionen gestiegen.

Der Jugend wurde von den Nationalsozialisten große Bedeutung beigemessen. Für den einzelnen Jugendlichen bedeutete dies oftmals, endlich eine lang ersehnte Aufmerksamkeit und Eigenverantwortlichkeit zugesprochen zu bekommen, denn dem nun uniformierten Kind oder Jugendlichen wurde Respekt entgegengebracht. Die größere Unabhängigkeit und Abgrenzung von Elternhaus und Schule machte die Faszination der neuen Jugendbewegung aus, obwohl der Jugendliche innerhalb der HJ absoluter Disziplin und Gehorsamkeit unterworfen war. Hier lernte der junge Mensch, dem «Führer» und dem «Ruf des Vaterlandes» bedingungslos zu folgen. Eine Vorbereitung auf den Dienst in der Wehrmacht fand in der Hitlerjugend nicht nur mit vormilitärischen Übungen statt, sondern auch durch die Schulung des Kameradschaftsgeistes und des Gehorsams.

In den Schulen wurde für den Eintritt in die HJ geworben. Lehrer wurden zu diesem Zweck sogar zu Hausbesuchen bei den Eltern aufgefordert. Die öffentlichen höheren Schulen wiesen den größten Organisationsgrad auf. Hier waren fast 90 Prozent aller Schüler in der HJ. Insgesamt waren vor dem Zwang zum Eintritt in die Hitlerjugend 60 Prozent aller Jugendlichen zwischen zehn und achtzehn Jahren in der Hitlerjugend vertreten.

Am 19.04.1936, als Geschenk zu Hitlers Geburtstag am 20.04., konnte erfolgreich gemeldet werden, daß der Jahrgang 1926 zu 90 Prozent aufgenommen worden war. Um eine totale Erfassung der Jugend zu erreichen, wurde mit dem «Gesetz über die Hitlerjugend» von 1936 und den zwei Durchführungsverordnungen von 1939 die Mitgliedschaft in einer Organisation der Hitlerjugend Pflicht.

Der Eintritt in die Hitlerjugend markierte den Beginn einer Erziehung des Einzelnen zum Nationalsozialisten. Intensive und umfassende Schulungsmaßnahmen wurden von den Nationalsozialisten als wichtige Grundvoraussetzung für das Funktionieren des neuen Staates gesehen, wie ein Zitat von Adolf Hitler zur Erziehung der Jugend deutlich macht: «Diese Jugend lernt ja nichts anderes als deutsch denken, deutsch handeln, und wenn diese Knaben mit zehn Jahren in unsere Organisation hineinkommen und dort oft zum erstenmal überhaupt eine frische Luft bekommen und fühlen, dann kommen sie vier Jahre später vom Jungvolk in die Hitler-Jugend, und dort behalten wir sie wieder vier Jahre. Und dann geben wir sie erst recht nicht zurück in die Hände unserer alten Klassen- und Standeserzeuger, sondern dann nehmen wir sie sofort in die Partei, in die Arbeitsfront, in die SA oder in die SS, in das NSKK und so weiter. Und wenn sie dort zwei Jahre oder anderthalb Jahre sind und noch nicht ganze Nationalsozialisten geworden sein sollten, dann kommen sie in den Arbeitsdienst und werden dort wieder sechs und sieben Monate geschliffen, alles mit einem Symbol, dem deutschen Spaten. Und was dann nach sechs oder sieben Monaten noch an Klassenbewußtsein oder Standesdünkel da oder da noch vorhanden sein sollte, das übernimmt dann die Wehrmacht zur weiteren Behandlung auf zwei Jahre, und wenn sie nach zwei oder drei Jahren zurückkehren, dann nehmen wir sie, damit sie auf keinen Fall rückfällig werden, sofort wieder in die SA, SS und so weiter, und sie werden nicht mehr frei ihr ganzes Leben ...».

2/44 PHOTOGRAPHIE DER KUNDGEBUNG DER HITLERJUGEND ZUM 1. MAI 1939 IM BERLINER OLYMPIASTADION: EINFAHRT DES FÜHRERS
PHOTOGRAPH: GERHARD GRONEFELD
REPRODUKTION
DHM, BILDARCHIV
Adolf Hitler fährt in einem offenen Mercedes-Benz in das Olympiastadion ein. Mädchen des BDM empfangen ihn mit dem Hitler-Gruß. Die einzelnen Mädchen sind zu einer Masse zusammengeschmolzen, die sich ausnahmslos dem einfahrenden «Führer» zuwendet. Das Photo entspricht den Vorstellungen von einer uniformierten Jugend, die sich in der massenhaften Begeisterung für den Nationalsozialismus vereinen soll.

2/44

2/47

2/45 SPIELZEUGAUTO
«DER WAGEN DES FÜHRERS»
HERSTELLER: FA. TIPP & CO., NÜRNBERG
KARTON MIT ABBILDUNG DES WAGENS UND ANSICHTEN: «NÜRNBERG/ DIE STADT/DER REICHSPARTEITAGE/ DER HENKERSTIEG/ BLICK AUF DIE BURG VOM MOHRENTOR»
UM 1940; LACKIERTES EISENBLECH MIT CHROMBESCHLÄGEN, ELASTOLIN, IM ORIGINALKARTON; KARTON 10 X 25 X 10 CM, AUTO 9 X 24,5 X 9 CM
DHM 1988/664 / ABB. SEITE 74

In dem schwarzen, offenen Mercedes befinden sich vier Elastolin-Figuren: ein Chauffeur, neben ihm der «Führer» mit beweglichem rechten Arm, der sich zum Gruß erheben läßt, und auf dem Rücksitz zwei Angehörige der SA.

Das Auto ist aufwendig gearbeitet und in der technischen Ausstattung auf der Höhe der Zeit: Die Limousine ist mit einer beweglichen Vorderachse und einem Aufziehwerk ausgestattet. Durch einen kleinen Schalter im Fußraum des Fonds ließen sich über eine Batterie die Scheinwerfer beleuchten.

2/46 BRETTSPIEL
«HITLERJUGEND GELÄNDE-ÜBUNG»
VERLAG VON O.& M. HAUSSER, LUDWIGSBURG
UM 1940; PAPPE, HOLZ, METALL; VERPACKUNG 39,5 X 29,5 X 32 CM
DHM 1990/863 / ABB. SEITE 74

Das als «verbilligte Volksausgabe» vorliegende Spiel wird nach ähnlichen Regeln wie Halma gespielt. In der Beschreibung auf der Innenseite des Deckels heißt es unter der Überschrift «Volk ans Gewehr! Das moderne Spiel der Kriegskunst» u.a.: «Der schneidige Angriff ist die Seele des Spiels; auf dem Angriff beruht der Sieg.» Spielzeug diente im Dritten Reich generell der militärischen Erziehung, hier zeigt sich allerdings, daß auch traditionelle Spiele in ihren aggressiven Komponenten betont wurden.

2/47 PHOTOGRAPHIE VON GROSSVATER, VATER UND SÖHNEN IN UNIFORM
BEZ. VS.: «F.X. SCHRÖCK, LAUFEN III (?) MONING»
UM 1935/40; GETÖNT; 13,8 X 8,9 CM
DHM 1991/277

Die Erwachsenen sind Angehörige der SA, vermutlich aus Österreich oder aus dem Sudetenland. Die Jungen gehören dem Jungvolk an. Nahtlos durch drei Generationen zeigen sich diese Männer als stramme Gefolgsleute des neuen Regimes. Und die Tatsache, daß sie alle in Uniform waren, erschien wohl so bedeutsam, daß sie photographisch festgehalten wurde.

2/48 PLAKAT «JUGEND DIENT DEM FÜHRER / ALLE ZEHNJÄHRIGEN IN DIE HJ.»
SIGN. R.U.: HEIN NEUNER
(GEB. 1910 IN ASCHAFFENBURG)
UM 1939; TIEFDRUCK; 85,6 X 58,9 CM
DHM 1990/534 / ABB. SEITE 75

In der Mitte des Plakats ist ein strahlendes blondes Mädchen zu sehen, den Hintergrund bildet eine Masse von BDM-Mädchen. Das Plakat fordert die Zehnjährigen auf, sich in ihrem neuen Lebensabschnitt als BDM-Mädchen ganz in den «Dienst» des «Führers» zu stellen.

2/49 PLAKAT «WIR / DEUTSCHES JUNGVOLK I.D. HITLERJUGEND / OBERBANN 2 OSTSACHSEN»
SIGN. O. LI.: HAHEI
DRUCK: KUNSTANSTALT STENGEL & CO. G.M.B.H., DRESDEN
LITHOGRAPHIE; 96 X 64,5 CM
DHM 1990/1942/ ABB. SEITE 75

Der Dienst in der HJ bestand aus wöchentlichen zweistündigen sogenannten Heim- und Sportnachmittagen. An den Heimnachmittagen waren das «Leben des Führers», «Brauchtum der Deutschen» und Geschichte beliebte weltanschauliche Schulungsthemen. Die HJ war straff organisiert, und das unentschuldigte Fehlen bei Heim- oder Sportnachmittagen zog Disziplinarmaßnahmen nach sich. Darüber hinaus wurden monatlich gemeinsame Fahrten unternommen.

2/50 «EINTRITTS-ERKLÄRUNG» ZUR HITLERJUGEND
1939; VORDRUCK OHNE EINTRAGUNGEN; 15 X 19,7 CM
DHM, BESTAND ZEUGHAUS (DO 72/120 II)

Die Eintrittserklärung lautet: «Hierdurch erkläre ich meinen Eintritt in die Hitler-Jugend. Ich bin deutscher Abstammung und verspreche durch eigenhändige Unterschrift die Bewegung als aufrichtiger Deutscher entsprechend der nationalsozialistischen Weltanschauung mit allen Kräften zu fördern und den Anordnungen meiner Führer stets Folge zu leisten.»

Die Aufnahme in die Hitlerjugend sollte von den Kindern als wichtige Zäsur in ihrem Leben begriffen werden. Dazu heißt es in den Arbeitsrichtlinien der Hitlerjugend von 1941: «Die Eltern, wie auch die Jungen und Mädel müssen tatsächlich den Eindruck gewinnen, daß der Eintritt in die HJ. nicht eine Zeitbeschränkung, sondern der Beginn eines tatsächlich neuen Lebensabschnittes ist.»

Der 19.4. wurde der offizielle Festtag für die feierliche Aufnahme in die HJ. Verbunden war dies mit der Überreichung einer Aufnahme-Urkunde.

2/51 «GESUNDHEITSPASS DER HITLER-JUGEND»
AUSGESTELLT FÜR DOROTHEA HEMPEL
LÖBAU, 28.06.1941; KARTON, KLAPPKARTE MIT MASCHINENSCHRIFTLICHEN EINTRAGUNGEN; 11,8 X 8,4 CM
DHM, BESTAND ZEUGHAUS (DO 77/238 II)

Der Paß wurde ausgestellt, nachdem Dorothea Hempel beim Gesundheitsappell für «tauglich» befunden worden war.

Vor der Aufnahme in den Jungvolk- bzw. Jungmädeldienst mußten sich die Jungen und Mädchen einer ärztlichen Untersuchung unterziehen, die die «Diensttauglichkeit» feststellte. Das Ergebnis «tauglich», «bedingt tauglich» oder «untauglich» wurde in den Gesundheitspaß eintragen. Angenommen wurden Jungen und Mädchen, denen «tauglich» oder «bedingt tauglich» attestiert wurde.

Schon die Wortwahl weist auf das in der HJ wirksame militärische Leitbild hin. Gleichzeitig unterstreicht dieses Auswahlverfahren die Wichtigkeit der Auserwählten, die nun in die Jugendorganisation eintreten durften.

2/52 ANSICHTSKARTE «GLÜCKLICHE JUGEND / RUF ZUM SAMMELN»
«HERAUSGEGEBEN IM EINVERNEHMEN MIT DER REICHSJUGENDFÜHRUNG»
«HERSTELLUNG UND ALLEINVERTRIEB: KUNSTVERLAG E.A. SCHWERTFEGER & CO AG»
BERLIN, UM 1940; PHOTOGRAPHIE; 14,8 X 10,3 CM
DHM 1992/307

Auf einem Berggipfel steht ein Junge in der Uniform des Jungvolkes und schlägt in heldenhafter Pose eine Trommel.

2/52

2/53 «HJ-SOMMERMÜTZE»
1939-1942; BAUMWOLLGEWEBE, CHEMIEFASER, EMAILLIERTES METALL; L 26,5 CM, B 10 CM
DHM, BESTAND ZEUGHAUS (U.70.65)
ABB. SEITE 75

Die HJ-Sommermütze ist eine grünlich-hellbraune Schiffchenmütze mit roter Paspelnaht. An der Stirnseite wurde das Emblem der HJ angebracht.

Die rote Ziernaht weist den Träger als Angehörigen der Grundorganisation der HJ aus. Ein HJ-Junge im Landjahr beispielsweise wurde durch eine grüne Naht an seiner Mütze gekennzeichnet; ein Mitglied der Flieger-HJ durch eine blaue.

Die Ausdifferenzierung der HJ-Kleidung ist an die Rangabzeichen der Wehrmachtsuniformen angelehnt und zeigt einmal mehr die soldatische Disziplin und Härte der HJ. Sondereinheiten der HJ (Flieger-HJ, Marine-HJ, Motor-HJ, Nachrichten-HJ, Reit- und Fahrausbildung) boten für die Jungen vielfältige Betätigung und sollten schon frühzeitig Begeisterung für den Kriegsdienst wecken.

Nach der Anmeldung zur HJ erhielten Eltern und Kinder einen Zuweisungsschein, der zum Kauf der Kleidung in einem sogenannten Braunen Laden berechtigte. Getragen werden durfte die Uniform auf Fahrten, im Dienst und zu besonderen Anlässen. In der Schule war das Anlegen der Uniform bzw. «Tracht» des BDM bis auf manche Teile (beispielsweise Rock, Weste und Bluse der BDM-Kleidung), die auch zu zivilen Zwecken angezogen werden durften, verboten. Genaue Vorschriften für das Tragen der HJ-Kleidung verstärkten die besondere Bedeutung der Uniform.

Die HJ-Kleidung sollte, im Sinne der NS-Ideologie, den Träger nicht mehr nach Schichten oder Klassen trennen, vielmehr wurde dem Einzelnen nun durch Rang und Funktion in der HJ Bedeutung zugemessen. Ein gleichmachendes äußeres Zeichen, das die Kinder und Jugendlichen sofort als junge Nationalsozialisten erkennbar machte, kam auch dem jugendlichen Wunsch nach der sichtbaren Zugehörigkeit zu einer bestimmten Gruppe entgegen.

Das abenteuerliche und sportliche Image, das die HJ für die Kinder und Jugendlichen ausstrahlen wollte, kommt auch in der Keidung zum Ausdruck. Die Ausführung der einzelnen Teile der BDM-Uniform ist kaum mädchenhaft im üblichen Sinne, die Kleidung ist sportlich und praktisch. Die Kluft der Hitlerjungen, das schwarze Tuch, der Lederring und vor allem das Messer geben dem Aufzug eher einen kämpferischen Charakter.

2/54 HALSTUCH UND LEDERRING ZUR HJ-UNIFORM
UM 1940; SCHWARZE BAUMWOLLE, KÖPERBINDUNG, LEDER; HALSTUCH B 104 CM, L 35 CM; RING DM 3 CM
DHM 1989/942; DHM, BESTAND ZEUGHAUS (K.78.712, 78.71) / ABB. SEITE 75

Das schwarze Halstuch mit dem geflochtenen Lederring zum Zusammenhalten des Tuches war ein unabdingbares Utensil der HJ-Uniform.

2/55 «HJ.-KÖPERBLUSE»
DREIECKIGER STOFFAUFNÄHER AUF LINKEM ÄRMEL «WEST WESTFALEN»
NACH 1935; BAUMWOLLGEWEBE IN KÖPERBINDUNG, METALL; L 49 CM
DHM, BESTAND ZEUGHAUS (U.70/62, DHM 1992/296) / ABB. SEITE 75

Das Etikett an der Innenseite des Bundes ist beschriftet: «HJ.-Köperbluse nach Vorschrift der HJF / Hersteller: H 1137 / Gesetz vom 20.12.1934 / Uniformteile müssen sichtbar das Schutzzeichen der RZM der NSDAP tragen / Bekanntmachung vom 16.1.1935 / Reichszeugmeisterei der NSDAP Nr. A 343315». Die HJ-Kleidung durfte nur in bestimmten Läden verkauft werden und mußte mit einem Etikett der Reichszeugmeisterei (s.o.) versehen sein. Selbst die Knöpfe dieses khakifarbenen Blousons, sogenannte Steinnuss HJ-Knöpfe, sind mit «H.J./D.J.» bezeichnet. Am linken Ärmel unter dem «Obergauarmdreieck» mußte sich eine Armbinde mit Hakenkreuz befinden.

Die Köperbluse wurde zu schwarzen Kniebundhosen getragen. Die DJ-Bluse war bis auf silberfarbene Knöpfe identisch mit der HJ-Bluse. Die Schulterklappen und die grauen Metallgürtelhaken wiesen den Träger als ein Mitglied der HJ-Grundorganisation ohne Rang aus.

2/56 «HJ-KORDHOSE»
MIT STEMPEL DER REICHSMEISTEREI DER NSDAP UND GESTEMPELTER NUMMER «D-2-8011»
KNÖPFE BEZ.: HAKENKREUZ MIT GEZACKTEM RAND
NACH 1935; SCHWARZER GENUAKORD; L 43 CM
DHM, BESTAND ZEUGHAUS (U.67/3) ABB. SEITE 75

Die kurze Hose aus schwarzem Kord ist mit zwei angeschrägten Vordertaschen, die am Rand mit einem Band eingefaßt wurden, ausgestattet. Sie wurde im Winter getragen.

Kurze Hosen, die bis zur Jugendbewegung noch als Zeichen der Kindheit gegolten hatten, gaben dem Hitlerjungen ein besonders sportliches Aussehen.

2/57 «HJ.-DJ. FAHRTEN-MESSER» MIT GÜRTEL
HERSTELLER: C. HEIDELBERG, SOLINGEN
STAHL, EISENBLECH, KUNSTHARZ, LEDER, EMAIL; DOLCH L 25,5 CM; GÜRTEL L 88 CM; SCHULTERGÜRTEL L 80,5 CM
DHM, BESTAND ZEUGHAUS (W.70.28 / U.70.64) / ABB. SEITE 75

Auf dem geriffelten Schaft des Fahrtenmessers befindet sich das Emblem der HJ. Zum Messer gehört ein Ledergürtel mit Koppelschloß. Auf dem Schloß und auf dem Messer ist die Aufschrift «Blut und Ehre» angebracht. Das Messer wurde am Gürtel, mit Schultergürtel befestigt, getragen.

Das Fahrtenmesser war kein vorgeschriebener Bestandteil der HJ-Uniform: Es konnte für vier RM erworben werden. Der größte Teil der HJ-Mitglieder besaß ein solches Fahrtenmesser. Die Angehörigen des Deutschen Jungvolks durften das Messer erst nach erfolgreich bestandener «Pimpfenprobe» tragen; selbst nach der Probe mußte das Tragen noch von der Leitung genehmigt werden.

Die martialische Aufschrift auf dem Messer, «Blut und Ehre», hat für die Mitglieder sicher die Abenteuerlichkeit und den Heroismus des HJ-Dienstes erhöht.

2/58 «DEUTSCHES JUNGVOLK / LEISTUNGSBUCH / HITLER-JUGEND»
VERLAG UND DRUCK: BERNHARD & GRAEFE, BERLIN
1934; PAPPEINBAND; 61 SEITEN; 16,4 X 11,5 CM
DHM, BESTAND ZEUGHAUS (DO 77/115 II)

Das Leistungsbuch wurde auf den Namen Otto Peschke, geboren 1922 in Berlin, vom Jungbann 1/199 in Pankow-Weißensee ausgestellt. Es enthält Eintragungen über die DJ-Leistungsprüfungen (sogenannte Pimpfenproben) in den Gebieten: Sport, das Deutschtum im Ausland, Fahnensprüche, Naturkunde und die Bestätigung über die Teilnahme an Fahrten – alles Bedingungen für eine erfolgreich bestandene Prüfung.

Als Vorwort des Leistungsbuchs fungiert ein Zitat vom Reichsjugendführer Baldur v. Schirach:
«Hitlerjugend!
Körperliche Ertüchtigung ist keine Privatsache des einzelnen.
Die nationalsozialistische Bewegung befiehlt den ganzen Deutschen zu ihrem Dienst.
Dein Körper gehört Deiner Nation, denn ihr verdankst Du Dein Dasein. Du bist ihr für Deinen Körper verantwortlich.
Erfülle die Forderungen dieses Leistungsbuchs, und Du erfüllst eine Pflicht gegen Dein deutsches Volk.»

Das Zitat zeigt, wie hoch der Wert der sportlichen Ertüchtigung im Erziehungssystem bemessen wurde. Körperliche Aktivität wurde weit höher geschätzt als intellektuelle Betätigung. Gebraucht wurden körperlich starke und belastbare Soldaten. Gleichzeitig wird deutlich, wie wenig Bedeutung der Individualität zugedacht war. Der Autonomie des Einzelnen wurde kein Raum zugemessen: Dieser sollte sich und seinen Körper in den Dienst des Volkes stellen.

2/59 AUSWEIS FÜR TEILNEHMER AM SOMMERLAGER DER HJ
SCHÖNEK (VOGTLAND), VOR 1939;
9,9 X 14,8 CM
DHM, BESTAND ZEUGHAUS (DO 63/79)

Die Teilnahme an einer Fahrt und einem Lager gehörte zum Pflichtprogramm innerhalb der Hitlerjugend.

2/60

2/60 PLAKAT «OBERGAU WESTFALEN / SPORTTAG / DES BDM»
SIGN. L.U.: KLOTZ
HG.: ABTEILUNG PRESSE UND PROPAGANDA, BIELEFELD, GEBIET WESTFALEN
DRUCK: E. GUNDLACH
UM 1936; FARBOFFSET; 97 X 70 CM
DHM 1989/2579

Das Plakat zeigt ein Mädchen in Sportkleidung mit dem Abzeichen und dem Wimpel des BDM. Zwei Drittel der Erziehung innerhalb des BDM galten der körperlichen Ertüchtigung. Das abgebildete Mädchen entspricht in Haltung und Aussehen dem nationalsozialistischen Ideal eines gestählten Körpers der «nordischen Rasse».

2/61 «BDM-WESTE» («KLETTERJACKE»)
BEZ.: «BDM.-WESTE/ NACH VORSCHRIFT DER RJF./ HERSTELLER: D2 /60616 RZ/M REICHSZEUGMEISTEREI/ DER NSDAP NR. F 059519»
NACH 1933; BAUMWOLLE-VELVETON;
L 47 CM
DHM, BESTAND ZEUGHAUS (U.67/117)

Die kurze, grünlich-braune Jacke mit Knopfleiste und vier aufgesetzten Taschen mit Knöpfen hat auf der oberen rechten Vordertasche ein Abzeichen des Winterhilfswerks (Axt mit grüner Perle). Die Jacke ist in der Art eines Hemdes gearbeitet, mit Hemdkragen und Manschetten.

Die Knöpfe an der Jacke wurden wohl nach 1945 ersetzt. Die Originalknöpfe der Jacke waren mit «BDM/JM» bezeichnet. Auch die HJ-Abzeichen, die an der linken Brusttasche und am linken Ärmel angebracht werden mußten, fehlen ebenso wie das Armdreieck. Vermutlich wurden die Abzeichen von der Jacke entfernt, damit sie auch nach dem Krieg noch getragen werden konnte.

2/62 MÄDELSCHAFTS- UND JUNGMÄDELSCHAFTSWIMPEL DES BDM
UM 1940; SCHWARZES BAUMWOLLGEWEBE, APPLIKATION (SEPARATE MASCHINEN-STICKEREI), SCHNUR; L 24,5 CM
DHM 1992/294

2/63

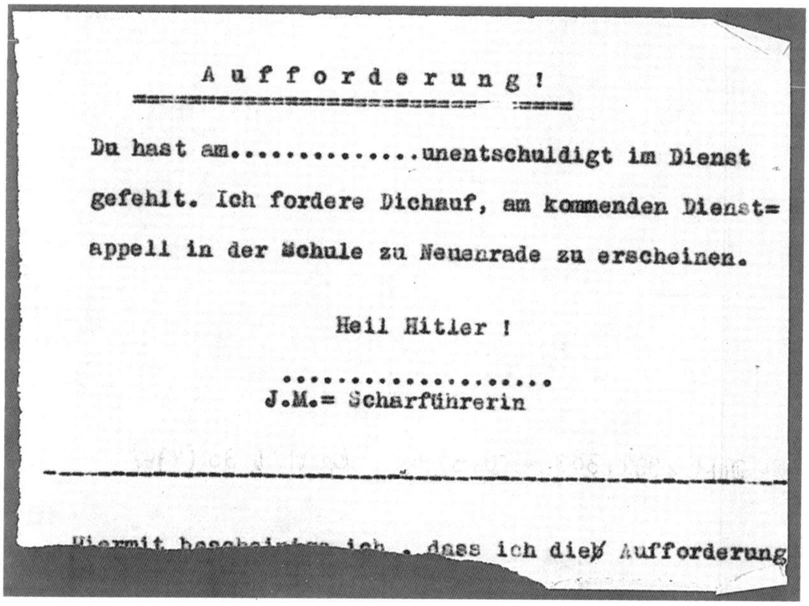

Aufforderung !

Du hast am.............unentschuldigt im Dienst gefehlt. Ich fordere Dichauf, am kommenden Dienst= appell in der Schule zu Neuenrade zu erscheinen.

Heil Hitler !

....
J.M.= Scharführerin

Hiermit bescheinige ich , dass ich die Aufforderung

2/63 NOTIZZETTEL «AUFFORDERUNG!»
O.J; MASCHINENSCHRIFTLICH; 10 X 14,3 CM
DHM 1992/303

Auf einen einfachen Notizzettel wurde folgender Text mit der Schreibmaschine getippt: «Aufforderung!/ Du hast am ... unentschuldigt im Dienst gefehlt. Ich fordere Dich auf, am kommenden Dienstappell in der Schule zu Neuenrade zu erscheinen. Heil Hitler! J.M. = Scharführerin».

Viele Jugendliche haben aufgrund der strengen Disziplin den Dienst in der HJ nach anfänglicher Begeisterung nicht mehr gern erfüllt.

2/64 «LEISTUNGSBUCH DES BUNDES DEUTSCHER MÄDEL UND DES JUNGMÄDELBUNDES IN DER HJ»
HG.: AMT FÜR LEIBESÜBUNGEN
1938; PAPPEINBAND; OHNE EINTRAGUNGEN;
32 SEITEN; 14,9 X 10,4 CM
DHM, BESTAND ZEUGHAUS (DO 70/182 II)

Die Ergebnisse der Leistungsproben wurden in dieses Buch eingetragen, und erst nach der sogenannten Jungmädelprobe (dazu gehörte Laufen, Weitsprung, Ballweitwurf, Rolle vorwärts u. rückwärts sowie die Teilnahme an einer Fahrt) war das Jungmädel berechtigt, Halstuch, Knoten und Abzeichen des Jungvolkes zu tragen.

2/65 «DEUTSCHES JUNGVOLK / LEISTUNGSBUCH / HITLER-JUGEND»
BRAUNSCHWEIG, 01.05.1935; VORDRUCK MIT TINTENSCHRIFTLICHEN EINTRAGUNGEN;
64 SEITEN; 16,2 CM X 11,5 CM
DHM 1992/312

Das Buch wurde ausgestellt auf den Namen Lothar Köter und enthält die Ergebnisse der Sport-, Schieß- und Geländeübungen, die zur «Pimpfenprobe» (die Mitglieder des Jungvolks mußten weltanschauliche und sportliche Prüfungen ablegen) und für die Leistungsabzeichen der HJ erforderlich waren.

Dieses und die folgenden Objekte stammen alle aus dem Nachlaß Lothar Köters (geb. 02.04.1921). An den Gegenständen läßt sich ablesen, wie sehr sich die HJ auch als vormilitärische Ausbildungsstätte verstand und wieviel Unterstützung sie dem Einzelnen bei seiner speziellen Ausbildung zukommen ließ. Lothar Köter ließ sich zu einem Scharfschützen ausbilden, eine Qualifikation, die sehr viel Anerkennung und Förderung innerhalb der HJ genoß.

2/66 «DEUTSCHER SCHÜTZENBUND MITGLIEDSKARTE FÜR JUNGSCHÜTZEN UNTER 21 JAHREN»
BRAUNSCHWEIG, 08.03.1936;
VORDRUCK MIT MASCHINENSCHRIFTLICHEN EINTRAGUNGEN; 8,3 X 12 CM
DHM 1992/297

Ausgestellt wurde die Mitgliedskarte auf den Namen Lothar Köter.

2/67 «SCHIESSWART-AUSWEIS NR. 7554 (ZUM SCHIESSDIENST STETS BEI SICH ZU FÜHREN)»
AUSGESTELLT AM 09.04.1938;
VORDRUCK MIT LICHTBILD; 12,4 X 16 CM
DHM 1992/300

Der Ausweis, vom HJ-Führer der Einheit unterschrieben, berechtigte den «Rottf. Köter, die verantwortliche Leitung in der Schießausbildung im KK.- und Luftgewehrschießen in den HJ.- und DJ.-Einheiten zu übernehmen». Zusätzlich wurde der Ausweis mit der Unterschrift vom «Oberbannführer» der Reichsjugendführung, «Chef des Amtes für körperliche Ertüchtigung», und Stempel versehen.

2/68 «SCHIESSBUCH DER HITLERJUGEND (KLEINKALIBER) HJ.- SCHARFSCHÜTZEN-KLASSE»
DRUCK: OTTO HELLWIG & CO., BUCH-VERLAGSDRUCKEREI, BERLIN
AUSGESTELLT FÜR DAS SCHIESSJAHR 1938;
VORDRUCK MIT TINTENSCHRIFTLICHEN EINTRAGUNGEN; 23 SEITEN; 14,6 X 10,2 CM
DHM 1992/298

Der Rottenführer Lothar Köter führte seine Schießausbildung fort. Ihm wurde die «HJ.-Schießauszeichnung für Scharfschützen» verliehen. In diesem Heft sind alle Ergebnisse der Schießübungen vermerkt.

2/69 «WAFFENSCHEIN NR. K 7/45»
AUSGESTELLT AM 17.03.1945; VORDRUCK MIT MASCHINENSCHRIFTLICHEN EINTRAGUNGEN; 10,5 X 15 CM
DHM 1992/310

Dem Inhaber, Lothar Köter, wird die Erlaubnis zum Führen einer Faustfeuerwaffe erteilt. Der Waffenschein wurde vom Polizeipräsidium in Braunschweig abgestempelt.

2/70 ZEHN SCHIESS-SCHEIBEN «HITLER-JUGEND KLEINKALIBER-FIGURENSCHEIBEN FÜR 50 M ENTFERNUNG»
BEZ.: «HERSTELLUNG NUR MIT GENEHMIGUNG DER REICHSJUGENDFÜHRUNG, BERLIN»
DRUCK: OTTO HELLWIG & CO., BUCH- UND VERLAGSDRUCKEREI, BERLIN
UM 1940; BRAUNES PACKPAPIER; BLAUER AUFDRUCK; 32,5 X 32,7 CM
DHM 1990/1085.1-10

Auf den Scheiben wurden Name, Dienstrang, Anschlag, Treffer, Gefolgschaft, Bann, Gebiet und die Bedingungen des Schießens, die Art des Wettkampfes sowie die Auszeichnungen des Schützen ebenso vermerkt wie die Unterschrift des HJ-Schießwarts für die Richtigkeit der Schießübung.

2/74

2/71 «EINBERUFUNGSBEFEHL UND BEREITHALTUNGSBEFEHL ZU EINEM WEHRERTÜCHTIGUNGSLAGER / REICHSAUSBILDUNGSLAGER / FÜHRERLEHRGANG»
HG.: JUGENDFÜHRER DES DEUTSCHEN REICHES
NACH 1939; ZWEI EINZELBLÄTTER; JE 14 X 31 CM
DHM, BESTAND ZEUGHAUS (DO 70/240 II)

Ab 1939 führte das «Amt für körperliche Ertüchtigung» mehrwöchige vormilitärische Übungen für 14- bis 18jährige Jungen durch.

Während des Krieges wurde der Dienst in der HJ ausgeweitet. Die Jugendlichen mußten sich nun an der Sammlung von wertvollen Rohstoffen und Nahrung beteiligen. Die Jungen wurden als Flakhelfer ausgebildet, und in den späteren Kriegsjahren wurden sie als Soldaten direkt an die Front geschickt. Der Druck auf die jungen Männer, sich freiwillig zur Wehrmacht zu melden, verschärfte sich. Die Mädchen leisteten ihren Dienst in der Krankenpflege.

2/72 AUSWEIS «KRIEGSDIENSTKARTE DER HITLER JUGEND»
ARNSDORF, 10.02.1943; KLAPPKARTE, VORDRUCK MIT EINTRAGUNGEN; 13 X 10 CM
DHM, BESTAND ZEUGHAUS (DO 84/1 II)

Ausgestellt wurde die Karte für den Schüler Siegfried Kühne (geboren am 10.06.1931).

Die Teilnahme der Hitlerjungen an Kriegsdiensteinsätzen mußte in solch einer Karte abgestempelt werden. Zu diesen Einsätzen gehörten u.a.: Landhilfe, Luftschutzdienst und Sammlung von Altstoffen.

2/75

2/74 PLAKAT «HITLERJUGEND BEWEGUNG DER JUNGEN KRIEGSFREIWILLIGEN»
HG.: PRESSE- UND PROPAGANDAAMT DER REICHSJUGENDFÜHRUNG
ENTWURF: RENÉ AHRLÉ (1893-1976)
UM 1940; FARBLITHOGRAPHIE; 84 X 59,5 CM
DHM, BESTAND ZEUGHAUS (P 84/252)

Das Plakat will junge, noch nicht wehrpflichtige Männer anwerben, sich freiwillig zur Wehrmacht zu melden.

1944 wurde eine Elite-Einheit, die aus 16- bis 18jährigen Hitlerjungen bestand und von der SS ausgebildet worden war, an die Front geschickt. Von diesen 20 000 Jugendlichen überlebten nur wenige die Fronteinsätze.

2/75 PLAKAT «OFFIZIERE VON MORGEN»
HG.: OKH-HEERESPERSONALAMT
ENTWURF: DPA-WAGNER-BIEDERMANN
DRUCK: LIMPERT, BERLIN
UM 1940; FARBOFFSET; 59 X 42 CM
DHM, BESTAND ZEUGHAUS (P 62/1720)

Das Plakat wirbt für den nahtlosen Übergang vom Hitlerjungen zum Soldaten. Hinter dem Hitlerjungen ist ein Unteroffizier des Heeres abgebildet, mit dem der Junge schon im Gleichschritt zu marschieren scheint. Der Offizier ist mit – für einen Hitlerjungen – beeindruckenden Insignien des Soldatenlebens ausgezeichnet: Er trägt zwei Eiserne Kreuze, das Ritterkreuz und das Infanteriesturmabzeichen.

2/73 BROSCHÜRE «WIE WERDE ICH OFFIZIER DER LUFTWAFFE?»
VON HERMANN ADLER, OBERLEUTNANT IM REICHSLUFTFAHRTMINISTERIUM
BERLIN: E.S. MITTLER & SOHN 1941
37 SEITEN; 22 X 14,6 CM
DHM 1991/106

Der Autor richtet sich an Eltern und Jugendliche, um über die Ausbildung in der Luftwaffe zu informieren. Das Heft enthält Angaben über die Bewerbung zum Offizier, den Werdegang und die Beförderung der Offiziere.

Die Werbebroschüre knüpft an die Begeisterung der Jugendlichen für das Militär an: «Die Liebe des deutschen Volkes gilt seiner neu entstandenen Wehrmacht, und dabei neben dem Heer und der Kriegsmarine besonders der jungen Luftwaffe. Deshalb ist auch das Streben vieler deutschen Jungen darauf gerichtet, Offizier der Luftwaffe zu werden.» Obwohl die Broschüre während des Krieges erschienen ist, wurde die Kriegsbegeisterung der Jugend noch immer uneingeschränkt vorausgesetzt.

2/76

FÜHRER
DIR
GEHÖREN
WIR
Ax-Heu
„Die Zukunft kann uns nichts anderes bringen als den Sieg. Und wenn uns die Welt nach den Gründen fragt, so sagen wir: Weil uns der Herrgott unsern Führer gab."
ARTUR AXMANN

2/76 PLAKAT «FÜHRER DIR GEHÖREN WIR»
HG.: PRESSE- UND PROPAGANDAAMT
SIGN.: L.U. AX-HEU (WERNER VON AXTER-HEUDTLASS/ LEBENSDATEN UNBEKANNT)
BEZ.: SCHAUKASTEN DER REICHSJUGENDFÜHRUNG 4/43
DRUCK: ERASMUS-DRUCK
BERLIN, APRIL 1943; FARBOFFSET;
58,5 X 97,5 CM
DHM 1988/1301

Im Halbrund angeordnet, wird das gesamte Spektrum der Jugendorganisationen bis zum Kriegsdienst demonstriert. Vorangestellt sind ein Junge des Jungvolks und ein Mädchen in BDM-Uniform.

Das Plakat zeigt ferner den Lehrling, der durch seine Arbeit an einem Maschinengewehr an der Rüstungsproduktion beteiligt ist, einen Angehörigen der Marine-HJ mit Signalflaggen, das BDM-Mädel, das seinen Beitrag zum Krieg in der Krankenpflege ableistet, die HJ-Feuerwehrschar, die Luftschutzhelfer und Flakhelfer, die aus HJ-Jungen rekrutiert wurden, den HJ-Jungen, der für seine besonderen Leistungen im Krieg mit einem Kriegsverdienstkreuz ausgezeichnet wurde, und den Unteroffizier mit Eisernem Kreuz, der durch sein HJ-Ehrenzeichen seine Laufbahn dokumentiert. Eine Junge aus der Flieger-HJ und eine Erntehelferin bilden den Abschluß dieser bildhaften Darstellung des Einsatzes der Jugend im Krieg.

Das Plakat ist ein Beispiel für die Einbeziehung der männlichen und weiblichen Jugendlichen in die Kriegsmaschinerie. Der Glaube an eine erfolgreiche Beendigung des Krieges sollte durch ein Zitat des Reichsjugendführers gefestigt werden: «Die Zukunft kann uns nichts anderes bringen als den Sieg. Und wenn uns die Welt nach den Gründen fragt, so sagen wir: Weil uns der Herrgott unsern Führer gab. / Artur Axmann». Artur Axmann (geboren 1913 in Hagen) wurde 1940 Nachfolger von Reichsjugendführer Baldur v. Schirach.

KONFIRMATION

2/78 und 2/82

Für die jugendlichen Mitglieder der evangelischen Kirche bestand die Tradition der Konfirmation während des Dritten Reiches fort. Konfirmation und Lehrbeginn fielen noch immer häufig zusammen, da die meisten Jugendlichen ihre Schulausbildung mit 14 Jahren beendeten.

Die Konfirmation wurde unverändert weiter als großes Familienfest gefeiert. In Einzelfällen gab es nationalsozialistisch gesinnte Jugendliche, die Kirche und Staat auf besondere Weise verbanden und sich in HJ-form konfirmieren ließen. Das abgebildete Photo zeigt einige Konfirmanden der Jakobuskirche in Bielefeld am Tage ihrer Konfirmation im Jahre 1936 in HJ-Kleidung. Dies blieben jedoch Ausnahmen, und die Pastoren duldeten die Uniformen nur ungern.

Die Nationalsozialisten hatten anfänglich die Kirchen umworben, um bestimmte Wählerschichten nicht zu verlieren. Ihre Haltung gegenüber der Kirche blieb allerdings ambivalent und uneindeutig. Manche Parteigänger und Funktionsträger hielten an traditionellen Kirchenfeiern fest, andere bekämpften die Kirche. So gab es beispielsweise Bestrebungen, den Religionsunterricht in den Schulen durch Weltanschauungsunterricht zu ersetzen. In vielen nationalsozialistischen Verbänden wurden die Mitglieder zum Kirchenaustritt angehalten. Die angestrebte Ablösung der kirchlichen Festtage durch nationalsozialistische Festtage im Jahreslauf konnte allerdings kaum durchgesetzt werden.

2/77 KONFIRMATIONSANZUG
HERSTELLER: BAMBERGER & HERTZ
KNÖPFE BEZ.: «BAMBERGER & HERTZ»
UM 1935; SCHWARZES TUCH, BAUMWOLLE, KUNSTSEIDE; JACKE L CA. 75 CM; HOSE L CA. 100 CM; WESTE L CA. 50 CM
DHM 1991/2717

Der Anzug besteht aus einer Jacke, einer Hose und einer Weste. Der Stoff ist sehr fest und robust. Zur Konfirmation bekam der junge Mann – wie schon zur Jahrhundertwende – zumeist seinen ersten Anzug mit langen Hosen, den er dann bei allen festlichen Gelegenheiten trug.

2/78-80 PHOTOGRAPHIEN ZUR ERINNERUNG AN DIE KONFIRMATION
1935-1938; Z.T. PASSEPARTOUT UND BÜTTENRAND; 11/22 X 8,5/27 CM
DHM 1991/360FF.

Der neue Lebensabschnitt, der mit der Konfirmation eingeleitet wurde, war weiterhin so bedeutsam, daß er im Bild festgehalten wurde. Der Besuch im Photoatelier war für alle sozialen Schichten obligatorisch, und die Haltung und Kleidung der Konfirmanden ist – ähnlich wie um 1900 – sehr ernst und feierlich. Die Jungen trugen zumeist einen dunklen Anzug mit Fliege oder Stehkragen. Die

2/84
– 86

Kleidung der Mädchen bestand aus einem dunklen Kleid (sehr selten auch aus einem weißen Kleid), das mit Accessoires wie weißen Kragen und Handschuhen ergänzt wurde. Die Bildpostkarten wurden zur Erinnerung und als Dankeschön für die Glückwünsche und die Geschenke an die Verwandten und Freunde verschickt.

2/81 PHOTOGRAPHIE ZUR ERINNERUNG
AN DIE KONFIRMATION
1944; 13,9 X 8,9 CM
DHM 1991/1530

Dieses Photo wurde während des Krieges 1944 aufgenommen. Es zeigt, daß die Tradition dieser Lebensstation unbeeinträchtigt von den Umständen der Zeit begangen wurde.

2/82-83 ZWEI PHOTOGRAPHIEN ZUR
ERINNERUNG AN DIE KONFIRMATION
UM 1935; 13,7/15,5 X 8,7/10,8 CM
DHM 1991/973, 1918

Das Photo zeigt einen jungen Mann in einem dunklen Anzug. Hut und Handschuhe, die er auf einem Tisch neben sich abgelegt hat, ergänzen die festliche Ausstattung und weisen auf den neuen Status des Jugendlichen hin.

PFLICHTJAHR

Zwischen dem Ende der Schulzeit und dem Eintritt in die Lehre oder in das Berufsleben führte der Staat 1938 mit der «Anordnung zur Durchführung des Vierjahresplans über den verstärkten Einsatz weiblicher Arbeitskräfte in der Land- und Hauswirtschaft» für alle Frauen unter 25 Jahren das Pflichtjahr ein.

Ausgenommen waren verheiratete Frauen mit Kindern und Frauen, die ohnehin einen Beruf in diesen Bereichen der Land- oder Hauswirtschaft ausübten. Eine Bescheinigung über das abgeschlossene Pflichtjahr mußte im Arbeitsbuch eingetragen werden.

Die Frauen und Mädchen sollten während ihres Pflichtjahres auf ihre künftige Rolle als Hausfrau und Mutter vorbereitet werden. Gleichzeitig dienten sie zur Entlastung in Haushalten, in denen es aufgrund des Krieges an Arbeitskräften mangelte; dies galt besonders in der Landwirtschaft.

2/84-86 DREI PHOTOGRAPHIEN:
IM PFLICHTJAHR BEIM HANDARBEITEN,
GESCHIRRSPÜLEN UND PUTZEN
PHOTOGRAPHIN: LISELOTTE ORGEL-KÖHNE
UM 1940; REPRODUKTIONEN;
JE 24,6 X 18,1 CM
DHM, BILDARCHIV

LEHRE

Ein Jugendlicher schloß während des Dritten Reiches seine Schulausbildung fast immer mit einem Volksschulabschluß nach der 8. Klasse ab. 1937/38 beendeten von 1,06 Millionen Schulentlassenen 920.000 die Schule mit einem Volksschulabschuß und nur 36.000 mit dem Abitur. 1937 betrug der Anteil von Jugendlichen zwischen 16 und 19 Jahren, die eine höhere Schule besuchten, insgesamt 3,4 Prozent. Drei Viertel der Volksschulabgänger begann nach der Schule eine Lehre. 25 Prozent der Absolventen nahmen allerdings – wie auch schon zur Jahrhundertwende – eine Arbeit als ungelernte oder angelernte Kräfte auf.

Innerhalb der Ausbildung von Facharbeitern wurde während des Dritten Reiches eine Vereinheitlichung und Systematisierung erreicht. Die Industriefacharbeiterprüfung wurde der Gesellenprüfung des Handwerks gleichgesetzt. Seit 1938 konnten eigene Körperschaften der Industrie Lehrverhältnisse abschließen und Prüfungen abnehmen. Gleichzeitig wurde 1938 mit dem Reichsschulpflichtgesetz die Schulpflicht formalisiert. Die Schulpflicht – und damit auch die Berufsschulpflicht – erstreckte sich nun bis zum 18. Lebensjahr. Damit dehnte sich auch die Jugendphase eines jungen Arbeiters aus.

Die Industriebetriebe und ihre Lehrwerkstätten erlebten durch die Rüstungsaufträge einen großen Aufschwung. Von 1932/33 bis 1933/34 hatten sich die offenen Lehrstellen in der Eisen- und Metallerzeugung und -verarbeitung (darunter fallen u.a. Schlosser und Dreher) beinahe verdoppelt. 1940 waren 42 Prozent aller männlichen Lehrstellenbewerber in einen eisen- und metallerzeugenden Betrieb vermittelt worden.

Bei den weiblichen Lehrstellenbewerberinnen stiegen die kaufmännischen, Büro- und Verwaltungsberufe (darunter fallen u.a. Kontorpersonal u. Verkäuferinnen) von 1933/34 bis 1940 stark an. Gefolgt wurde die kaufmännische Ausbildung bei den Mädchen von einer Ausbildung im Bereich «Häusliche Dienste» und im Bekleidungsgewerbe. Der Anteil der Mädchen in kaufmännischen Berufen betrug 1940 72,2 Prozent; dieser Anstieg begründete sich u.a. durch die fehlenden männlichen Bewerber, die zur Wehrmacht eingezogen worden waren.

2/87 ERINNERUNGSBLATT
«ZUM SCHULAUSTRITT
ÜBERREICHT VON DER GEMEINDE»
HERSTELLER: INDUSTRIE-UND GEWERBE-VERLAG ADOLF WIDMANN, MÜNCHEN
1938; OFFSET- UND BUCHDRUCK; VORDRUCK MIT TINTENSCHRIFTLICHEN EINTRAGUNGEN;
25 X 35 CM
DHM 1992/617

Das Blatt wurde am 12. April 1938 für die Schülerin Katharina Feller in Tegernsee ausgestellt. Neben dem Bild Adolf Hitlers ist ein Gedicht über die Bedeutung der Jugend im NS-Staat abgedruckt. Es endet: «Ihr seid das Deutschland der Zukunft, und wir wollen daher, daß ihr so seid, wie dieses Deutschland der Zukunft einst sein soll und muß! Der Führer in Berlin am 1. Mai 1934».

2/88 LEHRBRIEF UND PRÜFUNGSZEUGNIS
AUSGESTELLT VON DER KLEMPNER-, INSTALLATEUR- UND KUPFERSCHMIEDE-INNUNG, FRANKFURT/ODER
1938; KUNSTSTOFFBEZOGENE PAPPE;
14,7 X 21,3 CM (GEÖFFNET)
DHM, BESTAND ZEUGHAUS (DO 76/1 II)

Vom 01.04.1934 bis zum 31.03.1938, also vier Jahre lang, absolvierte Kurt Jentsch seine Lehre und legte am Ende seiner Lehrzeit seine Prüfung als Klempner- und Installateur-Geselle erfolgreich ab.

2/89 LEHRBRIEF UND PRÜFUNGSZEUGNIS
AUSGESTELLT VON DER BAUGEWERKEN-INNUNG, CHEMNITZ
1935; KARTON; LEINENKLEBUNG;
15,7 X 22,3 CM (GEÖFFNET)
DHM, BESTAND ZEUGHAUS (DG.91/37)

Nach dreijähriger Lehrzeit legte der Lehrling Hans Martin seine Gesellenprüfung als Maurer ab.

2/88

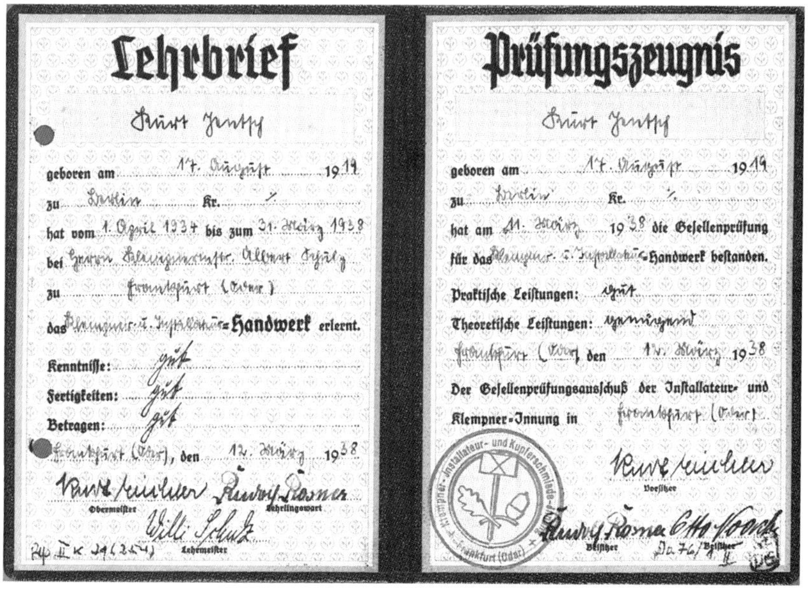

Lehrbrief

Kurt Jentsch

geboren am 17. August 1919

zu Berlin Kr. –

hat vom 1. April 1934 bis zum 31. März 1938

bei [illegible]

zu Frankfurt (Oder)

das Klempner- u. Installateur-Handwerk erlernt.

Kenntnisse: gut

Fertigkeiten: gut

Betragen: gut

Frankfurt (Oder), den 12. März 1938

Obermeister — Lehrlingswart

Lehrmeister

Prüfungszeugnis

Kurt Jentsch

geboren am 17. August 1919

zu Berlin Kr. –

hat am 11. März 1938 die Gesellenprüfung für das Klempner- u. Installateur-Handwerk bestanden.

Praktische Leistungen: gut

Theoretische Leistungen: genügend

Frankfurt (Oder), den 14. März 1938

Der Gesellenprüfungsausschuß der Installateur- und Klempner-Innung in Frankfurt (Oder)

Vorsitzer

Beisitzer — Beisitzer

2/90 ELF ÜBUNGSSTÜCKE VON LEHRLINGEN AUS EINER GOLDSCHMIEDE-WERKSTATT
ZEHDENICK, UM 1935; EISENBLECH, MESSING; L 6,2/9,2 CM, DM 4,5/4,7 CM
HANDWERKSMUSEUM, BERLIN
(IV 86/83 1-10)
Die Übungsstücke dienten der Vorbereitung zur Gesellenprüfung. Die Goldschmiedelehrlinge machten sich mit verschiedenen Techniken der Metallverarbeitung vertraut.

2/91 ZWEI GESELLENSTÜCKE EINES GRAVEURS
MAGDEBURG, UM 1935
A) GOLDDRUCKSTEMPEL; MESSING; 6,2 X 5 X 0,5 CM; B) ALBRECHT-DÜRER-WAPPEN; KUPFER; AUF HOLZPLATTE MONTIERT; 17,7 X 17,3 X 1,8 CM
HANDWERKSMUSEUM, BERLIN (IV 87/471-2)
Beide Stücke (sowie einen nicht gezeigten Stahldruckstempel) mußte der Lehrling Grünewald aus Magdeburg im Rahmen seiner Gehilfen- (= Gesellen-) Prüfung fertigen. Zur Vorbereitung auf die Prüfung bearbeitete er während seiner Lehrzeit zahlreiche Übungsstücke.

2/92 ZWEI ÜBUNGSSTÜCKE EINES GRAVEURLEHRLINGS (PETSCHAFTEN)
MAGDEBURG, UM 1935; MESSING; POLIERT, GRAVIERT; DM 2,3/3,5 CM
HANDWERKSMUSEUM, BERLIN (IV 87/46.1-2)
Das Handwerk behielt seine Bedeutung für die Ausbildung der Jugendlichen. Die Insignien der Nationalsozialisten hatten Einzug gehalten auf den Dokumenten der Handwerker-Innungen, und mancher Handwerksmeisters achtete darauf, daß seine Lehrlinge Mitglieder in der HJ waren; aber zugleich bestanden die Traditionen des Handwerks davon unberührt fort. Der Beginn der Lehre, der Lehrbrief und die bestandene Gesellenprüfung waren weiterhin wichtige Schritte im Berufsleben.

Gesellen-Prüfungs-Zeugnis
ausgestellt vom Gesellen-Prüfungs-Ausschuß der Baugewerken-Innung, Sitz Chemnitz
Der Lehrling Martin, Hans, Ehrhard
hat heute die Gesellen-Prüfung für das Maurer-Gewerbe mit dem Ergebnis gut bestanden.
Dieses Zeugnis ist von einem auf Grund des § 131 der Gewerbe-Ordnung zur Abnahme der Gesellen-Prüfung bestellten Prüfungs-Ausschuß erteilt.
Chemnitz, den 1. April 1935
Der Prüfungs-Ausschuß der Innung:
Vorsitzender Beisitzer Beisitzer

Lehr-Brief
ausgestellt von der Baugewerken-Innung, Sitz Chemnitz
Nr. ... der Lehrlingsrolle
Der Lehrling Martin, Hans
geboren am 18. Mai 1914
zu Chemnitz
hat bei dem unterzeichneten Mitglied unserer Innung Herrn Bmstr. van Ingen das Maurer-Gewerbe drei Jahre lang gehörig erlernt. Auf Antrag seines Lehrherrn und nach Ausweis seiner Fähigkeiten (siehe Nebenseite) ist ihm am heutigen Tage dieser Lehrbrief ausgefertigt worden.
Wir sprechen ihn hiermit zum
Gesellen
und wünschen ihm auf seinem ferneren Lebenswege Glück und Segen.
Chemnitz, den 1. April 1935
Der Lehrmeister: Der Obermeister:

2/89

REICHSARBEITSDIENST

Ab 1935 wurde die Teilnahme am Reichsarbeitsdienst (RAD) für alle männlichen und weiblichen Arbeitskräfte im Alter von 18 bis 25 Jahren Pflicht. Für den Ausbau des weiblichen Arbeitsdienstes fehlten zunächst die finanziellen Mittel, um Lager ausstatten und Personal einstellen zu können. Erst ab 1939 wurden daher Mädchen zum Dienst verpflichtet.

Der «Reichsarbeitsdienst der weiblichen Jugend» spielte gegenüber dem «Reichsarbeitsdienst der männlichen Jugend» eine geringere Rolle. 1934 nahmen beispielsweise nur 7347 «Arbeitsmaiden» am Arbeitsdienst teil, dagegen waren es bei den «Arbeitsmännern» 220 000.

Der RAD hatte den Auftrag, gemeinnützige Projekte zu unterstützen. Die männlichen Angehörigen halfen besonders bei Entwässerungsarbeiten und beim Bau der Autobahnen. Der Einsatz der Mädchen im weiblichen Arbeitsdienst erfolgte fast ausschließlich in der Landwirtschaft. Hier halfen die Mädchen bei der Garten- und Feldarbeit, bei der Hausarbeit, der Versorgung des Kleinviehs, beim Melken und bei der Beaufsichtigung der Kinder.

Der RAD sollte zur Erziehung der Arbeitsmoral dienen und dazu beitragen, Klassengegensätze aufzuheben (Motto des RAD: «Arbeit für Dein Volk adelt Dich selbst»). Ideologisch überhöht wurde das klassenlose Leben in der Gemeinschaft sowie die befriedigende Wirkung von harter körperlicher Arbeit; letzteres wurde von manchen Jugendlichen aus höheren Schichten während ihrer Zeit beim RAD immer wieder betont. Gedacht war der Arbeitsdienst aber vor allem für arbeitslose Jugendliche, die keine Lehrstelle oder keinen Arbeitsplatz nach der Schulausbildung gefunden hatten.

Während des Krieges wurden die Dienstzeiten der Mitglieder des RAD mehrmals verlängert. Im Zuge eines sechsmonatigen Kriegshilfsdienstes wurden die Frauen in Dienststellen der Wehrmacht, Behörden, Krankenhäusern, Verkehrs- und Rüstungsbetrieben eingesetzt. Später wurden die Mädchen zum Kriegsdienst im Flugmeldedienst bei der Luftwaffe oder bei der Flak abkommandiert. Die Männer waren direkt der Wehrmacht unterstellt.

2/95

2/93 PLAKAT «ERFASSUNG DER WEIBLICHEN JUGEND FÜR DEN REICHSARBEITSDIENST JAHRGANG 1922.»
UNTERZEICHNET: «POLIZEIPRÄSIDIUM I.V. KLEEMANN»
MÜNCHEN, 17.07.1940; HOCHDRUCK; 85 X 59,8 CM
DHM, BESTAND ZEUGHAUS (P 80/791)

Mit einer Verordnung von 1939 wurde die Einziehung der Mädchen zum Arbeitsdienst verschärft. Das Plakat ruft alle ledigen Frauen auf, sich zu melden.

2/94 ARBEITSDIENSTPASS FÜR ANNEMARIE DREYER
HG.: REICHSARBEITSDIENST
DRUCK: METTEN, BERLIN/WIEN
AUSGESTELLT IN STETTIN, 01.04.1940; 14,7 X 10,3 CM
DHM 1988/487.1

Die Dienstzeit von Annemarie Dreyer, deren Beruf mit «Hausangestellte» angegeben wird, dauerte vom 01.11.1937 bis zum 01.04.1940. 1938 wurde Frau Dreyer Jungführerin, 1939 Maidenführerin. Auf dem Photo im Ausweis trägt sie die Jacke des RAD-Kostüms und die RAD-Brosche.

2/95 PLAKAT «DEUTSCHES MÄDEL / DEIN BERUF: FÜHRERIN IM REICHSARBEITSDIENST BEWERBERINNEN IM ALTER VON 17-35 JAHREN KÖNNEN SOFORT EINGESTELLT WERDEN»
SIGN.: FRITZ BEYER
DRUCK: WALTER DIETZ REKLAME, BERLIN
UM 1935; OFFSET; 84,5 X 59 CM
DHM, BESTAND ZEUGHAUS (P 62/1871)

Rechts im Bild ist eine Führerin des Reichsarbeitsdienstes in der Uniform des RAD mit Ärmelabzeichen zu sehen, links eine einfache Arbeitsmaid.

Im weiblichen Arbeitsdienst herrschte Mangel an Arbeitskräften für leitende Positionen. Häufige Umzüge und schlechte Absicherung waren die Gründe für die hohe Fluktuation. Trotz dieser Nachteile bot die Position einer Führerin im Arbeitsdienst den Frauen eine gehobene Stellung und Autorität, die es im Nationalsozialismus für Frauen in nur wenigen anderen Feldern gab. Mit dem Jahr 1934 wurden die Führerinnen sozialversichert und Angestelltenverträge eingeführt, und ab 1940 konnten sie sogar verbeamtet werden.

2/96 PHOTOGRAPHIE: NEUANKÖMMLINGE IN EINEM REICHSARBEITSDIENSTLAGER
PHOTOGRAPHIN: LISELOTTE ORGEL-KÖHNE
1939; ABZUG 1990; 31 X 24 CM
DHM 1991/2473.33

Das Photo zeigt zwei Mädchen beim Einräumen ihres Spinds im Lager. Eine der beiden trägt noch ihre BDM-Uniform.

Dieses und die folgenden Photos wurden von der Photographin als Auftragsarbeiten für eine von offizieller Seite geplante Ausstellung über den Reichsarbeitsdienst bzw. für Zeitschriften aufgenommen.

2/97 PHOTOGRAPHIE: ARBEITSEINTEILUNG IM REICHSARBEITSDIENST
PHOTOGRAPHIN: LISELOTTE ORGEL-KÖHNE
BEZIRK STUTTGART, 1941; ABZUG 1990; 23,6 X 31,1 CM
DHM 1991/2473.30

Das Photo, aufgenommen aus der Vogelperspektive, zeigt die Einteilung der nun in die Uniform der Arbeitsmaid gekleideten Frauen zur Arbeit.

2/98 PORTRÄTPHOTOGRAPHIE DER RAD-FÜHRERIN DER BEZIRKSSCHULE BOOK BEI STETTIN
PHOTOGRAPHIN: LISELOTTE ORGEL-KÖHNE
1938; ABZUG 1990; 31 X 24 CM
DHM 1991/2474.101 / ABB. SEITE 96

Ernst schaut die junge Frau, gekleidet in einer schlichten weißen Bluse mit RAD-Brosche, am Betrachter vorbei in die Ferne. Das Photo versucht, die junge RAD-Führerin als ruhige, würdevolle Amtsinhaberin zu idealisieren.

2/96

2/97

2/99 PORTRÄTPHOTOGRAPHIE EINER RAD-FÜHRERIN
PHOTOGRAPHIN: LISELOTTE ORGEL-KÖHNE
1944; ABZUG 1990; 30,5 X 24 CM
DHM 1991/2474.110 / ABB. SEITE 96

Das Photo zeigt eine RAD-Führerin im typischen braunen Kostüm mit RAD-Brosche und Hut. Es wurde vermutlich für eine Ausstellung über den Reichsarbeitsdienst aufgenommen.

2/100 PORTRÄTPHOTOGRAPHIE EINER ARBEITSMAID DES REICHSARBEITSDIENSTES
PHOTOGRAPHIN: LISELOTTE ORGEL-KÖHNE
1939; ABZUG 1990; 31 X 24 CM
DHM 1991/2474.103 / ABB. SEITE 96

Über dem strahlenden, heroischen, aus dem Alltag herausgehobenen Gesicht der Frau ist ein Stück Himmel zu sehen.

Die Photographin stilisierte, auch durch die gewählte Perspektive der Aufnahme, die RAD-Angehörige zu einem neuen Menschentyp einer neuen Zeit.

1941 brach sie wieder zu einer Fahrt in ein RAD-Lager auf und schrieb dazu in einem Brief an ihren Mann: «Das Lager ist aber tadellos neu und für mich zu einem Experiment ausgesucht. Ich nehme Mädchen auf, ein Dutzend ungefähr (Porträt). Alle sind seit Anfang Oktober neu im RAD. Nach Abschluß der Lagerzeit nehme ich sie wieder auf. Wir wollen mal feststellen, ob sich die Gesichter verändern, ob sie wohler, gesünder, frischer und freudiger werden!!»

2/101 PHOTOALBUM «ERINNERUNGEN AN DEN ARBEITSDIENST»
INHALT: 154 PHOTOS UND ANSICHTSKARTEN
O.J.; GANZLEINENEINBAND MIT GEPRÄGTEM RAD-EMBLEM IN SILBER, ROT UND SCHWARZ, ROTE KORDEL; 18,9 X 26,7 X 2,8 CM
DHM 1990/864

Diese Mappe wurde als Erinnerungsalbum für die Zeit beim RAD vorgefertigt. Der Besitzer mußte nur noch seine persönlichen Photos in das Album einkleben. Den grünen Leineneinband schmückt das Emblem des RAD; und auf der zweiten bzw. dritten Seite befindet sich ein Porträt Adolf Hitlers sowie Konstantin Hierls, des Reichsarbeitsführers.

2/98

2/99

2/100

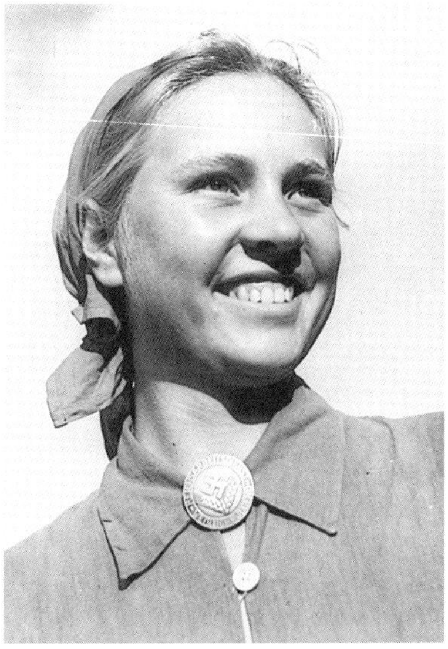

2/102 PHOTOGRAPHIE: APPELL IN EINEM LAGER DES REICHSARBEITSDIENSTES
PHOTOGRAPHIN: LISELOTTE ORGEL-KÖHNE
RÜGEN, 1938; ABZUG 1990; 24 X 31 CM
DHM 1991/2475.4

In Reih und Glied haben sich die «Arbeitsmänner» zum Appell vor den Baracken des Lagers aufgestellt.

2/103 PHOTOGRAPHIE: MITGLIEDER DES REICHSARBEITSDIENSTS BEI ENTWÄSSERUNGSABEITEN
PHOTOGRAPHIN: LISELOTTE ORGEL-KÖHNE
MECKLENBURG 1938; ABZUG 1990;
24 X 31 CM
DHM 1991/2475.15

Das Photo zeigt Mitglieder des RAD beim Anlegen von Entwässerungsgräben. Die Erschließung von neuen Bewirtschaftungsflächen gehörte zu den Hauptzielen des RAD. Symbolisiert wird dies durch das Abzeichen des RAD. Es zeigt einen Spaten, der von Ähren umrahmt wird.

2/102

2/104 BLECHDOSE «PUTZZEUG FÜR WEHRMACHT UND ARBEITSDIENST.»
O.J.; STAHLBLECH, BLAU LACKIERT;
8,5 X 21,5 X 16 CM
DHM 1989/2376

2/105 AUSWEIS «PFLICHTENHEFT STUDENTEN-ARBEITSDIENST 1934»
HG.: AMT FÜR ARBEITSDIENST
LEIPZIG, 15.12.1934; FALTBLATT MIT TINTENSCHRIFTLICHEN EINTRAGUNGEN, MIT LICHTBILD, ZUSATZBELEG; 14 X 10 CM
DHM, BESTAND ZEUGHAUS (DO 70/376 II)

Der angehende Student Karl-Heinz Noack nahm vom 26.02. 1934 bis zum 05.05.1934 am Arbeitsdienst teil. Die Arbeit im Lager bestand u.a. in «Wiesenplanieren» und «Teichschlämmen».

Ab 1934 war es für Abiturienten und Abiturientinnen Pflicht, eine halbjährige Dienstzeit beim Arbeitsdienst zu absolvieren, um einen Studienplatz zu erhalten. Das im April 1933 erlassene «Gesetz gegen die Überfüllung der deutschen Schulen und Hochschulen» setzte Quoten für die Zulassung zur Universität fest. Der Anteil jüdischer Studenten wurde auf 1,5 Prozent reduziert. Die Zulassungsquote für Frauen betrug 10 Prozent.

2/103

WEHRPFLICHT

Mit einem Gesetz aus dem Jahr 1935 wurde die Allgemeine Wehrpflicht, die während der Weimarer Republik abgeschafft war, wieder eingeführt. Damit bestand für alle Männer ab dem 18. Lebensjahr die Verpflichtung zum Wehrdienst. Eine Verweigerung war nicht möglich.

Ausgeschlossen von der Wehrpflicht wurde, wer als wehrunwürdig galt. Dazu konnten beispielsweise Zuchthausstrafen oder die Aberkennung der bürgerlichen Rechte führen. Ausnahmen gab es in einzelnen Fällen auch aus gesundheitlichen oder religiösen Gründen.

Alle 18jährigen wurden gemustert. Nach der Vollendung ihres 20. Lebensjahres mußten die Wehrpflichtigen für zwei Jahre den aktiven Dienst in der Wehrmacht ableisten. Während des Krieges verschärften sich die Bestimmungen: Es wurden zum Ende des Krieges hin nahezu ausnahmslos alle Männer zum Wehrdienst eingezogen.

Mit Beginn seiner Dienstzeit wurde der Soldat auf den sogenannten Führereid verpflichtet:

«Der deutsche Soldat schwört: Ich schwöre bei Gott diesen heiligen Eid, daß ich dem Führer des Deutschen Reiches und Volkes, Adolf Hitler, dem Obersten Befehlshaber der Wehrmacht, unbedingten Gehorsam leisten und als tapferer Soldat bereit sein will, jederzeit für diesen Eid mein Leben einzusetzen.»

2/106

2/107

2/106 AUSGEHANZUG EINES SOLDATEN DER FAHR- UND KRAFTFAHRTRUPPE
ETIKETT: «UNIFORM CIVIL KLEIDUNG FRANZ STROBEL ULM A./D.»
KOPPEL BEZ. HANDSCHRIFTL.: «UFFZ. A. KNÖCHEL/HN»
KASTENSCHLOß BEZ.: «GOTT MIT UNS»
1935-1937; WOLLE; L 69 CM (DIENSTROCK)
DHM, BESTAND ZEUGHAUS (U.53.320, U.987, U.74.5, U.1317, W.57.186 A/B/C)

Die Uniform setzt sich zusammen aus: Dienstrock, Schirmmütze, Koppel mit Kastenschloß, Seitengewehrtroddel, Ausgangsseitengewehr Modell 1898 mit Scheide und Koppelschuh. Soldaten und Unteroffiziere erhielten bei ihrer Einberufung alle Bekleidungs- und Ausrüstungsgegenstände als sogenannte Kammerstücke ausgehändigt. Zusätzlich war es gestattet, sich auf eigene Kosten maßgeschneiderte Extrastücke anfertigen zu lassen. Bei dem hier gezeigten Ausgehanzug handelt es sich um eine solche Sonderanfertigung, gearbeitet nach einem Muster von 1928.

2/107 PHOTOGRAPHIE: EIN REKRUT EINER FLIEGER-ERSATZABTEILUNG MUSS DEN PREUSSISCHEN PARADESCHRITT ÜBEN
PHOTOGRAPH: GERHARD GRONEFELD
SCHÖNWALD BEI SPANDAU, 1938;
REPRODUKTION; 30 X 40 CM
DHM, BILDARCHIV

1937 wurde G. Gronefeld Photoreporter bei der «Berliner Illustrirten Zeitung». Sein Spezialgebiet wurde die Militärberichterstattung. Bedingt durch die Aufrüstung und die Kriegsvorbereitungen mußte die «Berliner Illustrirte Zeitung», die dem Nationalsozialismus verbunden war, regelmäßig über die Wehrmacht berichten.

EHE UND FAMILIE

Ein Paar, das in der Zeit des Nationalsozialismus heiraten wollte, sah sich vielfältigen Eingriffen von seiten des Staates gegenüber. Trotzdem blieb die Eheschließung auch im Dritten Reich für den Durchschnittsbürger weitgehend eine Privatangelegenheit.

Die offizielle Propaganda wollte die Frau gänzlich aus dem öffentlichen Leben und der Berufstätigkeit ausschließen und sie wieder ganz auf ihre sogenannten natürlichen Aufgaben als Ehefrau und Mutter verpflichten. Neue Formen des partnerschaftlichen Zusammenlebens, wie sie noch in der Weimarer Republik diskutiert worden waren, wurden als «widernatürlich» angesehen.

Neben der Festlegung der Frauen auf ihre traditionellen Aufgaben und den Maßnahmen zur Erhöhung der Geburtenzahlen (s.o.) installierten die Nationalsozialisten eine Trennung zwischen erwünschten Ehen und deren Nachwuchs und unerwünschten Ehen. So gab es auf der einen Seite eine Förderung von sogenannten erbgesunden Personen und deren Kindern und auf der anderen Seite das Verbot der Eheschließung für bestimmte Personengruppen bis hin zu deren Unfruchtbarmachung. Hinzu kam eine strenge Gesetzgebung, die Ehen zwischen Juden und Nicht-Juden verbot und unter Strafe stellte.

2/108 FORMULAR «EHESTANDSDARLEHEN / BEDARFSDECKUNGSSCHEIN ÜBER EINHUNDERT REICHSMARK»
AUSGESTELLT VOM REICHSMINISTER DER FINANZEN
DRUCK: REICHSDRUCKEREI BERLIN
20.06.1933; BUCHDRUCK; 21,8 X 14,8 CM
STIFTUNG HAUS DER GESCHICHTE DER BUNDESREPUBLIK DEUTSCHLAND, BONN
(EB.-NR. 88/1/7)

Die Ehestandsdarlehen wurden nur als Gutscheine ausgegeben. Deshalb wurde auf dem Formular «Nur gültig für den Erwerb von Möbeln und Hausgerät in zugelassenen Verkaufsstellen (insbesondere in Schreinereien und sonstigen Unternehmungen des Handwerks)» vermerkt.

Das «Gesetz zur Verhinderung der Arbeitslosigkeit vom 1.6.1933» sah zur Förderung der Eheschließung ein Ehestandsdarlehen vor, wenn die Ehefrau ihren Beruf aufgab und sich verpflichtete, ihre Berufstätigkeit solange nicht auszuüben, wie der Mann nicht arbeitslos geworden war.

Vergeben wurden zinslose Darlehen in Höhe von 500 bis 1000 Reichsmark. Das war sehr viel, denn ein Industriearbeiter verdiente ungefähr 120 Mark im Monat. Finanziert wurde das Darlehen hauptsächlich durch eine Sondersteuer für Ledige. Bis 1938 wurden eine Million Ehestandsdarlehen im Wert von 650 Millionen Reichsmark in Gutscheinen ausgegeben. Bei der Geburt eines Kindes wurden 25 Prozent der zu erstattenden Summe erlassen, und bei Familien mit vier Kindern wurde auf die Rückzahlung des Kredits nachträglich verzichtet.

Geprüft wurden die Ehepaare vor der Vergabe des Darlehens in Hinsicht auf ihre gesundheitlichen und charakterlichen Voraussetzungen zur Schaffung «erbgesunden Nachwuchses». «Asoziale oder minderwertige» Eltern wurden von der Regelung ausgeschlossen. Von 1933 bis 1937 bestanden 700 000 Ehepaare, etwa 25 Prozent der Hochzeitspaare des Zeitraums, die Prüfung. 31 Prozent der Ehen, die 1933 geschlossen worden waren, waren 1938 noch kinderlos.

Die Ehestandsdarlehen lösten zwar 1937 kurzfristig einen Heiratsboom aus, doch der gewünschte Erfolg stellte sich nicht ein: Die Zahl der Eheschließungen lag im Durchschnitt nicht höher als in der Weimarer Republik.

2/109 HINWEISSCHILD «STANDESAMT BETZIESDORF»
UM 1940; EMAILLIERTES, BEDRUCKTES STAHLBLECH; 54 X 45 CM
DHM 1989/1035

Das schwarz-weiße Emailschild eines Standesamtes in Hessen (Betziesdorf liegt nordöstlich von Marburg) trägt das Hoheitszeichen des nationalsozialistischen Staates.

2/110 PHOTOGRAPHIE ZUR HOCHZEIT
AUFNAHME: PAUL HEINRICH
MAGDEBURG, 03.03.1935; 11,6 X 16,7 CM
DHM 1991/1576

Die Hochzeitsfeier fand in Magdeburg im Hotel «Neuer Anker» statt. In einem prächtigen Saal hat sich die Hochzeitsgesellschaft zum Photo plaziert. Braut und Bräutigam sind elegant gekleidet, sie in einem weißen Kleid mit langem Schleier und er in einem Frack.

1935 ist kaum einer der anwesenden Herren in Uniform; nur ein Herr in der letzten Reihe hat die Uniform eines Infanteriefeldwebels der deutschen Wehrmacht angelegt.

2/111 PHOTOGRAPHIE EINES BRAUTPAARES
AUFNAHME: ATELIER W. FLEISCHER
BERLIN, NACH 1935; BÜTTENRAND;
13,9 X 8,9 CM
DHM 1991/1527

Der Bräutigam zeigt sich in der Ausgehuniform eines Unteroffiziers der Luftwaffe mit der Schützenschnur der Luftwaffe, die Braut in einem aufwendigen Hochzeitskleid.

2/112

2/114

2/112 PHOTOGRAPHIE:
HOCHZEIT EINES ANGEHÖRIGEN DER SA
THÜRINGEN, UM 1936; BÜTTENRAND;
11,4 X 8,4 CM
DHM, BILDARCHIV

Der Bräutigam ist Truppführer der SA. Die Hochzeitsgäste sind politische Leiter der NSDAP; sie bilden mit ihren zum Hitler-Gruß erhobenen Armen ein Spalier zum Empfang für das Brautpaar. Das Photo zeigt eine Verknüpfung von alten Traditionen mit der neuen politischen Ordnung: Während die Braut ein weißes Hochzeitskleid trägt, nutzen die Gäste den Anlaß zu einer Demonstration politischer Loyalität.

Für die Mitglieder der SA und SS bestand eine besondere Verpflichtung dem Staat gegenüber: Bevor sie eine Ehe eingehen konnten, wurden Braut und Bräutigam genau auf eine gesundheitliche Eignung überprüft. Sie sollten den Normvorstellungen der Familienpolitik des NS-Staates entsprechen.

2/113 PHOTOGRAPHIE EINES BRAUTPAARES
VOR EINER GESCHMÜCKTEN TÜR
AUFNAHME: FOTO SOKOLL
FRIEDLAND/OSTPREUßEN, 28.07.1936;
13,9 X 8,9 CM
DHM 1991/1561

Das Paar steht vor einer mit Girlanden geschmückten Eingangstür. Die Braut trägt ein prächtiges weißes Kleid und einen großen Brautstrauß mit weißen Lilien.

Auffällig ist bei den Hochzeitsphotos, daß die Frauen in ihren weißen Brautkleidern dem Alltag völlig entrückt erscheinen, während sich die Männer auch an ihrem Hochzeitstag als öffentliche Personen, als Mitglieder der Gesellschaft präsentieren. So ist es auch in diesem Beispiel. Der Bräutigam trägt an seinem Zivilanzug Kriegsauszeichnungen aus dem Ersten Weltkrieg: ein Eisernes Kreuz II. Klasse von 1914 und ein Ehrenkreuz für Frontkämpfer.

Tintenschriftlich ist auf der Photorückseite notiert: «Euch allen Lieben zur Erinnerung an Waltraut u. Johannes a. 28.7.1936 Waltraut Müller geb. Stobbe Gr. Engelan, Juli 1936 1. Töchterchen Ursula, geb. a. 19.6.1937 2. Kind: Hans-Jürgen geb. 8.5.38 3. Kind: Rüdiger-Johannes geb. 19.4.43».

2/114 PHOTOGRAPHIE EINES BRAUTPAARES
AUFNAHME: WILHELM HÖLMER NACHF.,
INH. T. HEBE, BERLIN
TINTENSCHRIFTLICH AUF DER RÜCKSEITE:
«ZUR FRD. ERINNERUNG AN UNSERE
HOCHZEIT AM 3.4.1937»
13,9 X 8,9 CM
DHM 1991/334

Die Aufnahme stammt aus einem Photoatelier. Das Brautpaar steht vor einer gemalten Kulisse, die ein gotisches Kirchengewölbe zeigt. Die Braut trägt zu ihrem weißen Kleid einen mehr als bodenlangen Schleier, der für das Photo zu ihren Füßen in einem Halbkreis drapiert wurde. Das gibt ihr eine sehr geschlossen wirkende Silhouette. Der Bräutigam trägt einen eleganten Frack mit Zylinder.

Diese Photopostkarten wurden an die Angehörigen zur Erinnerung und als Dankeschön versandt.

2/115 PHOTOGRAPHIE EINES BRAUTPAARES
IN DER GEÖFFNETEN KIRCHENTÜR
1938; 13,3 X 8,4 CM
DHM 1991/1558

Das Brautpaar ist sehr elegant gekleidet.

Auf der Rückseite des Photos wurde notiert: «Euch Lieben zum Gedenken an den 19.3.1938 gewidmet von Euren Edith und Günter».

Dieses Bild zeigt, wie auch schon die vorausgegangenen, daß die kirchliche Trauung weiterhin das Eigentliche der Hochzeit war, das der Erinnerung wert war. Der Gang aufs Standesamt spielte demgegenüber nur eine untergeordnete Rolle.

1938 wurde bei dieser Hochzeit eine Pracht entfaltet, die in den nachfolgenden Kriegsjahren nur noch schwerlich inszeniert werden konnte.

2/116 PHOTOGRAPHIE EINES BRAUTPAARES VOR EINEM PORTAL
UM 1940; 14 X 9 CM
DHM 1991/1088

Der Bräutigam trägt den Ausgehanzug eines Oberfeldwebels des Heeres. An seiner Uniform befindet sich keinerlei Hochzeitsschmuck, wie beispielsweise ein Myrtensträußchen. Die Braut ist mit einem schlichten dunklen Kostüm bekleidet, und als Schmuck hält sie einen Rosenstrauß im Arm.

Dieses und die folgenden Hochzeitsphotos wurden während des Krieges aufgenommen. Laut Dienstvorschrift waren die Angehörigen der Wehrmacht verpflichtet, auch im zivilen Leben Uniform zu tragen. Alle Photos zeigen Männer in Ausgehuniform. Doch die Dienstvorschrift war sicher nicht der ausschließliche Grund, in Uniform zu heiraten. Die meisten Männer hatten ein ungebrochenes Verhältnis zum Militär. Sie waren auf ihren militärischen Status sehr stolz und präsentierten sich gern in Uniform mit ihren Kriegsauszeichnungen. Hinzu kommt, daß nicht alle über einen festlichen Anzug für den Anlaß verfügten; dafür bot die Uniform einen willkommenen Ersatz. Die Frauen tragen fast alle weiße Hochzeitskleider, sofern diese im Krieg zur Verfügung standen. Manche Braut hat sicher aus finanziellen Gründen auf das weiße Kleid verzichten müssen. Oft wurde wohl auch eher als geplant geheiratet, wenn der Verlobte ins Feld mußte oder Fronturlaub hatte. Möglicherweise zeigen die Aufnahmen, auf denen die Braut kein weißes Hochzeitskleid trägt, eine standesamtliche Trauung, der nach Kriegsende die kirchliche Hochzeit folgen sollte. Die Frauen blieben aber in jedem Fall ausschließlich Privatpersonen, und auch während des Krieges versuchten sie, den Hochzeitstag etwas dem Alltag zu entrücken.

2/117 PHOTOGRAPHIE EINES BRAUTPAARES
UM 1940; NACHKOLORIERT; 14,5 X 10,1 CM
DHM 1991/1528

Der Bräutigam ist Obergefreiter des fliegenden Personals der Wehrmacht. Anläßlich der Hochzeit trägt er seinen Ausgehanzug; die Braut zeigt sich im langen, weißen Kleid mit Schleppe und Schleier.

2/118 PORTRÄT EINES BRAUTPAARES
UM 1940; 8,4 X 13,4 CM
DHM 1991/1109

Der Bräutigam ist ein Matrose der Kriegsmarine, der für die Hochzeit seinen Ausgehanzug angelegt hat.

2/119 BRUSTBILD EINES BRAUTPAARES
UM 1940; 14,4 X 10,3 CM
DHM 1991/317

Die Braut hat ein schlichtes, dunkles Kleid an und hält einen Strauß Rosen im Arm.

Der Bräutigam ist ein Oberfeldwebel der Artillerie im Waffenrock. Ins Auge fallen seine zahlreichen Auszeichnungen, die das Bild bestimmen; Schützenschnur, große Ordensspange: Eisernes Kreuz, II. Klasse, 1939; Dienstauszeichnung für die Wehrmacht, IV. Klasse für vier Dienstjahre; Medaille zur Erinnerung an den 13. März 1938 («Ostmark-Medaille»); Deutsch-Italienische Feldzugsmedaille. Unter der Spange: Eisernes Kreuz I. Klasse, 1939; Allgemeines Sturmabzeichen; Reichssportabzeichen in Bronze.

2/120 PHOTOGRAPHIE EINES BRAUTPAARES
AUFNAHME: PHOTOGRAPH FUNK
BERLIN-LICHTENBERG, 04.03.1941;
BÜTTENRAND; 14,7 X 10,5 CM
DHM 1991/1937

Die Braut im dunklen Kleid hält lediglich einen Strauß Flieder im Arm, der nicht mit Schleifen oder ähnlichem geschmückt ist. Der Bräutigam ist mit dem Ausgehanzug der Flieger bekleidet.

2/118

2/119

2/120

2/121

2/124 PHOTOGRAPHIE EINES BRAUTPAARES AUF DER TREPPE VOR DEM STANDESAMT
BERLIN, 02.10.1943; BÜTTENRAND;
13,2 X 18,1 CM
DHM 1991/340

Das Hochzeitskleid der Braut ist auffällig schlicht. Es handelt sich vermutlich um eine Kriegsnotproduktion. Der Bräutigam trägt den Ausgehanzug eines Obergefreiten des Heeres.

Auf der Rückseite ist eine Widmung notiert: «Ihnen liebes Drewslein zur Erinnerung an Ihre Irmgard H.».

2/121 PHOTOGRAPHIE EINES BRAUTPAARES AUF DER HOCHZEITSFEIER
NACH 1942; 9 X 14 CM
DHM 1991/1090

Dieser Schnappschuß zeigt die Brautleute ins Gespräch mit einem anderen Paar vertieft.

2/122 PHOTOGRAPHIE ZUR HOCHZEIT
UM 1943; 8,7 X 13 CM
DHM 1991/1102

Die Hochzeitsgesellschaft hat sich auf dem Bürgersteig zum Photo aufgestellt. Die Braut trägt ein bodenlanges weißes Kleid, der Bräutigam einen Ausgehanzug des Heeres.

2/123 PHOTOGRAPHIE EINES BRAUTPAARES MIT DEN TRAUZEUGEN
01.02.1942; 8,9 X 13,9 CM
DHM 1991/1578

Der Bräutigam ist Gefreiter der Luftwaffe. Einer der Trauzeugen hat neben einem kleinen Blütensträußchen das Parteiabzeichen der NSDAP angesteckt.

Tintenschriftlich steht auf der Rückseite: «Als ewiges Andenken von Deinen glücklichen Kindern Gerti und Gerhard».

2/125 PHOTOGRAPHIE EINES BRAUTPAARES VOR DEM KIRCHENPORTAL
AUFNAHME: ATELIER G. SCHMOLKE
DRESDEN, 15.06.1944; BÜTTENRAND;
11,6 X 8,3 CM
DHM 1991/1935

Obwohl das Photo im fünften Kriegsjahr aufgenommen wurde, zeigt es eine perfekte Hochzeit, bei der sogar drei kleine Blumenmädchen nicht fehlen.

Der Bräutigam trägt die Ausgehuniform eines Feldwebels der Luftwaffe.

2/126

2/126 PHOTOGRAPHIE
«HEIRAT OHNE BRAUT.
EIN FRONTSOLDAT WIRD FERNGETRAUT»
ERSCHIENEN 1941; REPRODUKTION;
21,4 X 14,9 CM
ULLSTEIN BILDERDIENST, BERLIN (68271,01)

Im Schatten eines Panzers feiern diese Soldaten die Ferntrauung eines Kameraden. Das Photo wurde mit dem Kommentar «Ein kameradschaftliches Beisammensein mit landesüblichen musikalischen Beiträgen beschliesst das festliche Ereignis» in der «Berliner Illustrirten Zeitung» aus dem Deutschen Verlag (der Ullstein Verlag gehörte ab 1937 dazu) veröffentlicht.

Während des Krieges wurde den Angehörigen der Wehrmacht und ihren Bräuten die Möglichkeit zur Ferntrauung gegeben. Die Soldaten sollten die Gelegenheit bekommen, trotz ihrer Abwesenheit ihre Freundin bzw. Verlobte an sich zu binden, um somit Unterstützung von zu Hause zu erhalten. Für die Frauen bedeutete eine Ferntrauung eine Absicherung, besonders dann, wenn sie ein Kind erwarteten. Der Staat war daran interessiert, die Anzahl der ledigen Frauen zu verringern, um damit einer möglichen Annäherung zu Fremdarbeitern oder Kriegsgefangenen entgegenzuwirken.

2/127

2/127 PHOTOGRAPHIE EINER FERNTRAUUNG: «AUF DEM STANDESAMT»
PHOTOGRAPH: HANS HARTMANN
1940; REPRODUKTION; 21,6 X 16,3 CM
ULLSTEIN BILDERDIENST, BERLIN (178116,02)

Eine junge Frau erklärt allein auf dem Standesamt durch ihre Unterschrift ihre Ehe für geschlossen. Der abwesende Bräutigam wird durch einen Stahlhelm symbolisiert. Das Photo wurde im Januar 1940 in der «Berliner Illustrirten Zeitung» mit folgender Beschreibung veröffentlicht: «Sie unterzeichnet zum erstenmal mit dem Namen ihres Mannes. Eben hat die Braut erklärt, daß sie «ihren» Mann heiraten will; nun unterschreibt sie. Vor dem leeren Stuhl zu ihrer Linken liegt der Stahlhelm des deutschen Soldaten ...».

Die Erklärung, die der Ehemann an der Front vor dem Bataillonskommandeur abgegeben hatte, mußte innerhalb von sechs Monaten von der Braut auf einem Standesamt bestätigt werden. Selbst wenn der Bräutigam während dieser Zeit gefallen war, wurde die Trauung durchgeführt.

2/128 PHOTOGRAPHIE EINER FERNTRAUUNG AN DER FRONT
1941; REPRODUKTION; 21,6 X 15,1 CM
ULLSTEIN BILDERDIENST, BERLIN (225741,01)

Ferntrauungen konnten an der Front vom Bataillonskommandeur vorgenommen werden. Dieses Photo wurde in der Propagandazeitung «Das Reich» veröffentlicht und so erläutert: «Den Ehrenplatz, den die Braut im Frieden an der Seite ihres jungen Gatten eingenommen hätte, haben die Kameraden mit den schönsten Rosen geschmückt, die sie auftreiben konnten. Feierliche Ferntrauung bei einer Nachrichtenabteilung dicht vor dem Feind».

2/129 PHOTOGRAPHIE «SOLDATENHOCHZEIT IM HOHEN NORDEN!»
PHOTOGRAPH: WEINKAUF
PHOTO DER PROPAGANDA-KOMPANIE «4. MKBHKP.»
BERGEN, 16.01.1943; VERMERK «FREIGEGEBEN 26. FEB. 1943»; REPRODUKTION; 21,5 X 15,8 CM
ULLSTEIN BILDERDIENST, BERLIN (225740,01)

Das Photo dokumentiert eine Hochzeit, die auf ihren rein amtlichen Charakter reduziert ist. Beide Eheleute tragen Uniform.

Das Bild wurde vom Propagandaministerium für eine Veröffentlichung freigegeben und mit folgendem Kommentar versehen: «Obersteuermann und Nachrichtenhelferin haben sich in der Freizeit kennen gelernt und machen nun viele tausend Kilometer von der Heimat entfernt Hochzeit. Die ersten Glückwünsche ...». Trotz des Ausnahmezustands, der während des Krieges herrschte, versuchte die offizielle Presse, durch die Veröffentlichung solcher Photos den Anschein zu erwecken, daß die traditionellen Lebensstationen weiterhin ihre Gültigkeit besäßen.

2/130 PHOTOGRAPHIE «EIN WEHRMACHTSANGEHÖRIGER UND EINE DRK-SCHWESTER WERDEN VON SEINEM KOMPANIECHEF GETRAUT»
MÄRZ 1943; REPRODUKTION; 23,9 X 18,1 CM
ULLSTEIN BILDERDIENST, BERLIN (225652,01)

Gezeigt wird eine Trauungszeremonie, die der Kompaniechef durchführt. Selbst ein Porträt Adolf Hitlers fehlt nicht. Obwohl die Hochzeit in einem kleinen feierlichen Rahmen mit Hochzeitsgästen stattfindet, sind die Brautleute gemäß ihrer Funktionen, die sie im Krieg innehaben, gekleidet: er in Uniform und sie in Schwesterntracht.

2/131

2/131 PLAKAT «DIE HEIRATSAUSSICHTEN DER JUNGEN MÄDCHEN»
HG.: REICHSAUSSCHUSS FÜR VOLKSGESUNDHEITSDIENST, BERLIN
HAUPTABTEILUNG I ERB- UND RASSENPFLEGE
ENTWURF: WILHELM LIMPERT, BERLIN
1942; FARBOFFSET; 113 X 86,5 CM
DHM 1990/142

Der Text beschreibt die «Heiratsaussichten der jungen Mädchen»: «Es kommen im heiratsfähigen Alter ... in Landgemeinden: 935 Frauen auf 1000 Männer / in Großstädten: 1059 Frauen auf 1000 Männer».

Das Plakat zeigt in der oberen Hälfte einen geschmückten Leiterwagen auf dem Land, an dem das Schild «Zum Standesamt» hängt; der Kutscher verkündet «noch Platz!». Darunter ist ein doppelstöckiger Bus mit dem Fahrtziel «Standesamt» zu sehen. Der Bus ist voll, und noch hinzueilenden Frauen verwehrt der Schaffner mit einem «besetzt!» das Einsteigen.

Obwohl während des Krieges herausgegeben, weist dieses Plakat ausschließlich auf die unterschiedlichen Bevölkerungsstrukturen in Stadt und Land hin und versucht, der Landflucht entgegenzuwirken. Auf die durch den Krieg bedingte Abwesenheit der Männer geht es nicht ein. Interessant ist außerdem, daß das Plakat die Frauen ermuntert, bezogen auf das Heiraten selbst aktiv zu werden. Sie sind es, die sich in der Kriegszeit einen Mann suchen sollen.

2/132 VERHÜTUNGSMITTEL «ORIGINAL-EXPERATOR»
BEZ.: «D.R.G.M.»
IM ORIGINALKARTON MIT GEBRAUCHSANWEISUNG UND BEIBLATT
UM 1940; GUMMI, KARTON, PAPIER, BAKELIT, ZINK/VERCHROMT, MESSINGROHR/VERCHROMT; KARTON 8 X 21,5 X 8,5 CM; DUSCHE L 14,5 CM
DHM 1991/2691

In der «Gebrauchsanweisung zum Experator-Wechseltemperatur-Verfahren» wird ausgeführt, daß der Apparat in erster Linie zur Reinigung und Gesundheitspflege diene. Es werden Wechseltemperatur-Spülungen zur besseren Durchblutung der Organe empfohlen. Die tatsächliche Funktion des Geräts wird verschleiert, da die Werbung für Verhütungsmittel verboten war. Häufig wurden diese sogenannten Frauenduschen zur Empfängnisverhütung benutzt. Nach dem Geschlechtsverkehr wurde mit der Dusche eine Scheidenspülung vorgenommen.

Das Thema Empfängnisverhütung war im Dritten Reich mit großen Tabus belegt. 1941 stellte eine Polizeiverordnung Himmlers die Herstellung

2/134

von empfängnisverhütenden Mitteln unter Strafe. Ebenso war die Werbung mit der empfängnisverhütenden Wirkung von Präparaten verboten. Informationen über verschiedene Methoden konnten nur unter der Hand weitergegeben werden. Auch den Hebammen waren Verbote auferlegt. In der Dienstordnung für Hebammen vom 16. Februar 1943 heißt es u.a.: «Schutzpessare und Sicherheitsovale wie überhaupt alle Mittel und Verfahren, die geeignet sind, die Schwangerschaft zu verhüten, darf die Hebamme weder empfehlen noch anwenden.»

Der Paragraph 218 wurde während des Nationalsozialismus verschärft, und Abtreibungen wurden mit hohen Zuchthausstrafen belegt. Gewollte oder ungewollte Kinderlosigkeit eines Ehepartners konnte bei einer Scheidungsklage als Scheidungsgrund geltend gemacht werden.

2/133 VIER PESSARE DER FIRMA «ORGA» IM ORIGINALKARTON
BEZ.: «SCHUTZMARKE», «ORGA»
UM 1935; STAHLBLECH IN FORM GEDRÜCKT, VERMESSINGT UND VERSILBERT, PAPIER, PAPPE; DM 2,5/4,5 CM, SCHACHTEL 4 X 4 X 2,5 CM
DHM 1990/2586

Die beigefügte Gebrauchsanweisung gibt Hinweise zum richtigen Einsetzen und Herausnehmen der Pessare. Es finden sich aber keine Angaben zu ihrer Wirkung.

2/134 PLAKAT
«GESUNDE ELTERN – GESUNDE KINDER!»
HG.: N.S. VOLKSWOHLFAHRT, REICHSFÜHRUNG, BERLIN
ENTWURF: FRANZ WÜRBEL
1933; LITHOGRAPHIE; 59,8 X 41,9 CM
DHM 1990/533

Das Plakat fordert auf: «Lest die bevölkerungspolitischen Aufklärungsschriften der N.S. Volkswohlfahrt!» und propagiert mit der Präsentation einer strahlenden, gesunden deutschen Idealfamile mit vier Kindern das

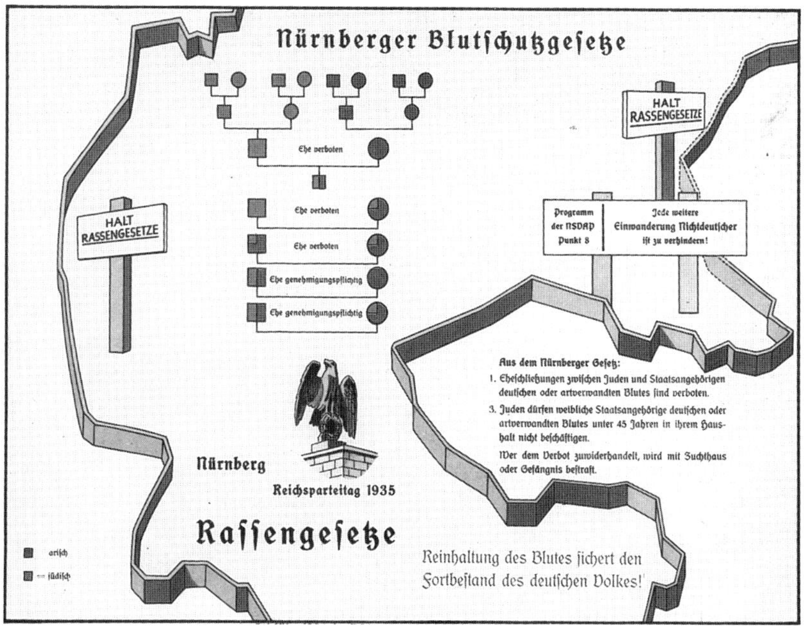

2/137

«Gesetz zur Verhütung erbkranken Nachwuchses» vom 14.07.1933. Das Gesetz legte fest, daß erbkranke Menschen, auch gegen ihren Willen, sterilisiert werden konnten.Dabei war laut Gesetzestext auch «die Anwendung unmittelbaren Zwanges zulässig». Erwünscht war ausschließlich der nach den Vorstellungen der Nationalsozialisten «gesunde», «erbreine» Nachwuchs.

2/135 «MERKBLATT ÜBER DIE UNFRUCHTBARMACHUNG»
1933; 14,7 X 20,8 CM
DHM, BESTAND ZEUGHAUS (DO 70/90 II)

Das Merkblatt nennt die im «Gesetz zur Verhütung erbkranken Nachwuchses» als erblich definierten Krankheiten: «Die Unfruchtbarmachung ... hat den Zweck, die Weiterverbreitung von Erbkrankheiten zu verhindern. Solche Krankheiten sind: angeborener Schwachsinn, Schizophrenie, zirkuläres (manisch-depressives) Irresein, erbliche Fallsucht, erblicher Veitstanz (Huntingtonsche Chorea), erbliche Blindheit, erbliche Taubheit, schwere erbliche körperliche Mißbildung, ferner schwerer Alkoholismus.»

1934 fielen 400 000 Menschen unter die Bestimmungen dieses Gesetzes. Die Zwangssterilisationen gehörten zu den Maßnahmen, die der Schaffung eines rassisch reinen Idealtypus der Deutschen dienen sollten.

2/136 «MERKBLATT FÜR EHESCHLIESSENDE»
HG.: REICHSGESUNDHEITSAMT, BERLIN
VERLAG: STAATL. BESCHAFFUNGSSTELLE/ STAATSVERLAG, DARMSTADT
DRUCK: ALBIN KLEIN, GIESSEN
BERLIN 1941; 21,4 X 30 CM (AUFGESCHL.)
DHM 1990/857

«Dieses Merkblatt soll der Standesbeamte gemäß § 45 Abs. 5 des Personenstandsgesetzes den Verlobten und denjenigen, deren Einwilligung zu der Verehelichung nach dem Gesetze erforderlich ist, vor Anordnung des Aufgebots aushändigen.»

Das Blatt fordert die Paare auf, sich vor der Schließung der Ehe zu vergewissern, ob sie die Voraussetzungen in gesundheitlicher und rassischer Hinsicht erfüllen. Benannt wird hauptsächlich das Ehegesundheitsgesetz, das vor allem die Ehe zwischen Verlobten mit ansteckenden Krankheiten verbot.

2/138

2/138 PLAKAT «RASSENSCHANDE TODESSTRAFE FÜR RASSESCHÄNDER»
HG.: JULIUS STREICHER
ENTWURF: PHILIPP RUPPRECHT («FIPS»)
DRUCK: HANS LOTTER, NÜRNBERG
UM 1936; LINOLDRUCK; 84 X 59,4 CM
DHM 1990/1102

Das Propagandaplakat wurde herausgegeben vom antisemitischen Hetzblatt «Der Stürmer», das 1923 gegründet worden war. Dargestellt wird der Kopf eines Juden im Profil, der wie ein Teufel das idealisierte Gesicht einer «arischen» Frau mit Flammen zu umzüngeln scheint. Das Plakat wirbt für eine Sondernummer, die vorgibt, die Nürnberger Gesetze erläutern zu wollen. Dahinter verbirgt sich jedoch eine Hetzkampagne des «Stürmers», die die Todesstrafe für «Rasseschänder» fordert.

Die Strafen für «Rassenschande», die anfänglich Zuchthausstrafen vorsahen, wurden nach Kriegsbeginn mit der «Verordnung gegen Volksschädlinge» (05.09.1939) nicht selten durch Todesstrafen verschärft. Es lag jetzt in der Macht der Staatsanwaltschaft, diese Verordnung anzuwenden und das Delikt vor ein Sondergericht zu bringen.

2/137 PLAKAT «NÜRNBERGER BLUTSCHUTZGESETZE»
HG.: VERLAG FÜR NATIONALE LITERATUR, GEBR. RATH, STUTTGART-N.
BEZ.: «VOGEL: ERBLEHRE UND RASSENKUNDE»
STUTTGART 1935; OFFSET; 29,2 X 38,8 CM
DHM 1989/2578

Das Plakat zu den sogenannten Nürnberger Gesetzen, die auf dem Reichsparteitag 1935 verabschiedet wurden, zeigt die Grenzen des Deutschen Reiches mit einer Mauer eingefaßt. An der Grenze warnt ein Schild «Halt Rassengesetze».

Am 15. September 1935 wurden zwei «Rassengesetze» erlassen: das «Gesetz zum Schutz des deutschen Blutes und der deutschen Ehre» sowie das «Reichsbürgergesetz».

Das sogenannte Blutschutzgesetz bot die Grundlage für Zuchthausstrafen bei Eheschließungen und außerehelichem Geschlechtsverkehr zwischen Juden und «Deutschblütigen».

Das «Reichsbürgergesetz» schuf für «Arier» den Status des Reichsbürgers, an den alle politischen Rechte geknüpft waren, während Juden nur die Staatsbürgerschaft behielten.

2/139 AHNENPASS
AUSGESTELLT FÜR WALTER SCHMARBECK
VERLAG J. STEINBRENNER, WINTERBERG, BAYER. OSTMARK
NACH 1940; VORDRUCK MIT TINTENSCHRIFTLICHEN EINTRAGUNGEN; 48 SEITEN; 17,5 X 12 CM
DHM, BESTAND ZEUGHAUS (DO 72/223 II)

Die Nationalsozialisten maßten sich an, die Wertschätzung eines Menschen anhand seiner nach völkischen Gesichtspunkten gemessenen Herkunft festlegen zu können. Das Zitat Adolf Hitlers: «Das Recht zum Leben leite ich ab von dem Wert, den ein Volk hat», das dem Ahnenpaß vorangestellt wurde, läßt keinen Zweifel an der Absicht, diejenigen, die diesen willkürlich gesetzten Maßstäben nicht entsprachen, zu vernichten.

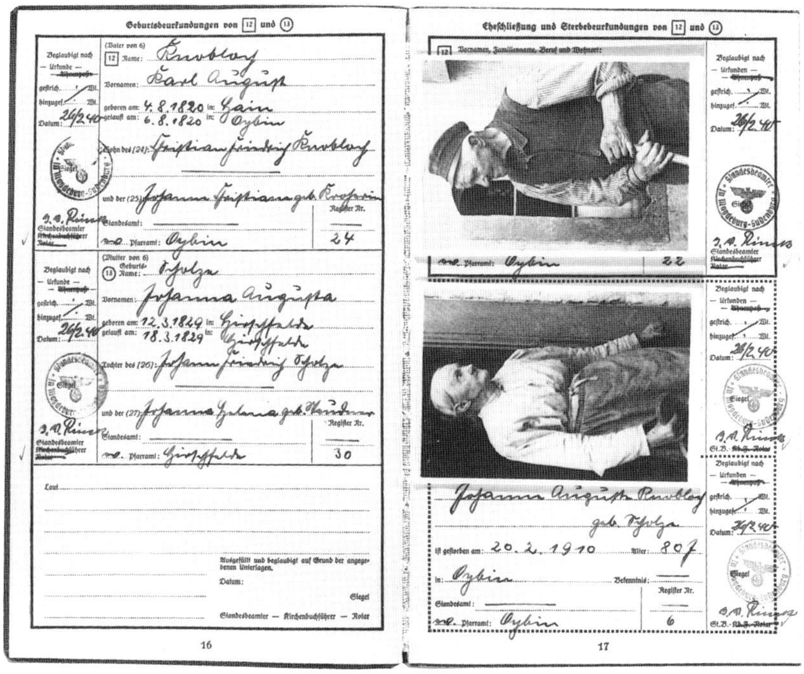
Geburtsbeurkundungen von 12 und 13
Eheschließung und Sterbebeurkundungen von 12 und 13
16
17

2/140

2/140 «DER AHNENPASS»
HG.: REICHSVERBAND DER STANDESBEAMTEN DEUTSCHLANDS
VERLAG FÜR STANDESAMTSWESEN G.M.B.H, BERLIN
1940; LEDEREINBAND; VORDRUCK MIT TINTENSCHRIFTLICHEN EINTRAGUNGEN, PHOTOGRAPHIEN; 160 SEITEN; 21 X 13,5 X 1,3 CM
DHM, BESTAND ZEUGHAUS (DO 86/117 I)

Ein Ahnenpaß war eine wichtige Voraussetzung für den «Ariernachweis», den jeder Bürger des Deutschen Reiches zu erbringen hatte, seit durch die Nürnberger Gesetze das volle Bürgerrecht (Reichsbürgerschaft) ausschließlich an Bürger mit «deutscher oder artverwandter Abstammung» verliehen wurde. Ein vollständiger, amtlich und/oder kirchlich beglaubigter Ahnenpaß ersetzte die sonst geforderten Geburts-, Tauf- und Trauurkunden.

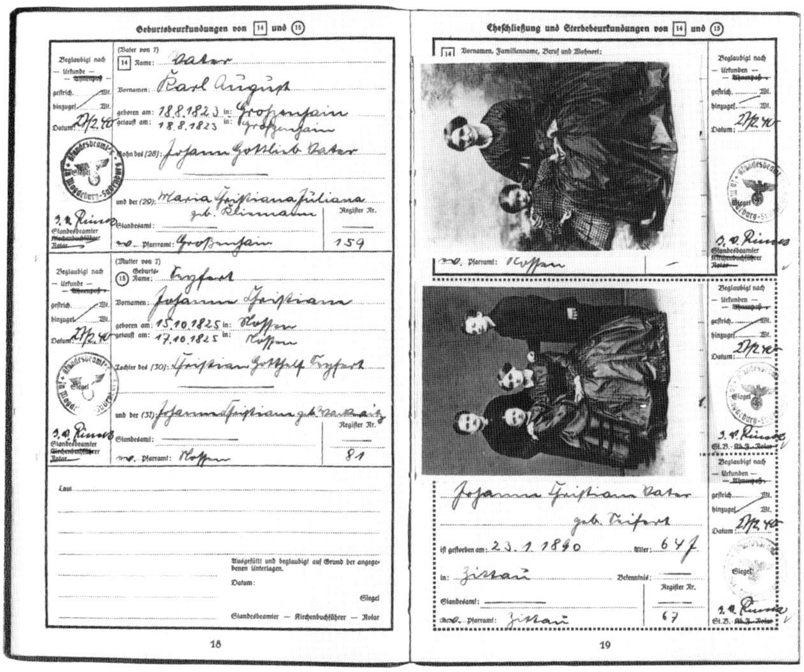
Geburtsbeurkundungen von 14 und 15
Eheschließung und Sterbebeurkundungen von 14 und 15
18
19

ARBEIT UND ARBEITSJUBILÄEN

2/141–148

Die Erfassung des Einzelnen wurde auch im Arbeitsleben angestrebt. Der Besitz eines sogenannten Arbeitsbuchs, in dem alle verpflichtenden Arbeitsdienste wie Landjahr oder Reichsarbeitsdienst eingetragen wurden, war obligatorisch. Ohne Arbeitsbuch durfte niemand beschäftigt werden. Ein Ausscheren oder eine Verweigerung dieser Kontrollmechanismen war kaum möglich. Der Zugriff verschärfte sich während des Krieges weiter, als viele Frauen und Männer zur Arbeit in «kriegswichtigen Betrieben» dienstverpflichtet wurden.

1933 wurden die Gewerkschaften von den Nationalsozialisten zerschlagen, das gesamte Gewerkschaftsvermögen beschlagnahmt und die Gewerkschaftsführer verhaftet. An ihre Stelle trat die «Deutsche Arbeitsfront» (DAF). Die DAF besaß allerdings keinerlei Rechte zum Abschluß von Tarifverträgen oder zur Regelung von Arbeits- und Urlaubszeiten. Ihre Aufgabe war einzig die politische Schulung und Erziehung der Arbeiterschaft. Arbeitgeber waren ebenso wie Arbeitnehmer in der DAF organisiert.

Dennoch war die Deutsche Arbeitsfront eine ausgesprochene Massenorganisation: 1939 zählte sie dreißig Millionen Mitglieder. Die Mitgliedschaft wurde mehr oder weniger erzwungen; eine Nichtmitgliedschaft konnte eine Kündigung nach sich ziehen.

Die Freizeitorganisation «Kraft durch Freude» wurde von der DAF geführt. Auch das war sicherlich ein Grund für die hohen Mitgliederzahlen.

2/141-148 ACHT ARBEITSBÜCHER «DEUTSCHES REICH ARBEITSBUCH» AUSGESTELLT VON DEN ARBEITSÄMTERN IN NAUGARD, SCHWERIN, BERNBURG, SONDERSHAUSEN, WALDENBURG/ SCHLESIEN, LEIPZIG, MAGDEBURG, BERLIN; 1935-1939; KARTONBROSCHUR, GEWEBERÜCKEN; CA. 35 SEITEN; JE 15 X 11 CM
DHM, BESTAND ZEUGHAUS (DO 88/126 II, 132 II, 82/58 I, VIER O.NR.)

Die Arbeitsbücher, eingeführt per Gesetz vom 26.02.1935, wurden von den Arbeitsämtern ausgestellt. Vermerkt wurden detaillierte Angaben zur Berufsausbildung (abgeschlossene Lehre, Lehrbetrieb, Fachschule, sonstige Fachausbildung, landwirtschaftliche Kenntnisse, besondere Fertigkeiten, z.B. Führerschein für Kraftfahrzeuge, für Flugzeuge). «Möglichst genau anzugeben» waren ebenfalls alle «bisherigen Beschäftigungsarten von längerer Dauer» (Name und Sitz des Betriebes, Art des Betriebes und der Betriebsabteilung, Tag des Beginns und der Beendigung der Beschäftigung, Art der Beschäftigung).

2/149 PLAKAT «DAMALS WIE HEUTE / WIR BLEIBEN KAMERADEN / DIE DEUTSCHE ARBEITSFRONT»
HG.: OTTO GEIGER, DEUTSCHE ARBEITSFRONT
SIGN. R.U.: PENGEN (?)
DRUCK: M. MÜLLER & SOHN G.M.B.H, BERLIN 1933; OFFSET; 84 X 59 CM
DHM 1988/998.68

Das Werbeplakat der Deutschen Arbeitsfront zeigt einen Ingenieur im Kittel mit einem Zirkel Hand in Hand mit einem Arbeiter, der in der anderen Hand einen Hammer hält. Im Hintergrund sind zwei Soldaten des Ersten Weltkriegs zu sehen. Das Plakat will an die Gemeinschaft der Kopf- und Handarbeiter am Arbeitsplatz appellieren, indem es diese Gemeinschaft mit der Kameradschaft der Soldaten gleichsetzt.

Die Eigenständigkeit organisierter Gruppen innerhalb der DAF hatte nicht lange Bestand: Arbeiter, Angestellte und Unternehmer mußten ihre Organisationen auflösen, und der Staat ordnete eine Einheitsmitgliedschaft aller «schaffenden Deutschen» an.

Das Plakat drückt den zentralen Gründungsgedanken der DAF aus: Es sollte eine «Volks- und Leistungsgemeinschaft» gebildet werden, die dem Klassenkampf abgeschworen hat.

2/149

2/152

2/150 MEISTERBRIEF FÜR EINEN KONDITORMEISTER
15.02.1939; 58 X 48 CM
WOLFGANG STOFFENBERGER, BERLIN

Der Meisterbrief ist ausgestellt für Otto Lemmer aus Berlin, geboren am 10.05.1908. 1939 hat er gemäß der Reichsgewerbeordnung seine Meisterprüfung im Konditoren-Handwerk bestanden. Der Brief ist mit einem aufgedruckten Hakenkreuz unterlegt. Der Name des Prüflings wurde mit Goldfarbe in die Urkunde eingetragen.

Die Gepflogenheiten und Traditionen der Handwerker wurden weitergeführt, allerdings wurden die Insignien des NS-Staates hinzugefügt.

Ähnlich war es auch bei den traditionellen Leistungsschauen des Handwerks, die sich jetzt mit der Betonung des «Deutschtums» präsentierten.

2/151 SONDERBEILAGE ZUR AUSSTELLUNG «DEUTSCHES VOLK – DEUTSCHES HANDWERK» DER ZEITSCHRIFT «DIE KONDITOREI»
1934; 31 X 46 CM (AUFGESCHL.)
WOLFGANG STOFFENBERGER, BERLIN

Die Ausstellung «Deutsches Volk – Deutsche Arbeit» fand vom 21.04. bis zum 03.06.1934 in Berlin statt. Die abgebildeten Stücke wurden in der «Halle des Handwerks» ausgestellt. In der Beilage werden die Ziele der Ausstellung folgendermaßen beschrieben: «Grundlegend für die gesamte Ausstellung war, daß die Durchbildung der Gruppen von den jeweiligen Reichsfachverbänden getragen wurden. Es sollte stets nur das Handwerk selbst in den Vordergrund treten. Geradezu mustergültig war diese Aufgabe von unserem Konditorengewerbe gelöst, wie von allen Fachbesuchern einstimmig anerkannt wurde.»

2/152 PLAKAT «TREUE UM TREUE»
HG.: VOLKSGESUNDHEITS- UND BETRIEBSFÜHRUNGS-BILDERDIENST
WIRTSCHAFTS- UND WERBEVERLAG CURT COWAL
BERLIN, UM 1938; OFFSET; 70 X 50 CM
DHM 1989/1142

Das Photo des «Werkmeisters Richard C.», der nach eigenen Worten «über 50 Jahre im gleichen Betrieb tätig war», ist neben einer Dienstauszeichnung mit Hakenkreuz abgebildet. Darunter ist ein Zitat des Werkmeisters über seine Berufstätigkeit abgedruckt: «Über 50 Jahre war ich im gleichen Betrieb tätig, habe von unten angefangen und mich hinaufgearbeitet. Der Betrieb war für mich meine zweite Heimat. Gute und schlechte Zeiten habe ich mit ihm durchkämpft, aber die Treue zum Betrieb war Selbstverständlichkeit.» Unabhängig von den politischen und wirtschaftlichen Verhältnissen, die sich während der 50 Jahre der Betriebszugehörigkeit des Werkmeisters geändert haben, ist er «seinem» Unternehmen treu geblieben.

2/153

2/153 PHOTOALBUM: ARBEITSJUBILÄEN
ESSEN, 1934/35; KARTON, LEDEREINBAND, BAND; 19 X 28 X 2 CM
DHM 1991/1985

Das Album enthält 24 Photographien, die anläßlich der 25- bzw. 40jährigen Betriebszugehörigkeit von Arbeitern aus der Reparaturwerkstatt IV der Firma Krupp in Essen aufgenommen wurden. Die Bilder zeigen die Jubilare entweder gemeinsam mit ihren Kollegen oder vor ihren geschmückten Geschenktischen. Die Insignien der NSDAP fehlen bei diesen Arbeitsjubiläen schon 1934/35 nicht.

2/154 DREI EHRENURKUNDEN ZUM ARBEITSJUBILÄUM
A) «EHRET DIE ARBEIT»
B) EHRENURKUNDE DER DEUTSCHEN ARBEITSFRONT
C) EHRENURKUNDE DER INDUSTRIE- UND HANDELSKAMMER FÜR ELISABETH KALKOFF
BERLIN, ZUM 17.04.1941; LEDEREINBÄNDE, SILBERKORDEL; GEPRÄGT, BEDRUCKT; 40,2 X 31,4 CM, 38,3 X 30,5 CM, 38,8 X 30,7 CM
DHM 1990/785.1-3

Die Urkunde «Ehret die Arbeit» wurde der Jubilarin vom Deutschen Verlag, Berlin, überreicht: «Zur 25jährigen Wiederkehr des Tages der Zugehörigkeit zu unserem Hause widmen wir diese Jubiläums-Urkunde unserer Arbeitskameradin Elisabeth Kalkoff in dankbarer Anerkennung für alle in treuer Pflicherfüllung geleisteten Dienste. Wir verbinden damit gleichzeitig den Wunsch für weitere Jahre bester und ungetrübter Schaffenskraft.»

Auch die Deutsche Arbeitsfront überreichte ein Ehrendokument: «Die Deutsche Arbeitsfront verleiht der Volksgenossin Elisabeth Kalkoff in der Betriebsgemeinschaft Deutscher Verlag, Berlin SW 68 diese Ehrenurkunde für 25jährige treue Pflichterfüllung und verbindet damit die besten Wünsche für ein weiteres gesundes und glückliches Schaffen.»

Die Berliner Industrie- und Handelskammer widmete mit dem Leitspruch «Pflichterfüllung heißt der Allgemeinheit dienen» der Jubilarin ebenfalls eine Urkunde: «Der Stenotypistin Elisabeth Kalkoff, geb. Mühlefeldt, geboren am 3.11.1899 zu Berlin, als Zeichen ehrender Anerkennung für 25jährige treue und erfolgreiche Tätigkeit bei der Firma Deutscher Verlag Berlin». Das Hakenkreuz ist unauffällig als Prägedruck vorhanden.

2/156

2/155 ERINNERUNGSGESCHENK ZUM ARBEITSJUBILÄUM FÜR ELISABETH KALKOFF
BERLIN, ZUM 17.04.1941; MIT TUSCHE UND BUNTSTIFTEN BEMALT; 38,4 X 30,1 CM
DHM 1990/785.4

Elisabeth Kalkoff war bei der «BZ am Mittag» beschäftigt und erhielt zur Feier der 25jährigen Betriebszugehörigkeit von den Kollegen eine selbstgefertigte Schmuckurkunde, die die Jubilarin vor einer Schreibmaschine sitzend porträtiert. Um den Hals trägt sie eine Ehrenmedaille, die mit einer «25» beschriftet ist, und im Haar einen Lorbeerkranz.

Die Glückwünsche der Kollegen zieren das Ehrenblatt: «Unsere liebe Arbeitskameradin Frau Elisabeth Kalkoff hat ihren Platz an der Schreibmaschine in der Anzeigen-Korrespondenz des Deutschen Verlages ein Vierteljahrhundert hindurch mit vorbildlichem Fleiss ausgefüllt. Wir bewundern diese einmalige Leistung und wünschen der Jubilarin an ihrem heutigen Ehrentage alles Gute.» Die Innenseite des Einlegeblattes enthält unter dem Motto «Wir gratulieren» zahlreiche Unterschriften, geordnet nach den einzelnen Abteilungen des Deutschen Verlages, zu dem auch die «BZ am Mittag» gehörte.

2/156 PHOTOGRAPHIE: GABENTISCH ZUM 25JÄHRIGEN ARBEITSJUBILÄUM
BERLIN, 17.04.1941; REPRODUKTION; 16,9 X 22,2 CM
DHM 1990/785.9

Die Aufnahme zeigt die Jubilarin Elisabeth Kalkoff vor einem Ehrentisch, der geschmückt ist mit Lorbeergirlanden, glänzenden Bändern, zwei Hakenkreuz-Wimpeln und einer umkränzten «25». Diese Zahl ist aus Glühbirnen gebildet und an einer Wand fest installiert, so daß sie zu jedem 25jährigen Arbeitsjubiläum illuminiert werden konnte. Auf dem Gabentisch sind Blumensträuße, eine Porzellanfigur und eine Tischlampe sowie die Mappe «Ehret die Arbeit» (vgl. 2/154) aufgebaut. Davor sitzt die Jubilarin; im Hintergrund ist, fast verdeckt, auch die Schmuckurkunde der Kollegen zu sehen (vgl. 2/155).

TOD

Der Tod war in der Ideologie der Nationalsozialisten eine mit Pathos erfüllte Größe. Der Eid, bis in den Tod zu kämpfen, war für den Soldaten eine geläufige, eingeübte Formel, und die Führer des NS-Regimes haben von Anfang an den Tod als letzten Beweis für die Hingabe an den Nationalsozialismus gefordert. Unbedingter Glaube und Gehorsam durften keine Grenzen von Einsatz- und Opferbereitschaft kennen.

Gemessen an der Sicherung und Ausdehnung des nationalsozialistischen Staates war der Tod des Einzelnen unerheblich. Leben und Sterben waren Diensterfüllung am Ganzen.

Der hier dokumentierte Tod der Soldaten steht exemplarisch für die Verherrlichung des Todes durch den NS-Staatsapparat. Obwohl das Töten und Sterben der Soldaten im Krieg eine äußerst brutale und schockierende Angelegenheit war, wurde ihr Tod als «Heldentod fürs Vaterland» und damit zum letzten Zweck des Soldatenlebens verklärt. Der Krieg beendete massenhaft das Leben der Menschen vorzeitig und nahm ihnen die Möglichkeit, die Stationen eines normalen Lebens zu absolvieren.

2/157 PLAKAT «BEKANNTMACHUNG ÜBER DIE ERFASSUNG DER GEBURTSJAHRGÄNGE 1904 UND 1905»
HG.: POLIZEIPRÄSIDIUM ALS KREISPOLIZEIBEHÖRDE, MÜNCHEN
31.01.1940; HOCHDRUCK; 84 X 59,9 CM
DHM, BESTAND ZEUGHAUS (P 80/827)

Das Plakat forderte die Männer der Geburtsjahrgänge 1904 und 1905 auf, sich für die «Anlegung eines Wehrstammblattes im Wehrpflichtamt» zu melden. Die Einberufung zum Kriegsdienst erfolgte nach dieser Registrierung.

Diese Bekanntmachung galt als amtliche Aufforderung; eine zusätzliche Mitteilung erging nicht. Bei einer Nichtmeldung drohten den Männern Strafen und Zwangsmaßnahmen. Zur Anmeldung mitzubringen waren u.a.: Geburtsschein, Ahnenpaß, Nachweise über Berufsausbildung (Gesellenprüfung, Meisterprüfung), Arbeitsbuch und Ausweise über die Zugehörigkeit in den Organisationen der NSDAP. Alle wichtigen Stationen in einem nationalsozialistisch erfaßten Lebensweg mußten schriftlich belegt werden.

2/158 DOKUMENTE ZUM LEBENSLAUF WILL HARDERS
A) PORTRÄTPHOTOGRAPHIE ALS KAMERADSCHAFTSFÜHRER DER HITLERJUGEND
UM 1938; BÜTTENRAND; 6,6 X 4 CM
DHM 1992/308
B) PHOTOGRAPHIE ALS HJ-FÜHRER
UM 1938; 14,1 X 9,2 CM
DHM 1992/319
C) PHOTOGRAPHIE VON ANGEHÖRIGEN DER WEHRMACHT
VOR DEM 23.06.1940; 12,5 X 17,5 CM
DHM 1992/318
DER LEUTNANT WILL HARDER SITZT IM BEIWAGEN EINES MOTORRADS, UMRINGT VON KAMERADEN.
D) TODESANZEIGE FÜR WILL HARDER
1940; 12,3 X 13,4 CM
DHM 1992/316

2/158

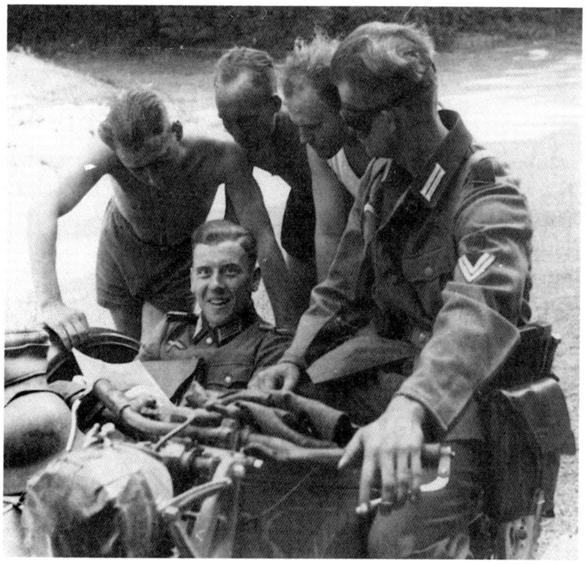

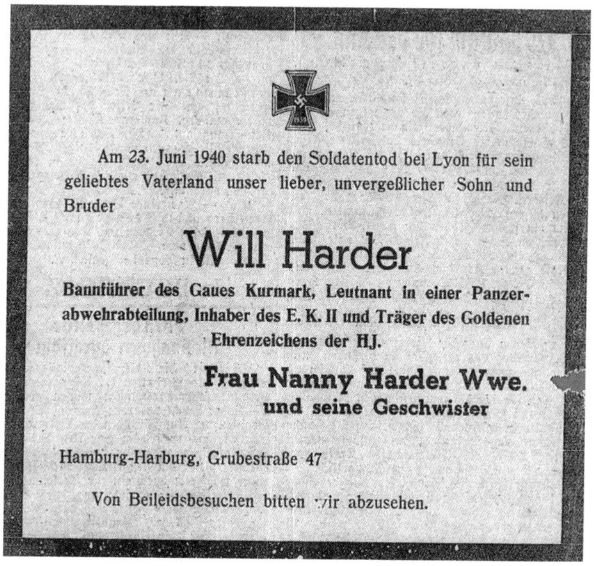

Am 23. Juni 1940 starb den Soldatentod bei Lyon für sein geliebtes Vaterland unser lieber, unvergeßlicher Sohn und Bruder

Will Harder

Bannführer des Gaues Kurmark, Leutnant in einer Panzerabwehrabteilung, Inhaber des E. K. II und Träger des Goldenen Ehrenzeichens der HJ.

Frau Nanny Harder Wwe.
und seine Geschwister

Hamburg-Harburg, Grubestraße 47

Von Beileidsbesuchen bitten wir abzusehen.

Das Konvolut umfaßt Photos aus der HJ- und Militärzeit von Will Harder. Gemeinsam mit den Photos wurde die Todesanzeige aufbewahrt: «Am 23. Juni 1940 starb den Soldatentod bei Lyon für sein geliebtes Vaterland unser lieber, unvergeßlicher Sohn und Bruder Will Harder, Bannführer des Gaues Kurmark, Leutnant in einer Panzerabwehrabteilung, Inhaber des E.K.II und Träger des Goldenen Ehrenzeichens der HJ.»

Deutlich zeigt dieser Nachlaß die Lebensstationen unter der NS-Herrschaft: Direkt von der Hitlerjugend ging Will Harder in seinen Dienst in der Wehrmacht – und damit in den Tod.

2/159 WEHRPASS
DAZU ZWEI BESCHEINIGUNGEN UND BRIEFUMSCHLAG DES OBERKOMMANDOS DER WEHRMACHT, WEHRMACHTSAUSKUNFTSSTELLE FÜR KRIEGSVERLUSTE UND KRIEGSGEFANGENE, BERLIN W 30
AUSGESTELLT IN BERLIN, 1939; VORDRUCK MIT TINTENSCHRIFTLICHEN EINTRAGUNGEN; 52 SEITEN; 14,6 X 10,4 CM
DHM, BESTAND ZEUGHAUS (DO 69/73 II)

Die Titelseite des Wehrpasses für Georg Müller wurde mit rotem Buntstift mit dem Vermerk «Gefallen 9.6.1942» durchgestrichen. Der Paß wurde dem Vater vom Wehrmeldeamt in Berlin-Pankow zugesandt. Die Wehrpässe waren zumeist das einzige, was die Familien zusammen mit der Todesnachricht von ihren Angehörigen zurückerhielten.

In dem Begleitschreiben heißt es: «Das Wehrmeldeamt Berlin-Pankow übersendet Ihnen beiliegend zu stetem Andenken den Wehrpaß Ihres auf dem Felde der Ehre für Führer und Vaterland gefallenen Sohnes.» In einem zweiten Schreiben – ein ganzes Jahr später datiert – wird dem Vater ein Besitzzeugnis und eine «rum. Medaille Kreuzzug gegen den Kommunismus» zugesandt. «Diese Auszeichnung wurde Ihrem Sohn für die Kämpfe auf der Krim verliehen. Eine schnellere Zusendung konnte leider nicht erfolgen, da diese Auszeichnungen jetzt erst bei der Dienststelle eingegangen sind.»

Posthum wurde dem gefallenen Soldaten von den rumänischen Bündnispartnern eine Kriegserinnerungsmedaille zugesprochen. Sie wurde für Kämpfe in bestimmten Frontabschnitten verliehen; eine besondere Leistung mußte für den Erhalt nicht erbracht werden. Die Zusendung dieser Kriegsauszeichnung an den Vater ein Jahr nach dem Tod seines Sohnes erscheint aus heutiger Sicht makaber, zumal diese Auszeichnungen hauptsächlich zu Propagandazwecken verliehen wurden. Das Militär wollte damit die korrekte «Verwaltung» des Krieges dokumentieren.

2/160 WEHRPASS
AUSGESTELLT IN BERLIN, 27.01.1940; VORDRUCK MIT TINTENSCHRIFTLICHEN EINTRAGUNGEN, LICHTBILD; 28 SEITEN; 14,5 X 10,5 CM
DHM, BESTAND ZEUGHAUS (DO 73/229 II)

Der Wehrpaß wurde für den Arbeiter Johann Sobieraj (geboren am 24.05.1909) ausgestellt. 1940 wurde er bei der Musterung zum Wehrdienst für «kriegsverwendungsfähig» befunden. Ein kleiner Zeitungsausschnitt mit seiner Todesanzeige wurde im Wehrpaß aufgehoben. Laut der Anzeige fand er «im Alter von 34 Jahren am 2. August 1943 vor Orel den Heldentod».

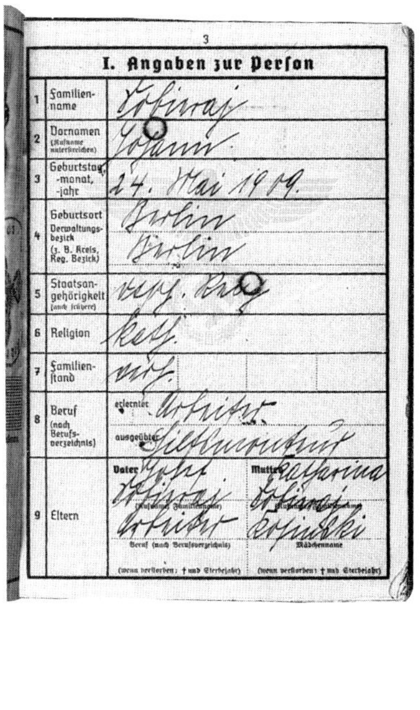

2/160

1/162

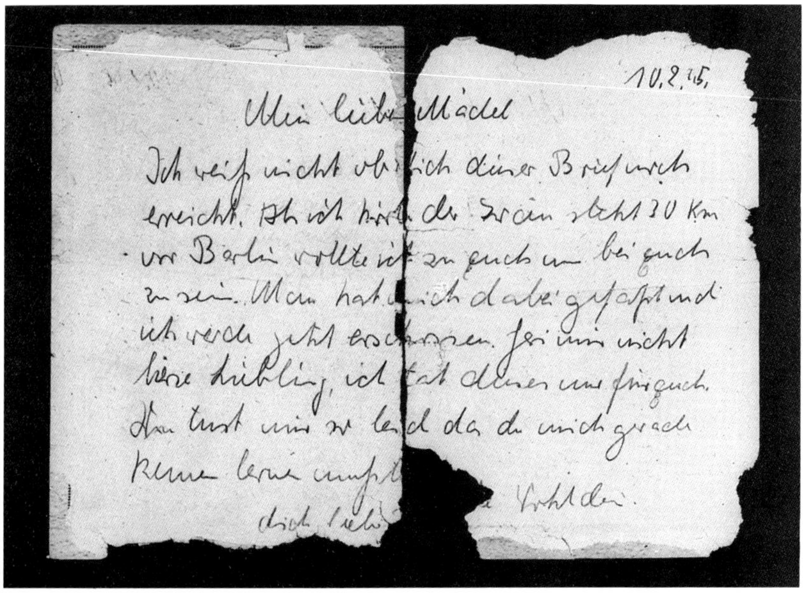

2/163

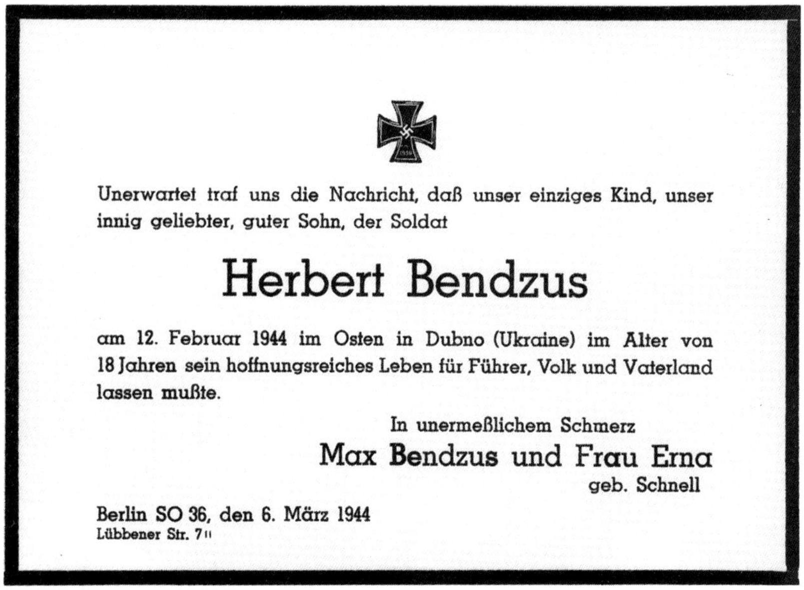

Unerwartet traf uns die Nachricht, daß unser einziges Kind, unser innig geliebter, guter Sohn, der Soldat

Herbert Bendzus

am 12. Februar 1944 im Osten in Dubno (Ukraine) im Alter von 18 Jahren sein hoffnungsreiches Leben für Führer, Volk und Vaterland lassen mußte.

In unermeßlichem Schmerz

Max Bendzus und Frau Erna

geb. Schnell

Berlin SO 36, den 6. März 1944

Lübbener Str. 7 II

2/164

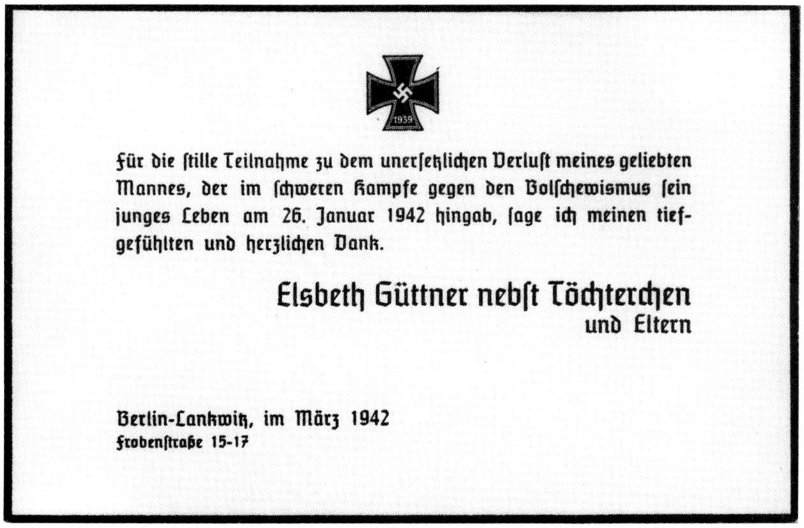

Für die stille Teilnahme zu dem unersetzlichen Verlust meines geliebten Mannes, der im schweren Kampfe gegen den Bolschewismus sein junges Leben am 26. Januar 1942 hingab, sage ich meinen tiefgefühlten und herzlichen Dank.

Elsbeth Güttner nebst Töchterchen

und Eltern

Berlin-Lankwitz, im März 1942

Frobenstraße 15-17

2/161 WEHRPASS

DRUCK: METTEN & CO., NATIONALER WERBEDRUCK, BERLIN SW 63

AUSGESTELLT IN MAGDEBURG, 13.01.1938; VORDRUCK MIT TINTENSCHRIFTLICHEN EINTRAGUNGEN; 52 SEITEN; 14,7 X 10,6 CM

DHM, BESTAND ZEUGHAUS (DO 82/1 II)

Der Wehrpaß gehörte Ernst Funke, der sich 1938 freiwillig zur 1. Kompanie der Flieger-Ersatzstaffel gemeldet hatte. Eingesetzt wurde er im 8. Nachtjagdgeschwader. Die letzte Eintragung vom 20.02.1945 bezeugt einen Flugzeugabsturz mit tödlichem Ausgang am 01.12.1944.

2/162 ABSCHIEDSBRIEF EINES SOLDATEN AN SEINE FREUNDIN

1945; 14,5 X 20 CM

DHM 1989/2197.1

Unmittelbar vor seiner Hinrichtung am 10.02.1945 schrieb Rudi Ende an seine Freundin:

«Mein liebes Mädel

Ich weiß nicht ob dich dieser Brief noch erreicht. Als ich hörte der Iwan steht 30 km vor Berlin wollte ich zu euch um bei euch zu sein. Man hat mich dabei gefaßt und ich werde jetzt erschossen. Sei mir nicht böse Liebling, ich tat dieses nur für euch. Du tust mir so leid da(ß) du mich gerade kennen lernen mußt(est).

(Lebe) Wohl dein dich liebe(nder Rudi)».

Etwa 16.000 deutsche Soldaten, die sich dem Wehrdienst für das NS-Regime durch Flucht entziehen wollten, wurden gefaßt und als «Deserteure» erschossen.

2/163 BEILEIDSSCHREIBEN DES KOMPANIECHEFS UND TODESANZEIGE
18.02./06.03.1944; TINTENSCHRIFTLICH; 29,8 X 21 CM (BEILEIDSSCHREIBEN); PAPPE, DRUCK; 10,4 X 14,8 CM (TODESANZEIGE)
DHM 1990/1536, 1535

Das Beileidsschreiben an den Vater des gefallenen Soldaten wurde vom Kompaniechef verfaßt:

«Im Felde, den 18.2.1944
Sehr geehrter Herr Bendzus!
In dem Gefecht in Dubno (Ukr) am 12.2.44 fiel Ihr Sohn der Soldat Herbert Bendzus im Kampf um die Freiheit Großdeutschlands in soldatischer Pflichterfüllung, getreu seinem Fahneneid für Führer, Volk und Vaterland.

Zugleich im Namen seiner Kameraden spreche ich Ihnen meine wärmste Anteilnahme aus. Die Kompanie wird Ihrem Sohn stets ein ehrendes Andenken bewahren und in ihm ein Vorbild sehen.

Die Gewißheit, daß Ihr Sohn für die Größe und Zukunft unseres ewigen Deutschen Volkes sein Leben hingab, möge Ihnen in dem schweren Leid, das Sie betroffen hat, Kraft geben und Ihnen ein Trost sein.

In aufrichtigem Mitgefühl grüße ich Sie mit Heil Hitler».

Die tröstenden Worte, die der Kompaniechef dem Vater schrieb, wurden in der Todesanzeige von der Familie wieder aufgegriffen. Die von einem schwarzen Trauerrand umrahmte Todesanzeige weist als einzigen Schmuck ein Eisernes Kreuz mit einem Hakenkreuz auf. Der Text der Anzeige lautet: «Unerwartet traf uns die Nachricht, daß unser einziges Kind, unser innig geliebter, guter Sohn, der Soldat Herbert Bendzus am 12. Februar 1944 im Osten in Dubno (Ukraine) im Alter von 18 Jahren sein hoffnungsreiches Leben für Führer, Volk und Vaterland lassen mußte.»

Die Angehörigen zeigten ihre Verbundenheit mit dem Staat, indem sie in der Traueranzeige betonten, daß ihr Sohn «für Führer, Volk und Vaterland» gestorben sei. Sie griffen damit die vom Kompaniechef gebrauchte Formulierung wieder auf. Zugleich versuchten sie mit dieser Deutung, dem Sterben des 18jährigen einen Sinn zu geben.

2/164 BEILEIDSDANKSAGUNG
BERLIN 1942; DRUCK; 9,3 X 14,9 CM
DHM, BESTAND ZEUGHAUS (DO 90/273)

Eine Witwe dankt für die ihr zugegangenen Beileidsbekundungen: «Für die stille Teilnahme zu dem unersetzlichen Verlust meines geliebten Mannes, der im schweren Kampfe gegen den Bolschewismus sein junges Leben am 26. Januar 1942 hingab, sage ich meinen tief gefühlten und herzlichen Dank, Elisabeth Güttner nebst Töchterchen und Eltern».

Auch hier zeigt sich in der Formulierung der Anzeige der Glaube an den NS-Staat. Die Witwe benutzte die Wortwahl der Nationalsozialisten: «im schweren Kampf gegen den Bolschewismus», der hier unausweichlich erscheint, hatte ihr Mann sterben müssen. Deutlich wird hier auch, daß mit dem vorzeitigen Sterben ein neuer Sinn des Todes formuliert werden mußte. Der Tod soll ertragbarer werden, indem er mit einer Aufgabe, einem Kampf verbunden wird.

2/165 GEDENKBLATT «GEFALLENEN-ERINNERUNG / WELTKRIEG / 1939-1945»
SIGN. U.L.: SCHWAZ (?)
NACH 1945; LITHOGRAPHIE MIT TINTENSCHRIFTLICHEN EINTRAGUNGEN, PHOTOGRAPHIE; 34,9 X 28,4 CM
DHM 1992/618 / ABB. S. 76

Dem Andenken an den «Jäger Hans Unterrainer / geboren 17.3.1915/ gefallen 30.8.1941 / Eismeerfront» ist dieses Blatt gewidmet. Unter das aufgeklebte Photo des Gefallenen sind Kreuze von Soldatengräbern gezeichnet. Vermutlich wurde das Gedenkblatt von einer Privatperson angefertigt. Solche Erinnerungsstücke sollten zur Bewältigung des Verlustes dienen und zur Erinnerung an die Soldaten, für die ja zumeist eine Grabstätte als Ort der Trauer und des Gedenkens fehlte.

Diese Aufgabe des Bewahrens haben die Gedenkblätter gemeinsam mit den «Sterbebildern» (vgl. 1/205ff.), die im Unterschied dazu zwar religiös motiviert waren, aber ebenso dem Andenken, der Erinnerung gewidmet waren. Auch sie enthielten oft ein Photo des Verstorbenen.

2/166 ERINNERUNGSBLATT FÜR EINEN GEFALLENEN UNTEROFFIZIER
1941; GLAS, HOLZ; VORDRUCK MIT TINTENSCHRIFTLICHEN EINTRAGUNGEN, GESTEMPELT; 32,3 X 23,8 CM (MIT ORIGINALRAHMEN)
DHM 1989/1798

Das Gedenkblatt dokumentiert in militärischer Diktion den «Heldentod» des verstorbenen Soldaten: «Getreu seinem Fahneneid starb im Kampf um die Freiheit Grossdeutschlands Unteroffizier Hans Ristau am 17.7.1941 / Den Heldentod für Führer – Volk und Vaterland».

2/167

Ehret die Heldengräber
Opfert am 20. und 21. Oktober
Volksbund Deutsche Kriegsgräberfürsorge e.V.
Kupfertiefdruck H. Osterwald, Hannover

2/167 PLAKAT «EHRET DIE HELDENGRÄBER»
DRUCK: H. OSTERWALD, HANNOVER
UM 1940; KUPFERTIEFDRUCK; 46 X 31 CM
DHM 1987/260

Das Plakat wurde von der deutschen Kriegsgräberfürsorge, die zwischen 1915 und 1945 neben dem staatlichen «Amtlichen Gräberdienst» tätig war, in Auftrag gegeben. Der scharfkantige Kopf eines Soldaten der Wehrmacht, der hinter Stahlhelmen und weißen Kreuzen sichtbar wird, gibt der Darstellung eine düstere, zugleich heroische Ausstrahlung.

Das Plakat ruft zu Spenden für die Pflege der Kriegsgräber auf: «Opfert am 20. und 21. Oktober / Volksbund Deutsche Kriegsgräberfürsorge e.V.».

2/168 ZEITUNGSSEITE
«DIE NORDAMERIKANISCHEN TERRORANGRIFFE AUF MÜNCHEN AM 11., 12. UND 16. JULI 1944 FORDERTEN SCHWERE VERLUSTE UNTER DER BEVÖLKERUNG.»
49,3 X 29,5 CM
DHM 1990/852

In alphabetischer Reihenfolge werden die Namen der Toten genannt. Unterzeichnet haben die Anzeige der Gauleiter und der Oberbürgermeister. Während die eigenen Kriegstaten verherrlicht wurden, verurteilte das NS-Regime die Angriffe der Alliierten als «Terrorangriffe».

2/169 GEDENKBLATT «DEN MÜTTERN UND FRAUEN UNSERER GEFALLENEN ZUM TOTENGEDENKTAG»
HG.: HAUPTKULTURAMT DER NSDAP IN DER REICHSPROPAGANDALEITUNG
ENTWURF: HIERO RHODE
DRUCK: ERASMUSDRUCK, BERLIN
09.11.1944; 28,3 X 20,4 CM
DHM 1990/1053

Die Ideologie der Nationalsozialisten wird in diesem offiziellen Erinnerungsblatt zum Gedenken an gefallene Soldaten besonders deutlich. Auf der Vorderseite ist der Text zu lesen: «Wir sind als Einzelwesen nichts anderes als Blätter an einem Baume. Heute sind sie grün und das eine Blatt ist größer, das andere kleiner; dann welkt das eine, dann das andere. Das ist alles aber ganz belanglos, wenn nur der Baum gesund bleibt. Adolf Hitler».

Auf der Innenseite plaziert ist ein Text von Goebbels mit der Überschrift: «Wir erkämpfen den Sieg» und auf der gegenüberliegenden Seite die «Worte einer deutschen Mutter / Das Leben geht weiter». Beide Texte versuchen, die Menschen in den letzten Kriegstagen zum Durchhalten zu bewegen.

2/170

2/170 «EHREN TAFEL»
NACH 1945; PAPPTAFEL MIT AUFGEKLEBTEN PHOTOGRAPHIEN; 52,7 X 38,5 X 0,4 CM
DHM 1992/950

Diese Tafel mit den aufgeklebten Photos der «gefallenen Helden, Heimkehrer und Vermißten» aus dem Ort Burgkirchen wurde vermutlich nach dem Krieg in einem Privathaushalt gebastelt. Zur Bewältigung des massenhaften Sterbens während des Krieges wurde der Tod fürs Vaterland als besonders ehrenvoller Tod überhöht. Zugleich ließ sich Trost darin finden, daß das Sterben im Krieg viele getroffen hatte. Der Zusammenbruch der traditionellen Lebensstationen wurde zur kollektiven Erfahrung.

DEUTSCHE DEMOKRATISCHE REPUBLIK

3/159

3/2

3/3

3/4

3/1 PLAKAT
«ICH BIN 10 JAHRE WIE UNSERE REPUBLIK!»
ENTWURF: JAHNKE/VALLENTHIN,
DEWAG BERLIN
DRUCK: VEB RATSDRUCKEREI DRESDEN
1959; OFFSET; 87 X 57 CM
DHM, BESTAND ZEUGHAUS (P 61/1434)
ABB. SEITE 125

Das zum 10. Jahrestag der Gründung der DDR herausgegebene Plakat zeigt vor der Staatsfahne eine strahlende Zehnjährige in der Kluft der Jungen Pioniere, die stolz erklärt, daß sie so alt geworden ist wie «unsere Republik». Die fröhliche Staatsjugend wird gleichgesetzt mit zehn Jahren Aufbau der sozialistischen Gesellschaft. Die Jugend signalisiert, daß der Aufbau gerade erst begonnen hat, und ihr Heranwachsen verweist darauf, daß der Prozeß des Aufbaus ebenso stetig wächst.

3/2 PLAKAT «ICH BIN 20»
HG.: KOMITEE ZUM 20. JAHRESTAG DER DEUTSCHEN DEMOKRATISCHEN REPUBLIK
GESTALTUNG: KRATZ
DRUCK: OSTSEEDRUCK ROSTOCK
1969; OFFSET; 81,9 X 56,8 CM
DHM, BESTAND ZEUGHAUS (P 70/69)

Die Pionierjahre sind vorbei. Eine selbstbewußt wirkende junge Frau in weißem Pullover mit dem Abzeichen «DDR XX» verkündet, daß sie zwanzig geworden ist; ihr «Ich» steht zugleich für die Deutsche Demokratische Republik. Zehn Jahre nach dem zuvor gezeigten Plakat verkörpert nicht mehr die Staatsjugend die neue Gesellschaft. Im Selbstbewußtsein der Zwanzigjährigen zeigt sich auch das gestiegene Selbstbewußtsein der DDR.

3/3 PLAKAT
«ALLES FÜR DAS GLÜCK DES MENSCHEN»
ENTWURF: ROSEMARIE STEUDTNER
PHOTOGRAPHIE: THOMAS BILLHARDT
DRUCK: OSTSEEDRUCK ROSTOCK
1979; OFFSET; 81,4 X 57,3 CM
DHM, BESTAND ZEUGHAUS (P 79/291)

Anläßlich des 30. Jahrestages der Gründung der DDR wird ein (wohl ebenfalls dreißigjähriger) Mann mit einem Kind auf den Schultern präsentiert. Die Losung «Alles für das Glück des Menschen» entspricht der vom VIII. Parteitag der SED beschlossenen «Hauptaufgabe», «alles zu tun für das Wohl des Volkes». Zum «Glück» des nun erwachsenen Bürgers wie auch des Staates gehört die Familie, auf deren «Achtung, Schutz und Förderung» jeder DDR-Bürger ein verfassungsmäßig verankertes Recht hatte.

3/4 PLAKAT «WIR WERDEN VIERZIG»
HG.: VERLAG FÜR AGITATION UND ANSCHAUUNGSMITTEL, BERLIN
IM AUFTRAG DES BUNDESVORSTANDES DES DFD (DEMOKRATISCHER FRAUENBUND DEUTSCHLANDS)
PHOTOGRAPHIE: ELKE GÖRTZ
1989; FARBOFFSET; 81 X 57,5 CM
DHM, BESTAND ZEUGHAUS (P 89/189)

Das zum Internationalen Frauentag am 8. März 1989 erschienene Plakat zeigt drei Frauen im Alter von 20, 40 und 60 Jahren; sie werden (in der Quersumme ihrer Lebensjahre) zusammen 40 Jahre alt – ebenso alt wie die DDR.

An diesem Plakat zeigt sich die Tücke der Orientierung an Wachstum und Lebenslauf: Was wächst und lebt, das wird auch älter (und muß schließlich sterben). Da nun die Vorstellung vom Aufbau und Wachsen der sozialistischen Gesellschaft die Vorstellung seines Alterns zwangsläufig ausschließt, wurde beim 40. Jahrestag versucht, mit einem generationenübergreifenden Sinnbild dem Verdacht entgegenzuwirken, der Sozialismus könne auch altern.

GEBURT

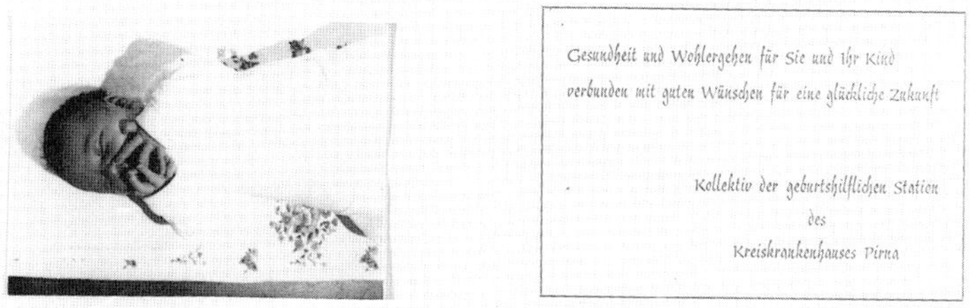

Kinder kamen in der DDR fast ausschließlich im Krankenhaus zur Welt. Eine Hausgeburt oder ambulante Geburt außerhalb der Klinik war nicht vorgesehen, da es keine freipraktizierenden Hebammen gab.

Die Geburt eines Kindes bedeutete für die Mutter zumeist keine einschneidende Veränderung im Berufsleben. Fast alle Frauen waren erwerbstätig und nahmen auch bald nach der Geburt die Beschäftigung wieder auf; das Kind wurde in einer Krippe untergebracht. Das entsprach der Auffassung, daß die volle Gleichberechtigung der Frau über ihre volle Integration in das Erwerbsleben herzustellen sei: «Eine der größten Errungenschaften des Sozialismus ist die Verwirklichung der Gleichberechtigung der Frauen auf allen Gebieten des Lebens.» War 1950 jede zweite Frau im erwerbsfähigen Alter berufstätig gewesen, so stieg dieser Anteil kontinuierlich auf 70 Prozent 1960, 82 Prozent 1970 und 90 Prozent 1989. Die DDR lag hinsichtlich des Beschäftigungsgrades der Frauen mit an der Weltspitze.

Seit der zweiten Hälfte der sechziger Jahre ging in der DDR (wie in allen vergleichbaren Staaten der Welt) die Geburtenrate zurück; diese Entwicklung wurde sicher befördert durch die Streichung des § 218 (1972), ist aber vor allem als Umorientierung von der 3-Kind- auf die 2- bzw. 1-Kind-Familie zu deuten. Gezielte frauen- und familienpolitische Maßnahmen sollten diese Entwicklung bremsen. Seit 1972 zahlte der Staat bei jeder Geburt eine Beihilfe von 1000,- Mark; 1976 wurde die einjährige bezahlte Freistellung nach der Geburt des zweiten Kindes eingeführt, die von den meisten Müttern in Anspruch genommen wurde.

Gleichzeitig wurde der Status der nichtverheirateten Mütter durch zusätzliche Hilfen und Vergünstigungen abgesichert, die die Leistungen für die verheirateten Mütter noch übertrafen (u.a. bevorzugte Bereitstellung von Krippenplätzen, Förderung des Studienabschlusses). Der Anteil der nichtehelich geborenen Kinder war in der DDR mit über einem Drittel (1988) sehr hoch (zum Vergleich: Bundesrepublik 10 Prozent).

In einer Gesellschaft, in der der überwiegende Teil der Menschen der Religion fernstand, war die Taufe nicht weit verbreitet. Das von offizieller Seite an ihrer Stelle vorgesehene Fest der «Namensweihe» blieb – im Gegensatz zu der ebenfalls offiziell eingeführten und dann äußerst populär gewordenen Jugendweihe – bedeutungslos.

3/5 PHOTOGRAPHIE: MUTTER MIT NEUGEBORENEM IM KREISS-SAAL
KRANKENHAUS BERLIN-KAULSDORF, 21.11.1986; 12,9 X 17,9 CM
PRIVATBESITZ, WILLICH

Der Vater, der die Geburt miterlebte, hielt den Moment im Bild fest, als das Kind zum ersten Mal in den Armen seiner Mutter lag.

Die Anwesenheit von «werdenden Vätern» war in der Klinik Kaulsdorf seit 1978 gestattet, allerdings über etliche Jahre auf einen einzigen Entbindungsraum beschränkt und dann nicht möglich, wenn dieser bereits belegt war.

3/6 GLÜCKWUNSCHKARTE «ZUM FREUDIGEN EREIGNIS»
DRUCKEREI HANSWERNER CREUTZ, PIRNA-COPITZ
PIRNA/SACHSEN, NACH DEM 06.05.1981; MIT PHOTOGRAPHIE; 10,5 X 14,6 CM
PRIVATBESITZ, BERLIN

«Gesundheit und Wohlergehen für Sie und Ihr Kind verbunden mit guten Wünschen für eine glückliche Zukunft» lautete die Gratulation des «Kollektivs der geburtshilflichen Station des Kreiskrankenhauses Pirna». Zur Erinnerung eingeklebt ist eine Photographie der neugeborenen Tochter, aufgenommen vom Personal.

3/7 PHOTOGRAPHIE «IM BETRIEBSENTBINDUNGSHEIM DES STAHL- UND WALZWERKES RIESA»
PRESSEPHOTO AUS DER BILDREDAKTION VON «DEUTSCHLANDS STIMME»
24.01.1952; 17,9 X 12,8 CM
DHM, BESTAND ZEUGHAUS (BILDARCHIV)
ABB. SEITE 122

Der erläuternde Text dieses Pressephotos führt aus: «15 000 DM gab die Regierung der DDR zusätzlich für die Einrichtung des Riesaer Betriebsentbindungsheimes, das 15 Mütter aufnehmen kann. Am 19.01.1952 kam der erste Erdenbürger in diesem neuen Heim zur Welt.» Das Photo zeigt ihn im Arm der Mutter.

Das Entbindungsheim war in die Betriebspoliklinik des Riesaer Stahlwerkes integriert, die über eine gynäkologische und eine chirurgische Station verfügte. 1973 wurde es geschlossen.

3/7

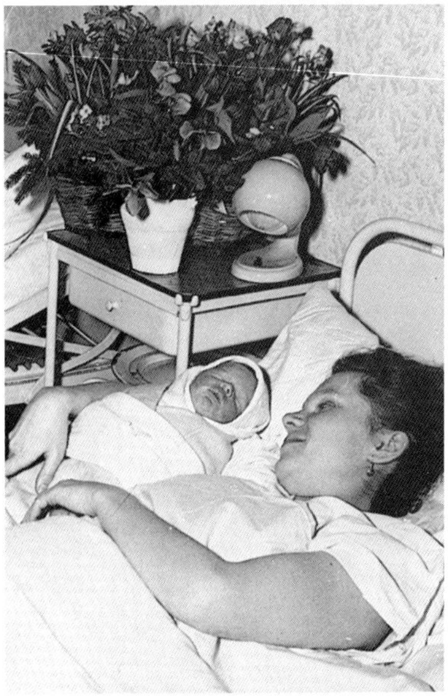

3/8 SÄUGLINGSAUSSTATTUNG «BABY-SET»
HERSTELLER: VEB WÄSCHEUNION, BETRIEB IM KOMBINAT BAUMWOLLE, BAUMWOLLWERKE MITTWEIDA
VOR 1989; BAUMWOLLE, VISKOSE; FROTTIERWARE, MALIMO; VERPACKUNG 47 X 30 CM; SCHLAFSACK GRÖẞE 70
DHM 1990/2241

Das Set, das in seiner Klarsichtverpackung auch als Geschenk gedacht gewesen sein dürfte, besteht aus einem Schlafsack, einem Vorbinder und einem Zierlatz sowie zwei Waschlappen. Der günstige Gesamtpreis von 29,30 Mark erklärt sich daraus, daß in der DDR Kinderkleidung, entsprechend dem hohen Rang, der Ehe und Familie eingeräumt wurde, staatlich subventioniert wurde.

(Die Preisangabe von «DM 12,-» bezieht sich auf die Zeit nach der Währungsunion im Juli 1990.)

3/9 BABYPFLEGESET «BABY-BOX»
HERSTELLER: VEB LEIPZIGER ARZNEIMITTELWERK, BETRIEB DES VEB PHARMAZEUTISCHES KOMBINAT GERMED, DRESDEN; KONSUM SEIFENWERK, RIESA (SEIFE)
VOR 1989; BOX: PLAST, PAPPE, METALL; 15 X 19 X 6 CM; PROSPEKT BEILIEGEND; PREISAUFKLEBER «DM 0.99» (NACH JULI 1990)
DHM 1990/2188.1-6

In der handlichen Box befinden sich die zur Pflege eines Kindes notwendigen Utensilien: Babyöl und -puder, Creme sowie Seife.

Farbe und Aufmachung des Sets sind an westlichen Mustern orientiert.

3/9

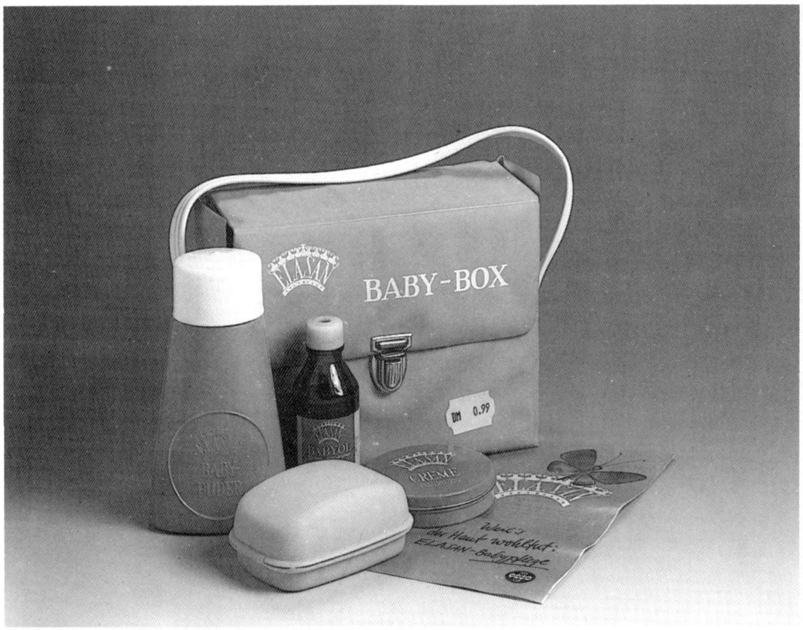

KINDERKRIPPE

Kinderkrippen waren Ganztagseinrichtungen. In ihnen hielten sich die zumeist Ein- bis Dreijährigen vom frühen Morgen bis zum Abend auf, während die Mütter ihrer Erwerbstätigkeit nachgingen. Da Teilzeitarbeitsplätze kaum angeboten wurden, waren fast alle Frauen vollzeitbeschäftigt. Die wöchentliche Arbeitszeit reduzierte sich für Mütter, lag aber bei zwei Kindern immer noch bei 40 Stunden (seit 1976).

Hatte 1955 nicht einmal jedes zehnte Kind eine Krippe besucht, war es 1970 fast jedes dritte, und Mitte der achtziger Jahre waren es acht von zehn Kindern. Fast alle Krippen waren staatlich; freie und konfessionelle Träger gab es nur in geringer Zahl. Jeden Krippenplatz finanzierte der Staat mit mehr als 4000 Mark jährlich; die Eltern zahlten lediglich einen täglichen Verpflegungszuschuß.

Ein staatlich festgelegtes «Programm für die Erziehungsarbeit in Kinderkrippen» regelte den Umgang zwischen Erzieherinnen und Kleinkindern bis ins Detail. Kleinkindliche Einzelinteressen und -bedürfnisse gingen in dem geregelten, disziplinierten Tagesablauf und angesichts der Betonung des Kollektivs zumeist unter. Ein DDR-Kinderpsychologe kritisierte im «Neuen Deutschland» (Juni 1990): Die vorwiegend fertigkeitsorientierte Krippenpädagogik mache «das Kind zum Objekt programmierter, plangebundener, teilweise dressurähnlicher, also insgesamt autoritär gesteuerter Einwirkungen.»

3/10 ESS- UND SPIELTISCH
FÜR KLEINKINDER
DDR, UM 1965; HOLZ, EISEN, KUNSTSTOFF
«SPRELACART», GUMMI, PLAST;
TISCH H 69 CM, DM 80,3 CM;
SITZE JE 79,5 X 30,4 X 47,5 CM
DHM AK 1992/215

Dieser aus einer Berliner Kinderkrippe stammende Tisch wurde zum Füttern der Kinder in den jüngeren Altersgruppen benutzt. An dem runden Tisch sind drei Kindersitze aus Holz schwenkbar montiert. Die Sitze – und damit das Kleinkind – konnten am Tisch arretiert werden, und ein nur von der Erzieherin zu bedienender Fußhebel erlaubte das Zurückschwenken und damit das Verlassen des Eßplatzes.

3/10

3/11 SCHAUKARTE
«EI, DAS IST EIN SPÄSSCHEN,
JETZT WASCHEN WIR DAS NÄSCHEN»
IN GEBRAUCH BIS 1989; PAPPE, BEKLEBT;
HANDSCHRIFTLICHE EINTRAGUNGEN;
15 X 20 CM
DHM 1990/2133

Aus einer Kinderkrippe in Schwedt/O. stammt dieses von einer Erzieherin gebastelte anschauliche Unterrichtsmittel. Die Karte zeigt ein Mädchen, das sich den Hals wäscht und das Gesicht abtrocknet. Anhand dieser Darstellung und des beigefügten Gedichtes sollte den Kindern auf bildhafte Weise die Reinlichkeit nahegebracht werden.

Den Kindern wurde die Körperpflege nach einem genau festgelegten Lehrplan in einem bestimmten Alter, normiert nach einem technischen Handlungsablauf, vermittelt.

3/12 INFORMATIONSTAFEL «TAGESABLAUF»
IN GEBRAUCH CA. 1978-1985; HOLZ;
BLAU LACKIERT; 80 X 55 X 2 CM
DEUTSCHES HYGIENE-MUSEUM,
DRESDEN (92/1309)

Solch eine Hinweistafel, gedacht zur Information der Eltern, hing in Kinderkrippen wie auch in Kindergärten aus. Darauf wurde der Tagesablauf in der Einrichtung bekanntgegeben. Für die Gruppe der Zwei– bis Zweieinhalbjährigen beispielsweise war für den Vormittag vorgesehen:
«6.00 – 7.30 Annahme, Spiel, körperhygienische Maßnahmen;
7.30 – 8.00 Frühstück, körperhygienische Maßnahmen;
ab 8.30 Spiel,
Beschäftigung, Aufenthalt im Freien;
ca. 9.30 Teemahlzeit;
10.30 Mittagessen, körperhygienische Maßnahmen;
11.30 – 14 Mittagsschlaf».

Dieser Tagesplan war Teil eines Wochenplanes, den die Informationstafel ebenfalls wiedergibt.

3/13 KARTEI FÜR DIE ARBEIT IN DER KRIPPE
IN GEBRAUCH CA. 1975-1985;
KARTON, KUNSTSTOFFOLIE, METALL;
KASTEN 13 X 18 X 21 CM
DEUTSCHES HYGIENE-MUSEUM,
DRESDEN (92/1300)

Dieses Arbeitsmittel für die Erzieherinnen, das nach den Vorgaben des staatlichen Erziehungsprogramms erarbeitet wurde, nennt zu erreichende Fertigkeitsziele. Für die Gruppe der Zwei- bis Zweieinhalbjährigen war unter «körperhygienischen Maßnahmen» z.B. vorgesehen: «Erzieherin zeigt den Kindern das Verteilen und Einreiben von Hautcreme». Bezüglich der «Mahlzeiten» sollte die Erzieherin «den Kindern (zeigen), wie man den Löffel zwischen Daumen und Zeigefinger hält».

Einmal mehr zeigt sich, daß die Kompensation der Familie durch die Krippe dazu nötigte, für einfache Kulturtechniken Stoffverteilungs- und Lehrpläne zu entwickeln. Diese zwangen dann zur Verregelung des Kinderlebens.

3/15

3/14 EINLADUNG «LIEBE ELTERN!
AM 13. DEZEMBER KOMMT DER
WEIHNACHTSMANN ZU UNS»
1989; FARBOFFSET; HANDSCHRIFTLICHE
EINTRAGUNGEN; 13,5 X 21 CM
DHM (1990/2135)

Mit dieser selbstgefertigten Schmuckkarte luden die Erzieherinnen einer Kinderkrippe in Schwedt/O. zur Weihnachtsfeier ein, deren Ablauf so geplant war: «7 Uhr Frühstück am festlichen Tisch / 8 Uhr wir singen unterm Weihnachtsbaum und warten auf den Weihnachtsmann / 8.30 Uhr der Weihnachtsmann kommt / anschließend Päckchen auspacken / 9 Uhr wir spielen mit den Geschenken / 10 Uhr Aufenthalt im Freien / 11 Uhr Mittagessen».

3/15 PHOTOGRAPHIE
«IN DER KINDERKRIPPE»
AUS DEM «7. LEISTUNGSVERGLEICH DER
KINDER- UND JUGENDFOTOGRUPPEN
DER DDR»
PHOTOGRAPH: TILO KNOBLAUCH, 16 JAHRE,
AG FOTOGRAFIE HAUS DER JUNGEN PIONIERE
«GEORG SCHWARZ», LEIPZIG
1983; 18,1 X 37,6 CM
WANNSEE FORUM, BERLIN

Die Photographie wurde zum «Leistungsvergleich der Kinder- und Jugendfotografie» eingereicht. An diesem Photo-Wettbewerb beteiligten sich Kinder und Jugendliche im Rahmen von Arbeitsgemeinschaften (sogenannten Zirkeln), die an die Schulen, aber auch an die Gewerkschaft angeschlossen waren.

3/16 PHOTOGRAPHIE
«DORFKINDERKRIPPE IN PRIBORN»
28.05.1960; 13,2 X 18,1 CM
DHM, BESTAND ZEUGHAUS (BILDARCHIV)

Die Krippenkinder spielen mit zwei Erzieherinnen an einem Tisch.

Das anläßlich des Internationalen Kindertages 1960 entstandene Pressephoto zeigt eine «vorbildliche Kinderkrippe» der LPG Priborn/Kreis Röbel.

Betriebe und Genossenschaften waren gesetzlich verpflichtet, bei der Schaffung und Unterhaltung von Kindereinrichtungen mitzuwirken und ihre Beschäftigten bei der Unterbringung der Kinder zu unterstützen. 1960 war etwa jede 16. Krippe eine Betriebskrippe, 1985 jede zwölfte.

3/16

Plakat, 1959
(3/1)

Plakat, 1959
(3/42)

Mitgliedskarte, um 1980
(3/45)

links: Mädchenbluse für eine Angehörige der Jungen Pioniere, Rock, Schiffchenmütze und Halstuch
um 1970/75
(3/47-51)

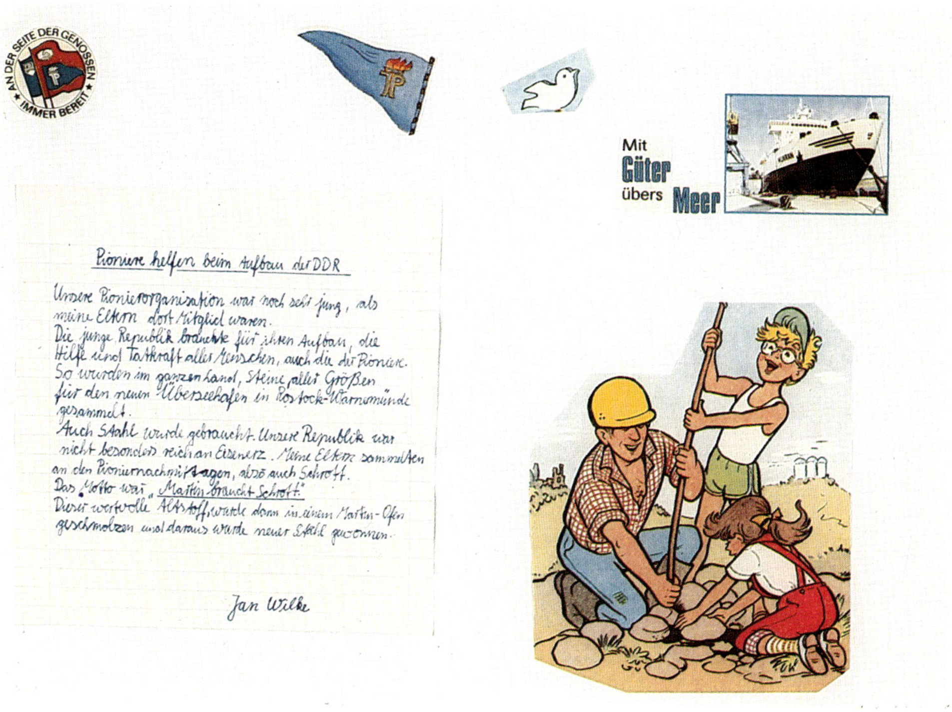

Pioniere helfen beim Aufbau der DDR

Unsere Pionierorganisation war noch sehr jung, als meine Eltern dort Mitglied waren.
Die junge Republik brauchte für ihren Aufbau, die Hilfe und Tatkraft aller Menschen, auch die der Pioniere.
So wurden im ganzen Land, Steine aller Größen für den neuen Überseehafen in Rostock-Warnemünde gesammelt.
Auch Stahl wurde gebraucht. Unsere Republik war nicht besonders reich an Eisenerz. Meine Eltern sammelten an den Pioniernachmittagen, also auch Schrott.
Das Motto war „Martin braucht Schrott."
Dieser wertvolle" Altstoff, wurde dann in einem Martin-Ofen geschmolzen und daraus wurde neuer Stahl gewonnen.

Jan Wilke

Blatt «Pioniere helfen beim Aufbau der DDR» (3/57)

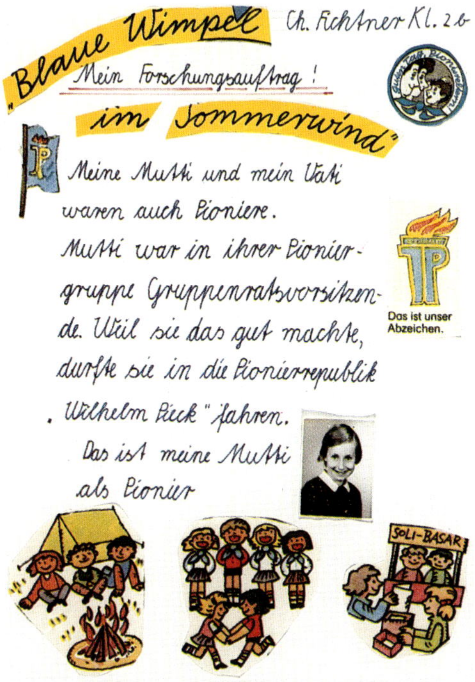

„Blaue Wimpel im Sommerwind"

Ch. Fichtner Kl. 2b

Mein Forschungsauftrag!

Meine Mutti und mein Vati waren auch Pioniere.
Mutti war in ihrer Pioniergruppe Gruppenratsvorsitzende. Weil sie das gut machte, durfte sie in die Pionierrepublik „Wilhelm Pieck" fahren.
Das ist meine Mutti als Pionier

links: Blatt «Mein Forschungsauftrag» (3/56)

unten: «Schatztruhe für das Jahr 2000» um 1985/1989 (3/53)

oben: Plakat, 1957
(3/75)

rechts: Taschenkamera «Penti» mit Gebrauchsanweisung, um 1960
(3/83)

3/17 ZWEI PIKTOGRAMME
A) KINDERKRIPPE
B) KINDERGARTEN
HERSTELLER: VEB SCHILDERWERK BEUTHA,
BETRIEB DES VEB KOMBINAT
«ERZGEBIRGISCHE VOLKSKUNST»,
OLBERNHAU
1982; METALL; GELB UND SCHWARZ
EMAILLIERT; 21 X 21 CM
DHM, BESTAND ZEUGHAUS (MK 83-37, 38)

Die Piktogramme waren am Eingang der Krippeneinrichtungen befestigt. Solche Schilder befanden sich zum Beispiel im Berliner Neubaugebiet Marzahn, waren aber auch typisch für andere Neubaugebiete, denn die Wohnungsbauplanung strebte die Integration von Kinderbetreuungsstätten in Wohngebiete an, um den Müttern die Wege zu verkürzen.

3/18 HINWEISSCHILD
«KINDERKOMBINATION OST V»
NEUBRANDENBURG, IN GEBRAUCH BIS 1990;
WEIßER HARTPLAST; 14,5 X 20,8 CM
PRIVATBESITZ, BERLIN

Eine «Kinderkombination» ist ein Ganztagskindergarten mit einer Krippenabteilung. Auch solch eine Einrichtung lag im allgemeinen inmitten der Wohnsiedlungen.

3/19

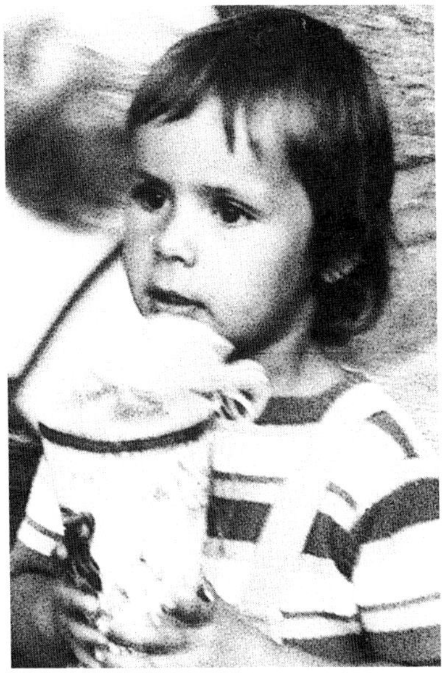

3/19 PHOTOGRAPHIE: ABSCHIEDSFEST IN DER KINDERKRIPPE
BERLIN, AUGUST 1978; IN PHOTOALBUM
(AUFGESCHLAGEN 22,5 X 58,5 X 2 CM)
PRIVATBESITZ

Das Bild zeigt ein dreijähriges Mädchen, das zum Ende der Krippenzeit eine Zuckertüte geschenkt bekommen hat, wie sie auch bei der Einschulung üblich ist.

Zum Abschluß der Krippenzeit ein Zuckertütenfest zu veranstalten war nicht in jeder Krippe üblich. Es gab keine zentrale Anweisung, sondern die Feier war in diesem Fall auf das Engagement der Erzieherinnen zurückzuführen. Ihre Vorstellung, daß der Abschied von der Krippe und der Beginn des Kindergartens mit einem ähnlichen Ritual zu begehen sei wie die Einschulung, sagt etwas aus über die Wahrnehmung der Krippenzeit: Sie wurde als eigenständiger Lebensabschnitt gesehen, der nun zu Ende gegangen war.

3/20 ZWEI ZUCKERTÜTEN
UM 1989; GOLDPAPIER, KREPP; FARBOFFSET,
GEKLEBT, GEPRÄGT; L 21 CM, 22,3 CM
DHM AK 1992/211.1, 212

Die Zuckertüte, die ein Kind zum Abschied aus der Krippe bekam (vgl. 3/19), ist im Vergleich zu der Schultüte, die anläßlich der Einschulung geschenkt wurde, recht klein. Tüten dieser Größe wurden auch als «Trosttüten» den kleineren Geschwistern der Schulanfänger überreicht.

KINDERGARTEN

Rund 95 Prozent aller Kinder zwischen drei und sechs Jahren gingen um 1985 in den (staatlichen) Kindergarten (1955 34 Prozent, 1970 65 Prozent). Wie schon in der Krippe, wurden sie an fünf Tagen in der Woche zumeist morgens gebracht und abends wieder abgeholt.

Der Kindergarten sollte (neben der Betreuungsfunktion) die Kinder auf die Schule vorbereiten und sie im Sinne der sozialistischen Zielvorstellungen «in die gesellschaftliche Entwicklung aktiv einbeziehen».
Um eine einheitliche Erziehung aller Kinder zu gewährleisten, wurden verbindliche Programme für die mehr als 13.000 Kindergärten (Stand 1989) erlassen. Das 1985 vom Ministerium für Volksbildung eingeführte, für alle Kindergärten verbindliche «Programm für die Bildungs- und Erziehungsarbeit» enthielt ins Detail gehende Lernzielvorgaben und sagte der Erzieherin für die tägliche Arbeit, was wann und wie zu machen sei. Insbesondere praktische Beispiele für «die Erziehung zur tätigen Heimat- und Vaterlandsliebe» waren unerläßlicher Bestandteil der Kindergartenpädagogik, wobei die Freundschaft eines Kindergartenkollektivs mit «seinem Soldaten» eine ebenso wichtige Rolle spielte wie vielfältige Erfahrungen und Begegnungen mit den «fleißigen Werktätigen», deren Arbeit die Kinder «als nützlich für alle» erleben sollten.

3/25

3/25 PHOTOGRAPHIE «AUS DER REPORTAGE KINDERGARTEN»
AUS DEM «7. LEISTUNGSVERGLEICH DER KINDER- UND JUGENDFOTOGRUPPEN DER DDR»
GEMEINSCHAFTSARBEIT DER AG-FOTO, POLYTECHNISCHE OBERSCHULE BOXDORF
1983; 18,1 X 23,9 CM
WANNSEE FORUM, BERLIN

Der große, helle Gemeinschaftsraum voller Spielsachen ist ordentlich und aufgeräumt und erhält so den Charakter eines Magazins.

3/26 PHOTOGRAPHIE «FRÜHSTÜCK GEMEINSAM IST DOCH ETWAS ANDERES»
KINDERGARTEN DER LPG IN ZAHNA, BEZIRK POTSDAM; UM 1950/55; 18 X 13 CM
DHM, BESTAND ZEUGHAUS (BILDARCHIV)

3/21 ZWEI KINDERTISCHE
AUS EINER BERLINER KINDERTAGESSTÄTTE
UM 1965/70; HOLZ, KUNSTSTOFF SPRELACART, PLAST; JE 55,5 X 119 X 59,7 CM
DHM AK 1992/198, 199

Die glatte Tischoberfläche ist abwaschbar und zum Spielen gut geeignet. Die beiden halbkreisförmigen Einzeltische, die zu einem größeren Tisch zusammengeschoben werden können, lassen sich platzsparend an die Wand stellen, wenn im Gemeinschaftsraum Areal zum Spiel benötigt oder die Liegen zum Mittagsschlaf aufgestellt wurden (vgl. auch 3/15).

An solch einem Tisch fanden sechs Kinderstühlchen Platz.

3/22 SECHS KINDERSTÜHLCHEN
UM 1965/70; HOLZ, EISEN; HELLGRÜN LACKIERT; JE 52,5 X 31,5 X 35,5 CM
DHM AK 92/200.1-6

Die aus einer Berliner Kindertagesstätte stammenden Stühlchen passen in der kindgerechten Höhe zum Spiel- und Eßtisch (vgl. 3/21).

3/23 DREI KINDERLIEGEN
AUS EINER BERLINER KINDERTAGESSTÄTTE
UM 1985; HOLZRAHMEN; GURTBAND; 22,5 X 130 X 48 CM (AUFGESTELLT)
DHM AK 92/201.1-3

Kindergärten waren Ganztagseinrichtungen, die von Montag bis Freitag maximal von 6 Uhr bis 19 Uhr geöffnet waren. Zum Tagesablauf gehörte auch die Mittagsruhe, die für alle Kinder, also auch für die Fünf- bis Sechsjährigen, obligatorisch war. In Kindergärten ohne separatem Schlafraum wurden die Liegen zu den Ruhezeiten im Gruppenraum aufgestellt.

3/24 PUBLIKATION
«PROGRAMM FÜR DIE BILDUNGS- UND ERZIEHUNGSARBEIT IM KINDERGARTEN»
HG.: MINISTERIUM FÜR VOLKSBILDUNG
BERLIN: VOLK UND WISSEN VOLKSEIGENER VERLAG 1985; 288 SEITEN
DHM 1993/16

Einleitend heißt es: «Der Kindergarten verwirklicht als staatliche Einrichtung die ihm von der sozialistischen Gesellschaft übertragene (...) Aufgabe, alle Kinder fürsorglich zu betreuen, sozialistisch zu erziehen und gut auf die Schule vorzubereiten.»

3/27 PHOTOGRAPHIE AUS DEM KINDERGARTEN DER GEMEINDE LEHMA
HG.: ZENTRALBILD
PHOTOGRAPH: HORST KLEIN
18.12.1952; 13,1 X 17,9 CM
DHM, BESTAND ZEUGHAUS (BILDARCHIV)

Das offizielle Photo zeigt den Gemeinschaftsraum des gerade fertiggestellten Kindergartens der Gemeinde Lehma im Kreis Altenburg/Bezirk Leipzig. Der anwesende Bürgermeister «lässt sich», wie der Pressekommentar ausführt, «von der Köchin des Kindergartens, Kollegin Kettnitz, den Speiseplan für den nächsten Tag erklären.»

Der Kindergarten war Teil des Kulturhauses der Gemeinde, dessen Fertigstellung laut Pressetext bis zum 21.12.1952, dem Geburtstag von J.W. Stalin, vorgesehen war – gewissermaßen als «Geburtstagsgeschenk». Der Bedeutung seiner Person entspricht, daß sein Bildnis an zentraler Stelle im Gemeinschaftsraum des Kindergartens angebracht war.

Anfang der fünfziger Jahre erlebte die DDR die Blütezeit des Stalin-Kultes. Die Verehrung für ihn ging so weit, daß – wie in diesem Fall – soziale Errungenschaften als Geburtstagsgeschenke für Stalin gefeiert wurden.

3/28 SPIELZEUG:
MANNSCHAFTSWAGEN DER NVA
MARKE «VERO»
UM 1985; HOLZ/GRÜN UND SCHWARZ BEMALT, PLAST (LENKRAD), GUMMI (REIFEN), METALL (TRITTBRETTER); L 27,5 CM
DHM 1990/2150

Der «Gesamtausstattungsplan des Kindergartens für Spiel- und Beschäftigungsmaterial und Geräte der technischen Grundausstattung», 1977 herausgegeben vom Ministerium für Volksbildung, nennt unter der Rubrik «Fahrzeuge» solch einen «Mannschaftswagen (der NVA) mit Soldaten». Die ursprünglich auf der Ladefläche des Wagens plazierten Spielzeug-Soldaten fehlen hier.

Laut Ausstattungsplan waren für die mittlere und ältere Altersgruppe des Kindergartens weiterhin vorgesehen: je zwei «Armee-PKWs», zwei «Mannschaftswagen mit Feldküche», zwei «Armee-Planwagen», zwei «Schützenpanzerwagen», zwei «Panzer T 54» und zwei «Schwimmpanzer». Ebenso wird eine Bildmappe «Aus dem Leben unserer Soldaten» genannt sowie ein «Sortiment Soldaten der NVA».

3/27

3/29 SPIELZEUGPUPPE «KOSMONAUT»
NACH 1978; WEIẞER WEICHPLAST; H 15 CM
DHM, BESTAND ZEUGHAUS (MK 81-14)

Die Puppe trägt einen Kosmonautenanzug, auf dem sich das Staatswappen befindet, sowie einen Helm, der mit der Aufschrift «DDR» versehen ist.

Im Rahmen des Interkosmos-Programms der sozialistischen Länder nahm Sigmund Jähn, Oberstleutnant der Nationalen Volksarmee, 1978 als erster DDR-Kosmonaut an Bord von Sojus 31 an einem Weltraumflug teil. Die Puppe erinnert an dieses Ereignis.

3/29

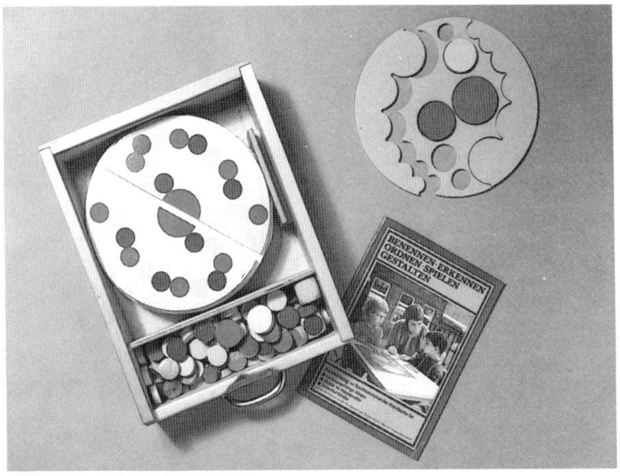

3/28

3/30

3/30 DIDAKTISCHES SPIELMATERIAL «BENENNEN – ERKENNEN – ORDNEN – SPIELEN – GESTALTEN»
HERSTELLER: ARBEITSTHERAPEUTISCHE WERKSTÄTTEN DER STEPHANUS-STIFTUNG DDR, ULMENHOF, BERLIN-WILHELMSHAGEN
IM ORIGINAL-HOLZKASTEN; BEILIEGEND ANLEITUNG MIT FARBTAFELN
1986; HOLZ, METALL, HOLZFOLIE; FARBIG BEMALT; KASTEN 11,3 X 33,3 X 46 CM
DHM, BESTAND ZEUGHAUS (MK 89-113)
ABB. SEITE 131

Das Spielmaterial, hergestellt von einer Einrichtung der evangelischen Kirche, war konzipiert für Kinder im Krippen- und Vorschulalter. Es sollte – wie das Beiheft ausführt – der gezielten Entwicklungsbeeinflussung von Kindern, u.a. auf den Gebieten der Aneignung von elementaren Kenntnissen, der Entwicklung des Denkens, der Sprache, der Feinmotorik und des Sozialverhaltens, dienen. Dabei wurde die Anpassung an Spielregeln und Höflichkeitsformen betont. Ziel war es u.a., «die positiven Leistungen anderer Personen durch achtungsvolles Verhalten (...) anerkennen zu können». Freude und Stolz auf den eigenen Erfolg sollten zurückgestellt werden können zugunsten des Lobens der anderen.

Der Gesamtausstattungsplan für den Kindergarten nennt ähnliche Spiele mit gleicher didaktischer Absicht.

3/31 DREI BROTTASCHEN
A) MIT VERSTELLBAREM TRAGRIEMEN; UM 1980; LEDER, KUNSTSTOFF, METALL; 12,5 X 16,7 X 4,6 CM (OHNE RIEMEN)
DHM, BESTAND ZEUGHAUS (MK 90-1413)
B) MIT TIERGESICHT; 1987; WEISSER KUNSTSTOFF; 11,5 X 19,5 X 6 CM; L MIT TRAGRIEMEN 57 CM; DHM AK 1992/249
C) 1986; LEDER, METALL; 13 X 19,5 X 5 CM; L MIT TRAGRIEMEN 52 CM; DHM AK 1992/251

Brottaschen, schon auf den Einschulungsphotos der Kaiserzeit zu sehen (s.o.), gehörten zur Ausstattung von Schul- wie auch von Kindergartenkindern. Sie änderten ihre Form im Laufe der Zeit nur unwesentlich. Das Leder ist farbig geworden (gelbe Brottasche mit brauner Verschlußklappe); die Kinder kleben sich Abziehbilder darauf, wie hier Pittiplatsch und Schnatterinchen (aus der beliebten Fernsehserie «Sandmännchen»). Der Rückstrahler unterhalb des Verschlusses (c) weist darauf hin, daß der Straßenverkehr auch den Alltag der Kindergartenkinder mitbestimmt.
Die Brottasche mit Tiergesicht (b) ist geformt wie eine Brotscheibe.

3/32 ZUCKERTÜTE
UM 1989; KARTON, TÜLL; FARBOFFSET, GEKLEBT, GEPRÄGT; L 36,8 CM
DHM AK 1992/213.1

Diese Tüte stammt aus einer Berliner Kindertagesstätte und war für das Abschiedsfest zum Ende der Kindergartenzeit bestimmt. Während dieser Feier, an der auch die Eltern bzw. Mütter teilnahmen, war es üblich, den Kindern Schultüten, als Hinweis auf den bevorstehenden nächsten Lebensschritt, zu überreichen. Kinder, die bereits mit dem Ende der Krippenzeit eine Zuckertüte erhalten haben, bekommen jetzt also zum zweitenmal eine und bald darauf – mit der im September stattfindenden Einschulung – eine weitere.

EINSCHULUNG

Anfang September jedes Jahres wurden in der DDR alle Schulanfänger eingeschult. Die Schule, die sie zum ersten Mal betraten, war seit den siebziger Jahren die zehnklassige allgemeinbildende Polytechnische Oberschule (POS), deren Unterstufe der Grundschule in der Bundesrepublik entsprach. Der 1959 beschlossene Aufbau der POS war 1975 im wesentlichen abgeschlossen; sie ersetzte die zuvor vorhandenen Grund- und Oberschulen (1.-8. und 9.-12. Klasse).

Die sozialistische Gesellschaft entwickelte bezogen auf den ersten Tag keine gänzlich neuen Einschulungsrituale. Das Traditionelle hatte Bestand: Schultüten (häufig noch im Stil der Modelle aus den dreißiger, vierziger Jahren) gehörten ebenso dazu wie festliche Kleidung und der neue Schulranzen. Die Eltern, oft zudem noch die Großeltern, nahmen am ersten Schultag teil, der häufig mit Vortrag und Musizieren der älteren Schüler sowie einer Kaffeetafel für Eltern und Großeltern verbunden war, soweit Ort und Finanzmittel es zuließen. Ein Erinnerungsphoto, später auch gelegentlich ein Amateurfilm, war unabdingbar.

Die Einschulung war zugleich der Schritt hin zur Organisation in der «Staatsjugend», denn bald nach der Einschulung wurden die Schulanfänger klassenweise in die «Pionierorganisation Ernst Thälmann» aufgenommen. Lernen war definiert als Beitrag der Schüler zu Weltfrieden und Sozialismus. Die Verbindung zwischen Schule und Arbeit war recht eng. Die Schüler besuchten «ihre» Patenbrigade nicht nur am Arbeitsplatz, sondern diese begleitete die Schüler während der gesamten Schulzeit. Gute Schüler konnten von der Patenbrigade zum Schuljahresende ausgezeichnet werden; und die betrieblichen Ferieneinrichtungen wurden von den Schülern für Klassenfahrten genutzt. Auch die NVA übernahm Patenschaften.

3/34

3/35b

3/33 ZWEI SCHULTÜTEN
A) MIT MÄRCHENMOTIVEN; UM 1985;
KARTON, METALLBESCHICHTETES PAPIER;
FARBOFFSET, GEPRÄGT; POLYAMID
«DEDERON» (MANSCHETTE);
L 69,5 CM, DM 17 CM
DHM AK 1992/170
B) SECHSECKIG; 1982(?); KARTON,
GLANZPAPIER, METALLBESCHICHTETES
PAPIER; FARBOFFSET, GEPRÄGT;
BAUMWOLLTÜLL (MANSCHETTE);
L 83 CM, DM 21 CM
DHM, BESTAND ZEUGHAUS (MK 90-1414)

3/34 ERINNERUNGSPHOTO
ZUR EINSCHULUNG
DRESDEN-REICK, 01.09.1976; 8,6 X 11,3 CM
PRIVATBESITZ, BERLIN

Die Schüleranfängerin erinnert sich rückblickend: «Die Schuleinführung war die erste Festivität, die sich schon lang vorher ankündigte, die ich bewußt erlebte. Wie beschwerlich war die Suche nach einem besonderen Kleidungsstück, bis wir dann im Kaufhaus ‹Kindermode› diesen Rock fanden, der aber doch nur eine Jeansimitation war. Einen ganzen Tag diesen kratzigen, von meiner Mutter gestrickten Pullover zu tragen, von den drückenden neuen Schuhen ganz zu schweigen, war eine Qual. Die Schultüte kam mir, im Gegensatz zu denen anderer Kinder, zu klein vor, außerdem wußte ich, daß die Spitze mit Strümpfen oder Strumpfhosen ausgestopft war. Ein wunderbares Geschenk war die Naschkiste in Buchform, die auch späteren Vergleichen mit den Geschenken anderer Kinder standhielt.»

3/35 ERINNERUNGSPHOTOS ZUR
EINSCHULUNG
A) ALBERT-SCHWEITZER-OBERSCHULE,
HENNIGSDORF; 04.09.1968; 7 X 10,3 CM
B) MEININGEN, 01.09.1969; JE 6 X 6 CM
(2 STÜCK)
C) 35. SCHULE, BERLIN-MARZAHN;
01.09.1986; 18,2 X 12 CM
PRIVATBESITZ, BERLIN

Die Aufnahmen, entstanden über einen Zeitraum von fast zwanzig Jahren, ähneln sich. Die Einschulung ist ein feierlicher Tag, zu dem die Schultüte ebenso gehört wie das Erinnerungsphoto.

3/36

3/36 PHOTOGRAPHIE «DIE IST MEINE»
AUS DEM «10. LEISTUNGSVERGLEICH
DER KINDER- UND JUGENDFOTOGRUPPEN
DER DDR»
PHOTOGRAPH: LUTZ HENTSCHEL, 14 JAHRE,
«AG FOTO» MAX-ZIMMERING-OBERSCHULE,
WEIXDORF
1987; 23,9 X 18,2 CM
WANNSEE FORUM, BERLIN

Das Bild zeigt eine strahlende Schulanfängerin mit großer Zuckertüte, an der zwei kleine Tüten hängen. Sie hat eine große Schleife im Haar und trägt weiße Schuhe und Strümpfe.

3/37 PHOTOGRAPHIE
«DER ERSTE SCHULTAG»
AUS DEM «7. LEISTUNGSVERGLEICH
DER KINDER- UND JUGENDFOTOGRUPPEN
DER DDR»
GEMEINSCHAFTSARBEIT DES FOTOZIRKELS
DER 2. OBERSCHULE
«GEORGI DOBROWOLSKI», FALKENBERG/E.
1983; 17,6 X 23,2 CM
WANNSEE FORUM, BERLIN

Im Vordergrund steht der mit Zuckertüten geschmückte Baum, von dem jedes Kind seine Tüte bekommt. Dahinter haben die Schulanfänger Aufstellung genommen; sie sind festlich gekleidet. Durch eine Schnur von ihnen getrennt sind die übrigen Anwesenden. Alle scheinen einer Rede zuzuhören.

3/37

3/38 SCHULRANZEN
1986; LEDER, METALL; 42 X 31 X 12,5 CM
DHM AK 1992/250

Auf dem Rückenteil des Ranzens aus gelbem und rotem Leder sind verstell- bzw. abnehmbare Tragegurte zum Aufschnallen auf dem Rücken angebracht. Das ältere Schulkind kann den Ranzen mittels eines Griffs an der Verschlußklappe in der Hand tragen. An beiden Seitenteilen sowie an den Verschlüssen sind Reflektoren («Katzenaugen») angebracht, die im Straßenverkehr auf das Schulkind aufmerksam machen.

3/39 SCHULRANZEN
1955; SCHWEINSLEDER; HANDGEFERTIGT; 28 X 34 X 7 CM
DHM, BESTAND ZEUGHAUS (MK 79-200)

Warum der Schulranzen kleiner ist als handelsübliche, geht aus einem Schreiben des Vorbesitzers hervor: «Als (die Tochter) Rita zur Schule mußte (01.09.1955), waren Schulmappen noch knapp, und wenn es Schulmappen gab, dann waren sie aus Pappe, Preßpappe oder alten Aktentaschen gefertigt. Mein Vater beschaffte damals von einem Bauern, der geschlachtet hatte, ein Stück rohes Schweinsleder. Wir ließen es (...) gerben und brachten es zum Tapezier- und Sattlermeister Karl Pf. (...). Er fertigte die beigefügte kleine Schulmappe. Sie wurde so klein, weil das Leder nicht größer war, aber sie reichte, um die Fibel, den Griffelkasten sowie die Schiefertafel einzupacken, die damals noch zu den ABC-Schützen gehörten. Rita war damals stolz auf ihre Schulmappe, denn sie war ja aus ‹echtem› Leder. Sie hat die Schulmappe mehrere Jahre lang benutzt.»

3/40 ERSTLESEBUCH «LESEN UND LERNEN»
BEARBEITET VON JOHANNES FEUER UND ROBERT ALT
ZEICHNUNGEN: HANS BALTZER
BEZ.: «PREIS 3,-»
DRUCK: VEB RATSDRUCKEREI DRESDEN
BERLIN: VOLK UND WISSEN VOLKSEIGENER VERLAG 1958
OFFSET, RAKELTIEFDRUCK; HALBGEWEBEBAND MIT PAPIERÜBERZUG; 25,3 X 20,1 CM
DHM, BESTAND ZEUGHAUS (BIBLIOTHEK: 61/223)

Die Unterrichtseinheit «O» wie «Oma» ist mit zwei Abbildungen versehen. Die eine zeigt eine alte Frau im Sessel, die von den Enkeln liebevoll umsorgt wird. Das Mädchen schiebt ihr eine kleine Bank unter die Füße, und der Junge hält prüfend die soeben gereinigte Brille der Großmutter ins Licht. Das andere Bild zeigt eine alte Frau mit Brille und Kopftuch, die sich fürsorglich der zerrissenen Hose eines kleinen Jungen annimmt.
(S. 6/7) Das Buch schließt mit Erzählungen in Druckschrift für die inzwischen lesekundig gewordenen Kinder. Unter der Überschrift «Beim Präsidenten Wilhelm Pieck zu Besuch» wird berichtet: «Der Präsident arbeitet in einem schönen, großen Haus. Es liegt in einem Park mit hohen Bäumen und grünen Rasenflächen. Die Kinder warten im Vorraum auf den Präsidenten. Barbara steht ganz vorn. Sie hält einen weißen Fliederstrauß in den Händen. Dann kommt Wilhelm Pieck. Die Kinder klatschen. Der Präsident winkt allen fröhlich zu und ruft: ‹Freundschaft› – ‹Freundschaft! Freundschaft!› erwidern die Jungen Pioniere. Barbara überreicht den Fliederstrauß. Sie gehen mit dem Präsidenten in einen Raum, wo für alle ein langer Tisch festlich gedeckt ist. Ehe sich die Kinder setzen, überreichen sie ihre Geschenke: ein Buch mit schönen Bildern, eine Tischdecke mit Stickereien, ein Ferienlager mit einem Wald am See, alles selbst gearbeitet.» (S. 120 f.)

3/41 «UNSERE FIBEL»
VOM MINISTERIUM FÜR VOLKSBILDUNG DER DEUTSCHEN DEMOKRATISCHEN REPUBLIK ALS SCHULBUCH BESTÄTIGT
BEZ.: «SCHULPREIS DDR: 3,-»
BERLIN: VOLK UND WISSEN VOLKSEIGENER VERLAG, 13. AUFLAGE 1986; PAPPBAND; 111 SEITEN
DHM (BIBL. RA 92/3175.13)

Die aufgeschlagenen Seiten (S. 26/27) zeigen u.a., wie Schüler eine Wandzeitung befestigen. Darauf ist neben dem Porträt Lenins, das mit der sowjetischen Flagge geschmückt ist, der Wahlspruch zu lesen:
«Lenin: lernen – lernen – lernen».

3/42 PLAKAT
«WER HILFT UNS, WENN MUTTI ARBEITET?»
1959; FARBOFFSET; 59 X 83,8 CM
DHM, BESTAND ZEUGHAUS (P 65/1503)
ABB. SEITE 126

«10 Jahre DDR – 10 Jahre erfolgreiche Entwicklung unseres sozialistischen Schulwesens» lautet das Motto des Plakats. Der Text propagiert den Ausbau von Schülerhorten, die seit 1955 eine Teileinrichtung der Schule waren. 1970 verbrachten 47 Prozent, 1979 70 Prozent und 1989 81 Prozent aller Schüler der 1.-4. Klasse die Zeit nach dem Unterricht in einem Hort, wo sie die Schulaufgaben erledigten und betreut wurden. Dieser Anstieg entsprach der Zunahme des Anteils berufstätiger Mütter.

JUNGPIONIERE

Schon im Kindergarten waren die Kinder auf ihre Mitgliedschaft bei den Jungen Pionieren vorbereitet worden, die dann nach Eintritt in die Schule durch ein feierliches Gelöbnis bekräftigt wurde. 1981 waren 1,6 Mio. Kinder im Alter von sechs bis dreizehn Jahren Mitglieder der der FDJ unterstellten «Pionierorganisation Ernst Thälmann», die sich aus den Jungpionieren (Sechs- bis Zehnjährige) und den Thälmannpionieren (Zehn- bis Dreizehnjährige) zusammensetzte; das sind 98 Prozent aller Schulkinder.

Ziel dieser Massenorganisation, die auf den Traditionen der Kinderorganisation der KPD beruhte und seit 1952 den Namen «Ernst Thälmann» trug, war es, die Heranwachsenden zu «jungen Sozialisten» zu erziehen. Das geschah durch vielfältige Aktivitäten, vom wöchentlichen Pioniernachmittag über gemeinsam zu bewältigende «Pionieraufträge» (Altmaterialsammlung, Versorgung alter Menschen, Pflege kommunaler Anlagen etc.) bis hin zu großen Pioniertreffen. Das geregelte Leben in der Organisation (der Mittwochnachmittag war der Pioniernachmittag) prägte den Alltag der Kinder.

3/43 PHOTOGRAPHIE
«NUN SIND WIR JUNGPIONIERE»
AUS DEM «7. LEISTUNGSVERGLEICH
DER KINDER- UND JUGENDFOTOGRUPPEN
DER DDR»
PHOTOGRAPH: KARSTEN HERRE, FOTOZIRKEL
POS MAKARENKO, HALLE
1983; 16,6 X 23 CM
WANNSEE FORUM, BERLIN

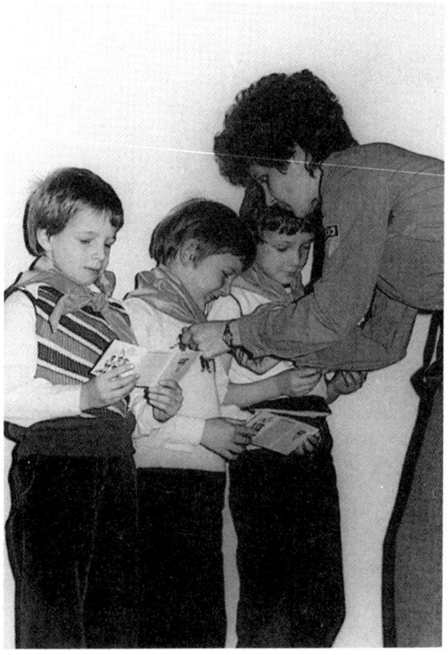

3/44

3/43

Das Bild entstand zur Erinnerung an den Tag der Aufnahme in die Pionierorganisation. Die Kinder tragen das blaue Pionierhalstuch, das ihnen soeben mitsamt dem Mitgliedsbuch in einer besonderen Feierstunde überreicht worden war. Daraufhin hatten die Kinder ihr Gelöbnis abgelegt: «Ich verspreche, ein guter Jungpionier zu sein. Ich will nach den Geboten der Jungpioniere handeln.»

3/44 PHOTOGRAPHIE «PIONIERAUFNAHME»
AUS DEM «7. LEISTUNGSVERGLEICH
DER KINDER- UND JUGENDFOTOGRUPPEN
DER DDR»
PHOTOGRAPH: TORSTEN FLIEẞ, FOTOZIRKEL
POS MAKARENKO, HALLE
1983; 22,8 X 16,6 CM
WANNSEE FORUM, BERLIN

Eine junge Frau, wohl die Freundschaftspionierleiterin, bindet einem Jungen das Pionierhalstuch um. Freundschaftspionierleiter waren hauptamtliche Funktionäre, pädagogisch geschulte Fachkräfte, die die Pioniere einer Schule betreuten.

3/45 «MITGLIEDSKARTE FÜR
JUNGPIONIERE»
UM 1980; VORDRUCK, OHNE
EINTRAGUNGEN; 9,5 X 6,7 CM
DHM, BESTAND ZEUGHAUS (DG 76/232)
ABB. SEITE 126

Die Titelseite des Ausweises ist mit dem Symbol der Jungen Pioniere geschmückt. Es besteht aus den Buchstaben «JP», drei lodernden Flammen und dem Wahlspruch der Pioniere «Seid bereit!».

Innen sind «Die Gebote der Jungpioniere» abgedruckt, die zu beachten das Mitglied bei der Aufnahme feierlich gelobt hatte.

Die ersten drei dieser zehn Gebote lauteten: «Wir Jungpioniere lieben unsere Deutsche Demokratische Republik. Wir Jungpioniere lieben unsere Eltern. Wir Jungpioniere lieben den Frieden.»

Jedes Pioniergesetz war mit einer Erläuterung versehen. Das erinnert stark an die Zehn Gebote im Kleinen Katechismus, zu denen ebenfalls eine «Was-ist-das-Erläuterung» gehört.

3/46 GLÜCKWUNSCHKARTE «LIEBER
JUNGPIONIER DER 1. KLASSE!»
1971; FARBOFFSET, BUCHDRUCK;
14,9 X 10,5 CM
DHM, BESTAND ZEUGHAUS (DG 75/456)

Die Gratulation ist mit der Unterschrift des Vorsitzenden der Pionierorganisation «Ernst Thälmann», Egon Krenz, versehen. Krenz, seit Februar 1971 Vorsitzender, sprach dem neuen Mitglied seine Glückwünsche aus und erteilte den ersten «Pionierauftrag»: «Lerne auch Du von Ernst Thälmann und allen Genossen der Arbeiterpartei! Halte immer Dein Pionierversprechen! Erfülle die Gebote der Jungpioniere!»

3/47 MÄDCHENBLUSE FÜR EINE
ANGEHÖRIGE DER JUNGEN PIONIERE
UM 1970/75
HERSTELLER: VEB EICHSFELDER
BEKLEIDUNGSWERKE, HEILIGENSTADT
AUF DEM LINKEL ÄRMEL RECHTECKIGES
ABZEICHEN DES GRUPPENRATS
WEISSES BAUMWOLLGEWEBE;
MASCHINENSTICKEREI; L 47 CM
DHM 1990/524.76 / ABB. SEITE 126

Die Bluse ist Teil einer gesamten Ausstattung für ein weibliches Mitglied der Jungen Pioniere (vgl. 3/48-3/51). Alle diese Sachen gehörten einem Mädchen. Die Trägerin hat ihre Kluft nach dem Übergang von den Jungpionieren zu den Thälmannpionieren wohl weiter getragen, denn zur Kleidung gehört das blaue Halstuch der Jungpioniere ebenso wie das rote der Thälmannpioniere.

Der Kragen der Bluse ist rund (im Unterschied zum eckigen Kragen des Hemdes für einen Jungen). Unter dem Symbol der Jungen Pioniere auf dem linken Ärmel befindet sich ein aufgenähtes Rangabzeichen, das auf weißem Grund einen roten Querbalken zeigt. Dieser rote Ärmelstreifen weist die Trägerin als Mitglied des

3/52

Gruppenrates aus, der das Leitungsorgan der Pioniere innerhalb einer Schulklasse war.

Auffällig ist die starke Militarisierung der Kinder- und Jugendorganisationen, die sich auch in der uniformierten Kleidung ausdrückt und der ebenso die Grußform entspricht (s.u. 3/69).

Die Organisation der Kindergruppen wurde von der Sowjetunion übernommen.

3/48 ROCK
HERSTELLER: JUGENDMODE ROSSWEIN
DUNKELBLAUES CHEMIEFASERGEWEBE;
L 38 CM; GRÖSSE 128
DHM 1990/1760.2 / ABB. SEITE 126

Der kurze, sportliche Rock ist leicht ausgestellt und hat vorn eine Tunnelfalte. Der Gürtel mit Koppelschloß ist mit der Aufschrift «Pionierorganisation Ernst Thälmann» und dem Emblem der Jungen Pioniere versehen.

3/49 SCHIFFCHENMÜTZE
DUNKELBLAUE MISCHFASER; FILZ;
H 12 CM, L 25 CM; ABZEICHEN: MESSING;
FARBIG EMAILLIERT; L 2,3 CM
DHM 1990/1760.4 / ABB. SEITE 126
Vorn rechts ist das Abzeichen der Jungen Pioniere befestigt.

3/50 HALSTUCH DER JUNGPIONIERE
BLAUES POLYAMID «DEDERON»;
MASCHINENNÄHWIRKEREI MALIMO;
31 X 93 CM
DHM 1990/1760.5 / ABB. SEITE 126
Das blaue Halstuch, das mit einer besonderen Knotentechnik um den Hals getragen wurde, war für Mädchen und Jungen gleich.

3/51 HALSTUCH DER THÄLMANNPIONIERE
ROTES POLYAMID «DEDERON»;
MASCHINENNÄHWIRKEREI MALIMO;
31,5 X 94 CM
DHM 1990/1760.6 / ABB. SEITE 126
Mit der Aufnahme in die Pionierorganisation Ernst Thälmann wurde das blaue Halstuch gegen ein rotes ausgetauscht (vgl. 3/65).

3/52 DREHBARER JAHRESKALENDER
DEM MUSEUM FÜR DEUTSCHE GESCHICHTE
ÜBERGEBEN VOM BÜRO DES POLITBÜROS
DES ZK
1973; HOLZ, PHOTOREPRODUKTIONEN,
FIGUREN: PAPPE, STOFF, APPLIKATIONEN;
H 54 CM, DM 42 CM
DHM, BESTAND ZEUGHAUS (SI 75/67)
ABB. SEITE 137
Diesen Kalender erhielt der Generalsekretär des ZK der SED und Mitglied des Staatsrates, Erich Honecker, 1973 anläßlich des 25. Jahrestages der Pionierorganisation «Ernst Thälmann» zum Geschenk.

Unten auf der Holzplatte sind zwölf Püppchen in Phantasietrachten befestigt, die an Trachten aus Ländern des sozialistischen Lagers erinnern (Kuba, Vietnam, Bulgarien, Ungarn, Sowjetunion etc.). Darüber erhebt sich der eigentliche Kalender in Form eines sechseckigen Korpus. Auf jeder der sechs Seiten sind jeweils zwei Monaten die Pioniergebote und Photos aus dem Pionierleben zugeordnet. Im Januar beispielsweise sind unter der Losung «Wir lernen von den Arbeitern, Genossenschaftsbauern und allen Werktätigen unserer Republik. Wir schützen das Volkseigentum» Pioniere mit Bauhelmen und Halstüchern zu sehen. Im Oktober sieht man unter dem Motto «Wir lieben die Arbeit, achten jede Arbeit und alle arbeitenden Menschen. Wir machen uns mit der Technik vertraut und packen schon heute bei jeder Arbeit mit zu» Junge Pioniere in Trainingsanzügen beim Laubharken.

3/53 «SCHATZTRUHE FÜR DAS JAHR 2000»
19. OBERSCHULE BERLIN, UM 1985-1989;
HOLZ, METALL; DUNKELBRAUN BEMALT,
BEKLEBT; 35 X 58 X 20,7 CM
DHM, BESTAND ZEUGHAUS (MK 90-1779.1)
ABB. SEITE 127
Die von den Pionieren einer Schule gestaltete Kiste zeigt auf der Vorderseite drei farbige Aufkleber mit Motiven aus dem Pionierleben; rückseitig ist handschriftlich hinzugefügt: «Jahr 2000».

Im Inneren befinden sich 30 von Schülern gefertigte, zum Teil wandzeitungsartig gestaltete Einzelblätter sowie ein gebundenes Album aus den Klassen 1-5 der 19. Oberschule in Berlin. Diese Blätter sind die Ergebnisse zum «Forschungsauftrag für die Pioniere der 19. OS», der den Kindern zu Ferienbeginn erteilt worden war: «Liebe Ferienkinder! Wir rufen Euch auf, Eure Eltern nach ihren schönsten Erlebnissen während ihrer Pionierzeit zu befragen und diese gemeinsam mit Euren eigenen Ferienerlebnissen aufzuschreiben, zu zeichnen oder zu fotografieren.» Die Kiste wurde eigens zur Aufbewahrung der Ergebnisse dieses Auftrags gebastelt und als «Schatztruhe» bezeichnet.

In gedanklicher Anlehnung an die «Parteiaufträge» für SED-Mitglieder wurden den Kindern «Pionieraufträge» erteilt. Durch das Erforschen der Geschichte ihrer unmittelbaren Umgebung wie hier, eine Art oral history, sollte das Bewußtsein dafür geweckt werden, daß sie Teil einer Generationenfolge waren, die in die Pionierorganisation eingebunden war.

3/54 BLATT «WIR JUNGPIONIERE LIEBEN
UNSERE DEUTSCHE DEMOKRATISCHE
REPUBLIK»
KARTON; HANDSCHRIFTLICHE
EINTRAGUNGEN, BEMALT, BEKLEBT;
62,3 X 42 CM
DHM, BESTAND ZEUGHAUS (MK 90-1779.30)
Unter der Losung «Wir Jungpioniere helfen überall tüchtig mit» schreibt ein Schüler: «Obwohl es vor 20 Jahren noch nicht so viele Autos gab wie heute, halfen viele Pioniere bei der Verkehrserziehung. An der Schule meiner Mutti gab es ein Verkehrssicherheitsaktiv, das z. B. die Tätigkeit der Schülerlotsen organisierte und Schulungen durchführte. Einmal warf ein Fahrer eine Tüte Bonbons aus dem Fenster und bedankte sich, da war die Freude groß. Bei einem Wettbewerb der Verkehrssicherheitsaktive belegten die Pioniere den 1. Platz und wurden mit einem Rundflug über Berlin ausgezeichnet. Das war damals eine wirklich aufregende Sache und sie waren mächtig stolz darauf.»

Dieses Blatt wurde in der «Schatztruhe für das Jahr 2000» aufbewahrt (vgl. 3/53).

3/54

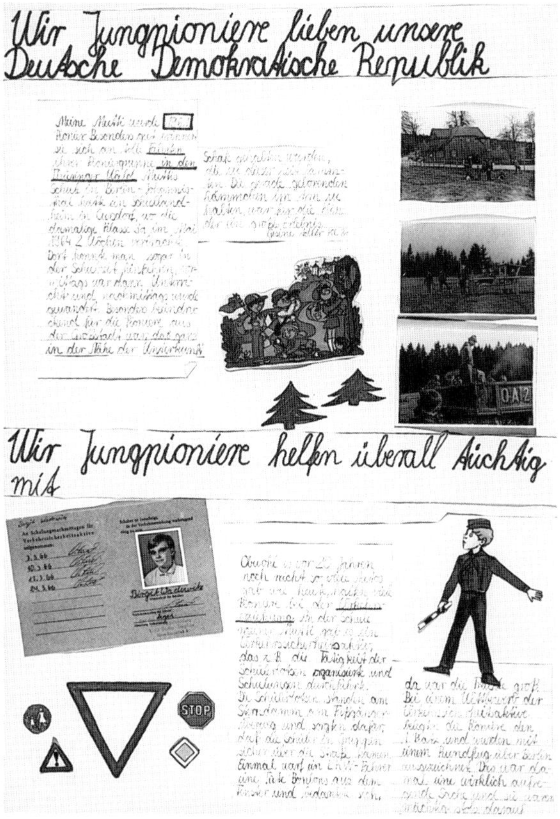

3/55

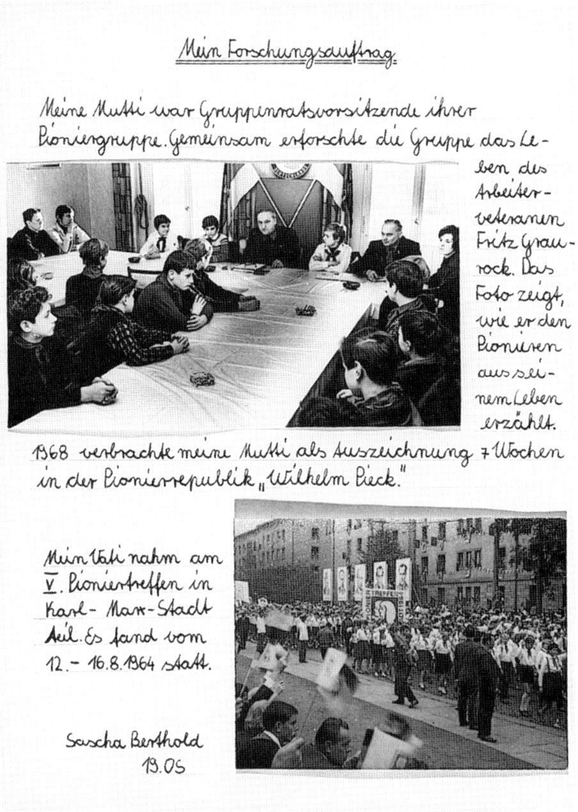

3/55 BLATT «MEIN FORSCHUNGSAUFTRAG»
SASCHA BERTHOLD, 19. OS, BERLIN
HANDSCHRIFTLICHE EINTRAGUNGEN;
ZWEI PHOTOGRAPHIEN; 29,4 X 21 CM
DHM, BESTAND ZEUGHAUS (MK 90-1779.32)

Der Schüler hält als Ergebnis seines Forschungsauftrages fest: «Meine Mutti war Gruppenratsvorsitzende ihrer Pioniergruppe. Gemeinsam erforschte die Gruppe das Leben des Arbeiterveteranen Fritz Graurock. Das Foto zeigt, wie er den Pionieren aus seinem Leben erzählt. 1968 verbrachte meine Mutti als Auszeichnung 7 Wochen in der Pionierrepublik ‹Wilhelm Pieck›». Ein aufgeklebtes Photo, wohl aus dem Privatbesitz der Familie, zeigt dieses Treffen. Auch dieses Blatt wurde zur Aufbewahrung in die «Schatztruhe für das Jahr 2000» gelegt (vgl. 3/53).

3/56 BLATT «MEIN FORSCHUNGSAUFTRAG»
19. OBERSCHULE, BERLIN
BEZ.: «CH. FICHTNER, KL. 2B»
HANDSCHRIFTLICHE EINTRAGUNGEN,
BEKLEBT; EIN PAßPHOTO; 29,2 X 21,2 CM
DHM, BESTAND ZEUGHAUS (MK 90-1779.33)
ABB. SEITE 127

Unter der Überschrift «Blaue Wimpel im Sommerwind» heißt es in dieser Arbeit, die ebenfalls für die «Schatztruhe für das Jahr 2000» bestimmt war (vgl. 3/53): «Meine Mutti und mein Vati waren auch Pioniere. Mutti war in ihrer Pioniergruppe Gruppenratsvorsitzende. Weil sie das gut machte, durfte sie in die Pionierrepublik ‹Wilhelm Pieck› fahren.»

3/57 BLATT «PIONIERE HELFEN
BEIM AUFBAU DER DDR»
JAN WILKE, 19. OBERSCHULE, BERLIN
HANDSCHRIFTLICHE EINTRAGUNGEN,
BEKLEBT; 29,7 X 40,5 CM
DHM MK 90-1779.31 / ABB. SEITE 127

Sorgfältig sind ausgeschnittene Bilder, darunter eine Pionierfahne, aufgeklebt. Unter dem Titel «Pioniere helfen beim Aufbau der DDR» hält der Schüler die Tätigkeit der Eltern in der Pionierorganisation in Schönschrift fest: »Die junge Republik brauchte für ihren Aufbau die Hilfe und Tatkraft aller Menschn, auch die der Pioniere. So wurden im ganzen Land Steine aller Größen für den neuen Überseehafen in Rostock-Warnemünde gesammelt. Auch Stahl wurde gebraucht. Unsere Republik war nicht besonders reich an Eisenerz. Meine Eltern sammelten an den Pioniernachmittagen also auch Schrott. Das Motto war «Martin braucht Schrott». Dieser wertvolle Altstoff wurde dann in einem Martin-Ofen geschmolzen und daraus wurde neuer Stahl gewonnen.»

THÄLMANNPIONIERE

Wie im Statut der Pionierorganisation «Ernst Thälmann» dargelegt ist, konnten Thälmannpioniere «alle Mädchen und Jungen von der 4. Klasse an werden, wenn sie das Gelöbnis der Thälmannpioniere ablegen». Dieses lautete: «Ernst Thälmann ist mein Vorbild. Ich gelobe, zu lernen, zu arbeiten und zu kämpfen, wie es Ernst Thälmann lehrt. Ich will nach den Gesetzen der Thälmannpioniere handeln. Getreu unserem Gruß bin ich für Frieden und Sozialismus immer bereit.»

In einer feierlichen Veranstaltung legten die Schüler der vierten Klasse dieses Gelöbnis gemeinsam ab. Dabei wurde den nunmehrigen Thälmannpionieren das Mitgliedsbuch und das rote Pionierhalstuch überreicht.

Die Erfassung und Einbindung der heranwachsenden Generation setzte sich mit dem Wechsel zu den Thälmannpionieren fort: Ein neuer Lebensabschnitt begann, man konnte sich selbst als gereifter wahrnehmen. Dazu gehörte auch, ein Amt zu bekleiden, die Verantwortung für eine Aufgabe zu übernehmen. Die Pionierorganisation bot dazu reichlich Gelegenheit. Die so geleistete «gesellschaftliche Arbeit» wurde auch auf dem Schulzeugnis zum Schuljahresende ausgewiesen. Sie war wichtig für den Werdegang; der Übergang zur EOS war ohne «gesellschaftliche Arbeit» kaum möglich.

3/58 PIONIERHALSTUCH
GUBEN, ZUM 03.01.1951; BLAUE REGENERATCELLULOSE GELB EINGEFAẞT; KUNSTFASER, HANDSTICKEREI; 32 X 99 CM
DHM, BESTAND ZEUGHAUS (K 55-255)

Das Tuch wurde Wilhelm Pieck zu seinem 75. Geburtstag im Januar 1951 von Jungen Pionieren der Stadt Guben geschenkt und ist mit der handgestickten Widmung versehen: «Unserem Ehrenbürger Präsidenten Wilhelm Pieck von seinen Jungen Pionieren aus Guben / Freundschaft Hanno Günther». Alle Jung- und Thälmannpioniere einer Schule bildeten zusammen die «Pionierfreundschaft»; die Schule trug wohl den Namen Hanno Günther. Ebenfalls eingestickt sind die Embleme der FDJ und der Jungen Pioniere.

Das Geschenk sollte die Verbundenheit zwischen der Jugend der Stadt Guben und dem Staatspräsidenten ausdrücken, der zugleich Ehrenbürger der Stadt war; diese wiederum trug den Ehrennamen «Wilhelm-Pieck-Stadt».

3/59 PHOTOGRAPHIE
«PIONIERPALAST BERLIN»
UM 1979; 16,2 X 23,8 CM
DHM, BESTAND ZEUGHAUS (BILDARCHIV)

Die Aufnahme, entstanden im Pionierpalast in der Berliner Wuhlheide, zeigt die feierliche Aufnahme von Jungpionieren in die Reihen der Thälmannpioniere. Die Kinder haben sich an zentraler Stelle vor der Reliefplastik «Thälmann-Ehrung» des Bildhauers G. Thieme (1979) aufgereiht. Nach Möglichkeit wurde für die feierliche Aufnahme in die Organisation der Thälmannpioniere eine Stätte ausgewählt, «die mit dem Wirken Ernst Thälmanns in Verbindung steht oder seinen Namen trägt» («Handbuch für Freundschaftspionierleiter»).

3/60 MITGLIEDSBUCH DER PIONIERORGANSATION «ERNST THÄLMANN»
1972(?); VORDRUCK, OHNE EINTRAGUNGEN; BLAUER PLAST (UMSCHLAG); 10,2 X 7,3 CM
DHM, BESTAND ZEUGHAUS (DG 75/458)

Das Büchlein zeigt auf einer der ersten Seiten das Bildnis des Arbeiterführers Ernst Thälmann.

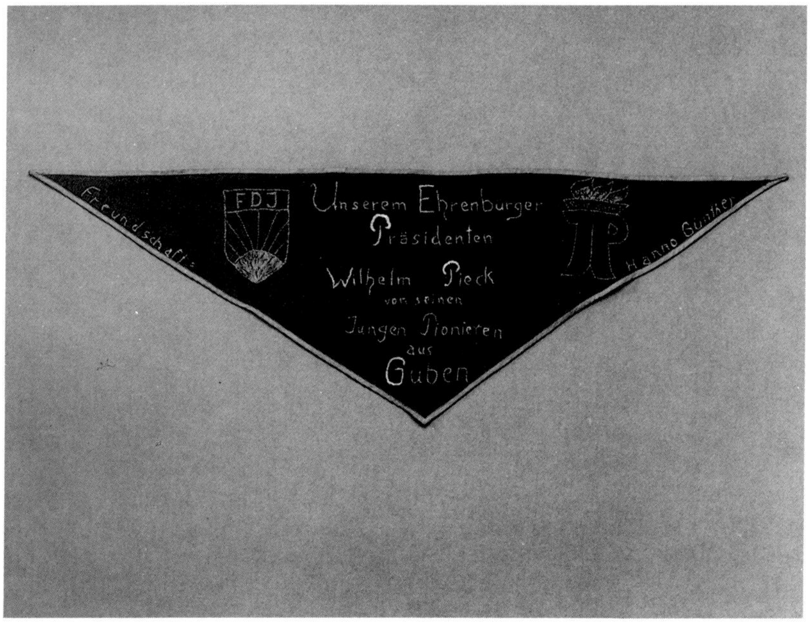

3/58

3/59

3/61 BROSCHÜRE
«STATUT DER PIONIERORGANISATION ‹ERNST THÄLMANN›»
HG.: ZENTRALRAT DER FDJ, ABTEILUNG JUNGE PIONIERE/ORGANISATIONSLEBEN, ÜBER VERLAG JUNGE WELT
1979(?); BLAUE KARTONBROSCHUR; 32 SEITEN; 10,4 X 7,1 CM
DHM 1992/146

Das Heft gibt Auskunft über den Aufbau der Pionierorganisation, ihre Aufgaben und Ziele. Als oberstes Ziel führt das Statut an: «Wir wollen und wirken aktiv mit, daß alle Jungen Pioniere und Schüler zu aufrechten sozialistischen Patrioten und proletarischen Internationalisten heranwachsen, die aktiv an der Gestaltung des gesellschaftlichen Lebens in unserer Deutschen Demokratischen Republik teilnehmen.»

3/62 MITGLIEDSAUSWEIS DER JUNGEN PIONIERE
AUSGESTELLT FÜR SUSANNE KUBAN VON DER «FREUNDSCHAFT ROBERT KOCH», ZENTRALSCHULE PENIG
15.10.1953; DUNKELBLAUER KARTON; VORDRUCK MIT TINTENSCHRIFTLICHEN EINTRAGUNGEN; 10,1 X 7,1 CM
DHM, BESTAND ZEUGHAUS (DG 57/259)

Die Titelseite des Ausweises trägt unter dem Symbol der Jungen Pioniere die Aufschrift: «Für Frieden und Völkerfreundschaft / Immer bereit». Die Inhaberin gehörte seit der ersten Stunde der Pionierorganisation an, denn sie war bereits seit 1948 Mitglied.

Neben dem Porträt Stalins ist dessen Grußadresse abgedruckt: «Ich wünsche der deutschen Jugend, dem aktiven Erbauer des einheitlichen, demokratischen und friedliebenden Deutschland, neue Erfolge bei diesem großen Werk. J.W. Stalin».

Es folgen das Porträt von Staatspräsident Wilhelm Pieck, ein Auszug aus der Grußadresse des ZK der SED an die Teilnehmer des Treffens der Jungen Pioniere in Dresden sowie Porträts und Grußadressen von Ernst Thälmann und Erich Honecker, dem Vorsitzenden der Freien Deutschen Jugend.

3/63 HEMD FÜR EINEN THÄLMANNPIONIER
UM 1970
HERSTELLER: EICHSFELD KONFEKTION
WEISSE MISCHFASER; L 65 CM; GR. 152
DHM, BESTAND ZEUGHAUS (U.70.58)

Das Hemd hat, im Unterschied zu einer Mädchenbluse (vgl. 3/47), einen eckigen Kragen sowie eine aufgesetzte linke Brusttasche mit spitzer Patte. Oben auf dem linken Ärmel ist das Emblem der Jungen Pioniere eingestickt.

3/67

3/68

3/64 LANGE HOSE FÜR
EINEN THÄLMANNPIONIER
UM 1970;
HERSTELLER: VEB BEKLEIDUNGSWERKE
GÖRLITZ
BEZ.: «EVP M 14,-»; BLAUE CHEMIEFASER;
MIT REGENERATCELLULOSE; L 92 CM
DHM, BESTAND ZEUGHAUS (U.70.55)

Die Rundbundhose hat einen Stoffgürtel, vorn zwei schräg eingesetzte Taschen und hinten rechts eine Gesäßtasche mit geschweifter Patte.

Die Pionierkleidung wurde nicht gestellt, sondern mußte von den Kindern bzw. den Eltern gekauft werden. Oft wurde eine bereits vorhandene Hose (oder ein Rock) genommen und mit der Bluse mit Abzeichen, dem Halstuch und der Mütze ergänzt.

3/65 PIONIERHALSTUCH
UM 1975
ROTE CHEMIEFASER;
MASCHINENNÄHWIRKEREI «MALIMO»;
27 X 91 CM
DHM, BESTAND ZEUGHAUS (U.75.30)

Das rote Halstuch wurde den Thälmannpionieren im Dezember 1973 «in Anerkennung der großen Leistungen, die sie für die edle Sache des Sozialismus vollbracht haben und vollbringen» verliehen. Davor hatten auch sie das blaue Halstuch getragen.

3/66 SCHIFFCHENMÜTZE
UM 1970
BLAUE CHEMIEFASER; FILZ;
H 11,5 CM, L 28 CM
DHM, BESTAND ZEUGHAUS (U.78.71)

Sie entspricht der Mütze der Mädchenkluft (vgl. 3/49).

3/67 PHOTOGRAPHIE
«ALTMATERIALSAMMLUNG»
AUS DEM «6. LEISTUNGSVERGLEICH
DER KINDER- UND JUGENDFOTOGRUPPEN
DER DDR»
PHOTOGRAPHIN: KATRIN RÜCKERT,
13 JAHRE, FRIEDRICH-SCHILLER-OBERSCHULE,
EISENBERG
1981; 18,3 X 23,7 CM
WANNSEE FORUM, BERLIN

Junge Pioniere stehen mit leeren Flaschen und anderen Altstoffen vor der Sammelstelle an.

Ziel der Jugendarbeit war es, die Pioniere zu «jungen Sozialisten» zu erziehen. Dem dienten auch vielfältige Aktivitäten, die gemeinsam unternommen wurden. Schrott, Altpapier und andere Altmaterialien wurden gesammelt; Grünanlagen, Schulen und Sportplätze wurden gepflegt oder ältere Menschen betreut. Der Erlös aus den Altmaterialsammlungen wurde auch für Solidaritätsleistungen für andere Länder (z.B. Vietnam) verwandt.

3/69

3/70

3/68 PHOTOGRAPHIE «ALTPAPIERSAMMLUNG» AUS DEM «7. LEISTUNGSVERGLEICH DER KINDER- UND JUGENDFOTOGRUPPEN DER DDR»
PHOTOGRAPHIN: INA JAKOB, WEIMAR
1983; 17,9 X 23,9 CM
WANNSEE FORUM, BERLIN

Junge Pioniere schleppen bündelweise zusammengelegte Zeitungen heran.

Der ökonomische Nutzen der Altmaterialsammlung durch die Pioniere wurde von offizieller Seite immer wieder hervorgehoben.
Im Schuljahr 1979/80 beispielsweise beteiligten sich 1,3 Millionen Schüler an der Aktion «Großfahndung – Millionen für die Republik».
73 Millionen Flaschen und Gläser, 20 000 Tonnen Schrott, 30 000 Tonnen Papier und 9 000 Tonnen Alttextilien wurden, wie die FDJ-Zeitschrift «Junge Welt» berichtete, gesammelt und einer Wiederverwertung zugeführt.

3/69 PLAKAT «FÜR FRIEDEN UND SOZIALISMUS / SEID BEREIT!»
ENTWURF: ULRIKE KÜHNE
PHOTOGRAPHIE: CLAUDIA KENKEL
1982; OFFSET; 80,6 X 57,5 CM
DHM, BESTAND ZEUGHAUS (P 82/383)

Drei Thälmannpioniere, zwei Mädchen und ein Junge, schauen dem Betrachter selbstbewußt entgegen.

Die Losung des Plakates «Für Frieden und Sozialismus / Seid bereit» ist der offizielle Gruß der Pionierorganisation. Auf ihn antworteten die Pioniere «Immer bereit!». Beim Sprechen des Grußes wurde die flache rechte Hand über den Kopf gehoben.

Die Kinder geben sich 1982 lässig und locker. 1952 hatten sie viel adretter ausgesehen (vgl. 3/70).

3/70 PLAKAT «IMMER BEREIT / VORWÄRTS ZUM TREFFEN DER JUNGEN PIONIERE»
HG.: FDJ LANDESLEITUNG SACHSEN
DRUCKEREI «BERTHOLD HAUPT», DRESDEN-NIEDERSEDLITZ
1952; OFFSET; 61 X 43,1 CM
DHM, BESTAND ZEUGHAUS (P 59/53)

Das Plakat rief auf zum ersten Treffen der Jungen Pioniere unter der Losung «Für Frieden, Einheit, Demokratie und Sozialismus!» im August 1952 in Dresden.

3/71 PHOTOGRAPHIE «THÄLMANN-EHRUNG IN DRESDEN»
WOHL UM 1965; 17,2 X 12,5 CM
DHM, BESTAND ZEUGHAUS (BILDARCHIV)
ABB. SEITE 144

Vor dem Porträt Ernst Thälmanns, das geschmückt ist mit einem Transparent mit der Aufschrift «Ernst Thälmann Unser Vorbild» entbieten zwei Jungen Pioniere den Pioniergruß, während ein Mädchen Blumen niederlegt.

3/71

3/72 PHOTOGRAPHIE

«V. PIONIERTREFFEN IN KARL-MARX-STADT»

16.08.1964; 12,6 X 17,6 CM

DHM, BESTAND ZEUGHAUS (BILDARCHIV)

20.000 Pioniere trafen sich im August 1964 unter der Losung «Lernen, schaffen, fröhlich sein – Für Frieden und Sozialismus – immer bereit!» in Karl-Marx-Stadt (Chemnitz) zu einer Leistungsschau der Ergebnisse, die sie beim Lernen, bei gesellschaftlich nützlicher Arbeit sowie auf kulturellem und sportlichem Gebiet erzielt hatten. Das Photo zeigt die Pionierparade, die Abschluß und festlicher Höhepunkt des «großen Festes der Kinder der DDR» war. Das Mädchen am linken Bildrand hat sich ein Erinnerungstuch um die Schultern gelegt, das anläßlich des Pioniertreffens angefertigt worden war (vgl. 3/73).

3/73 ERINNERUNGSTUCH

«V. PIONIERTREFFEN KARL-MARX-STADT 1964»

REGENERATCELLULOSE; FARBIG BEDRUCKT; 58 X 56 CM

DHM, BESTAND ZEUGHAUS (KTE 83-162)

Die Darstellungen auf dem Souvenirtuch zeigen die Pioniere bei Spiel und Sport, bei der Gartenarbeit, beim Wandern und in der Schule.

3/72

JUGENDWEIHE

3/74

Jugendstunde im Salzbergwerk Staßfurt
JEDE JUGENDSTUNDE
EIN ERLEBNIS
FÜR UNSERE KINDER
ELTERN!
MELDET EURE KINDER ZUR
JUGENDWEIHE
AN
Anmeldung bei den Jugendstundenleitern in den Schulen

Die Jugendweihe ist in der DDR seit ihrer Einführung 1955 der große Festtag für die Jugendlichen. Der erste Schritt ins Erwachsenenleben wird vollzogen (die Heranwachsenden wurden nach der Jugendweihe z.B. mit «Sie» angesprochen).

Die Jugendweihe war wohl das einzige Fest in der DDR, das genuin mit den staatlichen Vorstellungen über die sozialistische Lebensweise verknüpft war und das zugleich eine hohe Akzeptanz in der Bevölkerung genoß.

Anknüpfend an die Traditionen der Arbeiterbewegung, erfolgte 1955 der Gründungsaufruf zur Jugendweihe in der DDR durch den «Zentralen Ausschuß für Jugendweihen», den zahlreiche Personen des öffentlichen Lebens unterschrieben und in dem die Erwartung ausgesprochen wurde, daß dieser Tag, an dem der junge Mensch «in das Leben der Erwachsenen tritt», ihm zu einem Erlebnis werden wird, das ihm «Kraft und Selbstbewußtsein für den weiteren Lebensweg» gibt.

Alle Jugendlichen konnten mit dem Abschluß der achten Klasse, also mit 14 Jahren, an der Jugendweihe teilnehmen. Dieses Alter wurde nicht willkürlich ausgewählt, sondern korrespondierte mit dem traditionellen Ende der Schulzeit.

Die katholische Kirche lehnte bis zuletzt eine Teilnahme von Kommunionsempfängern an der Jugendweihe ab. Auch die evangelischen Landeskirchen verneinten zunächst die Möglichkeit, an Jugendweihefeier und Konfirmation teilzunehmen, rückten von dem Prinzip der Unvereinbarkeit aber nach wenigen Jahren wieder ab. Mancher Jugendliche ging zur Jugendweihe und ließ sich konfirmieren.

1955 nahmen knapp 18 Prozent aller Jugendlichen an der Jugendweihe teil. Fünf Jahre später, 1960, waren es schon fast 90 Prozent, und seit Mitte der siebziger Jahre liegt der Anteil konstant bei nahezu 98 Prozent.

Die hohe Wertschätzung der Jugendweihe von seiten der Jugendlichen zeigt sich auch darin, daß sie nach der «Wende» von sehr vielen Jugendlichen weiterhin begangen wurde.

3/76

3/74 PLAKAT «JEDE JUGENDSTUNDE EIN ERLEBNIS FÜR UNSERE KINDER»
DRUCK: NEUES DEUTSCHLAND, BERLIN
1956; OFFSET, BUCHDRUCK; 59 X 41,5 CM
DHM, BESTAND ZEUGHAUS (P 59/28)

Der Aufruf auf dem Plakat lautet: «Eltern! Meldet Eure Kinder zur Jugendweihe an». Gezeigt wird eine «Jugendstunde im Salzbergwerk Staßfurt». Kinder mit Grubenhelmen sitzen im sogenannten Festsaal des Salzbergwerkes, ein Erwachsener informiert.

Die «Jugendstunden» waren fester Bestandteil der Vorbereitung auf die Jugendweihe, die im Jugendweihejahr stattfand. Seit den fünfziger Jahren bildete sich ein bestimmter Ritus der Vorbereitung heraus. Das Jugendweihejahr wurde eingeleitet durch eine Eröffnungsveranstaltung. Exkursionen und zehn thematisch orientierte Jugendstunden, in der Regel außerhalb der Schulen, bestimmten das Vorbereitungsjahr, dessen krönenden Abschluß die Jugendweihefeier bildete.

3/75 PLAKAT «JUGENDWEIHE 1957»
DRUCK: VEB GRAPHISCHE WERKSTÄTTEN, LEIPZIG
OFFSET; 84 X 59,3 CM
DHM, BESTAND ZEUGHAUS (P 59/324)
ABB. SEITE 128

Das Plakat warb im dritten Jahr nach der Einführung der Jugendweihe für dieses Fest. Ein Erwachsener (ein kommunistischer «Veteran» oder ein Parteifunktionär) gratuliert einem Mädchen in hellem Kleid und einem Jungen im Anzug.

Bereits in den fünfziger Jahren bildete sich ein Ablauf der Feierstunde heraus, an dem sich in der Folgezeit nichts verändert hat: Dem feierlichen Einzug der Jugendlichen folgte die Festrede; daran schloß sich das Gelöbnis an, dem Sozialismus die Treue zu halten, die sozialistischen Errungenschaften zu verteidigen und selbstlos an ihrer Fortentwicklung mitzuwirken. Danach wurden die Urkunde und das Geschenkbuch überreicht. Ein Vertreter der Mädchen und Jungen sprach daraufhin den Dank aus an Eltern, Lehrer und alle, die ihren Weg bis dahin begleitet hatten. Nach dem Abspielen der Nationalhymne zogen die Jugendlichen feierlich aus dem Saal.

3/76 PLAKAT «JUGENDWEIHE»
HG.: ZENTRALER AUSSCHUSS FÜR JUGENDWEIHE
DRUCK: VEB RATSDRUCKEREI DRESDEN
1959; OFFSET; 117 X 82,5 CM
DHM, BESTAND ZEUGHAUS (P 90/356)

Zwei fröhliche, festlich gekleidete Jugendliche streben ins Leben. Sie erinnern an Konfirmanden. Werbung für die Jugendweihe war später nicht mehr erforderlich, da sie selbstverständlicher Bestandteil im Leben fast jedes Heranwachsenden geworden war.

3/77 «URKUNDE ZUR JUGENDWEIHE»
HG.: ZENTRALER AUSSCHUSS
FÜR JUGENDWEIHE, BERLIN
1955; VORDRUCK, OHNE EINTRAGUNGEN;
RAKELTIEFDRUCK, GOLDPRÄGUNG;
26 X 21 CM
DHM, BESTAND ZEUGHAUS (DG 83/156)

Die Vorderseite dieser Urkunde zeigt das Staatswappen der DDR sowie einen Traktor auf dem Feld, ein Hochhaus, eine Arbeiterin im Labor sowie Jugendliche mit einer Fahne. Die Jugendlichen werden als Träger des Staates und der Gesellschaft den Erwachsenen gleichgestellt.

3/78 ERINNERUNGSBUCH «WELTALL / ERDE / MENSCH»
DRUCK: DRUCKHAUS EINHEIT, LEIPZIG;
DRUCKEREI SÄCHSISCHE ZEITUNG, DRESDEN
BERLIN: VERLAG NEUES LEBEN, 10. AUFLAGE
1962; 495 SEITEN
DHM, BESTAND ZEUGHAUS
(BIBL. A 54/3864.10)

Dieses «Sammelwerk zur Entwicklungsgeschichte von Natur und Gesellschaft», dem ein Geleitwort Walter Ulbrichts vorangestellt war, wurde den Jugendlichen von 1955 bis 1974 mit auf den Weg gegeben.

3/79 PHOTOGRAPHIE
ZUR ERINNERUNG AN DIE JUGENDWEIHE
KONGRESSHALLE BERLIN, 1971; 9 X 14 CM
PRIVATBESITZ, WILLICH

In der Berlin Kongreßhalle fanden alle Jugendweihen für Jugendliche aus dem Bezirk Köpenick statt.

Das Photo zeigt acht Jugendliche auf einer Bühne, deren Begrenzung mit Hortensien und rankenden Pflanzen geschmückt ist. Die vier Mädchen und vier Jungen haben sich paarweise aufgestellt. Sie sind festlich gekleidet: die Jungen mit Anzug, weißem Hemd und Krawatte, die Mädchen in hellen, glänzenden Kleidern, zum Teil mit Handschuhen.

Die festliche Kleidung wurde von allen Beteiligten sehr wichtig genommen; es gab seit 1971 sogar eigene Modeschauen für diesen Anlaß.

3/80 PHOTOGRAPHIE ZUR ERINNERUNG AN DIE JUGENDWEIHE
DRESDEN, FRÜHJAHR 1984; 11,4 X 9,2 CM
PRIVATBESITZ, BERLIN

Die zum Andenken an den Tag der Jugendweihe entstandenen Photographien erinnern häufig an Konfirmationsphotos. Diese Aufnahme zeigt ein festlich gekleidetes Mädchen mit der Mutter vor einer Grünanlage. In der Hand hält sie das Buch «Vom Sinn unseres Lebens» sowie eine Blume. Dieses Geschenkbuch, eine Monographie über Weltanschauung und Moral für Schüler, wurde seit 1983 an die Jugendlichen verschenkt.

Die auf dem Photo Dargestellte erinnert sich: «Zur Jugendweihe sollten wir besonders erwachsen aussehen, da der ‹Ernst des Lebens› jetzt beginnen sollte. Allerdings stellte ich mir das Erwachsenenaussehen vollkommen anders vor, als so bieder auf hohen Schuhen in farbigen Feinstrumpfhosen aus dem Westen und in einem Kleid, welches nie wieder angezogen wird, herumzulaufen und mit Sie angesprochen zu werden.

Eingeprägt hat sich das Gelöbnis, wo wir anstatt ‹Ja, das geloben wir› ein ‹Ja, das glouben (glauben) wir› auf sächsisch sagten, um zu zeigen, daß wir die ganze Zeremonie nicht ernstnehmen.»

3/81 PHOTOGRAPHIE ZUR ERINNERUNG AN DIE JUGENDWEIHE
AUFNAHME: PHOTOATELIER HENNIGSDORF
11.04.1976; 14,5 X 10,7 CM
PRIVATBESITZ, BERLIN

«Die Jugendweihefeier war für mich mit äußerst zwiespältigen Gefühlen verbunden. Einerseits war da die Freude, ‹in den Kreis der Erwachsenen› aufgenommen zu werden und somit auch neue Rechte zu erhalten, andererseits empfand ich die eigentliche Zeremone als äußerst unangenehm. So mußte ich ein in meinen Augen lächerliches Jackett und sogar (zum ersten und bisher letzten Mal) eine Krawatte tragen.

3/81

Die sich anschließende Feier erfolgte im engeren Familienkreis und wurde kein so großes ‹Freß- und Saufgelage› wie bei vielen meiner Mitschüler.»

3/82 KARTE «ZUR JUGENDWEIHE DIE HERZLICHSTEN GLÜCKWÜNSCHE»
ENTWURF: D. HEINDORFF
BEZ.: «EVP M 0,60»
1986; KARTON; BEDRUCKT, GEPRÄGT;
9,5 X 17 CM
DHM, BESTAND ZEUGHAUS (DG 90/281)

Der Jugendliche wurde an seinem Ehrentag mit Glückwünschen und Geschenken bedacht. An den offiziellen Teil schloß sich eine Feier im privaten Kreis an. Möglich war es auch, daß die Jugendlichen gemeinsam in einem angemieteten Saal feiern; zu diesem Fest kamen dann alle Angehörigen hinzu.

3/83 TASCHENKAMERA «PENTI»
MIT GEBRAUCHSANWEISUNG
HERSTELLER: PENTACON, DRESDEN
UM 1960; METALL, KUNSTLEDER (FUTTERAL);
KAMERA 7 X 11 X 6 CM
(MIT GEGENLICHTBLENDE)
DHM AK 92/118.1-5 / ABB. SEITE 128

Die Jugendweihe zählte in der DDR neben der Hochzeit zu der größten Familienfeier mit im Durchschnitt 20 Gästen und hohen Festausgaben, für die lange Zeit gespart wurde. Geldgeschenke in einer Gesamthöhe von 800 bis 1000 Mark waren – wie eine kulturwissenschaftliche Untersuchung ergab – neben wertvollen Sachgeschenken keine Seltenheit. Solch eine «Penti»-Taschenkamera zählte in den sechziger Jahren zu den typischen Geschenken zur Jugendweihe.

3/84 PHOTOSERIE:
AM TAG DER JUGENDWEIHE
PHOTOGRAPH: WERNER MAHLER
BERKA B. SONDERSHAUSEN/THÜRINGEN,
1977; VIER AUFNAHMEN, JE 40 X 50 CM
(BLATTGRÖßE)
DHM 1992/834-837

Es war in kleinen Städten und auf dem Land üblich, daß sich die Jugendgeweihten nachmittags trafen und von Jugendweihe-Haus zu Jugendweihe-Haus zogen. Auch die Mädchen waren dabei. Es wurde getrunken und geraucht. Man gab sich erwachsen und durfte das auch vor den Eltern zeigen.

Dieser Initiationsritus in Form eines Umzugs ist völlig anders gestaltet als die Feierlichkeit auf einer Konfirmation, wo die einzelnen Jugendlichen im Kreis der Familie verblieben.

3/84

3/84

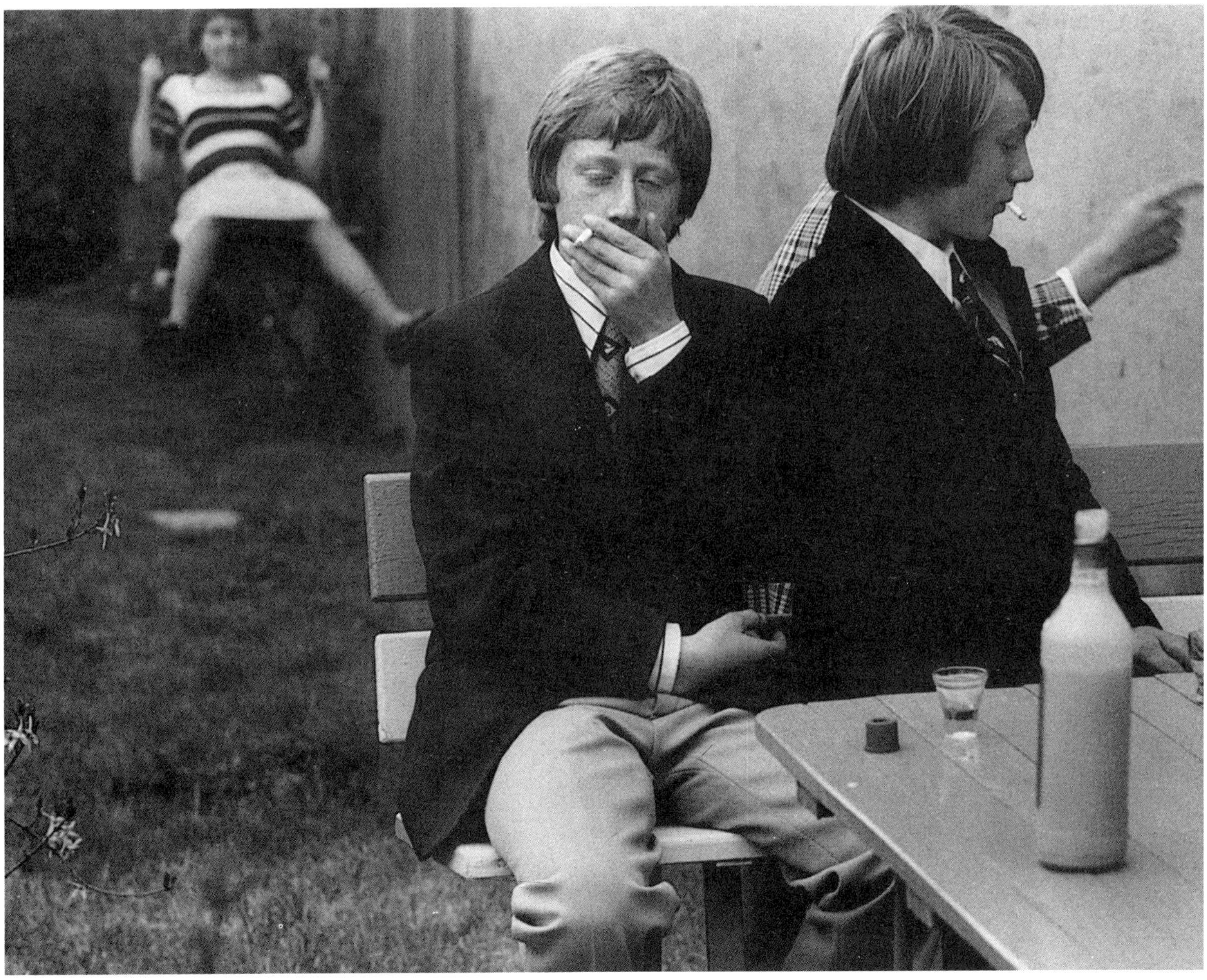

3/84

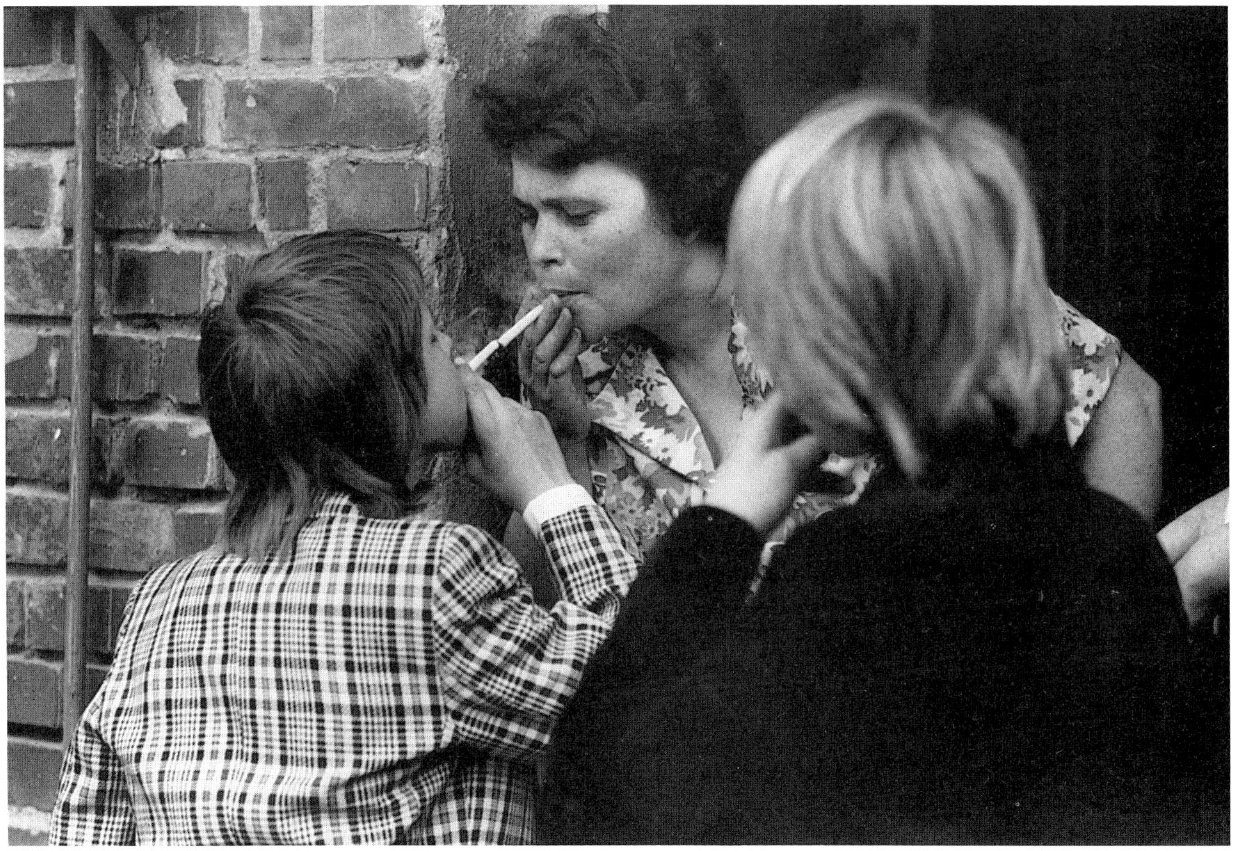

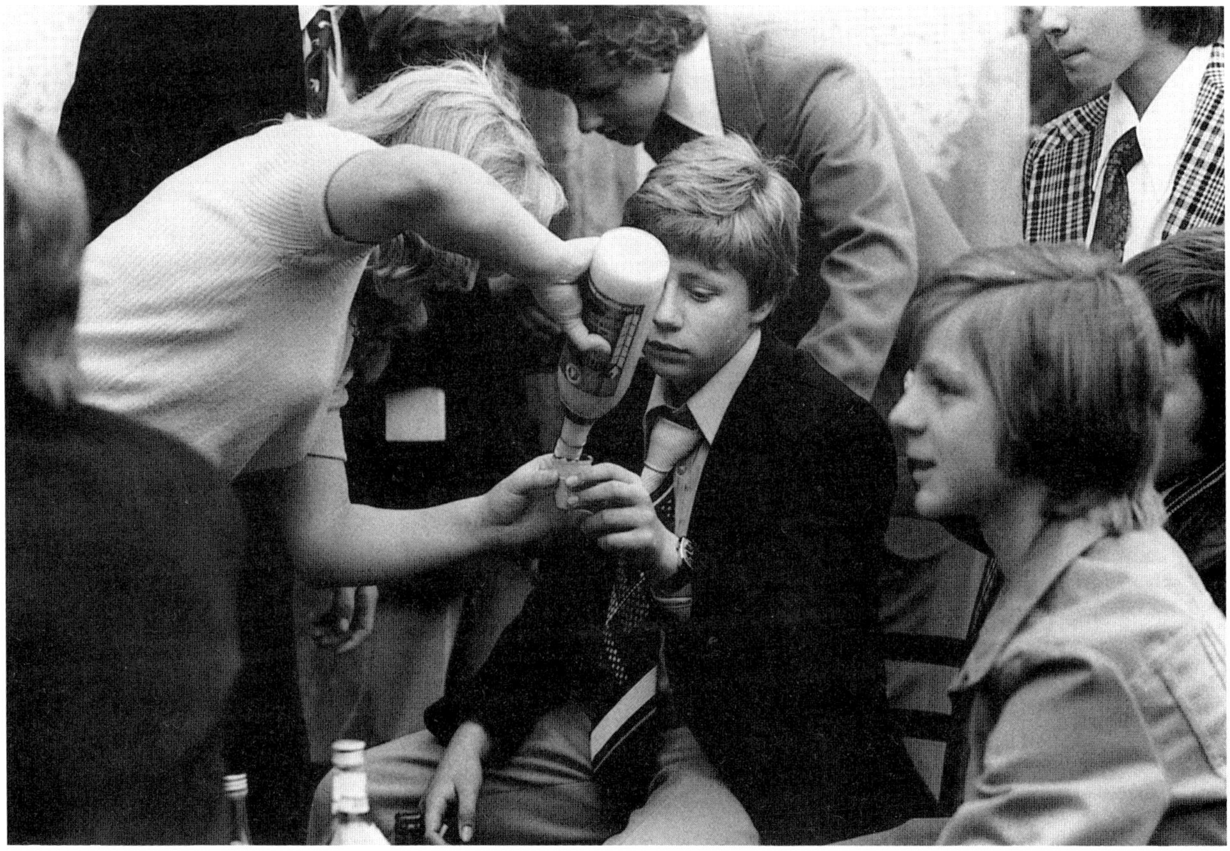

FREIE DEUTSCHE JUGEND (FDJ)

Schon die Thälmannpioniere bereiteten sich, wie es in ihrem 10. Gebot lautete, darauf vor, «gute Mitglieder der Freien Deutschen Jugend zu werden.»

1981 hatte die FDJ 2,3 Millionen Mitglieder, das waren fast 75 Prozent der Jugendlichen im Alter von 14 bis 25 Jahren. Diese Altersbegrenzung legte das Jugendgesetz fest. Von Studenten und Lehrern wurde allerdings erwartet, daß sie bis zum 30. Lebensjahr der FDJ angehörten. Die Mitgliedschaft in der FDJ war ein persönlicher Schritt, doch eine normale schulische oder berufliche Entwicklung war ohne FDJ-Mitgliedschaft kaum denkbar (zur zunehmenden inneren Distanz der Jugendlichen gegenüber dem Staat und seinen Einrichtungen besonders seit den frühen achtziger Jahren (vgl. den Beitrag von U. Roski in diesem Band).

Die Mitglieder der FDJ waren in sogenannten Grundorganisationen zusammengefaßt, die in allen Betrieben, Einrichtungen, Allgemeinbildenden Schulen, Universitäten, Hoch- und Fachschulen anzutreffen waren. In nahezu allen Bereichen, mit denen ein Jugendlicher in der DDR in Berührung kam, war die FDJ vertreten. Sie leitete Club- und Kulturhäuser und führte das Reisebüro «Jugendtourist». So gut wie alle Diskotheken der DDR standen unter ihrer Aufsicht; sie organisierte Kultur-, Sport- und Freizeitveranstaltungen und strahlte in Hörfunk und Fernsehen ein eigenes Jugendprogramm aus. Berufstätigen Jugendlichen wurden durch sogenannte Jugendobjekte und Jugendbrigaden spezielle Arbeitsaufgaben angeboten.

3/85 MITGLIEDSBUCH DER FDJ
AUSGESTELLT FÜR WOLFGANG WENZEL
EINTRAGUNGEN 1953-1963; 11,5 X 8,5 CM
DHM, BESTAND ZEUGHAUS (DG 80/343)

3/88

3/86 BLUSE DER FDJ
ÄRMELAUFNÄHER: SYMBOL DER FDJ
UM 1950/60; BLAUES BAUMWOLLGEWEBE; ;
L 73 CM
DHM, BESTAND ZEUGHAUS (U.71.408)

Auf dem linkel Ärmel ist das Symbol der FDJ aufgenäht (ein Schild mit einer aufgehenden Sonne und den Initialen).

FDJ-Kleidung wurde, ebenso wie die Pionierkleidung, in Sportgeschäften angeboten; auch in den größeren Warenhäusern (z.B. im «Centrum» am Berliner Alexanderplatz) war sie vorrätig.

3/87 HEMD DER FDJ
HERSTELLER: EICHSFELD KONFEKTION
ÄRMELAUFNÄHER: SYMBOL DER FDJ
UM 1970/80; BAUMWOLLGEWEBE; L 76 CM
DHM, BESTAND ZEUGHAUS (U. 70.11)

Auf den linken Ärmel ist das FDJ-Symbol aufgenäht; die Schulterklappen sind mit blauen Glasknöpfen versehen, die ebenfalls das Symbol der FDJ zeigen.

3/88 PLAKAT
«DEUTSCHLANDTREFFEN DER JUGEND»
HG.: ZENTRALRAT DER
FREIEN DEUTSCHEN JUGEND
ENTWURF: DEWAG, BERLIN
DRUCK: LANDESDRUCKEREI SACHSEN GMBH, DRESDEN
1950; OFFSET; 83,7 X 59 CM
DHM, BESTAND ZEUGHAUS (P 59/66)
ABB. SEITE 149

Mit der Losung «Für Einheit, Frieden, nationale Unabhängigkeit und ein besseres Leben!» fand im Mai 1950 in Berlin das erste Deutschlandtreffen der Jugend statt.

3/89 POSTKARTE «FREIE DEUTSCHE JUGEND / FDJ / REIHT EUCH EIN / HELFT DIE BESSERE ZUKUNFT SCHAFFEN»
HG.: FREIE DEUTSCHE JUGEND,
KREISLEITUNG GRIMMA
DRUCKEREI: STÄDTISCHE DRUCKEREI
WURZEN/SACHSEN
WOHL VOR 1949; RAKELTIEFDRUCK;
14,9 X 10,6 CM
DHM, BESTAND ZEUGHAUS (DG 75/270)
ABB. SEITE 161

Die Karte, vermutlich noch vor der Gründung der DDR entstanden, ruft dazu auf, nach Faschismus und Krieg an die Stelle der untergegangenen eine neue, bessere Welt zu setzen.

Die FDJ war im März 1946 als antifaschistisch-demokratische Jugendorganisation gegründet worden, die die verschiedensten Jugendgruppierungen von den Pfadfindern, christlichen Gruppen bis zum kommunistischen Jugendbund in sich vereinte. Sie wurde bald zu einem ausschließlich sozialistischen Jugendverband, der die Weisungen der SED für sich als bindend erachtete.

3/90 GEDENKBLATT
«GELÖBNIS DER FREIEN DEUTSCHEN JUGEND ANLÄßLICH DES 30. JAHRESTAGES DER DEUTSCHEN DEMOKRATISCHEN REPUBLIK»
1979; PERGAMENT; SCHWARZE, ROTE UND BLAUE TUSCHE; BEIGEFARBENES LEDER MIT BLAUEN ZIERSTREIFEN (HÜLLE);
BLATT 81 X 45,1 CM (MIT ANHÄNGER);
HÜLLE L 50,3 CM, DM 7,3 CM
DHM, BESTAND ZEUGHAUS (DG 80/159)

Dieses anläßlich des 30. Jahrestages der Staatsgründung 1979 gefertigte Gedenkblatt wurde wohl im Rahmen einer Feierstunde am 7. Oktober 1979 dem Staatsratsvorsitzenden und Generalsekretär Erich Honecker von Vertretern der Jugendorganisation überreicht.

Die FDJ gelobte: «Als Helfer und Kampfreserve der Partei wollen wir unser Vaterland stärken und es jederzeit vor den Feinden des Sozialismus und des Friedens schützen.»

3/91 AUSWEIS «FREUND DER JUGEND»
VOR 1989; VORDRUCK, OHNE EINTRAGUNGEN; BLAUER KARTON (EINBAND); 7,5 X 10,6 CM
DHM 1992/155

Dieser Ausweis war für Ehrenmitglieder der FDJ vorgesehen. Ihr Alter lag häufig über dem für die FDJ festgelegten Höchstalter von 25 Jahren; die für sie übliche Bezeichnung «Freund der Jugend» sollte die besondere innere Verbundenheit zur Jugend dokumentieren.

3/92 ABZEICHEN «FÜR GUTES WISSEN» IN BRONZE
VERLIEHEN VON DER FDJ
UM 1979(?); L 22 MM
DHM, BESTAND ZEUGHAUS (0.79.114)

Dieses Abzeichen wurde in den Stufen Bronze, Silber und Gold seit 1949 von der FDJ verliehen. «Gutes Wissen» bedeutete vor allem gesellschaftspolitisches Wissen, insbesondere bezogen auf die Lehre des Marxismus-Leninismus.

3/93 URKUNDE «FÜR GUTES WISSEN»
AUSGESTELLT FÜR GERHARD SCHÖNBRUNN DURCH DIE FREIE DEUTSCHE JUGEND
PIRNA, 15.08.1950; VORDRUCK MIT MASCHINEN- UND TINTENSCHRIFTLICHEN EINTRAGUNGEN; 29,7 X 21 CM
DHM, BESTAND ZEUGHAUS (DG 87/26)

Die Urkunde bescheinigt dem Inhaber, «die Prüfung für das Abzeichen ‹Für gutes Wissen› in Bronze bestanden» zu haben.

3/94 HINWEISSCHILD «FDJ JUGEND TANZ»
VOR 1989; GLAS; GELB UND BLAU LACKIERT;
25 X 25 CM
DHM (AK 1992/9) / ABB. SEITE 161

Dieses Schild hing in Klubhäusern, auf dem Land auch an Gaststätten, in denen die FDJ Discoveranstaltungen und andere Tanzvergnügen organisierte.

Für die Gestaltung der Freizeit der Jugendlichen war die FDJ ein wichtiger Faktor.

3/95 URKUNDE «IN ANERKENNUNG HERVORRAGENDER LEISTUNGEN BEI DER VERANSTALTUNG VON NIVEAUVOLLEM JUGEND TANZ»
VOR 1989; ORANGEFARGENER KARTON;
BEDRUCKT; 30 X 21 CM
DHM 1992/157

Gaststättenbetrieben, die sich um den Jugendtanz verdient gemacht hatten, wurde mit dieser Urkunde das «blaue t» verliehen» («t» für Tanz und blau für die FDJ); sie durften zugleich das o.g. Schild an ihrer Einrichtung anbringen (3/94).

3/96

3/97

3/96 PLAKAT «X WSEMIRNY FESTIVAL MOLODJOSKI I STUDENTOW / BERLIN 1973 G., STOLIZA GDR» (KYRILLISCHE SCHRIFT)
HG.: ORGANISATIONSKOMITEE X. WELTFESTSPIELE DER JUGEND UND STUDENTEN ÜBER VERLAG JUNGE WELT
ENTWURF: LUTZ BRANDT
1973; FARBOFFSET; 81,8 X 57 CM
DHM, BESTAND ZEUGHAUS (P 73/1166)

Das Plakat zu den «X. Weltfestspiele(n) der Jugend und Studenten Berlin 1973, Hauptstadt der DDR» (so die deutsche Übersetzung) zeigt in einer Bildcollage u.a. die amerikanische Filmschauspielerin und Vietnamkriegsgegnerin Jane Fonda sowie die schwarze Bürgerrechtlerin Angela Davis. Beide waren als Gäste eingeladen zu diesem Treffen der Jugend der Welt eingeladen, das unter der Losung stand «Für antiimperialistische Solidarität, Frieden und Freundschaft». Rund 26 000 Delegierte aus 140 Ländern, die mehr als 1700 Jugendorganisationen vertraten, nahmen daran teil.

3/97 DEKORATIONSELEMENT FÜR DIE X. WELTFESTSPIELE IN BERLIN
1973; THERMOPLAST; FARBIG BEDRUCKT; H 1,5 CM, DM 59,5 CM
DHM, BESTAND ZEUGHAUS (SI 75/46)

Die Scheibe zeigt in der Mitte die «Festival-Blume» der Weltfestspiele.

3/98 «FREUNDSCHAFTSTUCH» VON DEN WELTFESTSPIELEN DER JUGEND UND STUDENTEN
1973; ZELLULOSE-ACETAT; FARBIG BEDRUCKT, HANDSCHRIFTLICHE EINTRAGUNGEN; 65 X 64 CM
DHM, BESTAND ZEUGHAUS (KTE 90-44)

Die Weltfestspiele boten die Gelegenheit, Jugendliche aus anderen Ländern kennenzulernen. Dieses Erinnerungstuch, bedruckt mit Festivalmotiven, ist unterschrieben u.a. von «David aus Namibia», «Joy Dutt Indien», «Han Kok Indonesien», «Ali Persien Tehran».

So weltoffen war es in der DDR noch nie zugegangen, wie viele Beteiligte sich erinnern.

3/99 PHOTOGRAPHIE: WELTFESTSPIELE DER JUGEND UND STUDENTEN
BERLIN, UNTER DEN LINDEN, 03.08.1973
PHOTOGRAPH: MICHAEL RUETZ
57 X 38 CM (BLATTGRÖẞE 60 X 50 CM)
DHM, PHOTOSAMMLUNG

3/100 EINGANGSSCHILD ZUM WOHNLAGER PERWOMAJSKI (SU)
1984; PREẞSPAN AUF HOLZ; BEMALT; 90 X 80 CM
DHM, BESTAND ZEUGHAUS (HI 84/144C)

Das Schild weist mit der Aufschrift: «Zentrales Jugendobjekt Erdgastrasse» und dem darunter befindlichen FDJ-Symbol auf eines der großen «Jugendobjekte» hin. Um die im Jugendgesetz (3. Fassung vom 28.01.1974) genannten Erziehungsziele (Ausrichtung der Jugend auf das Kollektiv, Entwicklung der Jugend zu sozialistischen Persönlichkeiten, mentale und emotionale Bindung der Jugend an die Sozialistische Nation DDR) zu erreichen, bot die FDJ Jugendlichen die Möglichkeit,

Arbeitsverpflichtungen in speziellen Jugendprojekten einzugehen.

Die Teilnahme am Projekt «Drushba» (Freundschaft) war von der FDJ im Oktober 1974 beschlossen worden. Dieses RGW-Projekt, an dem sich neben der DDR auch Bulgarien, Ungarn, Polen und die CSSR beteiligten, sah die gemeinsame Errichtung einer Erdgastrasse von Sibirien bis in die jeweiligen Länder vor. Zur Arbeit an dem von der FDJ betreuten Bauabschnitt meldeten sich spontan 35 000 ihrer Mitglieder, doch nur rund 6000 konnten als «Trassefahrer» aufbrechen.

Die Motive der Jugendlichen für eine Beteiligung waren stark von den gewährten Vergünstigungen geprägt (bessere Bezahlung, Bezug hochwertiger Gebrauchsgüter, für die sonst lange Wartezeiten bestanden, sowie von westlichen Genußmitteln).

3/101 ZWEI PHOTOGRAPHIEN VOM BAU DER DRUSHBA-TRASSE
PHOTOGRAPHEN: WERNER MAHLER/ UTE MAHLER
UKRAINE, HERBST 1977; 30,2 X 45,6/46 CM (BLATTGRÖßE 40 X 50,5 CM)
DHM 1992/1434.3, 1433.2

Werner Mahler fertigte diese Aufnahmen in einem Wohnlager der Arbeiter aus der DDR an. In diesen Lagern lebten 3-400 Jugendliche manchmal bis zu 800. Die Arbeitstage waren lang (10-12 Stunden), und gearbeitet wurde an sieben Tagen in der Woche. Die Photos zeigen, daß ein bestimmter Abenteurertyp wohl am ehesten bereit war, an solch einem Projekt teilzunehmen. Die Arbeiter mußten sich für zwei Jahre verpflichten; viele blieben länger.

Die erste Aufnahme zeigt einen Schweißer während der Kaffeepause im Bauwagen, an der Wand hinter ihm ein Plakat mit der Aufschrift «Solidarität» sowie einige Pin-up-Girls. Auf dem zweiten Bild sind die Arbeiter an der Gasleitung zu sehen.

3/99

3/102 SYMBOLTUCH «FDJ / KKW NORD / ZENTRALES JUGENDOBJEKT DDR»
HERKUNFT: AUFBAUSTAB JUGENDOBJEKT KKW NORD, GREIFSWALD-LUBMIN
1971; REGENERATCELLULOSE; BEDRUCKT; 46 X 27 CM
DHM, BESTAND ZEUGHAUS (KTE 71-180)
ABB. SEITE 154

Ein roter Pfeil weist auf den Schriftzug «KKW Nord». Von Greifswald gehen Verbindungslinien zu anderen Städten, besonders im Süden der DDR. Das Kernkraftwerk Nord bei Greifswald sollte die Energieversorgung in der ganzen DDR verbessern.

Das Bauvorhaben «KKW Nord» wurde zum «Werk der Jugend der ganzen Republik», d.h. zum zentralen Jugendobjekt der FDJ, deklariert. In den eigenen Reihen warb die FDJ die Arbeitskräfte, die zusammen mit sowjetischen Fachleuten den «Energiegiganten», das bis dahin größte von der Sowjetunion exportierte Atomkraftwerk, errichten sollten.

3/102

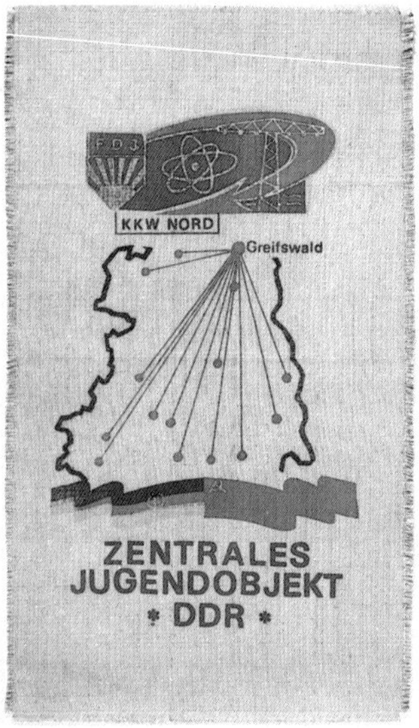

3/103 PLAKAT
«ZENTRALES JUGENDOBJEKT /
FDJ-INITIATIVE BERLIN»
1978; OFFSET; 57,5 X 81 CM
DHM, BESTAND ZEUGHAUS (P 79/368)
ABB. SEITE 161

Das Plakat zeigt einen selbstbewußten jungen Mann in einer Latzhose und mit längeren Haaren, der am Zentralen Jugendobjekt «Berlin» teilnimmt.

Auf dem X. Parlament der FDJ, 1.-5. Juni 1976, wurde vorgeschlagen, mit einer FDJ-Initiative Berlin wichtige Vorhaben beim weiteren Ausbau der Hauptstadt als Zentrales Jugendobjekt zu übernehmen. Von 1976 bis 1981 erbrachten 865 Jugendbrigaden für 6,75 Mrd. Mark Leistungen.

3/104 ZWEI PHOTOGRAPHIEN:
JUGENDBRIGADEN
A) DIE WARTUNGSSCHLOSSER DER
JUGENDBRIGADE ERNST THÄLMANN
VEB ELEKTROKOHLE BERLIN 1985;
12,6 X 17,7 CM
B) «DIE JUGENDBRIGADE DER LPG (T) PESSIN,
KREIS NAUEN, KÄMPFT IN DER FDJ-INITIATIVE
'TIERPRODUKTION» UM GUTE ERGEBNISSE»;
26.01.1983; 12,5 X 17,6 CM
DHM, BESTAND ZEUGHAUS (F 85/684, 86/71)

In den siebziger Jahren wurden zumeist 5-6 LPGs zu einer zusammengelegt; diese Groß-LPGs spezialisierten sich auf Pflanzen- (P) oder Tierproduktion (T).

Jugendbrigaden waren vorwiegend aus Jugendlichen zusammengesetzte sozialistische Arbeitskollektive in Industrie, Landwirtschaft, Handel, Verkehr und Forschung. Bei der kollektiven Erfüllung der Planaufgaben sollten sich die Jugendlichen gegenseitig erziehen und zur Qualifizierung anregen.

3/105 THERMOSCHEIBE DER
JUGENDBRIGADE «ROTER OKTOBER»
RADEBURG, 17.05.1977; THERMOGLAS;
ROT UND BLAU BEMALT; 39 X 87 X 1,5 CM
DHM, BESTAND ZEUGHAUS (HI 80/30)

Die Jugendbrigade «Roter Oktober» des VEB Flachglaswerk Radeburg nennt auf dieser Thermoscheibe ihre Verpflichtungen als «Beitrag zur Berlin-Initiative» (u.a.: «täglich 20 m^2 Thermoscheiben = 1977 500 zusätzliche Wohnungseinheiten»).

Die Scheibe wurde von den Radeburger Glaswerkern dem 9. FDGB-Kongreß im Mai 1977 in Berlin übergeben. «Sie ist (wie die Übergebenden erläuterten) die 20.000 Thermoscheibe, die im Rahmen der FDJ-Initiative Berlin zusätzlich hergestellt wurde und bildet einen wichtigen Beitrag zur Realisierung des Wohnungsbauprogramms.»

3/106 GESCHENKKASSETTE
IN KOMPASSFORM
1958; HOLZ, PAPIER, KARTON,
HARTFASERPLATTE; BEMALT;
Z.T. EICHENFURNIER;
H 14,5 CM, DM 60 CM, L GESAMT 68 CM
DHM, BESTAND ZEUGHAUS (SI 72/5)
ABB. SEITE 155

Im Juli 1958 beschloß der Zentralrat der FDJ die Durchführung eines «Kompaßwettbewerbes» für den Zeitraum 1958-1960 (daher auch die Zahl «60» auf dem Kompaß). Alle FDJ-Mitglieder sollten sich an diesem erstmals veranstalteten Wettbewerb beteiligen und sich selbst «Verpflichtungen» auferlegen, die sie dann einlösten. FDJ-Angehörige gingen z.B. die Verpflichtung ein, neue Mitglieder für die FDJ und die SED zu werben, junge Männer zum Eintritt in die Nationale Volksarmee (NVA) zu bewegen oder die «Junge Welt», die Zeitschrift der FDJ, zu abonnieren.

Die gezeigte Geschenkkassette wurde im Rahmen dieses Wettbewerbs angefertigt. Auf der Oberseite des Deckels nennen die Mitglieder der FDJ-Jugendhochschule «Wilhelm Pieck» am Bogensee ihre selbstauferlegten Arbeits- und Leistungs-«Verpflichtungen», zum Beispiel: «10 000 Stunden leisten wir im NAW» (Nationales Aufbauwerk). Eingelegt sind 26 weitere Verpflichtungserklärungen.

Die 1954 gegründete Jugendhochschule wurde von der FDJ selbst als «Kaderschmiede» gekennzeichnet. Hier wurden Verbandsfunktionäre und Führungskader für die hauptberufliche Tätigkeit in der FDJ herangebildet (z.B. Sekretäre der Kreisleitungen, Mitarbeiter von Betriebsleitungen, im Zentralrat der FDJ und bei den Zentralen Jugendobjekten); ihr Durchschnittsalter lag bei 22 Jahren.

3/107 PLAKAT «30 JAHRE GST / ERLEBNIS UND BEWÄHRUNG»
ENTWURF: RALF-JÜRGEN LEHMANN
DRUCK: DRUCKHAUS KARL-MARX-STADT
1979; OFFSET; 57,3 X 40,6 CM
DHM, BESTAND ZEUGHAUS (P 82/390)
ABB. SEITE 156

Das Plakat zeigt mögliche Sportarten, die bei der Gesellschaft für Sport und Technik erlernt werden konnten: Tauchen, Fallschirmspringen, Modellschiffbau sowie Schießen.

Die «vormilitärische Ausbildung der männlichen Jugend im Alter von 16 bis 18 Jahren» war die Hauptaufgabe der 1952 gegründeten Organisation, die deshalb auch als «Schule der Soldaten von morgen» bezeichnet wurde.

Die GST, die dem Ministerium für Nationale Verteidigung unterstand, war mit dem sozialistischen Jugendverband, der FDJ, eng verbunden. Neben dem Wehrkundeunterricht, seit 1978 in der 9. Klasse obligatorisch (seit 1979 auch in der zehnten), war für männliche Schüler und Lehrlinge eine zweiwöchige Geländeübung in einem GST-Lager vorgesehen; die Mädchen übten in dieser Zeit Maßnahmen der Zivilverteidigung. Während dieser Zeit durften sie nicht nach Hause fahren, trugen eine Uniform (s. Photo S. 260) und wurden in der Waffenhandhabung unterrichtet.

Für die Jungen war die GST eine Möglichkeit, den Führerschein zu machen (bei nur geringer finanzieller Selbstbeteiligung), so daß die mehrjährigen Wartezeiten auf einen Ausbildungsplatz in einer öffentlichen Fahrschule entfielen. Zugleich war dies die Vorbereitung auf die militärische Laufbahn als Militärkraftfahrer, die unter den Jugendlichen begehrt war, da sie «angenehmer» war als anderer Dienst.

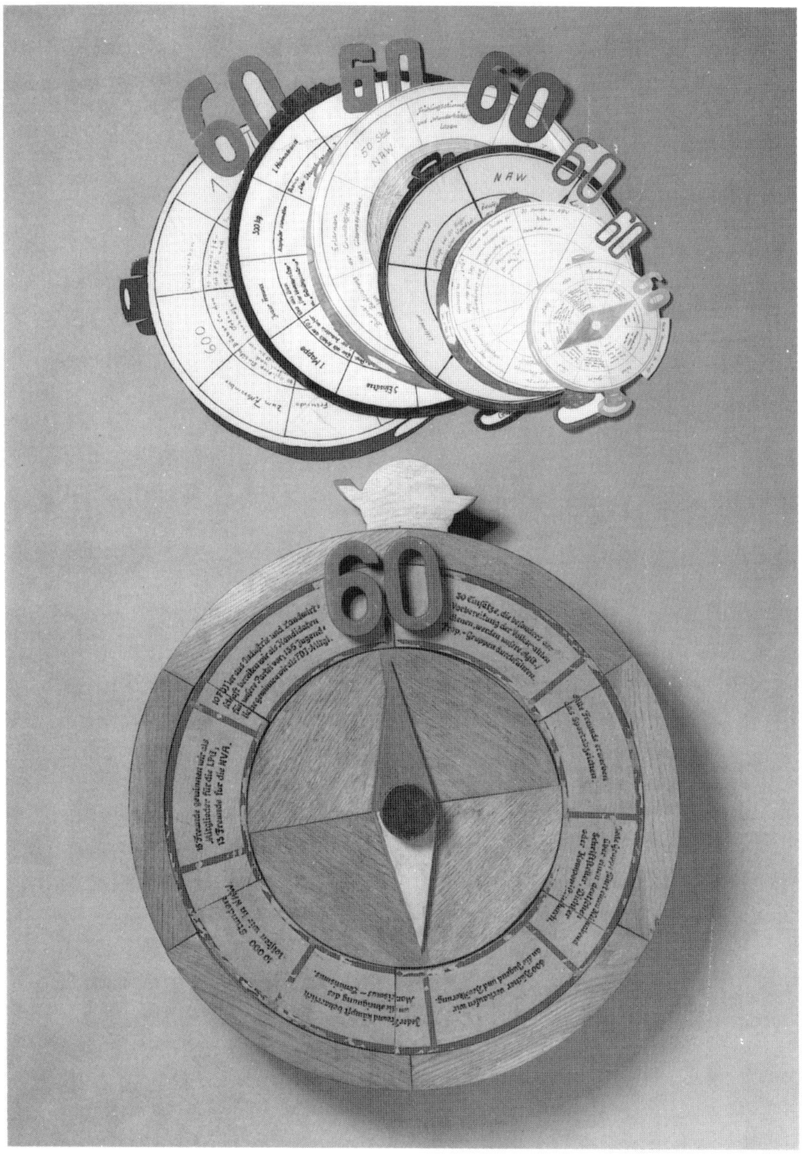

3/106

3/108 PHOTOGRAPHIE
«DEUTSCHE MEISTERSCHAFTEN DER GST»
SCHIRGISWALDE, 27.-29.09.1965;
13,2 X 17,9 CM
DHM, BESTAND ZEUGHAUS (BILDARCHIV)

Die Aufnahme zeigt Mitglieder der GST beim Geländelauf. Sie erfüllen ihren Auftrag im Team: Ein Junge hält den Kompaß, ein anderer bestimmt die weitere Richtung anhand der Marschrichtungszahlen auf dem Plan.

3/107

3/109

3/109 PHOTOGRAPHIE
«ORIENTIERUNG AN DER KARTE.
IST MAN AUF DEM RICHTIGEN WEGE?»
UM 1965; 12,4 X 17,3 CM
DHM, BESTAND ZEUGHAUS (BILDARCHIV)
Mitglieder der GST orientieren sich während einer Motorradfahrt anhand einer Karte.

WEGE IN DEN BERUF: FACHARBEITERPRÜFUNG UND ABITUR

Mit 18 Jahren wurden die Jugendlichen volljährig und hatten zugleich das Mindestalter für eine Eheschliessung erreicht. Männliche Jugendliche wurden nach dem Abitur, also zumeist auch mit 18 Jahren, zur Nationalen Volksarmee (NVA) eingezogen.

Noch einen weiteren Einschnitt stellte die Vollendung des 18. Lebensjahres, zumindest seit der Einführung der POS, dar. Die meisten Jugendlichen machten mit 18 Jahren entweder den Facharbeiterabschluß (zweijährige Ausbildung nach der 10. Klasse) (dabei gab der Staat eine Ausbildungsgarantie) oder das Abitur (zwei Jahre Erweiterte Oberschule, EOS, nach Abschluß der Polytechnischen Oberschule). Die EOS konnten jedoch nur wenige besuchen; die Quote für den Übergang in die Klassenstufe 11 der EOS wurde zentral festgelegt. Das Auswahlverfahren berücksichtigte die schulischen Leistungen, die soziale Herkunft und das gesellschaftliche Engagement ebenso wie den gesellschaftlichen Bedarf. 80 – 90 Prozent eines Jahrgangs gingen direkt in die Berufsausbildung; entsprechend bot sich nur einer sehr begrenzten Zahl von Jugendlichen die Möglichkeit, das Abitur – die Voraussetzung zum Studium – abzulegen. Eine Bildungsexpansion wie in der Bundesrepublik gab es in der DDR nicht.

3/110 PHOTOGRAPHIE «ÜBERGABE DER FDGB-MITGLIEDSBÜCHER AN LEHRLINGE IM TRADITIONSZIMMER DURCH DEN GENOSSEN HARTWIG, STELLV. BGL-VOSITZENDER»
BERLINER BREMSENWERK, 17.10.1977;
12,5 X 17,5 CM
DHM, BESTAND ZEUGHAUS (BILDARCHIV)

Mit dem Beginn der Berufsausbildung wurden diese Lehrlinge zugleich Gewerkschaftsmitglieder.

Traditionszimmer in Betrieben, Schulen und NVA-Einheiten waren Gedenkräume für den jeweiligen Namensgeber und Orte eigener Traditionspflege.

3/110

3/111

3/111 PHOTOGRAPHIE «FACHARBEITER!»
AUS DEM «10. LEISTUNGSVERGLEICH
DER KINDER- UND JUGENDFOTOGRUPPEN
DER DDR»
PHOTOGRAPHIN: RICA WIRTH,
FOTOZIRKEL BBS WAGGONBAU GÖRLITZ
1988; 17,7 X 23,5 CM
BERLIN, WANNSEE FORUM

Die jungen Frauen haben ihre Facharbeiterprüfung abgelegt und nehmen ihre Urkunden mitsamt einem Strauß Blumen in Empfang. Die meisten tragen zu diesem Anlaß die FDJ-Bluse.

Jeder Schulabgänger bekam einen Lehrplatz – allerdings oft nicht in dem Beruf, der ihm vorschwebte, denn der Bedarf wurde auf der Grundlage der «sozialistischen Planwirtschaft» ermittelt.

Mehr als zwei Drittel der Lehrlinge besuchten in den achtziger Jahren die betrieblichen Berufsschulen; ein großer Teil wohnte während der Ausbildung in einem Lehrlingswohnheim. Am Ende der Ausbildungszeit legten die Lehrlinge die Facharbeiterprüfung ab. Durchschnittlich 98 Prozent beendeten ihre Ausbildung erfolgreich und wurden von ihren Ausbildungsbetrieben als Facharbeiter übernommen.

3/112 REIFEZEUGNIS «ERWEITERTE
POLYTECHNISCHE OBERSCHULE»
1985; VORDRUCK MIT HANDSCHRIFTLICHEN
EINTRAGUNGEN; 21 X 14,5 CM
LEIHGABE PRIVAT

Das Zeugnis trägt die Aufschrift «Deutsche Demokratische Republik» und darunter das Staatswappen.

Die geleistete «gesellschaftliche Arbeit» wurde in der handschriftlich ergänzten Beurteilung des Schülers aufgeführt und war wichtige Voraussetzung für einen Studienplatz.

WEHRPFLICHT

Abiturienten wurden zumeist mit 18 Jahren, junge Facharbeiter häufig später zum Dienst in der NVA eingezogen. Der Grundwehrdienst für die 18- bis 26jährigen Wehrpflichtigen betrug 18 Monate. Die Allgemeine Wehrpflicht war in der DDR durch Gesetz vom 24.01.1962 eingeführt worden; ein Recht auf Verweigerung bestand nicht. Von männlichen Studienplatzanwärtern wurde erwartet, daß sie sich über die Grundwehrdienstzeit hinaus auf mindestens drei Jahre zum Dienst in der NVA verpflichteten (Unteroffizier auf Zeit).

3/113 PLAKAT «FAHNENEID»
HG.: NATIONALE VOLKSARMEE DER DDR
UM 1956; OFFSET; 83 X 59 CM
DHM, BESTAND ZEUGHAUS (P 73/879)

«Ich schwöre: Der Deutschen Demokratischen Republik, meinem Vaterland, allzeit treu zu dienen und sie auf Befehl der Arbeiter-und-Bauern-Regierung gegen jeden Feind zu schützen».

3/114 PHOTOGRAPHIE
«AM TAGE DER VEREIDIGUNG»
AUS DEM «8. LEISTUNGSVERGLEICH DER KINDER- UND JUGENDFOTOGRUPPEN DER DDR»
PHOTOGRAPHIN: CLAUDIA HAUPT, FOTOZIRKEL – JUGENDGRUPPE – IM KLUBHAUS DER GEWERKSCHAFTEN JOLIOT CURIE, RIESA
1985; 23 X 17,3 CM
WANNSEE FORUM, BERLIN

Die Aufnahme entstand nach der Vereidigung, die auf die (im allgemeinen sechs Wochen betragende) Grundausbildung folgte. Sie zeigt einen Soldaten in Ausgehuniform bei seinem ersten Ausgang.

3/115 WEHRDIENSTAUSWEIS
AUSGESTELLT FÜR RENÉ GROHNERT
NR. 73/416065
BERLIN-KÖPENICK, 22.03.1974; VORDRUCK MIT TINTENSCHRIFTLICHEN EINTRAGUNGEN; PAẞPHOTO; 64 SEITEN; 11,1 X 8,9 CM
BEILIEGEND ERKENNUNGSMARKE «DDR 231256430111»; 5 X 8 CM
PRIVATBESITZ, WILLICH

Jeder Wehrpflichtige erhielt nach der Musterung einen Ausweis, in den später alle Angaben über seinen Wehrdienst eingetragen wurden.

3/116 PHOTOGRAPHIE
«ABLEGUNG DES OFFIZIERSGELÖBNISSES»
1985(?); REPRODUKTION; 17,3 X 12,5 CM
DHM, BESTAND ZEUGHAUS (BILDARCHIV)

Das Gelöbnis wurde anläßlich der Ernennung der Absolventen zum Unterleutnant an der Offiziershochschule der Landstreitkräfte «Ernst Thälmann» in Löbau/Sachsen gesprochen.

3/114

3/116

3/117

3/117 PHOTOGRAPHIE:
ÜBERREICHUNG VON SED-MITGLIEDS-BÜCHERN AN OFFIZIERSSCHÜLER
13.01.1984; 12,7 X 17,6 CM
DHM, BESTAND ZEUGHAUS (BILDARCHIV)

Der Text des offiziellen Photos aus der OHS «Ernst Thälmann» führt aus: «Egon Krenz, Mitglied des Politbüros und Sekretär des ZK der SED, überreicht Genossen Offiziersschülern die Mitgliedsbücher der SED».

3/118 PLAKAT «30 JAHRE NVA / IM KLASSEN- UND WAFFENBÜNDNIS»
UM 1980; OFFSET; 81 X 57,5 CM
DHM, BESTAND ZEUGHAUS (P 86/421)
ABB. SEITE 165

Das Plakat zeigt einen sowjetischen und einen NVA-Soldaten beim Zusammensetzen ihrer Gewehre im sportlichen Wettkampf, angefeuert von den Zuschauenden.

3/119 ÄRMELBAND «WACHREGIMENT FRIEDRICH ENGELS»
1980-1990; MISCHFASER; GEWEBE, MASCHINENSTICKEREI; 3 X 47 CM
DHM, BESTAND ZEUGHAUS (U.82.3)
ABB. SEITE 165

Dieses und die drei folgenden Ärmelbänder zeigen Einheiten der NVA, zu denen ein Wehrpflichtiger abkommandiert werden konnte. Dienstpflichtige, die sich nicht zu einer längeren Dienstzeit verpflichteten, hatten keinen Einfluß auf die Wahl bzw. die Entscheidung über die Waffengattung, die Einheit und den Standort. Darüber befanden die Wehrkreiskommandos nach Anforderung von Truppenteilen bzw. nach «gesellschaftlicher Notwendigkeit».

3/120 ÄRMELBAND «NVA-WACHREGIMENT»
1962-1990; MISCHFASER; GEWEBE, MASCHINENSTICKEREI; 3 X 45,5 CM
DHM, BESTAND ZEUGHAUS (U.82.1)
ABB. SEITE 165

3/121 ÄRMELBAND «WACH-RGT. F. DZIERZYNSKI»
1976-1990; MISCHFASER, WOLLE; GEWEBE, MASCHINENSTICKEREI; 3 X 39 CM
DHM, BESTAND ZEUGHAUS (U.79.193)
ABB. SEITE 165

Dieses Wachregiment war eine militärische Einheit des Ministeriums für Staatssicherheit.

3/122 ÄRMELBAND «GRENZTRUPPEN DER DDR»
UM 1975-1990; WOLLTUCH, MASCHINENSTICKEREI; 3 X 46 CM
DHM, BESTAND ZEUGHAUS (U.79.188)
ABB. SEITE 165

Die Dienstpflichtigen, die sich freiwillig für die Grenztruppen entschieden (aus höchst unterschiedlichen Motivationen, z.B. auch wegen der Nähe zum Heimatort) oder die das Wehrkreiskommando nach Bedarf dafür ausgewählt hatte, wurden einer Überprüfung «im Hintergrund» unterzogen. Mit Sicherheit wurde darauf geachtet, daß in der Familie keine groben politischen und zivilstrafrechtlichen Verfehlungen vorlagen oder daß ein Antrag auf Ausreise gestellt bzw. eine Republikflucht unternommen worden war. Eine politisch aktive Haltung zur DDR, die sich in praktischer Anteilnahme am politischen Leben äußerte, bedeutete dabei nicht zwingend, daß man zu den Grenztruppen kam. In den meisten Fällen tat dort der «unscheinbare Normalbürger» Dienst.

Postkarte, wohl vor 1949
(3/89)

Hinweisschild, vor 1989
(3/94)

Plakat, 1978 (3/103)

rechts: Gurtkoppel mit Kastenschloß zum Felddienstanzug, um 1975; Magazintasche, um 1970; Feldspaten in Hülle, Feldflasche in Stoffutteral, Sturmgepäcktasche mit aufgeschnallter Zeltbahn, um 1968 (3/127-132)

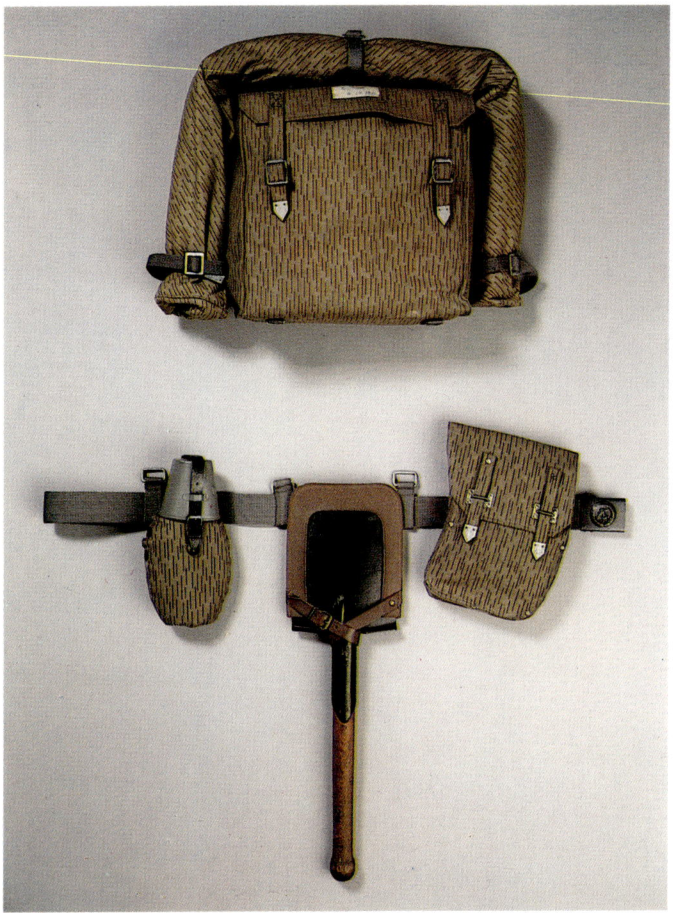

unten: Erinnerungsgeschenk zum Ende der Dienstzeit verliehen von der NVA 1983
a) Tüte
b) Schultertuch
c) Spitzendeckchen
(3/137)

Konsumgenossenschaft Berlin
Hotel und Gaststätten Müggelsee
Am Großen Müggelsee, Berlin 1170

Zentrales Verkaufsbüro
Telefon 6 52 12 00
Öffnungszeiten
Dienstag und Donnerstag von 10 bis 19 Uhr
Freitag von 10 bis 15 Uhr

In der Gaststätte **»Rübezahl«** können für Hochzeitsfeierlichkeiten die beiden Holzfällerstuben und der Saal genutzt werden.

In der Gaststätte **»Müggelseeperle«** stehen zwei Salons und ein Saal zur Verfügung.

In jeder Gaststätte können bis zu 30 Personen bewirtet werden. Bei Hinzunahme des jeweiligen Saales kann die Anzahl der Plätze bis 90 erweitert werden.
Bei rechtzeitiger Voranmeldung im Hotel »Müggelseeperle« ist für Ihre auswärtigen Gäste gleichzeitig eine Zimmerbestellung möglich.

Für beide Restaurants werden zusätzliche Leistungen wie **Holzsägen, Kremser- u. Kutschfahrten sowie Kaffeefahrten mit der Weißen Flotte** auf dem Müggelsee u. a. m. bei Vertragsabschlüssen im zentralen Verkaufsbüro mit entgegengenommen.

Hochzeitstraditionen

Zu den alten Traditionen gehören

- **das Reichen von Brot und Salz in historischer Bekleidung**
- **die Spalierbildung durch Arbeitskollegen und Mitglieder von Sportgemeinschaften in Berufs- oder Sportbekleidung**
- **das Zersägen von Holz**

Eine noch junge Tradition ist das Niederlegen eines Blumenstraußes an Ehrenhainen und Gedenkstätten. Das junge Ehepaar dankt damit all jenen Patrioten, die unter Einsatz ihres Lebens für eine glücklichere Zukunft der heutigen Generation gekämpft haben.

In unserem Stadtbezirk eignet sich dafür das Denkmal auf dem Platz des 23. April, das den 91 antifaschistischen Widerstandskämpfern gewidmet ist, die im Juni 1933 Opfer der Köpenicker Blutwoche wurden.

oben: «Ratgeber zur Vorbereitung auf die Eheschließung im historischen Rathaus in Berlin-Köpenick», um 1985 (3/142)

unten: Modell eines Wohnblocks der «Wohnungsbauserie (WBS) 70», 1970/75 (3/153)

Präsentations-
mappe zur
Bestattung, in
Gebrauch bis
1989
(3/182)

3/118

3/119 – 122

3/123 ARMBINDE:
UNTEROFFIZIER VOM DIENST
UM 1985; BAUMWOLLGEWEBE,
GUMMIBAND; BEDRUCKT;
H 9,5 CM, L 17,5 CM
DHM, BESTAND ZEUGHAUS (U.87.36)

Auf rotem Untergrund befindet sich die weiße Aufschrift «UvD».

Der Unteroffizier vom Dienst und sein Gehilfe hatten bestimmte Aufgaben zu verrichten, die einen ordnungsgemäßen Tagesablauf und Dienstbetrieb gewährleisten sollten. Dazu gehörten u.a.: Wecken, Einteilung der Revierdienste (Toilette, Flur usw.), Stubendurchgang auf Ordnung, Sauberkeit und Bettenbau einschließlich Spindkontrollen (prinzipiell in Anwesenheit des Spindinhabers), Kontrollgänge (z.B. Waffenkammer, Verschluß der Dienstzimmer der Vorgesetzten usw.), Führen der Truppe zum Essen, Kontrolle der Nachtruhe (auch nachts hatte immer einer von beiden wach zu sein).

3/124 ARMBINDE:
GEHILFE DES UNTEROFFIZIERS VOM DIENST
AUF ROTEM UNTERGRUND
WEIßE AUFSCHRIFT: «GUVD»
UM 1985; BAUMWOLLGEWEBE,
GUMMIBAND; BEDRUCKT;
H 7 CM, UMFANG 34 CM
DHM, BESTAND ZEUGHAUS (U.87.37)

3/125 PAAR SCHULTERKLAPPEN FÜR
EINEN SOLDATEN DER BAUSOLDATEN
ZUM FELDDIENSTANZUG GEHÖREND
UM 1980; WOLLTUCH, BAUMWOLLGEWEBE,
CHEMIEFASER, PLASTEKNÖPFE, METALL;
4 X 10,3 CM
DHM, BESTAND ZEUGHAUS (U.88.20 A/B)

Ein Spaten in Form einer kleinen Auflage auf den Schulterklappen kennzeichnete die Wehrpflichtigen in der DDR, die bei den Bausoldaten ihre Dienstzeit ableisteten. Diese zählten zu den Wehrpflichtigen, die jeglichen Dienst mit der Waffe ablehnten. Bei der Musterung konnten dafür als Grund religiöse Bindungen angegeben werden. Angehörige der Bausoldaten sind nicht mit Wehrdienstverweigerern gleichzusetzen, denn ein Recht auf generelle Wehrdienstverweigerung, verbunden mit der Ableistung eines Wehrersatzdienstes, gab es in der DDR nicht.

3/126 STAHLHELM DER NVA
MIT TARNÜBERZUG, TYP M 56, 1. FORM
UM 1957 (TARNÜBERZUG UM 1970); STAHL, LEDER, PLAST, SCHAUMGUMMI; ÜBERZUG: BAUMWOLLGEWEBE/BEDRUCKT;
H 17 CM, DM 31 CM
DHM, BESTAND ZEUGHAUS (U.65.4)

Der Stahlhelm gehörte auch in der NVA zur Schutzausrüstung aller Armeeangehörigen und wurde zu bestimmten Anlässen und Anzugsarten getragen. Das 1956 mit der Gründung der NVA eingeführte Modell basierte auf einer für die Deutsche Wehrmacht bestimmten Entwicklung aus dem Jahre 1944.

Zum Felddienstanzug gehörten neben dem Stahlhelm die folgenden Objekte (vgl. 3/127-134).

3/127 GURTKOPPEL MIT
KASTENSCHLOSS ZUM FELDDIENSTANZUG
UM 1975; METALL; L CA. 100 CM
DHM, BESTAND ZEUGHAUS (U.68.169)
ABB. SEITE 162

Am Gurtkoppel wurden Magazintasche, Seitengewehr sowie Feldspaten befestigt und das Tragegestell eingehakt.

3/128 MAGAZINTASCHE
UM 1970; BAUMWOLLGEWEBE/BEDRUCKT; METALL; 19,4 X 25,7 X 5,5 CM
DHM, BESTAND ZEUGHAUS (W.68.48)
ABB. SEITE 162

Die Magazintasche diente zur Aufnahme von drei Magazinen mit je dreißig Schuß Munition für die Maschinenpistole vom Typ Kalaschnikow sowie eine Blechschachtel mit dem Waffenreinigungszeug.

3/129 FELDSPATEN
IN HÜLLE MIT LEDERSCHLAUFEN
UM 1968; EISEN, HOLZ, LEDER; L 56 CM
DHM, BESTAND ZEUGHAUS (W.75.60)
ABB. SEITE 162

3/130 FELDFLASCHE IN STOFFUTTERAL
UM 1968; BAUMWOLLGEWEBE/BEDRUCKT, BLECH, LEDER; L 23,5 CM
DHM, BESTAND ZEUGHAUS (U.75.118)
ABB. SEITE 162

3/131 STURMGEPÄCKTASCHE (TEIL I)
MIT AUFGESCHNALLTER ZELTBAHN
UND TRAGEGESTELL
UM 1968; METALL; BAUMWOLLGEWEBE BEDRUCKT; 32 X 34 X 14 CM
DHM, BESTAND ZEUGHAUS
(U.68.130, 131, 134) / ABB. SEITE 162

Auf der Taschenklappe befindet sich ein kleines Fach mit Klarsichtfolie, das für die Aufnahme des Namensschildchens und der Dienstgradangabe des Trägers bestimmt war.

In den aus einem Fach bestehenden Innenraum gehörten in vorgeschriebener Ordnung Gegenstände, zu denen u.a. Kochgeschirr, Wasch- und Rasierzeug, Schuhputz- und Nähzeug, Stricksocken und Fußlappen zählten.

3/132 ZELTBAHN
UM 1968; BAUMWOLLGEWEBE/BEDRUCKT, METALL; L CA. 100 CM
DHM, BESTAND ZEUGHAUS (U.68.131)
ABB. SEITE 162

3/133 SCHUTZUMHANG MIT
SCHUTZSTRÜMPFEN IN TRANSPORTHÜLLE
TYP BSU 61
UM 1970;
GEWEBE MIT KUNSTSTOFFBESCHICHTUNG;
H 43 CM, B 20 CM
DHM, BESTAND ZEUGHAUS (DL.74.148)

Jeder Armeeangehörige der NVA verfügte über eine persönliche Schutzausrüstung, die einen Schutz gegen die Wirkung von Kernwaffen, chemischen Kampfstoffen und biologischen Kampfmitteln gewährleisten sollte.

3/134 TRUPPENSCHUTZMASKE MIT FILTER
UND ENTGIFTUNGSPÄCKCHEN EP 68 IN
TRAGETASCHE (TYP SCHM 41)
O.J.; GUMMI, METALL, VERSCHLUß DER TRAGETASCHE: GUMMILASCHE, HOLZKNEBELKNOPF; H 31 CM
DHM, BESTAND ZEUGHAUS (CD. 106)

Die Schutzmaske bildete zusammen mit der Schutzkleidung (3/133) die komplette Schutzausrüstung der NVA für Giftgas- und Atomwaffeneinsätze.

3/135 MASSBAND
FÜR DIE LETZTEN 150 DIENSTTAGE
BEI DER NVA
1978; BESCHICHTETES GEWEBE IN LEINWANDBINDUNG; BEMALT;
L 150 CM, B 1,5 CM
PRIVATBESITZ, BERLIN

Die letzten 150 Tage der Dienstzeit, in diesem Fall abgeleistet auf dem Militärflugplatz Drewitz bei Guben, wurden in besonderer Weise gewürdigt. Die einzelnen Felder eines Maßbandes von 150 cm Länge wurden bemalt und dabei in unterschiedlicher Weise gekennzeichnet. Grün bedeutete Mittwoch; ein zur Hälfte rot bemaltes Feld: Samstag, ein rotes: Sonntag. Blau waren alle Schnapszahlen, und Schwarz alle Zahlen, die auf die Dienstjahre Bezug nahmen (hier (19)75-78).

Schwarz war auch die Zahl 62 (1962 war das Wehrdienstgesetz eingeführt worden). Die letzten elf Tage waren blau gekennzeichnet. Für das Band fertigte sich der Soldat ein möglichst ausgefallenes Behältnis an.

Die Schnipsel wurden täglich abgeschnitten und nach Hause geschickt. Dort wurden sie auf einer Sektflasche aufgeklebt, die nach Rückkehr des Reservisten geöffnet wurde. Das gezeigte Objekt ist eine nicht zerschnittene Dublette, die eigens zu Erinnerungszwecken angefertigt wurde.

Den Soldaten war es verboten, solch ein Maßband zu besitzen.

3/136 PHOTOGRAPHIE:
MASSBANDANSCHNITT
NEUBRANDENBURG 1977; 9,6 X 6,4 CM
PRIVATBESITZ, WILLICH

Der erste Anschnitt des Maßbandes (vgl. 3/135) wurde auf der Stube in einem kleinen Ritual begangen. Ein auf einem Hocker stehender Soldat hält das Maßband, an dessen Ende ein Stahlhelm befestigt ist. Rechts steht ein Rekrut, der gerade seinen Dienst angetreten hat, in Unterwäsche, Stiefeln und mit dem Stahlhelm auf dem Kopf. Auf dem Helm ist eine brennende Kerze befestigt. Er hält eine große Schere in den Händen und ist im Begriff, das Maßband anzuschneiden. Dann wird der am Maßband hängende Stahlhelm herunterfallen.

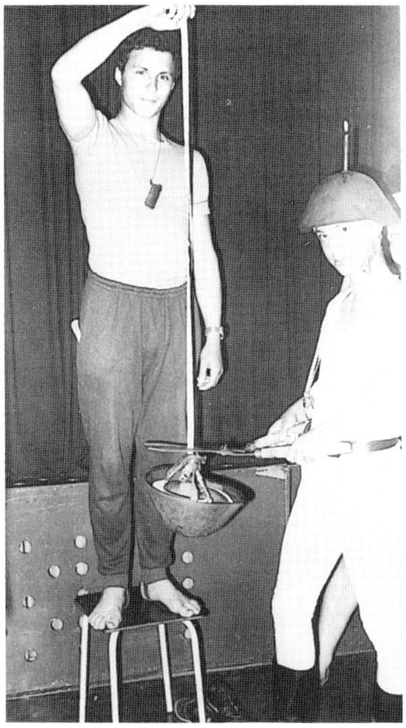

3/136

3/137 ERINNERUNGSGESCHENK
ZUM ENDE DER DIENSTZEIT
VERLIEHEN VON DER NVA
1983
A) TÜTE
THERMOPLAST; BEDRUCKT; 24,5 X 36,5 CM
B) SCHULTERTUCH «ZUR ERINNERUNG»
CHEMIEFASER, GEWEBE; BEDRUCKT;
66 X 66 CM
C) SPITZENDECKCHEN
BAUMWOLLE, GEWEBE; MASCHINENSPITZE;
29,5 X 29,5 CM
DHM, BESTAND ZEUGHAUS (KTE 84-240 A-C)
ABB. SEITE 162

Die Tüte mit der Aufschrift «Ehrenvoll bis zum letzten Tag gedient» zeigt einen NVA-Soldaten mit Stahlhelm und Gewehr, der froh über den Zaun springt, hinter dem Frau und Tochter auf ihn warten. In der Tüte befinden sich ein Schultertuch und ein Spitzendeckchen. Das Schultertuch mit dem Staatswappen der DDR und der Umschrift «Für den Schutz der Arbeiter- und-Bauern-Macht» konnte während der Heimfahrt angelegt werden. Das Spitzendeckchen, bestimmt für den privaten Gebrauch, zeigt ebenfalls das Staatswappen und die Umschrift «Nationale Volksarmee».

3/138 RESERVISTENMEDAILLE DER
NATIONALEN VOLKSARMEE IN BRONZE
AUFSCHRIFT VS.: «FÜR DEN SCHUTZ
DER ARBEITER-UND-BAUERN-MACHT»
UM 1978 (?); DM 35 MM, L GESAMT 58 MM
DHM, BESTAND ZEUGHAUS (O 78.46)

Seit 1960 gab es für «ehrenvoll aus dem aktiven Dienst ausscheidende Armeeangehörige» eine Auszeichnung in den Stufen Gold (mehr als zehnjährige Dienstzeit), Silber (Dienstzeit bis zu zehn Jahren) und Bronze (Grundwehrdienstzeit von 18 Monaten).

3/138

EHE UND FAMILIE

Junge Leute gingen früh die Ehe ein. Das durchschnittliche Heiratsalter lag 1971 bei ledigen Männern bei 23 Jahren (1989: 25) und bei Frauen bei 21 Jahren (1989: 23). Seit den späten sechziger Jahren vollzog sich eine Umorientierung von der 3-Kinder- zur 2-Kinder-Familie, in den achtziger Jahren dann zur 1-Kind-Familie. Die meisten Frauen brachten ihre Kinder vor dem 25. Lebensjahr zur Welt, nur wenige später. Der Lebenslauf wies also gerade in jungen Jahren klare Stationen und Etappen auf; späte Heirat und späte Geburten (jenseits der 30), wie sie in der Bundesrepublik besonders seit den siebziger Jahren vermehrt vorkommen, waren die Ausnahme (vgl. dazu auch den Aufsatz von B. Hille in diesem Band).

Die übliche Form der Heirat war die standesamtliche Trauung. Auffällig ist, daß sie zelebriert wurde wie eine kirchliche Hochzeit, denn das lange, zumeist weiße Brautkleid, gelegentlich auch eine Hochzeitskutsche, fehlte nicht. Es wurde zwar die sozialistische Familie propagiert, doch neue Ausdrucksformen für den Übergang zu dieser Lebensstation wurden nicht gefunden (anders als etwa bei der Jugendweihe).

Seit 1972 gab es eine spezielle Förderung für junge Ehen. Dazu gehörte u.a. die Unterstützung bei der Beschaffung von Wohnraum und Haushaltseinrichtung sowie ein zinsloser Kredit in Höhe von 5000,-, der seit 1981 auch auf die Zweitehen ausgedehnt wurde und damit der steigenden Zahl von Scheidungen Rechnung trug.

In den achtziger Jahren wurde jede zweite Ehe geschieden (1960 15 Prozent, 1975 30 Prozent). Die hohe Zahl der Scheidungen wurde sicher durch das unkomplizierte Scheidungsverfahren erleichtert.

Auch in der DDR bestanden die traditionellen Feste der Silbernen und der Goldenen Hochzeit fort.

3/139 HOCHZEITSKLEID
HERSTELLER: VEB EICHSFELDER BEKLEIDUNGSWERKE, HEILIGENSTADT
1985; WEISSER POLYESTER (UNTERKLEID), WEISSES POLYAMID (TÜLL); WEISSE POLYAMID-VISKOSE-FASER, SPITZENMUSTERUNG (TÜLLBAND); L 156 CM
DHM KT 92/95.1

Das lange weiße Brautkleid ist insgesamt mit Tüll überfangen; es hat einen weiten runden Ausschnitt, der mit einer breiten gerüschten Tüllborte sowie mit einem angesetzten Tüllband mit Spitzenmusterung verziert ist, sowie kurze Puffärmel.

Der doppelte Rock ist in der Taille angesetzt und vorn in der Art einer Schneppe geschnitten.

Das Kleid stammt aus einem Verleih für Hochzeitskleider. Solch ein Modell war, lt. Auskunft des Verleihs, bei den Kundinnen sehr beliebt.

Der Bräutigam trug meist einen Smoking.

3/140 BRAUTSCHLEIER MIT KRANZ
DDR 1985; WEIßES POLYAMID UND REGENERATZELLULOSEGARN; TÜLL, MASCHINENSTICKEREI; WEISSE UND ROSAFARBENE KUNSTBLUMEN; SCHLEIER L 74 CM, KRANZ DM 15,7 CM
DHM KT 92/95.2

Der Schleier ist verziert mit aufgestickten Eheringen, die ineinander verschlungen sind. Er gehört, ebenso wie die Handschuhe (3/141), zum oben beschriebenen Kleid (vgl. 3/139).

3/141 PAAR HANDSCHUHE
DDR 1985; WEIßE POLYAMID-MISCHFASER; MASCHINENWIRKEREI; L 51 CM
DHM KT 92/95.3

Die langen schmalen Handschuhe enden am unteren Oberarm und sind am Unterarm gesmokt.

3/143

3/142 «RATGEBER ZUR VORBEREITUNG AUF DIE EHESCHLIEẞUNG IM HISTORISCHEN RATHAUS IN BERLIN-KÖPENICK»
HG.: RAT DES STADTBEZIRKS BERLIN-KÖPENICK
UM 1985; PLAST (MAPPE); BEDRUCKT, PHOTOGRAPHIEN UND ANSICHTSKARTEN EINGEKLEBT; MAPPE 27,5 X 33,2 X 3 CM; EINZELBLÄTTER JE 29,9 X 21 CM
DHM 1992/324 / ABB. SEITE 163

Diese Angebots- und Informationsmappe konnten Brautpaare bei der Bestellung des Aufgebotes auf dem Standesamt einsehen. Obwohl die Blätter gedruckt sind, gab es nur dieses eine Exemplar, das von den Standesbeamtinnen mit Fotos und Ansichtskarten sorgfältig und liebevoll ausgestaltet ist.

Der Ratgeber bot «eine Auswahl von Dienstleistungen und Einkaufsmöglichkeiten in Berlin sowie in unserem Stadtbezirk» an, «die Sie zur Vorbereitung Ihres Hochzeitsfestes in Anspruch nehmen können». Das Inhaltsverzeichnis weist die folgenden Rubriken auf: 1. Angebote des Standesamtes, 2. Ausstattungen für das Brautpaar, 3. Serviceleistungen, 4. Gaststätten, 5. Ehe-Kalendarium.

Angesichts der Versorgungsengpässe in der DDR-Planwirtschaft mußten die Vorbereitungen zur Hochzeit rechtzeitig getroffen werden. Auch konnte das Hochzeitskleid nicht überall gekauft werden, sondern nur bei den «Hochzeitsausstattern» (in Dresden z.B. gab es nur ein solches Spezialgeschäft, ebenso in Berlin).

Das Standesamt in Berlin-Köpenick hielt zudem ein «Musikangebot für Eheschließungen» bereit, aus dem die Brautleute ihr Wunschprogramm für die Trauung auswählen konnten. Zumeist wurden zwei Titel gespielt; dabei reichte das Spektrum von klassischer Musik über Rock 'n' Roll (z.B. Elvis Presley) bis hin zu Unterhaltungsmusik (z.B. Richard Clayderman).

Die Rede des Standesbeamten war – je nach seiner politischen Einstellung – mehr oder auch weniger auf die sozialistische Bedeutung der Ehe hin ausgerichtet.

3/145

Die standesamtliche Trauung dauerte mit 15-20 Minuten recht lang; das weist bereits darauf hin, daß es sich weniger um einen juristischen Vorgang als vielmehr um eine Zeremonie handelte.

3/143 HOCHZEITSZIMMER IM HISTORISCHEN RATHAUS BERLIN-KÖPENICK
PHOTOGRAPH: SEBASTIAN AHLERS
FRÜHJAHR 1992; 23,8 X 17,9 CM
DHM (BILDARCHIV)

Dieser Raum wurde in den achtziger Jahren vollständig renoviert. Die farbigen Fensterscheiben sind kunstvoll gestaltet, und der Amtstisch erinnert an einen Altar. Vor ihm sind in den Steinboden zwei ineinander verschlungene Ringe eingelassen. Der Teil des Raumes, der für die Festgäste bestimmt war, ist leicht erhöht und bot Sitzplätze für 20-25 Personen.

Die gesamte Gestaltung deutet auf eine Kompensation einer kirchlichen Trauung hin.

3/144 DREI PHOTOGRAPHIEN: TRAUUNG IM HISTORISCHEN RATHAUS BERLIN-KÖPENICK
AUFNAHME: PGH FILM UND BILD, FOTOATELIER ALT-KÖPENICK
1977; 10,5/14,8 X 10,5/14,8 CM
DHM 1992/886-888

Auf den ersten Blick könnten die Photos von einer kirchlichen Trauung stammen.

Im Standesamt Berlin-Köpenick wurden täglich durchschnittlich 20 Paare getraut, manchmal vier Paare pro Stunde.

3/145 PHOTOGRAPHIE: BRAUTPAAR NACH DER TRAUUNG
BERLIN-KÖPENICK, 04.11.1985; 9 X 13 CM
PRIVATBESITZ, WILLICH

Hinter dem Brautpaar ist ein Porträt Erich Honeckers zu sehen.

3/152

3/146 PHOTOGRAPHIE:
BRAUTPAAR NACH DER TRAUUNG
AUFNAHME: LICHTBILDNEREI EBEL-LÖFFLER, HIDDENSEE
08.05.1987; 14,6 X 10,4 CM
PRIVATBESITZ, BERLIN

Die Braut im schlichten weißen Kleid ohne Schleier und der Bräutigam im Stehkragenhemd sind eher unkonventionell gekleidet.

3/147 «BUCH DER FAMILIE»
VERLAG: VEB HERMES, HALLE (SAALE)
UM 1963; ROTER PLAST (EINBAND), PAPIER; ZWEI GEBÜHRENMARKEN; 12 SEITEN;
21,3 X 15,3 X 5 CM
DHM 1991/186

Dieses Buch der Familie W., Dresden, enthält die Eintragung der Eheschließung der Eltern (1963) sowie der Geburt der beiden Töchter (1964 und 1969).

Jedes Paar erhielt zur Eheschließung solch ein Buch, das folgende Leitsprüche enthält: «Du sollst sauber und anständig leben und Deine Familie achten»; «Du sollst Deine Kinder im Geiste des Friedens und des Sozialismus zu allseitig gebildeten, charakterfesten und körperlich gestählten Menschen erziehen».

3/148 ZWEI GLÜCKWUNSCHKARTEN
«DIE BESTEN WÜNSCHE ZUR VERMÄHLUNG»
ENTWURF: DI. MÜLLER
BEZ.: «EVP M 0,50», «EVP M 1,50»
PLANET VERLAG
1987; KARTON; FARBIG BEDRUCKT, GOLDPRÄGUNG; 21 X 10,5 CM
DHM, BESTAND ZEUGHAUS (DG 90/282, 283)

Glückwünsche zur Hochzeit waren auch im Sozialismus üblich. Überhaupt gehörte die Hochzeit neben der Jugendweihe zu den Festen mit den meisten Gästen und mit dem größten finanziellen und organisatorischen Aufwand. Insbesondere auf dem Dorf wurden aufwendige Hochzeiten mit sehr vielen Gästen gefeiert; die Kosten dafür betrugen nicht selten 5-10 000 Mark.

3/149 PHOTOGRAPHIE:
BRAUTPAAR UNTER DEN LINDEN
PHOTOGRAPHIN: SIBYLLE BERGEMANN
BERLIN 1976; 32,5 X 46,5 CM (BLATTGRÖSSE)
DHM 1992/1621.1

Die Aufnahme zeigt ein Paar, das die Straße Unter den Linden entlanggeht. Es hat soeben einen Blumenstrauß am «Mahnmal für die Opfer des Faschismus und Militarismus» in der Schinkelschen Neuen Wache niedergelegt – ein durchaus übliches Ritual im Anschluß an eine Trauung. An anderen Orten gab es ähnliche Ehrerweisungen.

3/150

3/150 PORTRÄT EINES BRAUTPAARES
PHOTOGRAPHIN: UTE MAHLER
WUST BEI STENDAL 1978; 30 X 46 CM
(BLATTGRÖSSE 40 X 50 CM)
DHM 1992/449.1

Die Braut in festlichem weißen Kleid mit Schleier ist hochschwanger.

«Braut und Bräutigam gingen in eine Klasse. Beide waren 18 Jahre alt, als sie heirateten. Das Photo ist kurz nach dem Abitur der beiden aufgenommen worden. Sie sind noch heute zusammen und haben 1992 ihr drittes Kind bekommen.» (U. Mahler)

3/151 PHOTOGRAPHIE:
HOCHZEIT IN THÜRINGEN
PHOTOGRAPHIN: UTE MAHLER
SUNDHAUSEN B. NORDHAUSEN 1981; 23 X 34 CM (BLATTGRÖSSE 26,5 X 36 CM)
DHM 1993/19

«Frank und Petra S. feierten ihr Fest in der Gaststätte des Dorfes. Auf dem Gruppenbild sind die zwei Brüder des Bräutigams mit ihren Frauen zu sehen. Frank S. ist Ofenbauer, Petra S. Ingenieur. Beide waren 20 Jahre alt, als sie heirateten.» (U. Mahler)

3/152 BRAUTPAAR
PHOTOGRAPHIN: UTE MAHLER
LEHNITZ BEI BERLIN 1974; 30 X 46 CM
(BLATTGRÖSSE 40 X 50 CM)
DHM 1992/449.2

Das Brautpaar war zum Zeitpunkt der Eheschließung 18 1/2 Jahre alt. «Ute und Lothar K. (Landmaschinenschlosser, Serviererin) an ihrem Hochzeitstag. Ihr Zimmer war vom Boden bis zur Decke mit Verpackungen aus dem Westen tapeziert. Alles wurde aufgehoben, glattgestrichen, aufgehängt, die Symbole einer damals so fernen erträumten Konsumwelt. Beide hatten nur dieses Zimmer – ein Schlafzimmer mit den geerbten weißen Schleiflackmöbeln. Es gab ein gemeinsames Wohnzimmer und Küche mit der Mutter und den Geschwistern. Nach sechs Monaten ließen sie sich scheiden.» (U. Mahler)

3/153 MODELL EINES WOHNBLOCKS DER «WOHNUNGSBAUSERIE (WBS) 70»
1970/75; KUNSTSTOFF, KIEFERNHOLZ, PAPPE, TEXTILES MATERIAL; BEMALT;
20 X 60,5 X 25,5 CM
DHM, BESTAND ZEUGHAUS (HI 75/13)
ABB. SEITE 163

Eine wichtige Motivation für die frühe Eheschließung war die größere Chance des jungen Ehepaares, eine Wohnung zu erhalten. Der chronisch bestehenden Wohnraumnot wollte das auf dem VIII. Parteitag der SED beschlossene Bauprogramm begegnen, das vorsah, in den Jahren 1976-1990 2,8 bis drei Millionen neue Wohnungen zu bauen. Dieses Ziel sollte mit dem rationellen Plattenbausystem, überwiegend in Form der «Wohnungsbauserie (WBS) 70», erreicht werden.

Das Modell zeigt ein fünfgeschossiges Gebäude aus dieser Serie, das aus «2- und 3-Raum-Wohnungen» besteht.

3/156

3/154 MODELL EINER «3-RAUM-WOHNUNG»
AUS DER WOHNUNGSBAUSERIE (WBS) 70
1970/75; KUNSTSTOFF, PAPIER; BEMALT;
14,5 X 68,5 X 30,4 CM
DHM, BESTAND ZEUGHAUS (HI 75/14)
ABB. SEITE 163

Das Modell zeigt in Aufsicht die Aufteilung der Räume und die komplette Einrichtung der Zimmer. Auch Details wie Wandschmuck und Vitrineninhalte sind dreidimensional wiedergegeben.

Eine «3-Raum-Wohnung» in der hier gezeigten Größe von 67,2 m^2 war in der Regel für eine Familie mit zwei Kindern vorgesehen (das ent-sprach auch der durchschnittlichen Familiengröße).

Die fensterlose Küche ist so eng, daß nur eine Person darin arbeiten kann. Bäder mußten oft noch nachträglich umgebaut werden, damit auch die Waschmaschine Platz fand. Im Schlafzimmer stehen ein Doppelbett und ein fünftüriger Kleiderschrank mit Aufsätzen. Das Kinderzimmer ist mit einer weiteren Schrankwand sowie mit zwei Betten, die nur hintereinander Platz finden, eingerichtet. Außerdem steht ein Arbeitsplatz mit zwei Stühlen am Fenster, vorgesehen für Schularbeiten und Spiel.

3/155 PHOTOSEQUENZ:
LEBENSSTATIONEN VON MARTINA P.
PHOTOGRAPH: WERNER MAHLER
HOHEN NEUENDORF 1977, BERLIN 1983,
1989; DREI AUFNAHMEN; JE 18 X 24 CM
DHM 1992/878-880

Der Photograph Werner Mahler nahm 1977 Schülerinnen und Schüler einer Abiturklasse (= 12. Klasse) auf. 1983 und 1989 porträtierte er sie erneut. Auf diese Weise entstanden Sequenzen von drei Bildern, die einen Zeitraum von zehn Jahren umfassen und die punktuell den Lebensweg der einzelnen an willkürlich ausgewählten Stationen wiedergeben.

Die Abiturientin Martina P. bekam an der Humboldt-Universität Berlin einen Studienplatz in Kristallographie zugewiesen; das ungeliebte Studium brach sie nach einem Jahr ab und arbeitete seitdem bei der «Volkssolidarität». Als das zweite Photo entstand, hatte sie ein Kind und lebte, unverheiratet, in einer festen Beziehung, die zum Zeitpunkt des dritten Bildes nicht mehr bestand.

3/156 PHOTOSEQUENZ:
LEBENSSTATIONEN VON ANDREAS R.
PHOTOGRAPH: WERNER MAHLER
SACHSENHAUSEN 1977, BERLIN 1984, 1989;
DREI AUFNAHMEN; JE 18 X 24 CM
DHM 1992/875-877

Andreas R., der mit Abstand Klassenbester war, bekam an der Humboldt-Universität einen Studienplatz für politische Wissenschaft und wurde nach dem Studium an der Akademie der Wissenschaften tätig. Zum Zeitpunkt des zweiten Photos war er verheiratet. Die Ehe bestand auch noch, als das dritte Bild aufgenommen wurde. Das Ehepaar hat keine Kinder.

3/157 PHOTOSEQUENZ:
LEBENSSTATIONEN VON KARIN Q.
PHOTOGRAPH: WERNER MAHLER
GLIENICKE 1977, KARL-MARX-STADT 1983,
AUERBACH 1989; DREI AUFNAHMEN;
JE 18 X 24 CM
DHM 1992/869-871

Nach dem Abitur nahm Karin Q. ein Studium auf mit dem Ziel, Lehrerin für die Oberstufe zu werden.

Fünf Jahre später, als das zweite Photo entstand, hat sie dieses Ziel erreicht. Sie war inzwischen verheiratet und hatte zwei Kinder bekommen. Die Ehe bestand zum Zeitpunkt des dritten Bildes weiterhin.

3/157

ARBEIT / ARBEITSJUBILÄEN

Der Sozialismus definierte den Menschen über die Arbeit, durch die er erst zum Menschen werde. Die Arbeit fand im Kollektiv statt; und ebenso wurde das Kollektiv für besondere Leistungen ausgezeichnet. Brigaden kämpften im «sozialistischen Wettbewerb» um den Titel «Kollektiv der sozialistischen Arbeit». Die Fülle der Ehrungen erscheint bisweilen inflationär, doch da auch die Verbesserung der Lebensqualität daran hing, hatte das Auszeichnungswesen für die meisten eine nicht unerhebliche Bedeutung. Mit den Auszeichnungen gingen verbesserte Chancen für den Erhalt eines bevorzugten Ferienplatzes, eine neue Wohnung etc. einher.

Arbeitsplätze wurden in der DDR nicht oft und nicht leicht gewechselt; häufiger Stellenwechsel wurde eher negativ bewertet. 20- bis 30jährige Berufsjubiläen waren auch bei Personen im mittleren Alter keine Seltenheit.

3/159

3/158 WANDTAFEL
«BRIGADE ‹FROHE ZUKUNFT›»
SECURA-WERK, SUMMT BEI ORANIENBURG
BIS 1992; HOLZ, MIT BLAUEM
BAUMWOLLGEWEBE BESPANNT;
98,2 X 150,3 X 2,8 CM
DHM (AK 92/144)

Geschmückt ist die Tafel mit zwei aus Papier gefertigten Staatswappen der DDR sowie einer Kordel in den Staatsfarben. Die blaue Baumwollbespannung diente zum Befestigen von Informationen und Ankündigungen.

Eine Brigade wurde definiert als ein «Kollektiv von Werktätigen, das zur Lösung gemeinsamer Aufgaben in sozialistischen Betrieben aller Wirtschaftsbereiche gebildet wird und nach dem Prinzip der kollektiven, gegenseitigen Hilfe und Unterstützung arbeitet».

3/159 ZWEI PHOTOGRAPHIEN
«BRIGADE ‹OTTO WORMS›»
VEB KERAMISCHE WERKE,
HERMSDORF/THÜRINGEN
1971; 13 X 18,2 CM, 18,2 X 13 CM
DHM, BESTAND ZEUGHAUS (BILDARCHIV)
EINE ABB. DAVON SEITE 119

3/160 SCHMUCKKASSETTE
«INITIATIVEN U. ERGEBNISSE DER
WERKTÄTIGEN DES KREISES ANGERMÜNDE»
ZUM 07.10.1974; KASSETTE: KARTON,
ROTE LEINENKASCHIERUNG; GELBE TUSCHE;
BLÄTTER: KARTON, MIT TUSCHE
UND BUNTSTIFT BEMALT, Z.T. BEKLEBT;
32,1 X 22,8 X 5,7 CM
DHM, BESTAND ZEUGHAUS (DG 75/159)

Die zu Ehren des 25. Jahrestages der Staatsgründung angelegte Kassette enthält den schriftlichen Nachweis über die Erfüllung zahlreicher selbstauferlegter «Verpflichtungen» zu mehr Arbeit, Leistung und gesellschaftlicher Aktivität, die die Kollektive in Betrieben, Institutionen etc. des Kreises Angermünde anläßlich des Feiertages eingegangen waren.

3/161 ZWEI «BRIGADEBÜCHER»
BRIGADE «OTTO NAGEL» IM KOMBINAT
VEB KABELWERK OBERSPREE (KWO), BERLIN
EINTRAGUNGEN JAN. 1973 – FEBR. 1974,
JAN. – DEZ. 1974; ROTES LEDER;
GOLDPRÄGUNG; BEMALT, BEKLEBT;
ERGÄNZT MIT GLÜCKWUNSCH- UND
ANSICHTSKARTEN, EINLADUNGEN,
ZEITUNGSAUSSCHNITTEN, URKUNDEN;
27,8 X 21,4 X 3,5 CM; 27,7 X 21,8 X 4 CM
DHM, BESTAND ZEUGHAUS (DG 78/272, 273)

Die aufgeschlagene Doppelseite zeigt unter dem Datum vom 28.02.1974 «Urkunden der Mitglieder des Kollektivs ‹Prof. Otto Nagel›, das durch hervorragende Leistungen im sozialistischen Wettbewerb den Ehrentitel Kollektiv der sozialistischen Arbeit für das Jahr 1973 erfolgreich verteidigt hat».

Die meisten Kollektive in den volkseigenen Betrieben und den staatlichen Institutionen nahmen am sozialistischen Wettbewerb teil. Im Wettbewerb um den Titel «Kollektiv der sozialistischen Arbeit» war der

3/162
a – c

d – f

Nachweis fachlicher und gesellschaftlicher Aufgaben erforderlich. Letzterem diente das Brigadetagebuch, das von einem Mitglied des Kollektivs verantwortlich betreut und im Wettbewerb vorgelegt wurde. Festgehalten wurden in diesem Buch z.B. gemeinsame Besuche von Vorträgen, Ausstellungen, Theateraufführungen etc.

3/162 AUSZEICHNUNGEN UND ABZEICHEN DER FAMILIE K.
FLÖHA U.A., 1963-1989
DHM 1990/524

Eine aus vier Personen bestehende Familie brachte es in einem Zeitraum von ca. 25 Jahren auf fast 70 Urkunden, Medaillen, Ehrennadeln und Abzeichen. Wie der schulische und berufliche Werdegang und das offizielle Auszeichnungswesen miteinander verknüpft waren, veranschaulicht das Beispiel des 1956 geborenen Sohnes, der allein 35 Urkunden samt den dazugehörigen Medaillen und Orden erhielt. Den schulischen Auszeichnungen (1974 machte er das Abitur) folgten Auszeichnungen bei der NVA, wo er von 1974-1976 seinen Wehrdienst ableistete. Nach Beendigung seines Studiums (1976-1980) wurde er in Berlin-Ost als Bauingenieur eingesetzt (1980-1990), wo er am «Aufbau der Hauptstadt der DDR» beteiligt war. Im Lauf dieser Tätigkeit wurden ihm von 1984 bis 1989 allein zwölf Auszeichnungen verliehen, von denen er einige persönlich, andere als Mitglied seines Baukollektivs erhielt. Höhepunkt seiner Auszeichnungskarriere dürfte die Verleihung des Ordens «Banner der Arbeit» im Juni 1986 gewesen sein, den ihm Egon Krenz in Vertretung Erich Honeckers überreichte und den er für seinen Bautrupp entgegennahm.

Daß der Bauingenieur sich nach dem November 1989 so schnell von seinen Ehrungen trennte, mag ein Hinweis darauf sein, wie äußerlich diese Auszeichnungen und Würdigungen geblieben waren.

Die Abbildungen zeigen die Auszeichnung «Kollektiv der sozialistischen Arbeit» (a), die Medaille «Aktivist der sozialistischen Arbeit» (b) und die Spange für die zweimalige Verleihung dieses Ehrentitels (c); ferner eine Ehrenmedaille der FDJ für die Bauleistung am «Zentralen Jugendobjekt Berlin» (d), die Medaille «Erbauer Berlins» (e) sowie eine weitere Auszeichnung der FDJ: «Für vorbildliche Leistungen zu Ehren der DDR» (f).

3/163 JUBILÄUMSGESCHENK
«SCHWEBENDER AMOR MIT FÜLLHORN»
1976; MEISSENER PORZELLAN;
LÖSUNGSTECHNIK; 18,5 X 20 X 5 CM
PRIVATBESITZ, MEIẞEN

Eine Mitarbeiterin der Staatlichen Porzellan-Manufaktur Meißen erhielt diesen schwebenden Amor mit Füllhorn zum 25jährigen Arbeitsjubiläum von ihren Kollegen, die ihn selbst angefertigt hatten.

3/164 AUSZEICHNUNGEN
ZUM ARBEITSJUBILÄUM
VERLIEHEN AN INGEBORG LEUPOLZ, BERLIN
A) EHRENURKUNDE UND MEDAILLE ZUM
20JÄHRIGEN DIENSTJUBILÄUM
MINISTERIUM FÜR GESUNDHEITSWESEN,
11.12.1973; URKUNDE: BUCHDRUCK;
29,7 X 21 CM; MEDAILLE: VERSILBERT;
DM 30 MM, L MIT SPANGE 45 MM
B) DANKSAGUNG ZUM
25JÄHRIGEN DIENSTJUBILÄUM
BETRIEBSGESUNDHEITSWESEN BERLIN-
MITTE, 05.04.1974; MASCHINENSCHRIFTLICH;
14,9 X 21,1 CM
C) EHRENURKUNDE UND MEDAILLE
ZUM 30JÄHRIGEN DIENSTJUBILÄUM
MINISTERIUM FÜR GESUNDHEITSWESEN,
11.12.1979; URKUNDE: BUCHDRUCK;
29,7 X 21 CM; MEDAILLE: VERGOLDET;
DM 30 MM, L MIT SPANGE 45 MM
D) EHRENURKUNDE
ZUM 40JÄHRIGEN DIENSTJUBILÄUM
MINISTERIUM FÜR GESUNDHEITSWESEN,
11.12.1989; BUCHDRUCK; 21 X 14,7 CM
DHM 1992/1634-1638

In Anerkennung langjähriger «ständiger Einsatzbereitschaft und Leistungen im Dienste der Gesundheit und des Lebens der Bürger» wurden der Genannten die Auszeichnungen überreicht. Die Medaille «Für treue Dienste im Gesundheits- und Sozialwesen», die Frau Leupolz im Dezember 1973 verliehen wurde, war erst einen Monat zuvor gestiftet worden und wurde zum Tag des Gesundheitswesens 1973 230 000 mal verliehen. Frau Leupolz war zu diesem Zeitpunkt schon länger als 20 Jahre im Dienst, denn bereits 1979 wurde ihr die Ehrenurkunde zum 30jährigen Jubiläum überreicht; auch dies war mit der Verleihung einer Medaille verbunden.

Die betriebliche Auszeichnung, die die Jubilarin zum 25jährigen Arbeitsjubiläum erhielt, war mit einem Geldgeschenk von M 250,- verbunden.

3/164a

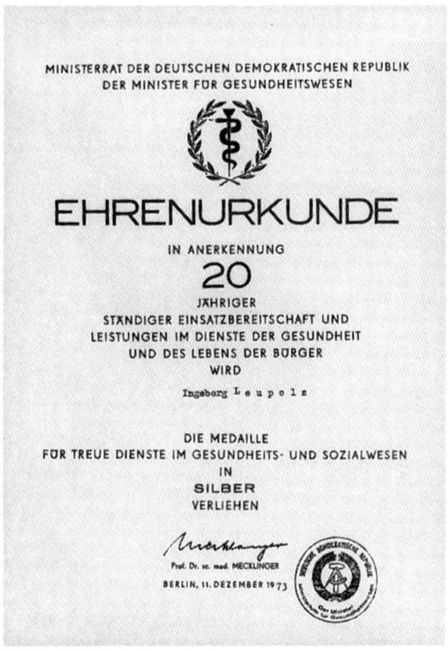

MINISTERRAT DER DEUTSCHEN DEMOKRATISCHEN REPUBLIK
DER MINISTER FÜR GESUNDHEITSWESEN

EHRENURKUNDE

IN ANERKENNUNG
20
JÄHRIGER
STÄNDIGER EINSATZBEREITSCHAFT UND
LEISTUNGEN IM DIENSTE DER GESUNDHEIT
UND DES LEBENS DER BÜRGER
WIRD
Ingeborg Leupolz

DIE MEDAILLE
FÜR TREUE DIENSTE IM GESUNDHEITS- UND SOZIALWESEN
IN
SILBER
VERLIEHEN

Prof. Dr. sc. med. MECKLINGER
BERLIN, 11. DEZEMBER 1973

3/164d

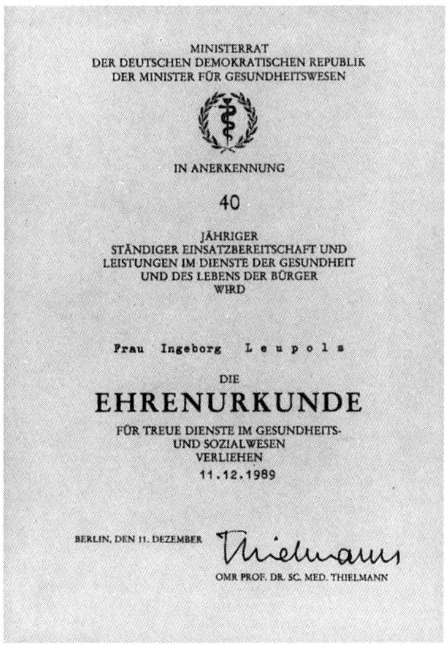

MINISTERRAT
DER DEUTSCHEN DEMOKRATISCHEN REPUBLIK
DER MINISTER FÜR GESUNDHEITSWESEN

IN ANERKENNUNG
40
JÄHRIGER
STÄNDIGER EINSATZBEREITSCHAFT UND
LEISTUNGEN IM DIENSTE DER GESUNDHEIT
UND DES LEBENS DER BÜRGER
WIRD

Frau Ingeborg Leupolz
DIE
EHRENURKUNDE
FÜR TREUE DIENSTE IM GESUNDHEITS-
UND SOZIALWESEN
VERLIEHEN
11.12.1989

BERLIN, DEN 11. DEZEMBER
OMR PROF. DR. SC. MED. THIELMANN

DAS LEBEN IN DER DDR BEENDEN: IN DEN WESTEN GEHEN

Daß sich die DDR der Staatstreue ihrer Bürger nicht sicher sein konnte, zeigte der Bau der Mauer. Die vorgezeichneten Lebensstationen abzubrechen und durch Flucht oder Ausreise einen Neuanfang im Westen zu riskieren, bedeutete auch, andernorts eine ganz neue Lebensstation zu wollen, den Neubeginn.

3/165 ZWEI HINWEISSCHILDER «GRENZGEBIET»
BIS 1989 AN DER DEUTSCH-DEUTSCHEN GRENZE; KUNSTSTOFF; BEDRUCKT;
JE 50 X 70 CM
DHM 1990/635.5, 6

Der Text «Grenzgebiet / Betreten und Befahren verboten» bzw. «Grenzgebiet / Das Betreten und Befahren ist nur mit Sonderausweis gestattet» ist in Deutsch, Englisch, Französisch und Russisch wiedergegeben.

3/166 AMTSSTEMPEL «EHESCHLIESSUNG BRD / WB ZUGESTIMMT / ABGELEHNT»
MINISTERIUM DES INNERN
NACH 1961; HOLZ, GUMMI/GESCHNITTEN;
7,3 X 6,5 X 4 CM
DHM 1991/3022

Um eine Eheschließung zwischen einem Partner/Ost und einem Partner/West zu erreichen, mußte auf beiden Seiten ein Antrag auf Familienzusammenführung gestellt werden. Die Formalitäten konnten sich über Jahre hinziehen; für einen Ausreisenden aus der DDR zahlte die Bundesrepublik festgelegte Summen, deren Höhe sich nach seiner Qualifikation und seinem Berufsstand richtete.

3/167 «ANTRAG ZUR AUSREISE AUS DER DDR»
AN DEN RAT DES STADTBEZIRKS, ABT. INNERES, BERLIN
25.07.1986; MASCHINENSCHRIFTLICH;
29,7 X 20,5 CM
DHM 1990/1488

Der Antragsteller führt aus, daß durch die Enteignung seines «mit Erbgeldern aufgebauten Grundstücks» sein «Vertrauensverhältnis zu den Gerichten der DDR (...) auf das Empfindlichste gestört» wurde, da das verkündete Urteil sich nicht mit dem geltenden Recht decke. Aus diesem Grund stelle er «einen Antrag auf Ausreise aus der DDR wegen Enteignung persönlichen Eigentums, trotz eindeutiger Beweise», da es ihm unmöglich sei, «weiter unter diesen Bedingungen in der DDR zu leben.»

Da die zuständigen Stellen «sich bis heute außerstande sehen, eine Entscheidung zu treffen», richtete der Geschädigte in der Folgezeit ein Gesuch an den Staatsrat (3/168).

3/168 «GESUCH» AN DEN STAATSRAT DER DEUTSCHEN DEMOKRATISCHEN REPUBLIK
01.07.1987; MASCHINENSCHRIFTLICH;
29,7 X 20,5 CM
DHM 1990/1489

Das Gesuch bittet den «sehr geehrten Genossen Honecker» um Befürwortung seines Ausreiseantrags nach West-Berlin, da ihm «die Lebensgrundlage und das Gefühl für Gesetz und Gerechtigkeit in der DDR entzogen» worden sei. Diesem Gesuch wurde stattgegeben.

3/166

ALTER

Frauen hatten ab Vollendung des 60. Lebensjahres Anspruch auf eine Altersrente, Männer ab Vollendung des 65. Lebensjahres. Das Erreichen des Rentenalters bedeutete für die meisten jedoch kein Ausscheiden aus dem Berufsleben. 1975 beispielsweise war die Hälfte der 65-70jährigen Rentenempfänger weiterhin erwerbstätig; bei den 70-75jährigen war es noch fast jeder dritte, und bei den 75-80jährigen immerhin noch jeder zehnte.

Der Eintritt ins Rentenalter war kein Kündigungsgrund. Im Gegenteil war gesetzlich verankert, daß bereits fünf Jahre vorher ein Kündigungsschutz eintrat. So gratulierte man Frauen zum 55., Männern zum 60. Geburtstag häufig durch Überreichen einer Eule als Hinweis auf den «Naturschutz».

Neben sozialen Bedürfnissen war die niedrige Höhe der Renten die Hauptursache für eine weitere Erwerbstätigkeit: 1960/70 betrug die Rente im Durchschnitt nur ein Drittel der Nettolöhne und Gehälter, 1980 waren es 57 Prozent und 1989 knapp 50 Prozent. Eklatant waren die Unterschiede zwischen Männern und Frauen. Drei von vier Rentnern waren Mitte der achtziger Jahre Frauen; von ihnen erhielten 83 Prozent nur die Mindestrente; bei den Männern waren es nur 14 Prozent. Da verwundert es nicht, daß nach einer Befragung aus dem Jahre 1989 jede 5. Rentnerin und jeder 10. Rentner ihre finanzielle Situation als «bedrückend» empfanden.

Einrichtungen der Altenfürsorge, allen voran die «Volkssolidarität», boten in Klubs, Treffpunkten, Zirkeln und Chören den alten Menschen zwar vielfältige Möglichkeit zur Geselligkeit; die Versorgung und Betreuung in der Wohnung bzw. im Feierabend- und Pflegeheimen blieb jedoch – trotz der vielfach ausgedrückten offiziellen Wertschätzung der alten Menschen – völlig unzureichend. Hatte 1970 knapp ein Drittel der Rentner in einem Feierabend- und Pflegeheim gelebt, waren es 1988 etwas mehr als die Hälfte. Der Aufnahme gingen jedoch lange Wartezeiten voraus; 1989 kamen auf rund 7.000 Aufnahmen 150.000 offene Anträge.

3/169

3/169 PLAKAT «OHNE HILFE?»
ENTWURF: VOGEL/FRIEDRICH/DEWAG-BERLIN
1975; FARBOFFSET; 81,2 X 56,8 CM
DHM, BESTAND ZEUGHAUS (P 79/82)
Das anläßlich des 30jährigen Bestehens der Volkssolidarität herausgegebene Plakat rief unter der Losung «Jugendliche renovieren Rentnerwohnungen / Ein Beispiel von vielen – Für viele ein Beispiel» dazu auf: «Mach mit! Miteinander / Füreinander».

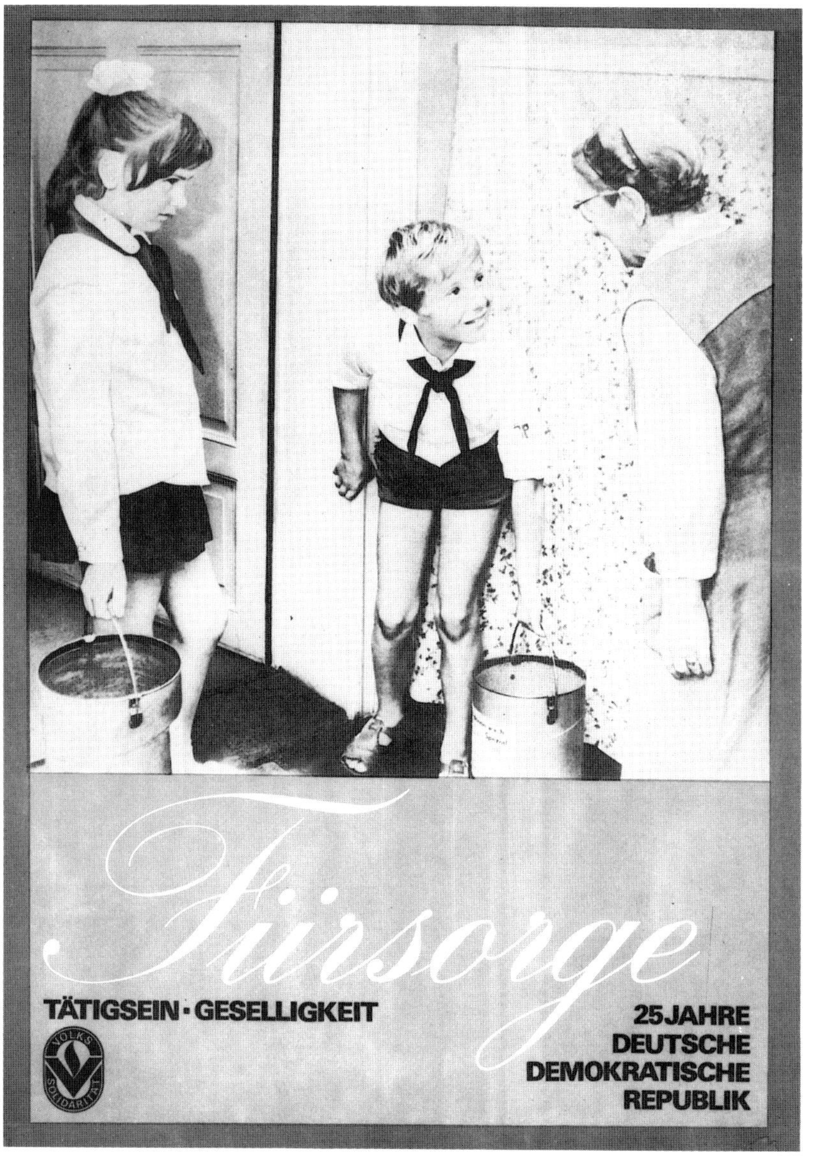

3/170

3/172

3/170 ABZEICHEN «TIMUR TRUPP»
UM 1980; KUNSTSTOFF; BEDRUCKT;
DM 4,6 CM
VOLKSSOLIDARITÄT, ZENTRALAUSSCHUSS,
BERLIN

Dieses Abzeichen trugen Mitglieder der Jungen Pioniere, die im «Timur Trupp» halfen. Damit wurde die freiwillige Hilfe u.a. für alte Menschen bezeichnet, so benannt nach dem Buch des sowjetischen Schriftstellers Arkadij Gajdar «Timur und sein Trupp». Es erzählt die Geschichte eines Jungen, der mit seinen Freunden alten Menschen hilft.

Die Hilfe der Kinder für die Alten wurde gesellschaftlich zwar stark beachtet und gewürdigt, mußte jedoch zwangsläufig eine sporadische bleiben. Weitgehend unsichtbar und ohne gesellschaftliche Anerkennung dagegen blieben die Betreuungsleistungen von Familienangehörigen, insbesondere von Frauen. Für sie kann man durchaus dann eine neue Lebensstation ausmachen, wenn sie die Pflege der alten Eltern bzw. Schwiegereltern aufnehmen. Allerdings gibt es dafür keine ritualisierte Form; es ist ein schleichender Prozeß – mit dem Resultat, daß vielfach über Jahre hinweg ohne gesellschaftliche Unterstützung und unter Zurückstellung eigener Wünsche und Interessen die Töchter oder Schwiegertöchter die alten Menschen pflegen. Zu dieser kritischen Einschätzung kam eine DDR-Studie aus den Jahren 1989/90.

3/171 ABZEICHEN «T VOLKSSOLIDARITÄT»
1976; BLECH, PAPIER, KUNSTSTOFF;
DM 3,7 CM
VOLKSSOLIDARITÄT, ZENTRALAUSSCHUß,
BERLIN

Auf hellgrünem Grund befindet sich ein großes «T» für Timur Trupp, darüber der rote Sowjetstern.

3/172 PLAKAT «FÜRSORGE / TÄTIGSEIN / GESELLIGKEIT»
1974; OFFSET, LITHOGRAPHIE; 57,5 X 40,5 CM
VOLKSSOLIDARITÄT, ZENTRALAUSSCHUSS,
BERLIN

Das Plakat, herausgegeben von der Volkssolidarität anläßlich des 25jährigen Bestehens der DDR, zeigt einen Timur Trupp im Einsatz.

3/173

3/173 PLAKAT
«DEN VETERANEN DES VOLKES EINEN SORGLOSEN LEBENSABEND!»
1954; LICHTDRUCK, BUCHDRUCK;
60,7 X 86 CM
VOLKSSOLIDARITÄT, ZENTRALAUSSCHUSS, BERLIN

Im Wortlaut wird auf diesem offiziellen Plakat der «gemeinsame Beschluß des FDGB und der Volkssolidarität zur Verbesserung der kulturellen und sozialen Betreuung der Rentner» hervorgehoben und die Umsetzung dieses Beschlusses an Beispielen veranschaulicht (u.a.: «Die Kulturgruppen und Ensembles unserer Betriebe wetteifern darin, den Lebensabend unserer Veteranen zu verschönern. Das ‹Erich-Weinert-Ensemble› vor 800 Stralsunder Rentnern»).

Die Realität sah für die Rentner nicht so uneingeschränkt positiv aus.

3/174 PRESSEPHOTO
«LIEGEWIESE IM VETERANENKLUB HALLE»
PHOTOGRAPH: HELMUT LEHMANN
1956; 17,5 X 23,6 CM
VOLKSSOLIDARITÄT, ZENTRALAUSSCHUSS, BERLIN

Zehn Liegestühle sind im Garten eines «Veteranenklubs» aufgestellt; darin liegen bequem und zufrieden alte Frauen und Männer.

Das offizielle Photo betont die gesellschaftliche Fürsorge für die Alten. Tatsächlich unterhielt die «Volkssolidarität» fast tausend «Veteranenklubs» (1985), die alten Menschen Möglichkeiten der Begegnung und der Freizeitgestaltung boten; die Versorgung und Betreuung der Alten in der Wohnung bzw. in den Heimen blieb jedoch unzureichend.

3/175 PHOTOGRAPHIE
«AUSSCHNITT AUS EINER KULTURELL-POLITISCHEN VERANSTALTUNG IM GARTEN DES VETERANENKLUBS HALLE»
PHOTOGRAPH: HELMUT LEHMANN
1956; 18,1 X 24,1 CM
VOLKSSOLIDARITÄT, ZENTRALAUSSCHUSS, BERLIN

Alte Männer und Frauen sitzen an einer Kaffeetafel im Freien. Auf einer kleinen Bühne musiziert ein Trio; darüber ist das Spruchband angebracht: «Die Veteranen der Arbeit – wählen die Kandidaten der Nationalen Front!».

3/174

3/176 PHOTOSERIE: IM FEIERABENDHEIM
PHOTOGRAPHIN: HELGA PARIS
BERLIN 1980; ZEHN AUFNAHMEN;
JE 30 X 40 CM
DHM, PHOTOSAMMLUNG / ABB. SEITE 182 F.

«Die Aufnahmen sind entstanden im Herbst 1980 im Altersheim Gürtelstraße, Berlin Prenzlauer Berg. Es ist ein langgestreckter, siebengeschossiger Bau, Mitte der siebziger Jahre entstanden, ein sogenannter Mehrzweckbau, d.h. dieser Typ wurde auch für Kinderheime u.ä. verwandt.

Fünf Etagen Wohnräume für noch rüstige Menschen, die zwei oberen Etagen Pflegestation. Die Korridore ziehen sich in der Mitte durch den Bau; von ihm gehen rechts und links die Türen in die einzelnen Zimmer. Alles Zweibettzimmer, komplett möbliert mit Toilette und Waschgelegenheit. In der Mitte des langen Korridores ist der Aufzug, an den Enden sind Fenster, davor stehen leichte Gartenmöbel. In der Eingangshalle bekommt man Auskunft an einer Rezeption. Dort stehen unter einem Wandbild tiefe schwere Ledersofas. Sie sind meistens vollbesetzt, weil hier und vor den Fahrstühlen in den einzelnen Etagen die besten Möglichkeiten sind, sich zu treffen.

Das Heim wirkt ordentlich und bescheiden. Es ist mit geringem Aufwand ausgestattet, nicht altersgerecht und stellt das momentan Bestmögliche dar, was der Staat alten Menschen zugesteht. Ein Maximum an Versorgung und ein Minimum an persönlicher Anteilnahme.

Alles muß so schnell und rationell wie möglich vonstatten gehen. Es mangelt an Personal. Besonders in der Pflegeabteilung fehlen Leute. Die Bezahlung ist so gering, daß keiner diese schwere Arbeit dafür machen will. Dabei bleiben ein paar aufopferungsvolle Frauen, die sich aber nur um das Allernotwendigste kümmern können.

Die Zimmer in den Wohnetagen sind klein, zwei Personen leben darin. Einzelzimmer gibt es nicht. In jedem Zimmer das gleiche Mobiliar an derselben Stelle. Die Tapeten unterscheiden sich kaum. Die Bewohner dürfen nur ein paar Kleinigkeiten mitbringen, Bilder, Kissen, Fernseher, keine Teppiche (Hygiene) oder Bettvorleger (Rutschgefahr), kein einziges Möbelstück.

So kam es, wenn ich die verschiedenen Zimmer betrat, daß sehr oft jemand an genau dergleichen Stelle auf dem Stuhl saß, mit leerem Blick in Richtung Fenster.

3/176

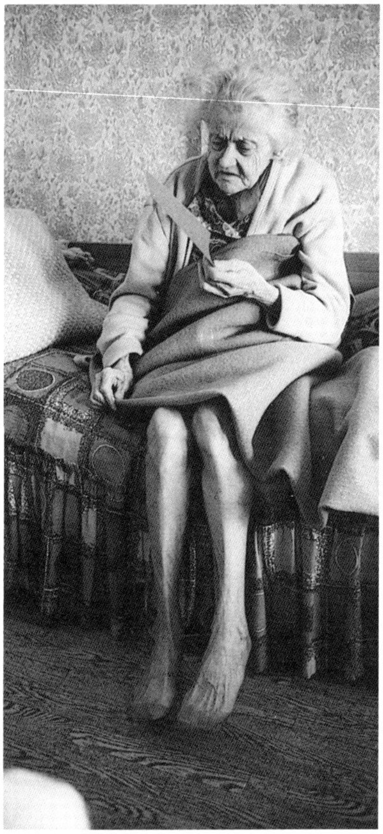

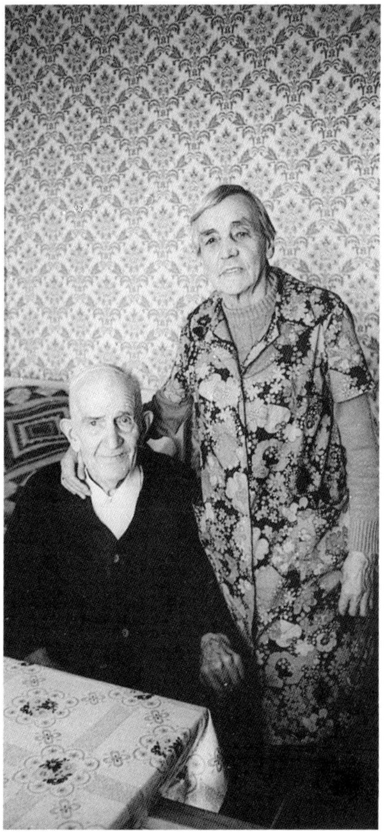

Daß sie kaum etwas aus ihrem früheren Leben mitbringen dürfen, ist wohl der entscheidende Grund, warum die Menschen so passiv erscheinen. Verschiedenste Unterhaltung wird ihnen geboten, Tanzabend, Konzerte, Bastelzirkel usw., aber nur der Friseur ist gut besucht.

Die alten Leute, mit denen ich sprach während meiner Arbeit, waren zufrieden, in dem Feierabendheim, wie es hieß, zu sein. Die Wartezeit betrug zwei bis drei Jahre, die Bezahlung im Monat in der allgemeinen Station 105,-, in der Pflegestation 120,-. Vorher wohnten sie in Altbauwohnungen mit Ofenheizung, oft mehrere Treppen hoch, und waren jetzt froh, versorgt zu sein.

Ihre Bescheidenheit hat mich geschmerzt. Es ist die Generation, die den Krieg mitgemacht hat, unter großen Entbehrungen die Nachkriegszeit und den Wiederaufbau. Sie sind abgewirtschaftet. Zu Wohlstand hat es keiner gebracht. In diesem Land war alt sein gleichbedeutend mit an der unteren Grenze der materiellen Existenz zu leben. Es gab keine reichen alten Leute. Die waren enteignet worden oder rechtzeitig in den Westen gegangen.

Es kommt mir vor, als ob diese Generation in der DDR durch den dumpfen inneren Druck und die Last, damals (im Nationalsozialismus) mitverantwortlich gewesen zu sein, geprägt worden ist. Wirkliche Aufarbeitung hat der pauschal ‹verordnete› Antifaschismus verhindert. Nur das kann mir ihre Resignation erklären – nichts zu fordern und sich nicht zu wehren.» (Helga Paris)

3/176

TOD UND TRAUER

Der Ort des Sterbens verlagerte sich auch in der DDR zunehmend in soziale und medizinische Einrichtungen.

Trotz der insgesamt gesunkenen Bedeutung kirchlicher Rituale wurde in der DDR noch im Jahre 1986 mehr als ein Drittel der Verstorbenen kirchlich beigesetzt. Vorherrschend war jedoch das nichtkirchliche Begräbnis, geleitet von einem «weltlichen Redner». Diese Bestattungsform ging in der Regel einher mit einer Kremation (1983 machte diese Bestattungsform 60 Prozent aller Beerdigungen aus).

Die Kosten für eine Beisetzung betrugen zwischen 420,- und 1900,- Mark (um 1985). Dabei war das Angebot an Särgen, Urnen, Kränzen etc. zumeist schlecht. Mit dem Schrumpfen der Zahl privater Bestattungsunternehmen (in Berlin gab es 1984 von den ehemals 72 privaten Unternehmen nur noch 8, in Dresden z.B. kein einziges mehr) reduzierte und standardisierte sich das Sortiment. In Berlin beispielsweise bot die Städtische Bestattung, die dem Ministerium für Bezirksgeleitete Industrie und Lebensmittelindustrie unterstand, von den ehemals 74 Sargtypen nur noch sieben an. Zur Herstellung der Särge (deren offizielle Bezeichnung «Erdmöbel» lautete) wurden zumeist nur billige, wertlose Materialien verwandt. Auch frische Blumen waren in der Zeit von Oktober bis Mai kaum zu bekommen; ersatzweise wurden Plasteblumen verwandt.

Das Tragen von schwarzer Trauerkleidung beschränkte sich zumeist auf den Kreis der nächsten Angehörigen und den Tag der Beisetzung.

Der Tod war in der immer nur vorwärtsschreitenden sozialistischen Gesellschaft offiziell kein Thema, mehr noch, mit Mißachtung bedacht. Indiz dafür ist etwa, daß Bestattungsinstitute ihre Geschäfte nicht in Hauptgeschäftsstraßen unterhalten durften.

3/177 SARG ZUR FEUERBESTATTUNG
HERSTELLER: VEB HOLZINDUSTRIE ODERBERG
PRODUKTION BIS 1989; KIEFERNHOLZ, PAPIER, SÄGESPÄNE; GENAGELT, DUNKELBRAUN LACKIERT, KERBSCHNITT; 67 X 203 X 70 CM
SCHENKUNG DER STÄDTISCHEN BESTATTUNG, BERLIN

Die Längsseiten des Sargdeckels sind mit geschnitzten Palmwedeln verziert. Das Innere des Sarges ist mit Sägespänen ausgepolstert, über denen weißes Kreppapier liegt.

Der Sarg wurde aus einfachen Holzteilen zusammengenagelt. Wohl um die schlechte Verarbeitung ein wenig auszugleichen und den Eindruck von Edelholz zu erwecken, wurde der Sarg braun gestrichen. Gleichwohl wirkt der provisorisch zusammengezimmerte Sarg ärmlich. Weit entfernt von jeglichem Prunk, ist er ein funktionales Behältnis, das eher auf eine reduzierte Bedeutung der Bestattung hinweist.

Der Preis für solch einen Sarg betrug lt. Angebotsmappe der Städtischen Bestattung Berlin 213,- Mark (vgl. 3/182).

3/178 SARG ZUR FEUERBESTATTUNG
PRODUKTION BIS 1989; SPANPLATTE, KIEFERNHOLZ, PAPIER; GENAGELT, GEHEFTET; 57 X 204 X 71 CM
SCHENKUNG DER STÄDTISCHEN BESTATTUNG, BERLIN

Dieser Sarg besteht nur zum Teil aus Holz; die Längsseiten sind aus Spanplatten gefertigt, auf die zur Verstärkung und als Auflage für den Deckel Kiefernholzleisten aufgenagelt wurden. Zwar sind auch hier (wie bei den anderen Särgen) die tatzenförmigen Füße mit Goldbronze lackiert; doch der übrige Sarg wurde mit erdbrauner Farbe gestrichen und ist insgesamt äußerst einfach, ja grob ausgeführt.

Innen ist der Sarg mit Papier ausgeschlagen, das einen Stanzspitzenrand aufweist.

3/179 SARG ZUR FEUERBESTATTUNG
PRODUKTION BIS 1989; KIEFERNHOLZ, SPANPLATTE, PAPIER; GENAGELT, GEHEFTET; 45 X 200 X 70 CM
SCHENKUNG DER STÄDTISCHEN BESTATTUNG, BERLIN

Die Längsseiten des Sarges bestehen aus Spanplatten, die kurzen Querseiten aus Kiefernholz. Die Außenseiten des Sarges sind mit Tapete in Holzstruktur beklebt, um den Anschein zu erwecken, daß es sich um einen Sarg aus massivem Holz handle. Der Sarg wurde nicht verleimt, sondern einfach genagelt und geheftet.

Innen ist der Sarg mit gestanztem Papier ausgeschlagen und darunter mit gröberem, einfachen Papier gepolstert.

3/180 SARG ZUR FEUERBESTATTUNG
PRODUKTION BIS 1989; PRESSPAPPE, KIEFERNHOLZ, STAHL, HOLZFOLIE, PAPIER; GEHEFTET; 51 X 149 X 70 CM
SCHENKUNG DER STÄDTISCHEN BESTATTUNG, BERLIN

An den Sargrahmen aus Kiefernholz wurde mit Metallklammern Preßpappe geheftet, die wiederum mit Holzfolie bezogen ist. Auf diese Weise soll zumindest der flüchtige Eindruck erweckt werden, daß es sich um einen Sarg aus Massivholz handelt.

Die Kanten des Deckels sind mit goldfarbenen Leisten aus Pappe verziert und die tatzenförmigen Füße mit Goldbronze gestrichen. Der Sarg ist mit weißem Kreppapier ausgeschlagen, unter dem eine Schicht einfachen Packpapiers zur Polsterung liegt.

3/181 URNE MIT SCHMUCKURNE
PRODUKTION BIS 1989; SCHWARZER PLAST; SCHMUCKURNE H 31 CM, DM 21 CM; INNERE URNE H 23 CM, DM 18 CM
SCHENKUNG DER STÄDTISCHEN BESTATTUNG, BERLIN

Auf den zylindrischen, gänzlich unverzierten Korpus der Schmuckurne wird ein ebenso schlichter Deckel geschraubt, der nur oberhalb des Gewindes mit einem geriffelten Schmuckrand versehen ist. Im Innern der Schmuckurne befindet sich ein einfacher schwarzer «Aschebehälter».

Die Städtische Bestattung bot nur diesen einen Typ von Urne an. Eine Wahlmöglichkeit zwischen verschiedenen Modellen gab es nicht. Die Urne wirkt alltäglich und allenfalls funktional.

Das ärmliche und triste Äußere dieser Urne wie auch der gezeigten Särge läßt sich als Indiz dafür werten, daß die Bedeutung der «letzten Ruhestätte» als Endstation des Lebens sich jedenfalls nicht in der Urne bzw. im Sarg präsentieren konnte.

Der Anteil der Feuerbestattungen an den Beisetzungen erreichte in manchen Bezirken der DDR nahezu 100 Prozent; in Berlin dagegen, das nur über ein (veraltetes) Krematorium verfügte, war dieser Anteil gering.

3/182 PRÄSENTATIONSMAPPE ZUR BESTATTUNG
STÄDTISCHE BESTATTUNG, BERLIN
IN GEBRAUCH BIS 1989; GRÜNER LEINENEINBAND; ELF PHOTOGRAPHIEN; 31,1 X 35,8 X 1,9 CM (ALBUM), 22,9 X 34,6 CM (EINZELBLÄTTER)
SCHENKUNG DER STÄDTISCHEN BESTATTUNG, BERLIN
ABB. SEITE 164

Die Angebotsmappe enthält 13 Photos von blumengeschmückten Särgen bzw. der Aufbahrung in der Trauerhalle sowie fünf Abbildungen von Sarggarnituren einschließlich Preisangaben (Särge 89,- bis 1.059,-, Wäsche 13,- bis 119,- Mark).

3/183 ZWEI MUSTER FÜR SARGBESCHLÄGE
STÄDTISCHE BESTATTUNG, BERLIN
IN GEBRAUCH BIS 1989; PAPPE; GEPRÄGT, SILBER- UND BRONZELACKIERUNG; JE 8,2 X 35,5 CM
SCHENKUNG DER STÄDTISCHEN BESTATTUNG, BERLIN

Die Sargbeschläge, die ein Rosettenmuster aufweisen, ähneln in Form- und Farbgebung denen um die Jahrhundertwende (vgl. 1/185ff.)

3/181

sehr. Sie hatten auch dieselbe Funktion wie diese, nämlich die, einen ärmlichen Sarg zumindest optisch ein wenig aufzuwerten.

3/184 ZULASSUNGSBESCHEINIGUNG FÜR EINEN «WELTLICHEN GRABREDNER» AUSGESTELLT FÜR MANFRED TRÄDER VOM MAGISTRAT DER STADT BERLIN 1981; VORDRUCK MIT UNTERSCHRIFT, LICHTBILD; 10,4 X 14,6 CM PRIVATBESITZ, BERLIN

Der Inhaber «ist an allen Friedhöfen und Krematorien der Hauptstadt der DDR als Bestattungsredner bis auf Widerruf zugelassen».

Der weltliche Redner hatte eine Lizenz erworben und arbeitete auf Honorarbasis. Die Bestattungen wurden ihm zentral über das städtische Bestattungs- und Friedhofswesen zugewiesen.

Als Grundlage für die Vorbereitung seiner Trauerrede diente dem Grabredner ein sogenannter Rednerbogen (vgl. 3/185). Ein persönliches Gespräch mit den Hinterbliebenen fand meist nur kurz vor der Feier statt. Hausbesuche vor der Beerdigung wurden nur selten durchgeführt.

Insgesamt wurde – so die Einschätzung eines Berliner Grabredners – auf die persönliche Betreuung der Hinterbliebenen nur wenig Zeit verwandt.

3/185 FORMULARBLATT «TRAUERFEIER» 1984; OHNE EINTRAGUNGEN; 21 X 14,4 CM SCHENKUNG DER STÄDTISCHEN BESTATTUNG, BERLIN

«für ... (Vor- und Zuname)
im Krem ... am ... Uhr ...
mit Herrn ... als Redner/Pfarrer ...
Beruf des Verstorbenen: ...
Wohnung: ...
Alter: ... Jahre.
Sterbetag: ... Todesursache: ...
Religion: ... led./verh./verw./gesch. ...
Wieviel Jahre bestand die Ehe: ...
Verstorbene hat folgende Angehörige:
... Söhne ... Töchter ... Enkel
... Urenkel ... Brüder ... Schwestern
... Vater/Mutter ... Neffen ... Nichten
... Gesang: ... Musik: ... »

Anhand dieser spärlichen Angaben, die der Redner von den Hinterbliebenen erhielt, arbeitete dieser die Trauerrede aus. Die nur durch wenige persönliche Angaben variierten Grabreden dürften also recht allgemein, ja stereotyp ausgefallen sein.

3/182

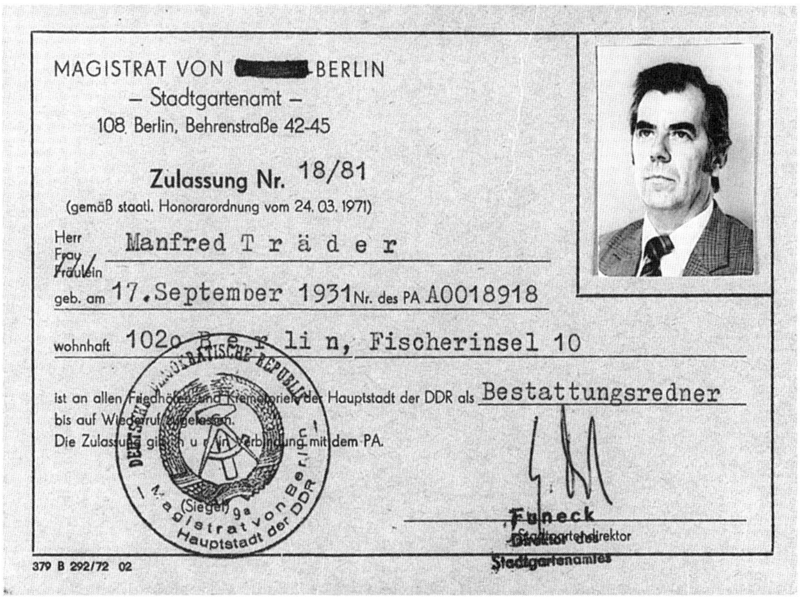

MAGISTRAT VON [redacted] BERLIN
– Stadtgartenamt –
108 Berlin, Behrenstraße 42-45

Zulassung Nr. 18/81
(gemäß staatl. Honorarordnung vom 24. 03. 1971)

Herr / Frau / Fräulein Manfred T r ä d e r

geb. am 17. September 1931 Nr. des PA A0018918

wohnhaft 102o B e r l i n, Fischerinsel 10

ist an allen Friedhöfen und Krematorien der Hauptstadt der DDR als Bestattungsredner bis auf Widerruf zugelassen.
Die Zulassung gilt nur in Verbindung mit dem PA.

(Siegel)

Funeck
Stadtgartendirektor

379 B 292/72 02

3/184

BUNDESREPUBLIK DEUTSCHLAND

4/65

GEBURT

Mit einer Million Geburten war im Jahr 1964 der Höchststand der Geburtenrate in der Bundesrepublik Deutschland erreicht worden. Als 1972 die Anzahl der Sterbefälle die Geburtenrate erstmals überstieg, setzte eine Diskussion über den Geburtenrückgang und die drohende Gefahr einer Überalterung der Gesellschaft ein. 1985 konnte wieder eine Steigerung der Geburten verzeichnet werden, und 1990 wurde in der alten Bundesrepublik mit circa 900.000 geborenen Kindern seit 1971 erstmals wieder ein Geburtenüberschuß erreicht. Der Wiederanstieg der Geburten beeinflußt allerdings nicht die Tatsache, daß in einer Ehe immer weniger zweite Kinder geboren werden. Momentan wachsen mehr als die Hälfte aller Kinder unter 18 Jahren als Einzelkinder auf.

Ein Kind, das in der Bundesrepublik geboren wird, kommt in der Regel in einem Krankenhaus zur Welt. Gegenwärtig gehen 98 Prozent aller Frauen zur Entbindung in eine Klinik. 1969 fanden noch 6,5 Prozent aller Geburten zu Hause statt. Besonders hoch war der Anteil der Hausgeburten in ländlichen Gebieten.

In den Krankenhäusern haben in den letzten Jahrzehnten unterschiedliche Strömungen die Geburtshilfe bestimmt. Am Ende der siebziger Jahre erreichte die medizinische Steuerung der Geburten mit der sogenannten programmierten Geburt ihren Höhepunkt. Die Entbindungen wurden durch ärztliche Eingriffe zu einem für den Krankenhausbetrieb günstigen Zeitpunkt künstlich eingeleitet. Diese Maßnahmen wurden durch die damit zu erreichende größtmögliche Sicherheit für Mutter und Kind begründet. In den achtziger Jahren gewannen die Forderungen nach einer sogenannten sanften Geburt an Bedeutung, die versucht, den natürlichen Ablauf möglichst wenig zu beeinflussen. Zusammen mit dem Wunsch der Frauen nach einer aktiven Teilnahme am Geburtsgeschehen führte dies zu einer zunehmenden Verdrängung der «programmierten Geburten» im Verlauf der achtziger Jahre.

In den fünfziger und sechziger Jahren waren die Themen Schwangerschaft und Geburt in der Öffentlichkeit noch mit großen Tabus belegt. Die Anwesenheit eines Vaters im Kreißsaal während der Geburt seines Kindes war undenkbar. Mit den Veränderungen innerhalb der Paarbeziehungen hielten die Männer ab Mitte der siebziger Jahre Einzug in die Kreißsäle. Die Geburt sollte zu einem gemeinsamen Erlebnis des Paares werden, und der Mann sollte die Möglichkeit erhalten, von Anfang an eine intime Bindung zu seinem Kind aufzubauen. Zu Beginn dieser neuen Entwicklung wurde noch darüber diskutiert, ob durch die Anwesenheit der Männer den Frauen ein «letzter Freiraum» genommen würde. Heute sind die Väter im Krankenhaus zu einer Selbstverständlichkeit geworden: Bei 89 Prozent aller Geburten ist der Vater mit dabei.

Die Ankunft eines Kindes wird auch heute noch in vielen Familien feierlich mit einer Taufe begangen. Obwohl die Religion auf die Gestaltung der Lebenswege nur noch wenig Einfluß ausübt, wird doch an den kirchlichen Feiern, die die Lebensstationen begleiten, festgehalten. 1982 wurden fast 80 Prozent der Neugeborenen von der evangelischen oder katholischen Kirche getauft.

4/1 ENTBINDUNGSBETT
VOR 1978; STAHL/VERCHROMT UND LACKIERT, KUNSTSTOFF, LEDER, GUMMI;
110 X 230 X 91 CM
DHM 1992/1671.1-2

Das fahrbare Bett besteht aus zwei Teilen; jedes Teil hat vier Räder mit Feststellbremsen. Das Bett kann vom Krankenhauspersonal an einer Vorrichtung in der Mitte mit Hilfe eines Fußhebels bequem getrennt werden. Die Funktionalität des Bettes soll dem Arzt einen schnellen und ungehinderten Zugriff auf die Patientin und auf das Neugeborene ermöglichen.

Dieses Bett und die folgenden Objekte waren Einrichtungsteile eines Kreißsaales aus einem Berliner Krankenhaus und bis 1978 in Gebrauch. Danach wurde der Kreißsaal nach den damaligen neuesten medizinischen Erkenntnissen eingerichtet und umgebaut.

4/2 NACHTSCHRANK
UM 1960/70; STAHLBLECH/LACKIERT, CHROMGRIFFE, KUNSTSTOFF, HOLZ;
96 X 57 X 44 CM
DHM 1992/1669

4/3 SCHÜSSEL ZUR AUFNAHME DER PLAZENTA
VOR 1978; STAHLBLECH/EMAILLIERT;
H 8 CM, DM CA. 31 CM
KRANKENHAUS NEUKÖLLN, BERLIN

Die Plazenta wird nach der Geburt sorgfältig untersucht, um sicherzugehen, daß sie sich vollständig abgelöst hat.

4/4 OP-STANDLEUCHTE
HERSTELLER: CARL ZEISS
VOR 1978; STAHL/LACKIERT, ALUMINIUM/LACKIERT, BAKELIT, GLAS, KUNSTSTOFF, HARTGUMMI;
FUSS 295 X 190 X 65 CM,
LEUCHTE DM 25,5 CM
DHM 1992/1672

4/5 OP-DECKENLEUCHTE
HERSTELLER: «ORIGINAL-HANAU QUARZLAMPE G.M.B.H.»
BEZ.: «KRANKENHAUS NEUKÖLLN INV. 106399»
VOR 1978; ALUMINIUM, STAHL/LACKIERT, KUNSTSTOFF, GLAS, QUECKSILBERLAMPEN; LEUCHTE L 170 CM, DM 48 CM
KRANKENHAUS NEUKÖLLN, BERLIN

Mit der OP-Lampe konnte die Arbeit der Ärzte während der Geburt gut ausgeleuchtet werden. Vertreter der «sanften Geburt» haben allerdings schon in den siebziger Jahren darauf hingewiesen, welchen brutalen Lichtverhältnissen das Neugeborene, das aus dem Dunkel des Mutterleibs kommt, in den modernen Kliniken ausgesetzt ist. Sie vertraten eine Geburtsmedizin, die das Kind möglichst sanft bei gedämpftem Licht empfängt. Viele Kliniken versuchen mittlerweile, Teile dieser Methode umzusetzen.

4/6 DREI WANDSCHIRME
VOR 1978; STAHLROHR/VERCHROMT, PLASTIK; JE 174,5 X 79,5 X 2,5 CM
KRANKENHAUS NEUKÖLLN, BERLIN

Die milchig weiße Farbe der Bespannung schirmte die Gebärenden vor Blicken ab. Diese Wände konnten leicht und schnell verrückt werden, wenn die Geburtssituation es erforderte.

Im alten Kreißsaal des Krankenhauses Berlin-Neukölln, der bis 1978 benutzt wurde, gab es fünf Entbindungsbetten, die voneinander nur durch diese Wandschirme getrennt wurden.

4/7 PHOTOGRAPHIE EINES KREISS-SAALES
VOR 1978; REPRODUKTION
KRANKENHAUS NEUKÖLLN, BERLIN

Das Photo zeigt den Kreißsaal im Krankenhaus in Berlin-Neukölln vor der Modernisierung. Die ausgestellten Einrichtungsteile stammen aus dem abgebildeten Kreißsaal.

4/8 TRAGBARER CADIOTOCOGRAPH (CTG)
«WEHEN- UND HERZTONSCHREIBER»
HERSTELLER: HEWLETT PACKARD GMBH, BÖBLINGEN
AUFSCHRIFT: «MADE IN W.-GERMANY»
VOR 1978; KUNSTSTOFF, METALL; 18 X 42,5 X 35 CM
KRANKENHAUS NEUKÖLLN, BERLIN
(INV. 107680)

Über zwei Sonden, die mit einem Gürtel auf dem Bauch der Frau befestigt werden, oder über eine kleine Elektrode, die am Kopf des Kindes angebracht wird, zeichnet das Gerät elektronisch die Abstände der Wehen und die Herztöne des Kindes auf. Auf einem Tabellenblatt druckt das Gerät die Werte aus.

Die Herztöne des Kindes können so überwacht werden und geben dem Krankenhauspersonal Auskunft über seinen Gesundheitszustand.

Die Frau bleibt unter der Geburt an das Gerät angeschlossen; dies bedeutet für sie eine Einbuße ihrer Bewegungsfreiheit. Sie muß im Bett liegen und in der Nähe des Apparates bleiben. Allerdings gibt es inzwischen auch drahtlose CTGs.

4/9 TRAGBARES GERÄT ZUM ABHÖREN DER HERZTÖNE
AUFSCHRIFT: «SONICAID»
HERSTELLER: «KRANZBÜHLER & SOHN / MADE IN ENGLAND / VERTRIEB ÜBER HAMBURG / BERLIN»
VOR 1978; METALL, KUNSTSTOFF, GUMMI; MIT GRIFF 15,5 X 27 X 15 CM
KRANKENHAUS NEUKÖLLN, BERLIN

Das Gerät überträgt und verstärkt durch einen Lautsprecher an der Frontseite des Gehäuses die Herztöne des Kindes über ein Mikrophon.

4/10 VAKUUMPUMPE MIT SAUGGLOCKE
HERSTELLER: MEDAP, BAD HOMBURG
BIS 1969 IN BETRIEB; GLAS, GUMMI, EISENBLECH/EMAILLIERT; 94 X 37 X 27 CM
KRANKENHAUS NEUKÖLLN, BERLIN
(INV. 105 442)

In einem Glasaufsatz über dem rechteckigen Motorblock wird ein Unterdruck erzeugt. Die Saugglocke wird am Kopf des Kindes leicht angedrückt, und durch den mittels eines Vakuums hergestellten Sog wird das Baby von unten gezogen. Die Saugglocke und ein Anschlußschlauch sind zur einmaligen Verwendung steril verpackt.

Saugglocken oder Geburtszangen werden verwendet, wenn die Geburt schnell zu Ende gebracht werden muß, weil Gefahren für die Gesundheit von Mutter oder Kind drohen.

4/11 TRANSPORT-INKUBATOR FÜR FRÜHGEBORENE
VOR 1978; PLASTIK, STAHL/VERCHROMT, GUMMI, VERBANDSSTOFF; 32 X 63 X 32 CM
KRANKENHAUS NEUKÖLLN, BERLIN

Der Inkubator diente als Wärmebett zum Transport von Frühgeborenen aus dem Kreißsaal. Im Innenteil befindet sich eine Liegefläche über einem Metalleinsatz, der gleichmäßig Wärme abstrahlt. An der Außenseite des Geräts ist eine kleine Sauerstoffflasche zur Versorgung des Kindes eingelassen.

Die Kontrolle der Körpertemperatur des Frühgeborenen ist für seine Überlebenschance besonders wichtig.

4/17

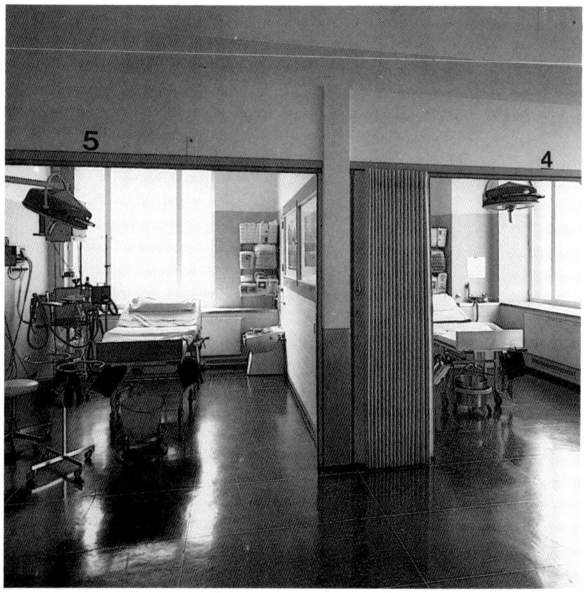

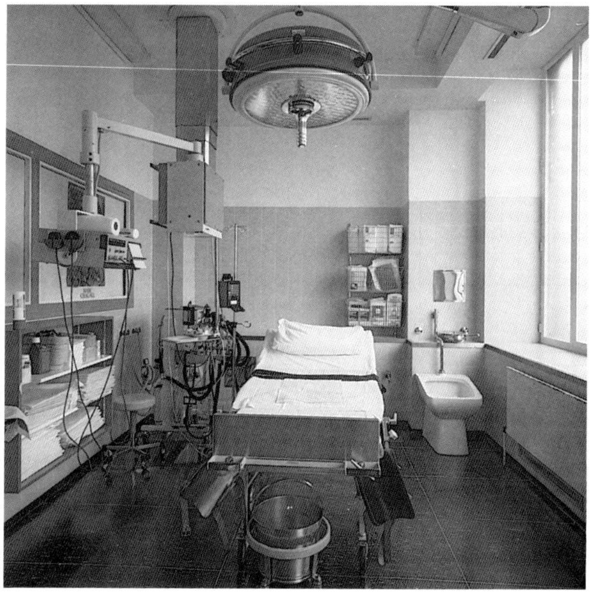

4/12 SÄUGLINGSWAAGE
HERSTELLER: FA. SECA
VOR 1978; STAHLBLECH/EMAILLIERT,
KUNSTSTOFF, METALL/VERCHROMT;
16 X 55 X 28 CM
KRANKENHAUS NEUKÖLLN, BERLIN
(INV. 107 274)

Der Aufsatz der Säuglingswaage ist an den Längsseiten nach oben gebogen. Vorne befindet sich eine Skala von 0-1000 g und von 0-15 kg, die mittels verstellbarer Gewichte das Gewicht des Kindes in Kilogramm und Gramm austariert. Sofort nach der Geburt werden die Säuglinge gewogen.

Das durchschnittliche Normalgewicht eines Neugeborenen liegt zwischen 3 und 3,5 kg. Kinder, die weniger als 2,5 kg wiegen, gelten als Frühgeburten.

4/13 MESSKASTEN
VOR 1978; HOLZ; 14 X 37,8 X 86 CM
KRANKENHAUS NEUKÖLLN, BERLIN

Am rechten Längsrand des Meßkastens befindet sich eine Skala von 0-80 cm. Mittels eines beweglichen Einsatzes, der auf zwei Nuten läuft und am Kopf des Kindes fixiert wird, läßt sich die Länge des Neugeborenen ablesen.

Gleich nach der Geburt werden die Neugeborenen einer routinemäßigen Untersuchung unterzogen. Dazu gehört u.a. das Messen des Kopfumfangs und der Gesamtlänge des Kindes, das Wiegen sowie das Abtasten von Kiefer und Hüfte.

4/14 ZWEI NUMMERNSCHILDCHEN
VOR 1975; BLECH, BAUMWOLLE; NUMMERN
DM 3 CM; BÄNDCHEN L 102 CM, B 5 CM
DHM 1992/576,575,582

Die Schildchen stammen aus dem Krankenhaus Neukölln und wurden dort bis zur Mitte der siebziger Jahre zur Kennzeichnung der Neugeborenen benutzt.

4/15 ACHT ARMBÄNDER ZUR
KENNZEICHNUNG VON SÄUGLINGEN
UM 1990; WEISSER KUNSTSTOFF,
L 17 CM (24,2 CM IM BLOCK), B 2 CM
DHM AK 92/155.1-8

Diese Armbänder werden gegenwärtig als Namensschilder für die Neugeborenen im Krankenhaus Neukölln benutzt. Statt einer Nummer wird nun der Name auf den Bändern vermerkt. Mit einem Druckknopf aus Kunststoff werden sie über dem Handgelenk des Säuglings geschlossen.

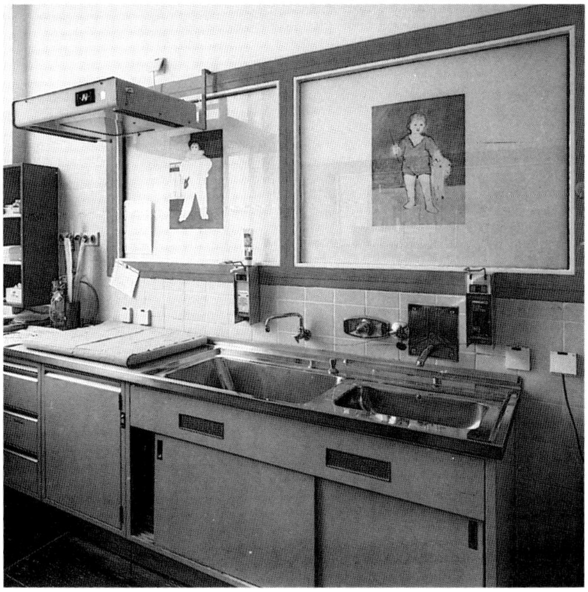

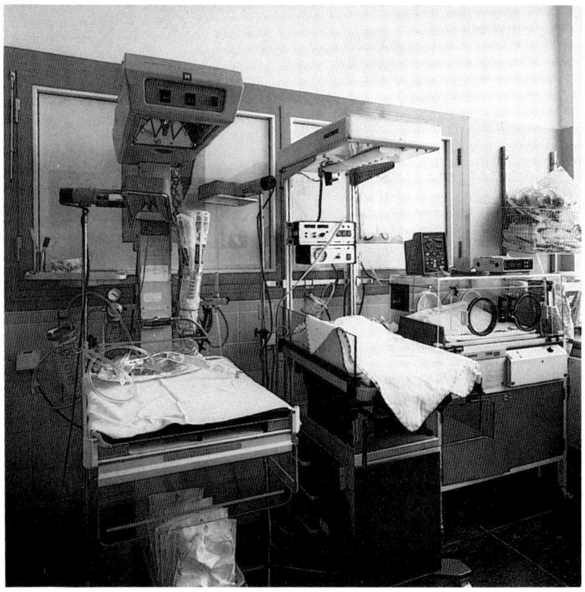

4/18

4/16 GITTERBETT FÜR EINEN SÄUGLING
VOR 1978; EISENBLECH/LACKIERT, BAUMWOLLE, SCHAUMGUMMI;
92,5 X 49 X 73,5 CM
KRANKENHAUS NEUKÖLLN, BERLIN

Das metallene Bett steht auf vier Rollen. Der Boden besteht aus in großen Abständen geflochtenen Eisenverstrebungen und bleibt dadurch luftdurchlässig. Zur Ausstattung des Bettes gehören eine Matratze und ein Kopfkissen als Bettdecke. Beide sind mit Kopfkissenbezügen mit der Aufschrift: «Land Berlin 1987» bezogen.

In Reih und Glied standen solche Kinderbetten in den Kinderzimmern der Entbindungsstationen. Heute versuchen die Krankenhäuser, durch sogenanntes Rooming-in die Kinder den gesamten Tag über in die Obhut ihrer Mütter zu geben.

4/17 DREI PHOTOGRAPHIEN EINES KREISS-SAALES
PHOTOGRAPH: SEBASTIAN AHLERS
1992; JE 23,8 X 17,9 CM
DHM 1992/624.3-5

Zu sehen sind die Räume zur Entbindung im Kreißsaal der Universitätsfrauenklinik Rudolf Virchow in Berlin. Die Enbindungszimmer sind mit Wänden und Falttüren voneinander abgetrennt. Bis Ende der sechziger Jahre sah dieser Kreißsaal demjenigen des Krankenhauses in Berlin-Neukölln sehr ähnlich (vgl. 4/7). Nach dem Umbau entspricht er nun der in den siebziger und achtziger Jahren vorherrschenden Auffassung von technisch «programmierten» Geburten. Die Ärzte der Klinik wünschen sich heute einen Kreißsaal, in dem die Technik weiter vorhanden und einsatzbereit bleibt, für die Patientin allerdings weitgehend unsichtbar sein sollte. Im Kreißsaal sollte dann eine eher familiäre, wohnliche Atmosphäre vorherrschen.

4/18 ZWEI PHOTOGRAPHIEN: RAUM ZUR NACHUNTERSUCHUNG
PHOTOGRAPH: SEBASTIAN AHLERS
1992; JE 23,8 X 17,9 CM
DHM 1992/624.1,2

Die beiden Photos zeigen den Raum zur Nachuntersuchung der Neugeborenen in der Universitätsfrauenklinik Rudolf Virchow, Berlin.

In diesem Raum, der etwas abgetrennt von den Entbindungsbetten liegt, werden die ersten Untersuchungen an den Säuglingen durchgeführt. Die Flüssigkeit aus Mund, Nase oder Atemwegen wird abgesaugt, das Kind wird gebadet und auf grundlegende Merkmale hin untersucht.

4/20

4/19 ZWEI WERBEGESCHENKE «ALETE/ ALLES GUTE FÜR IHR KIND» / «HERZLICHEN GLÜCKWUNSCH VON HUMANA + BABY SEBAMED»
HERSTELLER: GERDA FEILER, MÜNCHEN / HUMANA MILCHWERKE, HERFORD UND SEBAPHARMA GMBH & CO., BOPPARD/BAD SALZIG
1991; PLASTIK, BLECH, KARTON, GLAS, PAPIER; 35,5 X 30 CM UND 27 X 23,5 X 8,5 CM
DHM 1992/238.1-9, 237

Die beiden Taschen enthalten u.a. Babynahrung, Säuglingsflaschen, Pflegemittel, Glückwunschkarten, Informationsbroschüren zur Ernährung des Neugeborenen sowie einen «Humana Ernährungsplan» und einen Autoaufkleber «Baby dabei». Solche Werbegeschenke werden den Müttern vor dem Verlassen des Krankenhauses überreicht.

4/20 PLAKAT «DAS ERSTE GIFT»
ENTWURF: KLAUS STAECK
DRUCK: STEIDEL, GÖTTINGEN
1989; FARBOFFSET; 83,4 X 59,4 CM
DHM, BESTAND ZEUGHAUS (P 90/355)

Das Plakat zeigt Mutter und Kind beim Stillen innig verbunden. Leicht erschrocken und erstaunt schaut das Kind mit weit aufgerissenen Augen die Mutter an. In Kinderschrift steht darüber «Das erste Gift».

In den den späten siebziger Jahren wurden in der Muttermilch chemische Schadstoffe gefunden. Es handelte sich vor allem um sogenannte chlorierte Kohlenwasserstoffe, die als Dünger in der Landwirtschaft, als Schädlingsbekämpfungsmittel oder als Plastikweichmacher von der Industrie verwendet wurden. Besonders DDT, das als Insektizid eingesetzt wurde und 1972 in der Bundesrepublik verboten wurde, setzte sich in den Fettgeweben des Körpers ab und wurde beim Stillen an das Kind weitergegeben. Noch 1989 mußten in Baden-Württemberg Mütter in Einzelfällen wegen der Belastung der Muttermilch durch Dioxin ihre Kinder frühzeitig abstillen. Diese Entdeckungen ließen Zweifel über die Vorteile des Stillens aufkommen.

In den sechziger Jahren war das Stillen aufgrund der starken Propagierung von hochwertiger Fertignahrung der Industrie aus der Mode gekommen. Die Kampagnen der Hersteller von industriell produzierter Fertignahrung, die der Muttermich gleichwertig oder sogar überlegen sein sollte, weiteten sich bis in die sogenannte Dritte Welt aus. Dort hatten die Verkaufsstrategien der Industrie allerdings verheerende Folgen. In Afrika starben beispielsweise hunderte von Säuglingen aufgrund der fehlenden Immunstoffe, die mit der Muttermilch verabreicht werden, und an den Folgen von falsch zubereiteter, keimverseuchter Flaschennahrung.

Das Stillen wird heute wieder als beste Form der Säuglingsernährung empfohlen – nicht zuletzt aufgrund der Erkenntnis, daß die in der Muttermilch enthaltenen Immunstoffe durch Fertignahrung nicht zu ersetzen sind.

EINSCHULUNG

In den sechziger Jahren gab es in der Bundesrepublik eine heftige Diskussion um das im Verhältnis zu anderen modernen Industriegesellschaften sehr veraltete deutsche Schulwesen. Ein Bildungsnotstand wurde beschworen, der aufgrund des Fehlens gut qualifizierter Nachwuchskräfte den erreichten Status einer international konkurrenzfähigen Wirtschaftsmacht gefährden würde. Das Bildungswesen war im Grunde jenes der Weimarer Republik. Die Ausgaben dafür warem minimal, die Inhalte überholungsbedürftig, sie konnten kaum der Dynamik einer modernen Industriegesellschaft standhalten, und die Zahl der höheren Bildungsabschlüsse gering. Kritiker prognostizierten gar, daß Erstkläßler bald wegen mangelnder Planung weder Lehrer noch Klassenzimmer mehr vorfinden würden.

In den sechziger Jahren leitete der Staat eine Modernisierung ein, die zur Bildungsexpansion führte: Immer mehr Heranwachsende besuchen seither weiterführende Schulen und Hochschulen. Seitdem Bildung eine große Wertschätzung in der Bevölkerung erfährt, hat sich die Aufmerksamkeit, die Eltern den schulischen Leistungen ihrer Kinder entgegenbringen, noch erhöht. Schon deshalb ist der Tag der Einschulung, verglichen mit den anderen Lebensstationen eines jungen Menschen, ein wichtiger Einschnitt. Mehr denn je hofft man, daß die über den Bildungsweg erworbenen Zertifikate «lohnen» im Hinblick auf die künftige Berufstätigkeit sowie den gesellschaftlichen Status, den man erlangen kann.

Darüber hinaus fängt mit dem Schulbeginn ein Leben mit einer streng geregelten Zeit, den Schulstunden, an. Die Ablösung vom Elternhaus wird dadurch ebenso deutlich eingeleitet wie durch den Eintritt in ein neues hierarchisches Gebilde, das aus vielen Kindern, Lehrern und Schulleitung besteht.

Der erste Schultag beginnt für Kinder und Eltern zumeist mit der offiziellen Schulantrittsfeier, die in der Aula oder in einem anderen großen Raum der Schule stattfindet. Anschließend ziehen die nun in Klassen eingeteilten Kinder mit ihrem Lehrer zur ersten Schulstunde in ihren Klassenraum.

4/22

4/21 SCHÜLERMÜTZE
AUFSCHRIFT: «DEUTSCHE VERKEHRSWACHT»
1992; BAUMWOLLE;
L CA. 23 CM, B CA. 23 CM
DHM 1992/409/ ABB. SEITE 213

Das leuchtende Orange soll die Sicherheit und die Beachtung von Kindern im Straßenverkehr erhöhen. Diese Schirmmütze ist für den Sommer gedacht. Prägend für die erste Zeit des Schulbesuches ist die Bewältigung des Schulweges. Um die Bedrohungen durch den Autoverkehr meistern zu können, werden oft schon vor dem eigentlichen Schulbeginn Schulweg und Verhalten im Verkehr von den Eltern mit den Kindern eingeübt.

4/22 SCHÜLERPUDELMÜTZE
AUFSCHRIFT: «DEUTSCHE VERKEHRSWACHT»
1992; ACRYLIC; L CA. 35 CM, B 18 CM
DHM 1992/412

Diese wärmende Schülermütze ist für den Winter vorgesehen.

4/23 PLAKAT «SCHULANFANG»
HG.: ALLGEMEINER DEUTSCHER AUTOMOBIL-CLUB E.V. (ADAC)
1991; OFFSET; 84 X 59,4 CM
DHM 1992/350 / ABB. SEITE 213

In bunten Farben werden Kinder beim Überqueren eines Zebrastreifens dargestellt. Die Erklärung zum Bild lautet: «Das Originalbild zu diesem Bild wurde von Christina Schäfer 9 Jahre aus Wolfsburg gemalt.»

Der größte deutsche Automobil-Club, der vorwiegend die Autofahrer vertritt, unterstützt auch die Verkehrserziehung für Kinder; sie zielt auf eine Anpassung der Kinder an die Gegebenheiten des Autoverkehrs.

4/24 BROSCHÜRE
«DER SCHULWEG-RATGEBER»
HG.: ADAC-ZENTRALE, ABTEILUNG VERKEHRSERZIEHUNG UND -AUFKLÄRUNG
1991; OFFSET; 15 SEITEN; 20,7 X 14,8 CM
DHM 1992/341

Die Broschüre gibt Tips für Kinder im Straßenverkehr zu folgenden Themen: «Kinder unterwegs ... / ... mit dem Fahrrad/ ... als Fußgänger / ... als Mitfahrer im Auto / ... mit dem Schulbus / ... bei schlechten Sichtverhältnissen». Im Text der Broschüre wird deutlich, daß auch neuere Erkenntnisse der Entwicklungspsychologie mit einbezogen werden: «Schulkinder, vor allem die jüngsten, sind der Situation im Straßenverkehr von ihren Möglichkeiten her einfach noch nicht gewachsen: Erst mit 11 Jahren ist ein Kind in der Lage, ‹rechts› und ‹links› einigermaßen zuverlässig auseinanderzuhalten.»

4/25
a – c

4/25 NEUN PHOTOGRAPHIEN ZUM TAG DER EINSCHULUNG
1949-1975; 8,6/18 X 7,3/23,7 CM
DHM 1991/946FF.

Diese Photos aus den Jahren 1949 bis 1975 zeigen Erstkläßler am Tag ihrer Einschulung. Dieser Tag wurde in dem gesamten betrachteten Zeitraum als ein wichtiger Einschnitt betrachtet und im Erinnerungsphoto festgehalten. Die Schultüte als Geschenk zum ersten Schultag ist inzwischen obligatorisch geworden; sie fehlt auf keinem der Bilder. Es fällt auf, daß die Kleidung der Kinder im Laufe der Jahre weniger korrekt und festlich wird. Die Lockerung der gesellschaftlichen Konventionen in bezug auf Kleidungsvorschriften, die seit den späten sechziger Jahren auszumachen ist, wird auch in der Schulkleidung der Kinder deutlich.

Die abgebildeten Photos sind um 1970 (a) bzw. in den fünfziger Jahren entstanden.

4/26 PHOTOGRAPHIE EINER SCHÜLERIN AM ERSTEN SCHULTAG
1962; 13,4 X 8,4 CM
PRIVATBESITZ, BERLIN

Die Erstkläßlerin sitzt vor einem aufgeschlagenen Schulbuch. Heute beschreibt die ehemalige Schülerin die Entstehung des Photos: «Das Photo ist ca. vier Wochen später während des Unterrichts in der Klasse von einem Photographen gestellt worden. Ich war bereits 7 1/2 Jahre alt, als ich eingeschult wurde (ich wollte vorher nicht, und meine Eltern gaben meinem Wunsch nach), und ich bin nicht gerne zur Schule gegangen. Für das Photo wurden wir plaziert und zurechtgesetzt. Ich kann mich noch erinnern, daß ich dachte: Na, zum Glück hast Du Dein Lieblings-Twinset an.»

4/27 PHOTOGRAPHIE EINER SCHÜLERIN AUF DER STRASSE
1958; 10,1 X 7,3 CM
PRIVATBESITZ, BERLIN

Die abgebildete Schülerin beschreibt das Zustandekommen des Photos aus heutiger Sicht folgendermaßen: «An die Einschulung kann ich mich kaum noch erinnern. Aber daran, wie das Foto entstand, einige Tage später. Da wir zu Hause keinen Fotoapparat hatten, schickte mich meine Mutter zu den Eltern meiner zukünftigen Schwägerin. Quer durch die Stadt mußte ich laufen mit dieser großen bunten Schultüte im Arm und dem neuen Ranzen auf dem Rücken – an einem Sonntag! Es war mir so peinlich und ich schämte mich – obwohl es auf diesem Schnappschuß nicht mehr so aussieht.»

4/28 PHOTOGRAPHIE VON ZWEI ERSTKLÄSSLERINNEN MIT SCHULTÜTEN VOR EINER TURNHALLE
AUFNAHME: FOTO-OHLE, LEMGO
DETMOLD, 28.04.1960; 13,6 X 8,7 CM
PRIVATBESITZ, BERLIN

Rückblickend erinnerte sich eines der beiden abgebildeten Mädchen an ihren ersten Schultag: «Viele kleine Erinnerungs‹splitter› sind mir im Gedächtnis haften geblieben: da waren die ‹Schnecken›, zu denen meine Haare in einer mir unangenehmen Prozedur gesteckt worden waren, die goldglänzende Schultüte, die so schwer war, daß ich sie auf dem Nachhauseweg nicht mehr tragen konnte, das probeweise Aufstellen in Zweierreihen, der fremde Geruch nach Kreide im Klassenzimmer und die spaßig gemeinte Frage des Lehrers, ob ich – aufgrund meines Namens – aus Bayern käme, was ich aufgeregt verneinte ...».

4/29 ACHT SCHULTÜTEN
UM 1950-1991; KARTON, GLANZPAPIER, KREPPAPIER, PLASTIK, Z.T. MIT OBLATENMONTIERUNG; H 50/70,5 CM, DM 12,5/19,5 CM
DHM 1991/673FF / ABB. SEITE 213

Die frühen Schultüten aus den fünfziger und sechziger Jahren sind beinahe ausnahmslos mit Glanzpapier kaschiert und oftmals mit der Aufschrift «Zum ersten Schultag» versehen. Die moderne Schultüte von 1991 ist in ihrer Materialausstattung besonders strapazierfähig und robust. Sie erscheint beinahe, als Ausstattungsstück für nur einen Tag, übertrieben haltbar. Die Tüten enthielten Süßigkeiten und Geschenke (Utensilien für die Schule und heute sogar große Geschenke wie CD-Player oder Walkman), die den ersten Schritt ins Schulleben erleichtern sollten.

4/27

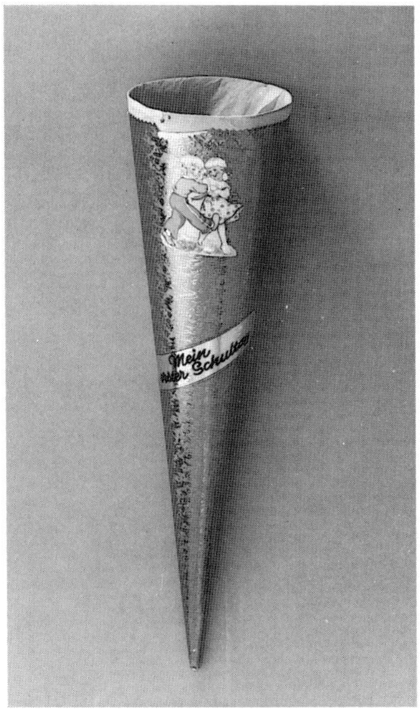

4/29

4/30 ZWEI PHOTOPOSTKARTEN
UM 1950; JE 8,9 X 14 CM
DHM 1991/682, 683

Auf einer der Photopostkarten ist ein sehr ordentlich aussehender Junge abgebildet, der in einer Schulbank sitzt. Schultüte, Ranzen, Hefte, Bücher und Stifte sind auf dem Tisch ausgebreitet.

Die zweite Karte ist betitelt «Herzlichen Glückwunsch zum ersten Schultag».

4/31 SCHULRANZEN
UM 1965; BRAUNES SCHWEINSLEDER, HARTFASERPAPPE, METALL;
24 X 33,5 X 11 CM
DHM AK 1993/1

Dieser Schulranzen wurde von einem Jungen getragen. Auf der Vorderseite befinden sich zwei geprägte Pferdeköpfe. Im Gegensatz zu dem modernen Modell (vgl. 4/32) aus den achtziger Jahren wurde hier noch nicht an die Verkehrssicherheit gedacht. Das Format des Tornisters ist dem der Schiefertafel angepaßt.

4/32 SCHULTASCHE
BEZ.: STERNJAKOB SCOUT
UM 1980; PLASTIK, KUNSTSTOFFGEWEBE, METALL, SCHAUMSTOFF; 34,5 X 33 X 10,5 CM
DHM AK 1993/2

Der Tornister ist nicht zuletzt aus Gründen der Verkehrssicherheit in den Warnfarben Hellorange und Pink gehalten. Darüber hinaus sind die Verschlüsse mit Lichtreflektoren für die Dunkelheit ausgestattet.

Die Firma preist ihn als «körpergerecht, federleicht, wind- und wetterfest, extrem belastbar». Die Reißfestigkeit des Hauptmaterials liegt immerhin bei 90 kg, die der Gurte bei 200 kg.

Der Tornister berücksichtigt neben modernen medizinischen Vorstellungen über eine gute Rückenhaltung beim Tragen auch die neuen Ordnungsvorstellungen im Umgang mit Schulbüchern, -heften und -taschen von Kindern und Erwachsenen. Der Tornister ist deshalb besonders strapazierfähig und robust. Bei diesem Modell hat wohl die Größe der Schulhefte die Form des Tornisters vorgegeben.

JUGEND

Nachdem zu Beginn des 20. Jahrhunderts Jugend als eigenständige Lebensphase entstanden ist, bedeutet jung zu sein heute, sich in einem zugestandenen Schutz- und Schonraum selbst finden und ausprobieren zu können. Dieser Schonraum hat sich durch verlängerte Ausbildungszeiten fast auf das gesamte zweite Lebensjahrzehnt ausgedehnt, in dem früher der Einstieg in das berufliche und familiale Erwachsenendasein stattfand.

Die Bildungsreform der sechziger und siebziger Jahre hat tiefgreifende Spuren in der Jugendphase hinterlassen. Die Schule und die Ausbildung bestimmen heute das Leben der Jugendlichen. 1956 besuchten 5,5 Prozent der Jugendlichen zwischen 16 und 19 Jahren eine höhere Schule, 1975 waren es bereits 17 Prozent, und 1985 besuchten 28 Prozent ein Gymnasium. Gestiegen ist vor allem der Anteil der Mädchen, die eine höhere Schule besuchen: 52 Prozent gingen 1978 auf eine weiterführende Schule. Die Lebensziele und Planungen von Mädchen und Jungen begannen sich anzugleichen. Das Hauptziel der Mädchen besteht seit den siebziger Jahren nicht mehr darin, Hausfrau und Mutter zu werden.

Die Jugendlichen versuchen nicht mehr, sich dem Status der Erwachsenen anzunähern, sondern sie definieren sich durch Distanz ihnen gegenüber und suchen nach eigenen Ausdrucksmöglichkeiten und Lebensformen fern der abgelehnten Erwachsenenkultur. Der Übergang ins Erwachsenenalter, Ehe und Elternschaft werden in eine ferne biographische Zukunft gerückt.

Es fällt auf, daß die einzelnen Stile der Jugend zunehmend einen internationalen Charakter bekommen haben. Heute sind die Jugendgruppen durch die Verbreitung der verschiedenen Strömungen der Jugendkultur u.a. durch die Massenmedien, nicht mehr – wie noch in den fünfziger Jahren – regional geprägt. Dazu trägt sicher auch die Mobilität des Einzelnen bei, die Fahrten zu Open-air-Konzerten, Demonstrationen oder Reisen in Großstädte möglich macht. So bestehen die Unterschiede unter den Jugendlichen heute weniger in der Ausprägung eines Stadt-Land-Gefälles als vielmehr zwischen den Lebensstilen der arbeitenden und der lernenden Jugend. Durch diese unterschiedlichen Lebensbereiche werden auch die zahlreichen Stile der Jugendkultur geprägt.

Unterschiedliche Strömungen der Jugendkultur haben die Geschichte der Bundesrepublik mit geprägt. Besonders die von den Studenten ausgegangene Bewegung um 1968 hat auf die gesellschaftliche Entwicklung der Bundesrepublik im Hinblick auf Partnerbeziehungen, Kindererziehung, Frauenfragen und auf die Aufarbeitung der Ereignisse während des Nationalsozialismus einen entscheidenden Einfluß ausgeübt. Die politische Kultur der Bundesrepublik wurde durch die 68er Generation maßgeblich verändert.

Nicht zuletzt bedingt durch die umfassende Schulbildung war es mehr und mehr die Jugend, die sich mit den bedeutenden Fragen der gesellschaftlichen Entwicklung auseinandersetzte und die ältere Generation damit konfrontierte. Offenheit für neue Strömungen und Flexibilität der Meinung gelten als Zeichen für Jugend.

Darüber hinaus ist Jugendlichkeit zu einem Leitbild für die gesamte Gesellschaft geworden. In einer sich schnell verändernden Gesellschaft muß der Erwachsene, der sich eigentlich darüber definiert, «fertig zu sein» und seine Rolle gefunden zu haben, zu einem lebenslangen Lernen bereit sein, will er nicht unversehens als hoffnungslos veraltet gelten. Sich jugendlich zu geben demonstriert dann noch am ehesten nach außen, auf der Höhe der modernen Zeit zu sein.

4/33 BROSCHÜRE «WIR SIND DIE SOZIALISTISCHE JUGEND – DIE FALKEN»
O.J.; 15,5 X 23,5 CM
ARCHIV DER SOZIALEN DEMOKRATIE DER FRIEDRICH-EBERT-STIFTUNG, BONN

In der Bundesrepublik hat sich die Jugend in einer Vielzahl von zum Teil kirchlichen und sportlichen Vereinen und Verbänden organisiert. Die ausgestellten Objekte zu den Falken und Pfadfindern sollen als Beispiele für diese Entwicklung dienen, die ihre Wurzeln schon um die Jahrhundertwende hat. Die Falken verstehen sich als Nachfolgeorganisation der 1904 gegründeten Arbeiterjugendvereine. Daraus entwickelte sich 1922 die Sozialistische Arbeiterjugend (SAJ). 1923 wurde die Reichsarbeitsgemeinschaft der Kinderfreunde gegründet, deren Symbol der rote Falke wurde.

In der Bundesrepublik zählen die Falken derzeit 160.000 Mitglieder. Aufgeteilt sind sie in Kinder- und Jugendgruppen: Falkenring (6-14 Jahre) und Sozialistische Jugend (ab 15 Jahre). Die Aktivitäten der Falken bestehen u.a. aus wöchentlichen Jugendtreffs, Seminaren zur politischen Bildung, Diskussionen, Ausflügen und Zeltlagern.

Fahrten, Zeltlager und das Leben in der Natur zeichnen seit der Entstehung des «Wandervogels» Jugendgruppen aus.

4/34 PLAKAT «DICH RUFEN DIE FALKEN»
UM 1960; 63 X 46 CM
ARCHIV DER ARBEITERJUGENDBEWEGUNG, OER-ERKENSCHWICK

Das Werbeplakat der Falken zeigt die unterschiedlichen Freizeit- und Bildungsangebote der Jugendorganisation, die Sport-, Tanz-, Spiel- und Fortbildungsveranstaltungen umfassen.

4/34

4/35 PHOTOGRAPHIE EINES PFADFINDERLAGERS AM BERLINER WANNSEE
23.07.1949; REPRODUKTION; 12,3 X 17 CM
LANDESBILDSTELLE BERLIN (2396)
ABB. SEITE 198

Die Pfadfinder benutzen bei der hier gezeigten Essensausgabe in einem Zeltlager Kochgeschirr, das vermutlich noch aus den Beständen der ehemaligen Wehrmacht oder der HJ stammt.

Die Pfadfinder haben sich nach der 1937 erfolgten Auflösung der Verbände 1945 neu gegründet und an die Traditionen der bündischen Jugend angeknüpft. 1948 wurde der «Bund der Pfadfinder» gegründet, von dem sich 1968 der «Bund deutscher Pfadfinder» abspaltete. Diese Organisation der Pfadfinder verzichtet auf Hierarchien innerhalb der Altersgruppen und auf die uniformartige Kluft. Sie sieht ihre Aufgaben innerhalb der Jugendkultur im sozialen Engagement, beispielsweise in der Bekämpfung von Drogensucht. Organisiert sind die verschiedenen Gruppen der Pfadfinder im Ring der deutschen Pfadfinderverbände.

Im «Bund der Pfadfinder» sind in der Bundesrepublik derzeit 15.000 Mitglieder organisiert. Das Programm fußt auf der alten Tradition des 1911 gegründeten ersten Pfadfinderbundes. Für den einzelnen Pfadfinder bedeutet dies, die Pfadfinderkluft zu tragen, in Verbundenheit mit der Natur zu leben und «gute Taten» zu vollbringen.

4/36 PHOTOGRAPHIE EINES ZELTLAGERS DER PFADFINDER
14.05.1951; REPRODUKTION; 17,5 X 23,5 CM
ARCHIV DER SOZIALEN DEMOKRATIE DER FRIEDRICH-EBERT-STIFTUNG, BONN

Gemeinsame Fahrten und Zeltlager gehören zu den typischen Aktivitäten der Pfadfinder.

4/37 PHOTOGRAPHIE DES BUNDESTREFFENS DER PFADFINDER IN HAMBURG
26.05.1958; REPRODUKTION; CA. 16,5 X 21,5 CM
ARCHIV DER SOZIALEN DEMOKRATIE DER FRIEDRICH-EBERT-STIFTUNG, BONN

Ein wichtiger Bestandteil des Pfadfinderlebens ist das Zusammentreffen und der Austausch mit anderen Pfadfinderorganisationen. Das Photo zeigt einige der 1500 Teilnehmer eines Zeltlagers der Pfadfinder in Hamburg. An diesem Lager nahmen auch Gäste aus Holland und Frankreich teil.

4/35

Zum Tuch gehört ein Lederband, das sich mit einem Druckknopf verschließen läßt. Auf der Mitte des Bandes befindet sich eine geprägte Lilie. Diese Kluft macht den Pfadfinder sofort erkennbar. Ein äußerliches Erkennungszeichen, das den Jugendlichen als Zugehörigen einer bestimmten Gruppe ausweist, ist wichtiger Bestandteil jeder formellen oder informellen Jugendgruppe.

4/40 RUCKSACK EINES PFADFINDERS
1950/55; TEXTILES MATERIAL, LEDER, METALL; CA. 42 X 52 CM
STIFTUNG HAUS DER GESCHICHTE DER BUNDESREPUBLIK DEUTSCHLAND, BONN
(EB.-NR. 90/10/711.5.6)

Der Rucksack gehörte gemeinsam mit dem Halstuch (4/39) zur Ausstattung eines Pfadfinders.

4/41 KLEID FÜR DIE TANZSTUNDE
1955/60; HELLBLAU-GRAU CHANGIERENDE SEIDE, BEIGEFARBENE BAUMWOLLE;
L 114 CM, B 160 CM
DHM KT 92/74

Das ärmellose Kleid ist der Typ eines Festkleides, das zur Tanzstunde in den fünfziger Jahren getragen wurde. Die Tanzschule diente als Ort zur Einübung bürgerlicher Verhaltensregeln. Tanzstunden waren, neben dem Tanz, auch zur Vorbereitung auf das Erwachsenenleben gedacht. Eine eigene Jugendkultur hatte in diesem von zahlreichen Normen bestimmten Rahmen keinen Platz. Aus diesem Grund wurde die Tanzstunde in den späten sechziger und in den siebziger Jahren von vielen Jugendlichen abgelehnt.

4/38

4/38 PHOTOGRAPHIE
«INTERNATIONALES PFADFINDERTREFFEN»
15.08.1987; REPRODUKTION; 12,3 X 17,7 CM
LANDESBILDSTELLE BERLIN (14580)

Das Pfadfindertreffen fand auf dem Maifeld in Berlin-Charlottenburg statt.

4/39 HALSTUCH EINES PFADFINDERS
1950/55; MIT HALTERING; BLAUE BAUMWOLLE, BRAUNES LEDER, METALL;
77 X 74 CM, RING 3,3 X 11,8 CM
STIFTUNG HAUS DER GESCHICHTE DER BUNDESREPUBLIK DEUTSCHLAND, BONN
(EB.-NR. 91/10/711.3.6., 4.6.)

Dieses Halstuch gehört zur Kluft eines Pfadfinders des «Bundes der Pfadfinder», die darüber hinaus aus Hemd, Gürtel und Jungenschaftsjacke (Juscha) besteht. Das blaue Halstuch ist mit einer gelben Borte verziert.

4/42 PHOTOGRAPHIE:
ABSCHLUSSBALL IN DER TANZSCHULE
SCHWÄBISCH GMÜND, 13.11.1970;
18 X 23,5 CM
PRIVATBESITZ, BERLIN

Die feierlich gekleideten Teilnehmer des Abschlußballs des Tanzkurses haben sich für ein Erinnerungsphoto aufgestellt. Eine Teilnehmerin des Tanzkurses erinnert sich an den Ball: «Meine beste Freundin und ich hatten unabgängig voneinander dasselbe Kleid gekauft und haben uns köstlich darüber amüsiert. Wir gefielen uns beide sehr gut darin! Unsere Tanzpartner haben sich einen Spaß daraus gemacht, uns zu verwechseln.»

4/42

4/43

4/43 DREI PHOTOGRAPHIEN
«TANZ-UNTERRICHT VERANSTALTET VOM
SENATOR FÜR JUGEND UND SPORT»
BERLIN-TIERGARTEN, 27.01.1957;
REPRODUKTION; 12,2 X 17 CM, 17,8 X 13 CM
LANDESBILDSTELLE BERLIN (51799-51801)

Zu sehen sind die Teilnehmer eines Tanzunterrichts, der auf eine Initiative des Berliner Senats für Jugend und Sport zurückging. Gerichtet war diese Maßnahme gegen den als unzivilisiert geltenden Rock 'n' Roll. Dieser Tanzunterricht versuchte, den Jugendlichen die korrekte Tanzhaltung und das «richtige» sittliche, kontrollierte Verhalten gegenüber dem anderen Geschlecht zu vermitteln. Dazu gehörte die aufrechte Tanzhaltung in gebührendem Abstand und die formvollendete Aufforderung zum Tanz. Die Tanzstunden boten darüber hinaus vielen Jugendlichen die erste Gelegenheit, das andere Geschlecht näher kennenzulernen. Die beiden abgebildeten Photographien zeigen das paarweise Einüben der richtigen Tanzhaltung sowie die förmliche Aufforderung zum Tanz durch den Tanzherrn.

4/46

4/46 PLAKAT «DIE BEAT-SENSATION 1967 / DIE HÄRTESTE BAND DER WELT / THE ROLLING STONES»
DRUCK: BERINGER-VAHRENHORST, NÜRNBERG
OFFSET, HOCHDRUCK; 58,8 X 83,8 CM
DHM 1988/1940

Das Plakat wirbt mit den Konterfeis der Bandmitglieder für den Auftritt der Rolling Stones in der Stadthalle Bremen am 29.03.1968 um 17.30 Uhr und um 20.30 Uhr. Die «Rolling Stones» verkörperten das Lebensgefühl einer Generation, die Musik nicht mehr als weihevolles Ereignis, sondern als rauschhaft befreiendes Erlebnis feierte.

4/44 FILMPLAKAT «HART/REALISTISCH/AKTUELL/ DIE HALBSTARKEN»
1956; FARBOFFSET; 119 X 84 CM
STIFTUNG HAUS DER GESCHICHTE DER BUNDESREPUBLIK DEUTSCHLAND, BONN
(INV.NR. III-6-1109)

Auf dem Plakat ist ein «Halbstarker» zu sehen, der in der rechten Hand einen Stein wurfbereit hält. Der Film behandelt die Probleme einer von der Aufbaugeneration vernachlässigten Jugend, die aggressiv um Beachtung kämpft. Der Begriff «Halbstarke» wurde zur Bezeichnung einer ganzen Generation von Jugendlichen, die sich unverstanden, ungeliebt und unglücklich fühlte. Der amerikanische Filmschauspieler James Dean wurde zur personellen Verkörperung dieser seelischen Entbehrungen.

Generell hatte die Kultur der USA in den fünfziger und sechziger Jahren einen außerordentlich großen Einfluß auf die Jugend der Bundesrepublik. Besonders der amerikanische Film lieferte Vorbilder für die Stilbildung einzelner Jugendgruppen. Aussehen und Habitus der Filmhelden wurden von den Jugendlichen nachgeahmt.

4/45 ZWEI PHOTOGRAPHIEN «IM HOT-CLUB»
PHOTOGRAPH: GERHARD GRONEFELD
MÜNCHEN 1954;
24,2 X 17,6 CM, 21,5 X 17,8 CM
DHM, BILDARCHIV

Die beiden Photos zeigen Jugendliche in einem Jugendclub beim Rock 'n' Roll. Diese Art des Tanzens stieß bei den Erwachsenen aufgrund der betonten Körperlichkeit und der sexuellen Anspielungen der Bewegungen auf massiven Widerstand. Ein solchermaßen entgrenztes Verhalten wurde von einer auf Sittlichkeit, Fleiß und Disziplin achtenden Generation vor allem für die Mädchen auf das schärfste verurteilt.

4/47 ZEITSCHRIFT «TWEN / EIN KIND UNTERWEGS: HEIRATEN?»
NR. 6, 20.04.1960; 33,5 X 26,5 CM
STIFTUNG HAUS DER GESCHICHTE DER BUNDESREPUBLIK DEUTSCHLAND, BONN

Moderne Auffassungen über die Beziehung der Geschlechter und die Einstellung zur Sexualität wurden in dieser eher avantgardistischen Jugendzeitschrift schon zu Beginn der sechziger Jahre diskutiert, wie diese vier Titelgeschichten der Zeitschrift verdeutlichen.

«Twen» galt als die Zeitschrift der existenzialistisch gesinnten Jugendlichen der späten fünfziger und sechziger Jahre.

4/48 ZEITSCHRIFT «TWEN / ALS JUNGFRAU IN DIE EHE»
NR. 4, 1962; 33,4 X 26,5 CM
STIFTUNG HAUS DER GESCHICHTE DER BUNDESREPUBLIK DEUTSCHLAND, BONN

4/49 ZEITSCHRIFT «TWEN / LOLITA EXKLUSIV / ICH HEIRATE EINE WILDE»
NR. 10, 1962; 33,2 X 26,3 CM
STIFTUNG HAUS DER GESCHICHTE DER BUNDESREPUBLIK DEUTSCHLAND, BONN

4/48

4/50

4/52

4/54

4/50 ZEITSCHRIFT «TWEN / ABTREIBUNG»
NR. 11, 1962; 33,5 X 26,5 CM
STIFTUNG HAUS DER GESCHICHTE DER BUNDESREPUBLIK DEUTSCHLAND, BONN

Das Erscheinen der Zeitschrift «twen» wurde 1971 eingestellt. 1968 hatte der Axel Springer Verlag die Zeitung an den Stuttgarter Verleger und Drucker Weitpert verkauft.

4/51 ZEITSCHRIFT «BRAVO ... SENSATIONELLER AUFKLÄRUNGSREPORT: DIE MÄDCHEN MIT 14 ...»
NR. 20, 10.05.1973; 28 X 21 CM
STIFTUNG HAUS DER GESCHICHTE DER BUNDESREPUBLIK DEUTSCHLAND, BONN

Die erste Ausgabe der Zeitschrift «Bravo» erschien 1956. Inhaltlich handelte es sich zunächst um eine reine Fernsehzeitschrift. Das Themenspektrum weitete sich später auf Berichte über Musik und Popstars aus. Mit der sogenannten sexuellen Revolution in den sechziger Jahren kam ein «Aufklärungsteil» hinzu. Das Team von Dr. Sommer, das die Fragen der Jugendlichen zu Liebe und Sexualität beantwortete, setzte sich aus drei Diplompsychologen zusammen.

Die Einleitung zu dem Aufklärungsteil dieser Ausgabe lautet:

«Eine Informations-Bombe über die Liebeserlebnisse und Probleme der Schülerinnen vom Jahrgang 59. Sie stehen an der Schwelle zur Frau, aber sie gehen noch zur Schule. Sie müssen spätestens um 22 Uhr zu Hause sein, aber was sie erleben wollen, erleben sie schon am Nachmittag. Sie sind von ihren Eltern abhängig, aber möchten schon selbständig sein. Sie werden wie Kinder behandelt, aber in manchen Dingen blicken sie besser durch als Erwachsene. Sie sehnen sich nach Liebe, aber wenn Jungen mit ihnen schlafen wollen, erschrecken sie. In diesem Bericht kommen die 14jährigen selbst zu Wort. Dieser Bericht sagt alles ...».

4/52 ZEITSCHRIFT «BRAVO ... WIRST DU RICHTIG GESTREICHELT? NEUE TIPS IM AUFKLÄRUNGSKURS VON FREDERIK JANSEN ...»
NR. 35, 23.08.1973; 28,2 X 21,2 CM
STIFTUNG HAUS DER GESCHICHTE DER BUNDESREPUBLIK DEUTSCHLAND, BONN

Der Leserkreis der «Bravo» besteht aus 13- bis 17jährigen Jugendlichen, die in den sechziger Jahren mit einem Begriff aus dem Amerikanischen als «Teenager» (Jugendliche zwischen 13 und 19 Jahren, ab dem 20. Lebensjahr «Twen») bezeichnet wurden. Dieser Altersgruppe wurde jetzt erstmals öffentlich eine Sexualität zugesprochen, die in einer eigenen Zeitschrift en detail behandelt wurde.

Die veränderte Einstellung der Jugend der siebziger und achtziger Jahre hinsichtlich ihrer Sexualität gehört zu den größten Veränderungen im Vergleich zur Jugend in den sechziger Jahren: Bei einer Umfrage 1962 gab nur jeder Fünfzigste der 16jährigen Jugendlichen an, einen festen Freund bzw. Freundin zu haben. 1985 war es schon jeder Fünfte.

4/53 ZEITSCHRIFT «BRAVO ... DIE LIEBE MIT DER PILLE / NEUE FOTO-LOVE-STORY»
NR. 51, 13.12.1973; 28 X 21,2 CM
STIFTUNG HAUS DER GESCHICHTE DER BUNDESREPUBLIK DEUTSCHLAND, BONN

In einer sogenannten Foto-Love-Story wird in dieser Folge «Liebe mit der Pille/ Eine Informationsserie, die Bravo in Zusammenarbeit mit der Bundeszentrale für gesundheitliche Aufklärung, Köln, durchführt» über die «Pille», über ihre Anwendung und über die verschiedenen Präparate informiert. Die Artikel zur Aufklärung werden vor der Veröffentlichung von einem Rechtsanwalt hinsichtlich der erlaubten Freizügigkeit geprüft. Schwierigkeiten mit Behörden wegen «unsittlicher Beiträge» hatte die Zeitschrift nie.

Die generellen Leitlinien der Zeitungsmacher gaben vor, freizügige Photos zu veröffentlichen, aber in den Textbeiträgen die emotionale Seite einer Liebesbeziehung zu betonen. So auch in dieser Geschichte, die von Norbert und Marion berichtet, die beide 20 Jahre alt sind, im 4. Semester Jura studieren und sich aus Vernunftgründen, da sich ja beide noch in der Ausbildung befinden, für eine Verhütung mit der «Pille» entschließen. Die beiden betonen, daß sie zusammenbleiben und in den nächsten Jahren eine Familie gründen wollen. Marion schlägt im Verlauf der Geschichte vor, sich ein Rezept für die «Pille» zu besorgen. Begeistert nimmt Norbert ihren Vorschlag auf.

4/54 ZEITSCHRIFT «BRAVO ... NEU! DR. KORFF KLÄRT WIEDER AUF!!! / LIEBE ZWISCHEN ANGST UND ERFÜLLUNG»
NR. 23, 30.05.1974; 28 X 21,2 CM
STIFTUNG HAUS DER GESCHICHTE DER BUNDESREPUBLIK DEUTSCHLAND, BONN

Dieses Heft enthält unter der Überschrift «Jungen, die von nackten Mädchen träumen» die im Titel angekündigte «neue Aufklärungsserie zum Sammeln». Die Zeitschrift «Bravo» hat als erste Jugendzeitschrift die Sexualität von Jugendlichen zu einem ihrer wichtigsten Themen gemacht. Obwohl die Aufklärungswelle auch die Schulen (1969 wurde der «Atlas zur Sexualkunde» als Schulbuch eingeführt) und das Elternhaus erreicht hatte, trauten sich viele Jugendliche noch immer nicht, mit ihren Lehrern und Eltern über Sexualität und Freundschaften zu sprechen. Die Zeitschrift «Bravo» wurde deshalb eine wichtige Informationsquelle zu Fragen der Geschlechterbeziehung für die Kinder und Jugendlichen.

4/55 PHOTOGRAPHIE
«ERSTE RAUCHVERSUCHE»
PHOTOGRAPH: EGWIN KAUP, 21 JAHRE
1962; 17,4 X 23 CM
KINDER- UND JUGENDFILMZENTRUM IN DER BUNDESREPUBLIK DEUTSCHLAND, ARCHIV DEUTSCHER JUGENDFOTOPREIS, REMSCHEID

Die wie ein Schnappschuß wirkende Aufnahme zeigt mehrere Jungen an der Schwelle vom Kind zum Jugendlichen bei ihren ersten Erfahrungen mit dem Rauchen. Die Unsicherheit mit den neuen Utensilien, die das Erwachsensein symbolisieren, ist ihnen noch anzumerken.

Dieses und die folgenden Photos wurden von Jugendlichen zum Wettbewerb um den Deutschen Jugendfotopreis (gestiftet vom Bundesministerium für Jugend, Familie, Frauen und Gesundheit) in den Jahren 1962 bis 1992 eingesandt. Die ausgestellten Photographien zeigen eine Auswahl von prämierten Photos aus der 30jährigen Geschichte des Jugendfotopreises.

Jedes Jahr fordern die Veranstalter des Wettbewerbs Jugendliche auf, Photos zu einem bestimmten Thema einzuschicken. Die folgende Auswahl einiger Photos von Preisträgern des Wettbewerbs gibt die Sichtweise der Jugendlichen auf wichtige Tendenzen und Entwicklungen der Jugendbewegungen wieder sowie Themen, die Jugendliche in den letzten dreißig Jahren bewegt haben.

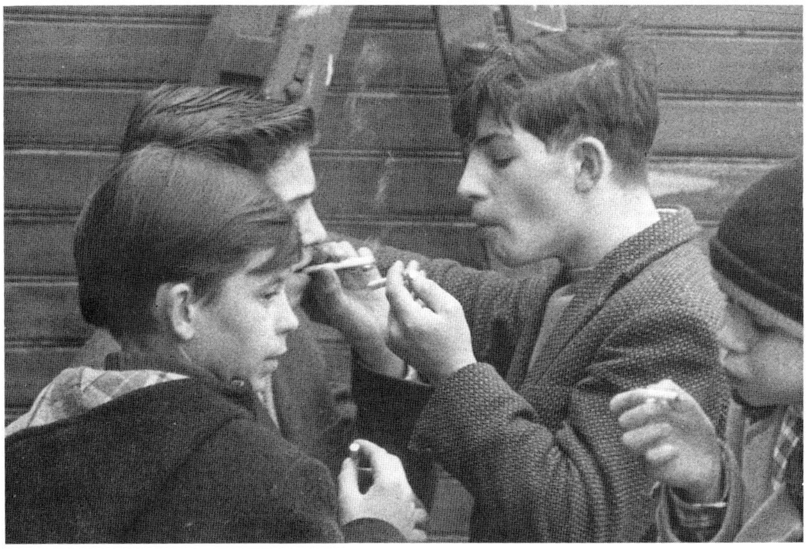

4/55

4/56

4/57

4/56 PHOTOGRAPHIE
«JAZZ UNTER BRÜCKEN (I)»
PHOTOGRAPH: GERHARD VISSER, BANKANGESTELLTER, 22 JAHRE
1963; 18 X 24 CM
KINDER- UND JUGENDFILMZENTRUM IN DER BUNDESREPUBLIK DEUTSCHLAND, ARCHIV DEUTSCHER JUGENDFOTOPREIS, REMSCHEID

Bekleidet mit schwarzen Rollkragenpullovern, cool und intellektuell, mit einer Vorliebe für Jazzmusik, so gaben sich die existenzialistischen Gymnasiasten und Studenten der fünfziger und sechziger Jahre.

4/58

4/59 PHOTOGRAPHIE:
FANS BEI EINEM KONZERT
PHOTOGRAPH: VOLKER KRÄMER, 23 JAHRE
1966; 15,5 X 23,5 CM
KINDER- UND JUGENDFILMZENTRUM IN DER BUNDESREPUBLIK DEUTSCHLAND, ARCHIV DEUTSCHER JUGENDFOTOPREIS, REMSCHEID

Ekstatische junge Mädchen himmeln auf einem Rockkonzert «ihre Stars» an. Solch eine nach außen getragene Begeisterung war erst durch die Rockmusik möglich geworden und war bei traditionellen Konzerten nicht vorstellbar. Der neue Begriff «Fan» wurde zur Umschreibung für diesen Typ von fanatischen Anhängern einer bestimmten Musikgruppe.

4/59

4/60 PHOTOGRAPHIE
«DEMONSTRANTEN MIT KARL-MARX-BILD»
PHOTOGRAPH: DIRK REINARTZ, STUDENT, 21 JAHRE
1968; 23 X 11,2 CM
KINDER- UND JUGENDFILMZENTRUM IN DER BUNDESREPUBLIK DEUTSCHLAND, ARCHIV DEUTSCHER JUGENDFOTOPREIS, REMSCHEID

Zwei Schüler sitzen während einer Kundgebung unter einem Bild von Karl Marx.

4/60

4/57 PHOTOGRAPHIE «RUMMEL»
PHOTOGRAPH: GERD SCHMIDT, KAUFMÄNNISCHER ANGESTELLTER, 20 JAHRE
1964; 18 X 24 CM
KINDER- UND JUGENDFILMZENTRUM IN DER BUNDESREPUBLIK DEUTSCHLAND, ARCHIV DEUTSCHER JUGENDFOTOPREIS, REMSCHEID

Diese Jugendlichen verkörpern den Typ des «Halbstarken».

4/58 PHOTOGRAPHIE «A ‹ROLLING STONE›»
PHOTOGRAPH: BEN PREKER, STUDENT, 21 JAHRE
1966; 17,5 X 23 CM
KINDER- UND JUGENDFILMZENTRUM IN DER BUNDESREPUBLIK DEUTSCHLAND, ARCHIV DEUTSCHER JUGENDFOTOPREIS, REMSCHEID

Aufgenommen wurde Mick Jagger, der Sänger der Rockgruppe «The Rolling Stones». Die «Rolling Stones» vermittelten mit ihrer Musik ein neues befreiendes, rauschhaftes Lebensgefühl, das in den sechziger und siebziger Jahren prägend für den Ausdruck einer Generation von Jugendlichen wurde.

4/61

4/62

4/61 PHOTOGRAPHIE
«SCHÜLERDEMONSTRATION»
PHOTOGRAPH: WILFRIED BAUER, 24 JAHRE
1968; 24 X 17,5 CM
KINDER- UND JUGENDFILMZENTRUM IN DER BUNDESREPUBLIK DEUTSCHLAND, ARCHIV DEUTSCHER JUGENDFOTOPREIS, REMSCHEID

Das Photo zeigt eine Demonstration von Schülern. Eingehakt marschieren sie unter einem Transparent mit dem abgewandelten Zitat von Karl Marx «Schüler aller Klassen vereinigt Euch». Beeinflußt durch die Studentenunruhen begannen auch die Schüler höherer Schulen, für mehr Mitspracherecht und Chancengleichheit an den Schulen zu demonstrieren.

4/62 PHOTOGRAPHIE
«MÄDCHEN IM RAUSCH IV»
PHOTOGRAPH: WOLFGANG VOLZ
1970; CA. 24 X 18 CM
KINDER- UND JUGENDFILMZENTRUM IN DER BUNDESREPUBLIK DEUTSCHLAND, ARCHIV DEUTSCHER JUGENDFOTOPREIS, REMSCHEID

Ein Mädchen tanzt allein und selbstvergessen wie in Trance, ohne die Umstehenden zu bemerken. Das Erleben des eigenen Körpers – häufig verstärkt durch den Einfluß von Drogen – wurde in den siebziger Jahren ein wichtiges Thema der Jugendlichen. 1969 hatten die Blumenkinder von Woodstock während eines der größten Open-air-Konzerte in Amerika diese Form des Musikgenusses geprägt.

4/63 PHOTOGRAPHIE
«DISKUSSION AUF EINER DEMONSTRATION»
PHOTOGRAPH: ANDREAS GROßE, ABITURIENT, 19 JAHRE
1978; 24 X 18 CM
KINDER- UND JUGENDFILMZENTRUM IN DER BUNDESREPUBLIK DEUTSCHLAND, ARCHIV DEUTSCHER JUGENDFOTOPREIS, REMSCHEID
ABB. SEITE 206

Junge Leute führen während einer Demonstration (möglicherweise gegen den Bau von Atomkraftwerken) eine kontroverse Diskussion mit einem älteren Mann. Die Photos zeigen die für alle Jugendbewegungen typischen Auseinandersetzungen mit der älteren Generation, die sich von der Jugend angegriffen fühlt und die Grundlagen ihrer Werteordnung in Frage gestellt sieht. Besonders die Aufbaugeneration der Bundesrepublik hatte große Schwierigkeiten, die Kritik einer jungen Generation an einem Staat zu tolerieren, dessen Entwicklung sie mitgetragen hatte und der die Jugend nach ihrer Meinung nichts entbehren ließ.

Auffällig ist die fast einheitliche Haartracht und Kleidung der Jugendlichen. Sie kleideten sich möglichst «unmodisch», um ihre Ablehnung der bürgerlichen, konventionellen Kleidung zum Ausdruck zu bringen.

4/63

4/64 PHOTOGRAPHIE ZUM
«SONDERTHEMA: MÄDCHEN SEHEN JUNGEN
– JUNGEN SEHEN MÄDCHEN»
PHOTOGRAPHIN: SIEGRID GUDE, 17 JAHRE,
SCHÜLERIN
1981; 15 X 22,5 CM
KINDER- UND JUGENDFILMZENTRUM IN DER
BUNDESREPUBLIK DEUTSCHLAND, ARCHIV
DEUTSCHER JUGENDFOTOPREIS, REMSCHEID

Zu sehen sind «Rocker», die sich durch ihre Kleidung und ihren rauhen Umgang untereinander eine Aura von Gewalt und Stärke geben wollen. Die Stimulanz durch Alkohol spielt in dieser eher aus Lehrlingen und jungen Arbeitern bestehenden Jugendgruppe eine große Rolle – darauf weisen auch die Bierflaschen auf dem Tisch hin.

4/65 PHOTOGRAPHIE EINES PUNKERS
PHOTOGRAPH: RAPHAEL MAASS
1986; 30 X 40 CM
RAPHAEL MAAß, DILLINGEN / ABB. SEITE 187

Auf diesem Photo treffen zwei Jugendliche aus unterschiedlichen Jugendgruppen zusammen. Ein Punker gibt einem modischen, ganz in weiß gekleideten jungen Mädchen Feuer. Die Punkbewegung verstand sich als eine Gruppierung, die die Leere, Langeweile und Perspektivlosigkeit des eigenen Lebens in einer äußerlichen, aggressiven Selbstinszenierung zum Ausdruck brachte. Die Punker richteten sich nicht nur gegen konservative rigide Wertvorstellungen, sondern auch gegen die Werte ihrer linksliberalen, mittlerweile etablierten Elterngeneration.

4/66 PHOTOGRAPHIE ZUM
«SONDERTHEMA: ANDERS LEBEN»
PHOTOGRAPHIN: WIEBKE WULF, 18 JAHRE,
SCHÜLERIN
1992; FARBAUFNAHME; 27 X 18 CM
KINDER- UND JUGENDFILMZENTRUM IN DER
BUNDESREPUBLIK DEUTSCHLAND, ARCHIV
DEUTSCHER JUGENDFOTOPREIS, REMSCHEID

4/64

4/67 PHOTOGRAPHIE ZUM «SONDERTHEMA: ANDERS LEBEN»
PHOTOGRAPHIN: WIEBKE WULF, 18 JAHRE, SCHÜLERIN
1992; FARBAUFNAHME; 27 X 17,8 CM
KINDER- UND JUGENDFILMZENTRUM IN DER BUNDESREPUBLIK DEUTSCHLAND, ARCHIV DEUTSCHER JUGENDFOTOPREIS, REMSCHEID

Die Motive aus dem Jahr 1992 sind unter dem Gesichtspunkt zusammengestellt worden, wie Jugendliche sich selbst sehen. Die Schülerin Wiebke Wulf präsentiert sich einmal als sportliches junges Mädchen (4/66) und auf dem zweiten Photo als romantisch verspielte, junge Frau in einem Kleid aus der Biedermeierzeit.

4/66

4/67

4/68 PHOTOGRAPHIE ZUM «SONDERTHEMA: ANDERS LEBEN»
FOTOGRUPPE «GESTOCHEN SCHARF», BERLIN
1992; 13 X 18 CM
KINDER- UND JUGENDFILMZENTRUM IN DER BUNDESREPUBLIK DEUTSCHLAND, ARCHIV DEUTSCHER JUGENDFOTOPREIS, REMSCHEID
ABB. SEITE 208

Selbstbewußt schauen zwei junge Frauen in die Kamera, die sich für das Photo exzentrisch geschmückt haben.

4/69 «PALÄSTINENSER-TUCH»
UM 1978; BAUMWOLLE; 120 X 115 CM
DHM 1993/18

Solche schwarz-weiß gemusterten Tücher gehören zur traditionellen Bekleidung der Palästinenser. Getragen werden sie auch von den Anhängern der palästinensischen Befreiungsbewegung (PLO) und dessen Vorsitzendem Jasir Arafat. Das Tuch wurde zum Symbol der Palästinenser und ihres politischen Ziels, einen eigenen palästinensischen Staat zu errichten. Aus Solidarität mit den Zielen der Organisation trugen viele Jugendliche in der Bundesrepublik seit dem Sechs-Tage-Krieg (1967) diese Tücher. Solch ein Tuch mag für manche Jugendliche, in Unkenntnis seiner Symbolhaftigkeit, auch nur modisches Accessoire gewesen sein.

4/70 ELEKTRISCHE GITARRE
HERSTELLER: «MORRIS MUSICAL INST. MFG.CO., LTD., MADE IN JAPAN»
UM 1980; AHORN, SCHICHTHOLZ; L 100 CM, B 32,5 CM
DHM AK 92/241

Es handelt sich bei dieser Gitarre um einen japanischen Nachbau eines Modells der legendären Fender Stratocaster, die von vielen berühmten Musikern gespielt wurde. Die Gitarren der kleinen amerikanischen Firma Fender waren allerdings sehr viel kostspieliger. Rockmusik war in den siebziger und achtziger Jahren ein wichtiges Ausdrucksmittel der Weltanschauung vieler Jugendlicher. Und nicht alle begnügten sich mit dem Anhören der Musik. Manche versuchten, es ihren Idolen gleichzutun, gründeten eigene Bands und spielten deren Stücke nach.

4/68

4/71 DREI PHOTOGRAPHIEN
ZUR ERINNERUNG AN DIE KONFIRMATION
AUFNAHME: ATELIER FOTO-EICHNER, BERLIN,
UND ATELIER FOTO-PLÜMER, BERLIN
1955-1960; 13,5/14,7 X 8,7/10,3 CM
DHM 1991/363, 1485, 1903

Die abgebildete Aufnahme eines Konfirmanden, der lässig auf der Lehne eines Sessels Platz genommen hat, entstand 1960 in Berlin.

Die zum Teil privat aufgenommenen Photos geben den festlichen und förmlichen Charakter der Konfirmation wieder. Die Konfirmation hat ihren Charakter als wichtiger Schritt zum Erwachsenwerden aufgrund der veränderten Strukturen innerhalb der Ausbildung fast vollständig eingebüßt. Mit 14 Jahren beginnt heute für kaum einen Jugendlichen der Einstieg ins Berufsleben. Verlängerte Schulausbildungszeiten führten zu einer Verschiebung des Beginns der Lehre auf das 16. Lebensjahr. Die überwiegende Mehrheit der Jugendlichen schließt die Schule mit der mittleren Reife oder dem Abitur ab. Aufgrund des Bedeutungsverlustes der Religion für die Jugendlichen ist es fraglich, ob der Einzelne seine Konfirmation als rituelle Einführung eines von nun an aktiven Kirchenmitglieds in die Gemeinde versteht.

Begangen wird die Konfirmation allerdings noch immer: Von den evangelisch getauften Jugendlichen wurden in den Jahren 1988 und 1989 nahezu 100 Prozent konfirmiert. Gefeiert wird die Konfirmation als großes traditionelles Familienfest, das mit großem finanziellen Aufwand und Geschenken begangen wird. Hohe Geldsummen gehören zu den üblichen Geschenken zur Konfirmation, und für den Konfirmanden ist dieses Geld ein wichtiger Grundstock für zukünftige Anschaffungen, beispielsweise für den Kauf eines Mofas oder den Erwerb des Führerscheins. Kritik an den kostspieligen Feierlichkeiten ist keineswegs neu: Schon im 19. Jahrhundert beklagten manche Zeitgenossen den Prunk und Luxus der Konfirmationsfeiern und forderten ernste, religiöse Feste.

4/71

4/73

Mit der zunehmend kritischen Haltung der Jugendlichen der Kirche gegenüber wurden auch die Steifheit der Zeremonie und die konventionelle Kleidung von den Jugendlichen in den siebziger Jahren als inhaltsleere Hülsen abgelehnt. Die modischere Kleidung, aber vor allem die Themen des Konfirmandenunterrichts wurden mehr auf die Wünsche und Interessen der Jugendlichen abgestimmt.

4/72 PHOTOGRAPHIE ZUR KONFIRMATION
SCHWÄBISCH-GMÜND, VOR DER AUGUSTINUS-KIRCHE, 14.03.1965;
12,9 X 17,7 CM
PRIVATBESITZ, BERLIN

In festlicher dunkler Kleidung stehen die Konfirmanden gemeinsam mit dem Pastor vor dem Portal der Kirche.

4/73 PHOTOGRAPHIE ZUR KONFIRMATION
SCHWÄBISCH-GMÜND,
16.03.1969; 12,4 X 15,9 CM
PRIVATBESITZ, BERLIN

Das Photo hält die Konfirmanden an dem Tag ihrer Konfirmation fest. Die Mädchen wirken im Gegensatz zu den noch eher kindlich aussehenden Jungen sehr erwachsen. Eine der abgebildeten Konfirmandinnen erinnert sich an den Tag ihrer Konfirmation: «Ich habe es damals bedauert, daß unsere Gruppe in dieser schrecklichen neuen Kirche eingesegnet wurde. Meine Mit-Konfirmanden haben mich darauf hingewiesen, daß ich meine Blumen falsch ans Kleid gesteckt hatte. Es war mir zwar peinlich, ich habe sie aber falsch gelassen, da es mir so besser gefiel. Alle hatten wir Sorgen, daß wir beim Textaufsagen steckenbleiben. Meine beste Freundin war auch zu meiner Konfirmation eingeladen, und ihre Eltern wollten sie nicht kommen lassen, da dies ein Familienfest sei und sich nicht schicke. Wir sind dann hingefahren und haben sie abgeholt.»

LEHRE

Eine solide Ausbildung gilt in der Bundesrepublik als wichtige Voraussetzung für einen erfolgreichen beruflichen Werdegang des Einzelnen und als Basis einer florierenden Wirtschaft. Das Standes- und Selbstbewußtsein der Angehörigen der verschiedenen Berufe beruht nicht zuletzt auf der Tradition einer geschätzten und anerkannten Lehr- und Ausbildungszeit.

Mit dem Berufsbildungsgesetz von 1969, in dem eine einheitliche Regelung der Berufsbildung getroffen wurde, wurde die Bezeichnung «Lehrling» durch die neutraler klingende Bezeichnung «Auszubildender» ersetzt. Die Veränderung der Begriffe sollte ein neues, demokratischeres, weniger abhängiges Verhältnis vom «Lehrherrn», der jetzt der «Ausbildende» hieß, signalisieren.

Die Zahl der Auszubildenden betrug 1985 in der Bundesrepublik 1,83 Millionen. 1966 waren 56,5 Prozent der Lehrlinge in einem Ausbildungsverhältnis im Handel oder in der Industrie beschäftigt gewesen. 1985 war der Anteil auf 47 Prozent gesunken. Im Handwerk stieg der Prozentsatz der Auszubildenden in den gleichen Jahren von 34 auf 37,5 Prozent. Die Ausbildung von Lehrlingen blieb also auch im Handwerk relativ konstant. Der Anteil von Jugendlichen, die eine Lehre im öffentlichen Dienst oder in der Landwirtschaft machen, ist nur gering.

In Hinblick auf eindeutig faßbare Stationen im Leben bilden Anfang und Ende der Lehrzeit noch immer Markierungspunkte, wenn auch der Eintritt in die Lehre nicht mehr den Eintritt ins Erwachsenenalter bezeichnet. In manchen Handwerkerinnungen werden alte Traditionen, die den Übergang in einen neuen Status begleitet hatten, wieder belebt. Dazu gehört beispielsweise das «Gautschen» der Drucker. Der angehende Geselle wird in einen Wasserbehälter getaucht, und anschließend erhält er den Gautschbrief, womit er in die Gilde aufgenommen wird.

4/74 PRÜFUNGSSTÜCK: SORTIEREINHEIT
1990; STAHL; 20 X 12 X 6 CM
SIEMENS AKTIENGESELLSCHAFT, BERLIN

Die Anfertigung dieser Sortiereinheit war Teil der praktischen Prüfung eines Auszubildenden. Mit diesem Prüfungsstück bestand der Kandidat seine Facharbeiterabschlußprüfung als Industriemechaniker der Fachrichtung Maschinen- und Systemtechnik.

4/75 PRÜFUNGSSTÜCK:
BOHRVORRICHTUNG
1990; STAHL, MESSING, ALUMINIUM, KUNSTSTOFF; 10 X 6 X 6 CM
SIEMENS AKTIENGESELLSCHAFT, BERLIN

Diese Bohrvorrichtung ist das Facharbeiterabschluß-Prüfungsstück eines Industriemechanikers in der Fachrichtung Geräte- und Feinwerktechnik. Für die abschließende Bearbeitung dieses Stückes standen dem Auszubildenden während der Prüfung 10,5 Stunden zur Verfügung.

4/76 FREQUENZGENERATOR
1990; ALUMINIUM, SCHICHTPRESS-STOFFE;
19 X 13 X 8,5 CM
SIEMENS AKTIENGESELLSCHAFT, BERLIN

Dieser Generator wurde als Übungsstück während der Lehrzeit zum Kommunikationselektroniker der Fachrichtung Informationstechnik von einem Auszubildenden angefertigt. Solche Generatoren gehören zu den Pflichtübungsstücken, die von allen Auszubildenden während ihrer Grundausbildung angefertigt werden müssen.

4/79

4/81

4/79 PHOTOGRAPHIE: EINKLEIDUNG DER LEHRLINGE
01.08.1984; FARBAUFNAHME; 9 X 13 CM
SIEMENS AKTIENGESELLSCHAFT, BERLIN
Am ersten Tag der Lehre werden die Auszubildenden bei Siemens mit Arbeitskleidung ausgestattett. Sie sind in langen Reihen angetreten, um die Kleidung, das äußerliche Kennzeichen ihres neuen Status, in Empfang zu nehmen.

4/80 PHOTOGRAPHIE: AUSZUBILDENDE IN DER GRUNDAUSBILDUNG METALL
UM 1985; FARBAUFNAHME; 9 X 13 CM
SIEMENS AKTIENGESELLSCHAFT, BERLIN
Auf diesem Photo ist ein Auszubildender bei Berechnungen für die Anfertigung eines Werkstücks zu sehen.

4/81 PHOTOGRAPHIE: AUSZUBILDENDE IN DER WERKSTATT
UM 1985; FARBAUFNAHME; 9 X 13 CM
SIEMENS AKTIENGESELLSCHAFT, BERLIN
Die Aufnahme gibt den Blick frei in eine Werkstatt, in der auch zahlreiche Mädchen an den Werkbänken stehen. Seit der Bildungsreform der sechziger Jahre wird verstärkt für die Gleichstellung der Geschlechter gestritten. Dennoch werden die mechanischen und technischen Ausbildungsberufe bis heute von den männlichen Auszubildenden dominiert.

4/77 SCHAUKASTEN MIT ÜBUNGSSTÜCKEN AUS DER GRUNDAUSBILDUNG METALL
UM 1980; WERKZEUGSTAHL, VERZINKTE BLECHE, ALUMINIUM, MESSING, HOLZ, KUNSTSTOFF; 31 X 42 X 7 CM
SIEMENS AKTIENGESELLSCHAFT, BERLIN

4/78 PHOTOGRAPHIE: LEHRBEGINN BEI SIEMENS
01.08.1984; FARBAUFNAHME; 9 X 13 CM
SIEMENS AKTIENGESELLSCHAFT, BERLIN
Jedes Jahr zum 1. September werden bei Siemens in Berlin die neuen Auszubildenden eingestellt. Der Siemens-Konzern begeht den Beginn der Lehrzeit der Auszubildenden mit einer feierlichen Zeremonie. Das Photo zeigt die «Neuen» während der Begrüßungsansprache des Ausbildungsleiters.

4/82 MODELL EINER STANZVORRICHTUNG
UM 1990; STAHL; 13,5 X 12 X 6 CM
MAN, MÜNCHEN

Das Modell ist das Abschlußprüfungsstück eines Lehrlings des Ausbildungsganges zum Werkzeugmechaniker der Fachrichtung Stanz-und Umformtechnik. Dem Auszubildenden standen für die Anfertigung des Prüfungsstückes zwei Arbeitstage, d.h. ca. 12-13 Arbeitsstunden zur Verfügung. Während der Prüfung wurden die teilweise vorgefertigten Einzelteile zusammengefügt, angepaßt, montiert und auf ihre Funktionstüchtigkeit überprüft. Dieses Prüfungsstück ist ein vereinfachtes Modell einer Stanzvorrichtung. Die Originalmaschine könnte zur Stanzung von Dichtungen verwendet werden.

4/83

4/84

4/83 PHOTOGRAPHIE:
PRÜFER BEI DER PROBE
BERLIN, UM 1968; 8,7 X 11,5 CM
WOLFGANG STOFFENBERGER, BERLIN

Das Photo wurde auf einem Leistungswettbewerb der Konditoren in Berlin aufgenommen. Die Leistungsschau wurde von Lehrlingen bestritten, und der «Beste Lehrling des Jahres» wurde mit einem Preis bedacht.

4/84 PHOTOGRAPHIE:
GLÜCKWÜNSCHE ZUR BESTANDENEN
GESELLENPRÜFUNG ZUM KONDITOR
UM 1975; 10,8 X 14,8 CM
WOLFGANG STOFFENBERGER, BERLIN

Während der traditionellen «Freisprechungsfeier» der Gesellen beglückwünscht der Obermeister der Konditoreninnung einen Gesellen zur bestandenen Prüfung. Nach der «Freisprechung» der Auszubildenden und der Verteilung der Gesellenbriefe wird der erfolgreiche Abschluß der Ausbildung mit Musik und Tanz feierlich begangen.

ABITUR

4/85

Die Bildungsreform der sechziger und siebziger Jahre hat zu einem starken Wandel in der Jugendphase geführt. Immer mehr Jugendliche bleiben länger im Schul- und Ausbildungssystem. Die Bildungsreform sollte dazu beitragen, daß Kinder aus Schichten mit niedrigem Einkommen und geringem Bildungsstand eine höhere Schulbildung erhielten und ein Studium aufnehmen konnten. Und tatsächlich hat die Expansion des Gymnasiums sozial benachteiligten Kindern neue Chancen eröffnet: Der Anteil der Gymnasiasten, die aus Arbeiterfamilien stammen, stieg zwischen 1965 und 1982 von weniger als 6 Prozent auf immerhin 8,5 Prozent. Dabei muß man aber bedenken, daß der Anteil der Gymnasiasten an den Schülern generell expandierte und zugleich auch der Anteil der Kinder aus den Schichten, die immer schon im Gymnasium vertreten waren, zugenommen hat. Das bedeutet: Etwa jedes 10. Arbeiterkind besucht heute das Gymnasium, aber jedes 2. Kind aus einer Beamtenfamilie. An der Universität sieht es ähnlich aus; die Bildungsbenachteiligung von Arbeiterkindern ist auch hier abgebaut worden, aber keineswegs insgesamt beseitigt. Aufgrund der Bildungsexpansion hat sich die Situation an den Schulen und Hochschulen grundlegend gewandelt: 1950 hatten nur 3 Prozent eines Altersjahrgangs ihre Schulbildung mit einer Zulassung zum Besuch einer Hochschule abgeschlossen; 1980 waren es bereits 30 Prozent, und 1990 erwarben 34 Prozent aller Schüler die Hochschulreife.

Am ehesten hat der Prozeß der Chancengleichheit für die Mädchen stattgefunden, die man als die eigentlichen Gewinner der Reform bezeichnen kann. 1967 hatten noch 80 Prozent der Mädchen unter 18 Jahren keine Schulbildung über das 14. Lebensjahr hinaus erhalten, nicht zuletzt aufgrund der verbreiteten Meinung, «daß sie ja sowieso mal heiraten». Mittlerweile haben die Mädchen die Jungen überholt: Bereits 1978 gingen 52 Prozent der Mädchen auf eine weiterführende Schule, aber nur 45 Prozent der Jungen. Und 1986 machte der Anteil der Studentinnen an den Studierenden der Hochschulen schon 40 Prozent aus.

Die längeren Ausbildungszeiten einer akademischen Laufbahn haben sich auf die Lebensführung der Jugendlichen nachhaltig ausgewirkt. Sie beginnen meist sehr viel später als Jugendliche in anderen Berufszweigen, eine eigene Familie zu gründen.

4/85 PHOTOGRAPHIE EINES DEUTSCH-GRUNDKURSES
1991; FARBAUFNAHME; 10 X 15,2 CM
KATRIN LUX, MARL-POLSUM

Das Photo zeigt die Schüler eines Deutsch-Grundkurses zusammen mit ihrem Lehrer. Durch die sogenannte reformierte Oberstufe wurden die Klassenverbände aufgelöst, und die Schüler besuchen nun verschiedene Kurse, die sich aus Schülern der gesamten Jahrgangsstufe zusammensetzen. Das Bild wurde nach der Abiturprüfung zur Erinnerung aufgenommen.

4/86 PHOTOGRAPHIE EINES ABITURBALLS
1991; FARBAUFNAHME; 10,1 X 14,8 CM
KATRIN LUX, MARL-POLSUM

Auf dem Photo sind die Abiturienten während ihres Abiturballs zu sehen: Um Punkt 24 Uhr, mit dem Moment des Abschlusses der Schulzeit, stimmen sie das Lied «Freiheit» von Marius Müller-Westernhagen an.

4/87 «ZEUGNIS DER ALLGEMEINEN HOCHSCHULREIFE»
LANDSHUT 1990; 30,5 X 21 CM
JENNIFER DINA MARIA HEILMANN, LANDSHUT

Das Zeugnis listet auf einem zusätzlichen Blatt die Einzelergebnisse in der «Kursphase» auf. Der letzte Eintrag des Zeugnisses lautet: «Fräulein Jennifer Dina Maria Heilmann hat nach der Erfüllung der Voraussetzungen die Abiturprüfung bestanden und damit die Befähigung zum Studium an einer Hochschule in der Bundesrepublik Deutschland einschließlich Berlin (West) erworben».

Plakat, 1991
(4/23)

links: Schülermütze, 1992
(4/21)

rechts: Schultüte, um 1960/70
(4/29)

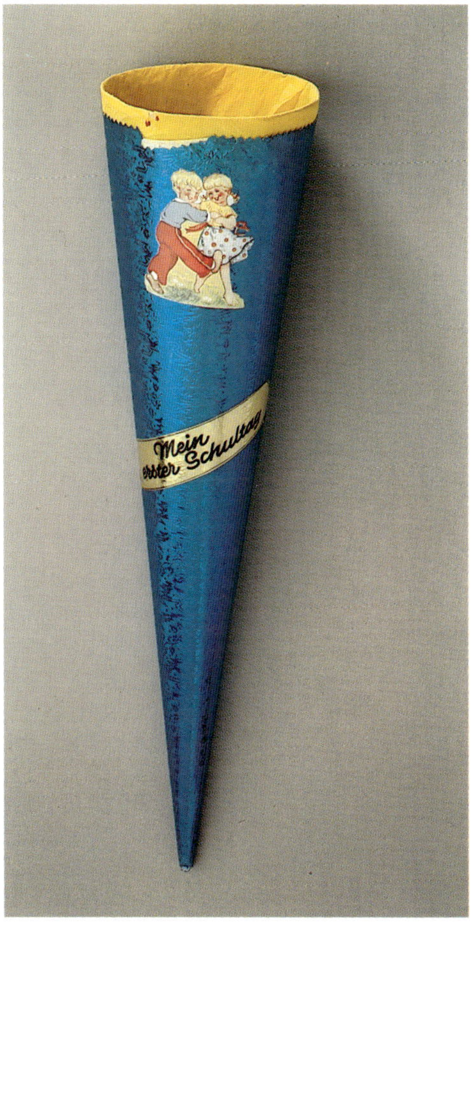

Plakat, um 1985
(4/97)

Unterkunftsschrank der Bundeswehr, 1992
(4/93)

rechts: Filmplakat, 1970
(4/116)

unten: Zeitschrift, 1968
(4/118)

Angebotskatalog eines Bestattungsunternehmens, um 1990
(4/151)

WANN IST MAN ERWACHSEN?

Der eindeutige Übergang eines Jugendlichen zum Erwachsenen läßt sich gegenwärtig nur schwer bestimmen. Zwar gibt es noch immer deutliche Einschnitte im Leben, wie beispielsweise eine Heirat oder das erste Kind, aber ihre Verbindlichkeit und Ausschließlichkeit für den Lebensweg des Einzelnen haben diese Stationen eingebüßt.

Hinzu kommt, daß sich die Ausbildungszeiten vieler Jugendlicher verlängert haben. Der akademische Ausbildungsweg eines Jugendlichen ist möglicherweise erst mit dem Erreichen des 30. Lebensjahres abgeschlossen. Ist dieser Dreißigjährige nun mit dem Abschluß seiner Ausbildung erwachsen? Oder war er es schon als 25jähriger, der begann, einen eigenen Hausstand zu führen? Wenn wirtschaftliche Unabhängigkeit als Hauptindikator für Erwachsensein gilt, dann werden heute viele Jugendliche mit einer Hochschulausbildung erst sehr spät erwachsen.

Unabhängig von der Verschiebung der Grenze zwischen jung sein und erwachsen sein gibt es nach wie vor wichtige Schritte auf dem Weg zum Erwachsenwerden. Wichtige Voraussetzung ist die Volljährigkeit, die laut Bürgerlichem Gesetzbuch mit der Vollendung des achtzehnten Lebensjahres eintritt und dem Jugendlichen u.a. die «unbeschränkte Geschäftsfähigkeit sowie Ehemündigkeit» mit dem gleichzeitigen Ende der «elterlichen Gewalt» zuspricht. Darüber hinaus sind der nun ohne Einwiligung der Eltern mögliche Auszug aus dem Elternhaus in eine eigene Wohnung und der Erwerb des Führerscheins wichtige Meilensteine.

4/88 AUFSTELLER
«18 ALT – IT'S FÜHRERSCHEIN-TIME»
COPYRIGHT BY VERKEHRS-VERLAG, REMAGEN
UM 1980; KARTON, OFFSET; 59,4 X 42 CM
DHM 1992/744

Der Aufsteller stammt aus dem Schaufenster einer Fahrschule. Die Werbetafel streicht die Zusammengehörigkeit zwischen dem Erreichen des 18. Geburtstags und dem Erhalt des Führerschein heraus. Für viele Jugendliche ist das wichtigste Ereignis zum 18. Geburtstag die Führerscheinprüfung. Heute verfügen 60 Prozent aller männlichen und 50 Prozent aller weiblichen 18- bis 20jährigen über einen Führerschein. Die Möglichkeit einer Unabhängigkeit schaffenden Mobilität, die Statusaufwertung durch den Besitz eines Wagens sowie das scheinbare Gefühl der Freiheit durch die Geschwindigkeit stellen für einen Heranwachsenden während seines Prozesses der Selbstfindung wichtige Werte dar.

4/89 GLÜCKWUNSCHKARTE
«GRÜNES LICHT FÜR DEN FÜHRERSCHEIN»
HERSTELLER: SUSY CARD
1992; 21 X 10,4 CM
DHM 1993/26.1

Der Text auf der Innenseite der Klappkarte wünscht dem Neuling im Straßenverkehr «gute Fahrt durch den Schilderwald!». Solche Karten werden nun neben den Glückwunschkarten zur Geburt, Taufe oder Hochzeit verkauft. Die Papierwarenhersteller reagieren mit diesem Angebot auf die Bedeutung, die dieses Ereignis erlangt hat.

4/88

4/90 PLAKAT «VERKEHRSREGELUNG DURCH FARBZEICHEN»
DRUCK UND VERLAG: VERKEHRS-VERLAG, REMAGEN
VOR 1968; KARTON, OFFSET; 100 X 70 CM
FAHRSCHULE BARTJEN, BERLIN

Diese Informationstafel für den Fahrunterricht in einer Fahrschule stammt aus den sechziger Jahren. Damals gehörten ein Führerschein und ein eigener Wagen zu den nicht nur in der jungen Generation äußerst begehrten Luxusgütern.

4/91 ANSCHAUUNGSTAFEL FÜR DEN FAHRSCHULUNTERRICHT
1992; 125 X 100 CM
FAHRSCHULE BARTJEN, BERLIN

Solch eine Magnettafel, auf der Autos und Verkehrszeichen nach den jeweiligen Erfordernissen plaziert werden können, wird für den theoretischen Unterricht in Fahrschulen verwendet.

WEHRPFLICHT

Mit dem Wehrpflichtgesetz von 1956 wurde die allgemeine Wehrpflicht für alle männlichen Bürger der Bundesrepublik eingeführt. Seit Mitte 1989 beträgt der Grundwehrdienst 12 Monate, davor betrug er 15 Monate.

Für einen jungen Mann bedeutet die Einberufung zur Bundeswehr, seine gewohnte Umgebung verlassen zu müssen und in eine von Befehl und Gehorsam bestimmte Männerwelt einzutreten. Ein bis dahin kaum gekanntes Verhältnis von Untergebenen und Befehlenden bestimmt nun seinen reglementierten Alltag, der von dem Einüben soldatischer Umgangsformen und Disziplin sowie von der Vorbereitung auf einen möglichen kriegerischen Ernstfall bestimmt wird.

4/92 «WEHRPASS» MIT ERKENNUNGSMARKE
AUSGESTELLT VOM KREIS-WEHRERSATZAMT OLDENBURG, 15.09.1965; METALL;
40 SEITEN; 15,2 X 11 CM
HANS BUNGER, KAMPERFEHN

Jeder Wehrpflichtige erhält einen Wehrpaß und eine Erkennungsmarke zur Identifikation seiner Person.

4/93 UNTERKUNFTSSCHRANK DER BUNDESWEHR
1992; HOLZ, METALL; 200 X 120 X 60 CM
FELDJÄGERKOMPANIE, BERLIN
ABB. SEITE 214

Inhalt des Spinds: 2 Barette; 1 Feldschiffchen; 1 Feldmütze, Winter; 1 Stahlhelm, einteilig; 3 Feldjacken; 2 Feldparkas; 5 Feldhemden; 5 Unterhemden, weiß (kurzer Ärmel); 5 Unterhosen, kurz, Slip; 5 Unterhemden, oliv; 5 Taschentücher; 5 Socken, grau; 3 Paar Socken, schwarz, kurz; 2 Paar Sportsocken; 1 Halstuch, steingrau; 1 Pullover, olivgrün/blau; 1 Paar Fingerhandschuhe, Leder; 1 Paar Sportschuhe, Halle; 1 Paar Sportschuhe, Gelände; 1 Paar Badepantinen; 2 Paar Kampfschuhe; 1 Waschzeugbeutel; 1 Koppel, steingrau-oliv; 1 Paar Hosenträger; 1 Wäsche- u. Transportsack/Bekl.Sack; 2 Stiefelbeutel.

Der zweitürige Schrank ist mit einem Muschelgriff mit Kippriegel für die Anbringung eines Vorhängeschlosses ausgestattet. In solchen Schränken bewahren Wehrpflichtige und Berufssoldaten ihre dienstliche Bekleidung und Ausrüstung (s.o) auf, die sie zur Einkleidung bekommen haben. Im Leben des Soldaten gibt es kaum noch eine Privatsphäre, und seine persönliche Kleidung muß er im Dienst ganz und gar durch Bekleidungsstücke aus Bundeswehrbeständen ersetzen. Nur außerhalb der Dienstzeit darf er seine privaten Kleidungsstücke tragen.

Das vorschriftsmäßige Einräumen des Spinds gehört neben dem Grüssen, Strammstehen und Bettenmachen zu den ersten Schritten im Leben eines Soldaten, die in der ersten Woche ausführlich exerziert werden. Am zweiten Tag nach der Einkleidung wird oftmals bis spät in den Abend hinein das Spindeinräumen mehrmals trainiert und vom Gruppenführer geprüft. Zweimal wöchentlich wird in der nachfolgenden Zeit der korrekte Zustand des Spinds unangemeldet kontrolliert. Die stets sauberen und gebrauchsfertigen Ausrüstungsteile müssen an ihrem festgeschriebenen Platz bereit liegen, den der Soldat gegebenfalls auch im Dunkeln wiederfinden können muß.

Ein sogenanntes Wertfach im Schrank ist das private Fach des Soldaten. Es kann zusätzlich mit einem Vorhängeschloß verschlossen werden und braucht für den Vorgesetzten nicht geöffnet zu werden.

4/94 PHOTOGRAPHIE
«PFLICHTEN UND RECHTE DES SOLDATEN»
PHOTOGRAPHIN: HERLINDE KOELBL
1982; 40 X 30 CM
DHM, PHOTOSAMMLUNG / ABB. SEITE 219

Im Zuge der Liberalisierung des Umgangs innerhalb der Hierarchien der Bundeswehr sind dem «Bürger in Uniform» neben seinen Pflichten auch Rechte zugestanden worden.

4/95 PHOTOGRAPHIE:
BUNDESWEHRSOLDATEN VOR DEM AUSGANG
PHOTOGRAPHIN: HERLINDE KOELBL
1982; 40 X 30 CM
DHM, PHOTOSAMMLUNG / ABB. SEITE 219

Das Photo zeigt einen Soldaten bei einer letzten Kontrolle seines äußerlichen Erscheinungsbildes, bevor er seinen Ausgang antritt. Eine unordentliche Uniform oder ein schlechter Haarschnitt können unter Umständen den Ausgang vereiteln.

4/96 PHOTOGRAPHIE:
SPINDKONTROLLE AUF DER STUBE
PHOTOGRAPHIN: HERLINDE KOELBL
1982; 30 X 40 CM
DHM, PHOTOSAMMLUNG / ABB. SEITE 220

Besonders die Einhaltung der Ordnungs- und Sauberkeitsvorschriften wird in der Bundeswehr streng und ohne Vorankündigung kontrolliert. Der Zugriff auf den scheinbar privaten Bereich des Soldaten zeigt sich hier vielleicht am deutlichsten.

4/94

4/95

4/97 PLAKAT «KRIEGSDIENST VERWEIGERN! EIN KLUGER KOPF PASST UNTER KEINEN STAHLHELM»
HG.: DEUTSCHE FRIEDENSGESELLSCHAFT – VEREINIGTE KRIEGSDIENSTGEGNER, VELBERT
UM 1985; OFFSET; 83,5 X 59,5 CM
DHM, BESTAND ZEUGHAUS (P 90/357)
ABB. SEITE 214

Die Deutsche Friedensgesellschaft bietet dem Kriegsdienstverweigerer Unterstützung an: Mitarbeiter helfen dem Verweigerer beim Formulieren seines Antrags auf Verweigerung des Kriegsdienstes, sie üben mit ihm mögliche Antworten und Strategien für sein Verhandlungsverfahren und begleiten ihn zu seiner Gerichtsverhandlung.

Im Grundgesetz der Bundesrepublik Deutschland ist das Recht, den Wehrdienst zu verweigern, verankert. Niemand darf gegen sein Gewissen zum Kriegsdienst mit der Waffe gezwungen werden. Anstelle des Wehrdienstes muß der Kriegsdienstverweigerer derzeitig einen Zivildienst von 15 Monaten leisten. Die Entscheidung über die Anerkennung als Kriegsdienstverweigerer erfolgte über lange Zeit in einem Verfahren, das der Prüfung der Glaubwürdigkeit der Gewissensentscheidung dienen sollte.

Gegen dieses Verfahren war immer wieder Kritik angemeldet worden. 1984 wurde schließlich ein Gesetz zur Neuregelung des Rechts auf Kriegsdienstverweigerung erlassen. Danach soll der Kriegsdienstverweigerer ohne Anhörung anerkannt werden. Der schriftliche Antrag soll nun genügen. Wenn allerdings von Seiten des Bundesamtes Zweifel über die Glaubwürdigkeit des Antrags bestehen, kann wie bisher ein Prüfungsverfahren eingeleitet werden.

4/96

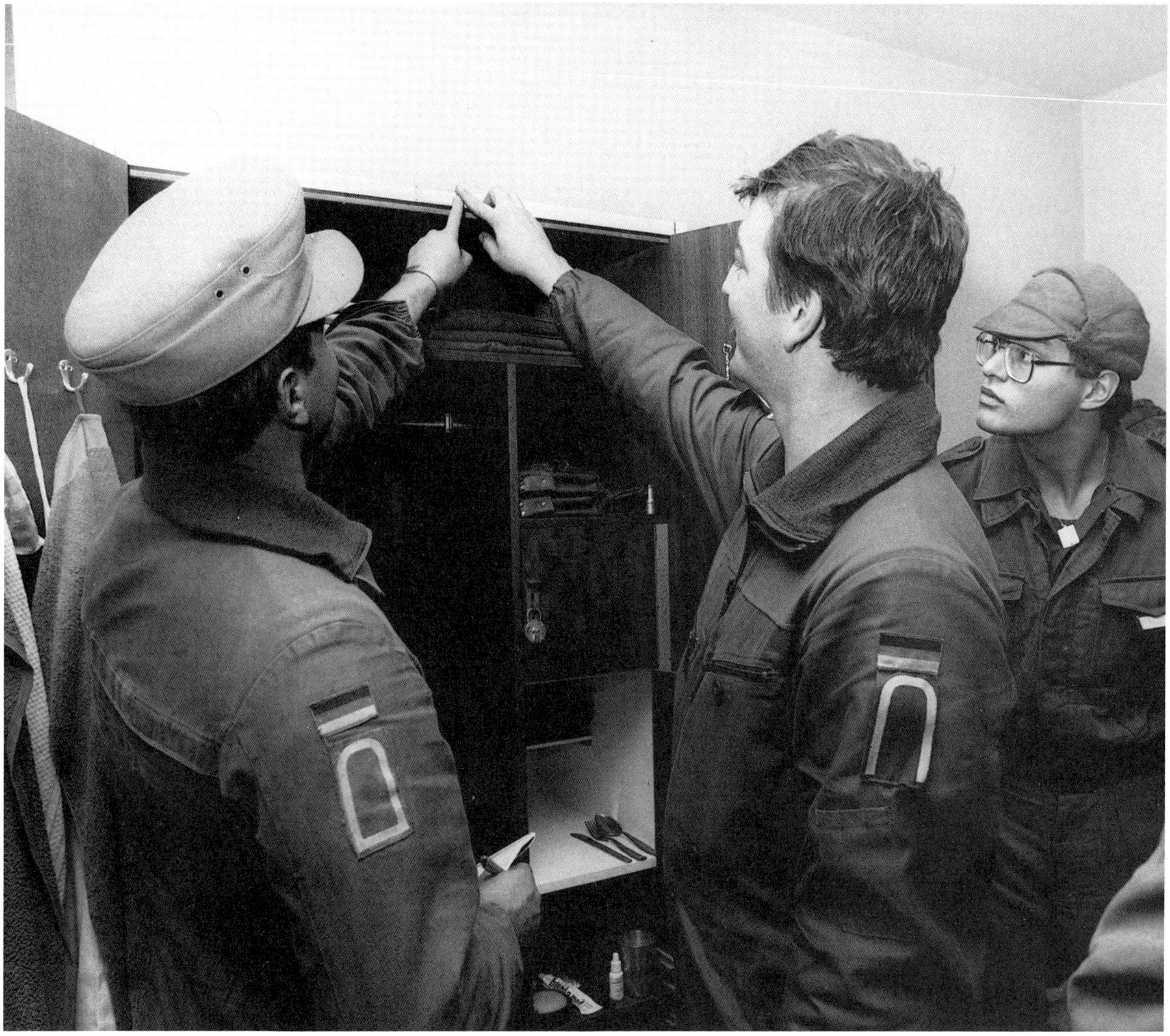

4/98 PLAKAT
«JEDER DARF GEGEN SEIN GEWISSEN ZUM KRIEGSDIENST OHNE WAFFE GEZWUNGEN WERDEN»
HG.: INFORMATIONS-UND AKTIONSSTELLE ZUR TOTALVERWEIGERUNG, BERLIN (WEST), DEUTSCHE FRIEDENSGESELLSCHAFT DFG-VK LV BERLIN(W.), INTERNATIONALE DER KRIEGSDIENSTGEGNERINNEN E.V., BERLIN
UM 1985; OFFSET; 84 X 59 CM
DHM, BESTAND ZEUGHAUS (P 90/360)

Dieses Plakat wirbt mit dem ironisch umformulierten Text des Grundrechts auf Verweigerung für das totale Verweigern des Kriegsdienstes, d.h. einschließlich des zu leistenden Zivildienstes. Die Anhänger der Totalverweigerung lehnen den Ersatzdienst ab, weil sie in der Mitarbeit in pflegerischen und medizinischen Einrichtungen eine versteckte Unterstützung des Krieges sehen. Im Kriegsfall werden Zivildienstleistende beispielsweise zum sogenannten Zivilschutz und Lazarettdienst eingezogen. Aus ihrer Sicht ist aber jegliche Unterstützung des Krieges, nicht nur der Dienst mit der Waffe, abzulehnen.

EHE UND PARTNERSCHAFT

Die traditionelle Rollenverteilung der Geschlechter war in den fünfziger und sechziger Jahren des 20. Jahrhunderts unbestrittene Norm. Die Verteilung bestand in der klaren Festlegung der Frau auf ihre Rolle als Hausfrau und Mutter und in der Festschreibung der Rolle des Mannes als Ernährer der Familie.

Vor allem den Frauen wurden eindeutige Leitlinien für ihre Lebensweise vorgegeben. Ein Zitat des 1959 amtierenden Familienministers Franz-Josef Wuermeling aus der Broschüre «Familie – Gabe und Aufgabe» verdeutlicht dies: «Mutterglück ist stets vom Anfang an nicht nur mit großer Verantwortung, sondern auch mit stetem Verzicht verbunden. Diese Gabe und Aufgabe der Selbsthingabe und Selbstverleugnung um höherer Ziele willen ist es auch, die die Mutter zur verständnisvollen Lebensbegleiterin des Mannes und Vaters und zum Herzen der Familie werden läßt.»

Gegen diesen von Mutterschaft und Ehe bestimmten Lebensweg begannen die Frauen in den siebziger Jahren aufzubegehren. Sie forderten einen höheren Anteil am öffentlichen Leben und wirtschaftliche Eigenständigkeit durch Berufstätigkeit. Das Bild der traditionellen Ehe geriet ins Wanken.

Neue Formen des Zusammenlebens werden nun erprobt, und die Lebenswege von Frauen und Männern bestehen nicht mehr, wie ehemals üblich, in dem Ideal einer lebenslangen Ehe. Die Ehe hat somit auch den Charakter einer einmalig zu absolvierenden Lebensstation verloren. Mehrere Formen des Zusammen- oder Alleinlebens, die in unterschiedlicher Abfolge gelebt oder wiederholt werden können, bestimmen heute viele Biographien. So heiraten manche Paare erst, nachdem sie Eltern geworden sind; andere Paare leben nach einer Scheidung unverheiratet mit anderen Partnern zusammen, und eine steigende Zahl von Paaren entschließt sich, gänzlich auf eine traditionelle Legalisierung ihrer Verbindung zu verzichten. 1987 lebten 1,5 Millionen Bundesbürger in einer Ehe ohne Trauschein, das waren fünfmal mehr als 1972.

In urbanen Zentren (wie München, Berlin, Hamburg oder Frankfurt) sind schon mehr als die Hälfte aller Haushalte Ein-Personen-Haushalte. Diese veränderten Familienstrukturen (vgl. hierzu den Beitrag von H. Bertram in diesem Buch) werden zu einem grossen, aber keineswegs ausschließlichen Teil von den gebildeten Schichten in den Städten getragen. Auf dem Land beläuft sich der Anteil von Haushalten mit mehr als vier Personen noch auf 40 Prozent, in den großen Städten auf 10 Prozent.

Und doch wird die Ehe ohne Trauschein von vielen Paaren als Übergangsphase betrachtet. Nach einer langjährigen Phase des Zusammenlebens oder dann, wenn ein Kind erwartet wird, steht für die meisten dieser Paare die Ehe an. Sie wird also noch immer als ideale Form des Glücks gesehen, und sie dient nach wie vor als Orientierung auf dem Lebensweg, obwohl sie ihre Verbindlichkeit verloren hat.

Der Trend zur Kleinfamilie ist aufgrund der hohen Scheidungsraten dennoch abnehmend. Die Zahl der Ehescheidungen hat sich seit den fünfziger Jahren verdoppelt, und gegenwärtig wird jede dritte Ehe geschieden, wobei 75 Prozent aller Scheidungsklagen von Frauen eingereicht werden. Die «Scheidungsfamilie» wird deshalb schon als Prototyp der zukünftige Familienform prognostiziert.

Entscheidend für die Veränderung des Familienlebens ist auch das gestiegene Heiratsalter der Paare. Von 1975 bis 1987 ist das durchschnittliche Heiratsalter der Männer von 25,3 auf fast 28 Jahre und bei den Frauen von 22,7 auf 25,2 Jahre gestiegen. In höhergebildeten Schichten liegt das Heiratsalter sogar über dem 30. Lebensjahr.

4/99

Ähnlich gestiegen ist der Zeitpunkt, an dem die Frauen ihr erstes Kind erwarten: Die Mehrzahl der Frauen in der Bundesrepublik ist heute um die dreißig, wenn sie ihr erstes Kind bekommt. Die Lebensstation «Heirat und Familiengründung» hat auch aufgrund des hohen Heiratsalters ihre eindeutige Markierung als Übergang zum Erwachsenensein eingebüßt.

4/99 EMAILSCHILD «STANDESAMT»
BEZ. U.R.: ECK. FRANKFURT
O.J.; STAHLBLECH; 38,5 X 32,3 CM
DHM 1988/616

4/100 PHOTOALBUM ZUR HOCHZEIT
UM 1965; WEISSER KUNSTLEDEREINBAND, PAPPE, DURCHSICHTIGES SCHUTZPAPIER;
27 X 26 X 3,2 CM
DHM 1991/635
Die eingeklebten Schwarz-Weiß-Photos zeigen die Hochzeit eines Paares. Die Braut ist in einem schlichten Kleid auf dem Standesamt und in der Kirche im weißen Hochzeitskleid mit Schleier für die kirchliche Trauung zu sehen. Außerdem enthält das Album zahlreiche Photos von der Hochzeitsgesellschaft.

4/108

4/106

4/111

4/101 PHOTOGRAPHIE
EINES BRAUTPAARES,
DAS VOM REGEN ÜBERRASCHT WIRD
AUFNAHME: FOTO-KLEBBE, BERLIN
03.12.1955; 14,8 X 10,5 CM
DHM 1991/1572

Die Photographie zeigt ein Brautpaar, das von Sturm und Regen auf dem Weg zum Standesamt oder zur Kirche überrascht wird. Dieses Photo ist ein seltener Schnappschuß und stellt einen interessanten Kontrast zu den normalerweise eher förmlichen Hochzeitsphotos dar.

4/102 PHOTOGRAPHIE EINES BRAUTPAARES
IM GEÖFFNETEN KIRCHENPORTAL
AUFNAHME: FOTO-HASSE,
BERLIN-WILMERSDORF
UM 1955; 14,8 X 10,5 CM
DHM 1991/1560 / ABB. SEITE 224

4/103 PHOTOGRAPHIE EINES
BRAUTPAARES BEIM AUSSTEIGEN AUS
DER WEISSEN HOCHZEITSKUTSCHE
AUFNAHME: FOTO-HASSE,
BERLIN-WILMERSDORF
UM 1955; 14,3 X 11,2 CM
DHM 1991/1571 / ABB. SEITE 224

Die Braut kann sich in ihrem weißen Brautkleid mit dem langen Schleier nur vorsichtig bewegen. Bei dieser Hochzeit stimmen alle romantischen Versatzstücke des «schönsten Tags im Leben einer Frau»: Eine weiße Kutsche, auf dem Kutschbock ein Kutscher und ein livrierter Diener, der die Wagentür öffnet.

4/104 PHOTOGRAPHIE:
DAS BRAUTPAAR PROSTET SICH ZU
AUFNAHME: FOTO-HASSE,
BERLIN-WILMERSDORF
UM 1955; BÜTTENRAND; 10 X 14,3 CM
DHM 1991/14701 / ABB. SEITE 224

4/105 PHOTOGRAPHIE EINES BRAUTPAARES
VOR DEM STANDESAMT BERLIN-STEGLITZ
AUFNAHME: FOTO-HASSE,
BERLIN-WILMERSDORF
UM 1965; 14,2 X 10 CM
DHM 1991/1597 / ABB. SEITE 225

Vielleicht heiratet dieses ältere Brautpaar zum zweiten Mal, vielleicht handelt es sich aber auch um eine sogenannte Onkelehe. Viele Frauen hatten durch den Krieg ihre zukünftigen Ehemänner verloren. Manche fanden erst spät einen Ehegatten, den sie dann nicht zuletzt auch aus Gründen der Altersversorgung ehelichten.

4/106 PHOTOGRAPHIE EINES
BRAUTPAARES VOR DEM STANDESAMT
AUFNAHME: FOTO-TSCHAPLOWITZ, BERLIN
02.08.1968; 13,9 X 8,9 CM
DHM 1991/1595

Innig schauen sich die Brautleute in die Augen. Sie stehen auf einem Mosaik, das zwei ineinander verschlungene Ringe zeigt. Es scheint, als sei dieses Mosaik extra als Photoplatz vor dem Standesamt angelegt worden. Handschriftlich wurde auf der Rückseite vermerkt: «Zur freundlichen Erinnerung an unsere Hochzeit / Dieter und Renate».

4/107 PHOTOGRAPHIE EINES BRAUTPAARES
UM 1965; 9 X 14 CM
DHM 1991/1581 / ABB. SEITE 225

4/108 PHOTOGRAPHIE EINES BRAUTPAARES
AUFNAHME: PHOTO JÄPEL
UM 1965; BÜTTENRAND; 9,8 X 6,9 CM
DHM 1991/352

4/109 PHOTOGRAPHIE EINES BRAUTPAARES
UM 1970; 14,4 X 9,8 CM
DHM 1991/1582

Das Paar wurde etwas hintereinander versetzt aufgenommen, so daß der Mann ein wenig erhöht ist. Die Braut trägt auf dem Kopf ein kleines Diadem mit Myrtenkranz.

4/110 PHOTOGRAPHIE EINES BRAUTPAARES VOR DEM RATHAUS LICHTERFELDE
AUFNAHME: ATELIER EBERHARD KIRSCH, BERLIN
03.07.1974; 14,8 X 10,3 CM
DHM 1991/1599 / ABB. SEITE 225

Im Stil der Zeit gekleidet, trägt diese Braut ein modisches Minikleid. Anders als Hochzeitspaare vergangener Jahrzehnte zeigt dieses Brautpaar Intimität: Die Brautleute halten sich bei den Händen.

4/111 PHOTOGRAPHIE EINES BRAUTPAARES AUF DER TREPPE DES STANDESAMTES
AUFNAHME: ATELIER EBERHARD KIRSCH, BERLIN
24.12.1975; 14,6 X 10,4 CM
DHM 1991/1593

Die Braut trägt modisch und selbstbewußt lange, dunkle Hosen und dazu eine helle Jacke. Die Frau neben der Braut (vermutlich die Mutter) ist sehr ähnlich gekleidet.

4/112 PHOTOGRAPHIE EINES BRAUTPAARES VOR EINEM SIDEBOARD
AUFNAHME: FOTOHAUS MAX BERGER, WALDHEIM
UM 1965; 13,6 X 8,8 CM
DHM 1991/330

Auf der Rückseite wurde handschriftlich vermerkt: «Andenken zur Hochzeit von Maria und Günter».

Vermutlich hat das Brautpaar diese Photographie an Angehörige und Freunde zur Erinnerung an die Hochzeit verschickt.

4/112

4/114

4/113 PHOTOGRAPHIE EINES SILBERPAARES
AUFNAHME: ATELIER E. BIEBER, BERLIN-STEGLITZ
UM 1960; 15,7 X 11,2 CM
DHM 1991/1117

Das Photo zeigt ein Paar an dem Tag seiner Silbernen Hochzeit. Das Paar ist festlich gekleidet und hat sich mit einem silbernen Diadem bzw. mit einem silbernen Myrtensträußchen geschmückt. Die Aufnahme wurde in einem Atelier gemacht.

Die gemeinsam verlebbaren Ehejahre haben sich aufgrund der gestiegenen Lebenserwartung erhöht, und besonders die Phase der sogenannten nachelterlichen Gefährtenschaft, das Zusammenleben des Paares, nachdem die Kinder den Haushalt der Eltern verlassen haben, ist größer geworden. Dies stellt die Ehepaare vor die Aufgabe, das gemeinsame Leben, abseits der gemeinsamen Erziehung der Kinder, neu zu definieren (vgl. dazu den Beitrag von A. Imhof in diesem Buch).

4/114 PHOTOGRAPHIE EINES PAARES AM TAG DER GOLDENEN HOCHZEIT
AUFNAHME: PRESSE-FOTO WILSON, BERLIN-CHARLOTTENBURG
UM 1955; 14,3 X 9 CM
DHM 1991/1110

Die Eheleute trinken anläßlich des 50. Hochzeitstages auf ihr Wohl. Den Schrank im Hintergrund zieren zahlreiche Blumensträuße, die wohl zum Fest geschenkt wurden.

4/115 ZWEI PHOTOGRAPHIEN EINES BRAUTPAARES: AM TAG DER HOCHZEIT UND AM TAG DER SILBERNEN HOCHZEIT
UM 1925/1950; 8,3 X 11,2 CM UND 13,8 X 8,8 CM
DHM 1991/387 / ABB. SEITE 222

Hier wurden auf einer Seite im Familienalbum die Grüne Hochzeit und die 25 Jahre später stattfindende Silberne Hochzeit eines Paares festgehalten.

4/103

4/102

4/104

4/107

4/105

4/110

4/115

4/116 FILMPLAKAT
«DEIN MANN DAS UNBEKANNTE WESEN»
1970; FARBOFFSET, 84,1 X 59,1 CM
STIFTUNG HAUS DER GESCHICHTE DER BUNDESREPUBLIK DEUTSCHLAND, BONN
(INV. NR. III-6-746) / ABB. SEITE 215

Oswalt Kolle (geb. 1928) prägte die sogenannte Sexwelle entscheidend; aus seiner in der Illustrierten «Neue Revue» erschienenen Serie «Dein Mann, das unbekannte Wesen» gingen 1967 ein Buch und 1970 ein Film hervor. Das Plakat wirbt für diesen Aufklärungsfilm. Die Verfilmung seiner Serie «Das Wunder der Liebe» sahen innerhalb von vier Monaten fünf Millionen Zuschauer. Oswalt Kolle versuchte zur Aufklärung sexueller Probleme beizutragen, indem er in seinen Filmen praktische Beispiele aus dem Alltagslebens eines Ehepaares mit wissenschaftlichen Kommentaren mischte. Fragen zur Sexualität und zur Beziehung der Geschlechter rückten in den sechziger Jahren in die öffentliche Diskussion. Gestritten wurde über neue Moralvorstellungen bezüglich des Sexualverkehrs vor der Ehe, außereheliche Beziehungen oder neueste wissenschaftliche Untersuchungen über das unterschiedliche sexuelle Erleben von Männern und Frauen. Die rigiden, restriktiven und körperfeindlichen Vorstellungen der fünfziger Jahre über Liebe und Ehe sollten überwunden werden.

4/117 «JASMIN / DIE ZEITSCHRIFT FÜR DAS LEBEN ZU ZWEIT»
11/1968, 27.05.1968; 31 X 23,7 CM
STIFTUNG HAUS DER GESCHICHTE DER BUNDESREPUBLIK DEUTSCHLAND, BONN

«Jasmin/ Die Zeitschrift für das Leben zu zweit» erschien zwischen 1968 und 1973. Verlegt wurde «Jasmin» vom Axel Springer Verlag. Das erste Heft, das 1968 erschien, war nicht zuletzt wegen seiner technischen Perfektion eine Sensation auf dem Zeitschriftenmarkt. Die Startauflage von 900.000 Exemplaren war innerhalb weniger Tage verkauft. Eher romantisch aufgemacht, war «Jasmin» als Zeitschrift für das Paar und seine Sexualität konzipiert. Ein «Lexikon der Erotik» wurde diskret in einem ungeschnittenen Beiheft mitgeliefert. Das ausgestellte Heft berichtet in dieser Ausgabe u.a. ausführlich über das Eheleben von Prominenten (z.B. über die Ehe von Oswalt Kolle). Das «Lexikon der Erotik» wurde aus diesem Heft herausgenommen.

Das Konzept der Zeitschrift setzte sich allerdings nicht durch, und 1973 wurde das Erscheinen von «Jasmin», mittlerweile eine Zeitschrift des Verlags Gruner + Jahr, eingestellt.

4/118 «JASMIN / DIE ZEITSCHRIFT FÜR DAS LEBEN ZU ZWEIT»
24/1968, 25.11.1968; 31 X 23,7 CM
STIFTUNG HAUS DER GESCHICHTE DER BUNDESREPUBLIK DEUTSCHLAND, BONN
ABB. SEITE 215

Diese Ausgabe enthält u.a. einen Report über «Die sexuellen Wünsche der Deutschen» und die Bekenntnisse von Prominenten: «Das habe ich in meiner Ehe falsch gemacht». Das «Lexikon der Erotik» fehlt auch in diesem Heft.

4/119 ZEITSCHRIFT
«PARDON /... DEUTSCHLANDS MÄDCHEN: IM BETTE UNBESIEGT ...»
NR. 6, JUNI 1964; 31,5 X 24 CM
STIFTUNG HAUS DER GESCHICHTE DER BUNDESREPUBLIK DEUTSCHLAND, BONN

Die satirische Monatszeitschrift «pardon» aus Frankfurt erschien zwischen 1962 und 1982. Neben den satirischen Beiträgen behandelte «pardon» Themen aus den Bereichen Politik und Sex.

4/120 ZEITSCHRIFT
«GARANTIERT JUGENDFREI / PARDON / KÖLNER SONDER-AUSGABE»
NR. 6, JUNI 1964; 31,5 X 24 CM
STIFTUNG HAUS DER GESCHICHTE DER BUNDESREPUBLIK DEUTSCHLAND, BONN

Dieses Heft ist eine selbstzensierte Ausgabe. Ironisch gehen die Macher des Hefts mit einer Zensurmaßnahme der Kölner «Arbeitsstelle für Volkssittlichkeit» um. Teile eines Beitrags in der «pardon» über die Zeitschrift «Playboy» wurden von dieser Arbeitsstelle für jugendgefährdend gehalten, und die Ausgabe durfte deshalb in Köln nicht ausgeliefert werden. «Schamvoll» wurden nun in dieser Kölner Sonderausgabe alle unsittlichen Stellen geschwärzt.

4/121 PLAKAT
«VORURTEIL: FRAUEN GEHÖREN AM BESTEN INS HAUS.»
«BAUT VORURTEILE AB – BAUT PARTNERSCHAFT AUF.»
HG.: KOMITEE «INTERNATIONALES JAHR DER FRAU 1975»
BONN-BAD GODESBERG; OFFSET;
83,8 X 59 CM
DHM 1992/616 / ABB. SEITE 228

Das Plakat zeigt Wade und und Fuß eines Frauenbeins sowie das Modell eines Einfamilienhauses. Die Frau trägt hochhackige Schuhe; sie ist mit einer durch ein Vorhängeschloß gesicherten Eisenschelle an ihrer Fessel an das Einfamilienhaus gekettet.

Interessant ist diese Reaktion der staatlichen Politik auf die Forderungen der Frauenbewegung nach mehr Gleichberechtigung. An Stelle der Hausfrau wird nun die Partnerin propagiert.

In der schwierigen Aufgabe, die Berufswege von Mann und Frau und ein Familienleben mit Kindern zu vereinbaren, liegt wohl ein Grund für die seit den siebziger Jahren zu beobachtende Relativierung der Ehe. Zumal sich die Rollenverteilung innerhalb der Familien nur wenig geändert hat: Noch immer liegt in einem erheblichen Teil der Familien die Arbeit im Haushalt und die Erziehung der Kinder, auch dann, wenn sie berufstätig sind, bei den Frauen.

Berufstätigkeit und Kinder lassen sich in der Bundesrepublik für die Frauen nur schwer vereinbaren. Für eine Betreuung der Kinder stehen nur wenige Krippen- und Kindergartenplätze zur Verfügung. 1986 gab es für 4,6 Prozent der Kinder einen Platz in einer Krippe. Nach dem 3. Lebensjahr besuchen 70 Prozent der Kinder einen Kindergarten, davon können allerdings nur 12 Prozent über Mittag betreut werden. Der Besuch eines Kindergartens wird in der Bundesrepublik eher als eine soziale Erfahrung für das Kind begriffen und weniger als Entlastung für die Mütter verstanden. Dabei wünschen sich nur 6 Prozent der Frauen, ausschließlich Hausfrau zu sein. Doch nur ein Drittel der Frauen zwischen 30 und 39 Jahren in der Bundesrepublik ist berufstätig.

In den siebziger Jahren versuchten Eltern, durch Eigeninitiative dem Notstand der Kinderbetreuung entgegenzuwirken. Sie gründeten selbstverwaltete Kinderläden, in denen auch neue, freiere Erziehungsmethoden ausprobiert wurden. Für den weitere Entwicklung der Kleinkindpädagogik in der Bundesrepublik waren diese neuen Ansätze von großem Einfluß.

4/119

4/120

4/121

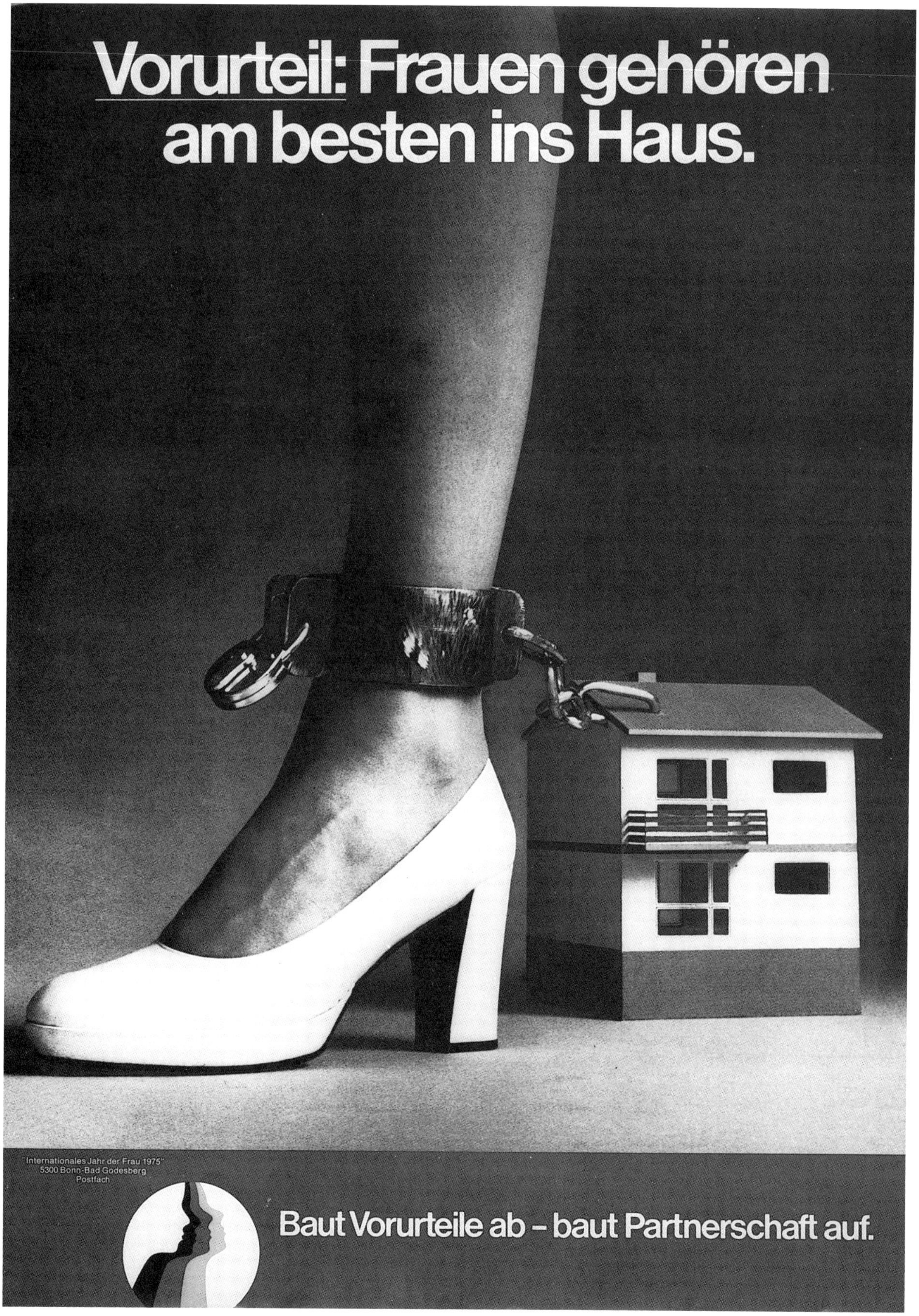
Vorurteil: Frauen gehören
am besten ins Haus.
"Internationales Jahr der Frau 1975"
5300 Bonn-Bad Godesberg
Postfach
Baut Vorurteile ab – baut Partnerschaft auf.

4/122 BROSCHÜRE
«DAS NEUE EHE- UND FAMILIENRECHT. DER BUNDESMINISTER DER JUSTIZ INFORMIERT»
1976; 21 X 15 CM
FRAUEN-FORSCHUNGS-,-BILDUNGS- UND -INFORMATIONSZENTRUM (FFBIZ), BERLIN

1977 wurde bei der Reform des Ehe- und Familienrechts des BGB endgültig Abschied vom Leitbild der sogenannten Hausfrauenehe genommen und formal die völlige Gleichstellung von Männern und Frauen erreicht. Noch bis 1958 hatte der Mann das Letztentscheidungsrecht in Streitfragen innerhalb der Familie. Er konnte darüber hinaus sogar ohne Einwilligung der Frau ein von ihm nicht gebilligtes Arbeitsverhältnis seiner Ehefrau fristlos kündigen. Nach der Änderung 1958 mußte die Frau aber immer noch garantieren, daß ein Beschäftigungsverhältnis ihre Pflichten und Aufgaben als Hausfrau nicht beeinträchtigte.

Das neue Gesetz von 1976 verpflichtet nun beide, durch «Arbeit und Vermögen» die Familie angemessen zu unterhalten. Es sind beide Ehepartner berechtigt, erwerbstätig zu sein, müssen aber auf die Belange des Partners und der Familie Rücksicht nehmen. Die Führung des Haushalts soll nun im gegenseitigen Einvernehmen geregelt werden. Gleichzeitig wird in dem neuen Gesetz das Schuldprinzip beim Scheidungsrecht in das Zerrüttungsprinzip geändert.

4/129

4/123 BROSCHÜRE
«GEMEINSAM LEBEN OHNE TRAUSCHEIN»
HG.: DER BUNDESMINISTER DER JUSTIZ / BUNDESMINISTER FÜR JUGEND UND FAMILIE, BONN
1991; 24 SEITEN; 21 X 15 CM
DHM 1992/1681

Die derzeitige Regierungspolitik versucht, auf den Werte- und Einstellungswandel bezüglich der Geschlechterbeziehungen und der Familienstrukturen zu reagieren. Die ausgestellten Broschüren weisen auf neue gesetzliche Regelungen in der Familien- und Frauenpolitik hin.

Diese Broschüre informiert über die gesetzlichen Regelungen bei nichtehelichen Lebensgemeinschaften in Fragen der gegenseitigen Rechtsansprüche u.a. hinsichtlich der Unterhaltsansprüche im Falle einer Trennung, bei Erbansprüchen und bei gemeinsamen nichtehelichen Kindern. Im Vergleich zu ehelichen Lebensgemeinschaften wird die Ehe ohne Trauschein noch immer in vielen Bereichen, beispielsweise bei steuerlichen Vergünstigungen oder bei der Regelung des gemeinsamen Sorgerechts für die Kinder, benachteiligt. Die Rechtssprechung geht vorerst nur wenig auf die neuen gesellschaftlichen Gegebenheiten ein.

4/124 BROSCHÜRE «POLITIK FÜR FRAUEN»
HG.: PRESSE- UND INFORMATIONSAMT DER BUNDESREGIERUNG, BONN
1991; 160 SEITEN; 18 X 12 CM
DHM 1992/1682

Die Broschüre will Informationen über die Angebote und Leistungen geben, die Frauen in unterschiedlichen Lebensbereichen nutzen können, um ihre Gleichberechtigung im Alltag durchzusetzen.

4/125 FALTBLATT «WENN DIE KINDER AUS DEM GRÖBSTEN RAUS SIND ...»
HG.: BUNDESMINISTERIUM FÜR FRAUEN UND JUGEND, BONN
1991; 21 X 14,6 CM
DHM 1992/1684

Das Heft bietet Hilfen zur Berufsrückkehr von Frauen nach der sogenannten Familienphase. Die Verwendung des Begriffs «Familienphase» signalisiert, daß der Familie im Leben einer Frau nunmehr nur ein zeitlich begrenzter Vorrang eingeräumt wird.

Die Broschüre enthält gesetzliche Regelungen, Tips und Hinweise für die Zeit, in der Kinder nicht mehr die ganze Aufmerksamkeit der Mutter beanspruchen, d.h. beispielsweise, wenn sie in die Schule kommen.

4/126 BROSCHÜRE «ERZIEHUNGSGELD / ERZIEHUNGSURLAUB»
HG.: DER BUNDESMINISTER FÜR FAMILIE UND SENIOREN, BONN
1992; 48 SEITEN, 20,8 X 14,8 CM
DHM 1992/1685

Das Heft gibt Auskunft über den 1986 eingeführten Erziehungsurlaub. Das Bundeserziehungsgesetz sieht vor, daß Mutter oder Vater 600,- DM pro Monat erhalten unter der Voraussetzung, daß sie oder er in dem Zeitraum des Erziehungsurlaubs (ursprünglich 10 Monate, seit 1992 drei Jahre) nicht oder höchstens teilzeiterwerbstätig ist. In den sieben Jahren seit der Einführung lag der Anteil der Väter, die einen Erziehungsurlaub beantragt haben, unter der Zweiprozentgrenze. Obwohl immer mehr Frauen eine qualifizierte Ausbildung vorweisen können und meist vor der Geburt eines Kindes in gutbezahlten Positionen arbeiten, sinkt nach der Geburt eines Kindes bei einem Wiedereinstieg in den Beruf das Einkommen, der berufliche Status und die wöchentliche Arbeitszeit der Frauen.

4/127 ZWEI AUFKLEBER «GRUNDGESETZ ART. 3 ABS. 2 / MÄNNER UND FRAUEN SIND GLEICHBERECHTIGT. / LIEBER GLEICHBERECHTIGT ... ALS SPÄTER / DIE BUNDESMINISTERIN FÜR FRAUEN UND JUGEND»
1991; KLEBEFOLIE; 16,2 X 11,5 CM
DHM 1992/1686.1-2

4/128 PLAKAT «WENN MÄNNER FÜHLEN WÜRDEN WIE WIR, GÄBE ES GENUG KINDERGARTENPLÄTZE»
1990; OFFSET; 59,4 X 84,2 CM
PLAKATSAMMLUNG DES OBERSTUFENZENTRUMS FÜR BANKEN UND VERSICHERUNGSWESEN, BERLIN

Das Plakat der FDP zur Wahl des Berliner Abgeordnetenhauses zeigt in einer Photomontage in der oberen linken Ecke Eberhard Diepgen, Walter Momper und Gregor Gysi nackt als schwangere Männer. Der Text weist auf die ungleiche Verteilung von Führungspositionen zwischen den Geschlechtern hin. Noch immer sind Frauen in leitenden Positionen weitaus weniger zu finden als Männer, und es werden somit die Belange der Frauen von den Männern auch nur schlecht vertreten. Das Plakat soll zum Ausdruck bringen, daß Frauen Frauenthemen besser in die Politik einbringen würden.

Die Gleichberechtigung der Frauen wurde auch ein Thema der Parteien. Der Durchsetzung des verfassungsmäßig verankerten Grundrecht der Frauen muß sich heute jede Partei stellen.

4/129 ZEITSCHRIFT «STERN / WIR HABEN ABGETRIEBEN»
HEFT 24/1971
INSTITUT FÜR ZEITUNGSFORSCHUNG DER STADT DORTMUND / ABB. SEITE 229

Nach einem Vorbild aus Frankreich nahm Alice Schwarzer, Frauenrechtlerin und spätere Herausgeberin der Frauenzeitschrift «Emma», die Aktion in Deutschland auf. 374 zum Teil prominente Frauen bezichtigten sich öffentlich in der Zeitschrift «Stern», abgetrieben zu haben. Dieses Heft löste in der Öffentlichkeit eine heftige Reaktion aus, die zwischen Empörung und Zustimmung schwankte. Die Frauen wollten mit ihrer Selbstanklage die Kriminalisierung einer Abtreibung in Frage stellen. Aufgrund der Gesetzeslage waren sie gezwungen gewesen, einen Schwangerschaftsabbruch im Ländern wie England oder Holland, wo Abtreibungen nicht strafbar war, vornehmen zu lassen. Mit ihrer Aktion wollten sie das Tabu, über diese Umstände schweigen zu müssen, brechen.

4/130 PLAKAT «DAS BUNDESVERFASSUNGSGERICHT BERUFT SICH / BEI DER ABLEHNUNG DER FRISTENLÖSUNG AUF / DEN ARTIKEL 1, ABS.1 DES GRUNDGESETZES:/ DIE WÜRDE DES MENSCHEN IST / UNANTASTBAR / BESCHLAGNAHMT / § 130A / + § 88A / = § 218»
HG.: PRODUKTIONSKOLLEKTIV KREUZBERG, BERLIN
1975; OFFSET; 68 X 47 CM
DHM, BESTAND ZEUGHAUS (P 90/359)

1974 stimmte der Bundestag nach einem Gesetzentwurf von SPD und FDP in der Frage des Schwangerschaftsabbruchs für das Modell der sogenannten Fristenlösung, die die Freigabe eines Schwangerschaftsabbruchs in den ersten drei Monaten einer Schwangerschaft vorsah. Die von CDU und CSU regierten Länder strengten daraufhin ein Verfahren vor dem Bundesverfassungsgericht an, das die Fristenlösung als verfassungswidrig erklären sollte. Das Gericht stimmte 1975 dieser Ansicht zu. In der Begründung des Urteils hieß es u.a.: «(...) der Staat muß grundsätzlich von einer Pflicht zur Austragung der Schwangerschaft ausgehen, ihren Abbruch also grundsätzlich als Unrecht ansehen (...) Viele Frauen (...) lehnen die Schwangerschaft ab, weil sie nicht willens sind, den damit verbundenen Verzicht und die natürlichen mütterlichen Pflichten zu übernehmen.»

Das Bundesverfassungsgericht beruft sich bei der Ablehnung der Fristenlösung auf den Artikel 1, Abs.1 des Grundgesetzes:
Die Würde des Menschen ist unantastbar
BESCHLAGNAHMT
§ 130a
+ § 88a
+ § 218

4/130

Das Plakat kritisiert, daß ein fast ausschließlich aus Männern bestehendes Richtergremium über den Körper der Frau in Fragen des Schwangerschaftsabbruchs verfügte und entschied. Rechts am Bildrand ist die einzige Bundesrichterin, Wiltrup Rupp von Brünneck, zu sehen, die gemeinsam mit ihrem Amtskollegen Simon für die Fristenlösung votierte.

4/131 WAHLPLAKAT ZUR BUNDESTAGSWAHL 1976
«VON FREIHEIT VERSTEHEN WIR MEHR: JA ZUM LEBEN: REFORM § 218 SPD»
HG.: VORSTAND DER SPD, ABT. ÖFFENTLICHKEITSARBEIT, BONN
GESTALTUNG: ARE, DÜSSELDORF
DRUCK: DRUCKHAUS DEUTZ, KÖLN
RAKELTIEFDRUCK; 252 X 357 CM (MONTIERT)
ARCHIV DER SOZIALEN DEMOKRATIE DER FRIEDRICH-EBERT-STIFTUNG, BONN

Das Plakat zeigt eine junge, schwangere Frau in Latzhose und Turnschuhen auf einem Fahrrad. Die SPD warb mit einer Schwangeren für eine liberalere Lösung des § 218, um somit auf die Wichtigkeit einer bewußten und freiwilligen Entscheidung für eine Schwangerschaft hinzuweisen.

Darüber hinaus ist das Plakat ein eindrucksvolles Dokument einer modernen Auffassung von Schwangerschaft und Frausein: Die junge hochschwangere Frau präsentiert sich, entgegen früheren Tabus, sehr selbstbewußt und sportlich.

1976 beschloß der Bundestag die sogenannte Indikationslösung; Abtreibungen blieben aber grundsätzlich strafbar.

Derzeit liegt dem Bundesverfassungsgericht ein vom Bundestag beschlossener Gesetzentwurf zur Fristenlösung mit Beratungspflicht zur verfassungsmäßigen Prüfung vor.

4/132 PHOTOGRAPHIE: FRAUEN IN KETTEN DEMONSTRIEREN GEGEN DEN § 218 VOR DEM BUNDESVERWALTUNGSGERICHT, BERLIN-CHARLOTTENBURG 24.02.1975;
REPRODUKTION; 12,3 X 17,1 CM
LANDESBILDSTELLE BERLIN (179471)

Mit ungewöhnlichen und bildhaften Aktionen versuchte die Frauenbewegung auf die Entmündigung der Frauen aufmerksam zu machen. Die Frauen haben sich selbst in Ketten gelegt und geknebelt. Die Bekämpfung des § 218 war eines der Hauptanliegen der Frauenbewegung in den siebziger Jahren.

4/133 PHOTOGRAPHIE: DEMONSTRATION ANLÄSSLICH DER ABLEHNUNG DER FRISTENLÖSUNG DURCH DAS BUNDESVERFASSUNGSGERICHT WITTENBERGPLATZ IN BERLIN, 26.02.1975;
REPRODUKTION; 13,1 X 17,6 CM
LANDESBILDSTELLE BERLIN (178829)
ABB. SEITE 232

Mit Mitteln des Theaters wird hier eine neue Form des Protestes ausprobiert: In einer Spielszene wird eine von Richtern und Ärzten angekettete Frau vorgeführt.

RICHTER
legen uns in
KETTEN
WIR können
uns nur selber
retten

4/132

4/133

nahm sie jede 5. Frau. Mittlerweile hat sich die Zahl bei 30 Prozent eingependelt, d.h. jede dritte Frau in der Bundesrepublik schluckt die «Pille».

Gefeiert wurde die «Pille» von der Pharmaindustrie ebenso wie von einer sich als modern verstehenden Öffentlichkeit als Befreiung der Frau von der Last einer ungewollten Schwangerschaft. Sexualität und Fortpflanzung konnten nun klar unterschieden werden. Sicher hat die «Pille» zur Entlastung der Frauen von ungewollten Schwangerschaften beigetragen, aber es gab auch hefige Kritik von seiten der Frauenbwegung bezüglich der ständigen Verfügbarkeit der Frauen und der gesundheitlichen Risiken einer jahrelangen Einnahme der «Pille».

4/134 FLUGBLATT «PARAGRAPH 218»
NACH 1975; HEKTOGRAPHIERTES BLATT;
CA. 29,5 X 21 CM
APO-ARCHIV, BERLIN

Folgende Gruppen rufen auf diesem Flugblatt zu einer Demonstration gegen den Paragraphen 218 auf: Frauengruppe 1. Mai-Initiative, Frauen Aktionseinheit, Radikal-Frauen, SSB-Frauengruppe, AG Frauen/KB, Frauengruppe des FB 7 (TU), Frauengesprächskreis VHS-Wedding. Den Verfasserinnen des Flugblattes geht die Reform des § 218 nicht weit genug. Sie sehen die Frauen noch immer nicht als frei in ihrer Entscheidung an, zumal sich auch noch immer viele Kliniken weigerten, Abtreibungen vorzunehmen.

4/135 VERHÜTUNGSMITTEL «ANOVLAR»
1961; 6,2 X 12,5 X 1,5 CM
SCHERING AG, BERLIN

1961 brachte die Firma Schering die erste Antibabypille in Europa auf den Markt. Zuerst warb die Firma nur am Rande mit der empfängnisverhütenden Wirkung des Präparats. Im Vordergrund stand die Behandlung von Menstruationsbeschwerden. Bis in die siebziger Jahre galt das Sexualstrafrecht, nach dem jede Art von Sexualität außerhab der Ehe als «Unzucht» (z.B. Kuppelei, d.h. die Ermöglichung von Geschlechtsverkehr von Nicht-Verheirateten) ebenso unter Strafe gestellt wurde wie das Anpreisen und Ankündigen von Mitteln zur Empfängnisverhütung.

Die «Pille» setzte sich erst langsam gegen moralische Bedenken durch und wurde von den Ärzten zuerst nur verheirateten Frauen mit Kindern gegeben. 1964 nahmen nur 1,7 Prozent der Frauen im fertilen Alter die «Pille». 1968 wurde die «Pille» für jede Frau von der Studentenbewegung gefordert, und 1970

4/136 TITELSEITE «DER SPIEGEL /
PAPST PAUL VI: NEIN ZUR PILLE»
HAMBURG, AUSGABE VOM 5. AUGUST 1968,
NR. 32, 22. JAHRGANG; OFFSET; 106 SEITEN;
27,7 X 21,3 CM
DHM 1992/555

Die Enzyklika «Humanae Vitae» von Papst Paul VI. verbot 1968 den Gebrauch der «Pille» und jeder anderen Art der Empfängnisverhütung. Eine Sexualität, die sich nicht der Fortpflanzung unterordnete und die Verbindung zwischen Lust und Fortpflanzung auflöste, wurde von der Kirche nicht gebilligt.

4/136

ARBEIT UND ARBEITSJUBILÄEN

Die Bundesbürger gewinnen sehr viel Selbstbewußtsein aus ihrer Berufstätigkeit und der wirtschaftlichen Leistungsfähigkeit der Bundesrepublik, die dem Exportland Deutschland u.a. aufgrund der Qualität seiner Produkte unter den führenden Industrienationen in der Welt zu Ansehen verholfen hat.

Im Berufsleben Anerkennung durch Erfolg und Leistung zu erfahren, darin liegt insbesondere für die männlichen Mitglieder der Gesellschaft eine große Bedeutung für ihr Selbstwertgefühl. Der Stellenwert des Berufs innerhalb der sozialen und wirtschaftlichen Hierarchien bestimmt auch in einer modernen Industriegesellschaft das Ansehen des Einzelnen.

Trotz dieser Bedeutung der Berufstätigkeit, die oftmals 30 bis 50 Jahre der Lebenszeit eines Mannes ausmacht, wird der Einstieg ins Berufsleben nur wenig rituell begangen. Auch der Antritt einer neuen Stelle oder die Beförderung innerhalb eines Unternehmens zu einer besser dotierten Beschäftigung haben kaum eine Form der Ritualisierung erfahren, sondern werden höchstens individuell im Kollegen- und Mitarbeiterkreis gefeiert.

Eher schon werden die Jubiläen während des Arbeitslebens, etwa die 10- oder 25jährige Betriebszugehörigkeit eines Mitarbeiters, von Kollegen und Arbeitgeber mit Geschenken, Urkunden und in großen Betrieben sogar mit zusätzlichen Urlaubstagen feierlich bedacht.

4/137 PUBLIKATION
«VOM LEHRLING ZUM MEISTER»
LEHRBUCH FÜR BERUFS- UND FACHSCHULEN / VORBEREITUNGSBUCH ZUR MEISTERPRÜFUNG
FREIBURG 1963, 216 SEITEN; 21 X 14,5 CM
WOLFGANG STOFFENBERGER, BERLIN

Das Buch behandelt Fragen zur Allgemeinbildung, zur Geschichte des Handwerks, zu Rechts- und Steuerfragen sowie Fragen des Schriftverkehrs und der Werbung.

4/138 MEISTER- UND GESELLENSTÜCKE
BERLIN 1993
KONDITOREN-INNUNG, BERLIN

Im Handwerk läßt sich noch am ehesten ein öffentliches Ritual zur Präsentation einer neuen Stufe des beruflichen Werdegangs ausmachen. Als Beispiele für die traditionellen Gesellen- und Meisterprüfungen des Handwerks zeigt die Ausstellung einige Prüfungsstücke, die zur Gesellen- und Meisterprüfung der Konditoren angefertigt werden müssen. Die ausgestellten Stücke sind Teile der praktischen Prüfung, die unter Aufsicht her gestellt werden. Am letzten Tag der Prüfung muß der Prüfling ein Schaufenster mit den angefertigten Waren dekorieren. Die gesamte Meisterprüfung umfaßt vier Teile: einen praktischen, einen fachtheoretischen, einen pädagogischen und einen betriebskundlichen. Nach bestandener Prüfung ist der Meister berechtigt, sich selbständig zu machen und Lehrlinge auszubilden.

4/139 MEISTERBRIEF DES KONDITOREN-HANDWERKS
MÜNCHEN, 26.11.1965; HANDGESCHÖPFTES BÜTTENPAPIER; 44 X 58,5 CM
WOLFGANG STOFFENBERGER, BERLIN

Nach bestandener Prüfung bekommt der Meister seinen Meisterbrief ausgehändigt, der oft für die Kunden deutlich sichtbar im Laden angebracht wird.

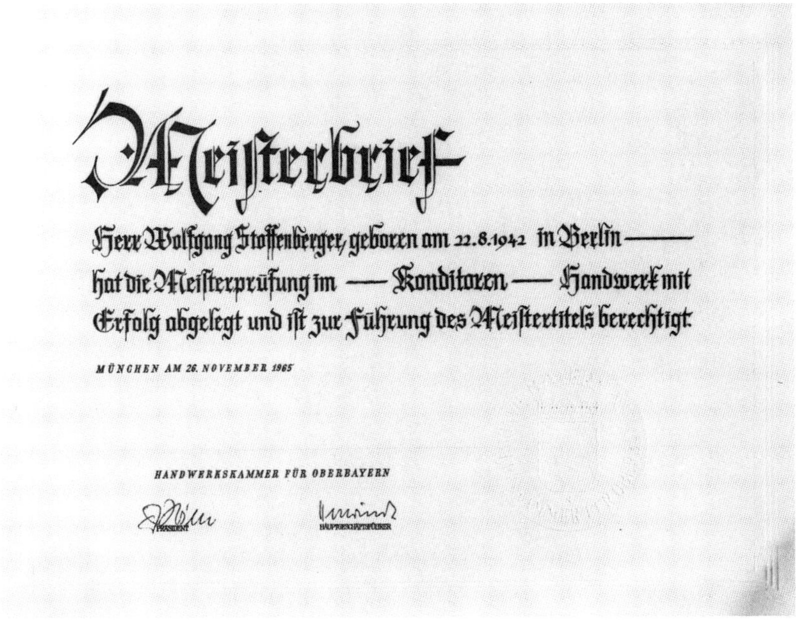
Meisterbrief

Herr Wolfgang Stoffenberger, geboren am 22.8.1942 in Berlin ——
hat die Meisterprüfung im —— Konditoren —— Handwerk mit
Erfolg abgelegt und ist zur Führung des Meistertitels berechtigt.

MÜNCHEN AM 26. NOVEMBER 1965

HANDWERKSKAMMER FÜR OBERBAYERN

PRÄSIDENT HAUPTGESCHÄFTSFÜHRER

4/139

4/140 BECHER «FÜR TREUE MITARBEIT»
UM 1985; SILBER; H 7 CM, DM 5,5 CM
PRIVATBESITZ, KAMPERFEHN

Diesen Becher erhielt der Jubilar zu seinem 25jährigen Arbeitsjubiläum in einer norddeutschen Betonsteinfabrik.

4/141 TELLER «RDH / 1973 – 1983 / N / B / G»
FRIESOYTHE/OLDENBURG 1983;
ZINN; DM 23 CM
PRIVATBESITZ, KAMPERFEHN

Nach 10jähriger Betriebszugehörigkeit erhielt der Besitzer von der Geschäftsleitung der «Nord Beton GmbH» diesen Erinnerungsteller.

4/142 «BERECHNUNG DES JUBILÄUMSDIENSTALTERS»
BERLIN 1992; 29,8 X 21 CM
PRIVATBESITZ, BERLIN

Wer im Land Berlin zum Beamten oder Richter ernannt wird, erhält mit seiner Ernennungsurkunde eine Berechnung über sein «Jubiläumsdienstalter». Der gesamte berufliche Werdegang wird hier vorgezeichnet, und so wird dem gerade ernannten Beamten schon in diesem Schreiben mitgeteilt, daß er im Jahre 2004 sein 25jähriges Dienstjubiläum feiern wird. Eine Dienstzeit von 40 oder 50 Jahren wird in dem vorliegenden Fall «wegen Altersgrenze nicht mehr erreicht» werden.

4/140

4/141

RENTNER WERDEN

Bezeichnend für den Lebenslauf eines westdeutschen Arbeitnehmers und Angestellten ist die oft jahrzehntelange Zugehörigkeit zu einem Betrieb oder zu einer Firma. Der Eintritt ins Rentenalter wird nach 40 oder 50 Jahren der Berufstätigkeit insbesondere von den Männern oftmals als «Rentenschock» erlebt.

Lag das Rentenalter um 1900 bei 70 Jahren, so hat sich die Altersgrenze heute im Normalfall auf 65 Jahre bei den Männern und 60 Jahre bei den Frauen vorverlagert. Die Einführung des Vorruhestandes oder der sogenannten flexiblen Altersgrenze sind nur einige Beispiele für die Möglichkeit einer vorzeitigen Beendigung des Berufslebens. Allerdings ist eine Beschäftigung über das Rentenalter hinaus in der Bundesrepublik nur in Ausnahmefällen möglich.

Das Ausscheiden aus dem Berufsleben stellt sich inzwischen für die meisten als der Beginn einer neuen, in der Regel noch etliche Lebensjahre umfassende Lebensphase dar, für die der Einzelne zugleich neue Inhalte und Aufgaben finden muß. Dies betrifft mittlerweile eine große Gruppe der Bevölkerung: Vom Ersten Weltkrieg bis 1989 hat sich der Anteil der über 65jährigen in der Bevölkerung von 5 auf 15 Prozent erhöht.

4/143 «ANTRAG AUF VERSICHERUNGSRENTE AUS DER ANGESTELLTENVERSICHERUNG»
HG.: BUNDESVERSICHERUNGSANSTALT FÜR ANGESTELLTE, HAUPTVERWALTUNG BERLIN
1992; VORDRUCK; 29,7 X 21 CM
DHM 1992/1688

4/144 «ANTRAG AUF VERSICHERUNGSRENTE AUS DER RENTENVERSICHERUNG DER ARBEITER»
HG.: LANDESVERSICHERUNGSANSTALT WESTFALEN, MÜNSTER
1992; VORDRUCK; 29,8 X 21 CM
DHM 1992/1689

Der Antragsteller muß in diesem Blatt Auskunft über seine «Beitragszeiten» und sonstige «Berücksichtigungszeiten» (wie Kindererziehung) geben.

Von den Versicherungsanstalten erhält der Antragsteller nach Einreichung des Antrags einen Rentenbescheid, in dem die Höhe der Rente und das Zustandekommen der Summe mitgeteilt wird.

Den größten Anteil der Rentner in der Bevölkerung machen die Frauen aus: Zwei Drittel der über 65jährigen sind heute Frauen. Sie bestreiten auch den größten Anteil der Rentner, die mit einer kleinen Rente, nicht selten an der Grenze zur Armut, leben müssen. Mehr als die Hälfte aller alleinstehenden Frauen über 65 Jahren erhält monatlich eine Rente unter 800 DM. Eine halbe Million Rentner bezieht Hilfe vom Sozialamt. Allerdings lassen Schätzungen vermuten, daß eine weit höhere Anzahl Anspruchsberechtigter aus Schamgefühl ihre Ansprüche beim Sozialamt nicht wahrnimmt.

4/145

4/146

4/145 PHOTOGRAPHIE
«SIEBEN MITARBEITER GEHEN NACH ‹303 SIEMENSJAHREN› AM 31.8.88 IN DEN RUHESTAND.»
FARBAUFNAHME; 10 X 15 CM
SIEMENS AKTIENGESELLSCHAFT, BERLIN

Das Photo wurde anläßlich einer Abschiedsfeier von sieben Mitarbeitern bei Siemens aufgenommen. Die angehenden Rentner wirken sehr jugendlich.

4/146 PHOTOGRAPHIE:
FEIER ZUR VERABSCHIEDUNG
1988; FARBAUFNAHME; 10 X 15 CM
SIEMENS AKTIENGESELLSCHAFT, BERLIN

Die Aufnahme zeigt die Feier im Kollegenkreis anläßlich des Ausscheidens der sieben Mitarbeiter aus dem Berufsleben. Den Ehemaligen werden Geschenke und Ehrenurkunden überreicht. Zur Feier im großen Kreis gehört auch das Aufführen kleiner Sketche von Kollegen.

4/147 GLÜCKWUNSCHKARTE
«ZUM RUHESTAND»
HERSTELLER: SUSY CARD
1992; 21 X 10,5 CM
DHM 1993/26.2

Die aufklappbare Karte zeigt im Innenteil die Abbildung eines Bären, der unter Palmen am Strand in der Sonne liegt und dem Nichtstun frönt. Die Hersteller von Glückwunschkarten reagieren mit solchen Karten auf die neue Bedeutung dieser Lebensstation «Rentenalter», die nicht als Beginn des Alters, sondern als Zeit der Erholung und Muße nach der Phase des Arbeitslebens dargestellt wird.

ALTER

1951 lag die durchschnittliche Lebenserwartung für Frauen bei 68,5 Jahren und für Männer bei 64,5 Jahren. 1989 war sie auf 78,4 Jahre bei Frauen und auf 71,8 Jahre bei Männern gestiegen. Von 1880 bis 1983 hat die Zahl der 85jährigen bei den Männern um das neunfache und bei den Frauen um das 14fache zugenommen. Die unterschiedlichen Lebenserwartungen von Frauen und Männern haben dazu geführt, daß Frauen ihr Alter meist ohne Ehemann verbringen. Jede zweite 70- bis 75jährige ist verwitwet; 70 Prozent der über 80jährigen sind Frauen.

1981/83 wurden von 100 Frauen mehr als die Hälfte 80 Jahre alt und knapp ein Drittel 85 Jahre. Bei den Männern erreichten 29 von 100 das Alter von 80 Jahre, und 14 wurden 85 Jahre alt. Die gestiegene Lebenserwartung hat die Alten zu einer großen Gruppe der Bevölkerung gemacht und zu einer neuen Einteilung des Alters geführt. Unterschieden wird nun zwischen den «Jungen Alten» und «Alten Alten», «Betagten» und «Hochbetagten» (vgl. dazu den Beitrag von A. Imhof in diesem Buch).

Die Vergrößerung der Gruppe der alten Menschen in unserer Gesellschaft hat auch zu einer Differenzierung dieser Gruppe nach ihrem Anteil am gesellschaftlichen Leben geführt. Die große Gruppe der «aktiven Alten» wird mittlerweile von etlichen Branchen als wichtige Konsumentengruppe umworben. Beispielsweise bieten Reiseveranstalter für Senioren die lang aufgeschobene Fernreise an; an Universitäten können alte Menschen spezielle Studiengänge belegen. Das Alter wird für den, der es sich leisten kann, als eine aktive Zeit propagiert, in der vieles von dem bis dahin Versäumten nachgeholt werden könne.

Im Gegensatz zur gesellschaftlichen Beachtung der «aktiven Alten» wird der immer größer werdenden Gruppe der pflegebedürftigen «Hochbetagten» nur wenig Aufmerksamkeit geschenkt. Aufgrund der langen Lebenszeit, in der manche Menschen der Pflege bedürfen, wird hier sogar von einer neuen Lebensphase, dem «vierten Alter», gesprochen. Etwa 1,2 Millionen alte Menschen in der Bundesrepublik sind auf Hilfe angewiesen. Davon wird die Hälfte nicht in Heimen, sondern zu Hause von Angehörigen, zumeist Frauen, betreut. Die Hälfte dieser pflegenden Frauen ist selbst schon über 65 Jahre alt.Die Erhöhung der Lebenserwartung hat dazu geführt, daß heute jeder davon ausgeht, daß ihm für sein Leben die biologisch mögliche Lebenszeit von 85 Jahren zur Verfügung steht. Unerwartetes beispielsweise in Form eines frühen Todes kommt in den Lebensentwürfen, die auf Wachstum angelegt sind, nicht mehr vor. Obwohl derzeit die höchste Lebenserwartung in der Geschichte erreicht wird, mißt man dem Alter als Lebensphase – im Verhältnis zur großen Bedeutung der Jugendlichkeit – nur wenig Wert bei.

4/149

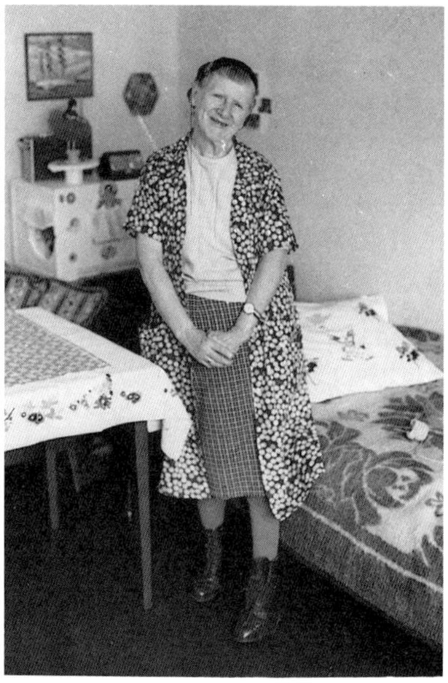

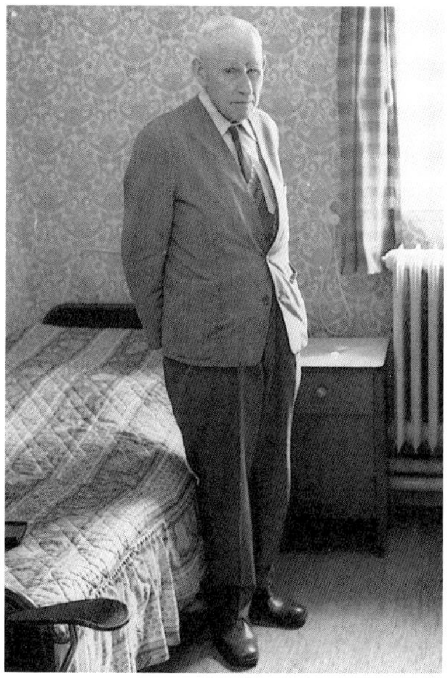

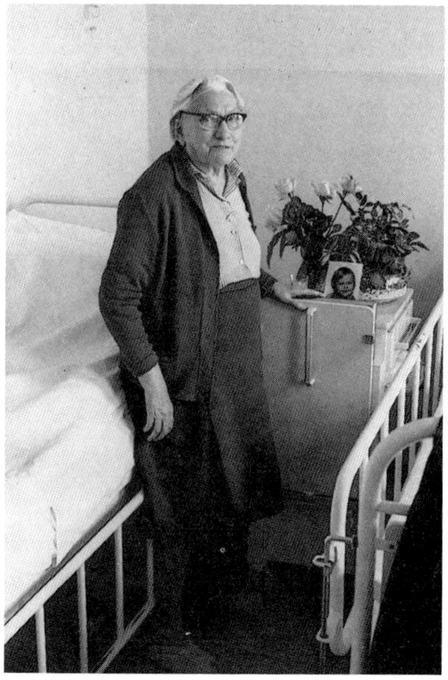

4/148 BETT UND NACHTSCHRÄNKCHEN AUS EINEM KRANKENHEIM
1992; L 2 M, B 90 CM, NACHTSCHRÄNKCHEN 50 X 40 CM
KRANKENHEIM MARIE-SCHLEI-HAUS, BERLIN

Bett und Nachtschränkchen stammen aus einem Berliner Krankenheim für chronisch kranke, alte Menschen. Die aufwendigen und in der Anschaffung sehr teuren Betten sind technisch durchdacht, um den pflegebedürftigen Patienten und den Pflegern optimale Unterstützung zu bieten. Sie vermitteln aber nur wenig wohnliche Atmosphäre in dem Krankenheim, das eher an ein Krankenhaus erinnert. Die alten Menschen dürfen meist kaum persönliche Möbelstücke mit in ein Pflegeheim nehmen. Einen eigenen Raum bieten in einem Drei- bis Vierbettzimmer nur Krankenbett und Nachttisch.

Gleichzeitig dient das Nachtschränkchen auch als Aufbewahrungsort für den Besitz der Bewohner.

4/149 PHOTOSEQUENZ: IN EINEM ALTEN- UND PFLEGEHEIM
PHOTOGRAPH: GÜNTER WESTPHAL
HAMBURG 1978; 23 AUFNAHMEN; JE 13 X 9 CM
DHM, PHOTOSAMMLUNG / ABB. SEITE 233

Der Photograph war zum Zeitpunkt der Aufnahmen Zivildienstleistender in einem Hamburger Alten- und Pflegeheim, in dem die photographierten Heimbewohner lebten. Die Photos zeigen die Bewohner jeweils neben ihren Betten, die gemeinsam mit einigen wenigen anderen Dingen ihren letzten Privatbesitz und ihre Privatsphäre ausmachen. Die Aufnahme eines alten Menschen in ein Alten- oder Pflegeheim ist in der Bundesrepublik mit langen Wartezeiten verbunden. Im Gegensatz zur geringen Bezahlung des Pflegepersonals sind die monatlichen Kosten für den Aufenthalt im Heim sehr hoch.

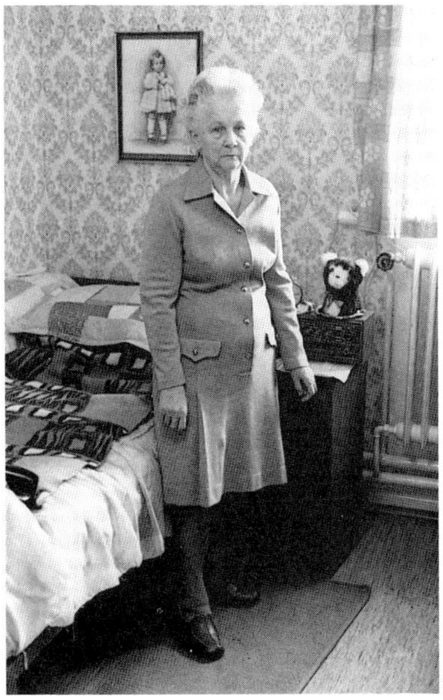

4/149

TOD UND TRAUER

Ein Mensch, der in der Bundesrepublik stirbt, wird zumeist mit kirchlichem Segen beerdigt: Mehr als 88 Prozent der Trauerfeiern wurden 1982 mit einem religiösen Zeremoniell begangen. Im Vergleich dazu lag der Anteil mit kirchlichen Riten begangener Lebensstationen, wie Taufe (80 Prozent) und Hochzeit (ca. 60 Prozent), darunter.

Bestattungsfeiern werden noch immer traditionell und mit prachtvollem und kostspieligem Aufwand begangen. Ein Begräbnis ist selbst in einfachster Ausstattung mit hohen finanziellen Kosten verbunden. Demgegenüber haben die Vorschriften für eine öffentliche Trauer an Bedeutung verloren. Verbindliche Bekleidungsvorschriften gelten lediglich für den Tag des Begräbnisses, und ein wochen- oder monatelanges Tragen von schwarzer Kleidung ist allenfalls noch in ländlichen Gegenden anzutreffen.

Neben den traditionellen Bestattungsformen hat sich eine neue Form der Beisetzung entwickelt, die dem Friedhof als Ort der Trauer seine Bedeutung zu nehmen scheint. Anonyme Urnenbeisetzungen, bei denen keine Trauergäste mehr anwesend sind, nehmen zu. In Anwesenheit des Friedhofspersonals werden die Urnen nach der Einäscherung auf einem neutralen Rasenstück beigesetzt, auf dem kein Grabstein oder Schild auf den Verstorbenen hinweist. Den genauen Lageplatz der Urne kennt nur die Friedhofsverwaltung. Diese aus Skandinavien kommende Bestattungsform wurde zuerst in Flensburg, Hamburg und Kiel eingeführt. Es wird geschätzt, daß 20 Prozent der Bestattungen in Norddeutschland anonym vorgenommen werden. In Flensburg, der Stadt mit der höchsten Rate von Alleinlebenden in Deutschland, finden über 50 Prozent der Beisetzungen anonym statt. In großen urbanen Zentren wie Berlin oder Hamburg läßt sich mittlerweile jeder Vierte anonym beisetzen. Und auch in Gegenden mit einer überwiegend katholischen Bevölkerung steigt die Nachfrage nach anonymen Begräbnissen – zumal, wenn auch deutlich seltener, anonyme Erdbestattungen möglich sind.

Die anonyme Bestattung ist weitaus kostengünstiger als herkömmliche Formen. Eine Grabpflege muß von den Hinterbliebenen nicht mehr geleistet werden. Trotzdem, so berichten Friedhofsangestellte, werden immer wieder Blumen und Kränze auf die Rasenfläche gelegt. Auf manchen Friedhöfen ist die Verwaltung dazu übergegangen, Blumenkübel aufzustellen und besondere Flächen für die Kränze bereitzustellen.

4/150 UMWELTFREUNDLICHER SARG
1992; KIEFERNHOLZ; BIENENWACHSLASUR;
62 X 200 X 68 CM
DHM AK 92/244

4/151

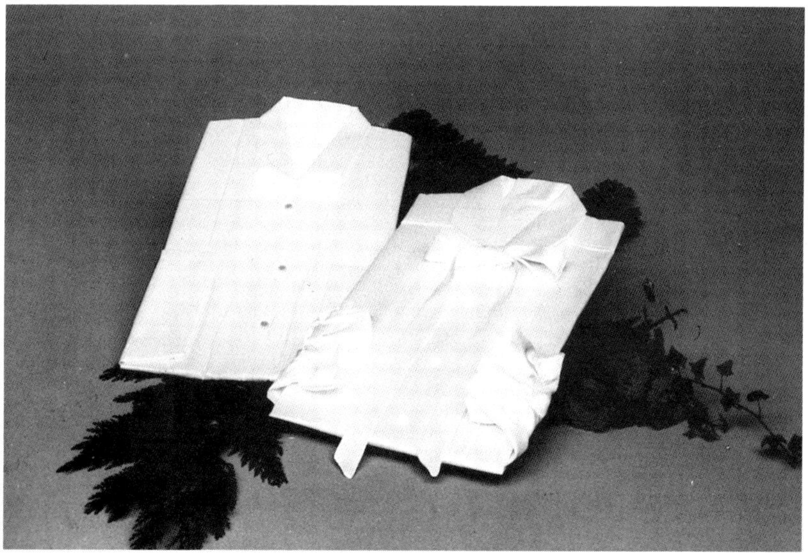

Dieses Sargmodell wird zu einem Preis von 490,- DM vom Städtischen Bestattungsdienst in München angeboten. Der Sarg verzichtet auf umweltbelastende Lacke und auf Metall, das nur als Zierrat dient. Der Sarg ist darüber hinaus das kostengünstigste Modell der Särge, die die Stadtverwaltung anbietet. Mit seinem neuen Ausstattungsangebot für Beerdigungen will der Städtische Bestattungsdienst die große Umweltbelastung durch die Friedhöfe und die Krematorien verringern. Der Dienst bietet aus diesem Grund auch Totenwäsche aus naturbelassenem, ungebleichtem Leinen an.

Sonderwünsche bezüglich des Blumenschmucks, der Musikauswahl, des Redners oder Pfarrers sowie der Totenwäsche vertraglich festgehalten werden. Der Vertrag wird wie eine Versicherung gehandhabt, und die Zahlung der Leistung ist auch in Raten möglich.

Die Kosten für eine Erdbestattung mit eher schlichter Ausstattung betragen etwa 5000 DM. Hinzu kommen die Kosten für den Grabstein und die Grabpflege (ca. 2.000 DM) und die Gebühren für die kommunale Verwaltung, also Grabnutzungsgebühren, Gebühren für die Leichenhalle, das Ausheben des Grabes, Orgelspiel u.a. Nach diesen ungefähren Preisangaben für ein durchschnittliches und keineswegs besonders prunkvolles Begräbnis kostet eine Bestattungsfeier zwischen 8.000 bis 10.000 DM. Der aus unserem Alltag verdrängte Tod scheint vor allem noch als massiver Kostenfaktor im Leben der Hinterbliebenen zu existieren.

4/151 ANGEBOTSKATALOG EINES BESTATTUNGSUNTERNEHMENS
BERLIN, UM 1990; 29 EINZELBLÄTTER MIT 46 FARBIGEN PHOTOGRAPHIEN, PLASTIK, METALL; 31 X 27 X 4 CM (EINZELBLATT IN HÜLLE 30,5 X 23,5 CM)
BESTATTUNGSUNTERNEHMEN GRIENEISEN, BERLIN / ABB. SEITE 216

Der Katalog enthält die Angebotspalette der Firma in den Rubriken: «Eichensärge», «Kiefernsärge», «Särge aus anderen Holzarten / Kindersärge / Sargausschläge», «Garnituren/Hemden» und «Urnen». Die Mappe präsentiert alles Erforderliche für die Ausrichtung einer traditionellen Beerdigung.

4/152 «BESTATTUNGS-VORSORGEVERTRAG»
UM 1990; VORDRUCK; 29,7 X 21 CM
BESTATTUNGSUNTERNEHMEN GRIENEISEN, BERLIN

Schon zu Lebzeiten kann mit diesem Vertrag nach den eigenen Wünschen und Vorstellungen eine Beerdigungsfeier festgelegt und bestellt werden. Die Angehörigen werden dadurch nicht zuletzt auch in finanzieller Hinsicht entlastet. In den Standardleistungen dieses Vertrages sind die Ausfertigung der Sterbeurkunde, der Sarg und die Friedhofsgebühren enthalten. Darüber hinaus können

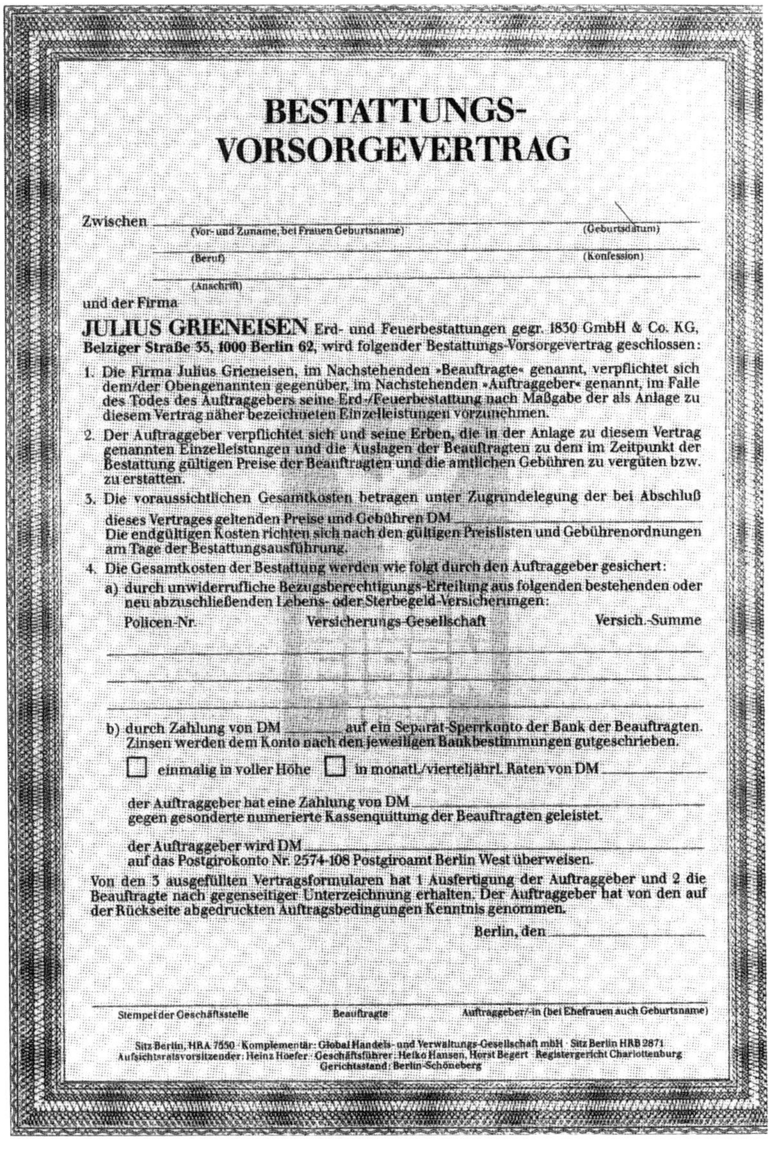

BESTATTUNGS-VORSORGEVERTRAG

Zwischen ______ (Vor- und Zuname, bei Frauen Geburtsname) (Geburtsdatum)
______ (Beruf) (Konfession)
______ (Anschrift)

und der Firma

JULIUS GRIENEISEN Erd- und Feuerbestattungen gegr. 1830 GmbH & Co. KG, Belziger Straße 35, 1000 Berlin 62, wird folgender Bestattungs-Vorsorgevertrag geschlossen:

1. Die Firma Julius Grieneisen, im Nachstehenden »Beauftragte« genannt, verpflichtet sich dem/der Obengenannten gegenüber, im Nachstehenden »Auftraggeber« genannt, im Falle des Todes des Auftraggebers seine Erd-/Feuerbestattung nach Maßgabe der als Anlage zu diesem Vertrag näher bezeichneten Einzelleistungen vorzunehmen.
2. Der Auftraggeber verpflichtet sich und seine Erben, die in der Anlage zu diesem Vertrag genannten Einzelleistungen und die Auslagen der Beauftragten zu dem im Zeitpunkt der Bestattung gültigen Preise der Beauftragten und die amtlichen Gebühren zu vergüten bzw. zu erstatten.
3. Die voraussichtlichen Gesamtkosten betragen unter Zugrundelegung der bei Abschluß dieses Vertrages geltenden Preise und Gebühren DM ______
Die endgültigen Kosten richten sich nach den gültigen Preislisten und Gebührenordnungen am Tage der Bestattungsausführung.
4. Die Gesamtkosten der Bestattung werden wie folgt durch den Auftraggeber gesichert:
a) durch unwiderrufliche Bezugsberechtigungs-Erteilung aus folgenden bestehenden oder neu abzuschließenden Lebens- oder Sterbegeld-Versicherungen:

Policen-Nr.	Versicherungs-Gesellschaft	Versich.-Summe

b) durch Zahlung von DM ______ auf ein Separat-Sperrkonto der Bank der Beauftragten. Zinsen werden dem Konto nach den jeweiligen Bankbestimmungen gutgeschrieben.

☐ einmalig in voller Höhe ☐ in monatl./vierteljährl. Raten von DM ______

der Auftraggeber hat eine Zahlung von DM ______ gegen gesonderte numerierte Kassenquittung der Beauftragten geleistet.

der Auftraggeber wird DM ______ auf das Postgirokonto Nr. 2574-108 Postgiroamt Berlin West überweisen.

Von den 3 ausgefüllten Vertragsformularen hat 1 Ausfertigung der Auftraggeber und 2 die Beauftragte nach gegenseitiger Unterzeichnung erhalten. Der Auftraggeber hat von den auf der Rückseite abgedruckten Auftragsbedingungen Kenntnis genommen.

Berlin, den ______

Stempel der Geschäftsstelle | Beauftragte | Auftraggeber/-in (bei Ehefrauen auch Geburtsname)

Sitz Berlin, HRA 7550 · Komplementär: Global Handels- und Verwaltungs-Gesellschaft mbH · Sitz Berlin HRB 2871
Aufsichtsratsvorsitzender: Heinz Hoefer · Geschäftsführer: Heiko Hansen, Horst Begert · Registergericht Charlottenburg
Gerichtsstand: Berlin-Schöneberg

4/152

DIETER LENZEN

ALLES KANN JEDERZEIT PASSIEREN

ZUR LINEARISIERUNG DES LEBENSLAUFS IN DER MODERNEN INDUSTRIEGESELLSCHAFT

Die Bemerkung, daß früher die Welt noch in Ordnung gewesen sei, nötigt uns in der Regel nicht mehr ab als ein Kopfschütteln über den vermuteten Konservatismus dieser Aussage und ein mitleidiges Schulterzucken über den altersbedingten Erinnerungsoptimismus, den wir hinter einer solchen Einschätzung vermuten. Eine solche Überheblichkeit ist jedoch vollkommen unangebracht. Nimmt man ihn nämlich wörtlich und bezieht man ihn auf den Lebenslauf der Menschen, dann ist er sehr zutreffend. Der Lebenslauf der Menschen in der traditionellen Gesellschaft des 19. Jahrhunderts, weit hineinreichend in das zwanzigste, war geordnet. In manchen eher ländlichen Regionen Nord- und Westeuropas haben sich beträchtliche Bestände dieser Ordnung erhalten, für Südeuropa gilt dieses in besonderer Weise und, was die Zukunft für die Gestaltung des Lebenslaufs der Menschen in Osteuropa, aber auch in Ostdeutschland bringen wird, gehört zu den anthropologisch interessantesten und politisch wichtigsten Fragen an die nächsten Jahrzehnte.

Wenn von der Ordnung des Lebenslaufs die Rede ist, dann ist damit nicht die Ordnung der Besitzverhältnisse gemeint, die Ordnung politischer Herrschaft, die Ordnung der Moral oder diejenige von Wissenschaft und Kunst. Die Ordnung des Lebenslaufs ist eine Ordnung der Zeit. Es geht um die Regeln, um die Organisation des einen Lebens, das jedem Menschen gegeben ist. Dem, dem Freiheit und Selbstbestimmung wichtige Werte sind, sträubt sich bei dieser Fragestellung bereits der Widerstand. Soll uns die Freiheit genommen werden, unseren Lebenslauf so zu gestalten, wie es uns paßt? – Das kann sicher nicht das Thema sein. Wenn wir indessen schwerwiegende soziale und individuelle Probleme und Desorientierungen der Gegenwart verstehen wollen, dann müssen wir uns vor Augen führen, wie sich die Verhältnisse durch eine Umorganisation der Zeit im Lebenslauf verändert haben.

Die Menschen haben sich schon sehr früh Gedanken darüber gemacht, ob ihr Lebenslauf eine gesetzmäßige Ordnung besitze. Die erste bekannte Periodisierung des Lebenslaufs datiert bereits von 600 v. Christus. Die Längen der idealtypischen Lebensphasen haben sich in der Geschichte häufig geändert. Der Zahl 7 kam dabei, wie im 90. Psalm, immer eine besondere Bedeutung zu. Oftmals wurde auch von sieben Lebensphasen unterschiedlicher Länge ausgegangen. Die Tatsache, daß es sich dabei um eine ungerade Zahl handelte, begünstigte die Vorstellung eines bestimmten Aufbaus des Lebenslaufs. Dieser Aufbau wurde im Bild der Lebenstreppe vorgestellt. Sie sah das Leben als einen Auf- und Abstieg, zwischen denen ein «Lebensgipfel» lag. Da in der Regel der Mann im Zentrum dieser Darstellungen stand, stellte denn auch der geschäftliche Erfolg im bürgerlichen Leben den Höhepunkt der Treppenstruktur dar. Diese Vorstellung enthält den christlichen Gedanken, daß das Leben durch die Aufgabe der Bewährung gekennzeichnet sei. Der Gedanke an den sicheren Tod wird in der Aufbauphase unterdrückt, um im absteigenden Flügel der Treppe im Mittelpunkt zu stehen, der sich am körperlichen Verfall orientiert. Mit diesen Vorstellungen von einem Lebenslauf können wir uns als Zeitgenossen der Leistungsgesellschaft noch recht gut orientieren. Sie sind denn auch nicht zufällig neuzeitliche Modelle für den Lebenslauf, die besonders im 19. Jahrhundert ein beliebtes Thema zahlloser Illustrationen waren. Dieser Strukturtyp ist aber bereits die Überlagerung einer älteren Lebenslaufvorstellung, die im Bilde des Rades, des Lebensrades, enthalten war. Die zentrale Eigenschaft dieser ältesten, von den christlichen Bewährungsvorstellungen noch nicht vollständig überlagerten Konzeption ist diese:

Das Leben beginnt an derselben Stelle, an der es endet, oder umgekehrt formuliert: es endet an derselben Stelle, an der es beginnt. Der Mensch wird aus dem Tod heraus in das Leben geboren und aus dem Leben heraus in den Tod zurückgebracht. Die organisierende Kategorie dieser zyklischen Lebenslaufvorstellung ist also die des Todes. Das Leben ist demnach ein zeitlich überschaubarer Ausstieg aus dem Kontinuum des Nichtlebens. Und ebenso sicher, wie die Menschen diesem Tod entstammen, führt der Lebenslauf sie dorthin wieder zurück. Die Unbegreiflichkeit, den Schrecken der Todestatsache begreiflich und tendenziell hinnehmbar zu machen, war wohl die zentrale Aufgabe jener zyklischen Lebenslaufvorstellung. Wir finden sie außerhalb Europas in zahlreichen Kulturen wieder, die Nirwana-Vorstellung im ostasiatischen Raum ist wohl die bekannteste.

Warum war nun aber die zyklische Lebenslaufvorstellung, das Bild des Rades, in besonderer Weise geeignet, die Menschen mit ihrer Todestatsache zu versöhnen? Diese Leistung läßt sich nur verstehen, wenn man berücksichtigt, daß die einzelnen Lebensphasen jenes Zyklus einige strikte Bedingungen erfüllten:

– Die Zahl und Art der Lebensphasen war eindeutig definiert.
– Die Abfolge der Lebensphasen gehorchte einer Ordnung, innerhalb derer es keine Umkehrbarkeit und keine Wiederholungen gab.
– Die Orientierung innerhalb des Lebenslaufes wurde den Menschen dadurch erleichtert, daß die Gemeinschaft Riten der Überführung, Transitionsriten, bereithielt, mit deren Hilfe den Menschen anschaulich gemacht wurde, in welcher Phase sie sich befanden.

Betrachtet man die Zahl der für die traditionelle Gesellschaft verbürgten Lebensphasen, dann muß man feststellen, daß diese wesentlich größer war, als wir es uns heute vorstellen können. Eine idealtypische Rekonstruktion erlaubt es uns, etwa folgende Phasen zu unterscheiden:

– Geburt
– frühe Kindheit
– Schulalter
– Lehrjahre/frühe Jugend
– Jugendalter
– Adoleszenz
– Ehe
– Zeugungsalter
– Schwangerschaft/werdende Vaterschaft
– mittleres Lebensalter/Elternschaft
– «empty nest» (das «leere» Elternhaus)
– Großelternschaft
– Tod.

Die Übersicht über diese Lebensphasen erscheint uns auf den ersten Blick nicht weiter überraschend. Kaum eine dieser Phasen hinterläßt den Eindruck, heute verlorengegangen zu sein. Die Differenz wird allerdings auffälliger, wenn wir uns vor Augen führen, daß die Struktur dieses Lebenszyklus wegen seiner Zyklizität einmal die beiden genannten Bedingungen der Unumkehrbarkeit und der Nichtwiederholbarkeit einzelner Lebensphasen erfüllte. Weil zum Beispiel außereheliche Sexualität und die damit verbundene mögliche Folge außerehelicher Elternschaft nicht positiv sanktioniert war, konnte es eine Umkehrung der Phasen Ehe – Zeugungsalter – Elternschaft nicht geben, und ebensowenig war an eine Wiederholung einzelner Lebensphasen zu denken, wie sie beispielsweise durch die Freigabe der Scheidungsmöglichkeit einer Ehe entstanden ist. Die Lebensphase der Ehe, der Elternschaft, aber auch anderer wie die mit der Ausbildung ver-

«Das Stufenalter des menschlichen Lebens.», um 1840/50 (vgl. 1/176)

bundenen können heute, man denke nur an die Forderung nach lebenslangem Lernen, jederzeit wiederholt werden.

Damit die Charakterisierung des traditionellen Lebenszyklus nicht mißverstanden wird, muß auf eines noch einmal hingewiesen werden: Es geht nicht um eine Beschreibung der Lebenswirklichkeit jener Zeit. Wir wissen alle, daß es zahllose außereheliche Kinder gab, so daß also sehr wohl eine Lebensphase der anderen vorgezogen wurde. Aber wir wissen auch, daß diese Umkehrung nicht lizensiert war, ja daß die fehlende Bereitschaft der Gesellschaft, eine solche Umkehrung zu akzeptieren, noch im 18., ja 19. Jahrhundert dazu führte, daß ledige Mütter ihr Neugeborenes aus Angst vor Entdeckung töteten und nicht selten als Kindsmörderinnen vor Gericht gestellt wurden oder daß uneheliche Kinder in Findelhäuser oder «Pflegestellen» gegeben wurden, wo sie vernachlässigt wurden oder gar verhungerten. Das Bedürfnis, die offizielle Lebenslaufordnung stabil zu halten, war also so massiv, daß in einer ja noch sehr christlich geprägten Gesellschaft selbst vor dem Bruch des Tötungsverbots nicht zurückgeschreckt wurde. Die kleinen «Bankerts», die auf der Bank mit den Mägden gezeugten Kinder, störten eine Lebenslaufordnung, die den Zeitgenossen sehr wichtig gewesen sein muß. Man kann versuchen, dieses mit sozialtheoretischen Hypothesen zu erklären. So mag die Ordnung als solche und ihre Einhaltung die Sicherung der Herrschaftsträger erleichtert haben. Aber es kommt wohl eine viel heftiger wirkende anthropologische Motivation hinzu. Die Destabilisierung der Lebenslaufordnung hätte eine fundamentale, religiös verbürgte Sicherheit gefährdet, die für jeden einzelnen Menschen unverzichtbar war: die Sicherheit, daß der Tod, der sichere Tod, so grauenvoll nicht ist, wie man ihn als Lebender fürchten mußte, wenn man ihn nicht kannte.

Den Tod zu kennen, ihn kennenzulernen, war deshalb die dritte, eigentlich wichtigste Funktion der zyklischen Lebenslaufordnung. Diese anthropologische Leistung eines strikt geordneten Lebenslaufes begreift man nur, wenn man sich die alltägliche Praxis des Fortschreitens innerhalb dieses Lebenslaufs, des Übergangs von Lebensphase zu Lebensphase, vor Augen führt. Woher wußten die Menschen, in welcher Lebensphase sie sich befanden? Woher wußten sie, wie nahe sie schon oder wie ferne sie noch dem Tode sind? – Dieses Bewußtsein konnte nur vermittelt werden, indem eine über das Wissen von Leben und Tod verfügende Autorität ihnen sagte, wo sie stehen. Diese Autorität war die Kirche, allgemeiner, die Priester, Pfarrer, eben Agenten der Kirche und später, in säkularisierter Form, der Staat. Diese Autoritätsträger sagten aber nicht lediglich den Menschen, in welcher Lebensphase sie sich befanden, sondern ein wesentlicher Bestandteil ihres Amtes bestand darin, die Menschen von Lebensphase zu Lebensphase zu transformieren, zu definieren, zu bestimmen, in welcher Lebensphase man sich befand. Die Tätigkeit, die solche Definitionen fühlbar macht, ist der Ritus und der mit ihm verbundene Kult. – Für jeden Übergang von einer Lebensphase in die andere besaß die traditionelle Gesellschaft einen Ritus. Beispiele seien genannt, solche, die wir noch kennen, und solche, die uns heute unbekannt sind:

So war der Übergang vom Tod in das Leben, die Geburt, von Reinigungsriten begleitet, ebenso war für die Mutter der Übergang von der Entbindung zur Mutterschaft, die Wöchnerinnenzeit, gleichfalls durch Reinigungsriten markiert, nach deren Vollzug sie allererst wieder bestimmte Handlungen vollziehen durfte, zum Beispiel das Betreten eines Gotteshauses. Der Übergang des neugeborenen Kindes in die frühe Kindheit war markiert durch den Taufritus, verbunden mit der Namengebung. Der Übergang von der frühen Kindheit in das Schulalter ist eine späte «Erfindung», die heilige Erstkommunion markierte zumindest für den katholischen Raum den religiösen Übergang. Die Transition in das «Lehrlingsalter» war noch im Mittelalter, aber auch später, von unterschiedlichen Riten der Lehrlingsaufnahme begleitet, in gleicher Weise der Abschluß dieser Ausbildungsphase. In einigen Handwerksberufen, z.B. dem des Druckers, sind Reste solcher Tradition erhalten, wenn die Absolventen der Druckerlehre «gegautscht» werden. Die Lebensphase der Wanderschaft des «Gesellen» war nicht nur eine Ergänzung der Ausbildung, sondern vor allem eine Erfüllung des antiken Mythos von der «Heldenfahrt», der eigentlichen Bewährung vor dem Übertritt in das Erwachsenenleben. Für dieses war die Begegnung mit dem anderen Geschlecht sicher das hervorragende Merkmal. So gab es eine durchaus voreheliche Sexualität in ritualisierter Form, etwa der sogenannten «Komm-Nächte», die mit verschiedenen Partnern vollzogen wurden. Die Entscheidung für den einen Partner/die eine Partnerin führte zur Hochzeit, die aber nicht gleichbedeutend mit einem Übergang in die Phase der Kindeszeugung war. Dafür hielt die Kirche noch zusätzliche Riten, Fruchtbarkeitsriten, zum Teil heidnischen Ursprungs, bereit, die der Priester an den Eheleuten vollzog. Die eingetretene Schwangerschaft wurde nicht irgendwie «bemerkt», sondern durch Autoritäten der Gemeinschaft festgestellt und «definiert». Nicht selten wurde die Schwangere im Verlauf dieser Lebensphase außerhalb ihrer gewohnten Umgebung rituellen Belehrungen über die künftige Lebensphase ausgesetzt, wie auch der Geburtsvorgang, wenn er etwa im «Geburtsexil», also außerhalb des Hauses stattfand, mit nachhaltigen rituellen Erlebnissen verbunden war.

Man muß sich die Struktur und den Inhalt dieser Riten genauer ansehen, um deren Leistungsfähigkeit für die Orientierung innerhalb des Lebenslaufes nachvollziehen zu können. Wichtig ist dafür, daß der Transitionsritus nicht von dem Initianden bzw. der Initiandin selbst vollzogen werden kann, sondern immer von fremden Autoritäten, Vertretern der Lebensgemeinschaft, zu der die betreffenden Menschen gehören. Diese sind in besonderer Weise autorisiert und geeignet, einen solchen Ritus durchzuführen. Die Autorisation erwerben sie durch Weihen der Gemeinschaft und durch ihre über das gewöhnliche Maß hinausgehenden Kenntnisse der Zusammenhänge von Leben und Tod. Der Transitionsritus selbst ist nun dadurch gekennzeichnet, daß der Initiand bzw. die Initiandin häufig aus seiner/ihrer gewohnten Umgebung entfernt wird. Dieses ist das rituelle Exil, wie wir es zum Beispiel in vielen Kulturen beim Pubertätsexil oder auch als Geburtsexil kennen. Die Entfernung aus der gewohnten Umgebung ist keine Urlaubsreise, sondern sie findet unter dramatischen Umständen, zum Beispiel als gewaltsame Entführung, statt. Der Initiand oder die Initiandin erlebt diese Exilation als eine dramatische Verunsicherung. Im Transitionsexil finden im wesentlichen zwei Ereignisse statt: Manipulationen, zum Teil sehr schmerzhafter Art, am Körper des Initianden bzw. der Initiandin und Belehrungen über die bevorstehende Lebensphase und über das, was die Gemeinschaft von dem Initianden erwartet. Diese Belehrungen sind uns heute noch nachvollziehbar. Als Brautunterricht oder Taufunterricht für die Eltern und Paten, auch in der Gestalt des Beileidsbesuchs eines Pfarrers bei den Hinterbliebenen eines Toten sind Reste dieser rituellen Belehrungen erhalten. Denn dieses ist vollkommen klar: In solchen Veranstaltungen wird nicht wirklich gelernt, sondern ein Übergang «gefeiert». Die körperlichen Manipulationen hatten nun einen wichtigen, vermutlich den wichtigeren Sinn: Sie veränderten die Gestalt des Initianden. Der Beschneidungsritus gehört hierhin, aber in vielen ursprünglichen Kulturen auch noch Formen der Tätowierung, des Abfeilens der Zähne usw. Wenn man sich die Erlebnisqualität dieser Ereignisse für die Betroffenen anschaut, dann wird ihre Bedeutung sinnfällig: Entfernung aus der gewohnten Umgebung, schmerzhafte Manipulationen, Belehrungen über die Zukunft lösen bei diesen Menschen Ängste aus. Sie werden sichtbar verändert, sie werden als die Menschen der vorangegangenen Lebensphase symbolisch getötet, um als Veränderte in die Gemeinschaft zurückzukehren. Sie sind andere geworden.

Markant formuliert: Der Mensch der Lebensphase 1 ist getötet und als Mensch der Lebensphase 2 wiedergeboren worden. Genau genommen handelt es sich also um Riten von Tod und Wiedergeburt, die die ewige Zyklizität des Lebens, des individuellen wie des Lebens überhaupt, symbolisieren und vor allen Dingen nachfühlbar machen. Dieses dramatische Todeserlebnis enthält für die Betroffenen aber auch eine Tröstung: Sie sterben nicht wirklich, sie überleben, ja sie überleben sogar in einer Art «geläuterter» Form. Sie sind aufgestiegen, sie sind «erwachsener» als vorher. Dem dramatischen und schmerzhaften Todeserlebnis wird sein Schrecken durch die Tröstung, das Versprechen eines neuen Lebens, genommen. Für dieses Erlebnis der Sicherheit und Zuversicht sind die Menschen bereit gewesen, erhebliche Einschränkungen, Schmerzen und Fremdbestimmungen auf sich zu nehmen. Und: Die Gemeinschaft, in die die Initiierten zurückkehren, billigt ihnen nunmehr neue Rechte, die Rechte der neuen Lebensphase zu.

In der Verbindung der drei Elemente des traditionellen zyklischen Lebenslaufs wird also seine Leistungsfähigkeit deutlich: Eine relativ hohe Zahl nicht sehr langer Lebensphasen, die als solche in ihrer Abfolge unumkehrbar und nicht wiederholbar sind, verdeutlicht und nachfühlbar gemacht durch dramatische Riten, die die Todestatsache erfahrbar machen und zugleich mit ihr versöhnen. Am Ende steht immer das Leben.

Diese Verhältnisse haben sich nun im historischen Verlauf, insbesondere der letzten zweihundert Jahre, verstärkt aber in der zweiten Hälfte des 20. Jahrhunderts und hier insbesondere in den Industriegesellschaften, nachhaltig geändert. Nichts ist in diesem Sinne mehr «in Ordnung». Alles kann jederzeit geschehen, und am Ende steht nicht das Leben, sondern der Tod, dieses wollen wir aber nicht wahrhaben.

Wie ist es dazu gekommen? – Vielleicht muß man noch einmal auf das Bild der Lebenstreppe zurückkommen. Einerseits enthielt es in seinem Auf und Ab noch die Vorstellung vom Verfall, ohne aber die Tröstung der Zyklizität zu enthalten. Aber bei diesem Bild ist es nicht geblieben. Die wissenschaftliche, insbesondere psychologische Literatur des 20. Jahrhunderts skizziert den Lebenslauf häufig nur noch als Aufstieg und unterschlägt die Todestatsache gänzlich (vgl. die folgende Abbildung).

Dieser lineare Aufstieg als Muster des modernen Lebenslaufs ist die konsequente Fortführung des christlichen Bewährungsgedankens. Für die Christen war die naturalistische,

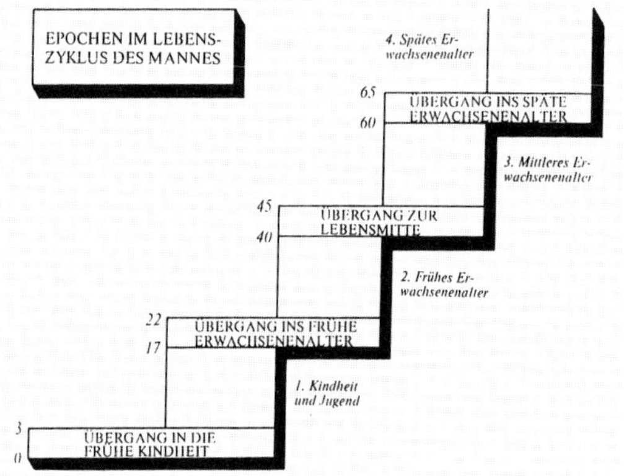

Epochen im Lebenszyklus des Mannes

an der Himmelsdrehung orientierte Weltsicht von der ewigen Wiederkehr des Gleichen unter keinen Umständen akzeptabel. Damit wäre die Einmaligkeit des Opfertodes Christi in Frage gestellt worden, wenn die Geschichte sich immer wiederholte. Dieser Opfertod deutet ebenso wie Schöpfung, Sündenfall und Jüngstes Gericht auf die Notwendigkeit einer linearen Zeitvorstellung innerhalb der christlichen Religion. Für die Christen ist der Tod nicht der Ort des Wiederbeginns weiteren Lebens, sondern das Ziel, die Linearität der Endlosigkeit des ewigen Lebens. Um in diese Endlosigkeit überführt zu werden, sind innerhalb der Spanne des kurzen Lebens Lizenzen zu erwerben, der Mensch muß sich bewähren durch seine Lebensführung. Wenn er dieses tut, dann «führt» das Leben ihn zur ewigen Glückseligkeit. Wir sehen: Zyklizität des Lebenslaufs und christliche Religion vertragen einander nicht. Wer an Christus glaubt, muß sich seinen Lebenslauf als linearen vorstellen. Diese aufwärtsgerichtete Geradheit des Lebens funktionierte nun aber sowohl für die Individuen als auch die Gesellschaft nur so lange, als sie mit dem unverbrüchlichen Glauben an das ewige Leben und die Notwendigkeit eines darauf ausgerichteten Lebens auf Erden verbunden war. Als dieser Glaube zu brechen begann, ohne daß sich die Linearitätsvorstellung änderte, entstand die Quelle jener «Unordnung», die für die zeitgenössischen Menschen so verwirrend und belastend geworden ist, ohne daß sie sich über deren Ursachen in der Regel im klaren sind.

Der Säkularisierungsprozeß hat zwar die Vorstellung von der Linearität des Lebenslaufes nicht beeinträchtigt, ganz im Gegenteil, sie ist bekräftigt worden durch eine inzwischen ganz unchristliche Leistungs- und Arbeitsethik, die auf Aufstieg, Fortschritt, Beschleunigung und auf Zukunft ausgerichtet ist. Gleichzeitig hat der Säkularisierungs- und Industrialisierungsprozeß seit dem Ende des 19. Jahrhunderts alle anderen Merkmale des traditionellen Lebenslaufs aber nachhaltig verändert.

So ist zunächst die Zahl der eindeutig erlebten und erlebbaren Lebensphasen drastisch gesunken. Volkskirchliche Riten stehen nur noch an der Schwelle einer geringen Zahl von Lebensphasen: Die Taufe, die Eheschließung, die Konfirmation und kirchliche Bestattungen. Soweit dazu statistische Ergebnisse vorliegen, kommt hinzu, daß längst nicht jeder Bürger diese Transitionsriten in Anspruch nimmt. Die Abbildung 2 zeigt das Verhältnis von staatlichen und kirchlichen rituellen Übergängen für die alte Bundesrepublik im Jahr 1982. Der Anteil der kirchlich vorgenommenen Transitionsriten sinkt. Einen säkularisierten Ersatz gibt es nur in Form der standesamtlichen Trauung, nicht für den Eintritt oder Austritt in das bzw. aus dem Leben:

Träger der Registrierung / Ereignisse	Standesämter	ev. Kirche	röm.-kathol. Kirche	Kirchen insgesamt	kirchliche Riten auf standesamtliche Registrierung in Prozent
Lebendgeburten/ Taufen	621 173	229 974	264 763	494 737	79,65
Eheschließungen/ Trauungen	361 966	91 692	120 100	211 792	58,51
Todesfälle/ Bestattungen	715 857	346 560	286 822	633 382	88,48

Lebendgeburten, Eheschließungen und Todesfälle im Vergleich zu kirchlichen Taufen, Trauungen und Bestattungen in der Bundesrepublik Deutschland

Viele der anderen Riten aus der traditionellen Gesellschaft existieren nicht mehr, sind nicht einmal mehr bekannt. Hinzu kommt, daß die Einschnitte des Übergangs von Lebensphase zu Lebensphase heute einen anderen

Charakter haben. Diese Übergänge werden psychisch häufig nachhaltig als Krise erlebt. In der psychologischen Forschung besteht Uneinigkeit darüber, ob diese Krisenerlebnisse nachhaltige psychische Schäden verursachen oder nicht. Für die zentrale Frage des Umgangs mit der Todestatsache sind indessen beide Ergebnisse gleichbedeutend: Wenn solche Lebenslaufkrisen, die nicht rituell bewältigt werden, nachhaltige psychische Schädigungen hinterlassen, dann kann dieses auch auf die fehlenden rituellen Leistungen zurückgeführt werden. Findet eine solche bleibende Prägung nicht statt, dann wird die Todestatsache durch den einzelnen offenbar überspielt. Er ist in der Lage, aufgrund welcher Mechanismen auch immer, diese zu verdrängen. Es kann als weitgehend gesichert gelten, daß beide Effekte auf das Ausbleiben ritueller Übergangsformen zurückgeführt werden können. Dafür sprechen im wesentlichen drei Beobachtungen in den modernen Industriegesellschaften:[1]

– versuchte, aber mißlingende Transitionsriten (so haben die verbliebenen volkskirchlichen Riten in der Regel nur noch den Charakter von Familienfeiern und werden, wie zum Beispiel im Falle des «Brautraubs» am Hochzeitstage, nurmehr als Spiele durchgeführt);

– versuchte Selbsttransitionen (in den letzten Jahren sind, begünstigt durch die weite Verbreitung elektronischer Unterhaltungsmedien, zahllose Möglichkeiten entstanden, eine Transition selbst zu versuchen. So sind beispielsweise Horrorfilme oder auch Computerspiele, die den Spielenden auf eine «Bewährungsprobe» im Kampf mit simulierten Gegnern am Joystick veranlassen, durchaus als Ersatzversuche der Selbsttransition zu werten, die wegen ihres fehlenden Ernstcharakters natürlich nicht gelingen können; in dramatischer Weise haben sich in den letzten Jahren die Folgen dieses Transitionsbedürfnisses für Jugendliche zugespitzt, wenn man etwa an gewalttätige Ausschreitungen Jugendlicher gegen gesellschaftliche Minderheiten denkt);

– Formen des Auf-Dauer-Stellens versuchter Transitionen (das dauernde Mißlingen einer Überführung in die jeweils nächste Lebensphase des Erwachsenen führt zu einer tendenziell endlosen Wiederholung von Transitionsversuchen, die wir als Fernsehsucht, Spielsucht usw. beobachten können).

Aber die vergeblichen Versuche, in eine nächste Lebensphase zu gelangen, spielen sich nicht nur am Bildschirm des Fernsehers oder des Computers ab. Weil die beiden Merkmale des traditionellen zyklischen Lebenslaufs, Unumkehrbarkeit der Lebensphasen und Unwiederholbarkeit, verlorengegangen sind, hat das derart «ungeordnete» Lebenslaufschema eine sehr wichtige Funktion verloren: den Menschen nicht nur mit der Todestatsache zu versöhnen, sondern ihn erwachsen zu machen. Wenn es möglich ist, Lebenslaufmerkmale wie die Schwangerschaft oder die «Bewährung» in der gewalttätigen Handlung schon im Kindes- oder Jugendalter zu erleben, wenn es möglich ist, als Sechzigjähriger in der Volkshochschule die Haltung eines Schülers einzunehmen, und wenn es möglich ist, Lebenslaufphasen zu wiederholen, die Ehe, die außereheliche Sexualität, und wiederum die Phase des Lernens, dann kann eine Gesellschaft über gemeinsame Lebenslaufvorstellungen nicht mehr sinnstiftend, orientierend und mit anthropologischen Tatsachen versöhnend fungieren. Man kann das auch umgekehrt formulieren: Umkehrbarkeit und Wiederholbarkeit von Lebensphasen sind der Ausdruck dafür, daß die so desinteressierten Menschen womöglich unbewußt nach einer Ordnung in ihrem Leben suchen, die an einem allgemein verbürgten Schema verlorengegangen ist.

Wenn alles zu jeder Zeit passieren kann, dann ist zwar jedes Ereignis überraschend, weil die Überraschung aber der Regelfall ist, gibt es keine Überraschung mehr. Die Menschen werden dazu genötigt, sich den Ereignissen hinzugeben, auch wenn sie der Meinung sind, deren Herr zu sein.

Auf diese Weise begeben sich viele Menschen in den Industrieländern freiwillig-unfreiwillig

[1] Eine ausführliche Untersuchung zu den Voraussetzungen, der Struktur und den Folgen ausgebliebener Transitionen in: Dieter Lenzen: Mythologie der Kindheit, Reinbek bei Hamburg 1985 (dort auch die beiden gezeigten Abbildungen).

in den Dauerstatus des Kindes. Diese Behauptung muß etwas näher erläutert werden: Die Verdrängung der Todestatsache wird im linearisierten Lebenslauf durch den Verzicht auf rituelle Überführungen, die mit dieser Tatsache bekanntmachen, total. Ergänzend wirken zahllose andere Verdrängungsmechanismen, wie die Versprechungen einer allheilenden-allheiligen Medizin, das Unauffälligmachen der Gestorbenen (Tote werden nicht mehr öffentlich aufgebahrt, Friedhöfe befinden sich am Rande der Städte) und eine allfällige Sicherheitspolitik, die uns unablässig suggeriert, vom Sicherheitsgurt über Kernkraftsicherheit bis zur militärischen Sicherung alles im Griff zu haben. Diese Exkommunikation des Todes aus unserem Leben benimmt uns eines wichtigen Lebensstatus: des Erwachsenenalters. Denn wenn die Bezeichnung, jemand sei erwachsen, einmal einen Sinn gehabt hat, dann nicht nur denjenigen, daß er zeugungsfähig, ausgelernt und beruflich erfolgreich ist, sondern auch den, daß ihm die kurze Spanne seines Lebens bewußt ist und daß er deshalb dieses Leben bewußt gestaltet und es nicht einfach nur lebt. Das Leben einfach zu leben, das ist Kindersache. Kinder müssen (noch) nicht an ihr Ende denken. Erwachsene in unserer entritualisierten, durch die Linearität des Lebens gekennzeichneten Kultur müssen das auch nicht. Sie sind diesbezüglich den Kindern gleich. Sie sind infantilisiert. Nirgendwo kommt dieses so nachhaltig zum Ausdruck wie in der endlosen Flut der Spiel-, Unterhaltungs- und Zerstreuungsmöglichkeiten, die unsere Kultur bietet. Nirgends wird dieses so sinnfällig wie in der unablässigen Feier des Kindes, die dieses «Jahrhundert des Kindes» uns beschert hat. Nirgends wird diese Tendenz so aufdringlich wie im Jugendkult und seiner Verachtung der alten Menschen, wenn diese sich nicht bemühen, jugendlich zu scheinen und zu diesem Zwecke ihr Geld zum kosmetischen Chirurgen, in die Modeboutique oder in das Büro für Fernreisen tragen. Dort, in der Südsee, auf den Bahamas oder auch nur in Gran Canaria oder Mallorca erleben sie dann, alterslos, das Paradies auf Erden und leben scheinbar ewig, weil der Tod aus ihrem Blickfeld geraten ist.

Bedauerlicherweise geht diese Paradiessimulation aber nicht einher mit paradiesischer Friedfertigkeit. Die besondere Vergünstigung meiner paradiesischen Lage wird mir, darauf hat schon Sokrates hingewiesen, nur erlebbar, wenn das Andere gleichzeitig sichtbar bleibt. Das Andere ist der Tod, das Leiden, die Gewalt, deren Erlebnis wir nunmehr aus sicherer Entfernung genießen können. So vermitteln uns die Nachrichtenbilder am Fernsehen durchaus Todeserfahrungen, und unsere Zustimmmung zu Euthanasie und Abtreibung ist immer eine Zustimmung zum Tod der anderen, kein Ja-Sagen zum eigenen Tod. Könnte es so sein, daß unsere Tötungsbereitschaft, zumindest die Bereitschaft, den Tod der anderen hinzunehmen, steigt, wenn wir unseren eigenen Tod aus der Wirklichkeit des Lebenslaufs eliminiert haben?

Angesichts dieser Frage drängen sich Bilder des Jahres 1992 auf, in denen Gewalt gegen «die Anderen» gezeigt wurde, sichtbar wurde, und dieses insbesondere auf dem Gebiet der ehemaligen DDR. Angesichts der friedlichen Beseitigung der Diktatur ebendort erschien die hohe Gewaltbereitschaft weiter Kreise der Bevölkerung für viele überraschend. Und wo sie nicht rätselhaft war, da wurden auch gleich Erklärungen angeboten, wie wir sie aus gesellschaftstheoretischen Faschismusanalysen kennen, vor allem die Vermutung, hier würden Enttäuschungen über die eigene desolate soziale Lage auf Sündenböcke projiziert. Diese Einschätzung muß nicht falsch sein, aber sie ist unvollständig. Für die Gesellschaft der ehemaligen DDR galt nämlich, ähnlich wie für andere osteuropäische Länder, in sehr viel extremerer Weise das, was wir in den westeuropäischen Ländern hinsichtlich der Linearisierung des Lebenslaufes beobachten konnten. Hier war die Akzeptanz volkskirchlicher Riten sehr viel weiter zurückgedrängt. Hier waren Wiederholungen von Lebenslaufphasen z. B. durch höhere Scheidungsfrequenzen häufiger. Hier war die Feier einer Jugend, auf die alle Hoffnungen zukünftiger sozialistischer Entwicklungen projiziert wurden, Staatsreligion; nicht umsonst spielte der Pubertätsritus der Jugendweihe die entscheidende, nahezu einzige Überführungsrolle im sozialistischen Lebenslauf. Es war dieses die Überführung vom Jugendlichen in den

Status eines Erwachsenen, der auf die Verpflichtungen gegenüber dem Sozialismus eingeschworen wurde. In einer Gesellschaftstheorie aber, in der wie in keiner zweiten auf Fortschritt und Zukunft gesetzt wurde, konnte für eine Gegenwärtigkeit der Tatsache des eigenen Todes, des eigenen Todes, kein Platz eingeräumt werden. Dadurch dürfte, verknüpft mit einer allfälligen Entmündigung der Bevölkerung, der Infantilisierungsprozeß jener DDR-Bürger demjenigen der Angehörigen westlicher Industriegesellschaften kaum nachgestanden haben, wenngleich auch aus anderen Gründen. Auch in dieser Gesellschaft spielte eine säkularisierte Paradiesvorstellung die Rolle, die sie in marktwirtschaftlichen Systemen spielt: Das Paradies auf Erden sollte die sozialistische Gesellschaft werden. Daß es dabei wohl weniger um die Ermöglichung grenzenlosen Konsums ging als um eine durch Gleichheit der Lebensverhältnisse erzeugte Utopie der Ruhe und Friedfertigkeit, ist strukturell und hinsichtlich der Effekte für die anderen vergleichsweise bedeutungslos: Die anderen waren in diesem Falle diejenigen, denen gegenüber Gewaltbereitschaft öffentlich lizensiert war, die Menschen in den imperialistischen und kapitalistischen Ländern. Und in Formen der Staatsjugendorganisationen, der paramilitärischen Ausbildung für Jugendliche bis hin zu den Betriebskampfgruppen bot jener Staat hinreichend Möglichkeiten, den Tod als den Tod der anderen zu erleben und sich so ganz genau wie im Westen zu suggerieren, daß das eigene Leben davon unbetroffen sein würde.

Insofern speisen sich westliche wie östliche, am Bildschirm oder in der militärischen Übung simulierte Gewaltbereitschaft, westlicher wie östlicher Jugendkult, westliche wie östliche Fortschrittsideologie und westliche wie östliche Ignoranz gegenüber der kurzen Spanne des einen Lebens und der daraus erwachsenden Nötigung, es bewußt zu gestalten, aus derselben, christlichen Quelle, deren Säkularisierung ihren ursprünglichen Sinn zerstört hat und mit ihr und durch sie die Ordnung eines Lebenslaufs, in dem nichts mehr an den Tod und damit nichts mehr an das Leben erinnert.

GÜNTER ROSKI

JUGENDLICHE IN DER DDR

Einer Diskussion von Veränderungen gesellschaftspolitischer Einstellungen und Wertorientierungen von Jugendlichen in der DDR müssen einige Bemerkungen vorangestellt werden.

Zuverlässige sozialwissenschaftliche Forschungsergebnisse zu politischen Einstellungen und Wertorientierungen bei DDR-Jugendlichen sind nur spärlich vorhanden. Als eine der wenigen Forschungseinrichtungen der DDR hat das ehemalige Zentralinstitut für Jugendforschung (ZIJ) in Leipzig zwischen 1966 und 1990 in seinen insgesamt etwa vierhundert Untersuchungen auch Daten zu Problemen des weltanschaulichen, politischen und moralischen Bewußtseins und Verhaltens Jugendlicher erhoben und wichtige Veränderungstrends ermittelt.[1]

Ergebnisse dieser historischen Vergleichsforschung gelangten jedoch bis zum Herbst 1989 nicht in die öffentliche Diskussion. Sie unterlagen einer strengen Geheimhaltung und Zensur, verordnet und ausgeübt durch die damalige Abteilung Jugend des ZK der SED, den FDJ-Zentralrat und die offizielle vorgesetzte Dienstbehörde, das Amt für Jugendfragen beim Ministerrat der DDR. Erst nach der «Wende» gelang es, rückblickend einige Ergebnisse aufzuarbeiten und zu veröffentlichen.[2] Dieser Prozeß wurde jedoch durch die Schließung des ZIJ Ende 1990 erheblich eingeschränkt.

Der Wert der genannten Untersuchungen wird durch zwei Aspekte gemindert: Zum ersten konnten sie – wiederum durch politische Verordnung – nicht repräsentativ gestaltet werden. Die Datenerhebung erfolgte allgemein über schriftliche Befragungen im Gruppenverband. Anonymität wurde zwar zugesichert und unbedingt eingehalten, doch ist letztlich nicht völlig auszuschließen (heute jedoch nicht mehr prüfbar), daß einige Befragte unter einem gewissen Konformitätsdruck gesellschaftlich «erwünschtes» Antwortverhalten zeigten. Zur Nachprüfung der Ergebnisse eingesetzte Wiederholungstests in den siebziger und achtziger Jahren boten diesbezüglich jedoch keine Anhaltspunkte.

Zum zweiten mußten Fragestellungen zur Ermittlung von politischen Einstellungen und Wertorientierungen prinzipiell «positiv formuliert werden». Eine vorgegebene Antwortmöglichkeit lautete zum Beispiel: «Ich fühle mich mit der DDR eng verbunden», eine andere: «Ich bin vom Marxismus-Leninismus überzeugt». Hierzu konnte dann mittels Schätzskala mehr oder weniger bzw. überhaupt keine Zustimmung bekundet werden. Methodisch ist gesichert, daß eine negative Formulierung auch stärkere Kritikpotentiale herausgefordert hätte. Dies ändert jedoch nichts an der Verläßlichkeit der Trends, die unter Zugrundelegung identischer Fragestellungen ermittelt wurden.

Schließlich muß darauf verwiesen werden, daß es gerade hinsichtlich gesellschaftspolitischer Einstellungen und Wertorientierungen

Jugenddemonstration zum IX. Parteitag der SED, Berlin, 19.05.1976

keine einheitlich denkende und handelnde DDR-Jugend gab. Studenten und Schüler der dem Gymnasium vergleichbaren Erweiterten Oberschule sowie Hochschulabsolventen verhielten sich lange Zeit (bedingt durch die politisch akzentuierten Zugangsvoraussetzungen für höhere Schulen und Universitäten) deutlich systemkonformer als z.B. Lehrlinge oder junge Arbeiter in der Industrie. Auf die zunehmende gesellschaftliche Krise in der DDR ab Mitte der achtziger Jahre reagierten diese Gruppen erneut sehr differenziert: Während unter jungen Arbeitern und Lehrlingen eine Art politischen «Aussteigens» zu registrieren war, verhielt sich ein Teil der höheren Schüler, der Studenten und der Intellektuellen weiterhin systemkonform, ein anderer Teil übte – stark unter dem Eindruck der politischen Veränderungen in der Sowjetunion unter Gorbatschow – zunehmend Kritik an der gesellschaftlichen Entwicklung in der DDR mit Zielrichtung eines reformierten «besseren» Sozialismus. Diese und weitere Differenzierungen sind zu beachten, wenn man über politische Einstellungen und Wertorientierungen DDR-Jugendlicher spricht.

Politische Einstellungen und Wertorientierungen im Kontext der siebziger und achtziger Jahre

Mit dem Bau der Mauer 1961 und der physischen Grenzziehung zwischen den Deutschen in Ost und West setzte in der DDR unter Ulbricht eine ideologische Abgrenzungs- und Diffamierungskampagne ohne Beispiel ein. Gleichzeitig kam es zu massiven Versuchen der Indoktrination und der Selbstbeschönigung des sozialistischen Systems. Ökonomisch erfolgte zunächst eine gewisse Konsolidierung. Das zunehmend ungünstigere Verhältnis von Akkumulation und Konsumtion und verfehlte Wirtschaftsstrategien zum Ende der sechziger Jahre riefen jedoch merkliche Unzufriedenheit unter der Bevölkerung und schließlich den in Moskau angeordneten Machtwechsel von Ulbricht zu Honecker hervor. Mit dem VIII. Parteitag der SED sollte 1971 unter dem Leitbild einer «Einheit von Wirtschafts- und Sozialpolitik» eine Wende eingeleitet werden.

Tatsächlich gelang es der DDR zum Anfang der siebziger Jahre unter Honecker, ihre internationale Position erheblich aufzubessern (völkerrechtliche Anerkennung, UNO-Mitgliedschaft). Mit einer Überbetonung der Sozialpolitik und entsprechender Gesetzgebung eroberte die SED-Führung auch innenpolitisch verlorenes Terrain zurück. Wohnungsbauprogramm, sozialpolitische Vergünstigungen und Regelungen zugunsten junger Familien und Alleinerziehender schufen neue Sympathie-Potentiale insbesondere auch unter der Jugend. Dazu trugen auch Investitionen in ein umfangreiches Freizeitangebot für junge Menschen bei, das gleichzeitig eine weitreichende politische Kontrolle sicherte (FDJ-Jugendklubs). All das änderte zwar nichts an der Geschlossenheit des gesellschaftlichen Systems, machte aber das Leben im Sozialismus erträglich und infolge der Abstinenz eines objektiven Informationssystems zum Teil sogar erstrebenswert.

Die sogenannte sozialistische Staatengemeinschaft wurde in der medialen Berichterstattung der DDR haupverantwortlich für den Entspannungsprozeß zu Beginn der siebziger Jahre gemacht, die «Ideen des Sozialismus» schienen auf der ganzen Welt Boden zu fassen. Ein zunehmender, wenn auch bescheidener Wohlstand unter der Bevölkerung, die im allgemeinen gesicherte (wenn auch oft vorgezeichnete) Lebensperspektive erweckten übergreifend den Eindruck, daß der realsozialistische Staat eine echte Alternative zum postindustriellen Kapitalismus sein könne. Kaum jemand ahnte zu Beginn der siebziger Jahre, daß die DDR begann, über ihre ökonomischen Verhältnisse zu leben. Angesichts dessen wurde die eingeschränkte persönliche Freiheit von vielen hingenommen, lernte man, mit der «Mauer» zu leben, zumal sich die politische Propaganda noch bis in die siebziger Jahre hinein auf ein faktisches Meinungsmonopol stützen konnte.

Die Forschungsergebnisse des ZIJ spiegeln diese Prozesse seit Ende der sechziger Jahre sehr anschaulich wider. Von Beginn bis etwa zur Mitte der siebziger Jahre ist eine deutliche Konsolidierung sozialistischer Überzeugungen und Wertorientierungen bei im Grunde allen Schichten der DDR-Jugend nachzuvollziehen. Ziele und Werte der Gesellschaft wurden überwiegend angenommen – man identifizierte sich mit ihnen. Die Bereitschaft, das Erreichte auch zu verteidigen, war bei der überwiegenden Mehrheit der Jugendlichen ausgeprägt. Für den größten Teil der jungen Leute schien der weltweite «Vormarsch» des Sozialismus nur eine Frage der Zeit zu sein. Diese allgemeine Euphorie machte jedoch bereits zum Ende der siebziger Jahre wieder realistischeren Einschätzungen Platz. Innenpolitisch konnte das Versprechen der SED, die Lebensqualität kontinuierlich zu steigern und an das Niveau des Westens zumindest anzupassen, nicht eingehalten werden. Außenpolitisch drohte ein Scheitern der Entspannungspolitik zwischen Ost und West. Ökonomisch wie politisch zeigte sich Stagnation, der Rückstand gegenüber den westlichen Industriestaaten, insbesondere auch im Vergleich mit der damaligen Bundesrepublik, wurde um so deutlicher sichtbar. Die beschränkte politische Steuerungsfähigkeit der

Jugendweihe der Hans-Beimler-Oberschule im großen Kultursaal des VEB Narwa, Berlin-Friedrichshain, 07.04.1974
Photograph: Michael Ruetz

sozialistischen Staaten mit der Sowjetunion an der Spitze trat zutage. In dieser Ernüchterungsphase wurden nun um so mehr die Einschränkungen der persönlichen Freiheit durch das autoritäre System bewußt. Politische Bevormundung und Reglementierung, dazu die Einschränkung der Reisemöglichkeiten – obwohl schon seit dem Bau der Mauer wirkend – wurden nun zu zwei wesentlichen Negativ-Erfahrungen, die von Jugendlichen nur schwer zu verarbeiten waren.

In den Untersuchungen des ZIJ zeigten sich diese Entwicklungen 1978 und 1979 als erste stagnative und rückläufige Trends bei fast allen politischen Einstellungen und Wertorientierungen. Im Grunde war damit aus heutiger Sicht bereits das Ende der uniformen sozialistischen Gesellschaft prognostiziert: Nie wieder zeigte sich die Jugend in ihrer Gesamtheit so stark auf die DDR und den Sozialismus als einzige akzeptable Gesellschaftsordnung ausgerichtet wie zur Mitte der siebziger Jahre. Ebenso wurde deutlich (und bestimmte fortan auch das Bewußtsein der jungen Generation), daß die DDR und das sozialistische Gesellschaftssystem sich nicht abgekoppelt vom welthistorischen Prozeß entwickeln konnten. Die gesellschaftswissenschaftliche Forschung zeigte andererseits auf, daß das spezifische Zusammenwirken von internationalen und nationalen Ereignissen von erheblicher Bedeutung für die tendenzielle Veränderung politischer Einstellungen, Überzeugungen und Wertorientierungen bei Jugendlichen ist, insbesondere dann, wenn diese Verhaltensdispositionen noch nicht in einem Maße habitualisiert sind, die eine Änderung erschweren könnten.

Anfang der achtziger Jahre bewirkten zunehmende Belastungen durch das Wettrüsten eine weitere Zuspitzung der wirtschaftlichen Lage in der DDR. Ein weiteres Mal zeigte sich, daß weder das sozialistische Staatensystem noch die DDR in der Lage waren, diese Belastungen abzufangen. Dennoch versuchte die SED-Führung, aus dieser Situation politischen Gewinn zu erzielen, indem sie sich mit einer starken propagandistischen Offensive an der Spitze der weltweiten Friedensbewegung etablieren wollte. Dieser Führungsanspruch wurde ihr zwar international verwehrt, trug jedoch innenpolitische Früchte. Nachweisbar durch Studien in den Jahren 1983 bis 1986, kam es vorübergehend zu einer gewissen Stabilisierung der Identifikation mit der DDR und dem Sozialismus und diesbezüglicher Einstellungen und Wertorientierungen. Im Grunde handelt es sich hierbei jedoch um eine Scheinstabilisierung, die in keiner Weise in einer Veränderung des Systems selbst begründet war, sondern allein als Resultat einer geschickten Propagandakampagne zu werten ist. Folgerichtig bewirkte sie nur ein kurzes Aufhalten des allgemeinen, bereits Ende der siebziger Jahre eingeleiteten Verfallsprozesses des «sozialistischen Bewußtseins». Von ihm wurden alle wesentlichen Überzeugungen und Werte erfaßt, wenn auch zum Teil zeitlich inkongruent. Wenn man dennoch in der Mitte der achtziger Jahre eine weitere Zäsur ansetzt, so vor allem deshalb, weil von diesem Zeitpunkt an der Niedergang sozialistischer Einstellungen und Wertorientierungen bei DDR-Jugendlichen in einem Tempo erfolgte, das eine tiefe gesellschaftliche Krise als unabwendbar erscheinen ließ.

Als Ursachen für diesen rasanten Verfall sind sowohl innen- als auch außenpolitische Prozesse verantwortlich zu machen. Die sehr differenzierten Entwicklungen im Ostblock, vor allem in der Sowjetunion, in Polen und Ungarn, stellten die Allgemeingültigkeit der «Gesetzmäßigkeit» vom Übergang des Kapitalismus in den Sozialismus/Kommunismus aus der Sicht der Jugendlichen zunehmend in Frage. Ein großer Teil der Jugend, darunter häufiger Studenten und Intellektuelle, setzte große Hoffnungen in die von Gorbatschow seit 1985 praktizierte Politik der Öffnung und sah hier Ansätze für längst fällige Reformen im realen Sozialismus der DDR. Diese Hoffungen erfüllten sich nicht. Die DDR-Führung verschärfte vielmehr die «ideologische Kontrolle» und ignorierte die Entwicklungen im Bruderland Nummer eins. Zunehmend erfolgte nunmehr eine totale Ideologisierung aller Alltagsbereiche, wovon besonders Jugendliche betroffen waren. Politische Agitation begleitete den DDR-Bürger vom Kindergarten bis in die Rente. Man griff auf die längst vergessenen «Schwarz-Weiß-Darstellungen» aus der Zeit des Kalten Krieges zurück und baute Identifikationsmu-

Jugendweihe der Hans-Beimler-Oberschule im großen Kultursaal des VEB Narwa, Berlin-Friedrichshain, 07.04.1974
Photograph: Michael Ruetz

ster mit SED und DDR auf der einen Seite, Feindbilder gegenüber dem «BRD-Imperialismus» auf der anderen Seite auf.[3]

In den Medien der DDR erfolgte eine fast ausschließliche Nur-Erfolgsberichterstattung und Argumentation, die in krasser Diskrepanz zu den ernüchternden Alltagserfahrungen der Jugendlichen (vor allem in der Berufstätigkeit) stand. Abgesehen von der Lächerlichkeit solcher Berichterstattung, bewirkte diese Art von Journalismus, daß ein großer Teil der Jugendlichen im Bedürfnis nach umfassender und wahrer politischer Information auf die Medien der Bundesrepublik zurückgriff.

Obwohl in der DDR bis zur «Wende» 1989 kaum jemand Not litt, war der Alltag in den achtziger Jahren doch überwiegend durch einen Mangel an Waren des täglichen Bedarfs, durch geringes technisches Niveau von Konsumgütern, durch überalterte Produktionsanlagen, eine schleichende Inflation und die zunehmende Dominanz der Schattenwährung D-Mark für die Erlangung von Dienstleistungen und hochwertigen Gütern charakterisiert. Zugleich traten die für eine Mangelwirtschaft typischen Erscheinungsformen von Korruption, Vetternwirtschaft und Privilegierung immer krasser zutage, wurden andererseits jegliche Leistungsprinzipien außer Kraft gesetzt.

Die von Jugendlichen im Alltag gewonnenen Erfahrungen standen immer häufiger im Gegensatz zu dem von Schule, Medien und FDJ-Versammlung vermittelten Bild der DDR und des Sozialismus. Sie mußten im Verlauf der achtziger Jahre den Eindruck gewinnen, daß die Gesellschaftskonzeption des Marxismus-Leninismus keine Prognose künftiger Entwicklung gestattete, nicht einmal die aktuellen Problemfelder erklären konnte. Permanent einer Disziplinierung und sozialen Kontrolle durch Lehrer, Polizei und Vorgesetzte (zum Teil zusätzlich der Eltern) ausgesetzt, blieb häufig kein Raum für individuelle Gestaltungsfelder. Angesichts der zunehmenden Erfahrungsmöglichkeiten westlicher Lebensqualität wurde das an sich immer vorhandene Gefühl des Eingesperrtseins zu einem dominanten Lebensgefühl der DDR-Jugend und führte nicht selten zur totalen Resignation. Im Zuge dieser durch innen- und außenpolitische Faktoren bestimmten Entwicklung war ein Vertrauensverlust in die politische Organisation der DDR, insbesondere in die SED-Führung, ein Abbau politischer Werte des Sozialismus und diesbezüglicher Einstellungen, damit letztlich für viele junge Menschen eine tiefe politisch-weltanschauliche Identifikations- und Orientierungskrise absehbar und stellte sich zunehmend ein. Der Glaube an die Überlegenheit und Zukunftsfähigkeit des Sozialismus wurde immer mehr in Frage gestellt und schließlich als Illusion bewertet.[4] Im Sommer 1989 war ein größerer Teil der DDR-Jugend – mit unterschiedlicher Gewichtigkeit in den verschiedenen sozialen Gruppen – nicht mehr bereit, sich für eine weitere sozialistische Entwicklung in der DDR einzusetzen, hegte prinzipiell Zweifel an der Durchsetzung des Sozialismus im Weltmaßstab, lehnte den Marxismus-Leninismus ab und identifizierte sich weder mit den politischen Zielen der SED noch der FDJ. Die sozialistische DDR war es nicht mehr wert, erhalten, geschweige denn verteidigt zu werden.

Empirische Befunde der siebziger und achtziger Jahre

Der im vorhergehenden Abschnitt skizzierte Prozeß soll im folgenden anhand der Entwicklung ausgewählter Wertorientierungen und Einstellungen veranschaulicht werden.

Als eine zentrale Kategorie erwies sich in allen Untersuchungen des ZIJ Leipzig die Identifikation mit der DDR. Sie wurde mit zwei verschiedenen Indikatoren (Fragestellungen) gemessen: «Ich bin stolz, ein Bürger unseres sozialistischen Staates zu sein» und «Ich fühle mich mit der DDR eng verbunden». Auf beide Fragen konnte mittels vierstufiger Schätzskalen geantwortet werden (von «vollkommen» über «mit Einschränkungen» und «kaum» bis zu «überhaupt nicht»). Dieses vierstufige Antwortmodell wurde allgemein bei Fragestellungen nach politischen Einstellungen und Überzeugungen verwendet.

In der Tat war die Identifikation mit der DDR zur Mitte der siebziger Jahre und noch bis zur Mitte der achtziger Jahre bei den Jugendlichen relativ stark ausgeprägt. Es entwickelte sich ein

Der Tenor Hauptmann der Volkspolizei Manfred Schmiedel singt während einer Jugendweihefeier im Filmtheater Kosmos, Berlin, 07.04.1974 Photograph: Michael Ruetz

durchaus auch emotional verankertes DDR-Bewußtsein, das insbesondere durch die Anerkennungswelle für die DDR zu Beginn der siebziger Jahre gestärkt wurde. Der Sozialismus war offenbar in der Lage, einen kontinuierlichen Anstieg der Lebensqualität zu gewährleisten. Im Verbund mit den traditionellen «deutschen Tugenden» Fleiß und Zielstrebigkeit sollte es nach Ansicht vieler Jugendlicher gelingen, einen Westdeutschland vergleichbaren (oder gar höheren) Lebensstandard zu erreichen. Diese Überzeugung wurde durch die Erfahrung der Lebensbedingungen in Osteuropa gestärkt. Der größere Teil der Jugendlichen war in den siebziger Jahren davon überzeugt, daß in der DDR eine humanistische Gesellschaftsordnung verwirklicht wird, die beispielhaft für die ganze Welt ist. Erst als Ende der siebziger Jahre Zweifel an den Potenzen des sozialistischen Weltsystems, an der ökonomischen Souveränität der DDR aufkommen mußten, wurde der Stolz auf die DDR-Staatsbürgerschaft zum ersten Mal deutlich erschüttert. Trotz nun ständig zunehmender Vorbehalte hielt sich das DDR-Identitätsbewußtsein bei den meisten Jugendlichen noch bis zur Mitte der achtziger Jahre und brach erst dann völlig zusammen, als die ökonomische und politische Krise immer offensichtlicher wurde und man die Erfahrung machte, daß der SED-Staat nur durch Restriktionen in der Lage war, seine Macht zu erhalten.

Nicht unwichtig erscheint es, an dieser Stelle auf die allerdings immer im Verlauf der DDR-Geschichte nachvollziehbaren Differenzierungen in der Ausprägung politisch relevanter Einstellungen und Überzeugungen bei verschiedenen sozialen Gruppen unter der Jugend hinzuweisen. So waren, wie schon eingangs angemerkt, Studenten und Intellektuelle immer stärker DDR-verbunden und von den «Vorzügen des Sozialismus» überzeugt als Lehrlinge oder junge Arbeiter. Letztere erfuhren frühzeitiger die Diskrepanz zwischen «Lehre» und Alltag im Berufsleben, äußerten sich zu größeren Anteilen zurückhaltend und skeptisch. Sie durchliefen allerdings auch nicht wie

Studenten oder Fach- und Hochschulabsolventen eine derartige politische Schulung, wie sie an den Universitäten, Hoch- und Fachschulen üblich war. Über das Ausmaß politischer Schulung erklären sich auch Unterschiede in der Ausprägung von Einstellungen und Überzeugungen bei SED-Mitgliedern oder Funktionären des Jugendverbandes FDJ auf der einen Seite und SED-Nichtmitgliedern, «einfachen» FDJ-Mitgliedern bzw. Nichtmitgliedern der FDJ auf der anderen Seite. (Zum nötigen Verständnis sei hinzugefügt, daß fast alle Jugendlichen in der DDR Mitglied des Jugendverbandes waren. Für viele war dies jedoch lediglich eine Formsache oder eine taktische Maßnahme, um Benachteiligungen im Alltag und bei der beruflichen Karriere zu entgehen.) Trotz unterschiedlicher Niveaus der Ausprägung von Einstellungen und Überzeugungen bei den verschiedenen Gruppen ist allen jedoch der Negativ-Trend insbesondere der Jahre nach 1985 gemein. Ohne jede Einschränkung identifizierten sich Ende 1988 nur noch weniger als 20 Prozent der berufstätigen Jugend und der Lehrlinge mit der DDR; bei Studenten, Hoch- und Fachschulabsolventen belief sich der diesbezügliche Anteil etwa auf ein Drittel. 1983 zum Beispiel fühlten sich noch die Hälfte der Lehrlinge und jungen Arbeiter sowie mehr als zwei Drittel der Studenten, Hoch- und Fachschulabsolventen dem Honecker-Staat fest verbunden.

Die Identifikation mit der DDR assoziierte immer auch die Identifikation mit der staatstragenden Partei, der SED. Bedauerlicherweise fehlen für diesbezügliche Trendbetrachtung Meßergebnisse aus der Mitte der siebziger Jahre.

Vermutlich erreichte auch die Identifikation mit der SED zu jenem Zeitpunkt ihren Höhepunkt. Bemerkenswert ist bezüglich des Vertrauens in die SED folgendes: Zum einen war die uneingeschränkte Zustimmung zur staatstragenden Partei nie so stark ausgeprägt wie zum Beispiel die Identifikation mit der DDR. Handelte es sich bei der SED um eine politische Identifikation, so stand hinter der DDR-Verbundenheit auch immer ein Stück Heimatverbundenheit, standen Landschaft, Freunde und Verwandte und so weiter. Daß schließlich auch die DDR-Identität stark verfiel, war dann sicher vorrangig politisch akzentuiert. (Im übrigen flackerte die DDR-Identität nach der «Wende» noch einmal stark auf, was von einer SED-Identität nicht zu sagen war.)

Andererseits wurde die SED bis 1986 nur von einer Minderheit der Jugendlichen (etwa ein Fünftel) deutlich abgelehnt, viele akzeptierten sie «mit gewissen Einschränkungen». Immerhin jeder fünfte über 18jährige war Mitglied der SED. Der deutliche Vertrauensverlust gegenüber der SED setzte erst nach dem Parteitag des Jahres 1986 ein, als die Parteispitze erkennen ließ, daß sie nicht in der Lage war, die sich zuspitzende politische und ökonomische Krise des Realsozialismus hinreichend zu begrenzen. Die Ignoranz der Entwicklung in Polen und der Sowjetunion wurde von vielen Jugendlichen nicht verstanden, es setzte sich der Eindruck durch, daß nicht das Wohl des Volkes im Mittelpunkt der SED-Politik stand, sondern das Wohl des SED-Politbüros. Erste gewaltsame Auseinandersetzungen zwischen Jugendlichen und Polizei wie zu Pfingsten 1987 in Berlin-Ost verstärkten diesen Eindruck: Die SED setzte sich für die Jugend nur so lange ein, wie diese ihre Politik uneingeschränkt akzeptierte. Mit der Ablehnung der Staatspartei ging nun auch eine verstärkte Ablehnung der staatstragenden Ideologie, des Marxismus-Leninismus, einher. Ende 1988 gaben nur noch zehn Prozent der Lehrlinge und der berufstätigen Jugend an, sich vorbehaltlos mit der Lehre von Marx, Engels und Lenin zu identifizieren. Was im übrigen die Mitgliedschaft in der SED bedeutete, macht folgender Fakt auf fatale Weise deutlich: Im April/Mai 1989 identifizierten sich von den Nichtmitgliedern der SED nur noch 8 Prozent, aber selbst von den Parteimitgliedern nur noch 48 Prozent voll mit der SED!

Daß die SED bis 1986 nur von einer Minderheit der DDR-Jugend deutlich abgelehnt wurde, mag heute Verwunderung auslösen. Man muß dabei jedoch berücksichtigen, daß die gesamte Entwicklung der DDR, eingeschlossen alle positiv bewerteten Ereignisse, völlig von der SED vereinnahmt wurde. So hielt man das in den siebziger und zu Anfang der achtziger Jahre positiv Erreichte (zum Beispiel Wohnungs- und Sozialpolitik) ausschließlich der SED zugute. Die Parteispitze konnte von diesem,

Junge Pioniere im Gespräch mit Irma Gabel-Thälmann im Pionierzentrum der Pädagogischen Hochschule in Dresden, 18.08.1982

wenn auch meistenteils eingeschränkten Vertrauen so lange zehren, wie die Jugend und das gesamte DDR-Volk hoffen durften, daß die SED-Führung einen Kurs im Interesse der DDR-Bürger steuert. Mit dem Jahr 1986 war der Scheidepunkt erreicht.

Auch die Identifikation mit dem Jugendverband, der FDJ, ging in den achtziger Jahren kontinuierlich zurück. Für viele Mitglieder ohnehin nur eine Vereinigung, die Mitgliedsbeiträge erhob, verlor die FDJ parallel zur SED auch bei denjenigen an Achtung, die sich noch bis zur Mitte der achtziger Jahre offen zu ihr bekannten. Der selbst gestellte Anspruch, Interessenvertreter der gesamten Jugend sein zu wollen, mußte schon zwangsläufig an der Differenziertheit der Interessen scheitern. Insbesondere aber die in Ausbildung Befindlichen, die Schüler, Lehrlinge und Studenten, mußten in der zweiten Hälfte der achtziger Jahre erkennen, daß die Verbandsfunktionäre sich weit vom Denken der Basis entfernt hatten und sich lediglich damit beschäftigten, positive Bilanzen zu schreiben und die Vorgaben der SED-Führung durchzusetzen. So geriet die Verbandsspitze in Widerspruch zu den Interessen der Mitglieder. Die Jugendlichen selbst mußten erkennen, daß die FDJ (ähnlich wie die SED) nur zu ihnen stand, wenn sie sich systemkonform verhielten. So sahen 1989 nur noch vier Prozent der Lehrlinge in der FDJ ihre politische Heimat.

Den Sozialismus als Gesellschaftskonzeption stellten die Jugendlichen der DDR im übrigen nicht im gleichen Atemzug in Frage, wie sie SED und FDJ ablehnten. Bis zur Mitte der achtziger Jahre waren größere Teile der jungen Leute (unter ihnen häufiger Studenten und Intellektuelle) fest von der Durchsetzung des Sozialismus im Weltmaßstab überzeugt. Weniger als 10 Prozent hatten hier ernsthafte Bedenken. Es bedurfte der Ereignisse in Polen und der Sowjetunion, insbesondere der kritischen Lageeinschätzung Gorbatschows, um auch diese sogenannte Kernüberzeugung ins Wanken zu bringen. Im Mai 1989 glaubten nur noch 10 Prozent der Lehrlinge an den «weltweiten Sieg» der Ideen des Sozialismus. Zeitgleich ging der Lebenswert, sich für die Stärkung des Sozialismus einzusetzen, in der Wertehierarchie von einer führenden Position auf eine marginale zurück. Ende 1988 hielten das gerade noch 10 Prozent der jungen Arbeiter und Lehrlinge für bedeutsam.

Im GST-Lager zur vormilitärischen Ausbildung, Bezirk Potsdam, Juni 1989

Absolvent der Offiziershochschule «Ernst Thälmann», 1983

Eine Besonderheit im Gefüge der hier diskutierten Einstellungen und Überzeugungen stellt die Verteidigungsbereitschaft der DDR dar. Diese Verhaltensdisposition wurde zwischen 1975 und 1989 erfragt. Die Ergebnisse lassen eine ähnliche Tendenz wie im Falle der DDR-Identifikation vermuten, wenngleich Meßwerte aus der Mitte der achtziger Jahre fehlen, um hier völlige Gewißheit zu haben. Bemerkenswert ist auf jeden Fall, daß für einen Teil der Jugendlichen die DDR noch verteidigungswert erschien, selbst wenn die Gesellschaftskonzeption des Staates abgelehnt wurde. Das ist auf die schon erwähnten Hintergründe der DDR-Identifikation zurückzuführen, die keinesfalls nur politisch akzentuiert waren. Für viele Jugendliche gestaltete sich das Leben in der DDR zunehmend als Konflikt zwischen hoher Heimatverbundenheit und zunehmender Ablehnung der politischen Doktrin.[5] Insofern lebten viele auch in bezug auf die Verteidigungswürdigkeit der DDR in dem Dilemma, das politische System zwar abzulehnen, die Heimat DDR aber durchaus hoch zu schätzen. In dieser Hinsicht unterschieden sich im übrigen SED-Mitglieder und FDJ-Funktionäre viel weniger von Nichtmitgliedern der Partei und FDJ-Mitgliedern als in bezug auf eindeutig politisch relevante Einstellungen. Während zum Beispiel 1989 53 Prozent der Lehrlinge die SED ablehnten, waren nur 39 Prozent nicht mehr bereit die DDR zu verteidigen. Das Moment der Heimatverbundenheit muß also stark in Betracht gezogen werden, wenn die Hintergründe eines bis zuletzt beachtlichen Verteidigungswillens der DDR durch ihre jungen Bürger diskutiert werden.

Dabei muß möglicherweise unterschieden werden zwischen der Verteidigungsbereitschaft an sich und der Bereitschaft, in der Nationalen Volksarmee Dienst zu leisten. In mehreren Untersuchungen des ZIJ zwischen 1981 und 1988 unter Lehrlingen und Schülern, die noch den Wehrdienst zu leisten hatten, wurden Vorbehalte gegenüber der NVA offensichtlich. Analysen offener Fragen aus dem Jahr 1986 erbrachten zum Beispiel, daß 30 Prozent der befragten Lehrlinge negative Erwartungen an den Wehrdienst hatten (Persönlichkeitsdeformierung, Zwang, Schikane, Repressalien) und 12 Prozent der Lehrlinge den Wehrdienst ablehnten. Positive Einstellungen und Erwartungen ließen hingegen nur 10 bzw. 4 Prozent der 17- und 18jährigen Lehrlinge erkennen. Gleichzeitig war ihre Verteidigungsbereitschaft allgemein deutlich stärker ausgeprägt.

Resümee

Gesellschaftspolitische Wertorientierungen, Einstellungen und Überzeugungen bilden im allgemeinen im Bewußtsein ein komplexes Ganzes. Sie unterliegen deshalb auch in ihrer Gesamtheit positiven oder negativen Veränderungen, wenn gesellschaftliche Entwicklungen, gebrochen über die Alltagserfahrung, eine Änderung bisher gültiger Verhaltensdispositionen als angeraten erscheinen lassen. Insofern kann man die Konsolidierung sozialistischer Wertorientierungen und Einstellungen bei DDR-Jugendlichen in den siebziger Jahren und ihren Verfall in den achtziger Jahren an der Gesamtheit dieser Einstellungen ausmachen. Hatten die zwischenzeitlichen Erfolge der DDR-Politik in der Entspannungsära zu Beginn der siebziger Jahre innen- und außenpolitisch für eine Scheinstabilität gesorgt und damit die Zustimmung breiter Teile der DDR-Jugend für die SED-Politik und die propagierten Werte des Sozialismus erlangt, so wurden diese Positionen zum Ende der siebziger Jahre, insbesondere aber in den achtziger Jahren stark erschüttert. Das wiederum hatte, im Verbund mit einer restriktiven Jugendpolitik, die Abschwächung prosozialistischer Werte und Einstellungen sowie ihren schließlichen Verfall ab Mitte der achtziger Jahre zur Folge. Dieser Verfall ab Mitte der achtziger Jahre erfaßte alle wesentlichen systembezogenen Überzeugungen und Werte, wenngleich schichtspezifisch differenziert. Begündet war er in der offenbar werdenden politischen und ökonomischen Krise des sozialistischen Weltsystems schlechthin, insbesondere jedoch in der Art und Weise der Reaktion der politischen Führung der DDR auf diese Krise. Die Ignoranz des welthistorischen Prozesses und der Versuch der SED-Führung, über einen «harten Kurs» das sinkende Schiff zu retten, ließen das Vertrauen der Jugend auf den Nullpunkt sinken. Die politischen Repräsentanten der Gesellschaft (zum Beispiel SED und FDJ) wurden zunehmend abgelehnt. Hingegen hielt sich die DDR-Verbundenheit (und die Bereitschaft zur Verteidigung der DDR) etwas länger auf höherem Niveau, offensichtlich gestützt durch ein hohes Maß an Heimatverbundenheit. Auch diese Einstellung wurde jedoch 1988 und 1989 unter dem Eindruck der Krise politisch überlagert, jedoch nicht völlig verdrängt. Auch von daher erklären sich die nach 1989 in Meinungsumfragen ermittelten «Rest-Potentiale» von DDR-Verbundenheit.

[1] Vgl. Walter Friedrich: Mentalitätswandlungen der Jugend in der DDR. In: Aus Politik und Zeitgeschichte. Beilage zur Wochenzeitung «Das Parlament». B 16-17/90 vom 13. April 1990, S. 25ff.

[2] Vgl. u.a.: Jugend in der DDR. Daten und Ergebnisse der Jugendforschung vor der Wende, hg. v. Werner Henning und Walter Friedrich, München 1991; Beiträge von G. Lange, R. Dennhardt, G. Roski und W. Schubarth in: deutsche jugend, 38 (1990) 10, S. 430 ff.; Jugend und Jugendforschung in der DDR, hg. v. Walter Friedrich und Hartmut Griese, Opladen 1991.

[3] Günter Lange: DDR-Jugendliche. In: deutsche jugend, 38 (1990) 10, S. 433.

[4] Walter Friedrich: Über Ursachen der Ausländerfeindlichkeit und rechtsextremer Verhaltensweisen in den neuen Bundesländern. In: Ausländerfeindlichkeit und rechtsextreme Orientierungen bei der ostdeutschen Jugend, hg. v. der Friedrich-Ebert-Stiftung, Büro Leipzig, Leipzig 1992, S. 16f.

[5] Vgl. G. Lange: DDR-Jugendliche, wie Anm. 3, S. 431.

BARBARA HILLE

EHE UND FAMILIE IN DEN LEBENSPERSPEKTIVEN DER JUGENDLICHEN IN DER DDR

Analoge Tendenzen

Die Familie hatte in den Lebensperspektiven und Wertvorstellungen der Jugendlichen in beiden deutschen Staaten einen hohen Stellenwert. Das gilt weiterhin auch nach der deutschen Vereinigung. Solche Analogien in der Wertschätzung von Familie, Ehe und Partnerschaft ließen sich im Vergleich der Jugendlichen beider deutscher Staaten sogar über Jahrzehnte hinweg feststellen, trotz der konträren politischen Rahmenbedingungen.[1] Die Inhalte haben sich allerdings teilweise gewandelt.

Die grundlegenden strukturellen und funktionalen Veränderungen von Familie haben sich in allen modernen, hochindustrialisierten Gesellschaften relativ analog im Laufe eines Jahrhunderts – und nicht erst in den letzten Jahrzehnten – vollzogen. Die Entwicklung ging generell zur kleinen Zwei-Generationen-Familie. Die durchschnittliche Kinderzahl lag in den beiden deutschen Staaten z.B. in den siebziger und achtziger Jahren noch unter dem europäischen Durchschnitt (mit 1,7 Kindern pro Frau im gebärfähigen Alter in der DDR – und 1,4 Kindern in der Bundesrepublik Deutschland). Die niedrigen und abnehmenden Geburtenzahlen und die damit schrumpfende Bevölkerung wurden in beiden deutschen Staaten zunehmend als ein Problem gesehen.

Gesetzlicher Rahmen

Ehe und Familie unterstanden in beiden deutschen Staaten dem besonderen Schutz des Staates. Verfassungsgrundsätze, spezielle Gesetze, familien- und sozialpolitische Maßnahmen waren darauf zugeschnitten. Ehe und Familie wurde ein generell hoher Rang eingeräumt. Die Ehe galt als Basis der Familiengründung, während außereheliche Formen des Zusammenlebens von Paaren – entsprechend den Normvorstellungen in beiden deutschen Staaten – keine spezielle gesetzliche Absicherung erhielten.

In der DDR lag in dem starken Akzent auf den gesellschaftlichen Pflichten und Verantwortlichkeiten der Familie bei der Erziehung der Kinder ein charakteristisches Merkmal. Die Familie sollte die Vermittlung der sozialistischen Werte und Normen leisten, wie sie in der Gesetzgebung (z.B. im Familiengesetzbuch 1965, Jugendgesetz 1974) unter dem Leitbild der «sozialistischen Persönlichkeit» fixiert waren. Die Erziehung zur bzw. Vorbereitung auf die Arbeit und die Entwicklung einer «sozialistischen Arbeitsmoral» spielten dabei die zentrale Rolle. Arbeitstugenden wie z.B. Disziplin, Fleiß, Zuverlässigkeit, Pünktlichkeit sollten bereits frühzeitig im häuslichen Zusammenleben in der Familie eingeübt werden. Die dauerhafte Berufstätigkeit der Eltern sollte ebenfalls vorbildhaften Einfluß haben. Zugleich erfolgte frühzeitig eine Verlagerung zentraler erzieheri-

Aus der Reihe «Zusammenleben», Potsdam 1980 Photographin: Ute Mahler

scher Funktionen in die staatlichen Institutionen, beginnend mit der Kinderkrippe.

Die «Reproduktionsfunktion» der Familie wurde in Zusammenhang mit den niedrigen Geburtenraten besonders hervorgehoben. Mit gezielten familienpolitischen Maßnahmen wurde vor allem seit 1976 eine Gegensteuerung zugunsten der Familie mit mehr als zwei Kindern versucht. Die Familie mit berufstätiger Mutter wurde dabei eindeutig und einseitig begünstigt und gefördert. Gleichzeitig wurde der Status der nichtverheirateten Mütter durch zusätzliche Hilfen und Vergünstigungen abgesichert, die die Leistungen für die verheirateten Mütter übertrafen (z.B. bevorzugte Bereitstellung von Krippenplätzen. Möglichkeit einer längeren Beurlaubung nach der Geburt von Kindern, Ermöglichung des Abschlusses von Studium und Ausbildung u.a. durch spezielle finanzielle Unterstützung).

Wunschvorstellungen der Jugendlichen zur Familiengründung

Voraussetzung für den Fortbestand von Ehe und Familie ist die positive Einstellung der jungen Generation dazu und deren Bereitschaft zur Realisierung ihrer entsprechenden Wunschvorstellungen. Aus zahlreichen empirischen Einzeldaten in der DDR ließ sich hierzu mosaikartig ein insgesamt schlüssiges Bild ermitteln.[2]

In den Wertvorstellungen und Lebensplänen der Jugendlichen in der DDR hatte die Familie eine insgesamt hohe Priorität. Wünsche nach privatem Lebensglück in der Familie und im Freundeskreis standen auf höherem bzw. ebenso hohem Rangplatz wie berufsbezogene Pläne und Zielsetzungen.

Die Mehrzahl der Jugendlichen wünschte sich eine eigene Familie mit durchschnittlich zwei Kindern. Allerdings verminderte sich die Zahl der gewünschten Kinder mit zunehmendem Lebensalter und zwar bereits ab dem 20. Lebensjahr. Beachtliche Differenzen bestanden ferner nach Wohnortgröße und schu-

Junges Paar, um 1975

lischer Qualifikation. Schüler der Erweiterten Oberschule (EOS), Studenten und Großstädter wünschten sich die geringste Kinderzahl, nämlich durchschnittlich nur ein Kind.

Die meisten Jugendlichen wollten heiraten; nach der Studie von Borrmann und Schille (1980) waren es insgesamt etwa 97 Prozent.[3] Die wenigen Jugendlichen, die nicht diese Absicht hatten, stammten häufiger aus großen Städten mit über 100.000 Einwohnern und waren überwiegend männlichen Geschlechts. Der Wunsch nach einer harmonischen Ehe mit gesunden Kindern und nach Treue in der Partnerschaft wurde von den Mädchen noch häufiger geäußert als von den Jungen.

Das gewünschte Alter für die Eheschließung lag durchschnittlich zwischen 18 und 20 Jahren bei männlichen und weiblichen Jugendlichen und somit tendenziell noch unter dem im Statistischen Jahrbuch der DDR ausgewiesenen durchschnittlichen Heiratsalter von 22,7 Jahren bei den weiblichen und 24,8 Jahren bei den männlichen jungen Erwachsenen. Das entsprach dem relativ frühen Abschluß der Jugendphase und der frühzeitigen Eingliederung in den Erwachsenenstatus bei der Mehrzahl der Jugendlichen in der DDR. Dementsprechend begann auch die generative Phase, in der die Kinder geboren wurden, sehr früh und war bei der Mehrzahl der Frauen auf eine relativ kurze Altersspanne zwischen 19 und 25 Jahren begrenzt. Differenzen nach der schulischen und beruflichen Qualifikation ließen sich hierbei nicht eindeutig nachweisen.

Generell hatte die Familie für die junge Generation in der DDR eine ordnende und stabilisierende Funktion. So spielten auch die Eltern für die Jugendlichen eine wichtige Rolle als Vertrauenspersonen in wichtigen Lebensfragen. Die Familie bot einen Schutzraum gegenüber den vielfältigen Ansprüchen und Einflußnahmen des politischen Systems. Zugleich gab die seitens des Staates erwünschte und geförderte frühe Familiengründung neben der beabsichtigten Steigerung der Geburtenraten auch eine Gewähr, das bei Jugendlichen latent vorhandene Protestpotential zu verringern und jugendliche Unruhe und Experimentierfreudigkeit frühzeitig zu kanalisieren.

Sexualität, Schwangerschaft, Geburt

In beiden deutschen Staaten hatte sich im Zuge säkularer Veränderungen eine beträchtliche altersmäßige Vorverlagerung in der sexuellen Entwicklung vollzogen. Demgegenüber hatte sich die Schul- und Berufsausbildungsphase verlängert, so daß sich der zeitliche Abstand zwischen biopsychischer Entwicklung und der Verwirklichung von Sexualität und Partnerschaft im Rahmen einer Ehe bzw. Familie immer mehr vergrößert hatte. Diese Tendenz ließ sich auch in der DDR trotz des frühen Erstheiratsalters und der vergleichsweise kürzeren Dauer der schulischen und beruflichen Ausbildung feststellen. Die pädagogische Zielsetzung eines Aufschubs sexueller Bedürfnisse möglichst bis zum Abschluß der Schulzeit bzw. Berufsausbildung hat sich als nicht realistisch erwiesen.[4] Liebe und Sexualität hatten dementsprechend bei Jugendlichen einen hohen Stellenwert. Im Alter von 15 bis 18 Jahren hatten die meisten Jugendlichen erste sexuelle Beziehungen aufgenommen; das galt für Mädchen wie Jungen gleichermaßen.

Als wichtige Voraussetzung für eine harmonische Sexualbeziehung und ebenso für eine geplante Elternschaft sind ausreichende Kenntnisse erforderlich. Sie waren bei den meisten Jugendlichen in der DDR jedoch nur unzureichend vorhanden, was sowohl Fragen des Sexualverhaltens, der Zeugung, Schwangerschaft, Geburt wie der Empfängnisverhütung betraf. Anstelle einer rechtzeitigen Verhütung zogen viele Jugendliche sogar den Schwangerschaftsabbruch (s. Gesetz über die Unterbrechung der Schwangerschaft vom 09.03.1980) als Möglichkeit der (nachträglichen) «Verhütung» ins Kalkül.[5] Ungewollte Empfängnis und zahlreiche Schwangerschaften in sehr jungem Lebensalter waren die unerwünschten Folgen. Etwa jedes fünfte Mädchen wurde vor Erreichen der Volljährigkeit schwanger. Davon waren die meisten (zwei Drittel) unter 16 Jahre alt. Nur 28 Prozent der Schwangerschaften vor dem 18. Lebensjahr wurden ausgetragen; die meisten wurden abgetrieben bzw. endeten als Fehlgeburten.[6] Der Anteil der außerehelichen Geburten war insgesamt mit 34 Prozent außerordentlich hoch; in der Bundesrepublik betrug er zum gleichen Zeitpunkt knapp 10 Prozent. Diese unerwünschten Entwicklungen wurden in der DDR mehrfach zum Anlaß genommen, um die Notwendigkeit einer rechtzeitigen schulischen Kenntnisvermittlung und moralischen Vorbereitung der jungen Generation auf Ehe und Familie zu unterstreichen. Versäumnisse wurden sowohl den Lehrern als auch den Eltern der Jugendlichen angelastet. Außerdem hatten die umfassenden Hilfen für junge alleinstehende Mütter offensichtlich einen unerwünschten Verstärkereffekt auf die Risikofreudigkeit der Jugendlichen. Die positiv gemeinte umfassende soziale Absicherung wirkte teilweise in negativer Richtung zu Lasten von Eigenverantwortung gegenüber dem Partner und den aus der ungeplanten Schwangerschaft resultierenden Kindern.

Eheschließung oder außereheliche Lebensgemeinschaft

Eine Schwangerschaft wurde von den meisten Jugendlichen nicht mehr als zwingender Grund für eine Eheschließung angesehen. Allein wegen eines zur erwartenden Kindes würden (z.B. nach der bereits genannten Studie von Borrmann und Schille) nicht heiraten: 75 Prozent der befragten Mädchen und 56 Prozent der Jungen.

Die Anzahl der jungen Paare, die zunächst in einer außerehelichen Lebensgemeinschaft zusammenleben, hat insgesamt zugenommen. Häufig handelt es sich dabei um eine Erprobungs- bzw. Vorphase mit festem Partner, die in den meisten Fällen in eine rechtlich legitimierte Ehe einmündet. Der Anspruch der Jugendlichen auf Ausschließlichkeit, Dauerhaftigkeit und Treue in der Paarbeziehung gilt für beide Konstellationen.

Trotz analoger Tendenzen ließen sich im Vergleich beider deutscher Staaten einige typische Differenzen feststellen. Bei den jungen Paaren in der Bundesrepublik war der Kinderwunsch meist das Motiv für eine Eheschließung. Somit erfolgte die Legalisierung der bereits erprobten Paarbeziehung zumeist zugunsten eines gewünschten gemeinsamen Kindes. Diese Tendenz zur bewußten Eltern-

links:
Auf den X. Weltfestspielen der Jugend und Studenten, Berlin 1973

rechts:
Junges Paar, um 1978

schaft zeichnete sich als ein typisches, positives Merkmal junger Paare in der Bundesrepublik ab.[7]

In der DDR nahmen die außerehelichen Lebensgemeinschaften eher einen anderen Verlauf. Infolge der großen Zahl unehelicher Geburten bei sehr jungen Mädchen erfolgten Empfängnis und Geburt teilweise vor einer festen Partnerbindung. Eine außereheliche Lebensgemeinschaft begann somit häufiger bereits mit einem Kind. Auch sie mündete jedoch meist zu einem späteren Zeitpunkt in eine Ehe ein. Diese Reihenfolge entsprach im Grunde nicht den Normvorstellungen. Einen Verstärkereffekt hatte dabei die begünstigte Stellung und Förderung der alleinstehenden Mütter. Teils wurde der Status der «alleinstehenden» Mutter im Rahmen einer nicht ehelichen Lebensgemeinschaft mit Kind in den ersten Lebensjahren bis zur Einschulung des Kindes ausgenutzt, um die zusätzlichen Vorteile für alleinstehende Mütter in Anspruch nehmen zu können. Allerdings waren die Lebensbedingungen insgesamt für außereheliche Lebensgemeinschaften in der DDR vor allem im Hinblick auf die Wohnsituation wenig günstig. Angesichts des Wohnraummangels hatten unverheiratete Paare nur geringe Chancen, eine Wohnung zu erhalten. So war die Zuteilung einer eigenen Wohnung anderseits bei der Mehrzahl der jungen Paare einer der Hauptgründe für die frühzeitige Heirat.[8]

Geschlechtstypische Rollenvorstellungen

Von den Jugendlichen in beiden deutschen Staaten wurde mehrheitlich gewünscht, daß die Frauen Familienaufgaben und Berufstätigkeit verbinden sollten.

Die meisten Jugendlichen in der Bundesrepublik wünschten sich für die Frauen in der generativen Phase, d.h. für die Phase der Geburt und Betreuung der kleinen Kinder eine befristete Unterbrechung bzw. Reduzierung der Berufstätigkeit. Die Befürworter einer Familienform mit langfristig nicht erwerbstätiger Hausfrau waren nur noch zu geringen Anteilen, unter den männlichen Jugendlichen etwas stärker vertreten.

Die meisten Jugendlichen in der DDR wünschten sich eine kurzfristige Unterbre-

Brautpaar
Unter den Linden,
Berlin
1976
(vgl. 3/149)

chung der Berufstätigkeit nach der Geburt der Kinder sowie die anschließende Ausübung von Teilzeitarbeit, solange die Kinder klein waren. Dieser Wunsch wurde jedoch in der DDR offiziell kritisch beurteilt, weil dies eine Fixierung der traditionellen geschlechtsspezifischen Aufgabenteilung innerhalb und außerhalb der Familie zur Folge hätte. Der chronische Mangel an Arbeitskräften dürfte jedoch der Hauptgrund gewesen sein, der gegen eine Teilzeitarbeit für Frauen sprach. Etwa ein Drittel der weiblichen Jugendlichen wollte unter allen Umständen permanent berufstätig bleiben, was nur von einem Fünftel der männlichen Jugendlichen gewünscht wurde. Insgesamt befürworteten etwas mehr männliche Jugendliche, daß ihre künftige Ehepartnerin nach der Eheschließung bzw. Geburt von Kindern den Beruf aufgeben sollte. Mit diesen traditionell geprägten Vorstellungen männlicher Jugendlicher, die sich allerdings im Zeitvergleich allmählich abgebaut haben, wurden Komplikationen in der künftigen Partnerschaft und im familiären Bereich vorprogrammiert.

Traditionelle, geschlechtstypisch differente Erwartungen zeichneten sich auch in den Partnerwunschbildern der Jugendlichen ab. Auf die Frage nach dem idealen Partner wurden überwiegend typisch «männliche» bzw. «weibliche» Eigenschaften und Verhaltensweisen genannt. So wurde z.B. die körperliche Anziehungskraft der Frau von den Jungen besonders hoch eingeschätzt, die geistige Überlegenheit und die berufliche Weiterentwicklung des Mannes von den Mädchen als besonders wichtig angesehen. Allerdings erwarteten Jungen wie Mädchen gleichermaßen von ihrer künftigen Partnerin bzw. Partner «hohe Leistungen im Beruf» und «gleiche Freizeitinteressen».[9] Mehr Mädchen als Jungen wünschten sich schließlich, daß sich ihr künftiger Partner für ihre beruflichen Probleme interessieren sollte.

Auch hinsichtlich der Aufgabenverteilung innerhalb der Familie strebten die weiblichen Jugendlichen häufiger als die männlichen eine partnerschaftliche Lösung an. Somit blieben die männlichen Jugendlichen offensichtlich länger traditionell geprägten Vorstellungen

Hochzeit in Thüringen, 1981 (vgl. 3/151)

verhaftet, während die weiblichen Jugendlichen und jungen Frauen eindeutiger den Anspruch auf eine ausgewogene, gleichberechtigte Rollen- und Aufgabenverteilung erhoben. Sie beurteilten das Funktionieren von Ehe und Familie, die Diskrepanzen zwischen Erwartungen und Realität entsprechend kritischer und ergriffen in jungen Ehen häufiger als die Männer die Initiative zur Ehescheidung.

Ehescheidungen, Mehrfachehen, Stieffamilien

Aus diesen unterschiedlichen Rollenerwartungen und deren Realisierung resultierten vielfach Belastungen für die jungen Ehen und Familien.

Risikohaft war aber auch die hohe Zahl der unehelichen Geburten von sehr jungen Müttern unter 18 Jahren. Oft war bereits bei Eheschließung ein Kind vorhanden, oder ein Teil der Jugendlichen mündete aufgrund einer Schwangerschaft zu früh und ungeprüft in eine Ehe ein, die häufig mit einer Scheidung nach kurzer Ehedauer endete. In der DDR kam im Jahresdurchschnitt auf zwei Eheschließungen jeweils eine Ehescheidung (in der Bundesrepublik betrug die Relation 3:1). Die meisten Ehescheidungen erfolgten in den ersten Ehejahren.

Generell zeichnet sich angesichts der Reduzierung familiärer Aufgaben u.a. durch die geringe Kinderzahl eine Überforderung der Paarbeziehung hinsichtlich Emotionalität und Sexualität ab. Die emotionale Dimension erweist sich oftmals zerbrechlich und labil, wenn sie nicht in Aufgaben eingebunden ist, die über die Zweierbeziehung und den familiären Bereich langfristig hinausgehen (z.B. in beruflichen, gesellschaftlichen Funktionen). Das wurde in der DDR vielfältig versucht, ohne daß dadurch jedoch die Dauerhaftigkeit von Ehen erhöht werden konnte.

Als Folge der hohen Zahl von Ehescheidungen in der DDR war nach J. Gysi sowohl eine Zunahme von außerehelichen Lebensgemeinschaften geschiedener Ehepartner, von Mehrfach-

Vater mit Kindern, um 1975

ehen und schließlich von unvollständigen Familien zu verzeichnen. Der Prozeß der Auflösung von Ehe und Familie weitete sich aus.

Kinder tragen die Folgen

Das Schicksal der Kinder wurde nur selten thematisiert. In der DDR waren zahlreiche Kinder durch Ehescheidungen betroffen: jährlich waren es ca. 75.000 Kinder. Viele von ihnen kamen durch Wiederverheiratung der Eltern in neue Familien, zumal ein großer Teil der neuen Ehepartner ebenfalls eigene Kinder in die neue Ehe mitbrachte. Somit bildete sich in der DDR eine neue Familienform, die sogenannte «Stieffamilie» heraus. Nach vorliegenden Schätzungen werden voraussichtlich zwischen einem Drittel und der Hälfte der seit Mitte der achtziger Jahre Neugeborenen nicht in der Familie aufwachsen, in die sie hineingeboren wurden. Das ist um so gravierender, als 40 Prozent der geschiedenen Ehen nicht länger als fünf Jahre hielten. Noch schwieriger gestaltete sich das Schicksal der Kinder, die von sehr jungen alleinstehenden Müttern zur Welt gebracht wurden, die oft selbst noch «unfertig» waren. Die daraus resultierenden vielfältigen sozialen und emotionalen Defizite ließen sich durch die umfassende außerfamiliale Betreuung und Erziehung nur teilweise kompensieren. Die psychischen Folgen, z.B. aus den ungeklärten Beziehungen zwischen den getrennten Eltern, durch Verweigerung des außerhalb der Familie lebenden Elternteils, Verunsicherung des Stiefelternteils, Loyalitätskonflikte der Kinder bzw. Stiefkinder, wurden bislang nur unzureichend untersucht. Immerhin wurde von wenigen Sozialwissenschaftlern in der DDR auch kritisch gefragt, ob alles Machbare im Sozialismus auch wünschenswert sei. Offensichtlich hätten die jungen Paare Anpassung und Verzicht zugunsten der Partnerschaft nicht gelernt, werde Selbstverwirklichung nur auf Kosten der Selbstlosigkeit erreicht. Die Leidtragenden seien die Kinder. Die Zerstörung einer gewachsenen Beziehung bringe die Kinder um die Möglichkeit, ihre elementaren Lebensbedürfnisse zu befriedigen. Das sei nur in einer stabilen Eltern-Kind-Beziehung möglich. Es sei an der Zeit, einen für manche altmodisch klingenden Begriff ins Bewußtsein der jungen Eltern zurückzurufen: die Treue.

Zukunftsperspektiven

In den Wunschvorstellungen Jugendlicher zu Ehe und Familie ließen sich im Vergleich beider deutscher Staaten zahlreiche Ähnlichkeiten feststellen. Sie waren offensichtlich stärker geprägt durch die Rahmenbedingungen moderner Industriegesellschaften als durch die systemspezifisch differenten Ideologien und Normen. Unterschiede ließen sich jedoch in der Realisierung der Wunschvorstellungen sowie im Lebensalltag von jungen Paaren und Familien erkennen, der in der DDR durch die Priorität der Arbeit für Mann und Frau bestimmt wurde. Außerdem wurden durch die konsequenten und frühzeitigen Einflüsse der außerfamilialen Instanzen auf die Kindererziehung die Spielräume für individuelle Entwicklungen und unterschiedliche Ausgestaltungsmöglichkeiten eingeschränkt.

Die Versuche, das generative Verhalten von Paaren sozialpolitisch zu steuern, sind im Rückblick eher skeptisch zu beurteilen. Wenn man von den Wünschen und Vorstellungen der Jugendlichen und jungen Paare ausgeht, so werden die künftigen jungen Familien voraussichtlich ebenfalls nicht mehr als durchschnittlich ein bis zwei Kinder haben. Das wird auch im vereinten Deutschland gelten. Ehe und Familie werden jedoch weiterhin eine Chance haben, da die Mehrheit der Jugendlichen diese Lebensformen wünscht und zu verwirklichen sucht.

[1] Barbara Hille: Familie und Sozialisation in der DDR, Opladen 1985.

[2] Vgl. ebd.; dies./ Walter Jaide (Hg.): DDR-Jugend. Politisches Bewußtsein und Lebensalltag, Opladen 1990, S. 17 ff.; Gisela Helwig: Jugend und Familie in der DDR, Köln 1984.

[3] Rolf Borrmann/Hans-Joachim Schille: Vorbereitung der Jugend auf Liebe, Ehe und Familie, Berlin (O.) 1980.

[4] Walter Jaide/Barbara Hille: Jugend im doppelten Deutschland, Opladen 1977.

[5] Vgl. R. Borrmann/H.-J. Schille, wie Anm. 3.

[6] Vgl. den Aufsatz von B. Hille in: dies./W. Jaide, wie Anm. 2.

[7] Vgl. Manfred Hermanns/B. Hille: Familienleitbilder im Wandel, München 1987.

[8] Jutta Gysi: Familienformen in der DDR. In: Jahrbuch für Soziologie und Sozialpolitik 1988, S. 508 ff.

[9] Otmar Kabat vel Job: Geschlechtstypische Einstellungen und Verhaltensweisen bei Jugendlichen, Berlin (O.) 1979.

GUDRUN LEIDECKER

KINDER UND JUGENDLICHE ERLEBEN DIE «WENDE»

Fragt man heute, im November 1992, sechzehn- bis siebzehnjährige Mädchen und Jungen der ehemaligen DDR nach dem, was sie zuversichtlich stimmt, wenn sie ihr gegenwärtiges und zukünftiges Leben betrachten, so sind es vor allem

- die Möglichkeiten des Reisens in andere Länder
- daß ich auch in der Schule offen meine Meinung sagen kann
- das Ende der SED-Herrschaft
- die neuen Konsum-Möglichkeiten
- die neuen Möglichkeiten, mich auszuleben und auszuprobieren.[1]

Nach ihren Zukunftsängsten und Sorgen befragt, sind dies folgende:

- die Zerstörung der Umwelt
- die Arbeitslosigkeit der Eltern und Geschwister
- Gewalt auf den Straßen und Plätzen
- die Möglichkeit, nach der Schule keine Lehrstelle/keinen Studienplatz zu finden.[2]

Verglichen mit den Untersuchungen in den Altbundesländern sind dies die Entwicklungschancen und -probleme, die die Aufwachsbedingungen der Jugendlichen in allen modernen Industriegesellschaften bestimmen. Doch für die damals zwölf- bis dreizehnjährigen Kinder in der DDR waren sie vor der Wende kein Thema. Arbeitslosigkeit und Lehrstellenmangel waren nicht vorhanden, erstgenannte Möglichkeiten durften offiziell nicht gedacht, geschweige denn öffentlich diskutiert werden.

Die Biographien und damit die Lebensperspektiven der Mädchen und Jungen schienen bis zur Langeweile geregelt – verregelt – verplant: von den Vorschuleinrichtungen, der Einheitsschule, der Pionierorganisation, dem sozialistischen Jugendverband und in den meisten Fällen auch durch die Familien.

Lebensweise, Lebensziele und Erziehung ähnelten einander, es sei denn, familiäre Werte, Normen und Denkweisen durchbrachen die Konformität – dann aber zumeist auf Kosten der Entwicklungsmöglichkeiten der Heranwachsenden. In der Regel durchlebten die Mädchen und Jungen eine institutionalisierte, abgeschirmte, auf feste Bindungen orientierte Kindheit. Für dieses Bindungs- und Sicherheitsgefühl wurde, wenn es sein mußte, die Wirklichkeit verschönt, organisiert, initiiert: «durch die pädagogische Führung der Kollektive, das einsatzbereite Klassenelternaktiv[3] die fleißigen Mitglieder der Patenbrigade, die Leitungen der Pionierorganisation und des Jugendverbandes, den Staat.» Sie alle wurden zur Kinder- und Jugendhilfe im Sinne der «Ideologie und Moral der Arbeiterklasse und der Politik ihrer Partei» verpflichtet und waren bemüht, diese Pflicht auf eine aus ihrer Sicht für die Kinder eindrucksvolle und vielfältige Weise zu realisieren. «Grundwert des Sozialismus – ein Leben in Geborgenheit ...» und «... es gibt nur eine pri-

Schülerarbeit zum Thema «Die Mauer ist offen», November 1989

vilegierte Schicht in der DDR, das sind die Kinder ...», so lautete die offizielle Lesart.

Das Lebenskonzept war damit klar: Schulische Ausbildung, vielleicht das Abitur – wenn man den richtigen Leistungsdurchschnitt oder die richtige Herkunftsfamilie (Arbeiter) oder einen bevorzugten Berufswunsch (z. B. Armee, Lehrer) hatte; Berufsausbildung oder Studium; heiraten vielleicht; Kinder auf jeden Fall; Berufstätigkeit, möglichst lange im selben Betrieb; bescheidener Wohlstand, im Sommer eine FDGB-Reise, Trabi oder Wartburg ...

Gleiche Normalbiographie für alle – Durchschnitt, Mittelmaß. So jedenfalls empfanden es all die, die für sich eigene Lebensstile, Freiräume, Individualität nicht nur im Privaten, sondern in den offiziell bestimmten Lebensräumen suchten.

Allzu häufig wurden sie diszipliniert («... das Kollektiv hat immer recht ...»), manchmal isoliert oder aus Institutionen verwiesen. Vielen, die Kinder in ihrer Entwicklung führten, begleiteten, fehlte es an Einsicht in den eigenständigen Wert von Kindheit, in die Unumgänglichkeit von Konflikten bei der Bewältigung von Entwicklungsaufgaben. Toleranz, personale Solidarität, Selbstbestimmung wurden im besten Falle vermittelt, nicht gelebt. Widersprüche, Infragestellungen, Widerspruch im Umgang mit der Gesellschaft ließ die herrschende Ideologie nicht zu. Heute – 1992 – sind beide, Erwachsene wie Heranwachsende, überfordert von den Umbrüchen, Konflikten, vom Wandel der sozialen Werte. Die Älteren versuchen zurechtzukommen, sich einzurichten, die Jungen umzugehen mit der neuen Freiheit, mit den Ängsten, wenn sich alles auf dramatische Weise ändert. Beide sind Suchende.

All das hatten wir Ende 1989 – Anfang 1990, als wir Aufsätze, Wandzeitungen, Plakate, Losungen von Kindern als Belege ihrer Reaktionen auf die friedliche Revolution zu sammeln begannen, so differenziert nicht im Blick.[4] Bewußt war uns, daß wir es mit einem einmaligen biographischen Hintergrund zu tun haben, von dem die Heranwachsenden in ganz besonderer Weise betroffen sind. Auch wußten wir aus dem Beispiel anderer Untersuchungen, daß die Nichtbewältigung der Probleme zu Brüchen, ja Deformierungen in der Entwicklung führen kann. Deshalb war es ein Ziel, ein Anliegen der kleinen Sammlung, die wir zusammengetragen haben, Verständnis zu wekken für die Situation der Kinder, ihre Hoffnungen und Erwartungen an die Zukunft.

Zunächst aber waren auch wir beeindruckt von der Aufbruchsstimmung, den Phantasien, Zukunftserwartungen und den Hoffnungen des Novembers 1989. Von Beginn der Demonstrationen an waren die Kinder mit dabei, mit hoher Bereitschaft, Vorschläge zu machen, Ideen zu entwickeln, zu verändern:

«Wir wollen mitbestimmen, was aus unserer Schule wird, und es nicht den Erwachsenen allein überlassen,» schrieb ein Mädchen (zwölf Jahre) an die Redaktion der Pionierzeitung «Trommel». In der Schülerzeitung forderten andere: «Gesellschaftskunde statt Staatsbürgerkunde, vor der Stunde keine Meldungen, keinen Fahnenappell, besseres Schulessen, Umweltstunde bzw. Wandzeitungen für Schülermeinungen». Vielerorts bildeten sich Schülerräte, Kinderräte oder andere Formen der Mitbestimmung wie Kiezzeitungen, Flugblätter, Wandzeitungen. Es entstand so etwas wie eine eigene politische Kultur der Kinder, nahe an der der Erwachsenen, aber mit eigenen Sprüchen, Losungen und Forderungen.

In diese aus heutiger Sicht geradezu euphorische Stimmung mischte sich bereits erste Besorgnis über den Realitätssinn der Ideen, über die mögliche Leere und Enttäuschung nach soviel Hoffnung und Erwartungshaltung. In dem Maße, wie die Veränderungen in der DDR weniger Angelegenheit der demokratischen Bewegung als die der Parteien wurden, wurden die Mädchen und Jungen an den Rand des Geschehens gedrängt, auf ihre Fragen nicht geantwortet, ihre Stimme nicht gehört. Bereits im Verlaufe des ersten Halbjahres 1990 wurden die Ängste und Sorgen der Kinder deutlich: um die Arbeitsgemeinschaften in den Schulen, die Freizeiteinrichtungen und Ferienlager, um die zukünftige Lehrstelle.

Von diesen Prozessen fühlten sich die Mädchen stärker belastet als die Jungen. Sie fürchteten die Zunahme von Egoismus in den Beziehungen, die «Ellenbogengesellschaft», Aggressivität und Gewalt, Arbeitslosigkeit, sie sahen pessimistischer in die Zukunft. Alles, was die Sicherheit, das «Geborgensein» im Alltag der Heranwachsenden ausmachte, wollten diese nur verbessern, flexibler, offener gestalten – nicht aufheben, auflösen. «Das geht den Bach runter», wurde zu einer immer häufiger gebrauchten Redewendung des Jahres 1990. Hoffnung und Euphorie wichen der Enttäuschung und Orientierungslosigkeit.

Genau dieser Logik folgt auch die Dokumentation, dem Zeitverlauf, dem Wechselbad der Gefühle, das die Mädchen und Jungen, wenig unterstützt durch die Erwachsenen, durchliefen. Ihre Berichte sind nur eine unzureichende Einsicht in die Vielfalt der Situationen, der Fragen und Probleme, denen sie sich stellen mußten, auf die sie nicht vorbereitet waren, in die sie hineingestellt wurden und nicht hineingewachsen sind. Systematisiert man die Problemfelder, so sind es verglichen mit der Situation in der DDR zumindest diese:

– Pluralisierung der Lebenslagen contra Konformität und Annäherung der Klassen und Schichten;

– Individualisierung der Lebenssituation contra Kollektivismus und gesellschaftlich bestimmte Normalbiographie, in der selbstverantwortete Entscheidungen und Ziele durch vermittelte Werte und Ideale, durch vorgegebene Beziehungen und ständige pädagogische Einflußnahme und Handlungsorientierungen ersetzt wurden;

– eine geschlechtsspezifisch gespaltene Lebens- und Arbeitswelt contra staatlich verordnete Gleichheit der Geschlechter, bei der die Zugehörigkeit zu einer Partei oder Massenorganisation bedeutsamer war als die Geschlechtszugehörigkeit. Wobei anzumerken bleibt, daß der sogenannte «heimliche Lehrplan», die männlichen «Qualitäten» als Maß aller Dinge, in der DDR ebenso wirkte wie in der BRD. Diese Kritik mögen Leser/innen nicht der Autorin anlasten, sondern dies belegen inzwischen Untersuchungen des Deutschen Jugendinstitutes und andere.

Ein wesentliches Problem ist weiterhin der Unterschied zwischen der Integration von Ausländern in der Bundesrepublik, einem Leben in einem vereinigten Europa und der Selbstisolation, Ummauerung der DDR, in der «antiimperialistische Solidarität, Freundschaft mit der Sowjetunion und allen Bruderländern» per

Schülerarbeit zum Thema «Die Mauer ist offen», November 1989

Briefkontakt und Beitragszahlung gepflegt wurde, die reale Lebenssituation ausländischer Menschen aber kaum bekannt war.

Für all die neuen Lebensmuster und -anforderungen (und die genannten sind bei weitem nicht alle, denkt man an Medien, Konsum, Autoverkehr) fehlen Bewertungsmaßstäbe, Erfahrungen und Bewältigungsstrategien. Auch so ist es heute, 1992, zu erklären, warum nur 4,2 Prozent der Jugendlichen in der eingangs zitierten Studie ohne Einschränkung und nur 15,7 Prozent mit geringen Einschränkungen der Auffassung sind, daß das Leben für die Jugend seit dem Beitritt der DDR zur BRD alles in allem besser geworden sei.[5]

Die Mehrheit hat soziale Sicherheit, berufliche Perspektive, Möglichkeiten einer sinnvollen Freizeitgestaltung als für sich bedeutsam erfahren. Mit welcher Garantie, gemessen an der ökonomischen Situation der ehemaligen DDR, soll hier nicht diskutiert werden, spielt auch im Denken der heute Sechzehn- bis Siebzehnjährigen kaum eine Rolle.

Am wenigsten aber sind die Jugendlichen eingestellt auf die Arbeitslosigkeit. Noch immer haben arbeitsbezogene Wertvorstellungen einen außerordentlich hohen Stellenwert, kann diese hohe Wertschätzung der Arbeit zu Konflikten zwischen Wunsch und Wirklichkeit, zu Frustration führen, aber auch eine Basis für wirtschaftliche Entwicklung sein. Noch sind die Jugendlichen nicht resigniert, wie häufig ihre Eltern, sehen mehr als zwei Drittel ihr eigenes Leben eher zuversichtlich, wenn auch nahezu die Hälfte die Zukunft der Gesellschaft eher düster sieht.[6] Sie hoffen auf eine Arbeit, die ihnen Freude macht, Erfolg im Beruf, Glück in der Liebe, viele Freunde, eine dauerhafte Partnerschaft, die Möglichkeit, die Welt zu bereisen, und sind bereit, sich für den Frieden einzusetzen. Vergleicht man gegenwärtige soziologische Untersuchungen mit den Wünschen und Träumen der Mädchen und Jungen aus dem Jahre 1990, so ist es noch immer das Bedürfnis nach einer Welt, in der es Toleranz, Freundschaft und Hilfsbereitschaft gibt, nach einer gesunden Umwelt, nach sicheren Orientierungen.

Inwiefern die Hoffnungen in Enttäuschungen, Resignation oder Gewaltausbrüche umschlagen, hat die Gesellschaft wesentlich in der Hand. Noch übertragen sich Orientierungsprobleme der Eltern auf die Jugendlichen. So sagte einer der Jugendlichen, die im September 1992 Steine auf ein Asylbewerberheim in Eisenhüttenstadt warfen: «Die Eltern haben früher gemeckert, und meckern heute wieder. Wie die sich das hier bieten lassen, wie sie belogen und betrogen werden ...».[7]

Inwieweit die Brüche in den Biographien zu zerbrochenen Lebensbahnen werden, darf nicht abgewartet werden, sondern bedarf der Unterstützung und Aufmerksamkeit aller. Kinder und Jugendliche brauchen eine Lobby. Einen Beitrag dazu sollte unsere Dokumentation leisten, der nachfolgende Auszüge entnommen sind.

Kinder in der Leipziger Demo

Ich war 13mal auf der Montagsdemo. Zuerst waren wir wie in einer Familie, jetzt sind die Menschen dort aggressiver und hören nicht mehr aufeinander.
Mädchen, 10 Jahre
Ich war immer auf der Demo. Ich forderte: Nieder SED, Freie Wahlen und Aufdeckung der Verbrechen.
Mädchen, 11 Jahre
Ich war auf der Demo und habe (was ich vorher nie gemacht habe) die Aktuelle Kamera angeguckt.
Mädchen, 10 Jahre
Ich finde es sehr gut, daß wir mit unseren Demos eine Wende hervorbringen konnten. Auch finde ich es gut, daß die Polizei nicht sehr viel (außer 7. Oktober) eingriff. Ich hatte nicht gedacht, daß die Demos so friedlich ausgingen, so daß kein Blutbad wie in Rumänien entstand.
Mädchen, 12 Jahre
Als die Demo bei uns in Leipzig begann, ging ich oft mit meinem Vater demonstrieren. Warum ich das tat, das weiß ich gar nicht, vielleicht weil meine Klassenkameraden viel von der Montagsdemo erzählten. Sie haben das so spannend erzählt, daß es mich anregte, dort einmal hinzugehen. Es hat mir auch gefallen, wie die Menschen laut auf die Stasi schimpften. Dann ging ich jedesmal und rief mit, über das, was ich gar nicht richtig verstand.
Mädchen, 13 Jahre

Beobachtungsprotokoll Gründungsversammlung des »Rates der Kinder« am 23.1.1990 beim Rat des Stadtbezirks Prenzlauer Berg

Eingeladen waren alle Kinder des Stadtbezirks, sie brauchten nur den Zetteln mit dem Gründungsaufruf nachzulaufen und landeten im ... Ratssaal des Bezirksamtes.
Anwesend: 25 Vertretergruppen von 41 Schulen des Stadtbezirks.

Man kann aber keine kleinen Kinder mit Politik belasten, aber jeder hat mit Umweltproblemen zu tun, deshalb ganz praktische Sachen machen, zum Umgang mit Müll oder gegen Schmierereien und nicht sagen: «Wir sind gut und die bösen Westler, wie in der Politik ...»
Junge
Das finde ich wichtig – wir haben ja die Umweltkatastrophe schon und deshalb kein Stabü mehr, sondern eine Umweltstunde.
Junge
Bloß keine Politik im Kindergarten, sondern z. B. um Arbeitsgemeinschafts-Möglichkeiten und neue kulturelle Einrichtungen für Kinder kümmern.
Junge
Hetze gegen die Kapitalisten darf nie wieder vorkommen – die Umwelt müssen alle schützen.
Mädchen
Die Fußballplätze müßten für alle Kinder zugänglich sein.
Junge
Man muß sich seine eigene Meinung bilden können – nicht einfach irgendwo drin sein, nichts vorgeben.
Junge
Kaputte Spielplätze machen die Freude am Spielen auch kaputt – zu viele Hunde sind auf dem Rasen, alles ist dreckig.
Junge

Schülerarbeit zum Thema «Die Mauer ist offen», November 1989

Bei uns sind die Schulessenszeiten ganz ungerecht verteilt, wenn wir Schluß haben, ist alles kalt.
Mädchen
Es gibt zu viele dreckige Höfe, man muß ein bißchen was anpflanzen.
Mädchen
Die Wandertage sollte man nicht aufheben, sondern gleich auswandern, außerdem Russisch abschaffen.
Junge
... oder fakultativ! (Zwischenruf)
Mädchen
Englisch muß Hauptfach werden.
Junge
Und bei PA (Produktive Arbeit) woanders einsetzen, da, wo man was Vernünftiges herstellt. Ich bin für besseres Schulessen, das schmeckt wie Moppelkotze.
Junge

... in der Pionierorganisation

Ich sehe das so:
Mir gefallen nicht die Pionierblusen. Ab jetzt muß anders gehandelt werden: Daß Pioniere keine Altstoffe mitbringen, aber sie können mit zum Wandertag. Bei uns in der Klasse muß jeder im Monat 2 Mark für die Klassenkasse abgeben. Die Meldungen sollen nicht so streng durchgeführt werden. Das kann nicht sein, daß sich Kinder auf die Straße stellen und rumschreien »Schulfrei für alle« und die Schule demolieren.
Björn M., Klasse 4

Ich finde, daß die Pionierkleidung nicht so streng sein müßte. Es könnte z. B. ein Sweatshirt mit einem besonderen Merkmal sein oder so etwas ähnliches. Meine Meinung ist wie auch die der anderen. Es muß ein neues Statut her! Keinem Kind muß vorgeschrieben werden, daß es seine Eltern zu lieben hat oder, daß wir den Körper sauberhalten, eigentlich ist das

selbstverständlich. Jedes Kind in der 1. und 4. Klasse müßte gefragt werden, ob es Pionier werden will oder nicht.
Nicole B., Klasse 4a, Halle

Wir sind Pioniere der Klasse 4b der 33. OS in R. Gemeinsam haben wir uns Gedanken darüber gemacht, welche Veränderungen wir uns als Pioniere in unserer Organisation und an der Schule wünschen.

Viel Spaß bereiteten uns bisher Sport- und Spielnachmittage. Aber einiges gefällt uns auch nicht an der Pionierarbeit. Hier unsere Vorstellungen für Veränderungen:
– Statt der bisherigen Pionierkleidung – lustige Sweatshirts oder nur ein Abzeichen
– Der Pionierausweis ohne das Bild von Erich Honecker
– Keinen Gruppenrat mehr, alle Pioniere der Gruppe sollen gemeinsam entscheiden
– Nur noch wenige Appelle, dann sollte jeder einmal die Meldung vornehmen, keine langen Reden mehr auf den Appellen
– Mehr Arbeits- und Interessengemeinschaften sowie Beschäftigungsmaterial an der Schule oder im Kinderfreizeitzentrum, das es in jedem Wohngebiet geben sollte
– Einrichtung eines großen Spielzimmers, in welches nicht nur Hortkinder dürfen, sondern das von allen Schülern nachmittags genutzt werden kann.

Auch über unseren Schulalltag haben wir gesprochen.
Das wünschen wir uns:
– Mehr Sportunterricht
– einen Hofspielplatz auf dem Schulhof
– Hofpausen mit Musik
– Fußballplatz unmittelbar vor der Schule
– moderne Ausgestaltung der Unterrichtsräume
– freie Wahl der Schulmilch nach Geschmack (man müßte sich selber aussuchen können, ob man Kakao oder Fruchtmilch möchte).

Es hat sich etwas verändert

Texte von Kindern nach einer Umfrage in den 5. Klassen einer Schule im Stadtbezirk Prenzlauer Berg

Es hat sich sehr viel geändert. Zum Beispiel dürfen wir unsere eigene Meinung sagen und kriegen sie nicht aufgebrummt. Die Lehrer sind auch viel netter geworden. Sie gestalten den Unterricht auch mehr. Zum Beispiel machen wir in Lite einen Stuhlkreis.

Jetzt dürfen wir unsere Meinung sagen, z. B. Honecker ist bescheuert. Vorher kam man gleich ins Heim.

Sogar unsere Sportlehrerin hat jetzt coole Sprüche auf Lager.

Der Unterricht ist nicht mehr so knallhart, sondern schön locker.

Wir haben die Tische anders gestellt und Kurzvorträge gemacht über AIDS, Drogen und Behinderung. Wir machen oft einen Stuhlkreis. Der Direktor hat sich auch geändert.

Wir haben einen neuen Direktor bekommen. Er erlaubt, daß wir zu einer Demo gehen durften. Er hat mit uns eine neue Schulordnung entworfen und wir alle haben eine Wandzeitung mit unseren Meinungen und Problemen gestaltet.

Vor der Wende war der Unterricht straffer. Es gab die Meldung, die ich nicht sehr originell fand. Wie beim Militär. Die Lehrer waren viel strenger, ich finde, durch die Wende hat sich der Unterricht gelockert, als ob sie sich erleichtert fühlen würden.

Wenn ich früher mit einem Comic gekommen bin, bekam ich entweder eine «nette» Aufforderung, es wegzupacken, oder ich hatte wieder eins weniger. Komme ich jetzt mit der «Bravo» an, habe ich keine Schwierigkeiten mit den Lehrern. Also kann ich sagen, es ist ungezwungener geworden. Dafür gibt es noch andere Beispiele. Früher stand man stramm vor dem Unterricht. Vorne war einer, der uns wie Puppen behandelte, die man in die gewünschte Form bringen konnte. Endlich wurde damit aufgehört und sieh, es geht auch so.

Oder noch ein Beispiel: Wir gleichen uns immer mehr dem Westen an. Z. B. wird fast nur noch aus Büchsen getrunken, die Lehrer sind wie drüben viel lockerer, und unsere neueste Errungenschaft: der Lehrerstreik. Doch irgendwie hatten wir (?) größeren Nutzen an dem Streik. Ein letztes Beispiel, das auch höchst erfreulich ist: Die früheren Genossen wie Frau ... werden zum Organisator großer Kundgebungen. Dieser Sinneswandel um 360° ist natürlich sehr positiv und auch die Schüler erleben an der eigenen Schule Geschichte.

Meine Gedanken, Wünsche und Träume zu den Veränderungen in unserem Land

... Ich wünsche mir, daß die Stasi abgeschafft wird oder Stasi in die Volkswirtschaft.

Meine Eltern reden fast jeden Abend von 40 Jahren Ausbeutung oder daß sie ihre Arbeit verlieren.

In der Schule haben sie Veränderungen vorgenommen: Keine Hausschuhe mehr und Musik in den Pausen. Es sollte Fanta, Coca Cola und Sprite oder sowas verkauft werden und nicht Fruchtkakao und Vollmilch. In unserem Land ist die Wirtschaft am Boden. Leipzig ist total dreckig. Meine Schwester ist egal krank. Ich will, daß in den Kindergärten viel Obst verteilt wird für die Kleinen. Aber am meisten hat mich die Wahl verärgert. Da flog ein Hubschrauber und warf Flugblätter herunter. Leipzig ist dreckig genug. Wir werden weitersehen nach den Wahlen ...
Junge, 11 Jahre, Leipzig

Es fing letztes Jahr im August an, als alle rüber gingen. Aber ich wollte nicht in den Westen. Hier hatte ich meine Freunde, mein Zuhause und meine gewohnte Umgebung. Und dazu kam auch noch, daß Honecker und die anderen gemeine Hunde waren. Da war ich ganz fertig. Inzwischen war ich schon dreimal drüben. Ganz schön und gut vom Einkaufen und der Umgebung, aber hier ist mein Zuhause. Manchmal träume ich von den alten Zeiten, aber auch da hat es mir nicht gefallen. Es gibt bei mir Zeiten, da weiß ich selbst nicht, was mir gefällt und was nicht.
Mädchen, 12 Jahre, Neubrandenburg

Die vielen Veränderungen in unserem Land haben in meiner Familie viel Streit und Meinungsverschiedenheiten hervorgerufen. Es ging meist um Politik und darum, welche Partei man wählt. Das sind sicherlich wichtige Dinge, aber die Probleme, die uns Kinder betreffen, werden sehr selten oder gar nicht besprochen. Deshalb bin ich froh, daß jetzt auch mal nach unserer Meinung zu den Themen, die uns betreffen, gefragt wird. Ich habe ein paar Vorstellungen dazu, was in der Schule verändert werden könnte. Man könnte meiner Meinung nach zum Beispiel die Meldung weglassen. Es wäre besser, wenn der Lehrer in die Klasse kommt, die Schüler begrüßt und dann gleich mit dem Unterricht beginnen würde. Auch ein Morgenlied muß nicht sein. Weiterhin müßten die schriftlichen Hausaufgaben wegfallen. Ich würde mir auch wünschen, daß alle drei Fremdsprachen freiwillig sind, aber eine muß gemacht werden. Die Lehrer sollten nicht so schnell Einträge geben. Erst wenn dreimal in demselben Fach etwas vergessen wurde, dann müßte es einen Eintrag geben. Weiterhin würde ich mir wünschen, daß sich alle Lehrer bemühen, den Unterricht so interessant wie möglich zu gestalten. Es wäre auch schön, wenn alle Räume in der Schulzeit offen sind. So kann man sich länger vorbereiten. Ich wäre auch froh, wenn das Verhalten zwischen Lehrern und Schülern etwas entspannter wäre. So sehen meine persönlichen Wünsche und Gedanken aus. Ich würde mich freuen, wenn diese verwirklicht würden.
Junge, 12 Jahre

Ich fühle mich oft allein gelassen. Ich bin der Meinung, unsere Interessen werden zu wenig vertreten, oder sagen wir, wir merken nicht viel davon. Ich habe Angst um meinen Job. Ich will Lehrer werden für die Unterstufe, bisher war alles klar, 10. Klasse Abschluß und dann aufs Institut für Lehrerbildung. Aber jetzt heißt das, eventuell Erweiterte Oberschule oder so. Ich habe Angst, daß sie mich mit meiner «Allgemeinbildung» nicht annehmen.

Oder zu Hause! Meine Eltern zanken sich oft wegen der Wende. Wie man so sagt: «Zwei Unverbesserliche!» Zwei verschiedene Meinungen, die da aneinanderprallen, und keiner gibt nach. Meine Schwester und ich haben manchmal Angst, daß sich meine Eltern scheiden lassen. Das klingt vielleicht absurd, aber es ist so: Durch die Wende haben wir viele Probleme gekriegt, sowohl zu Hause, als auch in der Schule, und mit keinem kann man sich aussprechen.
Mädchen, 14 Jahre, Greifswald

Die Wende, ein wichtiges Ereignis in der Geschichte der Deutschen; für mich, bis jetzt in meinem Leben, das größte gesellschaftliche Ereignis.

Noch vor einem Jahr hätte ich mir nicht vorstellen könne, daß es bei uns eine Revolution geben wird, daß die deutsche Wiedervereinigung zum Brennpunkt des Geschehens in Europa und in der Welt wird.

Natürlich gab es Gedanken um das Leben in unserem Land. Man hatte so seine Vorstellungen, wie unserer Gesellschaft aussehen müßte. Dabei stellte ich aber eigentlich nie den Sozialismus als Gesellschaftsordnung in Frage.

Deshalb kann ich mich jetzt auch nur schwer mir dem Gedanken auseinandersetzen, daß viele Leute in unserem Land den Sozialismus ablehnen. Vielleicht liegt es daran, daß ich im Sozialismus aufgewachsen bin, einfach nichts anderes kenne. Es gab zu wenig Möglichkeiten, andere Systeme kennenzulernen.

Dann im Herbst '89 gab es die Revolution, und für mich stand die Welt auf einmal auf dem Kopf. Alles, was bisher als richtig betrachtet wurde, geriet jetzt in Zweifel und damit auch mir anerzogene oder eigene Ansichten.

Sicher, ich war froh, daß man jetzt endlich die Freiheit besaß, alles, was man dachte und fühlte, zu sagen. Aber diese Ungewißheit und das Durcheinander, das einem jeden Tag begegnete, machte es mir nicht leicht, mich in dieser neuen Situation zurechtzufinden. Schließlich war man bisher an einen »geraden« Lebensweg gewöhnt.
Mädchen, 17 Jahre, Demmin

Natürlich bin ich für den Frieden, aber «Immer bereit» stand für die Pionierorganisation. Oder etwa nicht? Denn die Pionierorganisation war doch nicht für Meinungsfreiheit. Durften wir denn unsere Meinung sagen?! Waren wir nicht in der Pionierorganisation, so wurde man öfter benachteiligt. Oder etwa nicht?! Warum lassen unsere Lehrer dieses «Immer bereit» jetzt weg! Ich bin «Immer bereit» für den Frieden, und meine Meinung will ich auch sagen. Aber nicht «immer bereit» für die Pionierorganisation ...
Mädchen, 11 Jahre

... meine christliche Freundin war bei allen Veranstaltungen gern gesehen. Sie braucht aber ihre Weltanschauung nicht verändern, meine ist ganz schön ins Wanken geraten ...
Mädchen, 12 Jahre

Ich möchte mich nun mit einem Problem an Euch wenden und erbitte mir Antwort. Ich möchte Euch mein Problem schildern. Unsere Pionierleiterin ließ uns über unsere Klassenlehrerin ohne jede Begründung mitteilen, daß sich jeder entscheiden sollte, ob er in der Pionierorganisation bleiben will oder nicht. Alle aus meiner Klasse sind ausgetreten, einfach so, ohne jeden Grund. Nur ich nicht und unser Gruppenratsvorsitzender. Aber er weiß noch nichts von dem, denn er ist zur Zeit in der Pionierrepublik. Ich habe mit unserer Klassenleiterin gesprochen und sie gefragt, warum wir jetzt so plötzlich gefragt wurden und was wäre, wenn wir ausgetreten sind, ob es noch andere Organisationen geben wird. Sie konnte mir keine klare Antwort geben. Aber sie riet mir auszutreten. Sie sagte nur: «Sicher wird es andere Organisationen geben. Das wird natürlich noch dauern. Aber spätestens in der FDJ hättest Du bemerkt, daß es nicht das Gelbe vom Ei ist.» Ich war sehr enttäuscht.
Mädchen, 12 Jahre

[1] Vgl. S. Grundmann: Schuljugend und Gewalt. Ostberliner Schüler zwischen Ideal und Wirklichkeit. In: AFT-Materialservice, Oktober 1992.

[2] Ebd.

[3] Gewählte Vertreter der Elternschaft einer Schule.

[4] Diese Materialien, im folgenden in Auszügen wiedergegeben, wurden erstmals publiziert in: Gudrun Leidecker/Dieter Kirchhöfer/Peter Güttler (Hg.): Ich weiß nicht, ob ich froh sein soll. Kinder erleben die Wende, Stuttgart 1991. Wir danken der J.B. Metzlerschen Verlagsbuchhandlung für die Abdruckgenehmigung.

[5] Vgl. S. Grundmann, wie Anm. 1.

[6] Vgl. H. Merkens/D. Kirchhöfer/I. Steiner: Berliner Schülerstudie 1992 (Freie Universität Berlin, Zentrum für Europäische Bildungsforschung e.V.).

[7] Vgl. Die Wochenpost, Nr. 44 vom 22.10.1992, S. 5.

HANS BERTRAM

DIE FAMILIE IN DEN ALTEN UND NEUEN BUNDESLÄNDERN

Die stille Revolution und die Veränderung der Lebensformen

Die Vereinigten Staaten, Westeuropa und damit auch die Bundesrepublik haben in den letzten zwanzig Jahren einen Wandel von Werten und Lebensformen erlebt, der die aus den fünfziger Jahren herrührenden Lebensmuster und -entwürfe von Jugendlichen, Männern und Frauen in Frage gestellt und teilweise tiefgreifend verändert hat. Die Fakten sind bekannt. So ist das durchschnittliche Heiratsalter von 1975 bis 1987 bei Männern von 25,3 auf fast 28 Jahre und bei Frauen von 22,7 auf über 25 Jahre angestiegen.[1] Dabei verdecken diese Durchschnittsangaben, daß in bestimmten Gruppen, etwa bei den Höhergebildeten, das Heiratsalter inzwischen bei dreißig Jahren und höher liegt. Die Geburtenrate liegt in der Bundesrepublik bei circa zehn Geburten auf tausend Einwohner, und der Anteil derjenigen, die auf Dauer ledig bleiben wollen, hat sich in allen Altersgruppen drastisch erhöht. Steigende Scheidungsziffern und zunehmend kleinere Familien runden dieses Bild des Rückzugs der Familie als Lebensform ab. Zwar wird über die Ursachen dieser Veränderungen heftig gestritten, doch gibt es bestimmte Fakten, die sich eindeutig als mitverursachend identifizieren lassen.

Die Bildungsreform der siebziger Jahre hat dazu geführt, daß ein stetig steigender Prozentsatz von jungen Frauen und Männern hochqualifizierte Ausbildungsgänge durchläuft. Dies erfordert eine Entscheidung, entweder diese langen Ausbildungsgänge abzuschließen und anschließend einen Berufseinstieg anzustreben oder aber auf Kosten von Ausbildung und Beruf zu einem früheren Zeitpunkt eine Familie zu gründen. Lange Ausbildungszeiten und frühe Familiengründung schließen einander aus. Die zunehmende außerhäusliche Erwerbstätigkeit von Frauen, gerade in qualifizierten Berufen, stellt heute auch diejenigen, die eine Familie gründen und Kinder aufziehen wollen, vor das Problem, Beruf und Familie miteinander vereinbaren zu müssen.

Während diese Tendenzen in der Bundesrepublik in der Regel als Ausdruck eines steigenden Bedürfnisses junger hochqualifizierter Menschen nach Selbstverwirklichung im Beruf interpretiert werden, haben amerikanische Sozialwissenschaftler, insbesondere Robert N. Bellah[2] und James Coleman, eine Debatte darüber begonnen, ob diese tiefgreifenden Veränderungen, die sich in ähnlicher Weise auch in den Vereinigten Staaten abgespielt haben, nicht Folge von zunehmender Urbanisierung sein könnten. Insbesondere die qualifizierten Dienstleistungsberufe sind fast ausschließlich in den urbanen Zentren zu finden. Familie, so die These von Robert N. Bellah, kann eigentlich nur dann angemessen funktionieren, wenn sie in ein intaktes Verwandtschafts- und

Nachbarschaftssystem eingebettet ist, in dem familiale Werte hochgehalten werden und Solidarleistungen zwischen Verwandten, Nachbarn und Familienmitgliedern jene Bedingungen erzeugen, die es ermöglichen, nicht nur Familie zu leben, sondern auch Kinder aufwachsen zu lassen.

Solche Solidarleistungen sind in großen urbanen Zentren mit ihren heterogenen Strukturen, ihrer hohen Mobilität und den Koordinationsschwierigkeiten zwischen Arbeitsstelle, Wohnung, Versorgung und Pflege sozialer Beziehungen kaum vorstellbar, weil sie stets ein hohes Maß an Vertrautheit und wechselseitiger Abhängigkeit zwischen denjenigen, die die Leistungen erbringen, und denjenigen, die sie empfangen, voraussetzen.

Betrachtet man die geographische Verteilung der Single- bzw. Einpersonenhaushalte in der gesamten Bundesrepublik, so wird die These von Robert N. Bellah für die alten Bundesländer bestätigt. In allen urbanen Zentren, seien es München, Hamburg, Berlin, Frankfurt oder Düsseldorf, erreichen die Anteile an Einpersonenhaushalten durchweg knapp 50 Prozent oder sogar noch mehr. Dementsprechend sind Familienhaushalte, also Haushalte mit vier und mehr Personen, zur Ausnahme geworden. So gibt es in München, Hamburg, Düsseldorf oder Berlin nur jeweils knapp zehn Prozent Haushalte mit vier und mehr Personen.

Im krassen Gegensatz dazu stehen viele ländliche Regionen der Bundesrepublik. Insbesondere im katholischen Süden, aber auch im katholischen Westen liegen die Anteile der Einpersonenhaushalte zwischen 16 Prozent und 20 Prozent, während dort die Haushalte mit vier und mehr Personen die 40-Prozent-Marke zum Teil weit überschreiten.

Ähnlich drastische Variationen lassen sich auch zwischen der Geburtenrate, den Scheidungsziffern, dem Bildungsniveau und der Frauenerwerbstätigkeit nachweisen. Auch für die Bundesrepublik kann angenommen werden, daß die urbanen Zentren die wesentlichen Träger jener Veränderungen der Lebensformen sind, die gegenwärtig breit diskutiert werden.

Die fünf neuen Bundesländer weisen demgegenüber keine solch drastischen Variationen in den Lebensformen auf, sondern sind in vielen Punkten noch sehr viel homogener. Zwar gibt es auch hier deutliche Stadt-Land-Differenzen, und natürlich leben auch in Berlin-Ost mehr Singles als etwa in Mecklenburg-Vorpommern oder den ländlichen Regionen Brandenburgs, aber die Variation ist nicht so groß wie in den Altländern. Will man also Lebensformen in den alten und neuen Bundesländern im Bereich von Ehe und Familie miteinander vergleichen, tut man gut daran, jene fortgeschrittenen urbanen Dienstleistungszentren in den alten Bundesländern mit jenen städtischen Regionen in den neuen Bundesländern zu vergleichen, die sich von ihrer Struktur her am ehesten in eine Richtung entwickeln werden, anstatt generelle Ost-West-Vergleiche durchzuführen.

Auf der Basis einer empirischen Erhebung von insgesamt 12.000 Befragen zwischen 18 und 55 Jahren[3] wurden circa tausend Befragte aus den Großstädten Stuttgart, München, Berlin, Frankfurt, Nürnberg und Augsburg ausgewählt, die dann mit tausend Befragten aus Leipzig verglichen werden konnten.

Die Lebensformen

Vergleicht man auf der Basis des Familienstandes die Befragten aus den westdeutschen Dienstleistungszentren mit jenen in Leipzig, zeigt sich folgendes: In den westdeutschen Dienstleistungszentren sind mehr als ein Drittel der Befragten ledig, jeder zehnte ist geschieden, und circa 1,5 Prozent sind verwitwet. Werden hierzu noch die circa 3 Prozent getrennt lebenden verheirateten Paare hinzugezählt, hat man von durchschnittlich fast der Hälfte der Einwohner auszugehen, die nicht in einer Ehe lebt. In der ersten Ehe lebten von den Befragten knapp 47 Prozent und in einer weiteren Ehe knapp fünf Prozent. Wird weiter überprüft, inwieweit die Befragten mit Partnern zusammenleben, stellt sich sowohl bei Ledigen als auch bei Geschiedenen und Verwitweten heraus, daß der Anteil derjenigen, die sagen, sie würden ohne einen Partner leben, den derjenigen, der mit einem Partner lebt, weit überwiegt. Nicht, wie in den siebziger Jahren vermutet, die Wohngemeinschaft, sondern

Junge Familie im Grünen, Bundesrepublik, 1974
Photographin: Christa Pilger-Feiler

das Alleinleben, durchaus mit Partner, scheint in den großen urbanen Dienstleistungszentren das alternative Lebensmodell zu Ehe und Familie zu sein.

Die entscheidenden Unterschiede zwischen den alten und neuen Bundesländern in städtischen Regionen sind vor allem in den unterschiedlichen Ledigenquoten zu sehen. 36 Prozent Ledigen in den westdeutschen Dienstleistungszentren stehen in Leipzig nicht einmal 20 Prozent gegenüber, und demgemäß ist trotz einer höheren Scheidungsquote die Verheiratetenquote sowohl in erster als auch in weiteren Ehen in Leipzig viel höher als in den westdeutschen Dienstleistungszentren. Sie beträgt in erster Ehe immerhin knapp 65 Prozent.

Diese wenigen Zahlen erlauben den Schluß, daß sich der Individualisierungsschub in den urbanen Zentren der Bundesrepublik in den letzten zwanzig Jahren nicht in gleicher Form in Leipzig und der gesamten früheren DDR vollzogen hat. Das Verheiratetsein hat hier noch einen offensichtlich höheren Stellenwert als in den Dienstleistungszentren Westdeutschlands. In diesen Unterschieden drückt sich auch der strukturelle Konservativismus der früheren sozialistischen Gesellschaft aus.

Mütter und Kinder auf einem Spielplatz, Bundesrepublik, 1986
Photograph: Wolfgang Wiese

Die Integration der Frauen in das Erwerbsleben

Obwohl die Lebensformen in Leipzig im Vergleich zu den westdeutschen Dienstleistungszentren betont konservativ sind, ist entsprechend der früheren Politik der DDR die Integration der Frauen in das Erwerbsleben weit vorangeschritten. Dabei ist allerdings hervorzuheben, daß die Zahl der Teilzeitarbeitskräfte in den letzten Jahren deutlich zurückgegangen ist, weil die entsprechenden Arbeitsplätze abgebaut wurden. In Leipzig sind zum Zeitpunkt der Untersuchung circa 70 Prozent der Frauen erwerbstätig und circa 14 Prozent arbeitslos, wohingegen in den westdeutschen Dienstleistungszentren lediglich 54 Prozent berufstätig sind. Zwar ist die Erwerbsquote insgesamt in Leipzig höher, doch variiert das Erwerbsverhalten bei den Müttern aus den westdeutschen Dienstleistungszentren, im Gegensatz zu Leipzig, in Abhängigkeit vom Alter des Kindes. Wenn Kinder unter drei Jahren vorhanden sind, sind 62 Prozent der Mütter aus den Dienstleistungszentren nicht erwerbstätig, gegenüber knapp 30 Prozent, die erwerbstätig sind. Schon bei den drei- bis fünfjährigen Kindern nimmt die Erwerbsquote mit circa 54 Prozent zu, um bei den Schulkindern dann auf über 60 Prozent anzusteigen. Diese vom Lebensalter des Kindes abhängige Erwerbsbeteiligung gibt es in den neuen Bundesländern und damit auch in Leipzig nur im Zusammenhang des Babyjahres, das zum Zeitpunkt der Erhebung etwa jeder zehnte Befragte in Anspruch nahm.

Auch bei der Arbeitszeit zeigt sich, daß das zeitliche Engagement im Beruf in Abhängigkeit vom Lebensalter des jüngsten Kindes variiert. Bei den jüngeren Kindern, das heißt, bei den Kindern unter drei Jahren, gehen die erwerbstätigen Frauen circa 27 Stunden pro Woche arbeiten, während die Erwerbsarbeitszeit mit zunehmendem Alter der Kinder auf circa 32 Stunden ansteigt. Auch diese altersabhängige Arbeitszeit findet sich in Leipzig nicht oder doch nur in geringem Umfang. Bei den jüngeren Kindern geben die erwerbstätigen Frauen

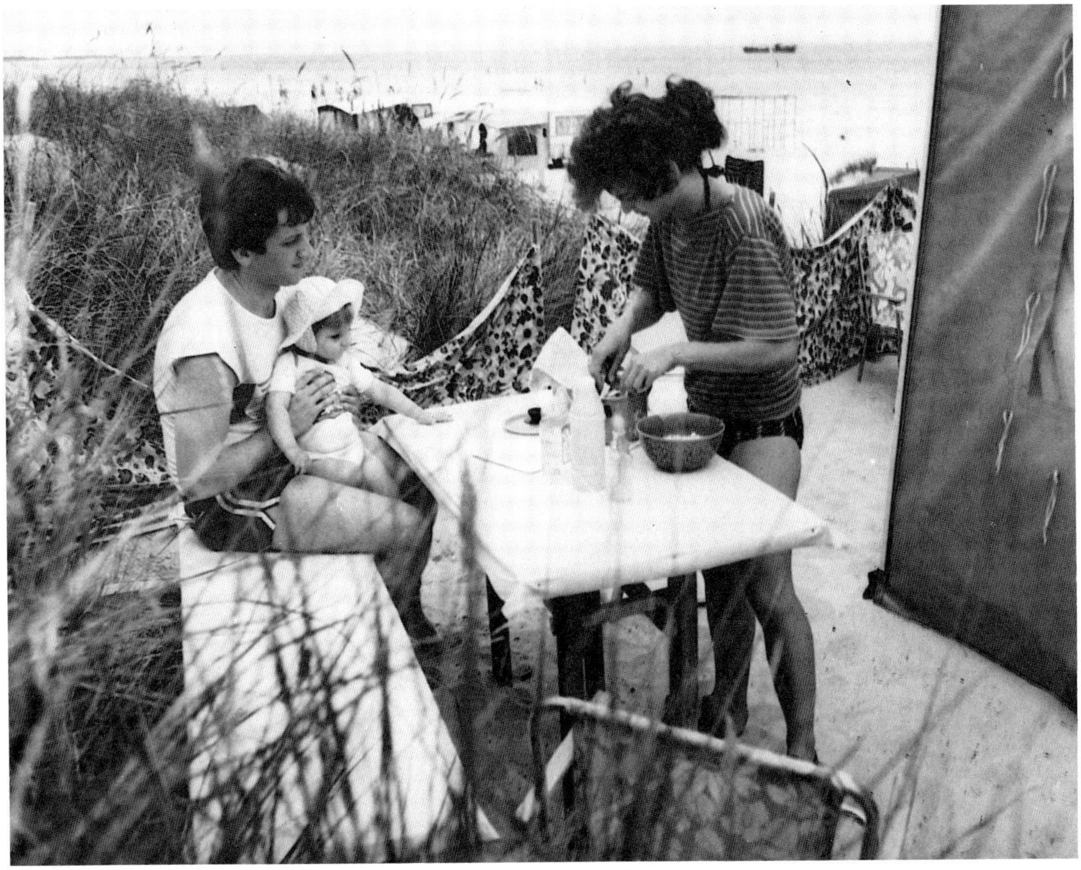

Auf dem Campingplatz, DDR, Juli 1988

circa 37 Stunden Arbeitszeit an, während bei den älteren Kindern 39 bis 43 Stunden angegeben werden. Diese Variation ist erheblich geringer als in den westdeutschen Dienstleistungszentren. Dennoch ist die zeitliche Belastung bei Kindern unter drei Jahren in den westdeutschen Dienstleistungszentren und in Leipzig etwa gleich hoch, weil sich der Aufwand für Hausarbeit, auch angesichts besserer Betreuungsmöglichkeiten in Leipzig, offenbar nicht spürbar reduzieren läßt. Sowohl in den westdeutschen Dienstleistungszentren als auch in Leipzig geben die jungen Frauen an, für Beruf und Familie insgesamt circa siebzig Wochenstunden aufzuwenden.

Während die wöchentliche Arbeitszeit bei den älteren Kindern in den westdeutschen Dienstleistungszentren deutlich sinkt, sinkt sie trotz der besseren Betreuungsmöglichkeiten in Leipzig kaum. Trotz der inzwischen verbesserten Versorgungslage ist ganz offenkundig der Aufwand für Haushalt und Familie so beachtlich, daß hier eine erhebliche Mehrbelastung der Frauen gegenüber ihren Kolleginnen in den westdeutschen Dienstleistungszentren festzustellen ist. Die Leipziger Frauen arbeiten aber auch durchschnittlich sechs Stunden pro Woche länger als ihre Männer, die ein höheres berufliches Engagement und ein erheblich geringeres Engagement in Haushalt und Familie zeigen.

In den westdeutschen Dienstleistungszentren scheint sich eine andere Form der Arbeitsteilung zwischen Männern und Frauen herausgebildet zu haben, nämlich ein erhöhtes berufliches Engagement des Mannes, ein verringertes berufliches Engagement der Frau, ein erhöhtes Engagement der Frau für Haushalt und Familie und ein geringeres Engagement des Mannes für Haushalt und Familie. Gleichheit scheint in den westdeutschen Dienstleistungszentren über Zeit und nicht über Arbeitsteilung angestrebt zu werden. Mit einiger Zurückhaltung könnte man aus diesen Daten die These formulieren, daß sich, zumindest in den westdeutschen Dienstleistungszentren, bei Familien mit Kindern, wenn die Väter und Mütter berufstätig sind, Formen einer gleichverteilten Belastung durch Beruf und Familie zu entwickeln scheinen, wobei der Ausgleich nicht über innerfamiliale Arbeitsteilung gesucht wird, sondern eher über eine gleiche zeitliche Belastung während der Woche. Dieses Modell, das aber auch in der übrigen Bundesrepublik sonst kaum zu finden ist, findet sich in Leipzig nicht, da hier die Mehrbelastung der Frauen im Haushalt nicht durch ein vermindertes Engagement im beruflichen Bereich aufgefangen werden kann.

Nun kann man sich natürlich fragen, ob die hier skizzierten Modelle der Vereinbarkeit von Familie und Beruf auch Lebensmodelle sind, die von den Betroffenen so gewünscht werden, oder ob es Modelle sind, die sich aufgrund der Umstände ergeben haben. Wie unsere Untersuchung der «Vereinbarkeit von Familie und Beruf in den westdeutschen Dienstleistungszentren sowie Leipzig» zeigt, gibt es bei Eltern mit Kindern auch in den Vorstellungen, wie Familie und Beruf miteinander zu vereinbaren sind, eine klare und eindeutige Beziehung zum Alter des Kindes.

Sind keine Kinder vorhanden, sind die Eltern mit Kindern zu knapp 84 Prozent der Meinung, daß beide Teile voll berufstätig sein sollten, ein Prozentsatz, der sich von den über 94 Prozent in Leipzig zwar unterscheidet, aber doch deutlich macht, daß das traditionelle Modell der Hausfrauenehe dann, wenn keine Kinder vorhanden sind, von der überwiegenden Mehrheit der Bevölkerung abgelehnt wird. Für die Hausfrauenehe können sich in den westdeutschen Dienstleistungszentren nicht einmal zwei Prozent erwärmen; in Leipzig sind es lediglich 0,2 Prozent.

Anders sieht es aus, wenn die Kinder unter drei Jahre alt sind. Dann stimmt auch in den westdeutschen Dienstleistungszentren etwas mehr als die Hälfte der Befragten dafür, daß die Frau nicht berufstätig sein sollte, und weitere knapp 17 Prozent lassen es offen, ob der Mann oder die Frau nicht berufstätig sind. Andere Modelle fallen demgegenüber weit ab.

Bei den Leipziger Befragten ist die Tendenz für dieses Modell von Hausfrau und Mutter nicht ganz so eindeutig, aber noch deutlich erkennbar: 35,2 Prozent sind bei einem Kind unter drei Jahren der Meinung, daß die Frau nicht berufstätig sein sollte, und weitere 6,3 Prozent sind dafür, daß nur einer berufstätig ist. Im Gegensatz zu den Wunschvorstellungen der sozialistischen Familienplaner entspricht bei Kindern unter drei Jahren nicht das Modell der voll in das Erwerbsleben integrierten Frau dem Wunsch der Befragten, sondern neben dem Hausfrauen- und Muttermodell eindeutig die Teilzeitbeschäftigung mit 37,6 Prozent beziehungsweise weiteren 10,4 Prozent, die offenlassen, wer Teilzeit arbeiten sollte. Anders als in den westdeutschen Dienstleistungszentren spielt die Teilzeittätigkeit des Mannes mit immerhin 23,5 Prozent gegenüber 0,9 Prozent in den alten Bundesländern in den Vorstellungen der Menschen in Leipzig eine gewichtige Rolle.

Bei den drei- bis sechsjährigen Kindern gewinnt auch in den westdeutschen Dienstleistungszentren das Teilzeitmodell deutlich an Gewicht, wohingegen das Modell der Hausfrau und Mutter an Bedeutung verliert. Bei den Leipziger Befragten ist das Hausfrauen- und Muttermodell bei den drei- bis sechsjährigen Kindern mit etwa 7 Prozent so gut wie nicht mehr vorhanden. Die Teilzeittätigkeit der Frau dagegen erreicht einen Anteil von knapp 57 Prozent.

Bei Schulkindern sind die Befragten sowohl in den westdeutschen Dienstleistungszentren als auch in Leipzig mehrheitlich der Auffassung, daß die Teilzeittätigkeit das beste Modell sei, um Beruf und Familie miteinander zu verbinden, wobei hier die Vollerwerbstätigkeit in den westdeutschen Dienstleistungszentren überwiegend negativ eingeschätzt wird, während sich in den neuen Bundesländern immerhin etwas mehr als ein Drittel der Befragten vorstellen kann, in dieser Altersphase der Kinder voll erwerbstätig zu sein.

Auch diese Analyse macht deutlich, daß die Vorstellungen über die Vereinbarkeit von Familie und Beruf vom Alter des Kindes abhängig sind. Dieses phasenspezifische Konzept gilt sowohl für Leipzig als auch für die westdeutschen Dienstleistungszentren. Dabei ist im Westen die Übereinstimmung zwischen den Vorstellungen und den tatsächlich gelebten Formen größer als in Leipzig.

Junge Familie, DDR, um 1980

Die Benachteiligung der Frauen

Hat es sich im vorhergehenden Abschnitt gezeigt, daß die forcierte Integration der Frauen und Mütter in das Erwerbsleben in der früheren DDR keinesfalls den Lebensvorstellungen der Mehrheit der Mütter und Väter in den neuen Bundesländern entspricht, kann man bei der Analyse der Einkommen feststellen, daß auch hier trotz etwa gleicher beruflicher Belastung die Benachteiligung der Frauen im Erwerbsleben keineswegs aufgehoben war.

1988 lag das persönliche Nettoeinkommen der Männer aus den westdeutschen Dienstleistungszentren bei circa DM 4.000,- und das der Frauen bei circa DM 2.200,-. Da Frauen im Durchschnitt drei Viertel der Erwerbsarbeitszeit der Männer aufweisen, hätten sie auch durchschnittlich drei Viertel des Einkommens verdienen müssen. Sie erreichten aber nur 56 Prozent des Einkommens der Männer. Diese geschlechtsspezifische Benachteiligung in den westdeutschen Dienstleistungszentren ist nicht nur ein Ergebnis dieser Studie, sondern häufig in der Literatur nachgewiesen worden. Die von uns untersuchten Frauen sind ausbildungsmäßig und auch positionell überwiegend in der oberen bis mittleren Hälfte der Berufspositionen angesiedelt, was in etwa ja auch der Berufsstruktur der Dienstleistungszentren entspricht. Trotz dieser beruflichen Fortschritte bedeutet die Bereitschaft, auf einen Teil der Arbeitszeit zu verzichten, um Beruf und Familie miteinander zu vereinbaren, auch in den Dienstleistungszentren eine extreme ökonomische Benachteiligung.

Ein Vergleich der Einkommensrelationen in den neuen Bundesländern ist nicht unproblematisch, da sich die Einkommensstrukturen der alten und der neuen Bundesrepublik gegenwärtig überlagern. Frauen mit einer durchschnittlichen wöchentlichen Arbeitszeit von 38 Stunden verdienten in Leipzig im Frühjahr 1992 circa DM 1.350,- gegenüber circa DM 1.850,- bei den Männern mit einer wöchentlichen Arbeitszeit von circa 42 Stunden. Für rund 90 Prozent der Arbeitszeit der Männer erhalten Frauen circa 73 Prozent des Lohnes.

Die forcierte Gleichstellungspolitik der früheren DDR hat also ebenfalls nicht dazu geführt, daß Frauen einkommensmäßig mit den Männern gleichgezogen haben. Solange diese Diskriminierung der Frauen im beruflichen Bereich, für die die ökonomische Benachteiligung nur ein Indikator ist, nicht abgebaut wird, ist auch davon auszugehen, daß die von den Frauen selbst gewünschten Modelle der Vereinbarkeit von Familie und Beruf nur eine geringe Zukunftschance haben werden. Gegenwärtig können diese Vorstellungen nur realisiert werden, wenn man beruflich erhebliche Nachteile für sich in Kauf nimmt. Selbst die in den Dienstleistungszentren ansatzweise zu beobachtende in etwa gleiche zeitliche Belastung der Männer und Frauen wird sich als Modell zukünftiger Familienform kaum durchsetzen können, weil jede junge qualifizierte Frau immer wieder damit konfrontiert wird, daß sie sich angesichts der Erziehung der eigenen Kinder beruflichen Diskriminierungsprozessen ausgesetzt sieht.

Für die Leipziger Frauen kann man davon ausgehen, daß sie auf der einen Seite gewinnen und auf der anderen verlieren werden, falls sich die Dienstleistungsstrukturen nach westlichem Muster durchsetzen. Zum einen wird die Zahl der Teilzeitarbeitsplätze deutlich ausgeweitet werden, weil ihr Anteil, insbesondere im Dienstleistungsbereich, relativ hoch ist. Man kann darüber hinaus vermuten, daß sie Zeit gewinnen, weil sich die zeitliche Belastung durch den Beruf reduzieren wird, und sie können auf eine bessere Betreuungssituation der Kinder zurückgreifen. Ostdeutsche Frauen werden aber insofern verlieren, als sich jene traditionellen ökonomischen Ungleichheitsrelationen zwischen Mann und Frau, die in den fortgeschrittenen Dienstleistungszentren der Bundesrepublik bestehen, aufgrund der Übertragung westdeutscher Tarif- und Berufspositionssysteme in gleicher Weise auswirken werden wie in den westdeutschen Dienstleistungszentren.

Die sozialen Beziehungen innerhalb von Familien

Bisher wurden nur die äußeren Formen von Familie wie Familienstand, zeitliche Arbeitsteilung und Vereinbarkeit von Familie und Beruf diskutiert. Mindestens ebenso wichtig für die Analyse von familialen Lebensformen ist aber die Frage, wie Familienmitglieder miteinander umgehen und welche Beziehungen sie zueinander haben.

Solche Fragestellungen, die sich in der Regel in empirischen Untersuchungen nur schwer nachprüfen lassen, haben wir in den westdeutschen Dienstleistungszentren und Leipzig wie folgt analysiert: Alle Befragten wurden gebeten, eine beliebige Anzahl von Personen (im Durchschnitt wurden sieben bis acht Personen genannt) zu nennen, die einem einfallen, wenn man über Freunde, Verwandte und Bekannte nachdenkt. Anschließend wurde danach gefragt, was man mit diesen Personen im einzelnen mache. Hierzu wurden eine Reihe von Aktivitäten vorgegeben, die von persönlichen Gesprächen über gemeinsame Mahlzeiten, Freizeit, persönliche Beziehungen bis hin zu finanziellen Unterstützungen reichten. Erst in einem dritten Schritt wurde erfragt, in welcher verwandtschaftlichen, nachbarschaftlichen oder befreundeten Beziehung man nun tatsächlich zu der jeweils genannten Person stehe. Auf diese Weise läßt sich genau prüfen, bei welchen Aktivitäten welche Art von Personen genannt wurden, ohne daß diese Personen vorgegeben worden wären.

Der Anteil jener Aktivitäten, zu denen die eigenen Kinder genannt wurden, wurde jeweils bezogen auf das Lebensalter des jüngsten Kindes, um zu prüfen, ob die Kinder in den einzelnen Situationen in Abhängigkeit vom Alter unterschiedlich häufig genannt werden.

Zunächst ist es nicht verwunderlich, daß bei den Gesprächen, die man führt, Kinder dann, wenn das jüngste Kind unter zwei Jahren alt ist, so gut wie nicht genannt werden. Es ist auch nachvollziehbar, daß bei gemeinsamen Mahlzeiten Kinder mit zunehmendem Alter häufiger genannt werden, während bei Gefühlen die Häufigkeit der Nennungen bis zum 14. Lebensjahr ansteigt, um danach deutlich abzusinken, was als Indikator für die zunehmenden Ablösungsprozesse von den Eltern interpretiert werden kann. Gleiches gilt im übrigen auch für die Freizeit, die bis zum 14. Lebensjahr überwiegend mit den Kindern verbracht wird, während diese Prozentsätze bei den älteren Kindern deutlich zurückgehen.

Vergleicht man dies nun mit Leipzig, folgt das Muster bei Gesprächen in etwa demjenigen in den westdeutschen Dienstleistungszentren, allerdings mit dem Unterschied, daß Kinder in Leipzig häufiger genannt werden als in den westdeutschen Dienstleistungszentren. Das gleiche gilt für Mahlzeiten, Gefühle und Freizeit. Es läßt sich feststellen, daß aus der Sicht der Befragten Kinder in Leipzig häufiger als in den westdeutschen Dienstleistungszentren genannt werden, wenn es um gemeinsames Essen, um gefühlsmäßige Bindung oder Freizeit geht. Dabei fällt auf, daß der in den westdeutschen Dienstleistungszentren aus der Sicht der Eltern mit dem 15. bis 17. Lebensjahr einsetzende Ablösungsprozeß bei den Leipziger Kindern nicht zu beobachten ist. Offenkundig ist in diesen Altersgruppen die Bindung an die Eltern enger als in den westdeutschen Dienstleistungszentren.

Wenn man diese Ergebnisse mit den Anstrengungen in der DDR vergleicht, die Kinder und Jugendlichen aus dem Elternhaus herauszuholen und sie einer vergesellschafteten Form der Erziehung zu unterwerfen, läßt sich bezüglich unserer Leipziger Befragten feststellen, daß diese Politik keinen Erfolg gehabt haben kann. Die Familienbindungen sind hier eher stärker als schwächer ausgeprägt.

Dieses Ergebnis stimmt interessanterweise mit einer Beobachtung überein, die Helmut Schelsky in den fünfziger Jahren formuliert hat, als er feststellte, daß offensichtlich Familien und Familienmitglieder, wenn sie von Staat und Gesellschaft extrem beansprucht werden, eher die Reaktion zeigen, sich auf sich selbst zurückzuziehen, da jene Freiräume nur im Kontext der vertrauten Familie erhalten werden können. In solchen Beanspruchungssituationen scheint es so etwas wie eine Eigenlogik von Familien oder eine Eigenlogik des Verhaltens von Personen zu geben.

Fazit

Dieser vorläufige Vergleich familialer Lebensformen in den westdeutschen Dienstleistungszentren und Leipzig als einer Großstadt, die vermutlich eine ähnliche Entwicklung nehmen wird, zeigt, daß familiales Leben zwar manche Ähnlichkeit aufweist, aber doch in vielen Punkten heute noch deutlich unterschiedlich ist.

Wir haben diesen Aufsatz eingeleitet mit dem Verweis auf jene stillen Revolutionen und massiven Individualisierungstendenzen, die Robert N. Bellah und andere beschrieben haben. Es will so scheinen, als ob die Familie in Leipzig möglicherweise eine gesellschaftliche Entwicklung dokumentiert, die vor jenen Individualisierungsschüben und massiven Veränderungen der Wertstrukturen auch einmal in den Dienstleistungszentren der Bundesrepublik existiert hat.

[1] Vgl. A. Tölke: Partnerschaft und Eheschließung – Wandlungstendenzen in den letzten fünf Jahrzehnten. In: Hans Bertram (Hg.): Die Familie in Westdeutschland. Stabilität und Wandel familialer Lebensformen. DJI Familiensurvey 1, Opladen 1991, S. 113-157, hier S. 152.

[2] Vgl. Robert N. Bellah: Gewohnheiten des Herzens, Köln 1987; ders.: The Good Society, New York 1991.

[3] H. Bertram (Hg.): Die Familie in Westdeutschland, wie Anm 1; ders.: Die Familie in den großen Städten. Vortrag auf dem Deutschen Soziologentag Düsseldorf 1992 (unveröff. MS; erscheint voraussichtlich 1993 in: Deutsches Jugendinstitut (Hg.): Was für Kinder. Aufwachsen in Deutschland. Ein Handbuch).

EVA JAEGGI

EHE AUF ZEIT – SINGLE AUF ZEIT?

Die wachsende Zahl der Singles bereitet manchen Sorge: den wirtschaftlich Denkenden, weil es offenbar schwierig ist, für die vielen Alleinlebenden Wohnraum zu beschaffen, weil ein solcher Ein-Personen-Haushalt auch sonst kostspielig ist und in Zeiten wachsender ökonomischer Bedrängnis ein volkswirtschaftliches Problem entstehen könnte. Den psychologisch Interessierten gibt die «Vereinzelung» schon lange zu denken: Narzißmus, Egoismus, sinkende Kinderzahl – das etwa sind die Assoziationen.[1] Politisch Denkende überlegen besorgt, wie eine Gesellschaft beschaffen sein muß, die diese vielen Singles politisch einbinden kann. Sind sie es vielleicht, die nicht mehr ohne weiteres bereit sind, ihre «Stammpartei» zu wählen, sondern flexibel, den jeweiligen Gegebenheiten entsprechend, sich entscheiden? Produzenten wiederum fragen sich, ob sie auch wirklich die richtigen Artikel für die große Zahl von Singles herstellen? Und gar die Theologen: Erfüllen Singles wirklich den gottgewollten Plan, daß der Mensch nicht allein sein solle?

Fragen, Probleme und Sorgen, die – ob berechtigt oder nicht – alle danach verlangen, daß diese Lebensform, die in letzter Zeit stark zunimmt (in Großstädten schon fast die Hälfte aller Gemeldeten), analysiert, auseinandergenommen und auf ihre sozialen und psychischen Hintergründe hin befragt wird.

Natürlich ist eines sicher: Single ist nicht Single und: Man ist es nicht unbedingt auf Lebenszeit. Das aber heißt: Man ist es oft in Zusammenhang mit der ebenfalls stark geänderten Form der Ehe/Partnerschaft.

Historische Überlegungen

Noch bis weit ins 19. Jahrhundert hinein war in ländlichen Gegenden nur etwa die Hälfte aller Erwachsenen verheiratet, nämlich diejenigen, die es sich «leisten» konnten, also Bauern, Handwerker und Geschäftsleute. Die dazugehörigen Dienstpersonen waren oft aus finanziellen Gründen nicht in der Lage, eine Familie zu gründen; sie lebten aber fast nie allein, sondern im Kreis ihres Arbeitgebers oder der Verwandtschaft. Singles in unserem Sinne gab es nicht – sofern jemand allein lebte, mußte er schon ein wenig schrullig sein oder reich (meist beides), vielleicht auch durch eine besondere Eigenschaft herausgehoben aus der Gesellschaft, etwa als einer (eine), die kräuterkundig war, als besonders weise oder fromm galt, ein Künstler war oder auch einfach ein krankhafter Sonderling.

Vom frühen Mittelalter bis in die Neuzeit hinein gilt, wer allein lebt, ist etwas Besonderes. Man lebte und überlebte in der Gemeinschaft; je nach Zeitumständen war alles andere gefährlich oder/und unerschwinglich. Der Single als moderne Lebensform aber ist etwas ganz anderes. Er ist ein ganz typisches Produkt der Moderne und steht daher auch unter gesellschaftlich vollkommen anderen Vorzeichen.

Soziologische Überlegungen

Eine moderne industrielle Gesellschaft braucht immer sehr viele mobile Arbeitskräfte, flexibel und möglichst raumgreifend einsetzbar. Solange diese Forderung nur an die Männer erging, bedeutete jeder Umzug für eine Familie zwar Unbequemlichkeiten, aber keine Trennung. Frauen waren bereit, mit den jeweils geänderten Umständen mitzugehen und Mann und Kinder weiterhin zu versorgen. Der Emanzipationsanspruch der Frauen aber hat hier einiges drastisch geändert: Nun mußten zwei persönliche Biographien und zwei Arbeitsmarktbiographien kombiniert werden[2], was natürlich zu vielen inneren und äußeren Unverträglichkeiten führt. Trennungen, lockere Bindungen, das Nicht-Zustandekommen von Bindungen sind die Folge – also letztendlich: Es entsteht der moderne Single. Er ist nicht mehr ein defizitäres Produkt, sondern einer, der – auch infolge des Reichtums unserer Gesellschaft – seinen Status jederzeit wieder ändern kann, es aber nicht muß; einer, der seine Biographie wählen kann und nicht eingezwängt ist in den früher «normalen» Ablauf von Jugend, Ausbildung, Beruf, Heirat, Kinderkriegen, Altersehe, Tod. Alle Abschnitte sind beweglicher geworden, Übertretungen der «Normalbiographie» werden nicht mehr geahndet; in manchen Schichten ist sogar das Gegenteil üblich. «Was, Du bist noch immer verheiratet? Mit derselben Frau? – Erstaunlich» so hörte ich unlängst die Begrüßung zweier alter Bekannter im Intellektuellenmilieu mit, und die Stimme des solcherart Grüßenden klang ein klein wenig abschätzig.

Der Single männlichen und weiblichen Geschlechts ist nicht unbedingt auf Dauer Single, aber er wartet auch nicht darauf, nun «um jeden Preis» wieder als Paar zu leben. Dies betrifft noch mehr die Frauen als die Männer: Geschiedene Frauen heiraten seltener wieder als geschiedene Männer – vorausgesetzt, sie haben einen qualifizierten Beruf. Sind sie berufslos oder unqualifiziert, dann allerdings versuchen sie möglichst schnell, wieder in einer Ehe «unterzuschlüpfen». Obwohl uns die Statistiken darüber nichts sagen können, ist man versucht zu interpretieren: Sie versuchen, in einer Ehe «unterzuschlüpfen», auch wenn's beileibe nicht der Traumprinz ist, sondern der alte Rentner, der die Versorgung sicherstellt. Männer, so sagt wiederum die Statistik, sind in der Altersgruppe der Dreißig- bis Fünfzigjährigen etwas öfter Singles als Frauen; sie sind aber beruflich oft nicht ganz so qualifiziert wie die Frauen, und einige von ihnen kommen mit dem Single-Leben gar nicht so gut zurecht: Sie sind öfter krank, haben eine geringere Lebenserwartung, verfallen öfter dem Alkohol. Für Frauen gilt dies nicht. Natürlich sagen uns Statistiken über die Realität des Single-Lebens nicht gar so viel aus. Man muß sich dann schon auf die psychologische Ebene begeben und mit den Singles selbst sprechen.

Psychologische Überlegungen

Ich habe dies ausführlich getan[3] und von vielen Singles Auskunft erhalten über ihre Lebenslage, ihre Strategien zur Bewältigung ihres Alltags, ihre dunklen Stunden, aber auch über ihre Glücksmomente. Ich habe mich dafür interessiert, wie sie ihren Alltag organisieren, in welcher Weise sie die «Wunden Punkte» des Single-Lebens – nämlich Ferien, Familienfeste, Wochenenden – gestalten, warum sie alleine sind und vieles mehr.

Natürlich mußte ich mir auch überlegen, wer denn eigentlich ein «Single» ist und ob es einen Unterschied macht, ob einer freiwillig oder unfreiwillig in diesen Status hineingerät. Es gibt keine exakte Definition des Single-Status. Vom juristischen Standpunkt aus war es bis vor kurzem eindeutig: einer (eine), der (die) nicht verheiratet ist. Seit einiger Zeit gibt es mehr und mehr Urteile, die auch die Lebenspartnerschaft als juristisch existent ansehen und damit verschiedene Konsequenzen verknüpfen. Man könnte den Single-Status auch ökonomisch definieren: einer, der allein im Haushalt lebt und daher bestimmte volkswirtschaftlich relevante Güter (Wasser, Strom, Wohnraum etc.) allein verbraucht und daher «teuer» ist, was wiederum mit mehr Steuern abgegolten werden muß.

Man kann aber auch psychologische Kriterien heranziehen bei der Definition dessen, wer ein Single ist – und dies habe ich getan. Es gibt dabei natürlich eine «Grauzone», wie es bei psychologischen Definitionen unvermeidlich ist.

Als Single habe ich bezeichnet einen Menschen, der seinen Alltag allein organisiert und ohne einen permanenten Bezug zu einem Partner lebt, mit dem er (zumindest in seiner Phantasie) auch noch über lange Zeit zusammenleben möchte. Es wurden also ausgeschlossen Menschen, die in einer Partnerschaft leben, aber durch räumliche Trennung ihren Alltag meist allein organisieren (Wochenendehen); ebenso wurden ausgeschlossen die Menschen, die mit einem kleinen Kind allein leben, und auch Personen in Wohngemeinschaften habe ich nicht befragt. Es schien mir, daß die Alltagsprobleme dieser Gruppen doch in vielerlei Hinsicht recht anders gelagert sind als die der «psychologisch echten» Singles. Natürlich gibt es dabei «Übergangserscheinungen» – zum Beispiel jene Frau, die allein lebt, aber einen Freund in einer weit entfernt liegenden Stadt hat, mit dem sie sich alle zwei bis drei Wochen trifft. Oder jener Mann (ich habe ihn schließlich aufgenommen in meine Befragung), der als Schwuler einen Freund hat, mit dem er nicht zusammenlebt und den er ganz explizit nicht als einen «Lebenspartner» ansieht. Ich habe daher als ein weiteres Kriterium das der Selbstdefinition gewählt: Wer sich, nachdem ich ihm (ihr) meine Überlegungen dargelegt hatte, als Single bezeichnete, wurde von mir auch als ein solcher betrachtet.

Mit der «Freiwilligkeit» dieser Lebensform aber bekam ich im Laufe der Zeit ganz große Probleme. In anderen Untersuchungen über Singles, die mit halbstrukturierten Interviews befragt wurden (und nicht mit Tiefeninterviews, wie ich das getan hatte), waren eher die bewußtseinsfähigen Anteile des inneren Erlebens ins Visier gekommen. Dort war das Kriterium «freiwillig» oder «unfreiwillig» wichtig gewesen. Bei mir, die ich mit psychoanalytisch orientierten Tiefeninterviews gearbeitet hatte, verwischte es sich immer mehr, je näher ich an die von mir befragten Personen herankam. Was heißt schon «freiwillig»? sagte ich mir dann und überlegte mir den Lebensweg einer Frau, die dezidiert als «freiwilliger» Single gelten wollte, sich aber offensichtlich – geprägt durch ein harsches Schicksal – letztlich von der allzu vertrauten Nähe eines anderen Menschen nur Schlimmes versprechen konnte und daher jeden möglichen Partner schon im Vorfeld abblitzen ließ. Tut sie dies wirklich freiwillig? Oder jener Mann, der darüber jammerte, daß er «unfreiwillig» Single sei und auf jeden Fall mit Familie rechne. Er hängt zum Beispiel die Meßlatte in bezug auf Schönheit und Glanz seiner Zukünftigen so hoch, daß man wohl auf den Gedanken kommen kann, daß hier einer unbewußt das Eheglück geradezu vermeidet. Also, so mußte ich mir sagen, ist dieser «Freiwilligenstatus» nicht so ohne weiteres erfragbar, und ich begnügte mich mit dem Ergebnis, daß gerade dieser Punkt in jedem Einzelfall höchst unsicher ist.

Bei keinem der von mir Befragten gab es den leisesten äußeren Grund, warum er (sie) nicht partnerschaftlich leben sollten – viele hatten es ja auch schon vor ihrer Single-Existenz getan. Alle waren noch hinreichend jung (zwischen Anfang dreißig und Anfang fünfzig), beruflich qualifiziert, kultiviert und attraktiv – also Mittelschichtsangehörige im besten Sinn des Wortes. (Das engt übrigens die Reichweite meiner Untersuchung ein, Aussagen über Singles in der Unterschicht würden eine neue Untersuchung bedeuten!)

Was aber waren nun die psychologisch relevanten Merkmale dieser so ungleichen Menschen? Gibt es den «typischen» Single? Was kennzeichnet ihn?

Zentrale Kennzeichen des Single-Lebens

Singles sind so unterschiedlich wie andere Menschen auch. Trotzdem gibt es natürlich – wie übrigens für jede Lebensform – einige als «typisch» anzusehende Probleme in den meisten Single-Existenzen.

Ich habe versucht, diese Probleme zu kategorisieren. Es sind dies:

- Das Problem der Bewußtheit
- Das Problem des inneren Dialogs

Titelseite «Der Spiegel», 19.06.1978

– Das Problem der Einsamkeit
– Das Problem der Balance zwischen Regression und Progression.

Das Problem der Bewußtheit

Die meisten alleinlebenden Menschen beschreiben ihren Alltag im Vergleich zu Zeiten, wo sie noch partnerschaftlich oder im Familienkreis gelebt haben. In diesem Vergleich wird ihnen klar, daß sie als Singles sehr viel bewußter ihren Alltag planen müssen als bisher. Die Delegationen, die das Leben bisher etwas erleichtert haben, funktionieren nun nicht mehr. Man kann nicht mehr den anderen (Partner, Eltern etc.) für das eigene Leben und seine Alltagsgestaltung verantwortlich machen. Das wird zuerst oft als ein ziemlich unangenehmer Zustand beschrieben, als ein Druck, der dauernd auf dem Leben liegt. Dies kann sehr unterschiedliche Areale des Alltags betreffen: die Wohnungseinrichtung, die Geselligkeit, das Kochen oder die Gestaltung der

Ferien. Nichts wird einem abgenommen, alles muß geplant werden. Dieses Planen erzeugt bei vielen zuerst einmal das unangenehme Gefühl, es sei eine gewisse Leichtigkeit verlorengegangen, als sei nun das Leben sehr viel ernster geworden. Erst wenn einige Zeit seit der Trennung vom Partner (oder von der Familie) vergangen ist, wird dieser Zustand anders empfunden: als ein Gewinn an Freiheit, an Autonomie.

Erst jetzt aber wird klar, wieviel man an den Partner delegiert hat und wie wenig man sich darum gekümmert hat, welche Bedürfnisse man wirklich selbst hat und wo man nur den Bedürfnissen des Partners nachgelebt hat. Vor allem Frauen machen oft einen sehr wichtigen Prozeß der Bewußtwerdung mit – sind doch Frauen der Altersklasse ab Mitte dreißig sehr oft noch immer in recht eingeschränkten Rollenklischees erzogen worden und haben daher Anpassungsstrategien entwickelt, die sie nun «verlernen» müssen.

Viele von ihnen berichten, daß sie zuerst einmal gar nicht wußten, was sie eigentlich wollten: Sollte ihre Wohnung wirklich nur aus Stahl-Glas-Konstruktionen bestehen, oder hätten sie nicht immer schon lieber kuschelige Teppiche gehabt? War das ausgedehnte Vier-Sterne-Essen tatsächlich ein Bedürfnis gewesen, oder hatte es ihnen nicht doch leid getan, so viel Geld herauszuwerfen, wo sie doch eigentlich schlichte Koteletts und Salate als sehr viel bekömmlicher empfunden hätten? Und: War man wirklich so versessen gewesen auf große Parties?

All dies sind Fragen, die sich nun neu stellen und oftmals – zur Überraschung der Singles – ganz anders zu beantworten sind, als man das in ehelichen Zeiten vermutet hätte. Das bewußte Leben und Planen setzt natürlich voraus, daß man auch mehr Bewußtsein über seine eigenen Bedürfnisse bekommt. Sehr oft hat man seine eigene Entwicklung gar nicht mitbekommen, oder man war eben so beschäftigt mit Anpassungsstrategien, daß man vergessen hat, sich weiterzuentwickeln. Um seine Bedürfnisse kennenzulernen, ist es nötig, sich selbst Zeit zu lassen, sich immer wieder in Ruhe hinzusetzen und nachzuspüren, was denn eigentlich «gerade dran» ist. Um sich sein eigenes Leben aufzubauen, braucht es dann, wie mir fast alle Singles erklärten, lebendige Phantasie. Nun kann man einfach nicht mehr an den Partner denken, wenn einem nichts Rechtes einfällt. Man muß ein Problem – zum Beispiel den Kauf eines Möbelstückes – sozusagen von innen heraus anpeilen –, und dies braucht mehr «präzise Phantasie» (wie eine meiner Interviewpartnerinnen sagte), als sie vorher gedacht hatten. Die meisten empfanden es, trotz seiner Schwierigkeit, als sehr befriedigend, sich nun in ganz anderer Weise als früher mit sich selbst und den eigenen Bedürfnissen zu befassen und danach zu handeln.

Die Bewußtheit als eine wichtige Dimension des Sich-Wohlfühlens in der Welt ist selbstverständlich nicht nur für Singles ein erstrebenswertes Ziel. Natürlich ist jeder partnerschaftlich Lebende in gleicher Weise aufgefordert, nicht gegen seine eigenen Bedürfnisse zu leben – vermutlich wäre manche Ehe noch heil, wenn beide Partner sich dies gestatten könnten. Es scheint aber, daß man in der Partnerschaft oft für sehr viel längere Zeit gleichsam in seelischer Faulheit dahinleben kann: sich auf den anderen verlassend, nicht bedenkend, ob das Alltagsleben nicht schon längst zur öden Routine erstarrt ist. Viele Ehen zerbrechen bekanntlich daran. Das Leben als Single bringt eine solche seelische Faulheit sehr kraß zutage – und die meisten Singles wissen, daß ihnen hier eine Chance geboten wird. Daß da auch Fallstricke liegen, daß man sich verzweifelt danach sehnen kann, ein anderer möge Entscheidungen abnehmen, das steht auf einem anderen Blatt. Selten bleibt ein Single von solchen Momenten des Kummers verschont. Hat er aber diese Fallstricke erkannt und weiß er, daß man ihnen immer wieder ausweichen kann, dann hat er für sein Leben viel gewonnen. Er hat dann, sofern sich eine solche Möglichkeit wieder bietet, auch für eine künftige Partnerschaft bessere Chancen.

Das Problem des inneren Dialogs

Seelisches Leben entfaltet sich in besonders bedeutsamer Weise beim Sprechen. Sprache, Wahrnehmung, Gefühle – das sind untrennbare Einheiten. Schon der Säugling kann die

Stimme der Mutter ganz klar von denjenigen anderer Personen unterscheiden, er reagiert mit Beruhigung, wenn die Mutter ihn anspricht; Worte sind wichtige Stützpunkte für das Gedächtnis und natürlich für die gesamte Entfaltung der Intelligenz.

Menschen erfahren die Welt als sprechende Wesen. Im Gegeneinander von Meinungen, im Austausch von Wahrnehmungen und Ideen entsteht ein Weltbild. Ist jemand erwachsen, dann muß er nicht dauernd (wie ein Kleinkind) wirklich mit anderen sprechen. Der äußere Dialog kann teilweise durch einen inneren ersetzt werden – meist aber ist auch ein Monolog ein verkappter Dialog. Was immer man denkend spricht: Man adressiert es meist an eine imaginäre Person oder an imaginäre Personen.

Im Gespräch formt sich eine gemeinsame Weltsicht, im Gespräch werden Werte und Rangordnungen festgelegt. Hat man einen Lebenspartner, dann ist meist dieser der äußere und innere Dialogpartner. Den Verfall einer Ehe kann man auch daran erkennen, daß die Partner nicht mehr das Bedürfnis haben, einander sehr viel zu erzählen.

Singles fallen auch in dieser Beziehung erstmals (sofern sie früher einen Partner hatten) in ein Vakuum. Wer ist denn nun der Dialogpartner?

Alle Singles sind sich darüber klar, daß man nicht «aus dem Gespräch fallen» dürfe, wie einer es formuliert. Offensichtlich haben die meisten Singles – wenngleich nicht bewußt und geplant – für ihre Gespräche verschiedene Menschen gefunden, je nach Art ihrer Bedürfnisse. Das hat Vorteile und Nachteile. Die Selbstverständlichkeit des ehelichen Gesprächs, das Sich-fallen-Lassen auch in verbaler Hinsicht, wird von den meisten bedauernd vermißt. Andererseits erzählen aber auch viele von den vielen erfolglosen Versuchen, mit dem Partner zu kommunizieren – vor allem gegen Ende der Beziehung. «Du hörst mir gar nicht zu» ist eine Quelle vieler Kränkungen. Viele Singles können daher auf einer rationalen Basis recht gut erkennen, daß die Vertrautheit des ehelichen Gesprächs oft auf einer Illusion beruht. Ihr Ausweg ist die selektive Dialogisierung des Gesprächs. Freunde, Vertraute, Arbeitskollegen sind dazu wichtig. Jeder verkörpert ein anderes Segment der eigenen Interessen und wird dementsprechend auch nicht für alles, sondern nur für ausgewählte Kapitel in den Dialog gebracht. Das hat natürlich viele Vorteile: Man findet sehr viel eher ein aufnahmebereites Ohr, der Gesprächspartner wird nicht überlastet, man fühlt sich nicht gekränkt durch die nur laue Beachtung, die der Lebenspartner einem oft entgegenbringt. Der Preis dafür ist die Selbstverständlichkeit. Freunde müssen Zeit haben, man muß sie extra anrufen oder treffen. Allerdings ist wiederum die Dichte mancher Gespräche eine Kompensation für das Fehlen der Selbstverständlichkeit. Viele Singles freuen sich richtig darauf, mit irgendwelchen Freunden oder Kollegen gerade das «ganz passende» Gespräch führen zu können, sich an richtiger Stelle zu informieren – ich nehme an, daß diese Singles auch selbst oft zu sehr anregenden Gesprächspartnern werden. Einige scheinen geradezu Künstler darin zu sein, Leute zusammenzubringen, die sich gut unterhalten können – sie können also das Gespräch auch noch erweitern und sich zum Mittelpunkt kleiner anregender Geselligkeiten machen.

Das Gespräch bleibt also bei gut gelingendem Single-Leben Zentrum geistiger Lebendigkeit – aber auch hier muß neu organisiert und reflektiert werden.

Das Problem der Einsamkeit

Was auch unglückliche Ehen zusammenhält, oft über eine viel zu lange Zeit, ist die Angst vor der Einsamkeit. Die trübseligsten Bilder von grauer Verlassenheit, Stille, Staub auf den Möbeln und nicht geleerten Aschenbechern herrschen vor.

Was aber wird so sehr gefürchtet an dieser Einsamkeit – eine Einsamkeit, die ja doch von manchen Menschen in allen Zeiten oft aufgesucht wurde?

Die meisten Menschen waren zu irgendeiner Zeit ihres Lebens für irgendeinen Menschen ein ganz wichtiger Partner: Sei es für die Mutter, sei es für peers oder später für den Lebenspartner und die Kinder. Das Gefühl, für jemand anderen unersetzlich zu sein, kann schon dem kleinen Kind ein gesundes Selbstwertgefühl geben. Aber auch ein Erwachsener bangt ängstlich, ob auch er für einen anderen (oder sogar für viele?) ein ganz unersetzlich Einzigartiger ist und ob man ihn auch wirklich braucht. Und dieses Gebraucht-Werden muß spürbar sein, womöglich täglich und stündlich. «Einsam ist, wer für einen anderen Menschen nicht der Wichtigste ist», sagte die berühmte Psychoanalytikerin Helene Deutsch. Und dieses Gefühl, man könne einmal nicht mehr «der Wichtigste» sein, ist für die meisten Menschen ganz schrecklich. Sie möchten für denjenigen, der für sie wichtig ist, unersetzlich sein, sogar dann, wenn der andere vielleicht seine Bedeutung schon eingebüßt hat. Kindliche Ängste befallen viele Menschen, wenn eine solche rettende Hand verlorengeht, wenn sie wähnen, nun nicht mehr unersetzlich und damit auch geschützt und geborgen zu sein. Viele Singles kennen Zeiten von Schrecken, in denen sie sich ausmalen, wie sie krank, verlassen oder gar tot in ihrer Wohnung liegen, niemandem abgehen und ganz und gar vergessen sind.

Einsamkeit wird als Vorstufe des Todes empfunden, der Schrecken davor erinnert an Todesangst. Läßt sich dagegen ankommen?

Viele Singles erzählen, daß sie in dem Moment ihre Einsamkeitsangst verloren haben, in dem ihnen klar wurde, daß dieses Gefühl der «Unersetzlichkeit», das ja auch sie irgendwann gehabt hatten, eine Illusion ist, wenn man es für unabänderlich hält. Sie haben schließlich miterlebt, daß der andere «ganz, ganz Wichtige» verblaßt und daß auch sie selbst verblassen konnten. Daß niemand unersetzlich ist und man daher auch nicht mit solchem Selbstmitleid beklagen sollte, wenn einem diese Position verlorengegangen ist, das haben viele irgendwann eingesehen und akzeptieren müssen. Aus dieser Einsicht aber ist bei denen, die es schaffen, ein gutes Leben allein zu führen, das Gefühl erwachsen, daß es genügt, wenn sie sich selbst wichtig sind. Manche berichten davon sogar als von einem überschwenglich-euphorischen Erlebnis: zu begreifen, daß man wichtig ist, einfach weil man da ist, weil man so und nicht anders ist – das ist der Preis für eine durchgestandene Einsamkeit, die man sich nicht durch -zig Hilfsmittel zu verschleiern versucht. Hektisches Jagen nach Gesellschaft ist dabei die größte Falle; unweigerlich führt dies zum Katzenjammer des Selbstmitleids: «Aber letztlich bin ich doch allein.»

Die Balance zwischen Regression und Progression

Was für partnerschaftlich Lebende die Balance zwischen Nähe und Distanz ist, scheint für Singles die schwierige Balance zwischen Regression und Progression zu sein. Beides gehört zum Leben wie das Ein- und Ausatmen, aber es regelt sich nicht immer von selbst.

Lebt man mit einem anderen Menschen zusammen, dann wird zwischen den Partnern einiges reguliert: Ist der eine gerade passiv und nicht bereit, sich auf die Welt einzulassen, dann kann der andere als Ausgleich dienen. In guten Ehen funktioniert dies auch: Der Passive wird aufgemuntert, zu irgendeiner Aktivität gebracht, und so verliert das regressiv-passive Element seinen Schrecken. Auch umgekehrt kann es klappen: Der Hektiker wird besänftigt, Ruhe kann einkehren, wenn der Partner dies will. Ideal ist es natürlich, wenn diese Rollen zwischen den Partnern nicht starr aufgeteilt sind, sondern auch wechseln können.

Anders bei den Singles. Viele fürchten das regressive Element im Leben, es steht der Depression allzu nahe. Also stürzen sie sich in eine nicht endenwollende Hektik. Telefonanrufe, Treffen, berufliche Veranstaltungen – der Terminkalender wird ein sehr wichtiges Element des Alltags. Ein Wochenende mit leeren Seiten darin muß sofort gefüllt werden.

Oder das Gegenteil tritt ein: Plötzlich hat man zu nichts mehr Lust, man telefoniert mit niemandem mehr, geht nicht ins Kino oder ins Konzert, verschläft halbe Tage und kapselt sich ab. Dahinter steckt ein kindisch-trotziges «Wenn mich da niemand rausholt – na gut, Ihr werdet es noch bereuen ...». Natürlich merkt es kaum jemand, daß man schon längere Zeit nicht gesehen wurde bei diversen Veranstaltungen; also kann man diese depressiv-trotzige Haltung auch gleich aufgeben.

All dies ist fast allen Singles sehr bewußt; sie schildern es in bunten Farben und beklagen trotzdem, wie schwer es ist, sich hier in einer beruhigenden Balance zu halten. Mit Gleichmut ertragen, wenn zwei Tage keiner anruft, nicht dauernd Aktivität forcieren, indem man sich überall einladen läßt und überall mitmacht, sondern den eigenen Atemstrom beachten – das ist eine Kunst, die vielen Singles immer wieder abhanden kommt. Allzu groß ist offensichtlich die Angst vor dem Verkommen, dem Versinken in Depression; und allzu oft schlägt die Passivität auch tatsächlich um in jene vage Langeweile, in der nichts mehr strahlt und alles fade erscheint. Niemand ist gerade davor gefeit. Und genau dies ist es, was so viele Außenstehende immer wieder fürchten, wenn sie an das Single-Leben denken. Deshalb werden oft beziehungslose Partnerschaften jahrelang fortgesetzt und per Partnertherapie künstlich immer wieder zusammengeflickt – nur um nicht abstürzen zu müssen in jenes Chaos aus Ödnis und Einsamkeit, aus dem – scheinbar – nur der übervolle Terminkalender heraushelfen kann.

Schlußfolgerungen

«Zu welchem Schluß kommt man denn, wenn man Singles befragt – sind sie glücklich oder unglücklich?» werde ich oft gefragt.
Natürlich sind sie weder das eine noch das andere in besonders ausgeprägtem Maß. Es gibt weder durch Partnerschaft noch durch das Single-Leben einen bevorzugten Platz im Himmel der Seligen. Es gibt nur «typische» Probleme in jeder Lebensform – das gilt natürlich auch für die anderen modernen und relativ neuartigen Existenzen, zum Beispiel die alleinlebenden und unverheirateten Mütter. Sehr schwierig erschien manchen Singles das Umgehen mit den Vorurteilen, die es noch immer in der Gesellschaft gibt. Das Hin-und-Herschwanken zwischen dem Klischee «Hagestolz, alte Jungfer» und dem der «charmanten Geschäftsfrau» des «swinging Single» macht unsicher. Hat jemand nie in einer Partnerschaft gelebt, dann kann er unter Umständen die negativsten Vorurteile auf sich selbst beziehen. «Mich hat keine(r) gewollt» kann dann das resignierte Resümee sein – allerdings ist es recht selten, vielleicht nur in einigen dunklen Stunden präsent.

Natürlich ist das Ideal einer wunderbaren Partnerschaft immer wieder einmal die Goldfolie des Single-Lebens, selbst bei denen, die es besser wissen, weil sie schon in langjährigen Partnerschaften gelebt haben. Dieses Idealbild kann in Zeiten der Depression auftauchen und erzeugt dann auch schon mal Tränen des Selbstmitleids. «Wenn jetzt einer (eine) hier wäre, um mich zu umsorgen ....!» seufzt man dann und denkt nicht daran, wie oft es in der Partnerschaft gerade daran gefehlt hat. Gerade in sorgenvollen Zeiten kam man sich oft vereinsamt vor, vom Partner innerlich im Stich gelassen. Aber diese Erinnerungen können zeitweise verschwinden, und wieder einmal gerät das Bild der idealen Ehe überlebensgroß ins Blickfeld.

Die Partnerschaft der modernen Zeit krankt ja sehr oft gerade daran, daß allzuviele Bedürfnisse nach Liebe und Zärtlichkeit, Umsorgtwerden und Behutsamkeit in diese Institution einfließen. Das aber erzeugt Angst und damit sehr oft eben gerade diejenige Form der Abweisung und Kälte, der man durch die Partnerschaft entgehen wollte.

Singles werden oft gefragt, wie sie es denn «aushalten» könnten ohne jenen warmen Bezug zum Intimpartner, ohne Möglichkeit, sich fallenzulassen, einem anderen «alles erzählen» zu können.

Es ist – um Selbstmitleid zu verhindern – ab und zu ganz gesund, sich zurückzuerinnern, wie das denn damals war ... Empirische Untersuchungen haben gezeigt, daß länger verheiratete Paare durchschnittlich pro Tag fünf bis sechs Minuten miteinander sprechen (vermutlich über den nötigen Einkauf und die Heizungsreparatur?). Natürlich sind in diesem «Durchschnitt» auch die statistischen Ausreißer verborgen, also diejenigen, die sich mehrmals wöchentlich hinsetzen zum Gedankenaustausch. Aber wie selten müssen sie sein, wenn der Durchschnitt derart erbärmliche Ergebnisse erbringt?

Offensichtlich ist die Vorstellung, die Ehe sei ein warmer Mantel, nicht ganz adäquat. Die vorausgesetzte «Sehnsucht» des Menschen nach der «einen und einzigen» Beziehung, die alleine diese Wärme spenden kann, ist es aber in dieser Verabsolutierung vermutlich auch nicht. Da uns die Ehe-Ideologien von Kirchen, Parteien und anderen Ideologie-Instanzen immer wieder so eindrucksvoll vorgeführt werden, vergessen wir darüber, daß diese Institution erst seit ca. hundertfünfzig Jahren eine ist, an der alle partizipieren können. Sollen wir annehmen, daß alle diejenigen, die nicht heiraten konnten, sich immer nur sehnsüchtig verzehrt haben nach einem Ehegespons? Natürlich nicht! Es wurde als gottgewollt oder einfach selbstverständlich hingenommen, daß man in seinem Stand blieb, und die bürgerliche Vorstellung vom Eheglück im trauten eigenen Heim war für viele undenkbar und wurde daher auch gar nicht ersehnt.

Es wäre falsch, die Tatsache, daß der Mensch zweifellos ein Wesen ist, das Verbindung zu anderen braucht, das sich sprechend definiert, sich von anderen abgrenzen muß, um die eigene Identität festzustellen, zu verwechseln mit einer erst historisch hergestellten, ganz speziellen Kommunikationsform: derjenigen der gefühlshaften Verbindung zum Partner, mit dem man vorwiegend den Austausch eigener Befindlichkeit teilt. Und natürlich ist auch die Sehnsucht nach dieser historisch spezifischen Kommunikationsform nichts Universelles, keine anthropologische Grundkonstante. Die Verwunderung darüber, daß eine Reihe von Singles ihre Situation nicht als defizitär empfinden, daß sie sich nicht im «Wartesaal des Lebens» wähnen, ist also unnötig. Ganz offensichtlich gibt es Menschen, die nicht unbedingt dieselbe Erfahrung (meist ist es ja eine gescheiterte Beziehung) zweimal machen wollen oder sogar solche, die jene spezielle Sehnsucht nach Dauer-Intimität erst gar nicht haben. Ihnen zu unterstellen, sie wären «eigentlich» doch unglücklich, sehnten sich doch nach einem Partner und ähnliches mehr, ist zwar üblich, aber offensichtlich nicht realitätsadäquat.

Viele unserer Werte, unserer Sehnsüchte und unserer Definitionen für uns selbst sind in hohem Maß beeinflußt von der speziellen historischen Situation, in der wir uns befinden. Einer der Werte, die wir in der modernen Zeit für uns reklamieren und denen wir nachstreben, ist die persönliche Autonomie. Dies ist in unserer jetzigen historischen Situation ein Wert, der im Wirrwarr von Großgesellschaften nützlich erscheint, um persönliches Wohlergehen zu sichern. Die Vorstellung, man müsse für sich allein geradestehen, Verantwortung übernehmen und müsse sich vor allem vor dem eigenen Gefühl verantworten, schafft Überblick in einer Gesellschaft, deren allgemeinverbindlichen Werte schwammig geworden sind.

Dieses Streben nach Autonomie – wenngleich ebensowenig eine absolute Konstante wie das Streben nach Intimität – wird von Menschen, die sich für längere Zeit oder für immer zum Alleinleben entschlossen haben, in besonderer Weise betont. Sie entwickeln Strategien, um diesen Wert der persönlichen Autonomie besser zu entwickeln, sich damit einzupassen in eine Welt, in der vieles unsicher und unübersichtlich geworden ist.

So wie es Zeiten gab, in denen die Entwicklung besonderer Begabungen zur Meditation, zum Bezug zur Transzendenz wichtig erschien, ist heute die Verwirklichung des Autonomiegedankens vielfach gefragt und wird denn auch von sehr vielen Instanzen gefordert: Mütter sollen ihre Kinder zur persönlichen Autonomie erziehen, Partner sollen sich in der Partnerschaft autonom entwickeln dürfen, und sogar im Betriebsleben gibt es überall Anstrengungen, persönliches Verantwortungsgefühl zu stärken.

Singles müssen diese Autonomie in ganz besonders gekonnter Weise in sich aktivieren. In gewisser Weise ist es daher berechtigt, sie als die «Pioniere der Moderne» zu bezeichnen.

[1] Vgl. Claudia Szczesny-Friedmann: Die kühle Gesellschaft. Von der Unmöglichkeit der Nähe, München 1991.

[2] Vgl. Ulrich Beck/Elisabeth Beck-Gernsheim: Das ganz normale Chaos der Liebe, Frankfurt a.M. 1990.

[3] Vgl. Eva Jaeggi: Ich sag' mir selber Guten Morgen, München 1992.

ARTHUR E. IMHOF

LEBEN WIR ZU LANGE?

VOM UMGANG MIT DER STEIGENDEN LEBENSERWARTUNG

Die unsichere Lebenszeit unserer Vorfahren wurde durch eine unvergleichlich sicherere abgelöst.[1] Noch nie lag das durchschnittliche Sterbealter so hoch wie heute; noch nie war es für so viele auch nur annähernd gleich hoch. Die Figuren 1 und 2 (Abb. Seite 300) rufen uns einige wesentliche Ergebnisse des tiefgreifenden Wandels in Erinnerung, und zwar vor allem Resultate jener Art, die in bezug auf unsere eigene Situation meines Erachtens noch immer zu wenig bedacht werden.

Die Abbildung 1 zeigt, wie viele unter jeweils zehn deutschen Männern und Frauen zu verschiedenen Zeitpunkten zwischen 1871/80 und 1981/83 ein Alter von 60, 80 oder 85 Jahren erreichten. Gewiß ist eine derartige Alterseinteilung, die nur nach Jahren fragt, willkürlich. Sie sollte deshalb auch nicht zu eng ausgelegt werden. Weder ist ein sechzigjähriger Metallarbeiter dasselbe wie ein sechzigjähriger Hochschullehrer, noch eine achtzigjährige Kriegerwitwe oder Trümmerfrau in Berlin oder Hamburg das gleiche wie eine achtzigjährige Bäuerin in Schwaben. Auch kann man Sechzigjährige von 1880 nicht mit Sechzigjährigen von 1980 gleichsetzen – wobei ein merkwürdiger Widerspruch zutage tritt. Auf Anhieb neigt man vielleicht zur Ansicht, daß Sechzigjährige heute wesentlich «jünger» seien als vor hundert Jahren. Man kann aber auch umgekehrt argumentieren und behaupten, daß Sechzigjährige damals körperlich rüstiger gewesen wären als Sechzigjährige heute, einfach deshalb, weil die weniger rüstigen damals mit sechzig Jahren gar nicht mehr unter den Lebenden weilten. Seinerzeit handelte es sich um eine relativ kleine Auswahl besonders robuster Personen, heute dagegen um die Mehrheit.

Mir geht es in dieser und in der folgenden Abbildung einzig darum aufzuzeigen, wie viele Menschen zu verschiedenen Zeitpunkten «alt» und «sehr alt» wurden, und wie viele gar bis gegen die Grenzen der biologischen Lebenshülse vorstießen. Gemäß heutigem Sprachgebrauch gelten die 60- bis 80jährigen (manchmal auch nur bis 75jährigen) als die «jungen Alten» oder die «Jungsenioren», die über 80- (oder über 75-)jährigen dagegen als die «alten Alten», die «Hochbetagten».

In den obersten beiden Teilfiguren von Abbildung 1 läßt sich ablesen, daß 1871/80 von zehn Männern drei und von zehn Frauen vier «alt» wurden. Je einer und je eine vermochten sich auch noch unter die «Hochbetagten» einzureihen, während in der Regel niemand seine physiologische Lebenshülse erreichte. 1901/10 wurden vier Männer und fünf Frauen «alt», 1924/26 sechs Männer und sieben Frauen, 1949/51 sieben Männer und acht Frauen, 1981/83 schließlich acht Männer und neun Frauen. Um die Jahrhundertwende könnten es neun oder zehn Männer und zehn Frauen sein. In ähnlicher Weise nahm die Zahl der Hochbetagten zu sowie die Anzahl derjenigen, die ihre physiologische Lebensspanne ausleben konnten und 85 Jahre alt wurden.[2]

Wie nun aus der Abbildung 2 hervorgeht, verlief die Zunahme bei den Achtzig-, vor allem aber bei den Fünfundachtzigjährigen am dramatischsten. 1981/83 wurden im Vergleich zu 1871/80 «nur» zweieinhalb Mal mehr Männer und Frauen «alt», jedoch fast sechsmal mehr Männer und fast achtmal mehr Frauen «sehr alt». Die Zahl der 85jährigen Männer aber nahm um das 8,6fache, die der Frauen sogar um das vierzehnfache zu. Bezogen auf je hunderttausend Männer und Frauen heißt dies, daß in der Bundesrepublik Deutschland 1981/83 81367 Männer und 90154 Frauen ihr 60. 29068 Männer und 51593 Frauen ihr 80. und 14 000 Männer und 31147 Frauen ihr 85. Lebensjahr vollenden konnten. Noch anders ausgedrückt lebten in der Bundesrepublik Ende 1984 3865000 «Jungsenioren» und 6552400 «Jungseniorinnen» sowie 570500 «hochbetagte» Männer und 1384300 «hochbetagte» Frauen. Davon wiederum waren 172600 Männer und 507700 Frauen jenseits der 85.[3] Auf Grund der höheren Lebenserwartung für Frauen befanden sich 1984 unter den Gestorbenen 128788 Witwen über 80 Jahren, dagegen nur 40870 Witwer im selben hohen Alter. Unter den verstorbenen Frauen über 80 waren sogar nur 12755 noch verheiratet.[4]

Man stelle sich diese Zahlen konkret vor: Ende 1984 lebten in der Bundesrepublik 10,4 Millionen Menschen im «Jungsenioren-Alter». Das ist gleich viel, wie ganz Bayern Einwohner hat

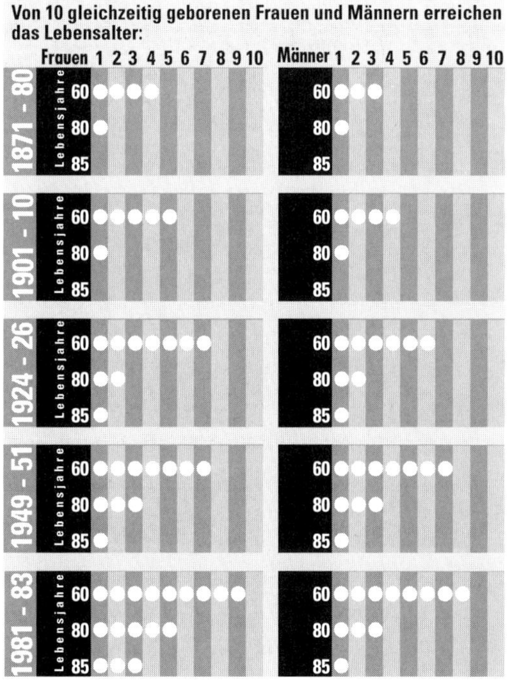

Abb. 1 Von der Notwendigkeit, ein langes Leben von Anfang an zu planen: immer mehr junge Menschen werden alt.
Anzahl der Frauen (links) und Männer (rechts), die zu verschiedenen Zeitpunkten zwischen 1871/80 und 1981/83 in Deutschland (nach dem Zweiten Weltkrieg in der Bundesrepublik) unter jeweils 10 gleichzeitig Geborenen ein Alter von 60, 80 und 85 erreichten.
Quellen: Statistisches Bundesamt Wiesbaden (Hg.): Bevölkerung und Wirtschaft 1872-1972. Stuttgart 1972, S 109. – Statistisches Bundesamt Wiesbaden (Hg.): Statistisches Jahrbuch 1985 für die Bundesrepublik Deutschland. Stuttgart 1985, S. 78.

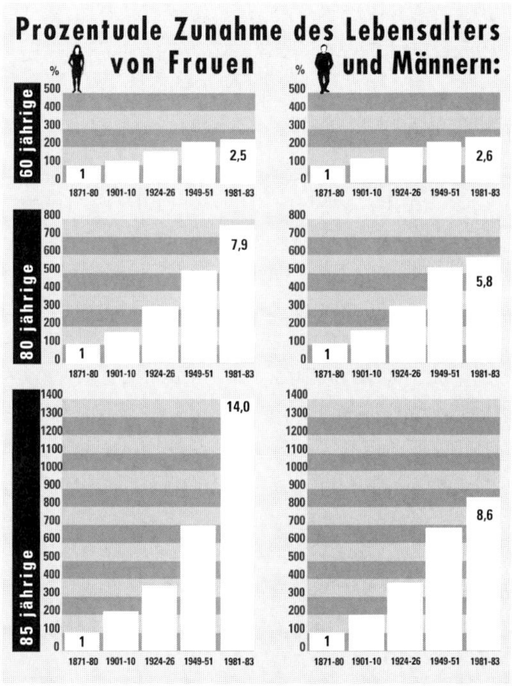

Abb. 2 Von der Notwendigkeit, ein langes Leben von Anfang an zu planen: immer mehr ältere Menschen werden sehr alt und stoßen an ihre biologische Lebenshülse.
Zunahme des Anteils 60-, 80- und 85-jähriger Frauen (links) und Männer (rechts) in Deutschland zwischen 1871/80 und 1981/83 (nach dem Zweiten Weltkrieg in der Bundesrepublik). Angaben in Prozent des jeweiligen Wertes von 1871/80. Während die 60jährigen Männer in diesem Zeitraum von gut hundert Jahren «nur» um 261,5 % und die Frauen um 248,4 % zugenommen haben, das heißt um das 2,6- und 2,5fache, stieg der Anteil der 85jährigen Männer um 856,3 %, derjenige der Frauen gar um 1395,5 %, also um das 8,6- und das 14fache.
Quellen: Wie bei Abb. 1.

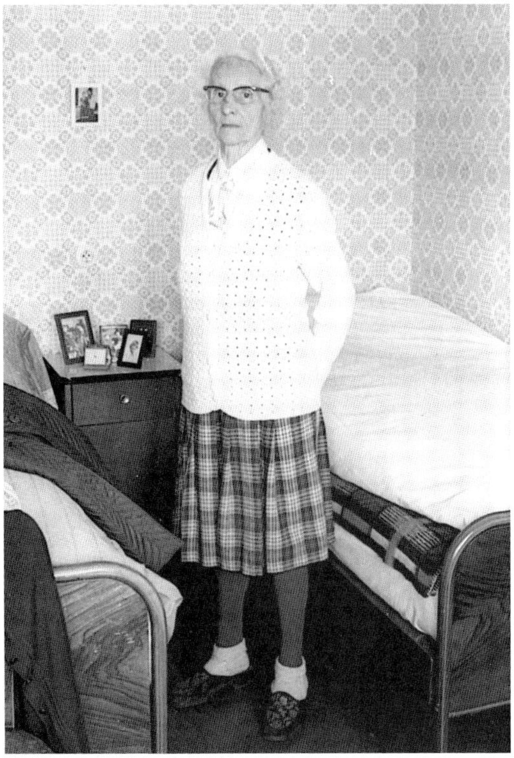

Bewohner eines Alten- und Pflegeheims, Hamburg 1978 (vgl. 4/149)

links:
Frau G., 92 Jahre, ins Heim 1974, gestorben 1980

rechts:
Frau E., 69 Jahre, ins Heim 1976, gestorben 1984

(10,9 Millionen). Und die 1,95 Millionen «Hochbetagten» sind wiederum so viele, wie die fünf Städte Stuttgart, Hannover, Nürnberg, Bonn und Würzburg zusammen Einwohner haben (561200 + 510800 + 466100 + 292600 + 129400 = 1,96 Millionen). Um schließlich einen letzten Vergleich anzuführen, so gab es 1984 unter den Witwen über 80 Jahren gleich viele Todesfälle, wie ganz Würzburg Menschen zählt.

Während die «Jungsenioren» seit Jahren angesichts ihrer stattlichen Zahl von zehn Millionen jedoch nicht mehr zu übersehen sind und wir diese Tatsache inzwischen wohl auch weitgehend zur Kenntnis genommen haben, so scheint mir das in bezug auf die «Hochbetagten» noch nicht der Fall zu sein. Wenn wir von «Alterslastigkeit unserer Gesellschaft», von «Überalterung», «Rentenproblemen», «Gefahren für den Generationen-Vertrag», «Grauen Panthern» oder auch nur von «Senioren-Treffpunkten» sprechen, dann denken wir meist an das «Dritte», kaum jedoch an das «Vierte Alter». So will ich hier denn auch nicht einmal mehr bereits offene oder zumindest aufgestoßene Türen einrennen und nicht ein weiteres Mal für einen «größeren Einsatz zugunsten unserer ‹älteren Menschen›» plädieren oder «Universitäten für das Dritte Alter» fordern, auch nicht vermehrtem «Alters-Sport» das Wort reden oder dem Slogan «Wer rastet, der rostet» huldigen. All das setze ich bei uns voraus. Ebenso wie ich es bei uns für selbstverständlich halte, daß ältere Menschen Anspruch auf wirtschaftliche Sicherstellung haben, auf gesundheitliche Versorgung, auf Befriedigung ihrer Wohnungsbedürfnisse. Wir hatten bei uns bereits Jahrzehnte Zeit, um uns mit der ganzen Palette von Problemen dieses Dritten Alters auseinanderzusetzen, Lösungsvorschläge auszuarbeiten, sie in die Tat umzusetzen, die getroffenen Maßnahmen – falls notwendig – abzuändern und zu verbessern. Und wo eine Realisierung selbst heute noch nicht vollzogen und nicht selbstverständlich sein sollte, wo sie nach wie vor umstritten oder angesichts «dringenderer» Probleme bei niedriger werdendem Haushaltsplafond gar gefährdet ist, scheint es mir nicht in erster Linie die Aufgabe des Historikers zu sein, hier für Abhilfe zu sorgen. Für mich handelt es sich hierbei um historische Probleme. Diejenigen, die sie wieder zu aktuel-

links:
Frau L., 38 Jahre,
ins Heim 1963,
lebt noch heute
im Heim

rechts:
Frau P., 72 Jahre,
ins Heim 1973,
lebt noch heute
im Heim

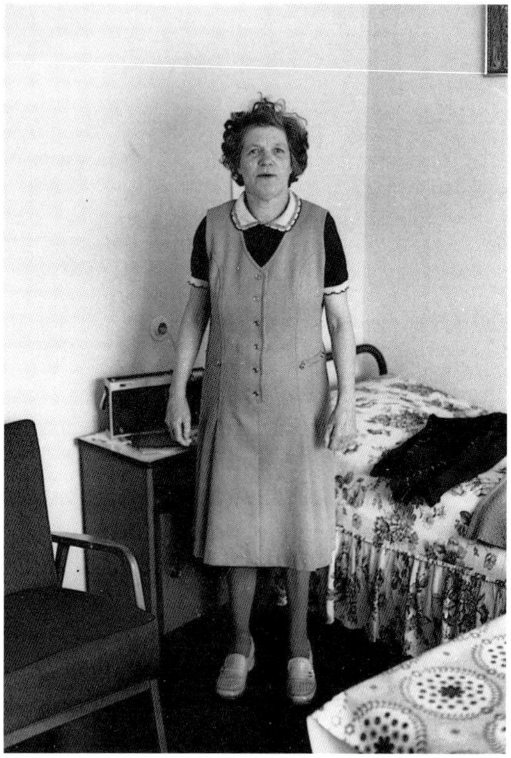

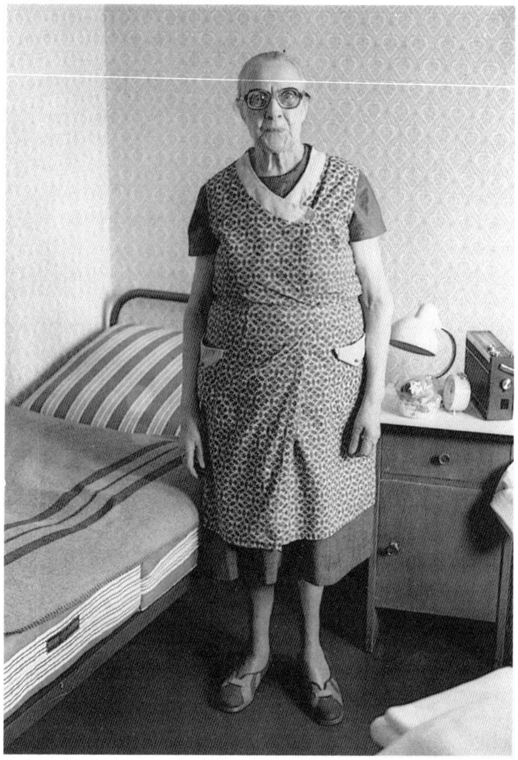

len machen möchten – seien es nun Politiker, Sozialfürsorger, Wirtschaftsfachleute –, sollten sich dies ebenfalls ins Stammbuch schreiben.

Es liegt mir fern, Bedenken von der Hand zu weisen, wonach die erreichten Ziele auch bei uns wieder gefährdet sein könnten, sei es wegen des zunehmenden Ungleichgewichts zwischen immer mehr Älteren und immer weniger Jüngeren, sei es wegen des Abbaus von Fürsorgemaßnahmen als Folge von Beschneidungen im Sozialhaushalt. Dennoch scheint mir diese Sicht, wenn sie weitere Aspekte außer acht läßt, zu einseitig. Werden hierbei nicht die Leistungsmöglichkeiten von ausschließlich sozialen Diensten für die Alten überschätzt? Schlägt hier nicht unsere anerzogene Versorgungs- und Betreuungsmentalität durch? Selbstverständlich ist es einfacher, die materiellen Ansprüche von Senioren zu erkennen, abzuwägen und zu erfüllen, als ihre seelisch-geistigen Bedürfnisse zu befriedigen. Hier wird uns nicht selten unser sozialstaatlich ausgerichtetes Denken zum Hindernis. Es erzieht uns zu jenem sozialen Eudämonismus, der das Glück und die Sinnerfüllung des Einzelnen einzig in seiner Entlastung von wirtschaftlichen Sorgen, in einer möglichst maximalen Versorgung mit allen nur möglichen Konsumgütern, in einer existenzsichernden Rente bis zum letzten Atemzug, in alles und jedes einkalkulierenden Versicherungen, letztlich in einer allumfassenden materiellen Versorgung und Absicherung sieht. Hinzu kommt, daß er uns von sich abhängig macht. Abhängigkeit von den Leistungen des Sozialstaats bedeutet aber nicht mehr, sondern weniger innere Freiheit und innere Sicherheit.

Ein übers andere Mal haben wir festgestellt, daß es gerade ein heute dichter denn je gewobenes Sicherheitsnetz ist, das den Wandel von den ehemaligen Gemeinschaften zu unseren Gesellschaften von Einzelgängern erst ermöglichte. Solange wir in der Hektik des Berufs- oder Familienlebens stehen und auch noch solange wir uns des Konsumrausches erfreuen (können), mag das die «entsetzliche Leere» übertünchen, von der Hochbetagte sprechen, die jedem Aktivismus abgeschworen haben oder aus körperlichen Gründen abschwören müssen. Es mag unsere geistig-seelischen Bedürfnisse abtöten oder so weitgehend unterdrücken, daß es mit einem gelegentlichen Mu-

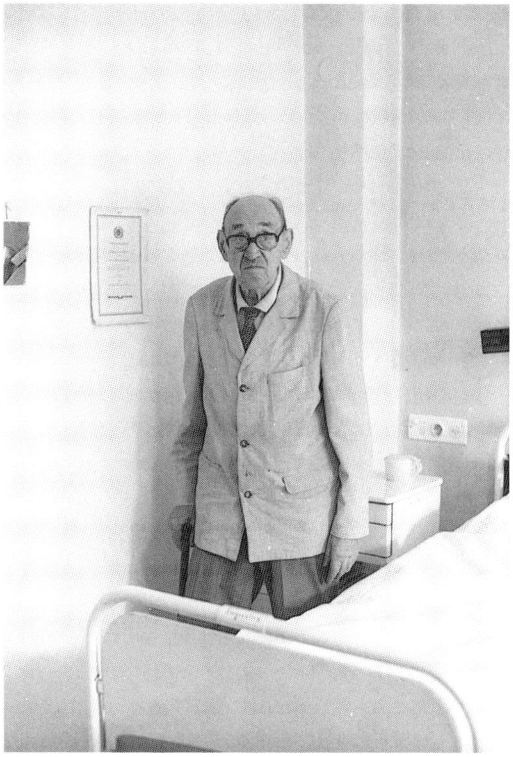

links:
Herr T., 67 Jahre,
ins Heim 1977,
gestorben 1985

rechts:
Herr M., 86 Jahre,
ins Heim 1977,
gestorben 1979

seums-, Theater- oder Konzertbesuch sein Bewenden haben kann.

Ich gehe somit bewußt von der ganz und gar erstmaligen, historisch gesehen völlig einmaligen Situation einer rasch zunehmenden Bevölkerung von «Hochbetagten» aus. Viele unter uns haben gute Aussichten, über kurz oder lang zu ihnen zu gehören. Schon jetzt ist es jede dritte Frau und jeder siebente Mann. Und die Tendenz ist steigend. Eine Minderheit? – Doch lassen wir die Statistiken hinter uns! Sie dienten uns auch oben nur als Kulisse. Statistiken bieten dem Einzelnen schließlich keine Gewähr dafür, daß gerade er oder sie zum «statistischen Durchschnitt» gehört. Allerdings läßt sich aufgrund statistischer Werte zuverlässiger einschätzen, inwiefern es sich lohnt, über damit verbundene Probleme, Chancen, Perspektiven nachzudenken. Und ob es sich lohnt! «Hochbetagte» sind keine Einzelfälle mehr, «sehr alte alleinstehende Frauen» nicht länger seltene Ausnahmen. Und anderswo auf der Welt folgen uns ganze Völker in dieser Entwicklung nach. Sie erwarten von uns, daß wir sie über bevorstehende Schwierigkeiten sowie deren Handhabung und Lösung aufklären.

Sind wir dazu in der Lage?

Als noch nicht Fünfzigjähriger werde ich mich hüten, den «Hochbetagten» hier gute Ratschläge zu erteilen, ihnen zu sagen, was für sie am besten wäre. Wie soll ich mit knapp fünfzig Jahren wissen, welches die Lebenseinstellungen von Achtzigjährigen sind? Ganz abgesehen davon, daß es die Achtzigjährigen als homogene Gruppe gar nicht gibt.

Bezugnehmend auf die Situation bei uns in Mitteleuropa möchte ich ein Zitat aus dem Munde einer der Hauptbetroffenen anführen, das mich sehr nachdenklich stimmte und, so hoffe ich, auch den Leser nachdenklich stimmen wird. Die Worte von Marie Gattiker, einer hochbetagten Frau aus der Schweiz, mögen zudem mehr Gewicht haben als meine. Im Sommer 1985 nahm sie in einem offenen Brief unter der Rubrik «Die Sicht der Hochbetagten» Stellung zu einem Artikel von Dr. Peter Rinderknecht, dem Informationschef der schweizerischen Stiftung «Pro Senectute/Für das Alter». Unter dem Titel «Senioren auf dem Weg zur Selbsthilfe. Von der Betreuung zur Beteiligung» hatte dieser eine Reihe von Vorschlägen zur Aktivierung älterer Mitmenschen sowie zur

links:
Frau L., 69 Jahre,
ins Heim 1976,
gestorben 1980

rechts:
Herr S., 58 Jahre,
ins Heim 1978,
gestorben 1983

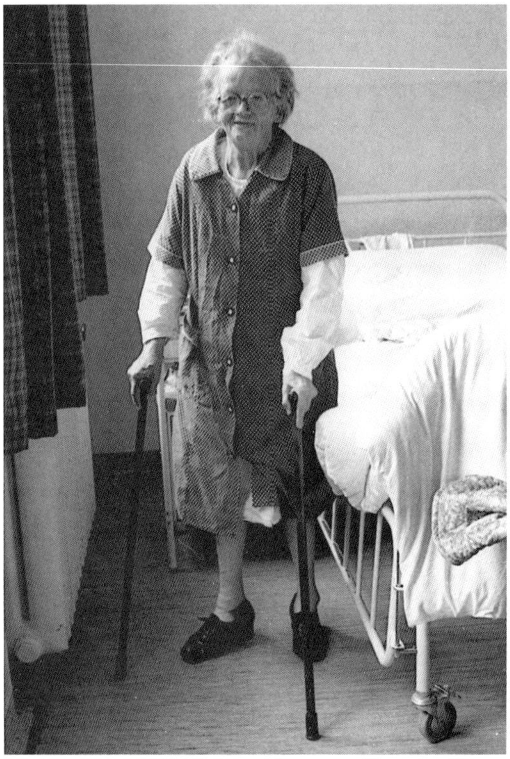

Entfaltung von größerer Eigeninitiative gemacht.[5] Eine Anzahl bereits bestehender Gruppen wurde vorgestellt und ihr segenbringendes Wirken gepriesen. Dabei kamen theaterspielende und musizierende Alten-Ensembles zur Sprache wie die «Senior mach mit!-Initiative», die Vereinigungen «Senioren für Senioren» ebenso wie «Werkgruppen für Betagte». Besonders Rüstigen wurden auch Aktivitäten wie «Pensionierte Praktiker beraten Jung- und Kleinunternehmer» oder gar der «Einsatz in der Entwicklungshilfe» nahegelegt.

Marie Gattiker meinte dazu schlicht: «P.R. hat in seinem Artikel wertvolle Vorschläge gemacht, die aber einer Ergänzung bedürfen. Er berücksichtigt nämlich nur die Altersgruppe derjenigen, die weniger als achtzig Jahre alt sind; diese Gruppe hat sich in unserem Jahrhundert ‹in der Schweiz› vervierfacht; die Gruppe der Hochbetagten, der über 80jährigen, die sich in derselben Zeitspanne verzehnfacht hat, bedenkt er nur mit gelegentlichen Spielnachmittagen, die kein erfülltes Alter gewährleisten. Im Alterswohnheim, in dem ich lebe, sind wir 75 Pensionäre, und das Durchschnittsalter beträgt 85 Jahre. Wir gehören also mit wenigen Ausnahmen zu den Hochbetagten. Die Aktivitäten, zu denen P.R. ermuntert, sind uns versagt wegen abnehmender Seh-, Hör- und Körperkraft. Das, was unserem letzten Lebensabschnitt Sinn und Erfüllung geben kann, muß von langer Hand vorbereitet werden; wir können es nicht, wie die Tätigkeiten der Jungsenioren, von einem Tag auf den anderen übernehmen. Wer Zeit seines Lebens die Freizeit, die ihm neben der Berufsarbeit verblieb, mit den dürftigen Zerstreuungen der Massenmedien bestritten hat, steht im letzten Lebensabschnitt in einer entsetzlichen Leere. Die Menschen, die noch auf der Höhe des Lebens stehen, brauchten ebenfalls eine Belehrung fürs Altwerden, denn nicht allen gelingt es im Alter, durch das Nachdenken über sein Leben, durch Meditation und wertvolle Lektüre, die so verbreitete Lethargie und die Depressionen des Altwerdens zu überwinden. Im letzten Lebensabschnitt zählt nicht mehr das Tun, sondern vielmehr das Sein. Auch das Überdenken des Todes nimmt ihm seinen Schrecken; er wird wie beim Üben einer schwierigen Passage eines Musikstückes mit der Zeit zu etwas Vertrautem».

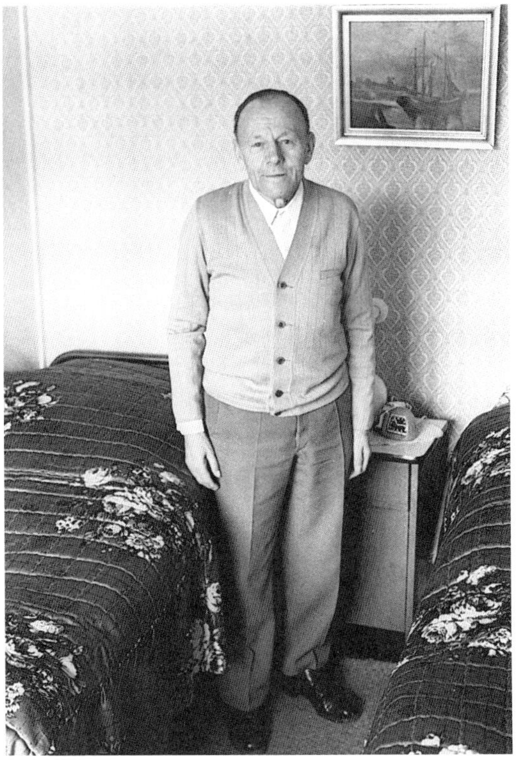

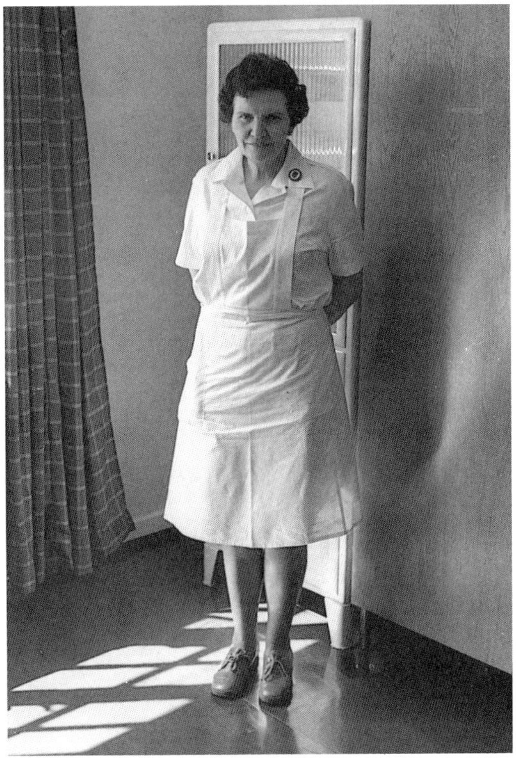

links:
Herr D., 72 Jahre,
ins Heim 1973,
gestorben 1984

rechts:
Schwester S.,
51 Jahre,
im Heim gearbeitet
ab 1969,
pensioniert 1990

So leidenschaftslos, so überzeugend, so treffend und dabei so einfach und eindringlich hätte ich mich nie ausdrücken können. Was hier vor uns ausgebreitet wird, ist die Summe eines Lebens, eines erfüllten langen Lebens. Es ist Lebenssattheit, nicht Resignation.

Eines allerdings hatte Peter Rinderknecht in seinem Artikel auch gesehen, nämlich die wachsende Zahl der Hochbetagten. Er machte seine Aktivierungsvorschläge – so will mir scheinen – gar nicht in erster Linie deswegen, weil er die Bevölkerung dazu aufrufen wollte, sich vermehrt um die Gruppe der Jungsenioren zu kümmern, sondern gerade umgekehrt, um sich nicht mehr so sehr um sie kümmern zu müssen. Die in der Schweiz wie anderswo in Europa rasch zunehmende Zahl sehr alter Menschen führt nach ihm zwangsläufig dazu, «daß wir das Ideal der allgemeinen Betreuung der Betagten allmählich aufgeben und uns auf die Gruppe der Hochbetagten beschränken müssen, während das große Heer der rüstigen «Jungsenioren» zu vermehrter Selbstaktivierung und Beteiligung angeregt werden sollte. «Jungsenioren für Altsenioren» oder das «Dritte Alter für das Vierte Alter» – so könnte die Parole für die Zukunft lauten. Diese Tendenz mag zwar von Sozialarbeitern bedauert werden, denn noch ist die Neigung zur Bevormundung weit verbreitet. Es ist deshalb zu begrüßen, daß überall Eigeninitiativen von Senioren entstehen».

Hierin sehe ich jedoch zwei Gefahren im Hinblick auf die Hochbetagten, die hier im Zentrum stehen. Zum einen ist zwar richtig, daß sich unter den «sehr Alten» viele befinden, die auf Fremdhilfe angewiesen sind, so wie dies früher bei den «Alten» der Fall war. Doch scheint nun die Bevormundung von den ehemaligen «Alten» auf die «sehr Alten» abgeschoben zu werden. Ob diese jedoch nicht dasselbe Bedürfnis nach Mündigkeit haben wie die «Alten»? – Zum andern trifft auch nach meiner Ansicht zu, daß «rostet, wer rastet». Ich möchte somit nicht den Anschein erwecken, als wäre ich gegen die Entfaltung von Eigeninitiativen oder Aktivitäten unter «Jungsenioren». Nur sollten wir hierbei mitbedenken, was uns Maria Gattiker nahelegt: «Im letzten Lebensabschnitt zählt nicht mehr das Tun, sondern vielmehr das Sein», und: «Was unserem letzten Lebensabschnitt Sinn und Erfüllung geben kann,

links:
Frau S., 53 Jahre,
ins Heim 1974,
gestorben 1983

rechts:
Frau E., 67 Jahre,
ins Heim 1976,
gestorben 1986

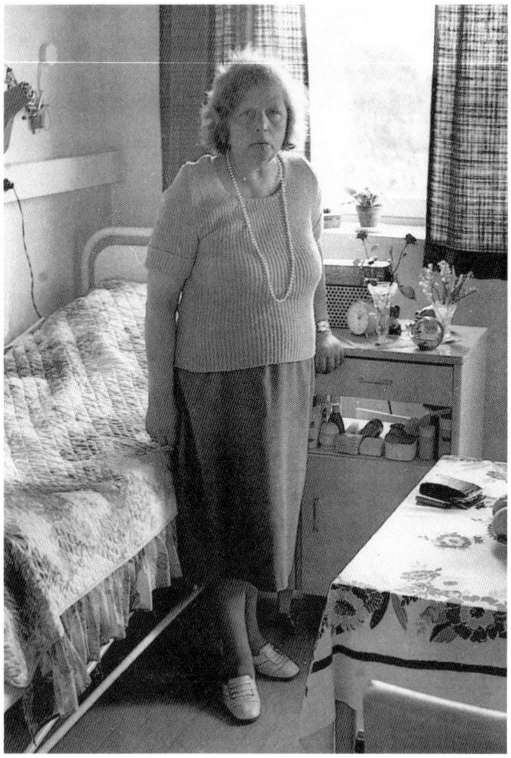

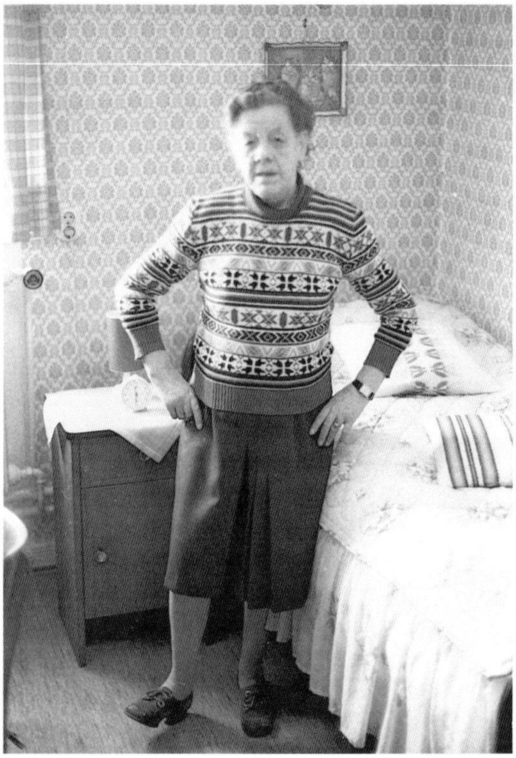

muß von langer Hand vorbereitet werden». Ob dazu der angepriesene Aktivismus für Jungsenioren wirklich die richtige Vorbereitung ist? Läuft er nicht gerade umgekehrt darauf hinaus, jeden Gedanken an eine drohende «entsetzliche Leere» im Hochbetagten-Alter zu verdrängen, solange es nur eben gehen will? Durch eine lebenslang eingeübte Rastlosigkeit soll auch nach der Pensionierung noch einmal für solange abgeblockt werden, was anschließend mit um so größerer Wucht durchbrechen wird: die Leere. Denn einmal wird die Zeit kommen – obwohl heute später –, wo nichts mehr verschleiert werden kann, wo es mit dem «Tun» endgültig vorbei ist und es nur noch das «Sein» aus sich selbst gibt.

Durch den handlungssüchtigen Aktivismus gaukeln wir uns jedoch ein weiteres Mal vor, wie sehr uns die Welt noch immer braucht. Wir stemmen uns in uneinsichtiger Weise gegen einen angeblichen Statusverlust, den wir (vor allem die Männer) mit dem Ausscheiden aus dem Berufsleben oder (besonders Frauen) durch den Verlust des Ehemannes erleiden würden. Wieso eigentlich? Da rennen wir nochmals dem Jugendrausch nach uneingeschränkter Teilnahme am brausenden Leben nach, streben wichtigtuerisch nach Geltung und gesellschaftlicher Integration, heischen Partizipation an allen möglichen Aktivitäten und lechzen weiterhin nach einem täglichen Arbeitspensum. Wir brüsten uns vor anderen damit, wie sehr der Ruhestand ein Unruhestand sei und benebeln und betäuben uns dadurch doch nur.

Ich frage noch einmal: wieso eigentlich? Selbst einem Fünfzigjährigen leuchtet heute doch schon ein, daß unser Leben darauf hinausläuft, mehr und mehr «überflüssig» zu werden. Das trifft – sofern wir Mütter und Väter sind – im Hinblick auf das Großziehen von Kindern genauso zu wie bei Berufstätigen bezüglich ihrer Arbeit. Solange die durchschnittliche Lebenserwartung erwachsener Menschen, Männer wie Frauen, bis ins 19. Jahrhundert hinein noch bei etwa sechzig Jahren lag, löste die jüngere Generation die ältere ab, wenn diese am Ende ihrer «Vita activa» angelangt war. Sterbealter und altersmäßig bedingtes Auslaufen des «aktiven Lebens» fielen einigermaßen zusammen. Die jüngere Generation wurde flügge, wenn die ältere das Zeitliche segnete.

rechts:
Herr J., 54 Jahre,
ins Heim 1977,
gestorben 1982

links::
Frau K., 51 Jahre,
ins Heim 1965,
lebt noch heute
im Heim

Generationskonflikte waren damals strukturell nicht vorprogrammiert.

Heute dagegen sind sie es in vielen Fällen. Das Sterbealter wurde um ein Dutzend und mehr Jahre angehoben; das Erwachsenenleben währt beinahe ein Drittel länger. Doch offenbar noch ganz der Mentalität von gestern verhaftet, glauben viele unter uns, nun auch diese zusätzlichen Jahre im gleichen «Vita activa»-Tempo durchstehen zu müssen. Wieso nutzen wir die erstmalige Chance der verlängerten Lebenszeit nicht besser? Der ans Berufs- oder Familienleben anschließende Teil heißt ja nicht «Vita passiva», sondern «Vita contemplativa». Das tönt weder resignierend, noch lebensverneinend.

Auch wirtschaftlich gesehen können wir es uns leisten, «überflüssig» zu werden. Wir sind heute bei uns abgesicherter als zu jedem früheren Zeitpunkt in der Geschichte und als irgend jemand sonst auf der Welt. Wir brauchen im Ruhestand keine «Vita activa» zu betreiben, um Wohnung, Kleidung, Nahrung sicherzustellen. Wir haben, wie die Vorfahren auch, unser Teil geleistet, wenn wir mit 60, 65 Jahren allmählich gegen das Ende der «Vita activa» stoßen. Doch sterben wir, im Gegensatz zu ihnen, dann nicht mehr einfach weg. Vielmehr wird uns jede erdenkliche Chance eingeräumt, daran anschließend eine «Vita contemplativa» von zehn, zwanzig, dreißig Jahren zu führen. Wem daraus Langeweile, Einsamkeit oder gar eine «entsetzliche Leere» erwächst, ist zu bedauern. Und er ist zum großen Teil auch selber schuld daran.

Wir müssen lernen, überflüssig zu werden, uns mehr und mehr auf uns selbst besinnen und auf uns zurückziehen zu können, dabei nicht etwa in Eigenbrödelei zu versinken, sondern uns mehr und mehr selbst zu finden. Überflüssig werden heißt somit keineswegs, sich von der Welt abzukapseln und mit den anderen nichts mehr zu tun haben zu wollen. Es heißt jedoch sehr wohl, sich den anderen nicht länger aufzudrängen, nicht mehr um jeden Preis um (s)eine Position kämpfen und am Gerangel beruflicher, gesellschaftlicher oder politischer Posten teilhaben zu müssen. «Überflüssig werden» ist etwas Positives, und zwar für sich selbst wie für die anderen. Wer mich sucht, der findet mich auch weiterhin für ihn bereit. Aber weder ist er, noch bin ich zu mei-

links:
Herr J., 72 Jahre,
gestorben 1984

rechts:
Herr D., 72 Jahre,
gestorben 1981

ner Selbstbestätigung hierauf angewiesen. – Ich frage mich übrigens oft, ob ein solcher Zustand des sich nicht Aufdrängens und doch zur Verfügung Stehens nicht auch eine solide Basis für «Liebe» sein könnte?

Aus den Worten der hochbetagten Marie Gattiker ging indes auch hervor, daß dieses allmähliche Loslassen offensichtlich gelernt sein will. Wer erst mit achtzig dazu gezwungen wird, weil sein Körper den benebelnden Aktivismus nicht mehr länger mitmacht, der dürfte in der Tat in Lethargie und Depression versinken. Für ihn muß das, was dann noch folgt, überflüssig wirken. Statt «gewonnene» sind es für ihn nur noch «zusätzliche» Jahre – bis der Tod endlich ein Einsehen hat. Von «Vita contemplativa» kann da keine Rede sein. Vielmehr tut sich nun die «entsetzliche Leere» auf. Statt auf ein erfülltes langes Leben zurückzublicken und auch in diesem hohen Alter noch aus sich selbst sinnvoll leben zu können, kommt ein solcher Mensch dann womöglich zur späten Einsicht, gerade nicht gelebt zu haben. Doch nun ist es zu spät. Das Angebot ist vertan, die Chance vorüber – und er hat sie nicht wahrgenommen. Das Leben – das lange, lange Leben – geht zu Ende, bevor es sich entfalten konnte. Schade um die vielen Jahre.

In der Geschichte hörte ich von Kriegen, von Pestilenzen, von Mißernten. Auf den Reisen lernte ich Völker und Menschen kennen, denen es sehr unterschiedlich gut ging. Am einen Ort gab es viele Kinder, aber sie waren schlecht ernährt und hatten aufgequollene Hungerbäuche. Und manche unter ihnen starben schon früh wieder weg. Am anderen Ort fielen mir die zahlreichen älteren und alten Menschen im Straßenbild sowie in den Parkanlagen auf; und deren Bäuche waren Wohlstandsbäuche. Wohl begriff ich sehr bald, daß am ersten Ort eine hohe Säuglings- und Kindersterblichkeit, das Vorherrschen von infektiösen und parasitären Krankheiten sowie Unhygiene und mangelhafte Ernährung genausoviel miteinander zu tun haben mußten wie am zweiten das augenfällig höhere Durchschnittsalter dieser Menschen mit ihrem Überfluß. Und ebenso rasch verstand ich, daß die Situation am ersten Ort eine Illustration jener Verhältnisse sein mußte, unter denen unsere eigenen Vorfahren während Jahrhunderten gelebt und überlebt hatten.

Diese Erkenntnisse für sich waren indes noch nicht mehr als Impressionen, als das Registrieren von Eindrücken, die mit einigen Überlegungen zusammengehalten wurden. Sehr viel mehr Kopfzerbrechen bereitete es mir, und es dauerte wesentlich länger, bis ich mir einen Reim darauf machen konnte, weshalb die Menschen am ersten Ort nicht alle todtraurig dreinschauten und sie am zweiten nicht stets mit fröhlicher Miene daherkamen, ja daß mir am ersten einige ganz offen sagten, sie möchten gar nicht mit mir tauschen. Zuvor war ich immer davon ausgegangen, daß allein ich nicht mit ihnen und somit auch nicht mit unseren Vorfahren tauschen möchte. Diese banal anmutenden Fakten waren es, die mich zum Nachdenken, zum Zimmern eines Gedankengebäudes zwangen: Was bewirkte – und bewirkt – der bei uns weitgehend vollzogene und anderswo noch im Gang befindliche Wandel von der unsicheren zur sicheren Lebenszeit? Offensichtlich nicht nur Gutes.

Den ausgelösten Denkprozeß habe ich in meinem Buch «Die Lebenszeit» geschildert und die zurückgelegten Etappen anhand einer Vielzahl von Abbildungen illustriert und einzeln beschrieben. Ich erläuterte, wo ich heute stehe und wieso ich dahin gelangt bin. Noch immer möchte ich – selbst nach dem letzten gewaltig nachwirkenden Denkanstoß in Australien und Neuseeland – nicht tauschen, weder mit meinen Vorfahren noch mit irgend jemandem in einem Land der Zweiten, Dritten, Vierten Welt. Überheblich schiene mir diese Haltung jedoch nur dann zu sein, wenn ich ausschließlich ein schamloser Nutznießer unserer sowohl weltweit wie auch historisch einmalig privilegierten Stellung wäre. Indes übersehe ich nicht die vielen Schattenseiten. Ich habe an keiner Stelle behauptet, daß wir nach der Zurückdrängung von «Pest, Hunger und Krieg» bei uns heute im Paradiese lebten. Im Gegenteil wurde immer und immer wieder auf die Glashaus-Atmosphäre unserer Situation aufmerksam gemacht. «Pest, Hunger und Krieg» können jederzeit zurückkehren, wenn wir nicht klug genug sind, sie auch weiterhin unter Kontrolle zu halten.

Im Augenblick aber haben wir die alte Trias – und hatten sie während der letzten drei, vier Jahrzehnte – unter Kontrolle. Und dies zeigt Wirkung. Als eines der Beispiele, auf das immer wieder Bezug genommen wurde, sei nochmals angeführt, wie im Zuge von einerseits wegfallenden jahrhundertealten Bedrohungen und andererseits nie zuvor in gleichem Ausmaß verwirklichten sozialen und wirtschaftlichen Sicherheiten die früher überlebensnotwendigen Gemeinschaftsbande lockerer wurden und sich lösten. Noch nie gingen so viele Menschen als Einzelne durchs Leben wie heute bei uns. Ein anderes Beispiel, das ebensowenig auf paradiesische Zustände schließen läßt, sind unsere heutigen Todesursachen. Nach der weitgehenden Ausmerzung von Infektionskrankheiten, die seinerzeit verhältnismäßig rasch und in allen Altern zuschlugen, stirbt heute bei uns die überwiegende Mehrzahl an chronischen und degenerativen Gesundheitseinbußen in vorgerücktem Alter, und dies oft erst nach langer Leidensphase und vielfältigen damit verbundenen Abhängigkeiten.

Aus all dem gilt es, die Konsequenzen zu ziehen: für uns, hier und heute, für mich persönlich und in Verbindung mit meiner Umwelt, aber auch im Hinblick auf jene, die uns auf der ganzen Erde in größerem oder kleinerem Abstand folgen, manchmal bedenkenlos, manchmal zögernd, manchmal widerwillig. Nur wenige gibt es, die einen anderen Weg vorziehen und nicht nach einer Maximierung von Lebensjahren streben.

Obwohl er noch lange nicht aufgefüllt ist, gibt mir dieser Rahmen mitsamt seinem sich darin allmählich abzeichnenden Gesamtbild bereits heute nicht nur die Möglichkeit, all das, was ich auf der Welt sehe oder aus der Geschichte lerne, sinnvoll einzuordnen, sondern er versetzt mich auch in die Lage, zielstrebig auszuwählen. Niemand kann alles machen, alles in sich aufnehmen und verarbeiten. Das Zeitbudget jedes Menschen ist – selbst bei einem langen Leben – beschränkt. Mit einem Ziel vor Augen läßt sich aber zumindest die in jungen Jahren häufige bloße Betriebsamkeit und die damit verbundene Hektik eindämmen sowie jeder übertriebene Aktivismus, der nur die Zeit totschlägt statt sie zu nutzen, vermeiden. Wie jedem anderen Hochschullehrer, der sich im Verlaufe der Jahre zum Spezialisten in diesem oder jenem Fach entwickelt hat, gehen auch mir laufend Anfragen zu, ob ich nicht für diese Zeitschrift oder jenen Sammelband noch einen Artikel verfassen könnte oder an dieser Konferenz oder vor jener Gesellschaft noch einen Vortrag halten würde. Doch ist die Frage für mich heute längst nicht mehr, wie und wann ich all diese «ehrenvollen Aufgaben» neben den anderen Verpflichtungen auch noch erledigen soll. Meine Entscheidung richtet sich rigoros nach dem Kriterium, wo ich tatsächlich etwas zu sagen habe. Statt einem Dutzend Vorträge, in denen dasselbe immer noch einmal in etwas anderen Worten zum Ausdruck gebracht wird, gibt es dann vielleicht nur zwei. Und statt fünf Artikeln entsteht möglicherweise nur einer – oder auch gar keiner, damit ich mich auf eine weitere Gastdozentur im Schwellenland Brasilien oder in noch weniger entwickelten Gebieten Indiens konzentrieren kann. Denn dort habe ich, wie ich meine, etwas zu sagen und kann vielleicht etwas bewirken, mehr jedenfalls, als durch den fünften oder zehnten Auftritt vor ausgewähltem Fachpublikum im heimischen Elfenbeinturm.

Nun meine ich selbstverständlich keineswegs, daß mein Beispiel der einzig gangbare Weg sei, um ein erfülltes langes Leben zu erreichen. Ein Allgemeinrezept hierfür gibt es meines Erachtens auch gar nicht. Die individuellen Voraussetzungen sind bei jedem Menschen anders, geprägt durch unterschiedliche Interessen, Bildung, ökonomische Verhältnisse, Freundes- oder Familienkreis, Gesundheitszustand, Wohnungssituation, persönliche Neigungen und Wünsche. Was dem einen seine Bildungsreisen sind oder Museums-, Konzert- und Theaterbesuche, sind dem anderen vielleicht Sportveranstaltungen, Hobbygärtnerei, Kaffeekränzchen oder die Bienenzucht. Übereinstimmend ist wohl bloß, daß die Planung für eine ‹Vita contemplativa› in eine allgemeine Lebensplanung eingegliedert werden muß. Und dazu eignen sich von den eben angeführten Beispielen gewiß nicht alle gleich gut, vor allem dann nicht, wenn wir bedenken, daß dem Dritten Alter noch ein Viertes folgt. Denn dann zählt nur noch das Sein, nicht mehr das Tun.

Drei Gesichtspunkte scheinen mir abschließend allgemeinere Gültigkeit zu haben und im Zusammenhang mit der ganzen Themenstellung wichtig zu sein:

Erstens: Hoch entwickelte Gesellschaften mit großer Lebenssicherheit weisen eine wachsende Zahl von allein durchs Leben gehenden Menschen auf, werden also zunehmend Gesellschaften von Einzelgängern. Wer aber lebenslang ein Einzelgänger gewesen ist, wandelt sich im höheren und hohen Alter weder selbst zu einem «sozialen Wesen», noch kann oder wird er erwarten, daß sich dann unversehens irgendwelche «Gemeinschaften» um ihn kümmern. Einzelgänger sind und bleiben Einzelgänger, auch wenn sie als Hochbetagte mehr und mehr auf Fremdhilfe angewiesen sind.

Es sei hier außerdem nochmals an die unterschiedliche Lebenserwartung von Mann und Frau erinnert. 1981/83 wurden in der Bundesrepublik Deutschland unter 100 Frauen 52 80 und 31 85 Jahre alt, unter 100 Männern jedoch nur 29 und 14. Entsprechend hoch ist der Anteil älterer und alter Witwen. Weiter oben wurde bereits erwähnt, daß sich 1984 unter den in einem Alter von 80 und mehr Jahren Gestorbenen 128788 Witwen, jedoch nur 40870 Witwer befanden.

Nostalgieverbrämte, «gute alte» Gemeinschafts- insbesondere Familienbande beschwörende romantisch-rückwärtsgewandte Appelle wollen uns oft weismachen, daß «Einsamkeit im Alter» etwas Schreckliches sei. Abgesehen davon, daß entgegen landläufiger Meinung Alleinsein und Einsamsein zwei verschiedene Dinge sind, entsprechen die Vorstellungen vieler hier wohl nicht ganz den Tatsachen. Die Inhaberin des 1986 an der Universität Heidelberg eingerichteten ersten Lehrstuhls für Gerontologie in der Bundesrepublik Deutschland, die Psychologin Ursula Lehr, spricht unumwunden vom «Mythos der Einsamkeit im Alter».[6]

Als unverfängliche Belege für diesen Mythos möchte ich die übereinstimmenden Ergebnisse zweier außereuropäischer Studien anführen, die das angebliche «Einsamkeits-Problem» nie verheirateter beziehungsweise kinderloser älterer Menschen in einer Wohlstandgesellschaft zum Thema haben. Die eine wurde in Australien, die andere in Kanada durchgeführt.

Die übereinstimmende Quintessenz mag auf viele wie ein Schock wirken: Weder sind allein stehende Menschen einzig aufgrund dieses Umstands «einsamer» als in Gemeinschaft lebende – vor allem auch ältere und alte nicht –, noch geht es ihnen sonstwie schlechter, sofern sie gesund sind. Es scheint mir besser, dieser Tatsache unvoreingenommen ins Auge zu blicken als einer Vergangenheit nachzutrauern, die es nicht mehr gibt, wenn es sie denn jemals gegeben haben sollte.

Zweitens: Auch wer nunmehr bereit ist umzudenken, wird nicht so leicht über den möglicherweise doch alles wieder in Frage stellenden Nebensatz «..., sofern sie gesund sind» hinwegkommen. Gemahnt er nicht an das berüchtigte Bild der Achillesferse? Die statistisch nachweisbare Zunahme unserer durchschnittlichen Lebenserwartung und die Standardisierung der Sterbealter auf hohem Niveau bedeuten ja noch keineswegs dasselbe wie ein gesundes langes Leben bis zum letzten Augenblick. Kennt nicht jeder genügend Beispiele aus seiner Umgebung, wie chronische Leiden älteren Menschen zu schaffen machen und wie sie diese in physische und psychische Abhängigkeit versetzen, und zwar nicht nur während zweier oder dreier Wochen vor den Tod, sondern monate- und jahrelang?[7]

Allerdings scheint unser Blick auch hier getrübt zu sein, zum einen durch die Angst, daß es genau uns dereinst so treffen könnte, zum andern durch die beinahe ständige Diskussion in den Medien um die angeblich nicht mehr bezahlbaren Ausgaben für immer mehr ältere Menschen im Gesundheitswesen. Wie sieht die Realität aus? Die Ergebnisse einer jüngst gemeinsam vom Institut für Sozial- und Präventivmedizin der Universität Bern und der Stiftung für experimentelle Altersforschung in Basel durchgeführten Studie über «Behinderungen und Bedürfnisse Betagter» sind geeignet, zumindest die Relationen zurechtzurücken.[8] Von medizinischer Seite kam man zum Schluß, «daß weitaus die meisten Betagten die Möglichkeiten haben, ihren Lebensabend in positivem Sinne zu erleben». Von den untersuchten 66- bis 75jährigen waren ganze 9,3 Prozent auf tägliche Hilfe im Haushalt (z.B. das Bett machen oder Geschirr spülen) oder für die Pflege (beim Aufstehen und Waschen, auf der Toilette) angewiesen. Erst bei den über 85jährigen, also den sehr alten Hochbetagten, stieg der Prozentsatz auf 46,1 Prozent.

Angesichts solcher eher optimistisch stimmenden Tatsachen meinten denn einige amerikanische Forscher in der umstrittenen Diskussion über die «Compression of morbidity», das heißt die Verkürzung der Krankheitsphase vor dem Tode, auch bereits, daß wir uns sehr rasch einer vierten Phase in der epidemiologischen Transition näherten, nämlich dem «Age of Delayed Degenerative Diseases – a stage characterized distinctly by rapid mortality declines in advanced ages that are caused by a postponement of the ages at which degenerative diseases tend to kill».[9]

Wichtiger als diese vielleicht doch fragwürdige Euphorie scheint mir indes der Denkanstoß zu sein, den dieselben Forscher ihren Lesern in der Schlußbemerkung mit auf den Weg geben: «Whether the influence will be positive or negative has yet to be determined. It is suggested in this paper that the age of delayed degenerative diseases represents an unexpected and perhaps welcome era in our epidemiologic history, an era that requires new ways of thinking about aging, disease, morbidity, mortality, and certainly how life will be lived in advanced ages in the very near future». Hier wird keineswegs vorschnell dem Gedanken einer kommenden «schönen neuen Welt» gehuldigt, allein deshalb, weil ökologische und physiologische Lebenserwartung allmählich zur Deckung gelangen könnten.

Drittens: Statistiken und Durchschnittswerte sind die eine Sache. Sie kommen bei uns heute aufgrund von gesammelten Angaben über eine Vielzahl von Menschen zustande. Deshalb darf daraus berechtigterweise auch geschlossen werden, daß heute bei uns immer mehr Menschen immer länger am Leben bleiben. Aber nicht alle. Eine Garantie für den einzelnen gibt es aufgrund statistischer Durchschnittswerte nicht. So ist denn das, was mich selbst, meine eigene Person betrifft, immer noch eine andere Sache. Was nun, wenn gerade ich zu den statistischen Ausnahmen gehöre? Was wenn ausgerechnet mich ein schweres chronisches Leiden «viel zu früh» im Leben packt und schon mit vierzig oder fünfzig statt mit siebzig oder achtzig zu einer jahrelangen Auseinandersetzung mit dem sich abzeichnenden Ende zwingt? Sterben setzt spätestens mit der Gewißheit ein, an einer unheilbaren tödlichen Krankheit zu leiden. Sterben ist dann immer ein Stück Leben und besteht nicht nur aus den letzten Stunden vor dem physischen Tod. Sterben ist ein definitives Abschiednehmen von allem, was einem lieb ist: ein endgültiges Loslassen. «Aufmunterungsversuche» sind hier ebenso fehl am Platz wie jeder billige Trost.

Wieder einmal scheint der Historiker im Vorteil zu sein, doch bin ich gern bereit, mit dem Leser zu teilen. Zum einen brauchen wir uns nur nochmals daran erinnern, daß das «durchschnittliche Sterbealter» unserer Vorfahren bis vor wenigen Generationen bei etwa dreißig Jahren lag. Da ich als Autor schon bald das fünfte Lebensjahrzehnt vollende, könnte ich mich vor diesem Hintergrund somit selbst dann nicht beklagen, wenn's mich bereits morgen treffen sollte. Ich habe Jahre, Jahrzehnte mehr zu meiner Verfügung gehabt als der Durchschnitt unserer Vorfahren, und zwar Jahre und Jahrzehnte, die – ganz im Gegensatz zu den ihren – keineswegs durch «Pest, Hunger und Krieg» bedroht wurden. Jedes wehleidige Klagen über «Warum so früh?» oder «Warum gerade ich?» käme mir völlig deplaziert vor.

In größere Tiefen führt der zweite Aspekt, auch er eine Frucht, die mir aufgrund meines Nachdenkens als Historiker zugefallen ist. Was ich im Verlaufe der Ausführungen immer wieder etwa als «Lebensplan» oder «Lebensziel» umschrieben habe oder in der Überschrift zu diesem Kapitel als «Reife des Lebens» bezeichnete, möchte ich hier einmal «Selbstfindung» nennen, und zwar im Gegensatz zu «Selbstverwirklichung». Bei der Selbstverwirklichung geht es um die möglichst breite Entfaltung von Anlagen, die in uns schlummern, um das Wuchern mit dem Pfunde, das uns gegeben ist. Dies betrifft die berufliche Ebene genauso wie die zwischenmenschliche, die gesellschaftliche ebenso wie die sportliche oder kulturelle. Man kann sich in einer Liebesbeziehung ebenso «verwirklichen» wie in seiner Freizeit beim Bergsteigen oder in einer künstlerischen Betätigung.

Mit Selbstfindung dagegen meine ich, seiner selbst mehr und mehr bewußt zu werden. Andere mögen es mit Hören auf die innere Stimme umschreiben oder als Wachwerden bezeichnen. Hierbei geht es nicht länger darum, seine Begabungen fruchtbar zu machen und sich beruflich oder familiär oder sportlich zu verwirklichen, sondern sich selber kennenzulernen. Hier geht es nicht um eine Rolle, die ich da oder dort spiele, nicht darum, wie ich mich nach außen zeige oder zeigen muß, oder wie ich von meiner Umgebung gesehen werden möchte, sondern darum, wie ich wirklich bin. «In den Maße, da ich mich so zu akzeptieren beginne, wie ich wirklich bin, werde ich lebendig, was viel mehr ist als leben».[10]

Lebendigwerden im eben zitierten Sinn ist somit mehr, als seine – nunmehr meist vielen – Lebensjahre bloß abzusitzen. Im Unterschied zu unseren Vorfahren haben wir heute zwei große Möglichkeiten, zur Selbstfindung zu gelangen und lebendig zu werden. Einer Mehrheit unter uns wird erstmals in der Geschichte die Chance eingeräumt, das Dritte Alter zu erreichen und in wachsendem Ausmaß bei relativ guter Gesundheit bis ins Vierte vorzustoßen. Einer kleineren Zahl ist das nicht vergönnt. «Mitten im Leben» werden sie von heimtückischen Krankheiten überfallen, gegen die auch die heutige Medizin noch machtlos ist. Ihr chronisches Leiden führt zu einem «verfrühten» Tod, und zwar am Ende eines langwierigen Sterbeprozesses. Bekommen jedoch nicht auch diese Menschen – wieder im Gegensatz zu den Vorfahren – genauso ihre Chance zur Selbstfindung? Unsere Vorfahren starben mehrheitlich an verhältnismäßig rasch tötenden Infektionskrankheiten. Ein langer Sterbeprozeß blieb ihnen so zwar erspart. Doch erhielten sie dadurch auch nicht die Möglichkeit, während einer chronischen Leidenszeit zur Selbstfindung zu gelangen oder von ihr dazu gezwungen zu werden.

Sowohl für die Mehrzahl wie die Minderheit gibt es heute somit eine bessere Möglichkeit denn je, zu sich selbst zu finden. Im einen wie im andern Fall wäre es schade, wenn diese Chance nicht genutzt würde. Im ersten Fall läßt sich am ehesten realisieren, wenn ein Lebensplan in möglichst jungen Jahren angelegt und zielstrebig verfolgt wird, und zwar ein Plan, der nicht nur der Selbsverwirklichung, sondern darüber hinaus auch der Selbstfindung dient. Im zweiten Fall ist diese doppelte Planlegung – zur Selbstverwirklichung wie zur Selbstfindung – am Anfang und während vieler Jahre im Prinzip dieselbe, doch muß die Selbstverwirklichung zugunsten der Selbstfindung beim Einsetzen des «verfrühten» Sterbeprozesses in den Hintergrund treten. Chronische Leiden erhalten in diesem Zusammenhang, wann auch immer im Leben sie auftreten mögen, ihren Sinn.

Genau betrachtet haben die meisten von uns heute eine doppelte Chance. Zum einen reicht die verlängerte Lebenszeit aus, um sich zuerst selbst zu verwirklichen, sich zum Beispiel im Beruf voll zu entfalten und / oder die Elternrolle bis zum Ende zu spielen. Im Anschluß an das Berufsleben oder die Elternschaft – gegebenenfalls erzwungen durch das «verfrühte» Eintreffen eines chronischen tödlichen Leidens – bleibt noch genügend Zeit, um auch zur Selbstfindung zu gelangen. Voraussetzung ist allerdings, daß wir nicht die Selbstverwirklichung zum alleinigen Lebensinhalt und Lebensziel machen, sondern eben auch die zweite Chance nutzen.

Viele, wenn nicht die meisten unserer Vorfahren hatten weder die eine noch die andere Chance. Allerdings hätten sie auch kaum verstanden, was wir hiermit meinen. Selbstverwirklichung in unserem Sinn war nicht ihr Lebensziel. Im Gegenteil kamen ihre generationenüberdauernden Stabilitäten trotz «Pest, Hunger und Krieg» gerade – wie wir sahen – dadurch zustande, daß sie sich überindividuellen Werten unterordneten und nicht ihr EGO und dessen Verwirklichung ins Zentrum stellten. Diese Unterordnung und das Einfügen in eine Gemeinschaft aber führte nicht nur zu größerer Sicherheit für den einzelnen, sondern sie gab seinem mehr oder weniger kurzen Dasein auch auf Erden einen Sinn.

Inzwischen sind die Verhältnisse jedoch nicht mehr so, wie sie es für unsere Vorfahren waren. Wir erreichen das Dritte und das Vierte Alter in großer Zahl oder / und werden von chronischen Leiden heimgesucht. Versuchen auch wir – wie unsere Vorfahren –, uns mit den Gegebenheiten zu arrangieren und die uns erstmals eingeräumten neuen Möglichkeiten zu nutzen. Sonst ist es schade um die zusätzlichen Jahre, schade um die vertanen Chancen, schade um die Anstrengungen, die von vielen Seiten laufend erbracht werden müssen, um den meisten von uns diese Chancen heute zu bieten und zu gewährleisten.

[1] Dieser Beitrag ist die leicht gekürzte Wiedergabe des Schlußkapitels «Bilanz: Von der Notwendigkeit, ein langes Leben schon früh zu planen. – Oder: Reife des Lebens als Chance und Ziel – heute fast für jeden von uns» in: Die Lebenszeit, München 1988. Wir danken dem Verlag C.H. Beck für die Abdruckgenehmigung.

[2] Vgl. hierzu auch die Ergebnisse einer Untersuchung, die das Bundesministerium für Arbeit und Sozialordnung 1982 beim Bundesinstitut für Bevölkerungsforschung in Auftrag gab: Ralf Hussmanns: Sterblichkeitsentwicklung in der Bundesrepublik Deutschland nach Geschlecht, Alter und Todesursache. Bisheriger Verlauf im internationalen Vergleich und Vorausschätzungen künftiger Entwicklungstendenzen, Wiesbaden: Bundesinstitut für Bevölkerungsforschung 1987.

[3] Statistisches Jahrbuch für die Bundesrepublik Deutschland 1985, S. 61.

[4] Ebd., S. 77.

[5] Neue Zürcher Zeitung, Lokalausgabe Nr. 171, 26. Juli 1985. Die Antwort von Marie Gattiker in: ebd., Fernausgabe Nr. 199, 30.08.1985.

[6] So eine Kapitelüberschrift in ihrem Beitrag «Sozialpsychologische Aspekte: Alter Mensch und Familie». In: Andreas Kruse/Ursula Lehr/Christoph Rott (Hg.): Gerontologie – eine interdisziplinäre Wissenschaft. München 1987, S. 182.

[7] Vgl. hierzu das großangelegte Forschungsprojekt «Disease without Death» an der Indiana University in Bloomington, Riley 1987.

[8] Schweizerische Medizinische Wochenschrift 116 (1986), S. 1524-1542.

[9] S. Jay Olshansky/A. Brian Ault: The Fourth Stage of the Epidemiologic Transition: the Age of Delayed Degenerative Diseases. In: The Milbank Quarterly 64 (1986), S. 355-391, hier S. 386 f.

[10] Jürg Wunderli in: Neue Zürcher Zeitung, Fernausgabe Nr. 98, 30.04.1985

ZUR AUSSTELLUNGSARCHITEKTUR

Im Sommer 1992 wurde ich vom Deutschen Historischen Museum gebeten, für die Ausstellung «Lebensstationen in Deutschland» im Zeughaus Unter den Linden die Räume zu gestalten. Ich war interessiert, da das Thema der Ausstellung, das Leben des Menschen, von der Geburt bis zum Tod, außerdem in verschiedenen Epochen und Staatsgefügen Deutschlands, mir als Bühnenbildnerin Stoff für viele gestalterische Ansatzpunkte geben würde.

In den folgenden Monaten habe ich mich, in Zusammenarbeit mit Manfred Schneider, in das umfangreiche Material, das zum großen Teil aus den Beständen des Museums stammt, eingearbeitet und verschiedene Raumkonzepte entwickelt, um die Exponate optisch zu gliedern und dem bestehenden Raum zuzuordnen.

Während des folgenden Entwurfsprozesses wurde uns klar, daß wir zum einen die architektonische Gliederung der Räume im Zeughaus nicht «zubauen» sollten, zum anderen erkannten wir die Notwendigkeit, sowohl den jeweiligen historischen Rahmen als auch die einzelnen «Lebensstationen» als klar erkennbare Struktur durch die Gestaltung zu verdeutlichen.

Zusammen mit den Initiatorinnen der Ausstellung erarbeiteten wir ein Raster, welches – je nach historischer Gegebenheit variierend – den einzelnen «Zeiteinheiten» folgende Chronologie zuordnet:

- Geburt
- Einschulung
- Erwachsenwerden
- Militär
- Heirat
- Rente
- Tod
- Arbeit: Die Stationen des Arbeitslebens nehmen hierbei auf mehrere Lebensstationen Bezug.

Die vier Zeiteinheiten (Deutschland um 1900, NS-Zeit, DDR, Bundesrepublik) werden durch Inszenierungen symbolisiert, die eine Interpretation des jeweiligen Zeitgeistes erlebbar machen sollen und unterschiedlich in Formgebung, Farbe und Beleuchtung sind. Die einzelnen «Lebensstationen» sind klar unterscheidbare Raumeinheiten, die das Material gliedern und das jeweils Wesentliche unterstreichen sollen.

Aus dieser gemeinsamen Vorarbeit ergaben sich die folgenden Grundlagen:

- Beachtung der räumlichen Gegebenheiten des Gebäudeteils im Zeughaus, in dem die Ausstellung stattfindet
- Verdeutlichung des historisch-kulturellen Standpunktes der Epochen durch die Ausstellungsarchitektur
- Gliederung der Ausstellung durch ein klares optisches Raster, welches die Lebensstationen verdeutlicht.

Außerdem haben wir vereinzelt einige «Ausstattungen» eingestreut, die dem Besucher die Möglichkeit einer sinnlichen, optisch-räumlichen Erfahrung anbieten. Diese Inszenierungen stehen in Bezug zum Inhalt der jeweiligen Station.

So gibt es z.B.:

- einen «gemütlichen Sessel» in der Station «Alter um 1900» (= das Alter hat noch einen Ort)
- das Rondell der Jugendbewegung um die Jahrhundertwende (Licht, Bäume, Wind = Natur)
- ein «Fluchtloch» in der «Mauer»
- einen «destruktivistischen» Pavillon für «Ehe/Familiengründung in der Bundesrepublik» (= kein klarer Rahmen mehr, die Wände drohen zu stürzen)
- eine lange, um sechs Prozent ansteigende Rampe, die man sich hinauf bemüht, um durch das Helden- oder Massengrab den Raum des Hakenkreuz-Fragmentes, das das Dritte Reich symbolisiert, zu verlassen.

Neben der Absicht, klare Abschnitte zwischen den Lebensstationen zu schaffen, um eine leichtere Orientierung und Vergleichbarkeit zu ermöglichen, betonen wir durch die vielen Durchblicke und Freiräume den offenen Charakter der Ausstellung. Durch den freien Umgang mit historischen Symbolen und die theatralischen Räume geben wir der Anordnung etwas Spielerisches: hier geordnetes Leben vor-

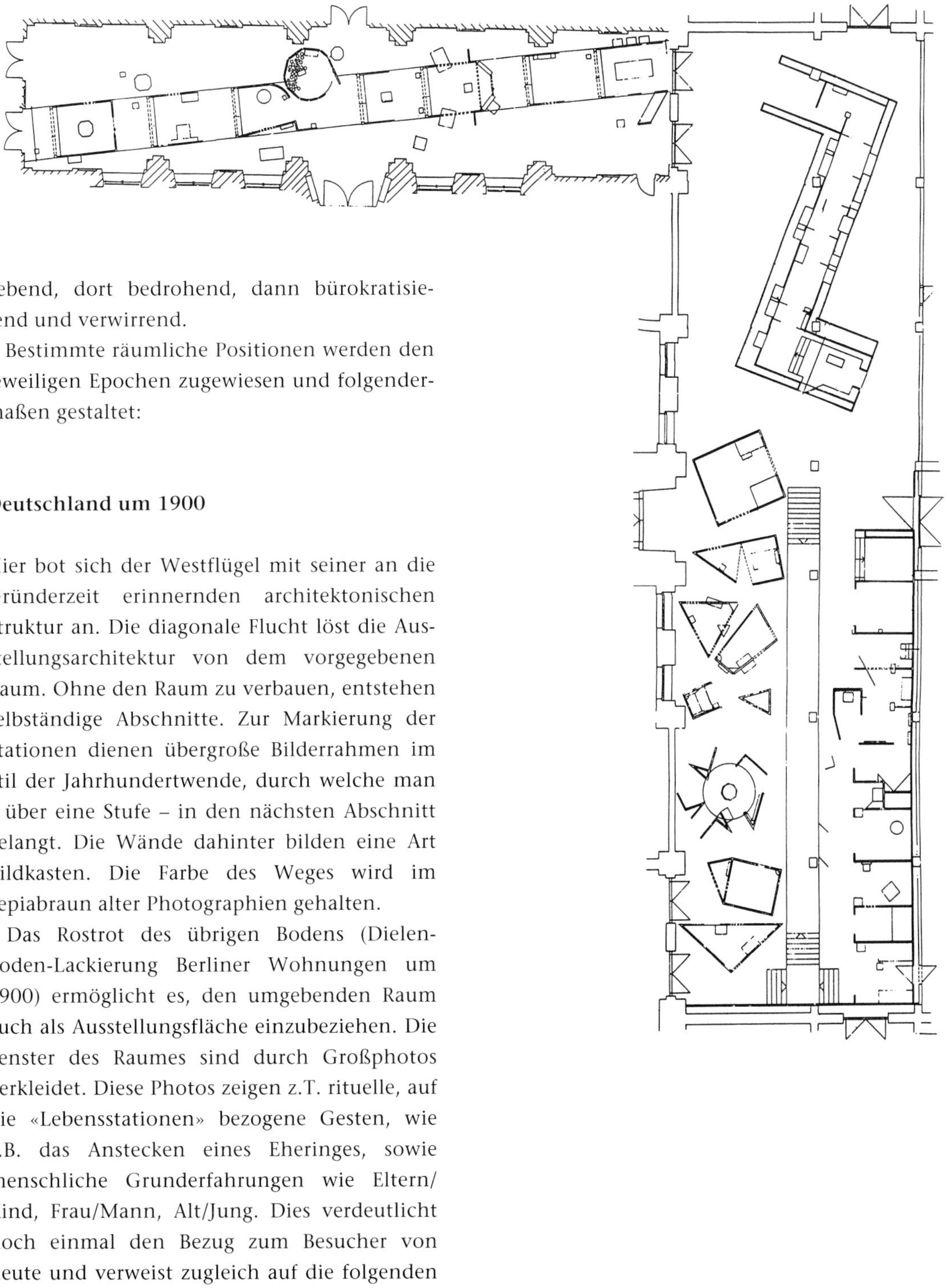

Grundriß West-/Nordflügel Zeughaus, Unter den Linden
Ausstellung: «Lebensstationen in Deutschland»

Deutschland um 1900

Nationalsozialismus

Deutsche Demokratische Republik

Bundesrepublik Deutschland

gebend, dort bedrohend, dann bürokratisierend und verwirrend.

Bestimmte räumliche Positionen werden den jeweiligen Epochen zugewiesen und folgendermaßen gestaltet:

Deutschland um 1900

Hier bot sich der Westflügel mit seiner an die Gründerzeit erinnernden architektonischen Struktur an. Die diagonale Flucht löst die Ausstellungsarchitektur von dem vorgegebenen Raum. Ohne den Raum zu verbauen, entstehen selbständige Abschnitte. Zur Markierung der Stationen dienen übergroße Bilderrahmen im Stil der Jahrhundertwende, durch welche man – über eine Stufe – in den nächsten Abschnitt gelangt. Die Wände dahinter bilden eine Art Bildkasten. Die Farbe des Weges wird im Sepiabraun alter Photographien gehalten.

Das Rostrot des übrigen Bodens (Dielenboden-Lackierung Berliner Wohnungen um 1900) ermöglicht es, den umgebenden Raum auch als Ausstellungsfläche einzubeziehen. Die Fenster des Raumes sind durch Großphotos verkleidet. Diese Photos zeigen z.T. rituelle, auf die «Lebensstationen» bezogene Gesten, wie z.B. das Anstecken eines Eheringes, sowie menschliche Grunderfahrungen wie Eltern/Kind, Frau/Mann, Alt/Jung. Dies verdeutlicht noch einmal den Bezug zum Besucher von heute und verweist zugleich auf die folgenden zum Vergleich stehenden Epochen.

Deutschland im Nationalsozialismus

Einer Skulptur ähnlich, steht das Fragment eines Hakenkreuzes eingehakt in das erste Drittel des Nordflügels. Der schmale hohe Gang kann,

«Bilderrahmen» bilden die Einstiege in die Kabinette um 1900

Lebensstationen DDR - BRD

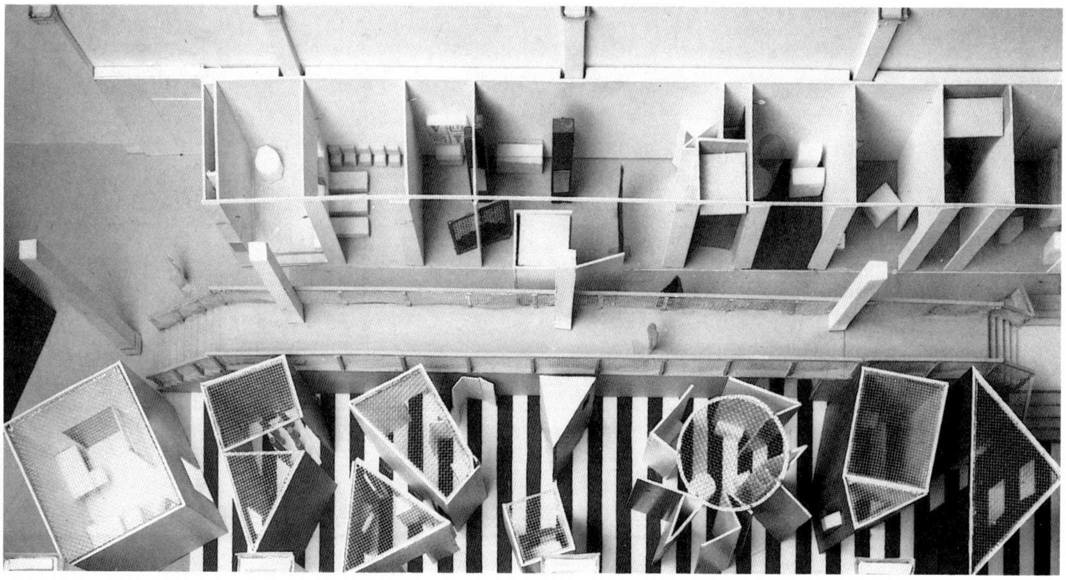

wenn einmal betreten, nicht mehr verlassen werden. Hier sind die Stationen durch hohe «Fahnen» voneinander getrennt; Beleuchtung gibt es nur in den Vitrinen. «Rechtsschwenk marsch – links um» bemüht man sich als Besucher die Rampe zwischen den monumentalen Wänden hinan, wird über Stufen «hinabgestoßen» ins «Helden- oder Massengrab».

DDR und Bundesrepublik

Das Raster des Gebäudes gibt wiederum die Möglichkeit, eine weitere Vorstellung sinnvoll einzuordnen: Die Säulen teilen den Raum in zwei ungleiche Teile. Da wir der Meinung sind, daß die Lebensstationen in der DDR und in der Bundesrepublik räumlich parallel angeordnet sein müssen, gibt es hier die «Mauerinszenierung». Wahlweise erschließt sich der Besucher nach der NS-Zeit zunächst die aufgereihte Ordnung der DDR oder das Kaleidoskopartige der Bundesrepublik. Daraufhin kehrt er auf der «Mauer» – mit Blick auf beide Seiten – zurück, um von Anfang an durch das jeweilige andere «System» zu gehen.

Während in der DDR ein gemeinsamer Weg an den Kabinetten entlangführt, haben die einzelnen Pavillons in der Bundesrepublik verschiedene Ein- und Ausgänge, so daß jeder Besucher seinen «eigenen» Weg finden und dennoch alle Stationen durchwandern muß.

In der DDR sind die Räume durch Nesselplafonds geschützt, die, von oben mit Flutern angestrahlt, ein diffuses Licht verbreiten, welches gleichzeitig angenehm und gleichförmig wirkt. In der Bundesrepublik gibt es einige unruhige Licht-Inszenierungen.

Noch im Bereich der Ausstellung – an den Außenflächen des Hakenkreuzfragmentes – sind Freiräume zum Verweilen angelegt. Hier findet man u.a. Reproduktionen einiger Photoalben, die als Exponate in der Ausstellung gezeigt werden, und Leseexemplare des Ausstellungskataloges vor.

Beim Verlassen der Ausstellung wird der Besucher mittels dafür bereitgelegter «Tagebücher» eingeladen, Erinnerungen, Kommentare und Vorstellungen über die eigenen «Lebensstationen» zu reflektieren. Vielleicht regt die Information über die unmittelbar vergangenen Epochen unseres Landes den einen oder anderen dazu an, Visionen für «Lebensstationen» niederzuschreiben, wie wir sie uns für die Zukunft erträumen.

Die Vielfältigkeit des vorliegenden Raumkonzeptes ergab sich aus der Fülle der Anregungen, die das Thema der Ausstellung bietet. Die Arbeit war für mich Anregung, um über Lebensläufe und über wünschenswerte Perspektiven und auch notwendige Veränderungen nachzudenken.

Daniele Schneider-Wessling

Drei unterschiedliche Epochen = drei verschiedene Architekturen

QUELLEN UND LITERATUR

Aufgeführt sind lediglich die Titel, die für die Arbeit am Katalog mehrfach herangezogen wurden.

Angolia, J. R.: The HJ, San Jose 1991

Arbeitsrichtlinien der Hitler-Jugend. Der Dienst der Hitler-Jugend im Sommer-Halbjahr 1941. Anweisungen für HJ.-DJ.-BDM.-JM. / BDM.-Werk «Glaube und Schönheit», hg. von der Reichsjugendführung Berlin, am 1. März 1941

Beck, L. (Hg.): Zur Geschichte der Gynäkologie und Geburtshilfe. Aus Anlaß des 100jährigen Bestehens der Deutschen Gesellschaft für Gynäkologie und Geburtshilfe, Berlin/Heidelberg 1986

Bilder der Freundschaft. Fotos aus der Geschichte der Arbeiterjugend, Münster 1988

Büchner, P./H.-H. Krüger (Hg.): Aufwachsen hüben und drüben, Opladen 1991

Flacke, M.: Die verkaufte Biographie. In: Bilder vom Neuen Deutschland. Ausstellungskatalog der Kunsthalle Düsseldorf 1990, S. 25 ff.

Focke, H./U. Reimer: Alltag unterm Hakenkreuz, Bd.1-3, Reinbek 1979-1985

Frauengruppe Faschismusforschung (Hg.): Mutterkreuz und Arbeitsbuch, Frankfurt/M. 1981

Gennep, A. van: Übergangsriten, Frankfurt/New York 1986 (1909)

Geschichte der Pionierorganisation ‹Ernst Thälmann›. Chronik, Berlin 1983

Glaser, H.: Kulturgeschichte der Bundesrepublik Deutschland, Bd. 2 u. 3, München/Wien 1986/1989

Hölder, E. (Hg.): Im Trabi durch die Zeit – 40 Jahre Leben in der DDR, Stuttgart 1992

Hubbard, W. H.: Familiengeschichte. Materialien zur deutschen Familie seit dem Ende des 18. Jahrhunderts, München 1983

Ille, G./G. Köhler: Der Wandervogel, Berlin 1987

Isemeyer, M./K. Sühl (Hg.): Feste der Arbeiterbewegung. 100 Jahre Jugendweihe, Berlin 1989

Klosinski, G. (Hg.): Pubertätsriten. Äquivalente und Defizite in unserer Gesellschaft, Bern/Stuttgart/Toronto 1991

Die Lebenstreppe. Ausstellungskatalog, Köln 1983

Männer und Frauen sind gleichberechtigt. Ausstellungskatalog des Bundesministeriums für Jugend, Familie, Frauen und Gesundheit, Bonn 1989

Michalka, W. (Hg.): Das Dritte Reich. Dokumente zur Innen- und Außenpolitik, Bd. 1, München 1985

Miteinander/Füreinander – 30 Jahre Volkssolidarität, hg. vom Sekretariat der Volkssolidarität, Berlin 1975

Mitterauer, M.: Sozialgeschichte der Jugend, Frankfurt a.M. 1986

Muszynski, B. (Hg.): Deutsche Vereinigung. Probleme der Integration und der Identifikation, Opladen 1991

Redlin, J.: Bestattungen in der DDR, Diplomarbeit Humboldt-Universität Berlin 1985

Schmidt, L.: Die Zuckertüte zum Schulbeginn. In: Österreichische Zeitschrift für Volkskunde 62 (1959)

Schock und Schöpfung. Jugendästhetik im 20. Jahrhundert, Ausstellungskatalog des Deutschen Werkbundes e.V. und des Württembergischen Kunstvereins Stuttgart, Darmstadt/Neuwied 1986

Tenfelde, K.: Arbeiterfamilien und Geschlechterbeziehungen im Deutschen Kaiserreich. In: Geschichte und Gesellschaft 18 (1992), S. 179ff.

Tenorth, E.: Geschichte der Erziehung, Weinheim/München 1988

Wie Ernst Thälmann – treu und kühn. Handbuch für Freundschaftspionierleiter, hg. von der Akademie der Pädagogischen Wissenschaften der Deutschen Demokratischen Republik im Auftrag des Zentralrats der Freien Deutschen Jugend, Berlin 1975

Wilhelmi, J.: Jugend in der DDR, Berlin 1983

Winkler, G. (Hg.): Sozialreport '90. Daten und Fakten zur sozialen Lage in der DDR, Berlin 1990

Zentner, C./F. Bedürftig (Hg.): Das große Lexikon des Dritten Reiches, München 1985

BILDNACHWEIS

Soweit hier nicht anders vermerkt, liegen die Bildrechte beim Deutschen Historischen Museum, Berlin.

Landesbildstelle Berlin: 1/103, 2/14, 2/29, 4/35, 4/38, 4/43, 4/132, 4/133

Quadriga Verlag, Weinheim: 1/166

Stiftung Haus der Geschichte der Bundesrepublik Deutschland, Bonn: 4/116

Spiegel-Verlag Rudolf Augstein GmbH & Co., Hamburg: S. 293

Ullstein Bilderdienst, Berlin: 1/168, 2/19, 2/126, 2/127, S. 283, S. 284

Horst Wasgindt, Sennestadt: S. 90

Zum Titelphoto vgl. Kat.-Nr. 4/101

VERZEICHNIS DER LEIHGEBER

Berlin
APO-Archiv
Bestattungsunternehmen Grieneisen
Feldjägerkompanie
Frauen-Forschungs-, -bildungs- und -informationszentrum (FFBIZ)
Freie Universität, Archiv des Kaiserin Auguste Victoria-Hauses
Konditoren-Innung
Krankenhaus Neukölln
Krankenheim Marie-Schlei-Haus
Märkisches Museum/Handwerksmuseum
Museum für Volkskunde
Plakatsammlung des Oberstufenzentrums für Banken und Versicherungswesen
Schering AG
Schulmuseum
Siemens AG
Volkssolidarität, Zentralausschuß
Wandervogelarchiv
Wannsee Forum

Bonn
Archiv der sozialen Demokratie der Friedrich-Ebert-Stiftung
Stiftung Haus der Geschichte der Bundesrepublik Deutschland

Dresden
Deutsches Hygiene-Museum

Frankfurt a.M.
Verband deutscher Rentenversicherungsträger

Hamburg
Förderkreis Ohlsdorfer Friedhof e.V., Sammlung Prasse
Sammlung Hans-Günther Löwe

Kassel
Museum für Sepulkralkultur

München
MAN
Siemens-Museum

Oer-Erkenschwick
Archiv der Arbeiterjugendbewegung

Remscheid
Kinder- und Jugendfilmzentrum in der Bundesrepublik Deutschland, Archiv Deutscher Jugendfotopreis

sowie zahlreiche Privatleihgeber.

Herzlichen Dank allen Leihgebern und den Kollegen im Zeughaus, die uns «Versatzstücke» ihrer Lebensstationen in Deutschland-Ost bzw. -West für die Ausstellung zur Verfügung gestellt haben.

DIE AUTOREN

Rosmarie Beier (Jg. 1953), Dr. phil., wissenschaftliche Mitarbeiterin des Deutschen Historischen Museums und Sammlungsleiterin für den Bereich Alltags- und Technikgeschichte.

Hans Bertram (Jg. 1946), Dr. phil., Diplomsoziologe, 1981 Professor für Soziologie an der Hochschule der Bundeswehr München, seit 1984 Direktor des Deutschen Jugendinstituts München, seit 1992 Professor für Mikro-Soziologie an der Humboldt-Universität Berlin.

Bettina Biedermann (Jg. 1960), M.A., Kulturwissenschaftlerin, derzeit wissenschaftliche Mitarbeiterin des Deutschen Historischen Museums.

Barbara Hille (Jg. 1940), Dr. rer. nat., stellvertr. Leiterin und Geschäftsführerin der Forschungsstelle für Jugendfragen in Hannover, seit 1990 tätig am Institut für Entwicklungsplanung und Strukturforschung der Universität Hannover.

Arthur E. Imhof (Jg. 1939), Dr. phil., seit 1975 Professor für Sozialgeschichte an der Freien Universität Berlin, Hauptforschungsgebiet Historische Demographie, regelmäßige Gastaufenthalte in Forschung und Lehre in Skandinavien, Brasilien, Australien und Südostasien.

Eva Jaeggi (Jg. 1934), praktisch arbeitende Psychologin, Therapeutin, seit 1978 Professorin für Klinische Psychologie an der Technischen Universität Berlin.

Gudrun Leidecker (Jg. 1944), Dr. phil., ehemals wissenschaftliche Mitarbeiterin an der Akademie der Pädagogischen Wissenschaften, Berlin (O.), jetzt des Instituts für Berufliche Bildung, Arbeitsmarkt und Sozialpolitik (INBAS), Frankfurt a.M.

Dieter Lenzen (Jg. 1947), Dr. phil., 1975-1977 Professor für Erziehungswissenschaft an der Universität Münster, seit 1977 Professor für Philosophie der Erziehung am Forschungszentrum für Historische Anthropologie der Freien Universität Berlin.

Günter Roski (Jg. 1952), Dr. phil., ehemals wissenschaftlicher Mitarbeiter des Instituts für Jugendforschung Leipzig, jetzt Abteilungsleiter in der Stadtverwaltung Leipzig.

Daniele Schneider-Wessling (Jg. 1959), freie Bühnenbildnerin, lebt in Köln.